CLINICAL PSYCHOLOGIST

2023 최신판

쉽게 풀어 쓴

임상심리사

2급 필기 기출문제집

김도연 편저

심리학 전문출판사 학지사의
저자직강 동영상 강의
https://www.counpia.com

학지사

머리말

임상심리사 자격과정을 준비하면서 가장 먼저 학습해야 할 교재는 필기시험 교과에 대한 내용 이해와 분석이라고 생각됩니다. 필기시험의 주요 5개 과목에 대한 기초적인 이해와 기출문제에 대한 면밀한 검토가 이루어지지 않으면 시험에서 원만한 성과를 얻기가 어렵습니다. 필기시험은 기출문제 분석 외에도 새로운 경향의 문제에 잘 대응하기 위한 체계적인 설명이 필요합니다. 나아가 앞으로 예상되는 쟁점에 대한 접근이 필요합니다. 필기시험에 해당되는 핵심내용은 실기시험의 기반이 되기에 모든 문제에 결코 소홀함이 없어야 합니다. 이에 필기시험 대비를 위한 이 교재를 통해 시험에 합격하기 위한 준비를 잘 갖춘다면 기대하는 성과를 이루는 데 어려움이 없으리라 봅니다.

이 교재는 2017년도부터 최근에 이르기까지 필기시험에 기출되었던 모든 문제에 대한 설명과 참조해야 할 추가적인 내용으로 구성되어 있습니다. 그 내용의 근거는 가장 타당한 실제적인 이론과 정립된 설명에 기반을 두고 있습니다. 5개 교과목에 해당되는 심리학개론, 이상심리학, 심리검사, 임상심리학, 심리상담의 각 부분에서 기출된 문제들은 반복되어 강조되는 내용 외에도 새롭게 기출되는 문제들이 포함되어 있기에 해당 내용에 대한 전반적인 이해와 학습이 꼭 필요합니다. 또한 명확한 설명을 갖추어야 옳은 내용을 변별하여 문제의 핵심을 잘 파악할 수 있기에 기출문제 풀이에 대한 명확한 설명과 더불어 '학습 Plus'를 구성하여 예상되는 핵심내용을 사전에 준비할 수 있도록 하였습니다. 추가적으로 모의평가 문제를 실제 필기시험의 형식으로 수록하여 실전에 대비할 수 있도록 하였으며, 해당 모의평가 문제의 해설을 제공하여 다시 한번 체계적인 점검을 할 수 있도록 하였습니다.

필기시험은 임상심리사 자격과정에서 제일 처음 만나게 되는 중요한 단계이며, 실기시험의 주관식 문제에 대응하기 위한 기초학습이 되는 사전 준비과정이기도 합니다. 매년 많은 응시자가 임상심리사 시험을 준비하고, 자격증을 획득하여 실무 현장에서 다양한 성과를 이루며 소명을 다하고 있습니다. 그 과정의 첫걸음이 되는 임상심리사 필기시험의 준비를 이 교재로 시작하여 원만한 성취로 이어지길 바라며, 여러분의 노력과 수고에 격려와 응원을 보냅니다.

마지막으로, 임상심리사 교재를 준비하기까지 한결같은 지지를 보내 주신 학지사 김진환 대표님과 관계자 모두에게 깊은 감사를 드립니다. 또한 열정과 소신으로 편집에 최선을 다하신 편집부 김진영 차장님과 편집진에게 깊은 고마움을 전합니다.

2023년 2월

저자 김도연

임상심리사 2급 시험안내

I. 자격정보

1. **자격명**: 임상심리사 2급(Clinical Psychology Practitioner)

2. **관련부처**: 보건복지부

3. **시행기관**: 한국산업인력공단(http://www.q-net.or.kr)

4. **수행직무**

   국민의 심리적 건강과 적응을 위해 기초적인 심리평가, 심리검사, 심리치료상담, 심리재활 및 심리교육 등의 업무를 주로 수행하며, 임상심리사 1급의 업무를 보조하는 직무

5. **응시자격**

   임상심리와 관련하여 1년 이상 실습수련을 받은 자 또는 2년 이상 실무에 종사한 자로서 대학 졸업자 및 졸업예정자 등

6. **진료 및 전망**

   임상심리사, 심리치료사

7. 검정현황

종목명	연도	필기			실기		
		응시	합격	합격률(%)	응시	합격	합격률(%)
임상심리사 2급	2021	6,469	5,465	84.5	6,461	2,614	40.5
임상심리사 2급	2020	5,032	3,948	78.5	6,081	1,220	20.1
임상심리사 2급	2019	6,016	3,947	65.6	5,858	1,375	23.5
임상심리사 2급	2018	5,621	3,885	69.1	6,189	1,141	18.4
임상심리사 2급	2017	5,294	4,360	82.4	6,196	1,063	17.2
임상심리사 2급	2016	5,424	4,412	81.3	5,810	1,327	22.8
임상심리사 2급	2015	4,442	3,100	69.8	5,330	826	15.5
임상심리사 2급	2014	3,455	3,068	88.8	3,367	476	14.1

II. 시험정보

1. 시험과목

구분	시험과목	문항 수	시험시간	시험방법
필기	1. 심리학개론 2. 이상심리학 3. 심리검사 4. 임상심리학 5. 심리상담	100문항	2시간 30분	객관식
실기	임상 실무	18~20문항	3시간	서술형

2. 합격기준

- 필기(매 과목 100점): 매 과목 40점 이상, 전 과목 평균 60점 이상
- 실기(100점): 60점 이상

3. 출제경향

국민의 심리적 건강과 적응을 위해 기초적인 심리평가, 심리검사, 심리치료상담, 심리재활 및 심리교육 등의 업무를 수행하는 능력평가

4. 시험수수료

필기: 19,400원 / 실기: 20,800원

5. 시험일정

2023년 임상심리사 2급 시험일정

회별	필기시험 원서접수 (인터넷)	필기시험	필기시험 합격자 발표	실기시험 원서접수	실기시험	합격자 발표
2023년 정기기사 1회	2023. 1. 10. ~ 2023. 1. 19.	2023. 2. 13. ~ 2023. 3. 15.	2023. 3. 21.	2023. 3. 28. ~ 2023. 3. 31.	2023. 4. 22. ~ 2023. 5. 7.	2023. 6. 9.
2023년 정기기사 2회	2023. 4. 17. ~ 2023. 4. 20.	2023. 5. 13. ~ 2023. 6. 4.	2023. 6. 14.	2023. 6. 27. ~ 2023. 6. 30.	2023. 7. 22. ~ 2023. 8. 6.	2023. 9. 1.
2023년 정기기사 3회	2023. 6. 19. ~ 2023. 6. 22.	2023. 7. 8. ~ 2023. 7. 23.	2023. 8. 2.	2023. 9. 4. ~ 2023. 9. 7.	2023. 10. 7. ~ 2023. 10. 20.	2023. 11. 15.

6. 출제기준

출제기준(필기)

직무 분야	보건 · 의료	중직무 분야	보건 · 의료	자격 종목	임상심리사 2급	적용 기간	2020. 1. 1. ~ 2024. 12. 31.

○ 직무내용: 국민의 심리적 건강과 적응을 위해 기초적인 심리평가, 심리검사, 심리치료상담, 심리재활 및 심리교육 등의 업무를 주로 수행하며, 임상심리사 1급의 업무를 보조하는 직무이다.

필기검정방법	객관식	문제 수	100	시험시간	2시간 30분

필기 과목명	문제 수	주요항목	세부항목	세세항목
심리학 개론	20	1. 발달 심리학	1. 발달의 개념과 설명	1. 발달의 개념 2. 발달연구의 접근방법
			2. 발달심리학의 연구주제	1. 인지발달 2. 사회 및 정서 발달
		2. 성격 심리학	1. 성격의 개념	1. 성격의 정의 2. 성격의 발달
			2. 성격의 이론	1. 정신역동이론 2. 현상학적 이론 3. 특성이론 4. 인지 및 행동적 이론 5. 심리사회적 이론

		3. 학습 및 인지 심리학	1. 학습심리학	1. 조건형성 2. 유관학습 3. 사회 인지학습
			2. 인지심리학	1. 뇌와 인지 2. 기억 과정 3. 망각
		4. 심리학의 연구 방법론	1. 연구방법	1. 측정 2. 자료수집방법 3. 표본조사 4. 연구설계 5. 관찰 6. 실험
		5. 사회 심리학	1. 사회지각	1. 인상형성 2. 귀인이론
			2. 사회적 추론	1. 사회인지 2. 태도 및 행동
이상 심리학	20	1. 이상 심리학의 기본개념	1. 이상심리학의 정의 및 역사	1. 이상심리학의 정의 2. 이상심리학의 역사
			2. 이상심리학의 이론	1. 정신역동 이론 2. 행동주의 이론 3. 인지적 이론 4. 통합이론
		2. 이상 행동의 유형	1. 신경발달장애	1. 유형 2. 임상적 특징
			2. 조현병 스펙트럼 및 기타 정신병적 장애	1. 유형 2. 임상적 특징
			3. 양극성 및 관련 장애	1. 유형 2. 임상적 특징
			4. 우울장애	1. 유형 2. 임상적 특징
			5. 불안장애	1. 유형 2. 임상적 특징
			6. 강박 및 관련 장애	1. 유형 2. 임상적 특징
			7. 외상 및 스트레스 관련 장애	1. 유형 2. 임상적 특징

			8. 해리장애	1. 유형 2. 임상적 특징
			9. 신체증상 및 관련 장애	1. 유형 2. 임상적 특징
			10. 급식 및 섭식장애	1. 유형 2. 임상적 특징
			11. 배설장애	1. 유형 2. 임상적 특징
			12. 수면-각성 장애	1. 유형 2. 임상적 특징
			13. 성기능부전	1. 유형 2. 임상적 특징
			14. 성별 불쾌감	1. 유형 2. 임상적 특징
			15. 파괴적, 충동조절 및 품행 장애	1. 유형 2. 임상적 특징
			16. 물질관련 및 중독 장애	1. 유형 2. 임상적 특징
			17. 신경인지장애	1. 유형 2. 임상적 특징
			18. 성격장애	1. 유형 2. 임상적 특징
			19. 변태성욕장애	1. 유형 2. 임상적 특징
심리검사	20	1. 심리 검사의 기본개념	1. 자료수집방법과 내용	1. 평가 면담의 종류와 기법 2. 행동관찰과 행동평가 3. 심리검사의 유형과 특징
			2. 심리검사의 제작과 요건	1. 심리검사의 제작 과정 및 방법 2. 신뢰도 및 타당도
			3. 심리검사의 윤리문제	1. 심리검사자의 책임감 2. 심리검사에 관한 윤리강령
		2. 지능검사	1. 지능의 개념	1. 지능의 개념 2. 지능의 분류 3. 지능의 특성
			2. 지능검사의 실시	1. 지능검사의 지침과 주의사항 2. 지능검사의 절차 3. 지능검사의 기본적 해석

		3. 표준화된 성격검사	1. 성격검사의 개념	1. 개발 과정 2. 구성 및 특성 3. 척도의 특성과 내용
			2. 성격검사의 실시	1. 성격검사의 실시와 채점 2. 성격검사의 기본적 해석
		4. 신경 심리검사	1. 신경심리검사의 개념	1. 신경심리학의 기본 개념 2. 인지 기능의 유형 및 특성 3. 주요 신경심리검사의 종류
			2. 신경심리검사의 실시	1. 면담 및 행동 관찰 2. 주요 신경심리검사 실시
		5. 기타 심리검사	1. 아동 및 청소년용 심리검사	1. 아동 및 청소년용 심리검사의 종류 2. 아동 및 청소년용 심리검사의 실시
			2. 노인용 심리검사	1. 노인용 심리검사의 종류 2. 노인용 심리검사의 실시
			3. 기타 심리검사	1. 검사의 종류와 특징 2. 투사 검사의 종류와 특징 3. 기타 질문지형 검사의 종류와 특징
임상 심리학	20	1. 심리학의 역사와 개관	1. 심리학의 역사	1. 심리학의 현대적 발전 2. 임상심리학의 성장과 발전 3. 임상심리학의 최근 동향
			2. 심리학의 이론	1. 정신역동 관점 2. 행동주의 관점 3. 생물학적 관점 4. 현상학적 관점 5. 통합적 관점
		2. 심리평가 기초	1. 면접의 개념	1. 면접의 개념 2. 면접의 유형
			2. 행동평가 개념	1. 행동평가의 개념 2. 행동평가의 방법
			3. 성격평가 개념	1. 성격평가의 개념 2. 성격평가의 방법
			4. 심리평가의 실제	1. 계획 2. 실시 3. 해석

		3. 심리 치료의 기초	1. 행동 및 인지행동 치료의 개념	1. 행동 및 인지행동 치료의 특징 2. 행동 및 인지행동 치료의 종류
			2. 정신역동적 심리치료의 개념	1. 정신역동치료의 개념 2. 역동적 심리치료 시행 방안
			3. 심리치료의 기타 유형	1. 인본주의치료 2. 기타 치료
		4. 임상 심리학의 자문, 교육, 윤리	1. 자문	1. 자문의 정의 2. 자문의 유형 3. 자문의 역할 4. 지역사회심리학
			2. 교육	1. 교육의 정의 2. 교육의 유형 3. 교육의 역할
			3. 윤리	1. 심리학자의 윤리 2. 심리학자의 행동규약
		5. 임상 특수분야	1. 개념과 활동	1. 행동의학 및 건강심리학 2. 신경심리학 3. 법정 및 범죄심리학 4. 소아과심리학 5. 지역사회심리학
심리 상담	20	1. 상담의 기초	1. 상담의 기본적 이해	1. 상담의 개념 2. 상담의 필요성과 목표 3. 상담의 기본원리 4. 상담의 기능
			2. 상담의 역사적 배경	1. 국내외 상담의 발전 과정
			3. 상담관련 윤리	1. 윤리강령
		2. 심리 상담의 주요 이론	1. 정신역동적 상담	1. 기본개념 2. 주요 기법과 절차
			2. 인간중심 상담	1. 기본개념 2. 주요 기법과 절차
			3. 행동주의 상담	1. 기본개념 2. 주요 기법과 절차
			4. 인지적 상담	1. 기본개념 2. 주요 기법과 절차
			5. 기타 상담	1. 기본개념 2. 주요 기법과 절차

		3. 심리 상담의 실제	1. 상담의 방법	1. 면접의 기본방법 2. 문제별 접근방법
			2. 상담의 과정	1. 상담의 진행과정 2. 상담의 시작과 종결
			3. 집단상담	1. 집단상담의 정의 2. 집단상담의 과정 3. 집단상담의 방법
		4. 중독상담	1. 중독상담 기초	1. 중독모델 2. 변화단계이론 3. 정신약물학
			2. 개입방법	1. 선별 및 평가 2. 동기강화 상담 3. 재발방지
		5. 특수 문제별 상담유형	1. 학습문제 상담	1. 학습문제의 기본특징 2. 학습문제 상담의 실제 3. 학습문제 상담 시 고려사항
			2. 성문제 상담	1. 성문제 상담의 지침 2. 성피해자의 상담 3. 성 상담 시 고려사항
			3. 비행청소년 상담	1. 청소년비행과 상담 2. 비행청소년에 대한 접근방법 3. 상담자의 역할 4. 비행청소년 상담 시 고려사항
			4. 진로상담	1. 진로상담의 의미 및 이론 2. 진로상담의 기본지침 3. 진로상담 시 고려사항
			5. 위기 및 자살상담	1. 위기 및 자살상담의 의미 및 이론 2. 위기 및 자살상담의 기본지침 3. 위기 및 자살상담 시 고려사항

* 이 시험정보는 한국산업인력공단의 내용을 기준으로 하였으며 변동사항이 있을 수 있습니다.

둘러보기(이 책의 구성)

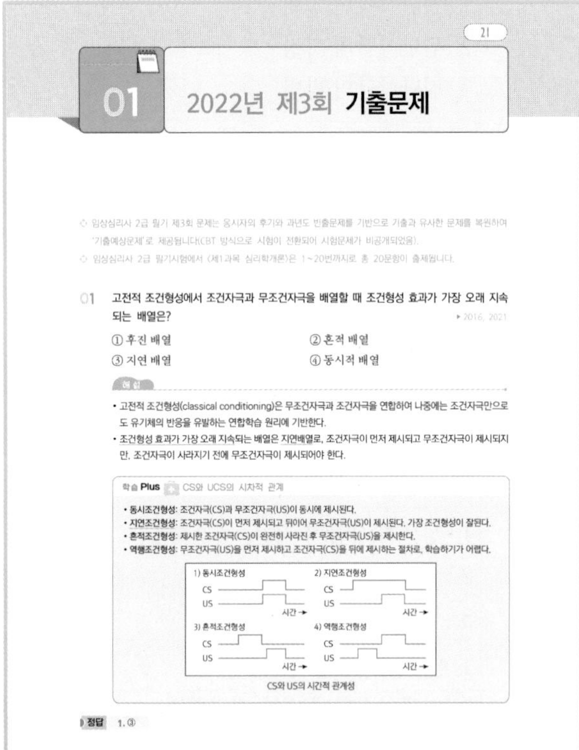

01 2022년 제3회 **기출문제**

◇ 임상심리사 2급 필기 제3회 문제는 응시자의 후기와 과년도 빈출문제를 기반으로 기출과 유사한 문제를 복원하여 '기출예상문제'로 제공됩니다(CBT 방식으로 시험이 전환되어 시험문제가 비공개되었음).
◇ 임상심리사 2급 필기시험에서 〈제1과목 심리학개론〉은 1~20번까지로 총 20문항이 출제됩니다.

01 **고전적 조건형성에서 조건자극과 무조건자극을 배열할 때 조건형성 효과가 가장 오래 지속되는 배열은?** ▸ 2016, 2021

① 후진 배열 ② 흔적 배열
③ 지연 배열 ④ 동시적 배열

해설

- 고전적 조건형성(classical conditioning)은 무조건자극과 조건자극을 연합하여 나중에는 조건자극만으로도 유기체의 반응을 유발하는 연합학습 원리에 기반한다.
- 조건형성 효과가 가장 오래 지속되는 배열은 지연배열로, 조건자극이 먼저 제시되고 무조건자극이 제시되지만, 조건자극이 사라지기 전에 무조건자극이 제시되어야 한다.

학습 Plus CS와 UCS의 시차적 관계

- **동시조건형성**: 조건자극(CS)과 무조건자극(US)이 동시에 제시된다.
- **지연조건형성**: 조건자극(CS)이 먼저 제시되고 뒤이어 무조건자극(US)이 제시된다. 가장 조건형성이 잘된다.
- **흔적조건형성**: 제시한 조건자극(CS)이 완전히 사라진 후 무조건자극(US)을 제시한다.
- **역행조건형성**: 무조건자극(US)을 먼저 제시하고 조건자극(CS)을 뒤에 제시하는 절차로, 학습하기가 어렵다.

CS와 US의 시간적 관계성

정답 1. ③

기출문제 수록 ≫ 실전 대비

2017년도부터 가장 최근 2022년 시험까지의 필기시험 기출문제를 수록하였습니다. 12회분의 기출문제를 통해 자신의 실력을 확인해 봅시다!

기출문제 풀이 ≫ 역량 강화

문제를 정확하게 풀기 위해서는 문제의 핵심을 잘 파악해야 합니다. 명쾌하고 상세한 해설을 통해 과목별로 확실한 개념정리를 하도록 합시다!

16 **의미망 모형에 관한 설명으로 틀린 것은?**

① 많은 정보들은 의미망으로 조직화할 수 있고 의미망은 노드(node)와 통로(pathway)로 구성되어 있다.
② 모형의 가정을 어휘결정 과제로 검증할 수 있다.
③ 버터가 단어인지를 판단하는 데 걸리는 시간은 간호사보다 빵이라는 단어가 먼저 제시되었을 때 더 느리다.
④ 활성화 확산과정으로 설명할 수 있다.

해설

- 의미망 모형은 상호 연결된 의미망을 통해 서로 밀접한 개념들은 강하게 활성화되지만 관련이 적은 개념들은 약하게 활성화되는 현상을 설명한다. 이때 표적 단어(예: 버터)의 처리는 이 단어와 의미적으로 관련된 점화어(예: 빵)가 앞서 제시될 때 빠르게 촉진된다.
- Meyer와 Schvaneveldt(1976)는 글자열이 단어인지 여부를 판단하도록 하는 어휘결정 과제를 사용하였는데, 두 단어가 의미적으로 관련된 경우가 관련되지 않은 경우보다 두 번째 제시된 단어에 대한 어휘 판단 속도가 더 빨랐다. 가령, 'butter(버터)'에 대한 판단 속도는 'nurse(간호사)'가 먼저 제시될 때보다 'bread(빵)'가 먼저 제시될 때 더 빨랐다.
- 활성화 확산과정이라고 설명할 수 있는데, 이는 한 개념이 처리될 때 이 개념 마디와 연결된 고리를 따라 활성화가 된다는 개념으로서 '빨강'이란 단어를 제시하면 이와 밀접하게 관련된 '오렌지색'과 '불'과 같은 개념들은 강하게 활성화되지만, '일출'이나 '장미'와 같은 관련이 적은 개념들은 비교적 약하게 활성화되는 것을 설명한다.

17 **동조에 관한 설명으로 옳은 것은?** ▸ 2017

① 집단의 크기에 비례하여 동조의 가능성이 증가한다.
② 과제가 쉬울수록 동조가 많이 일어난다.
③ 개인이 집단에 매력을 느낄수록 동조하는 경향이 더 높다.
④ 집단에 의해서 완전하게 수용 받고 있다고 느낄수록 동조하는 경향이 더 크다.

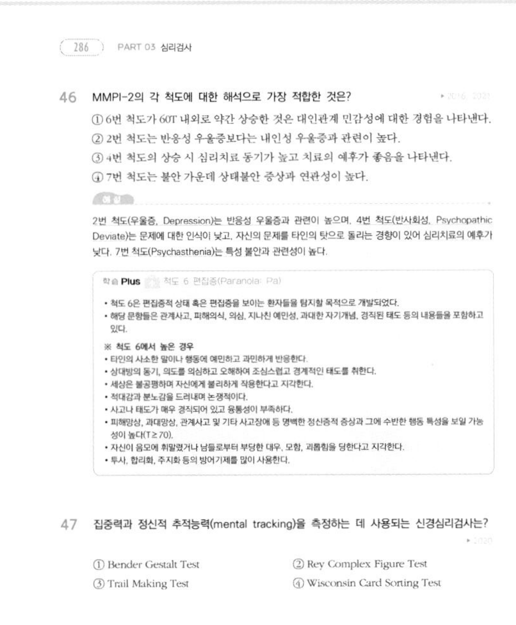
286 PART 03 심리검사

46 MMPI-2의 각 척도에 대한 해석으로 가장 적합한 것은? ▸ 2016, 2020

① 6번 척도가 60T 내외로 약간 상승한 것은 대인관계 민감성에 대한 경험을 나타낸다.
② 2번 척도는 반응성 우울증보다는 내인성 우울증과 관련이 높다.
③ 4번 척도의 상승 시 심리치료 동기가 높고 치료의 예후가 좋음을 나타낸다.
④ 7번 척도는 불안 가운데 상태불안 증상과 연관성이 높다.

해설

2번 척도(우울증, Depression)는 반응성 우울증과 관련이 높으며, 4번 척도(반사회성, Psychopathic Deviate)는 문제에 대한 인식이 낮고, 자신의 문제를 타인의 탓으로 돌리는 경향이 있어 심리치료의 예후가 낮다. 7번 척도(Psychasthenia)는 특성 불안과 관련성이 높다.

학습 Plus 척도 6 편집증(Paranoia: Pa)

- 척도 6은 편집증적 상태 혹은 편집증을 보이는 환자들을 탐지할 목적으로 개발되었다.
- 해당 문항들은 관계사고, 피해의식, 의심, 지나친 예민성, 과대한 자기개념, 경직된 태도 등의 내용들을 포함하고 있다.

※ 척도 6에서 높은 경우
- 타인의 사소한 말이나 행동에 예민하고 과민하게 반응한다.
- 상대방의 동기, 의도를 의심하고 오해하여 조심스럽고 경계적인 태도를 취한다.
- 세상은 불공평하며 자신에게 불리하게 작용한다고 지각한다.
- 적대감과 분노감을 드러내며 논쟁적이다.
- 사고나 태도가 매우 경직되어 있고 융통성이 부족하다.
- 피해망상, 과대망상, 관계사고 및 기타 사고장애 등 명백한 정신증적 증상과 그에 수반한 행동 특성을 보일 가능성이 높다($T \geq 70$).
- 자신이 음모에 휘말렸거나 남들로부터 부당한 대우, 모함, 괴롭힘을 당한다고 지각한다.
- 투사, 합리화, 주지화 등의 방어기제를 많이 사용한다.

47 집중력과 정신적 추적능력(mental tracking)을 측정하는 데 사용되는 신경심리검사는? ▸ 2020

① Bender Gestalt Test ② Rey Complex Figure Test
③ Trail Making Test ④ Wisconsin Card Sorting Test

정답 46. ① 47. ③

학습 Plus ≫ 역량 강화

추가로 도움이 될 만한 내용을 학습 Plus로 구성하였습니다. 해설과 함께 학습 Plus까지 학습을 마쳤다면 합격을 위한 시험 준비는 완성! 합격을 위해 놓치는 부분이 없도록 꼼꼼하게 정리합시다!

모의평가 ≫ 최종 점검

실제 필기시험의 형식으로 문제를 수록하여 실전에 대비할 수 있도록 하였습니다. 반드시 모의평가의 해설을 숙지하며 최종 점검합시다!

665

01 모의평가 제1회

[제1과목] 심리학개론

01 다음 중 부적 강화에 관한 설명으로 가장 적합한 것은?

① 반응행동이 다시 일어날 확률을 증가시킨다.
② 고전적 조건형성에서 꼭 필요한 것이다.
③ 처벌의 한 예이다.
④ 지렛대를 누르면 전기충격이 가해진다.

02 심리검사가 측정하고자 하는 내용이나 속성을 실제 얼마나 잘 측정하는지를 나타내는 개념은 무엇인가?

① 표준화 ② 난이도
③ 타당도 ④ 신뢰도

03 살인사건이나 화재 등으로 죽는 사람과 심장마비로 죽는 사람 중 누가 더 많은지를 묻는 질문에서 사람들이 흔히 범하는 확률추론과정의 오류는?

① 가용성 발견법
② 대표성 발견법
③ 확증 편향
④ 연역적 추리

차례

심리학개론 19

이상심리학 141

심리검사 281

모의평가 663

PART 01

심리학개론

01 2022년 제3회 기출문제

◇ 임상심리사 2급 필기 제3회 문제는 응시자의 후기와 과년도 빈출문제를 기반으로 기출과 유사한 문제를 복원하여 '기출예상문제'로 제공됩니다(CBT 방식으로 시험이 전환되어 시험문제가 비공개되었음).

◇ 임상심리사 2급 필기시험에서 〈제1과목 심리학개론〉은 1~20번까지로 총 20문항이 출제됩니다.

01 고전적 조건형성에서 조건자극과 무조건자극을 배열할 때 조건형성 효과가 가장 오래 지속되는 배열은? ▸ 2016, 2021

① 후진 배열 ② 흔적 배열

③ 지연 배열 ④ 동시적 배열

해 설

- 고전적 조건형성(classical conditioning)은 무조건자극과 조건자극을 연합하여 나중에는 조건자극만으로도 유기체의 반응을 유발하는 연합학습 원리에 기반한다.
- 조건형성 효과가 가장 오래 지속되는 배열은 지연배열로, 조건자극이 먼저 제시되고 무조건자극이 제시되지만, 조건자극이 사라지기 전에 무조건자극이 제시되어야 한다.

학습 Plus CS와 US의 시차적 관계

- **동시조건형성**: 조건자극(CS)과 무조건자극(US)이 동시에 제시된다.
- **지연조건형성**: 조건자극(CS)이 먼저 제시되고 뒤이어 무조건자극(US)이 제시된다. 가장 조건형성이 잘된다.
- **흔적조건형성**: 제시한 조건자극(CS)이 완전히 사라진 후 무조건자극(US)을 제시한다.
- **역행조건형성**: 무조건자극(US)을 먼저 제시하고 조건자극(CS)을 뒤에 제시하는 절차로, 학습하기가 어렵다.

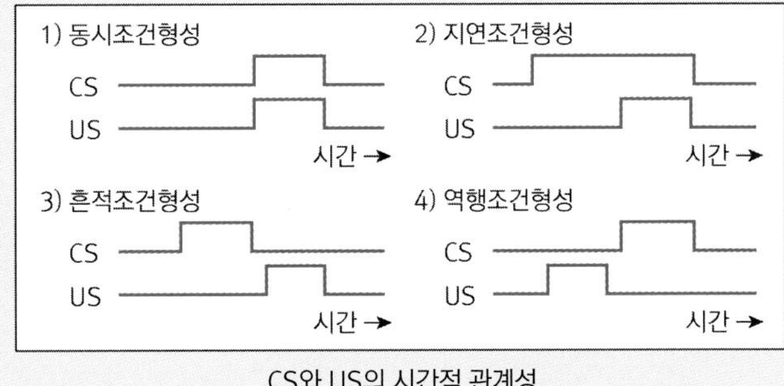

CS와 US의 시간적 관계성

정답 1. ③

02 단기기억의 기억용량을 나타내는 것은? ▸ 2007, 2013, 2020

① 3±2개 ② 5±2개
③ 7±2개 ④ 9±2개

해설

- 단기기억(short-term memory)은 용량이 제한되어 있어 감각기억으로부터 들어온 정보를 짧은 기간 동안(대략 10~20초) 처리하고 저장하며, 기억의 용량은 7±2개이다.
- 단기기억에 있는 정보는 되뇌기(rehearal, 암송)를 통해 머물게 되며, 항목들을 처리 가능한 단위로 체제화하는 처리 과정을 청킹(chunking)이라고 한다.

03 자극추구 성향에 관한 설명으로 옳은 것은? ▸ 2011, 2013, 2017, 2020

① Eysenck는 자극추구 성향에 관한 척도를 제작했다.
② 자극추구 성향이 높을수록 노르에피네프린(NE)이라는 신경전달물질을 통제하는 체계에서의 흥분 수준이 낮다는 주장이 있다.
③ 성격 특성이 일부 신체적으로 유전된다는 주장을 반박하는 근거로 제시된다.
④ 내향성과 외향성을 구분하는 생리적 기준으로 사용된다.

해설

자극추구 성향(sensation seeking tendency)은 다양하고 복잡한 감각과 경험을 추구하는 경향이며, 이러한 경험을 얻기 위해 신체적 · 사회적 위험을 감수하려는 태도가 동반될 수 있다. 자극추구 성향이 높을수록 주위 환경 및 상황에 대해 경계하고 각성하는 것을 돕는 노르에피네프린 통제체계의 활성화 수준이 낮은 것으로 알려져 있다.

04 다음 설명으로 해당하는 것은? ▸ 2021

- 아동들의 자기개념이 왜 우선적으로 남자-여자 구분에 근거하는지를 설명하고자 한다.
- 아동에게 성이라는 렌즈를 통해 세상을 보도록 가르치는 문화의 역할을 중요시한다.

① 사회학습 이론 ② 인지발달 이론
③ 성 도식 이론 ④ 정신분석학 이론

정답 2. ③ 3. ② 4. ③

해설

- 성 도식 이론
  성 역할 개념의 습득과정을 설명하는 정보처리이론으로서 아동의 성 유형화는 사회문화적 요인과 인지발달의 영향을 받으며, 성 도식(남성 또는 여성적 특징을 구분하는 고유한 인지 틀)에 근거해서 자신의 성 정체감과 일치하는 행동을 구성하며 성 역할이 발달된다.
- 사회학습 이론
  성 역할은 직접 학습과 관찰 학습에 의해 형성된다고 본다. 주변인들로부터 성에 적합한 행동을 강화 또는 처벌의 과정을 겪으며 발달하기도 하지만(직접 학습), 주변인의 성 역할 행동이나 다양한 매체를 통해 자기 성에 적합한 행동을 발달시켜 나가기도 한다(관찰 학습).
- 인지발달 이론
  성 역할은 아동이 자신의 성에 대해 남성 또는 여성이라는 인식을 통해 발달되며, 자신의 성에 대한 동일시가 인지적으로 확립되면 사회적 요인에 의해 잘 변화되지 않는다.
- 정신분석 이론
  성 역할 발달은 심리성적 발달단계 중 남근기에서의 서로 다른 경험에 영향을 받는다. 남근기 동안 오이디푸스 콤플렉스(남아)와 엘렉트라 콤플렉스(여아)를 각기 경험하나 콤플렉스를 극복하기 위해 부모를 통해 성 역할 동일시를 하게 된다.

05 다음의 설명에 해당하는 것은? ▸ 2018, 2021

> 척도상의 대표적 수치를 의미하며, 평균, 중앙치, 최빈치가 그 예이다.

① 빈도분포값
② 추리통계값
③ 집중경향값
④ 변산측정값

해설

집중경향치란 한 집단의 점수 분포를 하나의 값으로 요약하고 기술해 주는 대표치로서 평균치, 중앙치, 최빈치가 있다.

- **최빈치**: 가장 빈도가 많은 점수를 말한다.
- **평균치**: 산술평균을 말하는 것으로, 값들의 합을 총 사례수로 나누어 계산한 수치이다.
- **중앙치**: 가장 작은 수치부터 가장 큰 수치까지 차례대로 나열해 놓았을 때 중앙에 오는 값을 의미한다.

06 다음 중 성격이 다른 학습은? ▸ 2016

① 연합학습
② 통찰학습
③ 잠재학습
④ 모방학습

정답 5. ③ 6. ①

해 설

연합학습(associative learning)은 두 사건 간의 연관성에 대한 학습을 말하며, 한 사건과 다른 사건을 연합시킨다는 의미로 '연합학습'이라고 한다. 연합학습에는 '고전적 조건형성'과 '조작적(도구적) 조건형성'이 있다. 통찰학습, 잠재학습, 모방학습은 인지적 관점의 학습 이론이다.

- **통찰학습**: 문제해결 장면에서 놓여 있는 요소들 간의 의미를 발견하는 것으로, 문제해결이 갑작스럽게 이루어지는 현상을 말한다.
- **잠재학습**: 보상이 주어지지 않은 상황에서도 잠재적으로 학습이 진행되는 것을 말한다.
- **모방학습**: 타인의 행동을 관찰한 결과로 인해 학습이 이루어지는 것을 말한다.

07 '통계적으로 유의미하다'라는 말의 뜻을 나타내는 것은? ▸ 2015, 2020

① 실험 결과가 우연이 아닌 실험 처치에 의해서 나왔다.
② 실험 결과를 통계적 방법을 통해 분석할 수 있다.
③ 실험 결과가 통계적 분석 방법을 써서 나온 것이다.
④ 실험 결과가 통계적 혹은 확률적 현상이다.

해 설

통계적으로 유의미하다는 것은 실험 결과가 우연한 결과이거나 한두 개의 극단값에 의한 것이 아니라는 것을 의미한다. 이는 실험 결과가 실험 처치에 의한 효과임을 나타낸다.

08 성격의 정의에 관한 설명으로 틀린 것은? ▸ 2008, 2015, 2021

① 성격에는 개인이 가지고 있는 고유하고 독특한 성질이 포함된다.
② 개인의 독특성은 시간이 지나도 비교적 안정적으로 변함없이 일관성을 지닌다.
③ 성격은 다른 사람이나 환경과 상호작용하는 관계에서 행동양식을 통해 드러난다.
④ 성격은 타고난 것으로 개인이 속한 가정과 사회적 환경에 영향을 받지 않는다.

해 설

성격의 형성에는 유전적인 결정 요인과 환경적인 결정 요인 모두의 영향을 받는다. 두 개의 요인은 항상 상호 관련되어 나타난다.

정답 7. ① 8. ④

09 로저스(Rogers)의 '자기개념'에 관한 설명으로 옳지 않은 것은? ▸ 2004, 2013, 2020

① 사람의 세상에 대한 지각에 영향을 준다.
② 상징화되지 못한 감정들로 구성되어 있다.
③ 자기에는 지각된 자기 외에 되고 싶어 하는 자기도 포함된다.
④ 지각된 경험에 의해 형성된다.

해설

- Rogers는 성격의 중요한 구성개념으로서 자기(self) 또는 자기개념(self-concept)을 강조하였다. 자기개념은 자신에 대해 지니는 지속적인 인식을 의미하며 경험에 의해 형성되는 것으로 보았다. 이러한 자기개념은 세상을 바라보는 지각체계에 영향을 주며 그 과정에서 자아상을 형성하게 된다.
- 자기개념은 현재의 자기 모습을 반영하는 현실적 자기(real self)와 긍정적 존중을 받기 위해 추구해야 할 이상적 자기(ideal self)를 포함하며, 심리적 역기능은 유기체의 경험과 자기개념 간의 불일치에 의해 발생된다고 보았다.

10 사회학습이론에 입각한 성격에 관한 설명으로 옳은 것은? ▸ 2009, 2012, 2016

① 사회학습이론에서는 성격이 인지과정이나 동기에 의한 영향을 인정하지 않는다.
② 사회학습이론에서는 관찰학습과 모델링을 통해서 보상받은 행동을 대리적으로 학습한다고 한다.
③ 사회학습이론에서는 행동에 대한 환경적 변인의 독립적인 영향을 강조한다.
④ Bandura는 개인이 자신의 노력으로 원하는 결과를 얻을 수 있다는 신념이나 기대를 자기존중감(self-esteem)이라고 하였다.

해설

- 사회학습이론의 창시자인 밴듀라(Bandura)는 조건학습에서는 인간의 독특한 특성인 인지과정을 중요시하였다.
- 인간의 모든 행동은 직접 경험하고 강화를 받은 행동뿐만 아니라 다른 사람의 행동을 관찰하는 것을 통해서도 행동 변화가 가능하다고 보았다. 타인의 행동을 습득하거나 강화를 받는 것을 관찰학습 또는 모델링이라고 한다.
- 성격의 정의로서 환경, 사람, 행동의 세 요인이 상호작용하여 인간의 행동방식을 결정한다는 상호결정론적 관점을 취한다.
- Bandura는 자신이 원하는 결과를 얻을 수 있다는 기대나 신념을 자기효능감(self-efficacy)이라고 하였다.

정답 9. ② 10. ②

11 조건형성의 원리와 그에 해당하는 예를 잘못 연결시킨 것은? ▸ 2015, 2021

① 조작적 조건형성의 응용－행동수정
② 소거에 대한 저항－부분강화 효과
③ 강화보다 처벌 강조－행동조성
④ 고전적 조건형성의 응용－유명연예인 광고모델

해 설

행동조성(shaping)은 최종 목표 행동에 도달하기까지 여러 단계로 나누어 강화시킴으로써 점진적으로 접근하도록 한다. 낮은 수준의 단계부터 정확한 반응까지의 단계를 학습의 원리로 이끄는 과정을 말한다.

• 예: 아이에게 말을 가르칠 때, 아이의 옹알이 행동을 '강화'함.
이후 아이는 '마'와 '바'라는 소리에 강화를 받음.
→ 다음 단계에서 '음-마' 와 '빠-빠'로 말해야 강화를 받음('마'와 '바'는 소거됨).
→ 다음 단계에서 '엄마'와 '아빠'로 말해야 강화를 받음('음-마'와 '빠-빠'는 소거됨).

학습 Plus 행동조성(shaping)

기본적인 학습원리는 차별 강화와 점진적 접근으로 구성된다. 처음에는 목표 행동과 관련된 간단한 반응에 강화를 하지만 점차 단계별 학습을 통해 특정 반응을 강화하여 최종의 목표 행동에 이르도록 한다.

• **차별 강화**(differential reinforcement): 어떤 특정 반응은 강화하고 나머지 반응은 강화를 제공하지 않는다.
• **점진적 접근**(successive approximation): 단계별 과정을 통해 원하는 반응을 강화하며 최종 목표 행동에 접근해 간다.

12 Kübler-Ross가 주장한 죽음의 단계에 대한 순서로 옳은 것은? ▸ 2021

① 부정 → 분노 → 타협 → 우울 → 수용
② 분노 → 우울 → 부정 → 타협 → 수용
③ 우울 → 부정 → 분노 → 타협 → 수용
④ 타협 → 부정 → 분노 → 우울 → 수용

해 설

죽음에 임박한 환자의 심리를 이해하는 데 있어 가장 처음 시행된 체계적인 연구는 1969년 퀴블러-로스(Elizabeth Kübler-Ross) 박사가 제시한 죽음과 관련한 5단계 이론이다. 이론에서는 죽음에 직면한 환자가 제시한 5단계를 거치면서 심리적 적응을 하게 된다고 설명하고 있다. 각 단계는 부정-분노-타협-우울-수용의 과정을 거쳐 완성된다.

정답 11. ③ 12. ①

학습 Plus 퀴블러-로스의 죽음의 5단계

- **부인(denial)**
  죽음과 관련한 사실, 정보, 현실 등을 의식적, 무의식적으로 거부하는 단계이다. 이는 일종의 정신적 방어기제이며, 이 과정에서 환자들은 흔히 진단이 잘못되었다고 판단하고 잘못된 정보에 매달리거나, 본인이 듣기 편한 사실만 골라 믿으려고 하는 경향을 보이기도 한다. 어떤 사람들은 이 과정에서 벗어나지 못하고 반복적으로 현실을 무시하려고 한다.
- **분노(anger)**
  이는 각 개인의 성격에 따라 다른 방법으로 표출된다. 일부 사람들은 자신에게 화를 내며 자책하기도 하고, 주변의 가까운 사람에게 화를 내기도 한다. 이 과정에서 치료자나 가족은 환자의 분노가 실제 자신을 향한 것이 아님을 인식하고 환자에게 화를 내거나 수치심을 주기보다는 객관적으로 이해하려고 노력하고, 비판적이지 않은 방법으로 환자의 분노를 수용하는 것이 도움이 된다.
- **협상(bargaining)**
  흔히 이 과정에서 환자는 자신이 처한 사회적 배경을 중심으로 신이나 절대자에게 귀의하게 된다. 지금까지의 삶의 방식을 버리고 새롭게 시작하려는 노력도 시도한다. 죽음과 같이 심각한 문제가 아닌 경우에 이 과정을 통해 새로운 해결책을 구하는 경우도 있다. 예를 들면, 사랑이 깨진 경우에 '그래도 아직 친구 관계로 남을 수는 있겠지?'라는 식의 협상을 통해 문제에서 벗어날 수도 있다. 하지만 죽음의 경우 환자가 만족할 만한 협상을 이루기 어려우며 해결책을 구할 수 없는 경우가 많다.
- **우울(depression)**
  비통함을 준비하는 과정이다. 현재 직면한 사실은 극복할 수도 피할 수도 없는 현실임을 인식하게 되면서 무력감을 느끼고 이와 관련한 감정적 고통을 표출하는 시기라고 할 수 있다. 이 과정에서 환자는 사람을 피하고, 많은 시간 동안 혼자서 슬픔과 괴로움을 느낀다. 어떤 의미에서는 현실을 받아들이는 준비 과정이라고도 볼 수 있다.
- **수용(acceptance)**
  분노와 같이 개인의 환경이나 성격에 따라 다른 방법으로 나타난다. 대부분의 경우 정서적으로 안정되고 객관적으로 현실을 볼 수 있게 된다. 자신의 삶을 돌아보고 죽음에 임박한 현실 속에서 긍정적 측면을 생각하거나 자신이 할 수 있는 최선의 방법을 모색하기도 한다. 이 단계는 죽음에 임박해서 거치게 되는 과정은 아니며, 아직 죽음까지 시간이 많이 남아 있음에도 이 과정에 돌입하는 경우도 많다.

13 강화계획 중 소거에 대한 저항이 가장 큰 것은? ▸ 2013, 2019

① 고정간격 강화계획 ② 변동간격 강화계획
③ 고정비율 강화계획 ④ 변동비율 강화계획

해설

변동비율 강화계획은 강화의 평균반응 수는 일정하나, 불규칙한 횟수마다 강화가 주어지기에 언제 강화가 올지 예측하기가 어렵다. 소거를 가장 느리게 할 수 있다(예: 도박).

정답 13. ④

학습 Plus 강화계획(Interval schedule)

- **고정간격 강화계획(fixed interval schedule)**
  일정한 간격마다 올바른 반응을 하면 강화가 주어진다(예: 월급 또는 정기시험).
- **고정비율 강화계획(fixed ratio schedule)**
  정해진 횟수만큼 반응을 해야 강화가 주어진다(예: 도장 10번을 모으면 커피 한 잔을 제공).
- **변동간격 강화계획(variable interval schedule)**
  임의로 정한 시간 범위 내에서 불규칙한 간격으로 강화가 주어진다(예: 쪽지시험).
- **변동비율 강화계획(variable ratio schedule)**
  평균 n번 반응한 뒤 보상(강화인)이 주어지기에 두 번 반응한 뒤 보상을 받기도 하고, 여러 번 반응해도 보상을 받지 못하기도 한다(예: 도박).

14 다음은 무엇에 관한 설명인가? ▸ 2021

> 방어기제 중 우리가 가진 바람직하지 않은 자질들을 과장하여 다른 사람들에게 부여함으로써 우리의 결함을 인정하지 않도록 막아 주는 것

① 부인 ② 투사
③ 전위 ④ 주지화

해설

- **투사(projection)**: 자신이 받아들이기 어려운 느낌, 생각, 충동 등을 무의식적으로 타인의 탓으로 돌려 자신을 보호하는 기제를 말한다.
- **부인(denial)**: 받아들이기 힘든 상황이나 고통스러운 경험을 인정하려 들지 않고 사실이 아닌 것으로 여기는 것을 말한다.
- **전위(displacement)**: 자신의 감정을 대상에게 직접적으로 표현하지 못하고 전혀 다른 대상에게 자신의 감정을 발산하는 것을 말한다.
- **주지화(intellectualization)**: 자신에게 불편하고 받아들이기 힘든 감정을 회피하고, 분석적이고 지적인 이해를 통해 불안을 줄이고자 하는 기제를 말한다.

정답 14. ②

15 상관계수에 관한 설명으로 틀린 것은? ▸ 2015

① 두 변수 사이의 관계를 기술하기 위한 것으로 두 변수가 연합되는 정도의 통계측정치이다.
② 상관계수의 범위는 +1.0에서 −1.0까지이다.
③ 두 변수 사이의 관계의 강도는 상관계수(r)의 절대치에 의해 규정된다.
④ 한 변수가 다른 변수에 영향을 미치는 인과관계를 추론할 수 있다.

해설

- 상관계수(correlation coefficient)는 변인 사이의 관련성이 어느 정도인가를 상관계수라는 통계치로 나타낸다. 두 변인의 관련성은 정적상관(positive correlation)과 부적상관(negative correlation)으로 나타낸다.
- 상관분석은 두 변인 간의 관련성은 알 수 있으나, 인과관계는 알 수 없다는 제한점을 지닌다.

16 Freud에 따르면 거세불안을 극복하는 과정에서 형성되는 성격의 요소는? ▸ 2012, 2019

① 원초아 ② 자아
③ 초자아 ④ 무의식

해설

- 거세불안(castration anxiety)은 프로이트의 심리성적 발달단계 중 남근기(phallic stage)에 해당되는 발달과정이다. 이 시기의 남아는 어머니의 애정을 독점하고자 하는 과정에서 아버지에 대한 복잡한 갈등을 경험하며 거세불안을 겪는다.
- 이 시기의 아동은 초자아를 통해 자신의 행동을 스스로 통제함으로써 거세불안을 회피할 수 있게 되고, 점차 세대의 구분을 이해하고 사회적 규범 및 아버지에 대한 동일시를 형성하며 건강한 남자의 성 역할과 성 정체감을 형성하게 된다.

17 타인의 행동에 대한 원인 귀인 시 외부적인 요인을 과소평가하고 내부적인 요인을 과대평가하는 것은? ▸ 2018

① 공정한 세상 가설 ② 자아고양 편파
③ 행위자–관찰자 편향 ④ 기본적 귀인오류

정답 15. ④ 16. ③ 17. ④

해 설

- **기본적 귀인 오류**: 관찰자가 다른 이들의 행동을 설명할 때 외적 · 상황적 요인들의 영향을 과소평가하고 행위자의 내적 · 기질적 요인들의 영향을 과대평가하는 것을 말한다. 이 경우, 타인의 행동에 대한 이유를 외부의 상황이나 환경보다는 성격 같은 내적인 요인에서 찾으려는 경향을 보인다.
- **공정한 세상 가설**: 불공정하다고 지각된 상황에 대해 스스로 합리적 가설을 만들어 감정적 손상으로부터 자신을 보호하는 일종의 합리화 과정을 말한다.
- **자아고양 편파**: 자존심을 유지하기 위한 방편으로 나타나는 귀인편향의 한 형태로, 행동의 결과가 좋으면 자신에게 내부귀인, 좋지 않으면 외부귀인하는 것을 말한다.
- **행위자-관찰자 편향**: 자신이 행위자일 경우에는 자신의 행동에 대해 외부귀인을 하고, 관찰자일 경우에는 행위자의 행동에 대해 내부귀인을 하는 것을 말한다.

18 성격 특성들 간의 관련성에 관한 개인적 신념으로서 타인의 성격을 판단하는 틀로 이용하는 것은? ▸ 2018

① 기본적 귀인오류(fundamental attribution error)
② 고정관념(stereotype)
③ 내현성격이론(implicit personality theory)
④ 자기봉사적 편향(self-serving bias)

해 설

- **내현성격이론(implicit personality theory)**: 개인에게 내재된 성격 판단의 기준이나 틀을 말한다.
- **기본적 귀인오류(fundamental attribution error)**: 관찰자가 다른 이들의 행동을 설명할 때 상황 요인들의 영향을 과소평가하고 행위자의 내적 · 기질적인 요인들의 영향을 과대평가하는 경향을 의미한다(예: 곱슬머리는 고집이 셀 것이다).
- **고정관념(stereotype)**: 사람들이 지니고 있는 부정확하게 일반화된 신념으로, 잘 변하지 않는 특성이 있다.
- **자기봉사적 편향(self-serving bias)**: 자신의 성공은 자신의 내부적 특성이 원인이라 생각하는 반면, 실패하는 것은 외부의 환경적 요인 때문이라고 보는 경향으로, 자존감을 유지하는 데 영향을 미치는 것으로도 알려져 있다.

19 기억의 인출과정에 대한 설명으로 틀린 것은? ▸ 2018, 2021

① 인출이 이후의 기억을 증가시킬 수 있다.
② 장기기억에서 한 항목을 인출한 것이 이후에 관련된 항목의 회상을 방해할 수 있다.
③ 인출행위가 경험에서 기억하는 것을 변화시킬 수 있다.
④ 기분과 내적 상태는 인출단서가 될 수 없다.

정답 18. ③ 19. ④

해설

외부단서 외에도 기분과 내적 상태의 변화는 기억의 인출단서로서 중요하게 영향을 미친다. 기억의 인출과정에서 기분과 내적 상태는 인출단서로서 작용된다. 이를 '기분 의존성 기억'이라고 하며, 자료를 학습할 당시의 기분이 되살아나면 기억 인출이 증진되는 경우를 말한다.

20 성격심리학의 주요한 모델인 성격 5요인에 대한 설명으로 옳은 것은? ▸ 2019, 2021

① 5요인에 대한 개인차에서 유전적 요인은 찾아볼 수 없다.

② 성실성 점수가 높은 사람의 경우 행동을 계획하고 통제하는 것을 돕는 전두엽의 면적이 더 큰 경향이 있다.

③ 뇌의 연결성은 5요인의 특질에 영향을 미치지 않는다.

④ 정서적 불안정성인 신경증은 일생 동안 계속해서 증가하고 성실성, 우호성, 개방성과 외향성은 감소한다.

해설

- 5요인 연구에서 뇌 영상 촬영 후 전두엽의 회백질 크기가 '성실성'과 관련됨이 발견되었다.
- 성격의 5요인 모델에서는 각 요인들이 생물학적 기반을 가지고 있다고 본다. 즉, 유전(생물학적 요인)에 의해 5요인을 지니게 되고, 특정 요인의 강함과 약함은 심리적 발달을 하는 과정에서 개인차가 생긴다.
- 뇌의 연결성은 5요인(신경증, 성실성, 우호성, 개방성, 외향성) 특질과 관련된다.
- 5가지 성격 특성은 오랜 시간의 경과에도 일정하게 유지됨이 관찰되었다.

정답 20. ②

02 2022년 제1회 기출문제

01 임상심리학 연구방법 중 내담자와의 면접을 통해 증상과 경과를 체계적으로 연구하는 방법은?

① 실험연구 ② 상관연구
③ 사례연구 ④ 혼합연구

해설

사례연구(case study method)
- 관찰이나 면접 등의 다양한 방법을 이용하여 특정한 사람이나 집단 또는 사건을 체계적으로 이해하는 심층적인 조사기법이다.
- 질적으로 상세한 정보와 추후 연구에 대한 통찰을 얻을 수 있으나, 연구 결과의 일반화 문제, 동일한 연구방법을 반복적으로 설계하기 어렵고, 많은 시간이 소요된다.

02 성격이론과 대표적인 연구자가 잘못 짝지어진 것은? ▸ 2014

① 정신분석이론－프로이트(Freud)
② 행동주의이론－로저스(Rogers)
③ 인본주의이론－매슬로우(Maslow)
④ 특질이론－올포트(Allport)

정답 1. ③ 2. ②

해설

행동주의이론
- 개인의 행동을 결정하는 요인이 내부가 아닌 외부의 환경에 있다고 본다.
- 개인이 외부 자극인 경험을 통해 학습한 방식대로 자극에 반응(행동)하며, 이러한 반응의 차이가 개인의 성격을 결정한다고 본다.
- 관찰 가능한 행동을 통해 성격을 좀 더 객관적이고 과학적으로 살펴보고자 한다.
- 대표적인 연구자는 파블로프(Pavlov), 왓슨(Watson), 밴듀라(Bandura), 스키너(Skinner) 등이다.
- 로저스(Rogers)는 인간중심상담이론의 대표적인 학자이다.

03 기억 연구에서 집단이 회상한 수가 집단구성원 각각이 회상한 수의 합보다 적은 것을 의미하는 것은? ▸ 2018

① 책임감 분산　　② 청크효과
③ 스트룹효과　　④ 협력 억제

해설

- **협력 억제**: 일반적으로 협력 과제에서 개인이 수행한 합이 집단이 협력하여 수행한 합보다 더 나은 결과를 보이는 것을 말한다(사회적 태만 현상과 유사 – 집단에 속한 사람들이 공동의 목표를 달성하기 위해 함께 일하는 상황에서 혼자 일할 때보다 노력을 덜 들여 개인의 수행이 떨어지는 현상).
- **책임감 분산**: 방관자 효과라고도 하며, 주위에 사람들이 많을수록 책임감이 분산되어 어려움에 처한 사람을 돕지 않게 되는 현상을 말한다.
- **청크효과**: 학습자가 특정 내용을 기억하고자 할 때 단위(덩어리: 청크)로 학습하게 되면 인지적 소모를 줄여 기억에 도움이 되는 것을 말한다.
- **스트룹효과**: 단어의 의미와 색상이 일치하지 않는 자극을 보고 그 자극의 색상을 명명할 때, 일치하는 자극을 보고 명명할 때보다 반응 시간이 더 증가하는 현상을 말한다.

04 여러 상이한 연령에 속하는 사람들로부터 동시에 어떤 특성에 대한 자료를 얻고, 그 결과를 연령 간 비교하여 발달적 변화과정을 추론하는 연구방법은? ▸ 2013, 2017

① 종단적 연구방법　　② 횡단적 연구방법
③ 교차비교 연구방법　　④ 단기종단적 연구방법

해설

- **횡단적 연구방법**: 연령이 다른 집단을 대상으로 같은 시기에 동시에 조사하여 연령에 따른 행동 특성을 비교, 연구하는 방법이다. 서로 다른 연령층에서 나타나는 발달적 변화에 대한 정보를 제공한다.
- **종단적 연구방법**: 동일한 집단을 대상으로 하여 시간의 흐름에 따라 계속 추적하면서 반복하여 측정함으로써 시간 경과에 따른 발달과 변화를 연구하는 방법이다.

정답 3. ④ 4. ②

05 단순 공포증이 유사한 대상에게 확대되는 현상을 설명하는 학습원리는?

① 변별조건형성 ② 자극 일반화
③ 자발적 회복 ④ 소거

해설

- **자극 일반화**: 특정한 조건자극에 대해 조건형성된 반응은 원래의 조건자극과 유사한 자극에 대해서도 동일한 반응을 일으킨다.
- **변별조건형성**: 어떤 자극에 대해 그 의미나 특징을 구분하여 인식하는 것을 의미한다. 변별학습이 이루어지면 제시된 자극 조건에 따라 다르게 반응한다.
- **자발적 회복**: 소거된 조건반응도 일정한 휴식 기간 후 조건자극을 제시하면 다시 나타나는 것을 자발적 회복이라고 한다. 단, 회복된 반응은 강도가 약해 다시 소거시키면 이내 사라진다.
- **소거**: 학습된 조건반응은 무조건자극이 따라오지 않으면 점차 감소되다가 사라지는 것을 말한다.

06 실험장면에서 실험자가 조작하는 처치변인은?

① 독립변인 ② 종속변인
③ 조절변인 ④ 매개변인

해설

- **독립변인**: 실험에서 다른 변인들의 영향을 받지 않고 연구자에 의해 조작되므로 독립변인이라고 한다. 인과관계의 원인이 되는 것으로 여겨지는 변인으로서 처치변인이라고도 한다(예: 교수법이 학업성취도에 미치는 효과를 보고자 할 때 교수법은 독립변인에 해당된다).
- **종속변인**: 독립변인에 의해 영향을 받는 연구참여자의 특성을 말한다. 측정되는 변수는 독립변수의 조건에 따라 변하므로 종속변수라고 한다(예: 교수법이 학업성취도에 미치는 효과를 보고자 할 때, 학업성취도는 종속변인이 된다).
- **조절변인**: 독립변인이 종속변인에 미치는 영향의 효과가 다른 예측 변인의 수준에 의해 달라지면 이 변인을 조절변인이라고 한다(예: 교수법이 학업성취도에 미치는 효과를 보고자 할 때, 지능 수준에 따라 다르게 나타난다면 지능은 조절변인이 될 수 있다).
- **매개변인**: 독립변인이 종속변인에 미치는 영향의 효과가 다른 예측변인을 통해 발생할 때 그 예측변인을 매개변인이라고 한다(예: 교수법이 학업성취도에 미치는 효과를 보고자 할 때, 이해력과 같은 변인이 매개변인이 될 수 있다).

정답 5. ② 6. ①

07 프로이트의 성격의 구조에 대한 설명으로 틀린 것은?

① 이드는 쾌락원칙을 따른다.
② 초자아는 항문기의 배변훈련 과정을 겪으면서 발달한다.
③ 성격의 구조 가운데 가장 마지막으로 발달하는 체계가 초자아이다.
④ 자아는 성격의 집행자로서 인지능력에 포함된다.

해설

초자아(superego)는 남근기 시기에 발달되며, 도덕원리를 따라 사회·문화적인 규준과 관습을 내면화한다.

학습 Plus 정신분석이론: 성격의 삼원구조

- **원초아(id)**: 무의식적 정신 에너지의 저장소이며, 쾌락의 지배를 받아 현실에 의해서 구속받지 않고 즉각적 만족을 추구한다(쾌락원리).
- **자아(ego)**: 현실적인 적응을 담당하며, 원초아와 초자아와의 균형을 유지하고 둘 간의 갈등을 중재하는 역할을 한다(현실원리).
- **초자아(superego)**: 자아로 하여금 현실적인 것뿐만 아니라 이상적인 것도 고려하도록 이끌고, 행위를 판단하게 하는 도덕적 규범과 같다(도덕원리).

08 Cattell의 성격이론에 관한 설명과 가장 거리가 먼 것은?

▸ 2015, 2018

① 주로 요인분석을 사용하여 성격요인을 규명하였다.
② 지능을 성격의 한 요인인 능력특질로 보았다.
③ 개인의 특정 행동을 설명할 수 있느냐에 따라 특질을 표면특질과 근원특질로 구분하였다.
④ 성격특질이 서열적으로 조직화되어 있다고 보았다.

해설

성격특질의 서열적 조직화는 Eysenk에 의해 제시된 것으로, 그는 성격을 외-내향성(Extroversion-introversion, E), 신경증 성향(Neuroticism, N), 정신병적 성향(psychoticism, P)의 3요인으로 구분하고, 세 가지 성격차원의 생물학적 토대를 밝히고자 노력하였다.

09 성격을 정의할 때 고려하는 특징으로 가장 거리가 먼 것은?

▸ 2016

① 시간적 일관성
② 환경에 대한 적응성
③ 개인의 독특성
④ 개인의 자율성

정답 7.② 8.④ 9.④

해설

성격이란 개인이 환경에 따라 반응하는 특징적인 패턴으로서 환경에 대한 적응성, 개인의 독특성, 시간과 장소에 상관없이 비교적 일관되고 안정적인 시간적 일관성을 특징으로 한다.

10 인지학습이론에 대한 설명으로 틀린 것은?

① 형태주의는 공간적인 관계보다는 시간 변인에 주로 관심을 갖는다.
② Tolman은 강화가 무슨 행동을 하면 어떤 결과가 일어날 것이란 기대를 확인시켜 준다고 보았다.
③ 통찰은 해결 전에서 해결로 갑자기 일어나며, 대개 '아하' 경험을 하게 된다.
④ 인지도는 학습에서 내적 표상이 중요함을 보여 준다.

해설

형태주의는 공간적인 관계에 초점을 두고, 전경과 배경의 관계 속에서 모든 인식이 이루어진다고 본다. 의식의 초점이 되는 것을 전경이라고 하고, 초점 밖에 놓여 있는 인식 대상을 배경이라고 한다.

11 에릭슨의 심리사회적 발달이론에서 노년기에 맞는 위기는?

① 고립감 ② 열등감
③ 단절감 ④ 절망감

해설

자아 통합 대 절망감 단계
- 인생의 마지막 단계인 노년기에 해당되며, 자신의 삶을 되돌아보고 평가하는 시기이다.
- 자신의 과거를 돌아보며 정직하게 받아들이고 수용하게 되면 자아통합감을 획득하나, 인생에 대한 회의, 혐오가 들게 되면 절망감에 빠진다.

정답 10. ① 11. ④

학습 Plus Erikson의 심리사회적 발달단계

각 단계의 특유한 발달과제를 발달과업이라 하며, 성공적으로 수행하지 못한 때를 위기라고 한다. 심리사회적 발달의 각 단계는 개인에게 성격적 강점을 발달할 기회를 제공한다.

연령	적응 대 부적응 방식	강점
0~1세	신뢰감 대 불신감	희망
1~3세	자율성 대 수치심	의지
3~5세	주도성 대 죄책감	목적
6~11세(사춘기)	근면성 대 열등감	유능성
12~18세(청소년기)	자아정체감 대 정체감 혼미	충실성
18~35세(성인초기)	친밀감 대 고립감	사랑
35~55세(중년기)	생산성 대 침체감	배려
55세 이상(노년기)	자아 통합 대 절망감	지혜

12 고전적 조건형성에 관한 설명으로 옳은 것은?

① 대부분의 정서적인 반응들은 고전적 조건형성을 통해 학습될 수 있다.
② 중립자극은 무조건자극 직후에 제시되어야 한다.
③ 행동 변화의 효과를 거두기 위해서는 적절한 반응의 수나 비율에 따라 강화가 이루어져야 한다.
④ 모든 자극에 대한 모든 반응은 연쇄(chaining)를 사용하여 조건형성을 할 수 있다.

해 설

- 대부분의 정서적인 반응들은 고전적 조건형성의 연합학습을 통해 형성될 수 있다.
- 중립자극이 먼저 제시된 직후에 무조건자극이 제시될 때 학습이 잘 이루어진다.
- 행동 변화의 효과를 거두기 위해서는 적절한 반응 간격과 비율에 따라 강화가 제시되어야 한다.
- 연쇄(chaining)란 조작적 조건형성의 원리에 기반하며, 일련의 다양한 행동들을 순차적으로 순서에 따라 수행하도록 훈련하는 것을 말한다.

13 자신의 행동을 통해서 태도를 확인하고 이해하는 과정을 설명하는 이론은? ▸ 2016

① 인지부조화이론 ② 자기지각이론
③ 자기고양편파이론 ④ 자기정체성이론

정답 12. ① 13. ②

해 설

- **자기지각이론**: 자신의 행동에 대한 관찰을 통해 자신의 태도를 추론해 가는 과정을 말한다. 즉, 우리는 마치 외부인이 관찰하는 것처럼 자신의 행동을 관찰한 다음 이 관찰을 기초로 자신에 대한 판단을 내린다고 본다.
- **인지부조화이론**: 비일관된 신념이나 인지들을 지니고 있거나 혹은 자신의 행동과 태도가 불일치할 때 부조화를 해소하기 위해 인지들 간에 혹은 태도와 행동 간에 일관성을 유지하고자 하는 경향성을 말한다.
- **자기고양편파이론**: 자신이 초래한 긍정적인 결과에 대해서는 내부귀인을 하고, 부정적인 결과에 대해서는 외부귀인을 하는 경향성을 말한다.
- **자기정체성이론**: Erikson은 자아의 개념 또는 자아의 정체감은 청년기에 그 발달이 완성되는 것이 아니라 일정한 단계를 거쳐 평생 동안에 이루어진다고 보았다.

14 집단사고가 일어나는 상황과 가장 거리가 먼 것은? ▸ 2017

① 집단의 응집력이 높은 경우
② 집단이 외부 영향으로부터 고립된 경우
③ 집단의 리더가 민주적인 경우
④ 실행 가능한 대안이 부족하여 집단의 스트레스가 높은 경우

해 설

- 집단사고는 강한 응집력을 보이는 집단구성원들 간에 의사결정 시, 다른 대안 가능성들을 현실적으로 평가하는 경향이 감소하고, 왜곡되고 비합리적인 방식으로 사고 및 결정을 내리게 되는 경우를 의미한다.
- 집단구성원들 간에 의사소통이 자유롭게 진행될 수 있는 민주적 상황에서는 다양한 의견 조율이 가능하여 집단사고를 방지할 수 있다.

15 어떤 사람의 행동을 보고 상황이나 외적 요인보다는 사람의 기질이나 내적 요인에 그 원인을 두려고 하는 것은? ▸ 2016

① 고정관념 ② 현실적 왜곡
③ 후광효과 ④ 기본적 귀인오류

해 설

기본적 귀인오류(fundamental attribution error)
- 어떤 사람의 행동을 설명할 때 외적 · 상황적 요인들의 영향을 과소평가하고 행위자의 내적 · 기질적 요인들의 영향을 과대평가하는 경향성을 말한다.
- 사람의 행동에는 처해진 상황, 집단의 규범, 판단 착오 등 여러 요인이 있음에도 불구하고, 다양한 원인 요소들을 무시하고 행위자의 내적 특성(성격, 동기 등) 탓으로만 돌리는 경우를 말한다.

정답 14. ③ 15. ④

16 의미망 모형에 관한 설명으로 틀린 것은?

① 많은 정보들은 의미망으로 조직화할 수 있고 의미망은 노드(node)와 통로(pathway)로 구성되어 있다.
② 모형의 가정을 어휘결정 과제로 검증할 수 있다.
③ 버터가 단어인지를 판단하는 데 걸리는 시간은 간호사보다 빵이라는 단어가 먼저 제시되었을 때 더 느리다.
④ 활성화 확산과정으로 설명할 수 있다.

해설

- 의미망 모형은 상호 연결된 의미망을 통해 서로 밀접한 개념들은 강하게 활성화되지만 관련이 적은 개념들은 약하게 활성화되는 현상을 설명한다. 이때 표적 단어(예: 버터)의 처리는 이 단어와 의미적으로 관련된 점화어(예: 빵)가 앞서 제시될 때 빠르게 촉진된다.
- Meyer와 Schvaneveldt(1976)는 글자열이 단어인지 여부를 판단하도록 하는 어휘결정 과제를 사용하였는데, 두 단어가 의미적으로 관련된 경우가 관련되지 않은 경우보다 두 번째 제시된 단어에 대한 어휘 판단 속도가 더 빨랐다. 가령, 'butter(버터)'에 대한 판단 속도는 'nurse(간호사)'가 먼저 제시될 때보다 'bread(빵)'가 먼저 제시될 때 더 빨랐다.
- 활성화 확산과정이라고 설명할 수 있는데, 이는 한 개념이 처리될 때 이 개념 마디와 연결된 고리를 따라 활성화가 된다는 개념으로서 '빨강'이란 단어를 제시하면 이와 밀접하게 관련된 '오렌지색'과 '불'과 같은 개념들은 강하게 활성화되지만, '일출'이나 '장미'와 같은 관련이 적은 개념들은 비교적 약하게 활성화되는 것을 설명한다.

17 동조에 관한 설명으로 옳은 것은?

▸ 2017

① 집단의 크기에 비례하여 동조의 가능성이 증가한다.
② 과제가 쉬울수록 동조가 많이 일어난다.
③ 개인이 집단에 매력을 느낄수록 동조하는 경향이 더 높다.
④ 집단에 의해서 완전하게 수용 받고 있다고 느낄수록 동조하는 경향이 더 크다.

해설

- 동조(conformity)란 자신의 행동이나 생각을 집단의 기준과 일치하도록 바꾸는 것으로서 집단의 의견에 따라가는 경향성을 의미한다.
- 동조는 집단의 크기가 클 때, 집단 내에 전문가가 많을 때, 응집력이 클 때, 매력적으로 느껴지는 집단일 때, 자신의 의견에 대한 확신이 적을 때, 만장일치를 보이는 집단일 때 강화되는 것으로 알려져 있다.

정답 16. ③ 17. ③

18 연구설계 시 내적 타당도를 위협하는 요인이 아닌 것은?

① 평균으로의 회귀 ② 측정도구의 변화
③ 피험자의 반응성 ④ 피험자의 학습효과

내적 타당도는 평균으로의 회귀, 측정도구의 변화, 피험자의 학습효과, 피험자 선별과 탈락이 영향을 미칠 수 있다. 피험자 선별과정에서 동질성 집단을 구성해야 하며, 중도 탈락이 일어나면 결과에 영향을 줄 수 있어 위험요인에 대한 고려가 필요하다.

19 기억에 관한 설명 중 옳지 않은 것은?

① 기억의 세 단계는 부호화, 저장, 인출이다.
② 감각기억은 매우 큰 용량을 가지고 있지만 순식간에 소멸한다.
③ 외현기억은 무의식적이며, 암묵기억은 의식적이다.
④ 부호화와 인출을 증진시키는 한 가지 방법은 심상을 사용하는 것이다.

해설

- 외현기억(explicit memory): 사실과 사건들에 대해 의식화할 수 있는 기억을 말한다. 세상에 대한 일반적인 지식을 포함하는 의미기억(semantic memory)과 일상생활에서 경험한 자신과 관련된 기억인 일화기억(episodic memory)이 있다.
- 암묵기억(implicit memory): 경험되어 저장되어 있지만 그 사실이 잘 의식되지 않는 기억을 말한다. 절차기억(procedural memory)이 있다. 절차기억이란 숙련된 행위, 조작 및 운동, 기술에 대한 기억이다.

학습 Plus 외현기억과 암묵기억

- **외현기억(explicit memory)**
  사실과 사건들에 대해 의식화할 수 있는 기억을 말한다. 세상에 대한 일반적인 지식을 포함하는 의미기억(semantic memory)과 일상생활에서 경험한 자신과 관련된 기억인 일화기억(episodic memory)이 있다.
  - **의미기억(semantic memory)**: 세상에 대한 일반적인 사실과 지식을 포함한다. 과잉학습된 경우가 많으므로 비교적 망각이 적게 일어난다(예: 지구는 둥글다, 8월 15일은 광복절이다).
  - **일화기억(episodic memory)**: 일상생활에서 경험한 자신과 관련된 기억이다. 유사한 경험에 의한 간섭 때문에 망각이 자주 일어난다(예: 지난 주말에 한 일에 대한 기억).
- **암묵기억(implicit memory)**
  경험되어 저장되어 있지만 그 사실이 잘 의식되지 않는 기억을 말한다. 절차기억(procedural memory)이 있다. 절차기억이란 숙련된 행위, 조작 및 운동기술에 대한 기억이다.
  - **절차기억(procedural memory)**: 반복을 통해 습득된 기억을 말한다. 운동, 기술, 악기 연주와 같이 몸으로 익혀 기억된 것을 말한다. 절차학습은 여러 정보를 통합적으로 처리하여 기억화한다(예: 자전거 타기, 피아노 연주).

정답 18. ③ 19. ③

20 비율척도에 해당하는 것은? ▸ 2018

① 성별 ② 길이

③ 온도 ④ 석차

비율척도는 절대 영점과 가상적 단위를 지니고 있으며, 측정단위의 간격 간에 동간성이 유지되는 척도이다. 예를 들면, 길이, 몸무게, 나이 등을 들 수 있다.

- **명목척도**: 성별, 인종, 종교, 지역, 결혼상태, 직업유형 등
- **서열척도**: 소득 수준, 경제적 수준, 석차, 각종 평가에 따른 등급 등
- **등간척도**: 온도, 지능지수(IQ), 시험점수, 학점, 각종 지수와 지표 등
- **비율척도**: 길이, 몸무게, 수입, 매출액, 출생률, 사망률, 경제성장률 등

정답 20. ②

03 2021년 제3회 기출문제

01 기질과 애착에 관한 설명으로 틀린 것은?

① 불안정-회피 애착 아동은 주 양육자에게 과도한 집착을 보인다.
② 내적 작동 모델은 아동의 대인관계에 대한 지표 역할을 한다.
③ 기질은 행동 또는 반응의 개인차를 설명해 주는 생물학적 기초를 가지고 있다.
④ 주 양육자가 아동의 기질을 고려하여 적절하게 양육한다면 아동의 까다로운 기질이 반드시 불안정 애착으로 이어지는 것은 아니다.

해 설

불안정-회피 애착을 보이는 아동은 양육자와의 분리에 불안해하지 않고 별다른 반응을 보이지 않는다. 양육자가 분리 후 돌아와도 무시하거나 가까이 다가가려 하지 않는다.

학습 Plus 에인스워스(Ainsworth)의 애착 유형

- **안정 애착**: 이 유형의 영아들은 양육자와 분리되어 낯선 곳에 혼자 있거나, 낯선 사람과 함께 있을 때 불안해하다가 양육자가 돌아오면 빠르게 진정된다.
- **불안정-저항 애착**: 이 유형의 영아들은 양육자와 분리될 때 매우 괴로워하고, 양육자가 돌아와도 잘 진정되지 않으며, 양육자가 있는 상황에서도 잘 놀려고 하지 않는다.
- **불안정-회피 애착**: 이 유형의 영아들은 양육자와의 분리에 불안해하지 않고 별다른 반응을 보이지 않는다. 양육자가 분리 후 돌아와도 무시하거나 가까이 다가가지 않는다.
- **불안정-혼란 애착**: 이 유형의 영아들은 불안정하며, 저항과 회피 어느 애착 유형으로도 분류되기 어려운 비일관된 반응을 보인다. 때로는 양육자에 대해 얼어붙거나 혼란스러운 듯한 공포감을 보이기도 한다.

정답 1. ①

02 다음 중 온도나 지능검사의 점수를 측정할 때 사용되는 척도는? ▸2011, 2013

① 명목척도 ② 서열척도
③ 등간척도 ④ 비율척도

해설

- 등간척도(interval scale): 절대영점이 아닌 가상적 영점과 가상적 측정 단위를 가지고 있으며, 측정 단위 간에 간격이 같은 척도이다(예: 온도계의 0℃는 측정을 위한 가상적 영점, 지능지수, 시험 성적).
- 서열척도(ordinal scale): 사물이나 사람의 속성에 대하여 상대적 서열을 표기하는 척도이다(예: 키 순서, 각종 선호도).
- 명목척도(nominal scale): 질적인 차이로 사물을 구분해 나누어서 범주에 대해 임의로 숫자를 부여함으로써 만들어지는 척도이다(예: 성별, 직업, 거주 지역).
- 비율척도(ratio scale): 절대영점을 갖고 측정 단위 간에 등간성을 유지하는 척도이다(예: 길이, 강우량, 거주 기간).

03 기억의 인출 과정에 대한 설명으로 틀린 것은? ▸2018

① 인출이 이후의 기억을 증가시킬 수 있다.
② 장기기억에서 한 항목을 인출한 것이 이후에 관련된 항목의 회상을 방해할 수 있다.
③ 인출 행위가 경험에서 기억하는 것을 변화시킬 수 있다.
④ 기분과 내적 상태는 인출 단서가 될 수 없다.

해설

외부 단서 외에도 기분과 내적 상태의 변화는 기억의 인출 단서로서 중요한 영향을 미친다. 기억의 인출 과정에서 기분과 내적 상태는 인출 단서로서 작용된다. 이를 '기분 의존성 기억'이라고 하며, 자료를 학습할 당시의 기분이 되살아나면 기억 인출이 증진되는 경우를 말한다.

정답 2. ③ 3. ④

04 인상형성에 관한 설명으로 틀린 것은? ▸ 2015

① 인상형성 시 정보처리를 할 때 최소의 노력으로 빨리 처리하려고 하기 때문에 많은 오류나 편향을 나타내는데, 이러한 현상에서 인간을 '인지적 구두쇠'라고 보는 입장도 있다.

② 내현적 성격이론은 사람들이 인상형성을 할 때 타인과 관련된 다양한 정보를 통합적이고 객관적으로 평가하는 것을 말한다.

③ Anderson은 인상형성과 관련하여 가중평균모형을 주장했다.

④ 인상형성 시 긍정적인 정보보다 부정적인 정보가 더 큰 영향을 미치는데, 이를 부정성 효과라고 한다.

해설

내현적 성격이론(implicit personality theory):
성격을 판단하는 데 사용하는 개인적인 틀을 통해 상대방의 성격을 추론하여 인상을 형성한다. 사람들은 성장하면서 저마다의 여러 경험을 통해 터득한 각자의 고정관념을 적용하여 타인을 평가하는 경향을 지닌다(예: 마른 사람은 예민하다, 말을 잘하면 사교적이다).

05 Freud가 설명한 인간의 3가지 성격 요소 중 현실 원리를 따르는 것은? ▸ 2015, 2019

① 원초아 ② 자아
③ 초자아 ④ 무의식

해설

- 자아(ego)는 현실의 여건을 고려하여 판단하고, 욕구 충족을 지연하며, 행동을 통제한다. 또한 원초아와 초자아와의 균형을 유지하고 둘 간의 갈등을 중재하는 역할을 한다(현실 원리).
- 원초아(id)는 무의식적 정신 에너지의 저장소이며, 쾌락의 지배를 받아 현실에 의해서 구속받지 않고 즉각적 만족을 추구한다(쾌락 원리).
- 초자아(superego)는 자아로 하여금 현실적인 것뿐만 아니라 이상적인 것도 고려하도록 이끌며, 행동의 선악을 판단하는 도덕적 규범이나 가치관을 말한다(도덕 원리).

정답 4. ② 5. ②

06 성격의 결정요인에 관한 설명으로 틀린 것은?

① 유전적 영향에 대한 증거는 쌍생아 연구에 근거하고 있다.

② 초기 성격이론가들은 환경적 요인을 강조하며 체형과 기질을 토대로 성격을 분류하였다.

③ 환경적 요인이 성격에 영향을 주는 방식은 학습이론의 맥락에서 이해할 수 있다.

④ 성격은 유전적 요인과 환경적 요인의 상호작용에 의하여 결정된다.

해설

초기 성격이론가들은 기질이나 체형과 같은 특성을 강조하며 유전적 또는 선천적인 측면을 토대로 성격을 설명하였다. 점차 환경적인 요인이 성격에 미치는 영향이 강조되었고, 나아가 유전과 환경 간의 상호작용이 성격에 미치는 영향이 고려되었다. 이후 성격발달 이론에 기초한 다양한 접근이 정립되면서 각 이론에서 강조하는 성격 형성의 결정적 요인들이 수립되었다.

07 훈련받은 행동이 빨리 습득되고 높은 비율로 오래 유지되는 강화계획은?

▶ 2016

① 고정비율 강화계획　② 고정간격 강화계획

③ 변화비율 강화계획　④ 변화간격 강화계획

변화(변동)비율 강화계획의 경우 언제 강화가 제공될지 예측할 수 없어 행동의 중단 없이 기대행동의 지속성이 오래 유지된다. 강화계획 중 학습된 행동의 소거가 가장 어렵다.

학습 Plus 강화계획(reinforcement schedule)

- **고정간격 강화계획**(fixed interval schedule: FI): 일정한 간격마다 학습자가 올바른 반응을 하면 강화하는 것이다(예: 월급 또는 정기시험).
- **고정비율 강화계획**(fixed ratio schedule: FR): 정해진 횟수만큼 반응을 해야 강화가 주어진다(예: 도장 10번을 모으면 커피 한 잔을 제공).
- **변동간격 강화계획**(variable interval schedule: VI): 임의로 정한 시간 범위 내에서 불규칙한 시간 간격마다 강화를 주는 것이다(예: 쪽지시험).
- **변동비율 강화계획**(variable ratio schedule: VR): 평균 n번 반응한 뒤 보상을 받지만, 두 번 반응한 뒤 보상을 받기도 하고 스무 번 반응해도 보상을 받지 못한다(예: 도박).
- 학습이 잘되는 순서는 변동비율 > 고정비율 > 변동간격 > 고정간격 순이다.

정답 6. ② 7. ③

08 조사연구에서 참가자의 인지기능을 측정하기 위해 그가 가입한 정당을 묻는 것은 어떤 점에서 가장 문제가 되는가?

① 안면타당도 ② 외적타당도
③ 공인타당도 ④ 예언타당도

해설

- 안면타당도: 검사가 측정하고 있는 내용과 표면상으로 측정하고 있다고 보이는 내용과의 연관성을 말한다. 즉, 어떠한 검사가 무엇을 측정하고 있는 것처럼 보이는지에 관한 인식과 관련된다. 검사의 안면타당도에 문제가 있는 경우(문항이 부적절하거나 불필요한 경우, 너무 쉽거나 어려운 경우) 수검자의 반응 태도에 영향을 미칠 수 있다.
- 외적타당도: 어떠한 연구에서 얻은 결과를 다른 상황에서도 일반적으로 적용할 수 있는가에 관한 정도이다.
- 공인타당도: 기존에 타당성이 입증된 측정도구를 토대로 새로 제작한 검사와의 유사성 혹은 연관성을 검증하는 방법이다.
- 예언타당도: 어떤 검사에서 얻은 점수와 준거를 토대로 미래의 어떤 행위를 추정하는 방법이다.

09 단기기억의 특징이 아닌 것은?

① 용량이 제한되어 있다.
② 절차기억이 저장되어 있다.
③ 정보를 유지하는 시간이 제한되어 있다.
④ 망각의 일차적 원인은 간섭이다.

해설

장기기억은 서술기억(declarative knowledge)과 절차기억(procedure knowledge)으로 구분된다. 서술기억은 어떤 개념이나 사실에 관한 지식이며(예: 수학 공식), 절차기억은 어떤 행위를 수행하는 과정 및 지식과 관련된 기억을 말한다(예: 자전거 타기).

학습 Plus 단기기억(short term memory)

- 단기기억에 들어오는 정보는 감각기억보다는 오래 지속되지만 기억하고자 하는 의도적인 노력(되뇌기)을 하지 않으면 곧 사라지게 된다.
  - 간섭이론: 단기기억에서의 망각은 다른 자료가 기억 속의 정보를 간섭하기 때문으로 보았다.
- 단기기억에서의 기억용량은 7±2항목으로 한정되어 있으나, 청킹(chunking)을 통해서 제한된 용량의 한계를 보완할 수 있다.
  - 청킹(chunking): 학습된 개별 자극들이 묶음으로 저장되는 것을 말한다. 개별 자극들의 군집은 단기기억에서 재생해 낼 수 있는 자극의 수를 증가시킨다.

정답 8. ① 9. ②

10 현상학적 이론에 대한 설명으로 틀린 것은?

① 인간을 성취를 추구하는 존재로 파악한다.
② 인간을 자신의 환경에 굴복하지 않고 오히려 환경을 통제하고 조정할 수 있는 적극적인 힘을 갖고 있는 존재로 파악한다.
③ 현재 개인이 경험하고, 느끼고, 행동하는 것이 중요하며, 개인의 진정한 모습을 이해하는 것도 이를 통해 가능하다고 본다.
④ 인간을 타고난 욕구에 끌려다니는 존재로 간주한다.

해설

현상학적 이론에서 인간을 태어나서부터 자기실현을 위해 끊임없이 노력하는 성장 지향적인 존재로 보았다. 자기실현 경향성을 충분히 발휘하기 위해서는 자신의 경험에 대한 개방성, 자기수용과 자기신뢰 및 자신을 지속적으로 성장시키고자 하는 의지가 필요하다.

11 자신과 타인의 휴대폰 소리를 구별하거나 식용버섯과 독버섯을 구별하는 것은?

▸ 2004, 2017

① 변별 ② 일반화
③ 행동조형 ④ 차별화

해설

- 변별(discrimination): 제시된 자극에 대해 그 의미나 특징을 구분하여 반응하는 것을 말한다. 변별학습이 이루어지면 유사한 두 자극을 식별하여 각기 다르게 반응하게 된다.
- 일반화(generalization): 특정 장면에서 강화를 통해 학습된 행동이 다른 상황이나 장면에서도 나타나는 것을 말한다.
- 행동조형(shaping): 바람직한 행동을 여러 단계로 나누어 강화시킴으로써 바람직한 방향에 접근하도록 하는 방법이다.
- 차별화(differentiation): 유사한 두 자극이 서로 다른 특징을 가진다는 것을 학습하게 되는 것을 말한다.

12 표본의 크기에 관한 설명으로 틀린 것은?

① 모집단이 동질적일수록 표본의 크기는 작아도 된다.
② 동일한 조건에서 표본의 크기가 클수록 통계적 검증력은 증가한다.
③ 사례수가 작으면 표준오차가 커지므로 작은 크기의 효과를 탐지할 수 있다.
④ 측정도구의 신뢰도가 낮을 경우 대규모 표본을 이용하는 것이 효과적이다.

정답 10. ④ 11. ① 12. ③

해설

연구 대상이 되는 부분적인 집단을 표본이라 한다. 표본에서 얻은 결과를 모집단에 적용하기 위해서는 표집오차(sampling error)가 최소화되어야 하며, 이를 위해 표본에 포함될 대상자는 무선 표집(random sampling)되어야 하고, 표본의 사례수가 커야 한다. 표본의 사례수가 작으면 모집단에 대한 타당한 결론 및 정확한 예측을 하기 어렵다.

13 발달의 일반적 특징으로 틀린 것은?

① 발달은 이전 경험의 누적에 따른 산물이다.
② 한 개인의 발달은 역사 · 문화적 맥락의 영향을 받는다.
③ 발달의 각 영역은 상호 의존적이기보다는 서로 배타적이다.
④ 대부분의 발달적 변화는 성숙과 학습의 산물이다.

해설

발달적 변화는 유전과 환경의 상호작용으로 이루어지며, 발달 과정 동안 각 영역은 상호의존적인 영향을 주며, 심리사회적 성숙에 영향을 준다.

14 고전적 조건형성에 대한 설명으로 맞는 것은?

① 중립자극은 무조건 자극 직후에 제시되어야 한다.
② 행동 변화의 효과를 거두기 위해서는 적절한 반응의 수나 비율에 따라 강화가 이루어져야 한다.
③ 적절한 행동은 즉시 강화하고, 부적절한 행동은 무시함으로써 새로운 행동을 가르칠 수 있다.
④ 대부분의 정서적인 반응들은 고전적 조건형성을 통해 학습될 수 있다.

해설

고전적 조건형성에서는 공포와 불안과 같은 다양한 정서적인 반응들이 조건화 학습을 통해 형성된 것으로 보았다.

- 고전적 조건화를 위해서는 중립자극이 먼저 제시된 후에 무조건 자극이 제시되어야 한다(예: 개에게 종소리를 들려 준 후 곧바로 먹이를 제공하는 절차를 몇 번 반복한 뒤, 이후에는 먹이 없이 종소리만 들려 주어도 침을 흘리게 됨-파블로프의 고전적 조건화 실험).
- 조작적 조건형성에서는 반응 간격과 비율을 달리하여 학습이 이루어져야 한다.
- 조작적 조건형성에서는 강화(예: 칭찬)와 처벌(예: 무시)을 통해 기대하는 목표 행동을 학습하게 한다.

정답 13. ③ 14. ④

15 정신분석의 방어기제 중 투사에 해당하는 것은?

① 아주 위협적이고 고통스러운 충동이나 기억을 의식에서 추방시키는 것
② 반대되는 동기를 강하게 표현함으로써 자신의 동기를 숨기는 것
③ 자신이 가진 바람직하지 않은 자질들을 과장하여 다른 사람에게 부여하는 것
④ 불쾌한 현실이 있음을 부정하는 것

해설

- 방어기제란 자아가 위협적이며 불안을 유발하는 사고나 감정 혹은 충동들로부터 자신을 보호하기 위한 전략을 말한다. ①번은 억압(repression)이며, ②번은 반동형성(reaction formation), ④번은 부인(denial) 방어기제에 해당된다.
- 투사(projection)란 자신이 받아들이기 어려운 느낌, 생각, 충동 등을 다른 사람의 탓으로 돌려 자신을 보호하는 방어기제를 말한다.

16 다음과 같은 연구의 종류는?

> A는 '정장 복장' 스타일과 '캐주얼 복장' 스타일 중 어떤 옷이 면접에서 더 좋은 점수를 얻게 하는지 살펴보고자 한다. A는 대학생 100명을 모집하고, 이들을 컴퓨터를 이용해 '정장 복장' 조건에 50명, '캐주얼 복장' 조건에 50명을 무선으로 배치한 후, 실제 취업면접처럼 면접자를 섭외하고 한 면접에 3명의 면접자를 배정하여 면접을 진행하였다. 이후 각 학생들이 면접자들에게 얻은 점수의 평균을 조사하였다.

① 사례연구
② 상관연구
③ 실험연구
④ 혼합연구

해설

- 실험법(experimental method)은 연구자가 원인이 되는 독립변인에 조작을 가해서 변화를 줄 때, 결과가 되는 종속변인에서 어떠한 변화가 나타나는가를 살펴보는 것이다. 사례에서는 복장 스타일(독립변인)이 면접 점수(종속변인)에 미치는 효과를 살펴보았다.
- 실험연구를 할 때 지켜야 할 주요 원칙은 실험 참가자를 서로 다른 실험 조건에 무선적으로 배정(정장 복장 조건에 50명, 캐주얼 복장 조건에 50명을 무선 배치)하는 일이다. 무선 배정은 피험자의 특성이 특정 집단에 편중되어 실험에 미치는 영향을 통제하기 위해서이다.
- 사례연구: 관찰이나 면접 등의 다양한 방법을 이용하여 특정한 사람이나 집단 또는 사건을 이해하는 심층적인 조사 기법이다.
- 상관연구: 관심이 있는 변인들 사이의 관련성을 살펴볼 수 있는 연구방법이다.
- 혼합연구: 한 연구에서 양적 연구방법과 질적 연구방법을 함께 사용하는 것을 말한다.

정답 15. ③ 16. ③

17 성격심리학의 주요한 모델인 성격 5요인에 대한 설명으로 옳은 것은? ▸ 2019

① 5요인에 대한 개인차에서 유전적 요인은 찾아볼 수 없다.
② 성실성 점수가 높은 사람의 경우 행동을 계획하고 통제하는 것을 돕는 전두엽의 면적이 더 큰 경향이 있다.
③ 뇌의 연결성은 5요인의 특질에 영향을 미치지 않는다.
④ 정서적 불안정성인 신경증은 일생 동안 계속해서 증가하고 성실성, 우호성, 개방성과 외향성은 감소한다.

해설

- 5요인 연구에서 뇌 영상 촬영 후 전두엽의 회백질 크기가 '성실성'과 관련됨이 발견되었다.
- 성격의 5요인 모델에서는 각 요인들이 생물학적 기반을 가지고 있다고 보았다. 즉, 유전(생물학적 요인)에 의해 5요인을 지니게 되고, 특정 요인의 강함과 약함은 심리적 발달을 하는 과정에서 개인차가 생긴다.
- 뇌의 연결성은 5요인(신경증, 성실성, 우호성, 개방성, 외향성) 특질과 관련된다.
- 5가지 성격 특성은 오랜 시간이 경과한 후에도 일정하게 유지됨이 관찰되었다.

18 대뇌의 우반구가 손상되었을 때 주로 영향을 받게 되는 능력은? ▸ 2018

① 통장잔고 점검
② 말하기
③ 얼굴 재인
④ 논리적 문제해결

해설

- 우반구: 각종 감각기관으로부터 받아들인 신호를 통해 현재 상황을 머릿속에서 재처리하는 역할을 수행한다(예: 얼굴 인식). 우반구가 손상되었을 경우 안면인식장애와 같이 사람을 구분하지 못하게 된다.
- 좌반구: 지식에 기반한 정보처리, 즉 언어나 문자를 이해하고 해석하는 논리력, 어휘력을 담당한다. 좌반구에 손상을 입어 언어기능이 저하되었을 경우, 언어처리에 문제가 생긴다.

19 비행기 여행에 두려움을 가지고 있는 환자의 경우, 정신분석적 입장에서 볼 때 이 두려움의 주된 원인으로 가정할 수 있는 것은? ▸ 2018

① 두려운 느낌을 갖게 만드는 무의식적 갈등의 전이
② 어린 시절 사랑하는 부모에게 닥친 비행기 사고의 경험
③ 비행기의 추락 등 비행기 관련 요소들의 통제 불가능성
④ 자율신경계 등 생리적 활동의 이상

정답 17. ② 18. ③ 19. ①

해설

정신분석에서는 무의식의 중요성을 강조하며, 인간 행동의 대부분이 무의식 속에 존재하는 심리적 요인에 의해서 결정되며, 특정 상황(예: 비행기 여행에 대한 두려움)을 두려워하는 증상은 무의식적인 공포가 외부의 대상으로 전이되거나 대치된 것으로 보았다.

20 귀인이론에 관한 설명으로 틀린 것은?

① 성공 상황에서 노력 요인으로 귀인할 경우 학습 행동을 동기화할 수 있다.
② 귀인 성향은 과거 성공, 실패 상황에서의 반복적인 원인 탐색 경험에 의해 형성된다.
③ 귀인의 결과에 따라 자부심, 죄책감, 수치심 등의 정서가 유발되기도 한다.
④ 능력 귀인은 내적, 안정적, 통제 가능한 귀인 유형으로 분류된다.

귀인이론

- 성공이나 실패와 같이 인간의 행동에 대한 원인을 파악하는 과정에 대한 이론이다.
- 사람들이 자신의 성공이나 실패의 원인으로 가장 많이 귀인하는 것은 4가지 요소(능력, 노력, 과제 난이도, 운)이다.
- '능력'에 귀인하는 것은 내적, 안정적, 통제 불가능한 귀인 유형으로 분류된다.

학습 Plus 귀인의 3가지 주요 차원

- **원인 소재:** 내부적-외부적
  어떤 행위나 결과의 원인을 행위자의 내적인 것에 의한 것인가 또는 외적인 것에 의한 것인가를 파악한다.
- **안정성 차원:** 안정적-불안정적
  시간의 경과나 특정한 요인에 따라 변화하는가의 여부에 따라 안정과 불안정을 파악한다.
- **통제성 차원:** 통제 가능-통제 불가능
  개인이 원인을 통제할 수 있는가 또는 통제 불가능한가의 여부를 파악한다.

〈귀인의 요소와 각 차원〉

귀인 요소	원인 소재	안정성	통제 가능성
능력	내부적	안정적	통제 불가능
노력	내부적	불안정적	통제 가능
과제 난이도	외부적	안정적	통제 불가능
운	외부적	불안정적	통제 불가능

정답 20. ④

04 2021년 제1회 기출문제

01 고전적 조건형성에서 조건자극과 무조건 자극을 배열할 때 조건형성 효과가 가장 오래 지속되는 배열은? ▸ 2016

① 후진 배열
② 흔적 배열
③ 지연 배열
④ 동시적 배열

해 설

- 고전적 조건형성(classical conditioning)은 무조건 자극과 조건자극을 연합하여 나중에는 조건자극만으로도 유기체의 반응을 유발하는 연합학습 원리에 기반한다.
- 조건형성 효과가 가장 오래 지속되는 배열은 지연 배열로, 조건자극이 먼저 제시되고 무조건 자극이 제시되지만, 조건자극이 사라지기 전에 무조건 자극이 제시된다.

학습 Plus CS와 US의 시차적 관계

- **동시조건형성**: 조건자극(CS)과 무조건 자극(US)이 동시에 제시된다.
- **지연조건형성**: 조건자극(CS)이 먼저 제시되고 뒤이어 무조건 자극(US)이 제시된다. 가장 조건형성이 잘된다.
- **흔적조건형성**: 제시한 조건자극(CS)이 완전히 사라진 후 무조건 자극(US)을 제시한다.
- **역행조건형성**: 무조건 자극(US)을 먼저 제시하고 조건자극(CS)을 뒤에 제시하는 절차로, 학습하기가 어렵다.

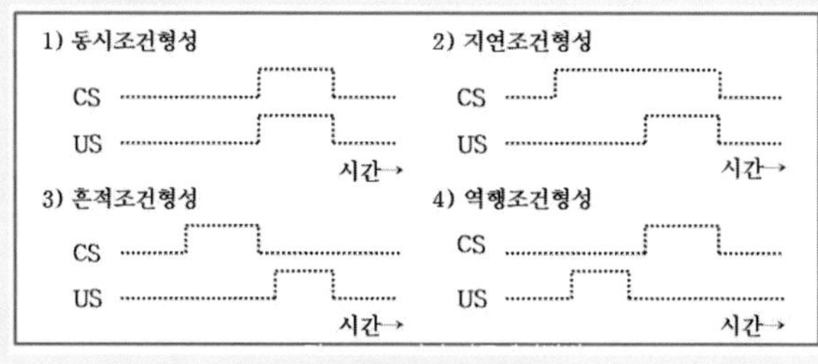

CS와 US의 시간적 관계성

정답 1. ③

02 조건형성의 원리와 그에 해당하는 예를 잘못 연결시킨 것은? ▸ 2015

① 조작적 조건형성의 응용–행동 수정
② 소거에 대한 저항–부분강화 효과
③ 강화보다 처벌 강조–행동조성
④ 고전적 조건형성의 응용–유명연예인 광고모델

해 설

- 행동조성(shaping)은 최종 목표 행동에 도달하기까지 여러 단계로 나누어 강화시킴으로써 점진적으로 접근하도록 한다. 낮은 수준의 단계부터 정확한 반응까지의 단계를 학습의 원리로 이끄는 과정을 말한다.
- 예: 아이에게 말을 가르칠 때, 아이의 옹알이 행동을 '강화'함.
  이후 아이는 '마'와 '바'라는 소리에 강화를 받음.
  → 다음 단계에서 '음–마'와 '빠–빠'로 말해야 강화를 받음('마'와 '바'는 소거됨).
  → 다음 단계에서 '엄마'와 '아빠'로 말해야 강화를 받음('음–마'와 '빠–빠'는 소거됨).

학습 Plus 행동조성(shaping)

기본적인 학습원리는 차별 강화와 점진적 접근으로 구성된다. 처음에는 목표 행동과 관련된 간단한 반응에 강화를 하지만 점차 단계별 학습을 통해 특정 반응을 강화하여 최종의 목표 행동에 이르도록 한다.
- 차별 강화(differential reinforcement): 어떤 특정 반응은 강화하고 나머지 반응은 강화를 제공하지 않는다.
- 점진적 접근(successive approximation): 단계별 과정을 통해 원하는 반응을 강화하며 최종 목표 행동에 접근해 간다.

03 성격의 5요인 이론 중 다른 사람들의 복지에 대해 관심을 가지며, 사람들을 신뢰하고, 다른 사람에 대해 편견을 덜 갖는 경향을 나타내는 것은?

① 개방성(openness)
② 외향성(extraversion)
③ 우호성(agreeableness)
④ 성실성(conscientiousness)

해 설

- 성격의 5요인 이론에서는 경험적인 조사와 연구를 통하여 5가지 성격 특성 요소(Big Five personality traits)를 정립하였다. 5요인으로는 신경증(neuroticism), 외향성(extraversion), 개방성(openness), 우호성(agreeableness), 성실성(conscientiousness)이 포함된다.
- 우호성(agreeableness)이 높은 경우 다른 사람들에게 이타적이고 협조적이며, 진솔하고 겸손하며, 신뢰하는 모습을 보이는 경향으로 특징된다.

정답 2. ③ 3. ③

학습 Plus 성격 5요인과 특성

요인	하위 요인	요인 설명
신경증	불안, 적개심, 우울, 자의식, 충동성, 취약성	대부분 상황에서 우울, 불안, 분노를 느끼는 성향
외향성	온정, 사교성, 주장성, 활동성, 자극 추구, 긍정적 정서	자기주장적이고 활동적이며, 다른 사람들과 어울리는 것을 선호하는 경향
개방성	상상, 심미성, 사고, 감정, 행동의 개방성, 가치 개방성	내외적 경험에 대해 호기심이 많고 수용적이며, 상상력이 풍부한 성향
우호성	신뢰성, 솔직성, 이타성, 순응, 겸손, 동정	타인에 대해 긍정적이고 공감적이며 협조적으로 행동하는 성향
성실성	유능감, 충실성, 성취, 갈망, 자기규제, 신중성	목표를 추구함에 있어 꾸준하고 끈기 있는 성향

04 다음은 무엇에 관한 설명인가?

> 방어기제 중 우리가 가진 바람직하지 않은 자질들을 과장하며 다른 사람들에게 부여함으로써 우리의 결함을 인정하지 않도록 막아 주는 것

① 부인 ② 투사
③ 전위 ④ 주지화

해 설

- **투사**(projection): 자신이 받아들이기 어려운 느낌, 생각, 충동 등을 무의식적으로 타인의 탓으로 돌려 자신을 보호하는 기제를 말한다.
- **부인**(denial): 받아들이기 힘든 상황이나 고통스러운 경험을 인정하려 들지 않고 사실이 아닌 것으로 여기는 것을 말한다.
- **전위**(displacement)/**대치**/**치환**: 자신의 감정을 대상에게 직접적으로 표현하지 못하고 전혀 다른 대상에게 자신의 감정을 발산하는 것을 말한다.
- **주지화**(intellectualization): 자신에게 불편하고 받아들이기 힘든 감정을 회피하고, 분석적이고 지적인 이해를 통해 불안을 줄이고자 하는 기제를 말한다.

05 다음 설명에 해당하는 것은?

> • 아동들의 자기개념이 왜 우선적으로 남자-여자 구분에 근거하는지를 설명하고자 한다.
> • 아동에게 성이라는 렌즈를 통해 세상을 보도록 가르치는 문화의 역할을 중요시한다.

① 사회학습 이론 ② 인지발달 이론
③ 성 도식 이론 ④ 정신분석학 이론

정답 4. ② 5. ③

해설

- 성 도식 이론
  성 역할 개념의 습득 과정을 설명하는 정보처리 이론으로서, 아동의 성 유형화는 사회문화적 요인과 인지발달의 영향을 받으며, 성 도식(남성 또는 여성적 특징을 구분하는 고유한 인지 틀)에 근거해서 자신의 성 정체감과 일치되는 행동을 구성하면서 성 역할이 발달된다.
- 사회학습 이론
  성 역할은 직접 학습과 관찰 학습에 의해 형성된다고 보았다. 주변인들로부터 성에 적합한 행동을 강화 또는 처벌의 과정을 겪으면서 발달하기도 하지만(직접 학습), 주변인들의 성 역할 행동이나 다양한 매체를 통해 자기 성에 적합한 행동을 발달시켜 나가기도 한다(관찰 학습).
- 인지발달 이론
  성 역할은 아동이 자신의 성에 대해 남성 또는 여성이라는 인식을 통해 발달되며, 자신의 성에 대한 동일시가 인지적으로 확립되면 사회적 요인에 의해 잘 변화되지 않는다.
- 정신분석 이론
  성 역할 발달은 심리성적 발달단계 중 남근기에서의 서로 다른 경험에 영향을 받는다. 남근기 동안 오이디푸스 콤플렉스(남아)와 엘렉트라 콤플렉스(여아)를 각기 경험하나 콤플렉스를 극복하기 위해 부모를 통해 성 역할 동일시를 하게 된다.

06 심리검사의 오차유형 중 측정 결과에 변화를 주는 것은?

① 해석적 오차　　② 항상적 오차
③ 외인적 오차　　④ 검사자 오차

해설

심리검사의 결과는 여러 외재적 요인에 의해 측정 값의 변화가 일어나지 않도록 주의해야 한다. 이를 위해서는 측정 결과에 영향을 줄 수 있는 외인적 요인의 통제가 중요하다.

07 프로이트(S. Freud)의 성격 구조에 관한 설명으로 옳은 것은?

① 자아는 현실 원리를 따르며 개인이 현실에 적응하도록 돕는다.
② 자아는 일차적 사고 과정을 따른다.
③ 자아는 자아 이상과 양심으로 구성되어 있다.
④ 초자아는 성적 욕구와 관련된 것으로 쾌락의 원리를 따른다.

정답 6. ③ 7. ①

해 설

- 프로이트는 성격의 삼원 구조를 제시하며 원초아(쾌락 원리), 자아(현실 원리), 초자아(도덕 원리)로 구성된 성격 이론을 발달시켰다.
- 자아(ego)는 현실적인 적응을 담당하며, 원초아와 초자아와의 균형을 유지하고 둘 간의 갈등을 중재하는 역할을 한다.

학습 Plus 일차적 사고 과정 & 이차적 사고 과정

- **일차적 과정(primary process)**
  - 원초아(id)는 현실적 여건을 고려하지 않고 즉각적으로 욕구를 충족시키려는 쾌락 원리(pleasure principle)에 따라 작동한다.
  - 원초아는 자기중심적이고 비현실적이며 비논리적인 원시적 사고 과정을 나타내는데, 초기의 기초적인 심리적 과정이라는 의미에서 이를 일차 과정(primary process)이라고 한다.
- **이차적 과정(secondary process)**
  - 자아(ego)는 현실의 여건을 고려하여 판단하고 욕구 충족을 지연하며, 행동을 통제하는 현실 원리(reality principle)에 따라 작동한다.
  - 자아는 현실적인 적응을 돕는 합리적이며 이성적인 사고 과정을 나타내는데, 이를 이차 과정(secondary process)이라고 부른다.

08 검사에 포함된 각 질문 또는 문항들이 동일한 것을 측정하는 정도를 나타내는 것은?

① 내적 일치도 ② 경험 타당도
③ 구성 타당도 ④ 준거 타당도

해 설

내적 일치도(internal consistency):
검사 내 문항(또는 질문)들이 어느 정도의 동질성을 가지고 있는가를 살펴보기 위해 문항(또는 질문)들 간의 연관성 혹은 일치성을 추정한다. 동일한 개념을 측정하기 위해 구성된 질문지의 각 문항 간의 연관성이나 일치성은 흔히 크롬바 α 값으로 나타낸다.

09 성격과 환경 간의 상호작용 중 개인의 성격은 타인으로부터 독특한 반응을 이끌어 낸다는 것은?

① 유도적 상호작용 ② 반응적 상호작용
③ 주도적 상호작용 ④ 조건적 상호작용

정답 8. ① 9. ①

해설

유도적 상호작용이란 개인의 고유한 성격 특성이 주변 관계와의 상호작용에서 독특한 반응 양식을 이끌어 내는 경향을 말한다(예: 민감성이 높은 경향과 낮은 아동 간의 양육자의 반응 차이).

10 켈리(Kelly)의 개인적 구성개념 이론에 관한 설명으로 옳지 않은 것은?

① 성격 연구의 목적은 개인이 자신과 자신의 사회적 세상을 해석하는 데 사용하는 차원을 찾는 것이어야 한다.
② 개개인을 직관적으로 과학자로 보아야 한다.
③ 특질검사는 개인의 구성개념을 측정하기에 가장 적합하다.
④ 구성개념의 대조 쌍은 논리적으로 반대일 필요가 없다.

해설

켈리(Kelly)는 개인적 구성개념 이론을 통해 세상을 인식하고 해석하는 개인의 인지적 처리 과정을 강조하였다. 개인의 구성개념을 평가하기 위해 기존에 개발되어 있던 특질 검사를 사용하지 않고 '역할 구성개념 레퍼토리 검사'라는 자신만의 평가기법을 개발했다.

학습 Plus 역할 구성개념 레퍼토리 검사(REP Test)

- 사람들이 사용하는 구성개념과 그 개념들 간의 관련성을 파악하고 개인에게 어떻게 적용되는지를 알아보기 위한 평가방법이다.
- REP Test는 두 가지 절차로 실시된다.
  (a) 역할명칭목록(Role Title List)을 토대로 주변 사람들의 목록을 작성한다. 피험자에게 각 역할 목록에 가장 적합한 사람을 지정하게 한다.
  (b) 세 명의 구체적인 인물을 고른 후 이를 기초로 개인의 구성개념을 파악한다. 피험자에게 두 사람은 어떻게 비슷하고(구성개념의 '유사극'), 세 번째 사람은 어떻게 다른지(구성개념의 '대조극') 알려 달라고 한다.
- 피검자는 검사 실시 동안 여러 번 세 사람을 비교해 달라고 요청받으며, 세 사람에 대한 구성개념을 만들어 내는 동안 검사자는 이를 평가한다. 단, 서로 비교될 때마다 이전의 것과 똑같은 구성개념이 되기도 하고 새로운 것일 수도 있다.

〈역할 구성개념 레퍼토리 검사: 구성개념의 예〉

유사 인물	유사 구성개념	구별 인물	대조 구성개념
아버지-선생님	활동적임	언니	의존적임
어머니-남자 친구	내향적임	예전의 친구	외향적임
자신-여자 친구	예술적임	남자 친구	창의력이 부족함
동료-언니	좋은 경청자	상사	타인을 배려하지 못함

정답 10. ③

11 **성격의 정의에 관한 설명으로 틀린 것은?** ▸ 2015

① 성격에는 개인이 가지고 있는 고유하고 독특한 성질이 포함된다.
② 개인의 독특성은 시간이 지나도 비교적 안정적으로 변함없이 일관성을 지닌다.
③ 성격은 다른 사람이나 환경과 상호작용하는 관계에서 행동양식을 통해 드러난다.
④ 성격은 타고난 것으로 개인이 속한 가정과 사회적 환경에 영향을 받지 않는다.

해설

성격의 형성에는 유전적인 결정 요인과 환경적인 결정 요인 모두의 영향을 받는다. 두 개의 요인은 항상 상호 관련되어 나타난다.

12 **단기기억의 특성이 아닌 것은?** ▸ 2018

① 정보의 용량이 매우 제한적이다.
② 작업기억(working memory)이라 불린다.
③ 현재 의식하고 있는 정보를 의미한다.
④ 거대한 도서관에 비유할 수 있다.

해설

- 단기기억은 지속시간이 짧고 용량이 제한되어 있어, 청킹(chunking)으로 처리하게 되면 용량 제한을 어느 정도 극복할 수 있다. 단기기억의 정보는 의식에 떠오르는 것처럼 느껴지는데, 이로 인해 자동적으로 인출되는 것으로 생각하기 쉽다. 최근에는 단기기억이라는 용어 대신 작업기억이라는 용어를 많이 사용한다.
- 장기기억은 지속시간이 긴 기억으로, 용량의 제한이 거의 없다고 알려져 있다.

13 **사람들이 자기 자신의 행동을 설명할 때 현저한 상황적 원인들은 지나치게 강조하고, 사적인 원인들은 미흡하게 강조하는 것은?**

① 사회억제 효과
② 과잉정당화 효과
③ 인지부조화 효과
④ 책임감 분산 효과

정답 11. ④ 12. ④ 13. ②

해 설

• 과잉정당화 효과(overjustification effect)
스스로 내켜서 하던 일에 보상이 주어지면 내적 동기가 약화되면서 흥미를 잃게 되는 현상이다. 내적 동기로 하던 일에 보상이 주어지면 내적 동기가 약화되면서 흥미를 잃게 된다. 이 경우 자기 행동의 원인을 상황적 원인(예: 보상)으로 정당화시키는 것인데, 이를 그 정당화가 지나치다는 의미에서 과잉정당화 효과라고 한다.

• 사회억제 효과
다른 사람이 지켜보거나 곁에 있을 때 수행이 낮아지는 현상이다. 타인의 존재가 성과에 영향을 미치는 효과를 말한다.

• 인지부조화 효과
비일관된 신념이나 인지들을 지니고 있거나 혹은 자신의 행동과 태도가 불일치할 때 부조화를 해소하기 위해 인지 간에 혹은 태도와 행동 간에 일관성을 유지하고자 하는 경향성을 말한다.

• 책임감 분산 효과
방관자 효과라고도 하며, 주위에 사람들이 많을수록 책임감이 분산되어 어려움에 처한 사람을 돕지 않게 되는 현상을 말한다.

14 연구방법의 주요 개념에 관한 설명으로 옳지 않은 것은?

① 측정: 한 변인의 여러 값에 숫자를 할당하는 체계
② 실험: 원인과 결과에 대한 가설을 정밀하게 검사하는 것
③ 실험집단: 가설의 원인이 제공되지 않는 집단
④ 독립변인: 실험자에 의해 정밀하게 통제되는 가설의 원인으로서 참가자의 과제와 무관한 변인

해 설

실험집단(experimental group)은 실험에서 독립변수의 효과를 추정하기 위해 실험 처치를 하는 집단을 말한다. 연구자는 가설을 검증하기 위해 실험집단을 구성한 후 처치를 하고 그 결과를 통제집단(무처치 집단)과 비교한다.

15 사랑의 삼각형 이론에서 사랑의 3가지 요소에 포함되지 않는 것은?

① 관심(attention)
② 친밀감(intimacy)
③ 열정(passion)
④ 투신(commitment)

정답 14. ③ 15. ①

해 설

사랑의 삼각형 이론(triangular theory of love)은 로버트 스턴버그(Robert sternberg)가 개발한 사랑에 관련된 이론으로서 사랑의 구성요소로 친밀감, 열정, 헌신(투신)을 제안하였다. 스턴버그에 의하면 열정은 사랑의 초기에 강렬하게 나타나지만, 시간이 지나면서 점점 줄어드는 반면에 친밀감과 헌신적인 태도는 시간이 지나면서 서서히 발전한다고 보았다.

16 사람들은 혼자 있을 때보다 자신과 같은 일을 수행하고 있는 다른 사람들이 있을 때 수행이 향상된다는 것을 지칭하는 것은?

① 동조 효과 ② 방관자 효과
③ 사회촉진 ④ 사회태만

해 설

- **사회촉진**: 타인이 존재하는 조건이 각성을 증가시켜서 과제를 더 잘 수행하는 현상을 말한다.
- **동조 효과**: 집단의 압력에 의해 자신의 행동이나 생각을 집단의 기준과 일치하도록 바꾸는 현상을 말한다.
- **방관자 효과**: 사람들이 홀로 있을 때보다 주위에 사람이 많이 있을 때, 책임감이 분산되어 책임감이 낮아지는 현상을 말한다.
- **사회태만**: 집단에 속해 있는 사람들이 공동의 목표를 달성하기 위해 노력할 때 개인의 수행이 저조한 현상을 말한다.

17 다음의 설명에 해당하는 것은? ▸ 2018

척도상의 대표적 수치를 의미하며, 평균, 중앙치, 최빈치가 그 예이다.

① 빈도분포값 ② 추리통계값
③ 집중경향값 ④ 변산측정값

해 설

- 집중경향치란 한 집단의 점수 분포를 하나의 값으로 요약하고 기술해 주는 대표치로서 평균치, 중앙치, 최빈치가 있다.
  - **최빈치**: 가장 빈도가 많은 점수를 말한다.
  - **평균치**: 산술평균을 말하는 것으로, 값들의 합을 총 사례수로 나누어 계산한 수치이다.
  - **중앙치**: 가장 작은 수치부터 가장 큰 수치까지 차례대로 나열해 놓았을 때 중앙에 오는 값을 의미한다.

정답 16. ③ 17. ③

18 기억에 정보를 저장하기 위해서 환경의 물리적 정보의 속성을 기억에 저장하는 속성으로 변화시키는 과정은?

① 주의 과정 ② 각성 과정
③ 부호화 과정 ④ 인출 과정

해설

- 기억 과정은 부호화(encoding), 저장(storage), 인출(retrieval)의 세 단계로 구별된다.
  - 부호화(encoding)는 외부 환경에서 들어온 물리적 정보를 마음이 읽을 수 있는 부호로 전환시키는 과정을 말한다.
  - 저장(storage)은 정보를 기억 속에 담고 있는 과정이다.
  - 인출(retrieval)은 저장된 정보를 필요할 때 기억 속에서 끄집어내는 과정이다. 기억에 저장된 정보는 회상(recall)과 재인(recognition)으로 인출될 수 있다.

19 통계분석에 관한 설명으로 옳지 않은 것? ▸ 2015

① 2개의 모평균 간에 차이가 있는지를 검정하기 위해서 중다회귀분석(multiple regression analysis)을 이용한다.
② 3개 또는 그 이상의 평균치 사이에 차이가 있는지를 검정하기 위해서 분산분석을 사용한다.
③ 빈도 차이의 유의성을 검증하기 위해서 χ^2 검정을 사용한다.
④ 피어슨 상관계수 r은 근본적으로 관련성을 보여 주는 지표이지 어떠한 인과적 요인을 밝혀 주지는 않는다.

해설

- 두 모평균 간의 차이를 검정하는 것은 t 검증이다. 모집단이 분산을 알지 못할 때 주로 사용하는 기법이다.
- 중다회귀분석은 다수의 독립변수가 종속변수에 미치는 영향력을 검증한다. 사건과 현상들의 '예측적 관계성'을 밝히는 데 사용되는 통계기법이다.

20 소거(extinction)가 영구적인 망각이 아니라는 증거가 될 수 있는 것은?

① 변별 ② 조형
③ 자극 일반화 ④ 자발적 회복

정답 18. ③ 19. ① 20. ④

해설

- **자발적 회복**: 소거된 CR도 일정한 휴식 기간 후 CS를 제시하면 다시 나타나는 것을 자발적 회복이라고 한다. 단, 회복된 반응은 강도가 약해 다시 소거시키면 이내 사라진다.
- **소거**: 학습된 조건반응은 UCS가 따라오지 않으면 점차 감소되어 나중에는 CS를 제시해도 CR이 사라진다. 이를 소거라고 한다.
- **변별**: 제시된 자극조건에 따라 다르게 반응할 수 있는 능력을 말한다. 어떤 자극에 대해 그 의미나 특징을 구분하여 인식하는 것을 의미한다.
- **자극 일반화**: 특정한 조건자극에 대해 조건형성된 반응은 원래의 조건자극과 유사한 자극에 대해서도 동일한 반응을 일으킨다.
- **조형**: 점진적 접근법으로도 알려져 있으며, 적절한 반응을 학습시키기 위해 낮은 수준의 단계부터 정확한 반응까지의 단계를 학습의 원리로 이끄는 과정을 말한다.

학습 Plus 고전적 조건형성 절차

- 훈련 전
  먹이(UCS) ――――――→ 타액 분비(UCR)
- 훈련
  종소리(CS) + 먹이(UCS)
- 훈련 후(조건형성)
  종소리(CS) ――――――→ 타액 분비(CR)
  - 먹이는 타액을 분비하게 하는 무조건 자극(unconditioned stimulus: UCS)이다.
  - 먹이에 의한 타액 분비를 무조건 반응(unconditioned response: UCR)이라고 한다.
  - 본래 중립자극이었던 종소리가 타액을 분비하게 하는 역할을 했으므로 조건자극(conditioned stimulus: CS)이 된다.
  - 무조건 자극 없이 조건자극에 의해 일어난 반응을 조건반응(conditioned response: CR)이라고 한다.

05 2020년 제3회 기출문제

01 인지부조화이론의 예로 옳지 않은 것은?

① 지루한 일을 하고 1000원 받은 사람이 20000원을 받은 사람에 비해 그 일이 재미있다고 생각한다.

② 열렬히 사랑했으나 애인과 헤어진 남자가 떠나간 애인이 못생기고 성격도 나쁘다고 생각한다.

③ 빵을 10개나 먹은 사람이 빵을 다 먹고 난 후, 자신이 배가 고팠음을 인식한다.

④ 반미적인 태도를 지닌 사람이 친미적인 발언을 한 후 친미적 태도로 변화되었다.

해 설

인지부조화이론은 페스틴저(Festinger)에 의해 제시된 이론으로 개인은 자신의 믿음, 태도, 행동 등에 있어 일관성을 유지하려고 하며, 인지부조화라는 불쾌한 상태를 느끼면 이를 없애려고 노력하게 된다. 가령, 태도와 행위가 충돌할 때 행위에 맞게 태도를 변화시킴으로써 부조화를 감소시킨다(맛이 없는 빵을 먹은 사람이 10개나 먹은 행동을 지지하기 위해 빵이 맛이 있었다고 태도를 바꿔 인지부조화를 극복).

02 마음에 용납할 수 없는 충동들에 의해 야기되는 불안을 감소시키기 위해 사용하는 방법은?

① 홍분성 조건형성
② 자기규제
③ 방어기제
④ 억제성 조건형성

해 설

- 방어기제(defense mechanism)란 마음의 여러 갈등과 충동으로 인한 불안을 감소시키기 위해서 무의식적으로 작동하는 자아의 기능으로서 그 성숙도에 따라 다양하게 분류된다.
- 개인은 자신에게 익숙한 방어기제를 통해서 불안을 감소시키고자 한다. 이때 특정한 방어기제를 너무 자주, 융통성 없이 부적절하게 사용하면 현실 적응이 저하될 뿐만 아니라 정신병리로 나타날 수 있다.

정답 1. ③ 2. ③

03 단기기억의 기억용량을 나타내는 것은? ▸ 2007, 2013

① 3±2개 ② 5±2개
③ 7±2개 ④ 9±2개

해 설

- 단기기억(short-term memory)은 용량이 제한되어 있어 감각기억으로부터 들어온 정보를 짧은 기간 동안(대략 10~20초) 처리하고 저장하며, 기억의 용량은 7±2개이다.
- 단기기억에 있는 정보는 되뇌기(rehearsal, 암송)를 통해 머물게 되며, 항목들을 처리 가능한 단위로 체제화하는 처리 과정을 청킹(chunking)이라고 한다.

04 심리학의 연구방법 중 인간의 성행동을 연구한 킨제이(Kinsey)와 그의 동료들이 남성의 성행동과 여성의 성행동을 연구하기 위해 주로 사용한 것은? ▸ 2015

① 실험 ② 검사
③ 설문조사 ④ 관찰

해 설

킨제이(Kinsey)는 미국의 동물학자이자 성 연구가이다. 성에 관한 학문적 연구가 부족하다는 점을 고려하여 남성의 성행동(1948)과 여성의 성행동(1953)을 집필하였다. 이에 관한 '킨제이 보고서'는 성 생활에 대한 최초의 조사 연구서이다.

05 표본조사에 대한 설명으로 옳지 않은 것은? ▸ 2015

① 연구자가 모집단의 모든 성원을 조사할 수 없을 때 표본을 추출한다.
② 모집단의 특성을 일반화하기 위해서는 표본은 모집단의 부분집합이어야 한다.
③ 표본의 특성을 모집단에 일반화하기 위해서 무선표집을 사용한다.
④ 표본추출에서 표본의 크기가 작을수록 표집오차도 줄어든다.

해 설

표본조사란 모집단 중에서 일부를 무작위로 추출하여 조사를 실시하고 그 결과로 모집단을 추정하는 조사 기법을 말한다. 추정의 정밀도를 더욱 높이기 위해서는 표집오차가 최소화될 수 있도록 표본이 무선표집(random sampling)되어야 하며, 표본의 크기가 커야 한다.

정답 3. ③ 4. ③ 5. ④

06 Piaget의 인지발달 단계 중 보존개념이 획득되는 시기는?

① 감각운동기 ② 전조작기
③ 구체적 조작기 ④ 형식적 조작기

해설

Piaget의 인지발달 단계 중 구체적 조작기의 아동은 사물의 모양이 달라져도 질량, 부피 및 숫자와 같은 특성이 그대로 남아 있다는 '보존 개념'을 획득한다. 구체적 조작기의 아동은 수학적 변형과 보존을 이해할 수 있는 심적능력이 발달된다.

07 생후 22주 된 영아들은 사물이나 대상이 눈앞에 보이지 않더라도 계속 존재한다는 것을 안다. 이를 나타내는 것은?

① 대상영속성 ② 지각적 항상성
③ 보존 ④ 정향반사

해설

- 대상영속성이란 영아가 대상이 더 이상 보이지 않거나 다른 감각으로 탐지할 수 없는 경우에도 대상이 계속해서 존재한다는 사실을 아는 것을 말한다.
- 생후 18~24개월이 되면 영아는 사라진 대상을 찾는 데 있어서 보이지 않는 이동도 정신적으로 표상하며 추론할 수 있게 된다. 피아제(Piajet)의 인지발달 단계 중 감각운동기에 해당된다.

08 다음 중 '고통스러운 상황을 추상적이고 지적인 용어로 대치함으로써 그 상황으로부터 멀어지려고 하는 것'과 관련된 방어기제는?

① 합리화 ② 주지화
③ 반동형성 ④ 투사

해설

- 주지화(intellectualization)
  자신에게 불편하고 받아들이기 힘든 감정을 회피하고, 추상적이고 지적인 이해를 통해 불안을 줄이고자 하는 방어기제를 말한다(예: 대학 입시에 실패한 자신의 괴로운 심정에 대하여 교육의 역사, 국가차원에서의 교육정책, 입시전형 등에 대해서만 말하는 것).
- 합리화(rationalization)
  현실에 더 이상 실망을 느끼지 않으려고 그럴듯한 구실을 붙여 불쾌한 현실을 피하려는 방어기제를 말한다(예: 〈여우와 신 포도〉 우화에서 포도 따기에 실패한 여우가 "저건 신 포도라서 맛이 없을 거야"라고 변명하

정답 6. ③ 7. ① 8. ②

며 자신을 위로하는 것).

- 반동형성(reaction formation)
  실제로 느끼는 부정적 감정을 직접 표현하지 못하고 무의식적 소망과 반대되는 방향으로 행동하는 방어기제를 말한다(예: 직장 상사에게 불만과 적개심이 많은 사람이 반대로 칭찬과 우호적인 행동을 실제 함으로써 관계가 악화되는 것을 피하는 것).
- 투사(projection)
  자신이 받아들이기 어려운 느낌, 생각, 충동 등을 무의식적으로 타인의 탓으로 돌려 자신을 보호하는 방어기제를 말한다(예: 실제 자신이 배우자에게 불만을 갖고 있는데, 배우자가 자신을 못마땅하게 여긴다고 생각하는 것).

09 새로운 자극이 원래 CS와 유사할수록 조건반응을 촉발할 가능성이 크다는 학습의 원리는?

① 일반화　　② 변별
③ 획득　　④ 소거

해설

- **일반화**: 조건 자극(CS)과 유사한 여러 가지 자극에 대해서도 조건반응이 나타나는 현상을 자극 일반화(stimulus generalization)라고 한다(예: 종소리에 침을 흘리도록 학습된 개에게 종소리와 유사한 벨소리를 들려주어도 침을 흘림).
- **획득**: 파블로프식 조건형성의 첫 단계에 해당된다. 중성자극이 무조건 자극(US)과 짝지어져서 중성자극이 조건반응(CR)을 유발하게 되는 단계를 말한다(자극-반응 관계의 획득).
- **변별**: 파블로프식 조건형성에서 조건자극과 다른 무관련 자극들을 구분하는 학습된 능력을 말한다(예: 조건학습 후, 개는 특정 소리에는 반응하고 다른 소리에는 반응하지 않음).
- **소거**: 무조건 자극(US) 없이 조건자극(CS)만 반복적으로 나타날 때 조건반응이 감소하는 것을 말한다(예: 개에게 먹이는 주지 않고 소리만 반복해서 들려주자 점차 침 흘리는 반응이 약화됨).

10 고전적 조건형성에 대한 설명으로 옳지 않은 것은?

① 조건자극과 무조건 자극이 빈번하게 짝지어지면 조건형성이 더 잘 일어난다.
② 무조건 자극이 조건자극에 선행하는 경우에 조건형성이 더 잘 일어난다.
③ 조건형성이 소거된 후 일정 시간이 지나 조건자극이 주어지면 여전히 조건반응이 발생한다.
④ 학습 과정에서 제시되지 않았던 자극이라도 조건자극과 유사하면 조건반응을 유발시킬 수 있다.

정답 9. ① 10. ②

해 설

- 조건자극이 무조건 자극에 선행하는 경우에 학습이 더 잘 이루어진다(지연조건형성). 무조건 자극이 먼저 제시된 후에 조건자극이 주어지는 경우에는 학습 효과가 가장 낮다(역행조건형성).
- 고전적 조건형성의 확립에는 조건자극과 무조건 자극의 시간적 관계가 중요하다. 지연조건형성의 경우에는 조건자극 뒤에 무조건 자극이 뒤이어 제시되기에 가장 효과성이 높다.

학습 Plus 고전적 조건형성 학습 절차

- **동시조건형성**: UCS와 CS를 정확히 동시에 제시하고 동시에 철회한다.
- **흔적조건형성**: CS를 먼저 제시하고 철회한 뒤 UCS를 제시한다.
- **지연조건형성**: CS를 먼저 제시하고 뒤이어 UCS를 (약 0.5~2초) 제시한 후 동시에 철회한다.
- **역행조건형성**: UCS를 먼저 제시하고 철회한 뒤 CS를 제시한다.

11 강화에 관한 설명으로 옳지 않은 것은?

① 계속적 강화보다는 부분 강화가 소거를 더욱 지연시킨다.
② 고정비율계획보다는 변화비율계획이 소거를 더욱 지연시킨다.
③ 강화가 지연됨에 따라 그 효과가 감소한다.
④ 어떤 행동에 대해 돈을 주거나 칭찬을 해 주는 것은 일차 강화물이다.

해 설

일차 강화물이란 생물학적 욕구를 만족시키는 생득적인 강화력을 가진 자극을 말한다(예: 음식, 물). 이차 강화물이란 일차 강화물과 연합되어 획득되거나 학습된 자극을 말한다(예: 칭찬, 돈).

12 현상학적 성격이론에 관한 설명으로 옳지 않은 것은? ▸ 2015

① 사건 자체가 아니라 그 사건에 대한 개인의 주관적 경험이 행동을 결정한다.
② 세계관에 대한 개인의 행동을 예측하고 이해하기 위해서는 개인의 지각을 이해해야 한다.
③ 어린 시절의 동기를 분석하기보다는 앞으로 무엇이 발생할 것인가에 초점을 둔다.
④ 선택의 자유를 강조하는 인본주의적 입장과 자기실현을 강조하는 자기이론적 입장을 포함한다.

해 설

현상학적 성격이론에서는 현재에 기반을 둔 개인의 지각을 중요시하며 '지금-여기'에서의 자기(self) 경험, 즉 자기와 현재의 경험 간의 일체감을 통한 심리적 적응과 성장에 초점을 둔다.

정답 11. ④ 12. ③

13 **자극 추구 성향에 관한 설명으로 옳은 것은?** ▸ 2011, 2013, 2017

① Eysenck는 자극 추구 성향에 관한 척도를 제작했다.
② 자극 추구 성향이 높을수록 노르에피네프린(NE)이라는 신경전달물질을 통제하는 체계에서의 흥분 수준이 낮다는 주장이 있다.
③ 성격 특성이 일부 신체적으로 유전된다는 주장을 반박하는 근거로 제시된다.
④ 내향성과 외향성을 구분하는 생리적 기준으로 사용된다.

해 설

자극 추구 성향(sensation seeking tendency)은 다양하고 복잡한 감각과 경험을 추구하는 경향이며, 이러한 경험을 얻기 위해 신체적 · 사회적 위험을 감수하려는 태도가 동반될 수 있다. 자극 추구 성향이 높을수록 주위 환경 및 상황에 대해 경계하고 각성하는 것을 돕는 노르에피네프린 통제체계의 활성화 수준이 낮은 것으로 알려져 있다.

14 **전망이론(prospect theory)에 관한 설명으로 옳은 것은?**

① 범주의 모든 구성원이 공유하고 있지는 않지만 범주 구성원을 특징짓는 속성이 있다.
② 사람들은 잠재적인 손실을 평가할 때는 위험을 감수하는 선택을 하고, 잠재적인 이익을 평가할 때는 위험을 피하는 선택을 한다.
③ 우리는 새로운 사례와 범주를 통해 다른 사례에 대한 기억을 비교함으로써 범주 판단을 한다.
④ 우리는 어떤 것이 일어날 가능성이 얼마인지를 결정하고, 그 결과의 가치를 판단한 후, 이 둘을 곱하여 결정을 내린다.

해 설

전망이론(prospect theory)

- 트버스키와 카너먼(Tversky & Kahneman, 1981)은 사람들은 이익보다 손실을 더 심각하게 느끼기 때문에 실질적으로 같은 문제라고 할지라도 이익을 고려할 때는 안정적인 선택을 하지만 손실에 직면하면 손실을 회피할 가능성을 쫓아 모험적인 선택을 한다고 보았다.
- 즉, 의사결정 시 잠재적인 '이익영역'에서는 가장 안전한 선택을 하고자 하는 반면(조금이라도 손실이 발생할 가능성이 있는 선택은 배제-손실 회피), 잠재적인 '손실영역'에서는 모험적인 선택을 하는 경향이 있음을 설명했다.

〈실험 1〉
A. 80만 원을 얻을 선택
B. 100만 원을 얻거나(85%) 혹은 아무것도 얻지 못하거나(15%)
  - 대부분의 사람은 A를 선택(이익 영역에서는 위험 회피-확실한 이익을 선택)

정답 13. ② 14. ②

〈실험 2〉
A. 80만 원의 손실 선택
B. 100만 원의 손실이 있거나(85%) 혹은 아무런 손실이 없거나(15%)
 - 대부분의 사람은 B를 선택(손실영역에서는 위험 감수-확실한 손실보다는 모험 추구)

15 '통계적으로 유의미하다'라는 말의 뜻을 나타내는 것은? ▸ 2015

① 실험결과가 우연이 아닌 실험처치에 의해서 나왔다.
② 실험결과를 통계적 방법을 통해 분석할 수 있다.
③ 실험결과가 통계적 분석방법을 써서 나온 것이다.
④ 실험결과가 통계적 혹은 확률적 현상이다.

해설

통계적으로 유의미하다는 것은 실험결과가 우연한 결과이거나 한두 개의 극단값에 의한 것이 아니라는 것을 의미한다. 이는 실험결과가 실험처치에 의한 효과임을 나타낸다.

16 손다이크(Thorndike)가 제시한 효과의 법칙(law of effect)과 관련이 없는 것은?

① 고전적 조건형성 ② 도구적 조건형성
③ 시행착오 학습 ④ 문제상자(puzzle box)

해설

효과의 법칙(law of effect)이란 어떤 반응의 강도는 과거에 그 행동에 의해 초래된 결과(즉, 효과)에 좌우된다는 것을 말한다. 즉, 호의적 결과가 뒤따르는 행동은 출현 가능성이 증가하고 호의적이지 않은 결과가 뒤따르는 행동은 출현할 가능성이 줄어드는 현상을 설명한다.

학습 Plus 효과의 법칙(law of effect)

손다이크(Thorndike, 1898)는 고양이를 우리 속에 넣은 뒤 빠져나오는 데 걸리는 시간을 쟀다. 우리는 발판을 눌러 줄을 당겨야 빗장이 풀리도록 설계되어 있었다. 고양이는 우리를 탈출하기 위해 지렛대를 물어뜯기, 밀기, 할퀴기, 누르기 등 여러 가지 시행착오 행동을 하다가 우연히 탈출할 수 있었다.

이런 탈출 시행을 거듭할수록 고양이가 문제상자(puzzle box)를 벗어나는 평균 시간이 점점 더 짧아졌다. 이후 우리 탈출에 성공적이었던 행동('발판 누르기')이 더 자주 출현하게 되었는데, 이를 '효과의 법칙(law of effect)'이라고 한다.

손다이크는 이런 학습을 도구적 조건형성(instrumental conditioning)이라고 하였다.

정답 15. ① 16. ①

17 방어기제 중 성적인 충동이나 공격성을 사회적으로 용인된 바람직한 방향으로 변화시켜 표현하는 것은? ▸ 2014

① 합리화 ② 주지화
③ 승화 ④ 전치

해 설

- **승화(sublimation)**: 성적이거나 공격적인 욕구를 사회적으로 수용될 수 있는 건설적인 행동으로 변환하는 것을 말한다.
- **합리화(rationalization)**: 빈약한 성과나 실패와 같이 불쾌한 상황을 그럴듯한 이유로 정당화함으로써 불안을 회피하는 것을 말한다.
- **주지화(intellectualization)**: 자신에게 불편하고 받아들이기 힘든 감정을 회피하고, 분석적이고 지적인 이해를 통해 불안을 줄이고자 하는 기제를 말한다.
- **전치(displacement)**: 자신의 감정을 대상에게 직접적으로 표현하지 못하고 전혀 다른 대상에게 자신의 감정을 발산하는 것을 말한다.

18 기억유형 중 정서적으로 충만한 중요한 사건을 학습하였던 상황에 대한 명료하면서도 비교적 영속적인 것은?

① 암묵기억 ② 섬광기억
③ 구성기억 ④ 외현기억

해 설

- 정서적으로 강한 경험과 연합된 일을 더 잘 기억하는 경향이 있는데, 이를 섬광기억(flashbulb memory)이라고 한다(예: 911 테러 당시 자신이 어디에서 무엇을 했는지를 생생하게 기억함).
- **외현기억(explicit memory)**: 사실과 사건들에 대해 의식할 수 있는 기억을 말한다.
- **암묵기억(implicit memory)**: 경험하여 저장되어 있지만 그 사실이 잘 의식되지 않는 기억을 말한다.
- **구성기억(constructive memory)**: 개인의 도식, 태도, 배경 지식 등의 이해방식에 의해 변형되고 재구성되는 기억을 말한다.

정답 17. ③ 18. ②

19 척도와 그 예가 올바르게 짝지어진 것은? ▸ 2012

① 명명척도: 운동선수 등번호
② 서열척도: 온도계로 측정한 온도
③ 등간척도: 성적에서의 학급 석차
④ 비율척도: 지능검사로 측정한 지능지수

해설

- **명명척도**(nominal scale): 질적인 측면에서 사물을 구분하거나 분류하기 위해 만들어지는 척도이다(예: 성별, 인종, 지역, 운동선수 등번호).
- **서열척도**(ordinal scale): 사물이나 사람의 속성에 대하여 상대적 서열을 표기하는 척도이다(예: 키 순서, 학급 석차, 소득 수준).
- **등간척도**(interval scale): 절대 영점이 아닌 가상적 영점과 가상적 측정 단위를 가지고 있으며, 측정 단위 간에 간격이 같은 척도이다(예: 온도계의 0℃는 측정을 위한 가상적 영점, 지능지수, 시험점수, 학점).
- **비율척도**(ratio scale): 절대 영점을 갖고 측정 단위 간에 등간성을 유지하는 척도이다(예: 경제성장률, 매출액, 거주기간).

20 다음 사항을 나타내는 발견법(heuristic)은?

사람들은 한 상황의 확률을 그 상황에 들어 있는 사건들 사이에 존재하는 관련성의 강도에 근거하여 추정한다.

① 대표성 발견법
② 인과성 발견법
③ 확률 추정의 발견법
④ 가용성 발견법

해설

인과성 발견법(causality heuristic)이란 어떤 확률적 판단을 할 경우에 객관적인 통계적 정보는 고려하지 않고 상황의 인과성의 정도에 따라 발생 확률을 평가하는 경향성을 말한다. 즉, 사건 간 인과성의 정도가 강할수록 그 상황의 발생확률을 높게 평가한다.

정답 19. ① 20. ②

2020년 제1회 **기출문제**

01 기억의 왜곡을 줄이는 데 효과적인 방법으로 가장 거리가 먼 것은?

① 반복해서 학습하기
② 연합을 통한 인출 단서의 확대
③ 기억술 사용
④ 간섭의 최대화

기억된 내용의 인출 실패에 영향을 주는 요인으로 '간섭' 현상을 들 수 있다. 간섭은 정보의 회상에 영향을 주며 학습된 정보 간의 충돌을 주기에 기억을 증진하기 위해서는 간섭을 최소화하는 것이 중요하다.

학습 Plus 간섭효과

- **순행 간섭(proactive interference)**: 기존의 학습 내용이 새로운 정보의 회상을 방해할 때 일어난다(예: 새로운 번호 자물쇠를 구입했을 때, 예전 자물쇠 번호에 대한 기억이 간섭으로 작용하기도 한다).
- **역행 간섭(retroactive interference)**: 새로운 학습이 기존 정보의 회상을 방해할 때 일어난다(예: 어떤 노래를 새롭게 개사하여 부른 경우, 원래의 가사를 기억하는 데 어려움을 겪기도 한다).

02 설문조사에서 문항에 대한 응답을 '매우 찬성'에서 '매우 반대'까지 5개의 답지로 응답하게 만든 척도는?

① 리커트(Likert) 척도
② 서스톤(Thurstone) 척도
③ 거트만(Guttman) 척도
④ 어의변별(semantic differential) 척도

정답 1. ④ 2. ①

해설

리커트(Likert) 척도
설문조사 등에 흔히 사용되는 대표적인 응답 척도 중의 하나이다. 리커트 척도는 제시된 문항에 얼마나 동의하는지를 응답자의 태도에 따라 선택하는 방식으로 구성되며, 보통 5개의 문항으로 되어 있다. 1930년대에 이 척도의 기준을 제시한 미국의 사회심리학자 렌시스 리커트(Rensis Likert)의 이름에서 유래되었다(예: 매우 반대-반대-보통-찬성-매우 찬성 중 선택).

03 최빈값에 관한 설명으로 옳지 않은 것은? ▸ 2017

① 주어진 자료 중에서 가장 많이 나타나는 측정값이다.
② 최빈값은 대표성을 갖고 있다.
③ 자료 중 가장 극단적인 값의 영향을 받는다.
④ 중심경향성 기술값 중의 하나이다.

해설

최빈치(mode)는 자료의 중심위치의 측정방법 중 하나로, 자료 중 가장 많이 나오는 값, 즉 자료 중 가장 빈번하게 나타나는 값을 의미한다. 자료 중 가장 극단적인 값의 영향을 받는 측정치는 평균치(mean)이다.

04 기온에 따라 학습능률이 어떻게 달라지는가를 알아보기 위해 기온을 13°C, 18°C, 23°C인 세 조건으로 만들고 학습능률은 단어의 기억력 점수로 측정하였다. 이때 독립변인은 무엇인가? ▸ 2015

① 기온 ② 기억력 점수
③ 학습능률 ④ 예언

해설

실험에서 독립변인은 원인에 해당되는 변인이며, 종속변인은 독립변인에 의한 결과에 해당되는 변인이다. 기온의 변화(13°C, 18°C, 23°C)에 따른 학습능률(기억력 점수로 측정)을 알아보는 실험이기에 '기온'이 독립변인이며, '학습능률'은 종속변인에 해당된다.

05 인간의 동조행동에 대한 설명으로 틀린 것은?

① 집단이 전문가로 이루어져 있을수록 동조행동은 커진다.
② 대체로 집단의 크기가 커질수록 동조행동은 줄어든다.

정답 3.③ 4.① 5.②

③ 집단의 의견이나 행동의 만장일치가 깨지면 동조행동은 거의 나타나지 않는다.
④ 비동조에의 동조(conformity to nonconformity)는 행위자의 과거 행동에 일관되게 행동하려는 경향이다.

해 설

동조(conformity)란 다른 사람의 직접적인 지적이나 부탁, 요청이 없음에도 불구하고 주변 사람들이 모두 같은 의견이나 행동을 취하면 자신의 본래의 의사와는 상관없이 주변 사람들의 행동이나 생각에 따라가는 것을 말한다. 동조는 집단의 크기가 클수록 증가하며 3인 이상의 조건만으로도 동조행동이 쉽게 발생한다.

학습 Plus 동조가 발생하는 조건

- 개인에게 능력이 없거나 불확실하다고 느끼도록 만들었을 경우
- 집단에 적어도 세 사람이 존재하는 경우
- 집단이 만장일치일 때(단, 만장일치가 깨지면 동조량은 감소한다)
- 집단의 전문적 위상과 매력에 대한 존중으로 응집력이 커진 경우
- 집단의 다른 사람들이 자신의 행동을 관찰하고 있다는 사실을 알고 있을 때
- 문화가 사회적 기준을 존중하도록 강력하게 요구할 때

06 Kübler-Ross가 주장한 죽음의 단계에 대한 순서로 옳은 것은?

① 부정 → 분노 → 타협 → 우울 → 수용
② 분노 → 우울 → 부정 → 타협 → 수용
③ 우울 → 부정 → 분노 → 타협 → 수용
④ 타협 → 부정 → 분노 → 우울 → 수용

해 설

죽음에 임박한 환자의 심리를 이해하는 데 있어 가장 처음 시행된 체계적인 연구는 1969년 엘리자베스 퀴블러-로스(Elizabeth Kübler-Ross) 박사가 제시한 죽음과 관련한 5단계 이론이다. 이론에서는 죽음에 직면한 환자가 제시한 5단계를 거치면서 심리적 적응을 하게 된다고 설명하고 있다. 각 단계는 부정-분노-타협-우울-수용의 과정을 거쳐 완성된다.

학습 Plus 퀴블러-로스의 죽음의 5단계

- 부인(denial) 또는 부정
  죽음과 관련한 사실, 정보, 현실 등을 의식적, 무의식적으로 거부하는 단계이다. 이는 일종의 정신적 방어기제이며, 이 과정에서 환자들은 흔히 진단이 잘못되었다고 판단하고 잘못된 정보에 매달리거나, 본인이 듣기 편한 사실만 골라 믿으려고 하는 경향을 보이기도 한다. 어떤 사람들은 이 과정에서 벗어나지 못하고 반복적으로 현실을 무시하려고 한다.

정답 6. ①

- 분노(anger)
  이는 각 개인의 성격에 따라 다른 방법으로 표출된다. 일부 사람들은 자신에게 화를 내며 자책하기도 하고, 주변의 가까운 사람에게 화를 내기도 한다. 이 과정에서 치료자나 가족은 환자의 분노가 실제 자신을 향하는 것이 아님을 인식하고, 환자에게 화를 내거나 수치심을 주기보다는 객관적으로 이해하려고 노력하고 비판적이지 않는 방법으로 환자의 분노를 수용하는 것이 도움이 된다.
- 협상(bargaining)
  흔히 이 과정에서 환자는 자신이 처한 사회적 배경을 중심으로 신이나 절대자에게 귀의하게 된다. 지금까지의 삶의 방식을 버리고 새롭게 시작하려는 노력도 시도한다. 죽음과 같이 심각한 문제가 아닌 경우에는 이 과정을 통해 새로운 해결책을 구하는 경우도 있다. 예를 들면, 사랑이 깨진 경우에 '그래도 아직 친구관계로 남을 수는 있겠지?'라는 식의 협상을 통해 문제에서 벗어날 수도 있다. 하지만 죽음의 경우에는 환자가 만족할 만한 협상을 이루기가 어려우며 해결책을 구할 수 없는 경우가 많다.
- 우울(depression)
  비통함을 준비하는 과정이다. 현재 직면한 사실은 극복할 수도 피할 수도 없는 현실임을 인식하게 되면서 무력감을 느끼고, 이와 관련한 감정적 고통을 표출하는 시기라고 할 수 있다. 이 과정에서 환자는 사람을 피하고, 많은 시간 동안 혼자서 슬픔과 괴로움을 느낀다. 어떤 의미에서는 현실을 받아들이는 준비 과정이라고도 볼 수 있다.
- 수용(acceptance)
  분노와 같이 개인의 환경이나 성격에 따라 다른 방법으로 나타난다. 대부분의 경우에 정서적으로 안정되고 객관적으로 현실을 볼 수 있게 된다. 자신의 삶을 돌아보고 죽음에 임박한 현실 속에서 긍정적 측면을 생각하거나 자신이 할 수 있는 최선의 방법을 모색하기도 한다. 이 단계는 죽음에 임박해서 거치게 되는 과정은 아니며, 아직 죽음까지 시간이 많이 남아 있음에도 이 과정에 돌입하는 경우도 많다.

07 다음은 무엇에 관한 설명인가?

> 가장 널리 사용되고 있는 성격검사로서 성격 특성과 심리적인 문제를 측정하는 데 사용되는 임상적 질문지

① 주제통각검사　② Rorschach 검사
③ 다면적 인성검사　④ 문장완성검사

해 설

- 미네소타 다면적 인성검사(Minnesota Multiphasic Personality Inventory: MMPI)는 미네소타 대학병원의 임상심리학자 해서웨이(Hathaway)와 정신과 의사 맥킨리(Mckinlry)에 의해 1943년에 제작되었으며, 성격 특성과 임상적 문제를 평가하기 위해 개발되었다. MMPI는 가장 대표적인 성격검사로서 성인용(567문항)과 청소년용(478문항)으로 구분되어 있으며, 타당도척도와 임상척도 외에 다양한 심리측정 척도를 포함하고 있다.
- **주제통각검사**: 인물들이 들어 있는 생활의 한 장면을 묘사한 모호한 20장의 카드로 되어 있으며, 그림을 보고 떠오르는 생각과 느낌으로 이야기를 만들어 보게 한다. 내담자의 이야기를 분석하며 심리 저변에 있는 동기, 관심사, 사회를 바라보는 방식 등을 파악한다.
- **Rorschach 검사**: 복잡한 잉크 반점으로 만들어진 10개의 카드를 보여 주고 반응에 따른 다양한 측면의 분

정답 7. ③

석을 한다. 주로 위치나 내용, 반응 결정 요인(모양, 색, 명암 등)을 중심으로 해석하며 사고능력과 정서적인 반응, 갈등영역, 자아 강도와 방어 등을 측정한다.

- **문장완성검사**: 수검자에게 미완성된 문장을 제시한 후 이를 완성하도록 하는 자기보고식 검사로서 문장을 완성하는 방식과 내용에 수검자 내면의 동기, 갈등, 중요한 인물들에 대한 태도, 가치관, 자기개념 등의 다양한 측면을 평가한다.

08 인본주의 이론에 대한 설명으로 옳은 것은?

▸ 2017

① 무의식적 욕구나 동기를 강조한다.
② 대표적인 학자는 Bandura와 Watson이다.
③ 외부 환경자극에 의해 행동이 결정된다고 본다.
④ 개인의 성장 방향과 선택의 자유에 중점을 둔다.

해 설

- 인본주의 이론에서는 인간을 능동적인 성장가능 잠재력을 가지고 있는 주체이며, 누구나 자기실현화(self-actualization)를 할 수 있다고 가정한다.
- 자신의 성장을 창조하는 과정 중 삶의 의미를 찾고, 주관적인 자유를 실천함으로써 점진적으로 자기실현화는 완성되어 간다고 보며, 개인의 성장 방향과 선택의 자유에 초점을 둔다.

09 성격의 5요인 모델에 속하지 않는 것은?

① 개방성 ② 성실성
③ 외향성 ④ 창의성

해 설

5가지의 성격 특성 요소(Big Five personality traits)는 경험적인 조사와 연구를 통하여 정립한 성격 특성의 다섯 가지의 주요한 요소 혹은 차원을 말한다. 신경증, 외향성, 개방성, 우호성, 성실성의 다섯 가지 요소(Big-Five)가 있다.

학습 Plus 5가지의 성격 특성 요소

요인	요인 특징
신경증	대부분의 상황에서 우울, 불안, 분노를 느끼는 성향
외향성	자기주장적이고 활동적이며 다른 사람들과 어울리는 것을 선호하는 경향
개방성	내외적 경험에 대해 호기심이 많고 수용적이며 상상력이 풍부한 성향
우호성	타인에 대해 긍정적이고 공감적이며 협조적으로 행동하는 성향
성실성	목표를 추구함에 있어 꾸준하고 끈기 있는 성향

정답 8. ④ 9. ④

10 성격의 일반적인 특성과 가장 거리가 먼 것은?

① 독특성 ② 안정성
③ 일관성 ④ 적응성

해 설

성격의 일반적인 특성으로는 독특성, 안정성, 일관성이 있다. 독특성은 다른 사람과 구별되는 고유한 특성을 말하며, 안정성과 일관성은 시간이나 상황의 변화에도 달라지지 않는 행동 특성을 말한다.

11 프로이트(Freud)의 성격체계에서 자아(ego)의 역할이 아닌 것은?

① 중재 역할 ② 현실 원칙
③ 충동 지연 ④ 도덕적 가치

해 설

- 프로이트(Freud)는 성격의 구조를 원초아(id), 자아(ego), 초자아(superego)로 나누었고, 인간의 행동을 이 세 구성요소 간의 상호작용으로 보았다.
- 자아(ego)는 원초아와 초자아 간의 중재 역할을 하며, 상황이나 환경에 맞게 욕구를 지연하고, 행동의 결과를 예측하여 행동하는 성격의 구조이다(현실 원리).
- 초자아(superego)는 자아에서 분화되어 나온 것으로, 선악을 평가하는 역할을 하며, 도덕적 가치와 규범, 양심, 사회적 이상 등을 통해 행동을 통제하는 성격의 구조이다(도덕 원리).
- 원초아(id)는 성격의 기초를 이루는 것으로, 태어날 때부터 존재한다. 인간의 가장 기본적인 욕구를 포함하며, 즉각적인 욕구 충족과 관련된 성격의 구조이다(쾌락 원리).

12 다음 중 모집단의 표준편차를 적은 수의 표본자료에서 추정할 경우 사용하는 분포로 가장 적합한 것은?

① 정규분포 ② t분포
③ χ^2분포 ④ F 분포

해 설

t분포는 평균 비교 혹은 집단 간 비교를 위해 사용한다. 표집의 크기가 30 이하의 소표집일 경우에는 표집분포가 정상분포를 이루지 못할 수 있어 t분포를 사용한다.

정답 10. ④ 11. ④ 12. ②

13 효과적인 설득을 위해 고려해야 할 사항이 아닌 것은?

① 설득자가 설득행위가 일어난 상황에 주의를 기울일 필요가 있다.
② 설득자는 피설득자의 특질과 상태를 고려할 필요가 있다.
③ 메시지의 강도가 중요하다.
④ 설득자의 자아존중감이 무엇보다 중요하다.

해설

- 설득에 영향을 미치는 피설득자의 요인으로 자아존중감이 중요한 영향을 미친다. 일반적으로 자아존중감이 낮은 사람은 높은 사람에 비해 설득 메시지의 영향을 더 많이 받는 것으로 나타났다.
- 피설득자의 자아존중감이 낮은 경우 자신감이 약하고 스스로를 덜 유능하다고 여기며 자신의 태도를 높게 평가하지 않는다. 이로 인해 자신의 현재 태도를 쉽게 포기하며 설득 메시지가 지지하는 입장에 동의할 가능성이 높다.

14 강화계획 중 유기체는 여전히 특정한 수의 반응을 행한 후에 강화를 받지만 그 숫자가 예측할 수 없게 변하는 것은?

① 고정비율 강화계획 ② 변동비율 강화계획
③ 고정간격 강화계획 ④ 변동간격 강화계획

해설

- **고정비율 강화계획**(fixed ratio schedule): 어떤 특정한 반응이 일정한 수만큼 발생할 때마다 강화물을 제공한다(예: 커피 쿠폰을 10매 모을 때마다 보상 제공).
- **변동비율 강화계획**(variable ratio schedule): 어떤 반응이 특정한 수만큼 일어난 후에 강화가 제공되는데, 강화를 받기 위해 요구되는 반응의 수는 평균값을 중심으로 이루진다. 평균 n번의 반응 수 이후에 강화를 제공하기 때문에 언제 강화가 제공될지 예측하기가 어렵다(예: 도박).
- **고정간격 강화계획**(fixed interval schedule): 고정된(정해진) 시간 간격에 맞추어 해당 반응에 강화를 제공한다(예: 월급).
- **변동간격 강화계획**(variable interval schedule): 어떤 시간 간격 이후에 강화가 제공되나, 간격의 길이가 평균값을 중심으로 다양하게 변화한다(예: 메시지나 메일이 예측할 수 없는 때에 오기 때문에 자주 확인하게 되는 경우).

정답 13. ④ 14. ②

15 뉴런의 전기화학적 활동에 관한 설명으로 옳지 않은 것은?

① 뉴런은 자연적으로 전하를 띠는데, 이를 활동전위라고 한다.
② 안정전위는 뉴런의 세포막 안과 밖 사이의 전하 차이를 의미한다.
③ 활동전위는 축색의 세포막 채널에 변화가 있을 경우에 발생한다.
④ 활동전위는 전치 쇼크가 일정 수준, 즉 역치에 도달할 때에만 발생한다.

해 설

- 활동전위가 발생되기 전에는 뉴런의 바깥쪽 용액(양전하-나트륨 이온)과 안쪽(음전하-칼륨 이온) 용액은 자연적인 전하 차이를 보이는데, 이러한 상태를 안정전위(resting potential)라고 한다.
- 뉴런은 감각기관으로부터 오는 신호 자극이나 이웃 뉴런들로부터의 화학적 신호가 촉발될 때 자극에 대한 반응으로 축색을 따라 신호를 전달하는데, 신호의 강도가 일정 역치 수준에 도달하면 활동전위(action potential) 상태가 된다.
- 뉴런의 흥분으로 인해 활동전위가 일어나면 탈분극화(depolarization)가 일어나서 뉴런의 세포막 영역의 출입구가 열리고, 양전하의 나트륨 이온이 그 출입구를 통해 밀려들어 온다. 이후 잠시 휴지기를 거친 후, 뉴런은 세포 안으로 들어온 나트륨 이온을 다시 밖으로 내보낸다. 이러한 전기화학적 처리과정은 매우 빠른 속도로 반복되며 이를 통해 뉴런 간에 정보가 전달된다.

16 Piaget가 발달심리학에 끼친 영향과 가장 거리가 먼 것은?

① 환경 속의 자극을 적극적으로 구축하는 가설-생성적인 개체로 아동을 보게 하였다.
② 인간 마음의 변화를 생득적-경험적이라는 두 대립된 시각으로 보는 데 큰 기여를 했다.
③ 발달심리학에서 추구하는 학습이론이 구조와 규칙에 대한 심리학이 되는 데 그 기반을 제공했다.
④ 발달심리학이 인간의 복잡한 지적능력의 변화를 탐색하는 분야가 되는 데 기여했다.

해 설

Piaget는 인지구조의 발달에는 생득적 요인인 성숙(maturation)과 경험적(환경적) 요인이 함께 작용하는 것으로 보았으며, 이 요인들을 적합한 방식으로 통합하고 조정하는 개인의 내재적 능력이 중요함을 강조하였다.

정답 15. ① 16. ②

17 로저스(Rogers)의 '자기개념'에 관한 설명으로 옳지 않은 것은? ▸ 2004, 2013

① 사람의 세상에 대한 지각에 영향을 준다.

② 상징화되지 못한 감정들로 구성되어 있다.

③ 자기에는 지각된 자기 외에 되고 싶어 하는 자기도 포함된다.

④ 지각된 경험에 의해 형성된다.

해 설

- Rogers는 성격의 중요한 구성개념으로서 자기(self) 또는 자기개념(self-concept)을 강조하였다. 자기개념은 자신에 대해 지니는 지속적인 인식을 의미하며 경험에 의해 형성되는 것으로 보았다. 이러한 자기개념은 세상을 바라보는 지각체계에 영향을 주며 그 과정에서 자아상을 형성하게 된다.
- 상징화란 개인이 의식 혹은 자각한 모든 경험을 말하며, '자기개념'은 자신에 대한 인식의 과정으로서 상징화된 감정들로 구성되어 있다.
- 자기개념은 현재의 자기 모습을 반영하는 현실적 자기(real self)와 긍정적 존중을 받기 위해 추구해야 할 이상적 자기(ideal self)를 포함하며, 심리적 역기능은 유기체의 경험과 자기개념 간의 불일치에 의해 발생된다고 보았다.

18 장기기억의 특성에 관한 설명 중 옳지 않은 것은?

① 장기기억에서 주의를 기울인 정보는 다음 기억인 작업기억으로 전이된다.

② 장기기억의 정보는 일반적으로 의미에 따라서 부호화된다.

③ 장기기억에서의 망각은 인출 실패에 따른 것이다.

④ 장기기억의 몇몇 망각은 저장된 정보의 상실에 의해 일어난다.

해 설

- 단기기억에서 주의를 기울인 정보는 다음 기억인 장기기억으로 저장이 된다. 단기기억의 정보가 장기기억으로 저장되기 위해서는 부호화, 정교화, 조직화 등의 전략이 필요하다. 최근에는 단기기억이라는 용어 대신에 작업기억이라는 용어를 많이 사용한다.

정답 17. ② 18. ①

19 연합학습 이론에 대한 설명으로 틀린 것은?

① 고전적 조건형성 이론: 능동적 차원의 행동 변화
② 조작적 조건형성 이론: 결과에 따른 행동 변화
③ 고전적 조건형성 이론: 무조건 자극과 조건자극의 짝짓기 빈도, 시간적 근접성, 수반성 등이 중요
④ 조작적 조건형성 이론: 강화계획을 통해 행동 출현 빈도의 조절 가능

해설

조작적 조건형성(operant conditioning)에서는 유기체가 자신의 행위를 결과와 연합시키는 과정을 강화와 처벌로 설명하고 있다. 어떤 행동 뒤에 보상이 뒤따르면 유기체는 환경을 능동적으로 조작하여 원하는 결과를 얻고자 하는데, 보상을 얻기 위해 환경에 가하는 행동을 '조작 행동'이라고 한다.

20 음식, 물과 같이 하나 이상의 보상과 연합되어 중립 자극 자체가 강화적 속성을 띠게 되는 현상은?

① 소거(extinction)
② 자발적 회복(spontaneous recovery)
③ 자극 일반화(stimulus generalization)
④ 일반적 강화인(generalized reinforcer)

해설

- 음식, 물과 같은 무조건적 자극과 연합되는 일반적 강화인(generalized reinforcer)은 점차 강화적 속성을 지니게 되는데, 이는 무조건 자극과의 연합학습에 의한 결과로 볼 수 있다.
- **소거**: 학습된 행동에 대해 강화가 제공되지 않음으로써 행동 수행이 중지되는 현상을 말한다.
- **자발적 회복**: 휴지기간 후에 시간의 경과로 인해 소거되었던 학습된 행동이 다시 나타나는 현상을 말한다.
- **자극 일반화**: 특정 장면에서 강화를 통해 학습된 행동이 다른 상황이나 장면에서도 나타나는 것을 말한다.

정답 19. ① 20. ④

07 2019년 제3회 기출문제

01 다음은 무엇에 관한 설명인가? ▸ 2013

> 물속에서 기억한 내용을 물속에서 회상시킨 경우가 물 밖에서 회상시킨 경우에 비해서 회상이 잘된다.

① 인출단서효과 ② 맥락효과
③ 기분효과 ④ 도식효과

해 설

- **맥락효과**: 학습을 했던 환경과 유사한 환경에 놓였을 때 학습한 내용을 더 잘 회상해 내는 현상을 말한다.
- **인출단서효과**: 기억에서 어떤 정보를 인출하는 경우, 입력 시 제공된 단서와 일치하는 경우가 일치하지 않는 경우에 비해서 기억 인출이 잘되는 현상을 말한다.
- **기분효과**: 현재의 기분과 일치되는 정보의 회상이 보다 잘되는 현상을 말한다.
- **도식효과**: 지식들 간의 관계 및 사상 간의 구조화될 틀을 도식이라고 하는데, 자신의 도식에 부합되는 정보의 회상이 보다 잘되는 현상을 말한다.

02 호감에 영향을 미치는 요인과 가장 거리가 먼 것은?

① 물리적 접근성 ② 유사성
③ 상보성 ④ 내향성

정답 1. ② 2. ④

해설

호감에 영향을 미치는 요인

- **근접성(proximity)**
  상호 접촉할 기회가 많아지게 되는 경우에 친밀감이 증가한다. 때론 어떤 자극에 단순히 반복해 노출되기만 해도 호감이 증가하는데, 이를 단순노출효과(mere exposure effect)라고 한다.
- **외모-신체적 매력(physical attractiveness)**
  외모 혹은 신체적 매력이 중요한 요인으로 작용하는 경우이며, 매력적인 사람이 다른 면에서도 긍정적일 것이라고 생각하는 후광효과(halo effect)가 적용된다. 또한 외모-신체적 매력이 자신과 닮은 사람을 좋아하게 되는 짝맞추기 현상(matching phenomenon)으로도 설명된다.
- **유사성(similarity)**
  자신과 공통점이 많은 사람에게 매력을 느끼는데, 가치관, 기호, 취미 등의 유사성에 이끌리게 된다. 이를 확인하기 위한 과정으로 자기공개(self-disclosure)가 중요한 요인이 된다.
- **상보성(complementarity)**
  자신과 비슷한 사람에게 끌리기도 하지만 나와 다른 사람에게 매력을 느끼는 경우를 말한다. 다만 자칫 상대적 차이로 인한 대비효과(contrast effect)가 나타날 수 있다.
- **호감의 상호성(reciprocity of liking)**
  자신을 좋아하는 사람을 좋아하게 되는 경우를 말한다. 즉, 누군가 자신을 좋아한다는 사실을 알게 되면 상대에게 호감을 갖게 됨을 의미한다.

03 뉴런이 휴식기에 있을 때의 상태로 옳은 것은?

① 칼륨 이온이 뉴런 밖으로 나간다.
② 나트륨 이온이 뉴런 안으로 밀려온다.
③ 뉴런이 발화한다.
④ 뉴런 내부는 외부와 비교하여 음성(-)을 띠고 있다.

해설

뉴런 활동전위

- 뉴런의 내부와 외부에는 전기적 극성을 띠는 많은 이온이 있으며, 세포막을 사이에 두고 뉴런 내부에는 칼륨 이온, 외부에는 나트륨 이온이 존재한다.
- 세포막에는 두 이온이 지나다닐 수 있는 통로인 이온채널이 존재하고, 이온채널은 평소 닫혀 있거나 극히 일부만 열려 있어서 이온들의 자유로운 흐름을 제한한다.

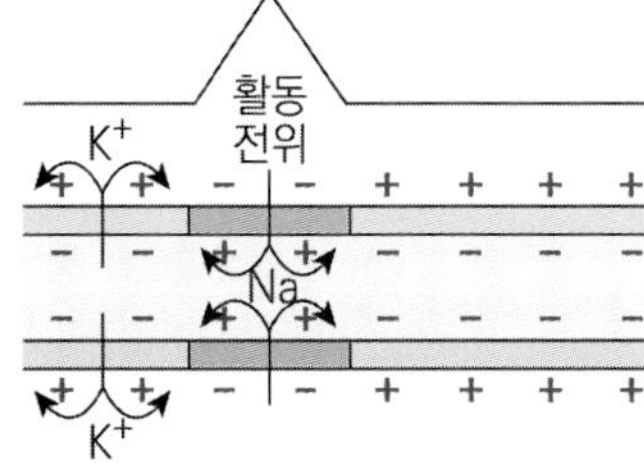

- 뉴런에 일정 강도 이상의 신호가 발생하면 나트륨 채널이 열리고, 급격한 전위차가 생기며, 이내 칼륨채널이 열려 이온 교환(칼륨 이온이 뉴런 밖으로 나가고 나트륨 이온이 들어옴)이 이루어지면서 활동전위가 생긴다.

정답 3. ④

- 뉴런이 흥분하지 않는 평상시의 상태를 안정전위(휴식기)라고 하며, 세포막 안쪽이 음극화(음성)되어 마이너스(-) 전하를 띄게 된다.

04 Freud의 발달이론에서 오이디푸스 갈등을 경험하는 시기는?

① 구강기 ② 항문기
③ 남근기 ④ 잠복기

해설

- 남근기는 성격발달에 있어 중요한 의미를 지니며, 아동의 관심이 이성 부모에게로 확산되면서 애정을 독점하려는 노력과 동시에 동성 부모를 경쟁자로 인식하게 된다.
- 남근기에 남자 아동은 어머니의 애정을 독점하려는 욕구에 의해 아버지에 대해 경쟁적인 감정 속에서 갈등을 경험하면서 거세불안(castration anxiety)을 경험하게 된다. 이를 오이디푸스 콤플렉스(Oedipus complex)라고 하며, 초자아의 발달과 아버지에 대한 동일시를 통해 원만한 해결을 하게 된다.

05 Ainsworth의 낯선 상황 실험에서 낯선 장소에서 어머니가 사라졌을 때 걱정하는 모습을 약간 보이다가 어머니가 돌아왔을 때 어머니를 피하는 아이의 애착 유형은?

① 안정애착 ② 불안정 혼란애착
③ 불안정 회피애착 ④ 불안정 양가애착

해설

애인스워스(Ainsworth)는 '낯선 상황 절차' 실험을 통해 양육자와 영아 간의 분리와 재결합 과정을 관찰한 후 애착유형을 분류하였다.

- 안정애착
  - 안정애착 된 영아들은 어머니와 단 둘이 있는 동안 능동적으로 탐색을 하나 분리되었을 때 눈에 띄게 혼란스러워하거나 괴로워하였다.
  - 어머니와 재결합했을 때 매우 반기면서 달려가 신체적 접촉을 시도하였다.
- 불안정 회피애착
  - 회피애착 영아들은 어머니와 분리되었을 때 스트레스를 덜 받고, 별 고통을 보이지 않았다.
  - 어머니와 재결합하였을 때 어머니와 신체적 접촉을 피하거나 무시하는 것처럼 몸을 돌려 버렸다. 회피애착 유형의 영아들은 특별히 낯선 사람에 대한 불안을 나타내지 않을 뿐만 아니라 어머니를 피하거나 무시했듯이 낯선 사람을 피하거나 무시하곤 하였다.

정답 4. ③ 5. ③

- 불안정 양가애착
  - 이 유형의 영아들은 어머니와 떨어지지 못하고 늘 가까이 있으려고 하며 어머니가 있는 데도 탐색활동을 거의 나타내지 않았다.
  - 어머니와 분리되었을 때는 심하게 고통스러워 하였지만 어머니와 재결합했을 때는 상반된 두 가지의 양가적 반응을 보였다. 즉, 자신을 남겨 두고 떠났다는 것에 대하여 화를 내고 어머니 가까이에 있으려고 하면서도 동시에 어머니가 영아에게 신체적 접촉을 하려고 하면 뿌리치고 저항을 보였다. 저항적 영아는 어머니가 있을 때조차 낯선 사람을 매우 경계한다.
- 불안정 혼란애착
  - 회피애착과 저항애착이 결합된 가장 심한 형태이며, 낯선 상황에서 가장 큰 스트레스를 받고 불안정하다.
  - 양육자에게 접근해야 할지 회피해야 할지에 대하여 혼란을 보이며 어머니와 재결합했을 때, 멍하고 얼어붙은 듯이 행동하였다. 어머니가 다가가면 갑자기 뒷걸음치는 등의 반응을 보인다.

06 Freud의 세 가지 성격 구성요소 중 현실 원리를 따르는 것은? ▸ 2015

① 원초아(id) ② 자아(ego)
③ 초자아(superego) ④ 원초아(id)와 자아(ego)

해설

Freud 성격의 구조
- **원초아(id)**: 무의식적 정신 에너지의 저장소이며, 현실에 의해서 구속받지 않고 즉각적 만족을 추구한다(쾌락 원리).
- **자아(ego)**: 현실적인 적응을 담당하며, 원초아와 초자아와의 균형을 유지하고 둘 간의 갈등을 중재하는 역할을 한다(현실 원리).
- **초자아(superego)**: 자아로 하여금 현실적인 것뿐만 아니라 이상적인 것도 고려하도록 이끌고 도덕적 규범을 추구한다(도덕 원리).

07 혼자 있을 때보다 옆에 누가 있을 때 과제의 수행이 더 우수한 것을 일컫는 현상은? ▸ 2013

① 몰개성화 ② 군중행동
③ 사회적 촉진 ④ 동조행동

해설

- **사회적 촉진**: 혼자일 때보다 타인이 존재할 때 개인의 수행이 더 향상되는 현상을 말한다(예: 운동선수는 관중이 많을수록 자신의 기량을 잘 발휘한다).

정답 6. ② 7. ③

- **군중행동**: 군중 속에 있을 때 개인은 개인정체성이 집단정체성으로 변화되면서 집단규범에 동조하게 되는데, 이에 따라 집단규범에 대한 동조나 복종이 높아지기도 한다.
- **몰개성화**: 군중 속에서 개인이 익명화될 때 행동에 대한 규범의 제약을 덜 받게 되어 자신의 행동에 대한 책임감을 덜 느끼게 되는 것을 말한다. 이로 인해 비이성적 행동들이 발생할 수 있다.
- **동조행동**: 실제 혹은 가상의 집단 압력의 결과로 일어나는 행동이나 신념의 변화를 말한다.

08 잔인한 아버지가 자식을 무자비하게 때리면서 매질이 자식을 위한 것으로 확신하고 있다고 하는 것처럼, 자기 자신의 감정이나 행위를 보다 허용 가능한 것으로 해석하는 방어기제는?

① 투사　　② 반동형성

③ 동일시　　④ 합리화

해설

합리화(rationalization)
상황을 그럴듯하게 꾸며 사실과 다르게 인식함으로써 자아가 상처받지 않도록 정당화시키는 방법을 말한다. 합리화는 자신의 감정이나 행위를 보다 허용 가능한 것으로 해석함으로써 자존감 손상이나 죄책감을 느끼는 것에서 벗어나도록 한다.

09 놀이방에서 몇 명의 아동에게 몇 가지 인형을 주고 노는 방법의 변화를 1주일에 1시간씩 관찰하는 연구방법은?

① 실험법　　② 자연관찰법

③ 실험관찰법　　④ 설문조사법

실험관찰법은 자연상태에서는 조건이 복잡하여 관찰이 곤란할 경우에 조건을 인위적으로 통제하여 관찰하는 방법을 말한다.

10 연결망을 통해 원하는 만큼 많은 수의 표본을 추출하는 방법은?

① 눈덩이 표집(snowball sampling)　　② 유의 표집(purposive sampling)

③ 임의 표집(convenient sampling)　　④ 할당 표집(quota sampling)

해설

- **눈덩이 표집(snowball sampling) 또는 연쇄 표집(chain sampling)**: 최초의 작은 표본을 선택한 후, 그 표본 내에서 대상자를 소개받아 원하는 표본 수를 얻을 때까지 계속적으로 대상자를 확대해 나가는 방법이다.

정답 8. ④ 9. ③ 10. ①

연쇄 표집(chain sampling)이라고도 한다(예: 약물중독자, 가출청소년, 희귀병 환자 등 목표 모집단에 속하는 연구 대상을 찾기 어려울 때 실시함).

- **유의 표집**(purposive sampling): 연구의 목적을 위하여 연구자가 의도적으로 대상자를 표집하는 것이다. 즉, 연구의 특정한 목적을 위하여 연구의 목적에 부합하는 표본을 추출하여 연구를 진행한다(예: 암 연구, 역사 연구).
- **임의 표집**(convenient sampling): 연구 대상을 편의상 임의로 선정하는 방법을 말한다(예: 쉽게 접촉할 수 있는 강의실에서 연구 대상을 얻거나 연구자가 임의로 쉽게 구할 수 있는 대상자들 중에서 표집).
- **할당 표집**(quota sampling): 각 하위집단의 표본수를 연구자가 결정하고, 결정한 만큼 대상자를 표집한다(예: 교사 200명을 표본으로 추출하고자 할 때, 남자 100명, 여자 100명으로 해당 비율을 미리 결정한 후 표집).

11 아동으로 하여금 매일 아침 자신의 침대를 정리하도록 하는 데 효과가 있는 것을 모두 고른 것은?

▸ 2013

처벌, 긍정적 강화, 부정적 강화, 모방

① 처벌
② 처벌, 긍정적 강화
③ 처벌, 긍정적 강화, 부정적 강화
④ 처벌, 긍정적 강화, 부정적 강화, 모방

해설

처벌, 긍정적 강화, 부정적 강화, 모방 모두 행동 수정 기법에 해당된다.

- 처벌(punishment)
  어떤 행동이 나타난 후에 즉시 제공되는 결과로 인해 미래 행동 가능성이 감소되는 것을 말한다(예: 침대 정리를 안 할 경우 즉각적으로 훈육한다).
- 정적 강화(positive reinforcement) 또는 긍정적 강화
  어떤 행동이 나타난 후에 그 행동이 나타날 가능성을 증가시키는 자극을 제시하거나 추가하는 것을 말한다(예: 침대 정리를 할 때마다 칭찬을 해 준다).
- 부적 강화(negative reinforcement) 또는 부정적 강화
  어떤 행동이 나타난 후에 그 행동의 빈도를 증가시키기 위해 어떤 자극을 제거하는 것을 말한다(예: 침대 정리를 하지 않을 시 좋아하는 게임을 못하게 한다).
- 모방학습
  다른 사람의 행동을 그대로 따라 하는 과정에서 학습이 되는 것을 말한다(예: 침대 정리하는 방법을 시연하여 그 행동을 따라 하도록 한다).

정답 11. ④

12 Maslow의 5단계 욕구 중 '금강산도 식후경'이라는 속담의 의미와 일치하는 욕구는?

▸ 2004, 2013

① 생리적 욕구 ② 안전의 욕구
③ 자기실현의 욕구 ④ 소속 및 애정의 욕구

생리적 욕구: Maslow의 욕구위계이론 중 가장 기본적이고 강력한 욕구로, 인간의 생존을 위해 필요한 음식, 물, 공기, 수면 등에 대한 욕구를 말한다.

학습 Plus Maslow의 욕구위계

- **생리적 욕구**: 위계의 가장 하위 수준으로, 생명 유지를 위한 최소한의 필요 욕구
- **안전의 욕구**: 신체의 안전과 동시에 심리적으로 협박당하거나 사회적으로 협박당하는 것을 피하려는 욕구
- **소속 및 애정의 욕구**: 특정한 사람들과 친밀한 관계를 맺고, 집단과 집단의 일원이 되고자 하는 욕구
- **존중의 욕구**: 자신과 자신의 가치를 인정하고 타인에 의해 인정되고 존중받으려는 욕구
- **자기실현의 욕구**: 위계의 가장 높은 수준으로, 개인의 잠재력과 능력을 실현하고자 하는 욕구

13 무작위적 반응 중에서 긍정적 결과가 뒤따르는 반응들을 통해서 행동이 증가하는 학습법칙은?

① 시행착오의 법칙 ② 효과의 법칙
③ 연습의 법칙 ④ 연합의 법칙

손다이크의 효과의 법칙(law of effect)
어떤 행동의 결과가 긍정적일 때는 그 행동이 다시 일어날 확률이 증가하고, 그렇지 않을 때는 다시 일어날 확률이 낮아진다는 법칙을 말한다.

학습 Plus 손다이크(Thorndike)의 실험

손다이크는 밖이 보이는 문제상자(puzzle box) 안에 고양이를 집어넣고, 문 바로 앞에는 생선을 두었다. 문제상자 안에서는 밖을 볼 수 있기 때문에 고양이가 상자의 문을 열고 나와 생선을 먹을 것이라는 가설을 세웠다. 이러한 절차를 수차례 반복하자 고양이는 시간이 걸리기는 했지만 문을 열고 나와서 생선을 먹었다. 시행이 반복될수록 고양이의 탈출 행동이 촉진되어 탈출하기까지의 시간이 짧아졌다. 행위의 결과로 긍정적인 경험을 하게 될 때 행동의 발생 확률이 증가함을 알 수 있다.

정답 12. ① 13. ②

14 두 변인 간의 높은 정적 상관을 보이는 산포도의 형태는?

① 좌상단에서 우하단으로 가면서 흩어진 정도가 매우 큰 산포도
② 좌상단에서 우하단으로 가면서 흩어진 정도가 매우 작은 산포도
③ 좌하단에서 우상단으로 가면서 흩어진 정도가 매우 큰 산포도
④ 좌하단에서 우상단으로 가면서 흩어진 정도가 매우 작은 산포도

해 설

- 산포도(scatter plot)는 X축과 Y축의 그래프에 두 변수 값을 점들로 표현한 것이다. 이는 변수 간의 상관관계를 쉽게 확인할 수 있도록 해 준다.
- 산포도는 정적 상관과 부적 상관으로 구분한다. 정적 상관은 X의 증가에 따라 Y도 증가하지만, 부적 상관은 X가 증가하는 것에 반대로 Y는 감소하는 경향을 갖는다.
- 두 변인 간의 상관이 높을수록 흩어진 정도가 매우 작은 산포도의 형태를 지니며, 증가 내지 감소 수치가 매우 뚜렷하게 나타난다. 정적 상관을 보일 경우 좌하단에서 우상단 방향으로 가면서 흩어진 정도가 매우 작은 산포도의 형태를 지니게 된다.
- 상관관계가 강하거나 약하다고 하는 것은 점이 직선의 주위에 집중되어 있는 정도로 알 수 있다. 상관관계가 강할 경우 직선 주위로 점들의 밀집도가 높다.

15 통계적 검증력이 증가하는 경우는?

① 표본의 크기가 작은 경우
② 각 전집 표준편차의 크기가 다른 경우
③ 양방검증 대신 일반검증을 채택한 경우
④ 제2종 오류인 β를 늘리는 경우

해 설

통계적 검증력을 높이려면

- 표본의 크기가 커야 하며, 표준편차가 클수록 표준오차가 커져 통계적 검증력이 낮아지기에 표준편차의 크기가 중요하며, 제2종 오류(β)가 작아질 때 통계적 검증력이 증가한다.
- 일반적으로 일반검증(단측검증)일 때 유의 수준이 증가하여 검증력이 높아진다. 즉, 일반검증이 양방검증보다 통계적 검증력이 더 높다.

16 강화계획 중 소거에 대한 저항이 가장 큰 것은?

① 고정간격 강화계획 ② 변동간격 강화계획
③ 고정비율 강화계획 ④ 변동비율 강화계획

정답 14. ④ 15. ③ 16. ④

해 설

변동비율 강화계획: 강화의 평균반응 수는 일정하나, 불규칙한 횟수마다 강화가 주어지기에 언제 강화가 올지 예측하기가 어렵다. 소거를 가장 느리게 할 수 있다(예: 도박).

17 방어기제와 그 예가 틀리게 짝지어진 것은?

① 전치－방문을 세게 쾅 닫으며 화를 내게 만든 사람이 아닌 다른 사람에게 소리 지르는 경우
② 합리화－자기 자신이 부정직하다고 생각하기 때문에 다른 사람도 역시 부정직하다고 판단하는 경우
③ 동일시－괴롭힘을 당한 아이가 다른 아이들을 괴롭히는 사람이 되는 경우
④ 승화－분노를 축구나 럭비 또는 신체 접촉이 이루어지는 스포츠를 함으로써 해소하는 경우

해 설

- **합리화(rationalization)**: 현실에 더 이상 실망을 느끼지 않으려고 그럴듯한 구실을 붙여 불쾌한 현실을 피하려는 기제를 말한다.
- **전치(displacement)**: 자신의 감정을 대상에게 직접적으로 표현하지 못하고 전혀 다른 대상에게 자신의 감정을 발산하는 것을 말한다.
- **동일시(identification)**: 중요한 인물들의 태도와 행동을 자기 것으로 만들면서 닮으려는 것을 말한다.
- **승화(sublimation)**: 사회적으로 용납할 수 없는 공격적 충동을 사회적으로 인정되는 형태와 방법을 통해 발산하는 것을 말한다.

18 겉맞추기(matching) 현상과 관련된 매력의 결정요인은?

① 근접성 ② 친숙성
③ 유사성 ④ 상보성

해 설

- **유사성**: 자신과 공통점이 많은 사람에게 매력을 느끼는데 가치관, 기호, 취미 등의 유사성에 이끌리게 된다. 유사성 원리가 데이트나 결혼에서 나타나는 현상을 '겉맞추기 현상'이라고 한다. 즉, 사람들이 자신과 닮은 사람을 좋아하게 되는 것을 말한다.
- **근접성**: 물리적으로 가까운 거리에 있는 사람들과 관계를 맺을 가능성이 증가하는 것을 말한다. 물리적 근접성은 관계를 맺을 가능성을 높인다.
- **친숙성**: 사람들은 자주 접하는 사람일수록 편안해지고 긍정적인 감정을 갖게 되는데, 이는 단순노출효과

정답 17. ② 18. ③

(mere exposure effect)와 관련된다. 즉, 어떤 자극에 단순히 반복해 노출되어도 호감이 증가한다.

- **상보성**: 자신과 다른 점이 많은 사람에게 매력을 느끼는 것을 말한다. 다만, 중요하다고 여기는 측면에서는 유사성이 많은 사람에게 보다 매력을 느끼는 경향이 있다(예: 학벌, 배경, 지역).

19 기억 정보의 인출에 대한 설명으로 옳은 것은?

① 인출 시의 맥락과 부호화 시의 맥락이 유사할 때 인출 가능성이 클 것이라는 주장을 부호화 명세성(특수성) 원리라고 한다.

② 설단현상은 특정 정보가 저장되어 있지 않다는 증거로 볼 수 있다.

③ 회상과 같은 명시적 인출방법과 대조되는 방법으로 재인과 같은 암묵적 인출방법이 있다.

④ 기억탐색 과정은 일반적으로 외부적 자극 정보를 부호화하는 과정을 말한다.

해설

부호화 특수성 원리(encoding specifcity principle)
인출 맥락과 부호화 맥락이 유사할 때 회상이 더 빠르게 진행된다는 원리이다. 정보를 저장할 때 맥락 정보가 함께 저장되기 때문에 그 맥락이 존재할 때 회상이 촉진되는 현상을 말한다.

20 특질을 기본적인 특질과 부수적인 특질로 구분하는 경우, 기본적인 특질에 해당하지 않는 것은?

① Allport의 중심 성향 ② Eysenck의 외향성
③ Cattell의 원천 특질 ④ Allport의 2차적 성향

해설

- Allport의 2차적 성향
  개인이 사고와 행동의 제한된 부분에만 영향을 미치는 특성이다. 핵심 성향, 중심 성향보다는 덜 현저하고, 덜 일반적이고, 덜 일관된 성향을 나타낸다(예: 여러 사람 앞에서 발표를 하거나 새로운 사람을 처음 만나는 것과 같은 특정 상황에서 나타남).
- Allport의 중심 성향
  Allport는 핵심 특성, 중심 특성, 이차적 특성으로 성격을 구분하였다. 성격의 기본적 차원인 중심 특성(중심 성향)은 핵심 특성에 비해 보다 제한된 범위의 상황에서 드러나는 성격의 경향성을 나타낸다(예: 정직함, 친절함, 개방성, 주장성).
- Eysenck의 외향성
  Eysenck는 성격의 기본적인 차원을 내향성-외향성, 신경증, 정신증 차원으로 구분하였으며, 이 세 가지 요

정답 19. ① 20. ④

소를 토대로 성격이론을 구성하였다.

- Cattell의 원천 특질

  Cattell은 성격의 기본적인 차원을 구분하는 데 있어 크게 두 가지 측면을 고려하였다. 첫 번째는 능력 특성, 기질 특성, 역동적 특성 간의 구분이고, 두 번째는 표면 특성, 원천 특성 간의 구분이다. 원천 특성은 단일하고 독립적인 성격 차원을 형성하는 행동들의 연합을 의미하며, 성격의 기초가 되는 요소에 해당된다.

학습 Plus  Allport의 특질이론

Allport는 성격 내에서의 영향력의 크기에 따라 개인 성향을 세 유형으로 분류하였다.

- 기본성향(cardinal dispositions) 혹은 핵심 특성

  가장 포괄적인 영향력을 행사하는 성향은 기본성향(cardinal dispositions)으로 불리는데, 개인의 생활 전반에 아주 광범위하게 퍼져 있어 거의 모든 행동에서 그 영향력이 발견되는 성향을 가리킨다.

- 중심성향(central dispositions) 혹은 중심 특성

  대부분의 사람은 단 하나의 기본성향보다는 몇 개로 이루어진 중심성향(central dispositions)의 지배를 받는다. 중심성향은 기본성향보다는 더 제한된 범위의 상황에 미치는, 그러나 행동에 있어 폭넓은 일관성을 나타내는 성향을 가리키는데 정직함, 친절함, 개방성 등을 예로 들 수 있다.

- 이차성향(secondary dispositions) 혹은 이차적 특성

  이차성향(secondary dispositions)은 중심성향보다 덜 현저하고, 덜 일반적이고, 덜 일관된 성향을 가리킨다. 특정 대상에 대한 태도, 음식에 대한 기호, 특정 상황에서의 행동경향성 등이 여기에 속한다. 개인이 사고와 행동의 제한된 부분에만 영향을 미친다.

08 2019년 제1회 기출문제

01 망각에 대한 설명으로 틀린 것은? ▸ 2015

① 망각은 단기기억과 장기기억에서 모두 일어날 수 있다.
② 시간이 경과함에 따라 이전의 정보를 더 많이 잃어버리는 현상을 쇠퇴라고 한다.
③ 망각은 적절한 인출 단서가 없거나 유사한 기억 내용이 간섭을 해서 나타날 수 있다.
④ 장기기억에서 망각이 일어나는 주요 이유는 대치와 쇠퇴 현상 때문이다.

해설

장기기억에서 망각이 일어나는 주요 이유로 간섭(순행간섭, 역행간섭), 쇠퇴 현상 및 저장된 정보에 접근하는 데 필요한 적절한 인출 단서가 없기 때문으로 보고 있다.

학습 Plus 망각의 원인

- **쇠퇴**: 시간이 경과됨에 따라 기억 흔적이 약화되거나 소실되는 것
- **순행간섭**: 이전에 학습한 정보가 새로운 정보의 학습을 방해하는 것
- **역행간섭**: 새로운 경험이나 정보가 이전에 학습한 경험 혹은 정보를 방해하는 것
- **단서의존망각**: 적절한 인출 단서가 없어 관련 정보에 접근하지 못하는 것

02 Fastinger와 Carlsmith(1959)의 연구에 의하면 피험자들이 적은 돈, 혹은 많은 돈을 받고 어떤 지루한 일을 재미있다고 다른 사람에게 말하였을 때, 후에 그 일에 대한 태도의 결과로 옳은 것은?

① 적은 돈을 받은 사람은 실제로 그 일이 재미있다고 생각한다.
② 많은 돈을 받은 사람은 실제로 그 일이 재미있다고 생각한다.

정답 1.④ 2.①

③ 적은 돈을 받은 사람이나 많은 돈을 받은 사람 모두 실제로 그 일이 재미있다고 생각한다.

④ 적은 돈을 받은 사람이나 많은 돈을 받은 사람 모두 그 일이 지루하다고 생각한다.

해 설

인지부조화이론

- 자신의 태도와 행동 등이 서로 모순되어 양립될 수 없다고 느끼는 불균형 상태가 되었을 때, 이를 해소하기 위해서 자신의 인지를 변화시켜 조화상태를 유지하려고 하는 현상을 설명하고 있다.
- 인지부조화 상태일 때 개인은 불편함을 줄이도록 동기화되며 자존감을 유지하고 스스로의 행동에 정당화를 부여하며 인지부조화를 줄이기 위해 노력한다.

학습 Plus 인지부조화를 줄이기 위한 전략

1. 조화되지 않는 인지와 일치하도록 행동을 변화시킨다.
2. 자신의 행동과 더 일치하도록 인지의 어느 측면을 변화시킴으로써 행동을 정당화하기 위한 시도를 한다.
3. 행동과 일치되는, 이를 지지하는 새로운 인지를 추가한다.

〈참조〉 인지부조화 실험(Fastinger & Carlsmith)

사회심리학자 레온 페스팅거(Leon Festinger)는 인간의 행동과 태도의 관계에 관심을 가지고 연구했다. 그는 1957년에 발표한 인지부조화이론을 통해 인간은 태도와 행동의 부조화로 인해 심리적 갈등이 유발되면, 이러한 갈등 상황을 해소하고 자신에 대한 일관성을 유지하기 위해 동기화된다고 설명했다. 그는 동료 연구자인 칼스미스(Carlsmith)와 함께 실험 연구를 했는데, 스탠퍼드 대학교 학생들을 모집해 약 한 시간에 걸쳐 반복적이고 매우 지루한 과제를 하도록 했다. 그리고 과제가 끝난 후, 실험에 참여하려고 기다리는 다음 학생에게 과제가 매우 재미있고 흥미로웠다고 '거짓말'을 해 줄 것을 부탁했다. 이때, 일부 참여자들에게는 거짓말의 대가로 1달러를 지불하고, 다른 참여자들에게는 20달러를 지불했다. 거짓말의 대가로 20달러라는 충분한 보수를 지급받은 참여자들은 재미없는 과제에 대해 거짓말한 행동을 합리화할 수 있었으며('돈 때문에 거짓말을 했다'), 따라서 재미없는 과제와 거짓말 간의 인지적 부조화를 느끼지 않았다. 반면에 거짓말의 대가로 겨우 1달러를 받은 참여자들은 '재미없는 과제'와 '거짓말할 이유가 없는 데도 다른 사람에게 거짓말을 했다'라는 태도와 행동 간의 인지부조화를 경험했다. 충분한 보수를 지급받은 참여자들은 여전히 재미없는 과제에 대해 재미없다는 생각을 갖지만, 적은 보수(1달러)를 받은 사람들은 불편감을 해소하지 못했고 결국 태도를 바꾸어 과제가 재미있다고 생각하였다.

03 성격이론에 대한 설명으로 틀린 것은?

① 유형론은 비연속적 범주에 의해서 성격 특징들을 기술하는 데 비해 특성론은 연속적인 속성으로 성격 특징들을 파악하고 기술한다.

② Adler이론에서는 열등감, 보상, 우월성 추구가 핵심적 개념이다.

③ 행동주의적 성격이론에 따르면 성격은 개인이 타고났거나 상당히 지속적인 속성이며 학습에 의해 형성된 것이다.

④ Rogers가 묘사한 '완전히 기능하는 인간'은 경험에 대한 개방, 자신에 대한 신뢰, 내적 평가, 성장 의지를 가진 사람이다.

정답 3. ③

해설

행동주의적 성격이론에서는 성격에 영향을 미치는 환경적 요인의 중요성을 강조하였다. 개인은 환경과의 상호작용에서 일련의 과정들을 학습하게 되며, 이러한 학습의 총합이 성격이라고 보고 성격이론을 학습 원칙에 기반하여 발전시켰다.

학습 Plus 행동주의적 성격이론의 기본 가정

- 개인의 특성은 관찰될 수 있는 구체적인 행동으로 분석되어 이해될 수 있다.
- 인간이 나타내는 대부분의 행동은 후천적으로 학습된 것이다.
- 치료의 주된 목표는 부적응적인 문제행동을 제거하거나 긍정적인 행동을 학습함으로써 적응을 도울 수 있다.
- 치료는 과학적 원리와 방법에 의해서 시행되어야 한다.

04 표집방법 중 확률표집방법에 해당하지 않는 것은?

① 단순무선표집(simple random sampling)
② 체계적 표집(systematic sampling)
③ 군집표집(cluster sampling)
④ 대리적 표집(incidental sampling)

해설

확률표집방법
단순무선표집(simple random sampling), 체계적 표집(systematic sampling), 층화표집(stratified sampling), 군집표집(cluster sampling)으로 구분한다.

학습 Plus 확률표집방법

표집 유형	설명 및 표집 절차
단순무선표집	모집단 내의 모든 사람이 동등하고 독립적인 선발 기회를 갖는다. 표본은 우연적으로, 즉 난수표나 컴퓨터를 통해 생성된 난수를 활용하여 추출된다(예: 1000명의 모집단 중 50명으로 된 표본을 구성하고자 할 때, 난수표를 이용해 무작위로 대상자를 추출하여 표집함).
체계적 표집	모집단의 표본 목록에서 한 번호를 선정한 후, 일정한 간격을 두고 연구 대상을 추출한다(예: 100명의 수강생 중 10명에게 질문지 배부 시, 출석부에서 2번 학생을 추출한 후, 10번 간격으로 추출. 2, 12, 22, 32, 42 …… 92번으로 총 10명으로 구성된 표본을 만듦).
층화표집	모집단 안에 여러 동질성을 갖는 하위집단이 있다고 가정할 때, 각 층에서 무선적으로 대상자를 추출한다(예: 교사의 근무환경을 알고자 할 때 국립 · 공립 · 사립 학교 교사로 계층을 나눠 표집함).
군집표집	표집의 단위가 개인이나 요소가 아니라 집단이다. 군집표집은 의견을 조사할 때 개인에게 묻는 것이 아니라 어떤 집단에 속한 사람들에게 묻는 것으로, 집단을 추출하는 표집의 단위를 군집으로 선정한다(예: 3학년 학생 전체의 체형 변화를 조사함).

정답 4. ④

05 Freud에 따르면 거세불안을 극복하는 과정에서 형성되는 성격의 요소는? ▸2012

① 원초아 ② 자아
③ 초자아 ④ 무의식

해설

- 거세불안(castration anxiety)은 프로이트의 심리성적 발달단계 중 남근기(phallic stage)에 해당되는 발달과정이다. 이 시기에 남아는 어머니의 애정을 독점하고자 하는 과정에서 아버지에 대한 복잡한 갈등을 경험하며 거세불안을 겪는다.
- 이 시기의 아동은 초자아를 통해 자신의 행동을 스스로 통제함으로써 거세불안을 회피할 수 있게 되고, 점차 세대의 구분을 이해하고 사회적 규범 및 아버지에 대한 동일시를 형성하면서 건강한 남자의 성역할과 성정체감을 형성하게 된다.

학습 Plus Freud의 심리성적 발달단계: 남근기(phallic stage)

- 남근기는 성격발달에 있어 중요한 의미를 지니며, 아동의 관심이 이성 부모에게로 확산되면서 애정을 독점하려는 노력과 동시에 동성 부모를 경쟁자로 인식하게 된다.
- 남자 아동은 어머니의 애정을 독점하려는 욕구에 의해 아버지에 대해 경쟁적인 감정 속에서 갈등을 경험하면서 거세불안(castration anxiety)을 경험하게 된다. 이를 오이디푸스 콤플렉스(Oedipus complex)라고 하며, 초자아의 발달과 아버지에 대한 동일시를 통해 원만한 해결을 하게 된다.
- 여자 아동은 아버지에 대한 애정을 독점하려 하면서 어머니를 경쟁자로 인식하게 되는 유사한 현상이 나타나는데, 이를 엘렉트라 콤플렉스(Electra complex)라고 한다.
- 오이디푸스 콤플렉스의 원만한 해결은 건강한 성정체감의 형성, 초자아와 자아의 발달, 건강한 이성관계를 맺을 수 있는 능력의 발달을 형성하고, 미해결될 경우 이후의 적응과 성격 형성에 문제를 초래하여 권위상에 대한 두려움, 복종적 태도, 지나치게 경쟁적인 성격을 보인다.

06 처벌의 효과적인 사용방법에 대한 설명으로 틀린 것은?

① 처벌은 반응 이후 시간을 두고 주는 것이 효과적이다.
② 반응이 나올 때마다 매번 처벌을 주는 것이 효과적이다.
③ 처음부터 아주 강한 강도의 처벌을 주는 것이 효과적이다.
④ 처벌행동에 대해 대안적 행동이 있을 때 효과적이다.

해설

처벌의 효과를 높이려면 반응 즉시 적용하는 것이 효과적이며 일관성 있게 적용되어야 한다. 단, 처벌은 일시적인 행동의 억제를 주기에 바람직한 대안적 행동을 제시하는 것이 필요하며, 처벌과 강화의 규칙을 정하는 데 있어 상호 의논하여 동의를 얻는 것이 중요하다.

정답 5. ③ 6. ①

07 Rogers의 성격이론에서 심리적 적응에 가장 중요한 역할을 한다고 가정하는 것은?

▸ 2011, 2015

① 자아강도(ego strength)
② 자기(self)
③ 자아이상(ego ideal)
④ 인식(awareness)

해설

로저스의 성격이론에서 자기(self)는 성격의 핵심적인 구성개념으로, 자신에 대해 의미를 부여하고 평가하며 혹은 자신에 대한 외부의 평가를 내면화하면서 발달된다. 로저스는 심리적 적응의 중요한 측면으로 자기(self)를 강조하며, 현상학적 장 내에서 충분히 기능하는 전체적이고, 조직화된 통합된 자기(self)의 상태를 자기실현화 과정의 중요한 요소로 보았다.

08 성격심리학의 주요한 모델인 성격 5요인에 대한 설명으로 옳은 것은?

① 5요인에 대한 개인차에서 유전적 요인은 찾아볼 수 없다.
② 성실성 점수가 높은 사람의 경우 행동을 계획하고 통제하는 것을 돕는 전두엽의 면적이 더 큰 경향이 있다.
③ 뇌의 연결성은 5요인의 특질에 영향을 미치지 않는다.
④ 정서적 불안정성인 신경증은 일생 동안 계속해서 증가하고 성실성, 우호성, 개방성과 외향성은 감소한다.

해설

- 성격의 5요인 모델은 사람의 성격을 구성하는 기본 단위를 특질로 보았으며, 1980년대에 들어서면서 특질을 연구하는 이론가들은 특질이 5개라는 데에 일치된 의견을 보이기 시작했고, 미국 오레곤연구소의 심리학자 골드버그(Lewis Goldberg)는 이를 Big Five라고 칭하며 성격의 5요인 모델을 정립하였다.
- 성격의 5요인 모델에서는 각 요인들이 생물학적 기반을 가지고 있다고 보았다. 즉, 유전(생물학적 요인)에 의해 5요인을 지니게 되고, 특정 요인의 강함과 약함은 심리적 발달을 하는 과정에서 개인차가 생긴다고 보았다.
- 뇌의 연결성은 5요인 특질과 관련되며, 뇌 촬영 후 전두엽의 회백질 크기가 성실성과 관련됨이 발견되었다. 또한 5가지 성격 특성은 오랜 시간 경과에도 일정하게 유지됨이 관찰되었다.

학습 Plus 성격의 5요인 모델(OCEAN)

- 경험에 대한 개방성(O: Openness to experience)
  상상력이 풍부하고 창의적이며 호기심이 많고 생각이 깊은 경향을 의미한다.
- 성실성(C: Conscientiousness)
  목표지향적 행동을 조직하고 책임감이 있으며 근면하고 신중함을 의미한다.

정답 7. ② 8. ②

- 외향성(E: Extraversion)
  따뜻하고 사교적이며 자기주장을 하며 활동적인 경향을 의미한다.
- 우호성(A: Agreeableness)
  타인에게 친절하며 이타적이고 솔직하고 협동성을 의미한다.
- 신경증적 경향성(N: Neuroticism)
  불안과 분노와 적대감과 우울과 자의식과 충동성이 높으며 상처받기 쉬운 경향을 의미한다.

09 특정 검사에 대한 반복 노출로 인해 발생하는 연습 효과를 줄이기 위해 이 검사와 비슷한 것을 재는 다른 검사를 이용하여 측정하는 검사의 신뢰도는?

① 반분신뢰도 ② 동형검사 신뢰도
③ 검사-재검사 신뢰도 ④ 채점자간 신뢰도

해 설

동형검사 신뢰도(alternate forms)

- 검사도구의 신뢰도를 검증하기 위해 두 개의 동형검사를 제작한 뒤, 동일 피험자 집단에게 검사를 실시해 두 검사 간의 상관계수로 신뢰도를 추정하며 문항의 난이도 및 변별도가 같거나 비슷하고, 문항 내용도 같은 것으로 구성하여 제작한다.
- 동형검사 신뢰도는 재검사 신뢰도의 연습 효과 및 시험 간격 설정의 문제점을 해결할 수 있지만, 단점은 검사도구를 두 번 제작하고 시행해야 하는 어려움이 있으며, 동형검사의 제작이 쉽지 않다는 점에 있다.

학습 Plus 신뢰도의 종류

- 검사-재검사 신뢰도(test-retest realibility)
  시간 경과에 따른 검사의 안정성을 재는 것으로, 1차 때의 점수와 일정한 시간이 흐른 뒤에 동일한 도구를 통해 얻은 2차 점수 간의 상관관계를 알아보는 것이다.
- 동형검사 신뢰도(alternate forms)
  검사도구의 신뢰도를 검증하기 위해 두 개의 동형검사를 제작한 뒤, 동일 피험자 집단에게 검사를 실시해 두 검사 간의 상관계수로 신뢰도를 추정한다.
- 반분 신뢰도(split-half reliability)
  단일 척도를 두 부분으로 나누어 두 부분 검사 점수의 상관계수를 계산 후 추정한다.
- 내적 합치도 신뢰도(internal consistency)
  검사 내 문항들이 어느 정도의 동질성을 가지고 있는가를 살펴보기 위해 문항들 간의 유사성 혹은 일치성을 추정한다.
- 채점자 간 신뢰도(inter-scorer reliability)
  채점결과가 채점자들 사이에 얼마나 유사한가를 의미한다. 즉, 동일한 대상에 대하여 한 채점자와 다른 채점자가 유사하게 점수를 부여하였느냐에 초점을 둔다.

정답 9. ②

10 다음 설명이 나타내는 것은?

우리는 교통사고(혹은 교통법규 위반범칙금)를 예방하기 위하여 빨강 신호등에서 정지하는 것을 학습한다.

① 행동조성 ② 회피학습
③ 도피학습 ④ 유관성 학습

해설

- **도피학습**: 특정 상황에 직면하였을 시, 불쾌자극에서 벗어나기 위해 행위를 중지 혹은 벗어나는 것을 말한다 [빨강 신호등 직면-정지(범칙금을 피함)].
- **회피학습**: 특정 상황이 발생하기 전에 미리 불쾌자극의 접촉을 피하는 것을 말한다.
- **행동조성**: 바람직한 행동을 여러 단계로 나누어 강화시킴으로써 바람직한 방향에 접근하도록 하는 방법이다.
- **유관성 학습**: 자극과 반응 사이의 관계(자극-지렛대를 누르는 것, 반응-먹이가 제공되는 것)를 학습하게 되면 자극-반응 간에 연관성이 있음이 파악되고 이후 동일 행동이 지속된다.

11 다음 실험에서 살펴보고자 한 것은?

핼러윈 데이 밤에 아이들이 찾아와 "사탕과자 안 주면 장난칠 거예요"라고 외치는 경우, 한 사람이 한 개씩만 가져가라고 한 다음 사탕과자가 든 바구니를 놓아둔 채 문 안으로 사라진다. 일부 아이들에게는 이름을 물어 확인하였고, 나머지 일부 아이들은 익명성을 유지하도록 하였다.

① 몰개성화 ② 복종
③ 집단사고 ④ 사회촉진

해설

- 몰개성화란 개인이 군중의 구성원이 되어 집단행동을 하게 되면 내적 규범 및 사회 규범으로부터 벗어나 개인적인 특성과는 관계없이 충동적이고 탈규범적인 행동을 하게 되는 현상을 말한다.
- 몰개성화 상황에서는 자기정체성과 책임감이 약화되어 개인은 평소 개인적으로는 행하지 않았을 탈억제된 행동을 쉽게 하게 된다.
- 실험에서는 '몰개성화' 현상을 살펴보기 위해 집단행동 상황에서 익명성이 유지된 경우와 이름을 물어 확인한 경우 규칙 이행 여부의 차이를 살펴보고자 하였다. 동일한 조건이지만 익명성이 유지된 경우에 정체감과 책임감이 약화되어 몰개성화가 일어날 가능성이 높다.

정답 10. ③ 11. ①

12 다음 ( )에 알맞은 것은? ▸ 2010, 2016

Freud의 주장에 따르면, 신경증적 불안은 ( )에서 온다.

① 환경에 있는 실재적 위험
② 환경 내의 어느 일부를 과장해서 해석함
③ 원초아의 충동과 자아의 억제 사이의 무의식적 갈등
④ 그 사회의 기준에 맞추어 생활하지 못함

해설

- Freud에 의하면 신경증적 불안(neurotic anxiety)은 원초아(id)와 자아(ego) 간의 무의식적 갈등에서 비롯된 불안이다.
- 현실적 불안(reality anxiety)은 자아가 외부 세계의 현실을 지각하여 느끼는 불안이다.
- 도덕적 불안(moral anxiety)은 원초아와 초자아 간의 갈등에 의해 야기되는 불안이다.

13 너무 더우면 땀을 흘리고, 너무 추우면 몸을 떠는 것과 같이 항상성(homeostasis)을 유지하는 것과 관련이 있는 뇌의 부위는?

① 소뇌 ② 시상하부
③ 뇌하수체 ④ 변연계

해설

- **시상하부**: 자율신경의 조절 중추로서 항상성 유지 및 뇌하수체 호르몬의 분비 조절과 관련된다.
- **소뇌**: 대뇌처럼 좌우 2개의 반구로 구성되며, 수의운동을 조절하고 몸의 균형을 유지한다.
- **뇌하수체**: 전엽, 중엽, 후엽으로 나뉘어 각각의 호르몬을 분비하며, 몸의 생식과 발육, 대사 과정과 관련된다.
- **변연계**: 정동, 욕구, 본능, 자율계 기능 등 기본적인 생명 현상을 발현 또는 제어하는 과정과 관련된다.

14 다음이 설명하는 개념은? ▸ 2011

학교에서 강의를 듣는 학생이 강의를 받던 곳에서 시험을 치르면 강의를 받지 않은 다른 곳에서 시험을 보는 것보다 시험결과가 좋아질 수가 있다.

① 처리수준모형 ② 부호화특정원리
③ 재인기억 ④ 우연학습

해설

부호화특정원리
학습할 때의 특정 맥락(시간, 장소, 사물 등)이 학습 내용과 맥락적 학습이 되어 같은 조건일 때 학습한 내용이

정답 12. ③ 13. ② 14. ②

보다 쉽게 인출되는 것을 말한다(맥락효과 혹은 상태의존 기억과 같은 원리임-동일한 조건이나 상태에 놓이게 되면 기억 점화가 잘됨).

15 Piaget의 인지발달단계 중 대상영속성(object permanence)의 발달이 최초로 이루어지는 단계는? ▸ 2007, 2008, 2009

① 감각운동기 ② 전조작기
③ 구체적 조작기 ④ 형식적 조작기

해설

감각운동기(출생~2세): 감각과 운동을 통한 인지구조 발달, 반사행동에서 목적을 가진 의도적 행동으로 발전 및 대상영속성 개념이 획득된다.

- 대상영속성은 대상이 더 이상 보이지 않거나 다른 감각을 통해 탐지할 수 없을 때에도 그 대상이 계속해서 존재한다는 개념을 말한다. 이는 감추어진 물체를 찾아낼 때 물체가 보이지 않을 때에도 여전히 그것이 존재한다는 것을 이해하는 능력으로, 영아의 대상 개념의 출현에 대한 분명한 신호는 생후 8~12개월경에 나타나지만 불완전하다.
- 생후 12~18개월이 되면 대상 개념이 향상되며, 생후 18~24개월이 되면 영아는 사라진 대상을 찾는 데 있어서 보이지 않는 이동도 정신적으로 표상하며 추론할 수 있게 된다. 이 시기의 대상이 영속성을 갖고 있음을 완전히 이해하게 된다.

16 강화계획에 관한 설명으로 틀린 것은? ▸ 2016

① 고정비율계획에서는 매 n번의 반응마다 강화인이 주어진다.
② 변동비율계획에서는 평균적으로 n번의 반응마다 강화인이 주어진다.
③ 고정간격계획에서는 정해진 시간이 지난 후 첫 번째 반응에 강화인이 주어지고, 강화인이 주어진 시점에서 다시 일정한 시간이 지난 후 첫 번째 반응에 강화인이 주어진다.
④ 변동비율과 변동간격 계획에서는 강화를 받은 후 일시적으로 반응이 중단되는 특성이 있다.

해설

- 고정비율 강화계획에서는 강화 후 반응의 일시 중단이 나타나는 특성이 있지만 반응이 다시 시작되면 지속성과 일관성을 가지고 유지되는 경향이 있다(예: 쿠폰 모으기).
- 고정간격 강화계획에서는 강화 후 반응의 중단이 비교적 긴 편이지만, 강화 직전에 반응률이 증가되기도 한다(예: 월급).

정답 15. ① 16. ④

- 변동비율과 변동간격 계획에서는 언제 강화가 일어날지 예측할 수 없어 행동의 일시적인 중단 반응이 없이 비교적 지속되는 특징을 보인다.

학습 Plus 강화계획(reinforcement schedule)

- 고정간격 강화계획(fixed interval schedule)
  일정한 간격마다 올바른 반응을 하면 강화가 주어진다(예: 월급 또는 정기시험).
- 고정비율 강화계획(fixed ratio schedule)
  정해진 횟수만큼 반응을 해야 강화가 주어진다(예: 도장 10번을 모으면 커피 한 잔을 제공).
- 변동간격 강화계획(variable interval schedule)
  임의로 정한 시간 범위 내에서 불규칙한 간격으로 강화가 주어진다(예: 쪽지시험).
- 변동비율 강화계획(variable ratio schedule)
  평균 n번 반응한 뒤 보상(강화인)이 주어지기에 두 번 반응한 뒤 보상을 받기도 하고, 여러 번 반응해도 보상을 받지 못하기도 한다(예: 도박).

17 마리화나가 기억에 미치는 영향을 알아보기 위한 연구에서 선행조건인 마리화나의 양은 어떤 변수에 해당하는가? ▸ 2010, 2016

① 독립변수 ② 종속변수
③ 가외변수 ④ 외생변수

해설

원인이나 선행요인, 영향을 주는 변수를 독립변수라고 하며, 결과 또는 독립변수에 따라 변화가 결정되는 변수를 종속변수라고 한다. 이 실험에서 마리화나의 양은 독립변수이며, 마리화나가 기억에 미치는 영향을 종속변수라고 할 수 있다.

18 상관계수에 관한 설명으로 옳은 것은?

① 두 변수 간의 연합 정도보다는 변별 정도를 나타낸다.
② 상관계수의 범위는 0에서 +1까지이다.
③ 두 변수 사이의 관계의 강도는 상관계수(γ)의 절대치에 의해 규정된다.
④ 한 변수가 다른 변수에 영향을 미치는 인과관계를 추론할 수 있다.

해설

상관계수(correlation coefficient): 상관계수는 두 변인 간의 관련성의 정도와 방향을 평가하는 통계치이며, -1.0에서 +1.0의 범위를 갖는다.

정답 17. ① 18. ③

학습 Plus 상관계수(correlation coefficient)

- 상관계수는 두 변인 간의 관련성의 정도와 방향을 평가하는 통계치이며, -1.0에서 +1.0의 범위를 갖는다.
- 정적상관(positive correlation)은 두 변인이 동시에 증가하거나 감소하는 관계에 있는 것을 말한다(예: 알코올 섭취 증가, 충동성 수준 증가).
- 부적 상관(negative correlation)은 한 변인이 증가할 때 다른 변인이 감소(또는 한 변인이 감소될 때 다른 변인을 증가하는)하는 관계에 있는 것을 말한다(예: 컴퓨터 사용 증가, 학업 성적 저하).
- 두 변인 간의 관련성은 알 수 있으나, 인과관계는 알 수 없다는 제한점을 지닌다.

19 의미 있는 '0'의 값을 갖는 측정의 수준은? ▸ 2015

① 명목측정 ② 비율측정
③ 등간측정 ④ 서열측정

해설

- **비율측정**: 절대 0점을 지니며, 속성의 상대적 크기 비교는 물론 절대적 크기까지 측정할 수 있도록 비율의 개념이 추가된 척도를 말한다(예: 나이, 거리, 무게).
- **명목측정**: 질적인 차이로 사물을 구분해 나누어서 범주에 대해 임의로 숫자를 부여함으로써 만들어지는 척도이다(예: 성별, 직업, 거주지역).
- **등간측정**: 절대 영점이 아닌 가상적 영점과 가상적 측정 단위를 가지고 있으며, 측정 단위 간에 간격이 같은 척도이다(예: 온도계의 0℃는 측정을 위한 가상적 영점, 지능지수, 시험점수).
- **서열측정**: 사물이나 사람의 속성에 대하여 상대적 서열을 표기하는 척도이다(예: 키 순서, 각종 선호도).

20 내분비체계에서 개인의 기분, 에너지 수준 및 스트레스를 해결하는 능력에서 중요한 역할을 하는 것은?

① 시상하부 ② 뇌하수체
③ 송과선 ④ 부신

해설

- **부신**: 기분 조절, 에너지 수준 및 스트레스 조절, 혈당 유지, 면역 기능 조절, 항염 효과, 성 호르몬 분비 조절, 심장 기능 및 혈압 조절과 관련된다.
- **시상하부**: 자율신경의 조절 중추로서 항상성 유지 및 뇌하수체 호르몬의 분비 조절과 관련된다.
- **뇌하수체**: 전엽, 중엽, 후엽으로 나뉘어 각각의 호르몬을 분비하며, 몸의 생식과 발육, 대사 과정과 관련된다.
- **송과선**: 일주기 리듬과 수면 패턴, 뼈의 대사, 뇌하수체 기능의 변화, 방향 감각 및 노화 과정과 관련된다.

정답 19. ② 20. ④

09 2018년 제3회 기출문제

01 처벌의 효과를 극대화하는 방안과 가장 거리가 먼 것은?

① 반응과 처벌 간의 지연 간격이 짧아야 한다.
② 처벌과 강화는 상호의존적이어야 한다.
③ 처벌은 약한 강도에서 시작하여 그 행동이 반복될수록 점차적으로 강해져야 한다.
④ 처벌은 확실한 규칙에 근거해서 주어져야 한다.

해설

처벌을 통해 행동 변화를 촉진하는 경우, 비록 바람직하지 못한 행동을 중단하기 위해 사용하더라도 처벌의 강도는 최소화하여 사용하여야 한다.

- 처벌의 원칙
  - 일관성 있게 이루어져야 하며, 짧고 간결하게 해야 한다.
  - 즉시 이루어져야 하며, 지난 행동에 대한 처벌은 삼가야 한다.
  - 처벌의 강도는 최소화하여 이루어져야 하며, 처벌의 부작용에 대해 고려해야 한다.
  - 반복적인 처벌에도 효과가 없을 경우, 다른 대안적 방법을 시행해야 한다.

02 성격 5요인에서 특질요인과 해당 요인을 잘 나타내는 척도가 틀리게 짝지어진 것은?

① 개방성: 인습적인-창의적인, 보수적인-자유로운
② 성실성: 부주의한-조심스러운, 믿을 수 없는-믿을 만한
③ 외향성: 위축된-사교적인, 무자비한-마음이 따뜻한
④ 신경증적 경향성: 안정된-불안정한, 강인한-상처를 잘 입는

정답 1.③ 2.③

해설

5가지 성격 특성 요소(Big Five personality traits)는 경험적인 조사와 연구를 통하여 정립한 성격 특성의 다섯 가지의 주요한 요소 혹은 차원을 말한다. 신경증적 경향성, 외향성, 개방성, 우호성, 성실성의 다섯 가지 요소(Big-Five)가 있다.

무자비한 – 마음이 따뜻한: '우호성'의 특성에 해당된다.

학습 Plus 성격의 5요인(Big-Five personallity traits)

높은 점수를 받는 사람의 특성	특성 척도	낮은 점수를 받는 사람의 특성
걱정이 많은, 과민한, 감정적인, 불안정한, 부적절한, 상처를 잘 입는	신경증적 경향성(neuroticism)	침착한, 이완된, 강인한, 안정된, 이지적인, 자기-만족의
사교적인, 활동적인, 수다스러운, 사람지향적인, 낙천적인, 인정이 많은	외향성(extraversion)	침착한, 생기가 없는, 위축된, 조용한, 초연한, 나서기 싫어하는
창의적인, 자유로운, 독창적인, 호기심 많은, 비관습적인, 상상력이 풍부한	개방성(openness)	인습적인, 보수적인, 관심의 범위가 좁은, 비예술적인, 실질적인
마음이 따뜻한, 온후한, 믿을 만한, 유용한, 관대한, 순진한, 정직한	우호성(agreeableness)	냉소적, 무례한, 의심하는, 비협조적인, 무자비한, 성마른, 조종하는
조심스러운, 믿을 만한, 조직화된, 근면한, 꼼꼼한, 단정한, 참을성 있는	성실성(conscientiousness)	부주의한, 믿을 수 없는, 느슨한, 태만한, 의지가 약한, 게으른, 목표가 없는

03 변산성을 측정하는 기술치로 짝지어진 것은?

① 범위, 최빈치
② 범위, 표준편차
③ 표준편차, 평균
④ 중앙치, 편포도

변산성이란(variability) 자료값들이 평균으로부터 퍼져 있는 정도를 말한다. 변산성의 지표에는 범위, 변량, 표준편차가 있다.

04 타인의 행동에 대한 원인 귀인 시 외부적인 요인을 과소평가하고 내부적인 요인을 과대평가하는 것은?

① 공정한 세상 가설
② 자아고양 편파
③ 행위자–관찰자 편향
④ 기본적 귀인 오류

정답 3. ② 4. ④

해설

기본적 귀인 오류: 관찰자가 다른 이들의 행동을 설명할 때 외적 · 상황적 요인의 영향을 과소평가하고 행위자의 내적 · 기질적 요인의 영향을 과대평가하는 것을 말한다. 이 경우, 타인의 행동에 대한 이유를 외부의 상황이나 환경보다는 성격 같은 내적인 요인에서 찾으려는 경향을 보인다.

- **공정한 세상 가설**: 불공정하다고 지각된 상황에 대해 스스로 합리적 가설을 만들어 감정적 손상으로부터 자신을 보호하는 일종의 합리화 과정을 말한다.
- **자아고양 편파**: 자존심을 유지하기 위한 방편으로 나타나는 귀인편향의 한 형태로, 행동의 결과가 좋으면 자신에게 내부귀인, 좋지 않으면 외부귀인하는 것을 말한다.
- **행위자 – 관찰자 편향**: 자신이 행위자일 경우에는 자신의 행동에 대해 외부귀인을 하고, 관찰자일 경우에는 행위자의 행동에 대해 내부귀인을 하는 것을 말한다.

05 Erikson의 발달이론에 대한 설명으로 틀린 것은?

① 기질의 차이가 성격발달에 중요하다.
② 사회성 발달을 강조한다.
③ 전 생애를 통해 발달한다.
④ 성격은 각 단계에서 경험하는 위기의 극복 양상에 따라 결정된다.

해설

- Erikson은 한 사람의 심리발달은 평생에 걸쳐 사회적 환경의 영향을 받아 이루어진다고 보고, 심리사회적 발달단계를 제시하였다. 각각의 단계는 그 순서에 따라 점진적으로 전개되어 가며, 각 단계에서 주어지는 심리사회적 위기를 개인이 적절하게 해결할 때 가장 완전한 기능을 하는 성격이 형성된다고 보았다.
- 프로이트가 성격발달에 있어 본능과 무의식을 다루는 자아의 역할을 강조했다면, 에릭슨은 사회적인 요인에 따른 영향에 초점을 두었다.

06 Adler가 인간의 성격을 설명하면서 강조한 것이 아닌 것은? ▸ 2005, 2009, 2015, 2018

① 열등감의 보상　② 우월성 추구
③ 힘에 대한 의지　④ 신경증 욕구

해설

- 아들러(Alfred Adler)는 개인심리학을 수립하며 개인의 삶에 있어서 열등감의 보상과 공동체 의식의 중요성을 강조했다.
- 인간 행동의 가장 기본적인 목적을 열등감의 극복이라고 보았으며, 열등감을 극복하고 우월성(superiority)과 힘의 의지(will to power)를 추구하는 데에서 행동이 나타나고 성격이 발달한다고 보았다.

정답 5. ① 6. ④

07 인지학습이론에 대한 설명으로 틀린 것은?

① 형태주의는 공간적인 관계보다는 시간변인에 주로 관심을 갖는다.
② Tolman은 강화가 무슨 행동을 하면 어떤 결과가 일어날 것이란 기대를 확인시켜 준다고 보았다.
③ 통찰은 해결 전에서 해결로 갑자기 일어나며 대개 '아하' 경험을 하게 된다.
④ 인지도는 학습에서 내적 표상이 중요함을 보여 준다.

해설

- **형태주의**: 형태(gestalt)란 인간이 자기를 둘러싼 세계를 의미화하기 위하여 자기가 지각한 것을 패턴이나 관계성으로 조직화하거나 구조화하려는 경향성을 말한다.
- 학습자는 학습 상황에서 각 부분을 관련이 없는 단편적인 것으로 지각하는 것이 아니라, 각 부분을 연결하여 조직된 전체로서 지각한다고 보았으며, 형태주의 심리학에서는 시간변인보다는 공간적인 관계에 주로 관심을 갖고 주목하였다.

08 기억 연구에서 집단이 회상한 수가 집단구성원 각각 회상한 수의 합보다 적은 것을 의미하는 것은?

① 책임감 분산
② 청크효과
③ 스트룹효과
④ 협력 억제

해설

- **협력 억제**: 일반적으로 협력 과제에서 개인이 수행한 합이 집단이 협력하여 수행한 합보다 더 나은 결과를 보이는 것을 말한다(사회적 태만 현상과 유사-집단에 속한 사람들이 공동의 목표를 달성하기 위해 함께 일하는 상황에서 혼자 일할 때보다 노력을 덜 들여 개인의 수행이 떨어지는 현상).
- **책임감 분산**: 방관자 효과라고도 하며, 주위에 사람들이 많을수록 책임감이 분산되어 어려움에 처한 사람을 돕지 않게 되는 현상을 말한다.
- **청크효과**: 학습자가 특정 내용을 기억하고자 할 때 단위(덩어리, 청크)로 학습하게 되면 인지적 소모를 줄여 기억에 도움이 되는 것을 말한다.
- **스트룹효과**: 단어의 의미와 색상이 일치하지 않는 자극을 보고 그 자극의 색상을 명명할 때, 일치하는 자극을 보고 명명할 때보다 반응 시간이 더 증가하는 현상을 말한다.

09 인간의 성격을 공통특질과 개별특질로 구분한 학자는?

① Allport
② Cattell
③ Eysenck
④ Adler

정답 7. ① 8. ④ 9. ①

해설

- Allport는 특질을 한 개인의 일관되고 안정적인 환경 적응 양식으로 정의하며, 개인특질과 공통특질을 제안하였다. 개인특질은 개인의 독특한 성격을 나타내는 것이고, 공통특질은 특정 문화에 속한 다수의 사람이 공유하는 것으로 보았다.
- 이후에 공통특질을 '특질'로, 그리고 개인특질을 '개인적 성향'(personal disposition)으로 다시 명명하였다. 개인적 성향에는 주 특질(cardinal traits), 중심 특질(central traits), 이차적 특질(secondary traits)의 세 가지 유형이 있다.

10 인지부조화이론의 예로 적합하지 않은 것은? ▸ 2012, 2018

① 지루한 일을 하고 천 원을 받은 사람이 만 원을 받은 사람보다 그 일이 더 재미있다고 생각한다.

② 열렬히 사랑한 애인과 헤어진 남자가 그 애인이 못생기고 성격도 나쁘다고 생각한다.

③ 어떤 사람이 맛이 없는 빵을 10개나 먹고 난 후 자신이 배가 고팠다고 생각한다.

④ 문화에 대해 폐쇄적인 태도를 지닌 사람이 개방적인 발언을 한 후 개방적으로 변한다.

해설

인지부조화이론은 페스틴저(Festinger)에 의해 제시된 이론으로, 개인은 자신의 믿음, 태도, 행동 등에 있어 일관성을 유지하려고 하며, 인지부조화라는 불쾌한 상태를 느끼면 이를 없애려고 노력하게 된다. 가령, 태도와 행위가 충동할 때 행위에 맞게 태도를 변화시킴으로써 부조화를 감소시킨다(맛이 없는 빵을 먹은 사람이 10개나 먹은 행동을 지지하기 위해 빵이 맛이 있었다고 태도를 바꿔 인지부조화를 극복).

11 비율척도에 해당하는 것은?

① 성별 ② 길이

③ 온도 ④ 석차

해설

- **비율척도**: 절대 영점과 가상적 단위를 지니고 있으며, 측정 단위의 간격 간에 등간성이 유지되는 척도이다. 예를 들면, 길이, 몸무게, 나이 등을 들 수 있다.
- **명목척도**: 성별, 인종, 종교, 지역, 결혼상태, 직업 유형 등
- **서열척도**: 소득 수준, 경제적 수준, 석차, 각종 평가에 따른 등급 등
- **등간척도**: 온도, 지능지수(IQ), 시험점수, 학점, 각종 지수와 지표 등
- **비율척도**: 길이, 몸무게, 수입, 매출액, 출생률, 사망률, 경제 성장률 등

정답 10. ③ 11. ②

12 단기기억의 특성이 아닌 것은?

① 정보의 용량이 매우 제한적이다.
② 작업기억(working memory)이라고 불린다.
③ 현재 의식하고 있는 정보를 의미한다.
④ 거대한 도서관에 비유할 수 있다.

해설

- 단기기억은 지속시간이 짧고 용량이 제한되어 있어 청킹(chunking)으로 처리하게 되면 용량 제한을 어느 정도 극복할 수 있다. 단기기억의 정보는 의식에 떠오르는 것처럼 느껴지는데, 이로 인해 자동적으로 인출되는 것으로 생각하기 쉽다. 최근에는 단기기억이라는 용어 대신에 작업기억이라는 용어를 많이 사용한다.
- 장기기억은 지속시간이 긴 기억으로, 용량의 제한이 거의 없다고 알려져 있다.

13 고전적 조건형성이 효과적으로 학습되기 위한 조건은?

① 무조건 자극과 조건자극이 시간적으로 근접해 있어야 한다.
② 고정비율 강화계획을 통한 학습이 필요하다.
③ 혐오조건형성을 통한 학습을 해야 가능하다.
④ 변동간격 강화계획을 통해 학습을 해야 한다.

해설

고전적 조건형성 과정에서 조건반응의 습득을 위한 조건은 다음과 같다.

- 훈련 시행의 수가 많을수록 학습된 반응은 증가된다.
- 시간적 관계가 중요하며, 근접하게 연합학습이 이루어질수록 효과적이다.
- 수반성(또는 유관성)이 습득을 좌우한다.

학습 Plus 고전적 조건형성

- **조건형성 과정**: 조건자극(CS, 종소리) + 무조건 자극(US, 고기) → 무조건 반응(UR, 침)
- **조건형성 이후**: 조건자극(CS, 종소리) → 조건반응(CR, 침)

연합학습이 잘 이루어지기 위해서는 반복 시행 수(자극 간의 반복 연합), 시간적 근접성[조건자극(종소리)이 무조건 자극(고기) 바로 직전에 주어지는 것이 학습 효과 최대] 및 유관성[조건자극(종소리)이 항상 무조건 자극(고기)을 예측할 수 있을 때 쉽고 빠른 학습이 일어남]의 습득이 중요하다.

정답 12. ④ 13. ①

14 비행기 여행에 두려움을 가지고 있는 환자의 경우, 정신분석적 입장에서 볼 때 이 두려움의 주된 원인으로 가정할 수 있는 것은? ▸ 2014, 2018

① 두려운 느낌을 갖게 만드는 무의식적 갈등의 전이
② 어린 시절 사랑하는 부모에게 닥친 비행기 사고의 경험
③ 비행기의 추락 등 비행기 관련 요소들의 통제 불가능성
④ 자율신경계 등 생리적 활동의 이상

해설

정신분석에서는 무의식의 중요성을 강조하며, 인간 행동의 대부분이 무의식 속에 존재하는 심리적 요인에 의해서 결정되며, 특정 상황(예: 비행기 여행에 대한 두려움)을 두려워하는 증상은 무의식적인 공포가 외부의 대상으로 전이되거나 대치된 것으로 본다.

15 양적인 종속변인과 독립변인이 다수일 때, 변인들 간의 상호관계를 살펴보기 위한 통계 기법은?

① 정준상관분석(canonical correlation analysis)
② 다중판별분석(multiple discriminant analysis)
③ 다변량분산분석(Multivariate Analysis of Variance: MANOVA)
④ 다중상관분석(multiple correlation analysis)

해설

정준상관분석(canonical correlation analysis)은 여러 변수 간의 상관관계를 알고자 할 때 쓰이며, 변수의 군집 간 선형 상관관계를 파악하기 위한 분석방법이다. 정준상관이란 둘 이상의 독립변수들과 둘 이상의 종속변수들 사이의 동시적인 상관관계를 의미한다.

16 기억의 인출 과정에 대한 설명으로 틀린 것은?

① 인출이 이후의 기억을 증가시킬 수 있다.
② 장기기억에서 한 항목을 인출한 것이 이후에 관련된 항목의 회상을 방해할 수 있다.
③ 인출행위가 경험에서 기억하는 것을 변화시킬 수 있다.
④ 기분과 내적상태는 인출 단서가 될 수 없다.

해설

기억의 인출 과정에서 기분과 내적상태는 인출 단서로서 작용된다. 이를 '기분 의존성 기억'이라고 하며, 자료를 학습할 당시의 기분이 되살아나면 기억 인출이 증진되는 경우를 말한다.

정답 14. ① 15. ① 16. ④

17 Piaget 이론에서 영아가 새로운 정보에 비추어 자신의 도식을 수정하는 과정은? ▸ 2018

① 조절 ② 동화
③ 대상영속성 ④ 자아중심성

피아제(Piaget)는 사람의 행동이 도식에 의한 것이고, 도식은 동화와 조절 같은 순응 과정을 통해 획득된다고 보았다.

- **조절**: 기존 도식을 새로운 정보에 맞게 수정 혹은 대체하는 것을 말한다.
- **동화**: 새로운 경험을 기존의 이해(도식)에 따라서 해석하는 것을 말한다.
- **대상영속성**: 대상이 더 이상 보이지 않거나 다른 감각으로 탐지할 수 없는 경우에도 대상이 계속해서 존재한다는 사실을 아는 것을 말한다.
- **자아중심성**: 전조작기 단계의 아동이 다른 견지를 받아들이는 데 어려움을 느끼는 현상을 말한다.

학습 Plus Piaget의 인지발달단계

단계	시기	특징
감각운동기	출생~2세	• 감각과 운동을 통한 인지구조 발달 • 반사행동에서 목적을 가진 의도적 행동으로 발전 • 대상영속성 개념 획득
전조작기	2~7세	• 언어, 상징과 같은 표상적 사고능력의 발달 • 중심화: 자기중심적 사고와 언어 • 직관적 사고와 전인과적 사고(직관에 의해 사물을 파악하고 전체와 부분의 관계를 파악하는 데 어려움)
구체적 조작기	7~11세	• 구체적 경험 중심의 논리적 사고 발달 • 보존 개념의 획득(사물의 모양이 달라져도 질량, 부피 등의 특성이 그대로 남아 있다는 원리) • 유목화와 서열화 가능
형식적 조작기	11세 이후	• 추상적 상황의 논리적 사고 가능 • 명제적 · 가설연역적 추리 가능 • 조합적 추리 가능

18 시험 기간 중에 영화를 보러 가는 학생이 "더 공부한다고 해서 나아지는 게 없어"라고 스스로에게 얘기한다면, 이때 사용하는 방어기제는 무엇인가?

① 부인 ② 억압
③ 투사 ④ 합리화

프로이트(Freud)의 방어기제 중 합리화(rationalization)란 그럴듯한 구실을 붙여 불쾌한 현실을 피하고자 하는 자기보호 기제를 말한다(일종의 이유 대기에 해당).

정답 17. ① 18. ④

- **부인(denial)**: 받아들이기 힘든 상황이나 고통스러운 경험을 인정하려 들지 않고 사실이 아닌 것으로 여기는 것을 말한다(예: 갑작스러운 사고로 자녀가 사망하게 되었을 때, 자녀의 죽음을 인정하지 않고 여전히 어딘가에 살아 있다고 생각하는 것).
- **억압(repression)**: 의식하기에는 현실이 너무나 고통스럽고 충격적이어서 무의식 속으로 억눌러 버리는 것을 말한다(예: 어린 시절 감당하기 힘든 충격적인 사건을 겪은 후, 사건과 관련된 외상 경험을 기억하지 못하는 것).
- **투사(projection)**: 자신이 받아들이기 어려운 느낌, 생각, 충동 등을 무의식적으로 타인의 탓으로 돌려 자신을 보호하는 기제를 말한다(예: 실제 자신이 배우자에게 불만을 갖고 있는데, 배우자가 자신을 못마땅하게 여긴다고 생각하는 것).
- **합리화(rationalization)**: 현실에 더 이상 실망을 느끼지 않으려고 그럴듯한 구실을 붙여 불쾌한 현실을 피하려는 기제를 말한다(예: 〈여우와 신 포도〉 우화에서 포도 따기에 실패한 여우가 "저건 신 포도라서 맛이 없을 거야"라고 변명하며 자신을 위로하는 것).

19 연구에서 독립변인 이외에 영향력 있는 변인으로 연구결과에 유의미한 영향을 미치는 것은?

① 관찰변인 ② 무선변인
③ 요구특성변인 ④ 가외변인

독립변인 이외에 종속변인에 영향을 미치는 변인을 가외변인이라고 한다. 실험연구에서는 독립변인이 종속변인에 미치는 순수한 영향력에 대하여 알고자 하기 때문에 철저하게 가외변인을 통제하고자 한다.

20 원점수 25(평균 = 20, 표준편차 = 4)를 Z점수로 변환시킨 값은?

① +1.25 ② −1.25
③ −5 ④ +5

해설

Z점수란 표준편차 단위에서 어떤 한 점수가 평균으로부터 얼마나 떨어져 있는가를 말하는 지수이다(z=측정값−평균/표준편차). 따라서 z=25−20/4=1.25이다.

정답 19. ④ 20. ①

10 2018년 제1회 기출문제

01 심리측정에 관한 설명으로 옳은 것은?

① 일반적으로 검사도구가 측정하고자 목적한 바를 측정할 때 그 검사도구는 신뢰도가 있다고 한다.
② 내적 일관성 신뢰도는 검사를 1회 사용한 결과만을 가지고 신뢰도를 계산해야 할 때 사용될 수 있는 방식이다.
③ 검사-재검사 신뢰도는 서로 다른 집단의 사람들에게 검사를 반복적으로 사용했을 때 동일한 결과가 나오는 정도이다.
④ 내용타당도는 어떤 검사가 그 검사를 실시한 결과를 통해서 알고자 하는 준거변수와의 상관 정도를 말한다.

해설

- **타당도**: 검사도구가 측정하고자 목적한 바를 정확하게 측정하는 정도를 말한다.
- **신뢰도**: 측정 절차 및 결과의 안정성과 일관성 정도를 의미한다.
- **검사-재검사 신뢰도**: 서로 같은 집단의 사람들에게 검사를 반복적으로 사용했을 때 동일한 결과가 나오는 정도이다.
- **준거타당도**: 어떤 검사를 실시한 결과를 통해서 알고자 하는 준거변수와의 상관 정도를 판단한다.
- **내용타당도**: 검사가 측정하고자 하는 속성과 내용을 제대로 측정하였는지를 판단한다.

02 집단 전체의 의사결정이 개인적 의사결정의 평균보다 더 극단적으로 되는 현상은?

① 사회적 촉진　　② 사회적 태만
③ 집단 극화　　④ 집단 사고

정답 1. ② 2. ③

해설

집단 극화 현상으로 인해 개인일 때보다 집단일 때 더 극단적인 방향으로 의사결정을 할 가능성이 높아진다.

- **사회적 촉진**: 타인이 존재하는 조건이 각성을 증가시켜 쉬운 과제의 수행이 증가되고, 어려운 과제의 수행이 저하되는 현상을 말한다. 반대의 개념으로는 사회적 태만이 있다.
- **사회적 태만**: 타인이 존재하는 조건이 편안함을 유발하여 쉬운 과제의 수행이 저하되고, 어려운 과제의 수행이 증가되는 현상을 말한다.
- **집단 사고**: 응집력 있는 집단의 구성원들일수록 토론이나 논쟁을 통해 좋은 결정을 도출하기보다는 한 방향으로 쉽게 의견의 일치를 보이는 현상을 말한다.

03 이성적이고 직접적인 방법으로 불안을 통제할 수 없을 때, 붕괴의 위기에 처한 자아를 보호하기 위해 무의식적으로 사용하는 사고 및 행동 수단은?

① 통제 위치
② 효능감
③ 사회적 강화
④ 방어기제

해설

방어기제란 정신분석 이론에서 자아가 현실을 무의식적으로 왜곡시킴으로써 불안을 감소시키는 보호방법을 '방어기제'로 설명하고 있다. 정신분석에서는 내담자가 자신을 보호하기 위해 방어기제를 사용하며, 이러한 기제가 성격의 일부로 나타난다고 본다.

04 학습에 대한 설명으로 틀린 것은?

① Tolman은 동물들도 다양한 단편적인 지식 또는 인지를 획득한다고 주장했다.
② 쥐가 부적 자극이 올 것이라는 신호를 알고서 미리 피하는 것을 도피학습이라고 한다.
③ 행동주의 심리학자들은 대부분 동물들의 학습에는 행동이라는 반응수행이 필수적이라고 주장한다.
④ 고전적 조건형성에서 학습되는 것은 조건자극(CS)과 무조건 자극(UCS)의 연합이며, Pavlov는 시간적 근접성을 연합의 필요조건이라고 주장했다.

해설

- 도피학습은 어떤 혐오적인 자극을 받았을 때 그것을 중단하는 행동이 학습되는 것이고, 회피학습은 어떤 혐오적인 자극을 받기 전에 그것을 미리 피하는 행동이 학습되는 것을 말한다[예: 실험에서 전기충격을 제시하면 쥐는 다른 칸으로 이동, 이동 칸에 다시 전기충격을 제시하면 또 다른 칸으로 이동(도피행동) / 전기충격의 신호를 알고 미리 다른 칸으로 이동(회피행동)].
- 즉, 도피는 어떠한 상황에 직면했을 때 그것을 피하는 것이며, 회피는 상황이 발생하지 않아도 사건을 미리 예상하고 피하는 것을 말한다. 차후 도피는 회피행동의 학습으로 이어진다.

정답 3. ④ 4. ②

05 자신의 성공은 자기가 잘한 것 때문이라고 하고, 자신의 실패에 대해서는 자신의 책임을 모면하려고 하는 사람이 있다면, 이 사람이 보이는 성향은?

① 암묵적 자기중심주의(implicit egotism)
② 자기애(narcissism)
③ 자기봉사적 편향(self-serving bias)
④ 성명–글자 효과(name-letter effect)

해설

- **자기봉사적 편향(self-serving bias)**: 자신의 성공은 자신의 내부적 특성 때문이라고 생각하는 경향성을 말한다. 자존감을 유지하는 데 영향을 미치는 것으로도 알려져 있으며, 자기위주 편향이라고도 한다.
- **암묵적 자기중심주의(implicit egotism)**: 자신과 관련된 것에 대해 호의적인 경향을 보이는 행동을 말한다(예: 자신이 속한 회사의 제품을 더 선호).
- **성명–글자 효과(name-letter effect)**: 성명이 개인의 태도와 행동에 영향을 미치는 경향성을 말한다.

06 '역지사지'라는 말은 특정 사건이나 현상을 타인의 입장에서 사고하는 것을 의미한다. 역지사지를 할 수 있는 능력을 Piaget의 인지발달 단계와 관련시켰을 때 가장 적합한 설명은?

① 역지사지 능력은 대상영속성 개념을 형성하는 단계가 되어야 가능하다.
② 수에 대한 보존 개념을 획득하기 전 단계에서 역지사지 능력이 가능하게 된다.
③ 눈으로 보고 만질 수 있는 사물들 간의 관계와 규칙성을 이해하고 조작이 가능한 단계에서 역지사지 능력을 갖출 수 있다.
④ 역지사지 능력은 추상적인 연역적 사고능력이 가능한 단계에서만 갖출 수 있다.

해설

- 피아제(Piaget)는 아동이 가지는 세상과 사물에 대한 체계화된 심리적 이해 방식인 도식(schema)의 개념을 도입했는데, 이러한 도식은 감각운동기, 전조작기, 구체적 조작기, 형식적 조작기의 네 단계를 거쳐서 발달한다고 보았다.
- **구체적 조작기**: 사물과 사건의 관계를 조작해 보고 논리적으로 사고(관계와 규칙성 이해, 구체적 유추를 통한 이해)할 수 있으며, 보존 개념을 이해할 수 있다.

정답 5. ③ 6. ③

07 'IB-MKB-SMB-C5.I-68.I-5' 배열을 외우기는 힘들지만, 이를 'IBM-KBS-MBC-5.16-8.15' 배열로 재구성하면 외우기가 쉬워진다. 이와 같이 정보를 재부호화하여 하나로 묶는 것은? ▸ 2008, 2015

① 암송 ② 부호화
③ 청킹(chunking) ④ 활동기억

해 설

청킹(chunking): 자극이나 정보를 서로 의미 있게 연결시키거나 묶는 인지 과정을 말하며, 이를 통해 기억의 폭을 확장시킬 수 있다.

08 과자의 양이 적다는 어린 꼬마에게 모양을 다르게 했더니 많다고 좋아한다. 이 아이의 논리적 사고를 Piaget 이론으로 본다면 무엇에 해당하는가?

① 자기중심성의 문제 ② 대상영속성의 문제
③ 보존 개념의 문제 ④ 가설-연역적 추론의 문제

해 설

보존 개념: 어떤 대상의 외관이 변하더라도 양이나 수와 같은 속성은 그대로 유지됨을 의미한다. Piaget의 인지발달 이론의 전조작기에서는 보존 개념이 결여된 양상이 나타나며, 구체적 조작기에 이르러 형성된다.

학습 Plus Piaget의 인지발달 단계

단계	시기	특징
감각운동기	출생~2세	• 감각과 운동을 통한 인지구조 발달 • 반사행동에서 목적을 가진 의도적 행동으로 발전 • 대상영속성 개념 획득
전조작기	2~7세	• 언어, 상징과 같은 표상적 사고능력의 발달 • 중심화: 자기중심적 사고와 언어 • 직관적 사고와 전인과적 사고(직관에 의해 사물을 파악하고 전체와 부분의 관계를 파악하는 데 어려움)
구체적 조작기	7~11세	• 구체적 경험 중심의 논리적 사고 발달 • 보존 개념의 획득(사물의 모양이 달라져도 질량, 부피 등의 특성이 그대로 남아 있다는 원리) • 유목화와 서열화 가능
형식적 조작기	11세 이후	• 추상적 상황의 논리적 사고 가능 • 명제적 · 가설연역적 추리 가능 • 조합적 추리 가능

정답 7. ③ 8. ③

09 비확률적 표집방법에 해당하지 않는 것은?

① 목적표집 ② 편의표집
③ 할당표집 ④ 단순표집

해설

- **비확률적 표집방법**: 목적표집, 편의표집, 할당표집, 연쇄표집
- **확률적 표집방법**: 단순표집, 체계적 표집, 층화표집, 군집표집

학습 Plus 비확률적 표집방법

- **목적표집**: 연구목적을 위해 연구자가 의도적으로 대상자를 표집하는 것을 말한다(예: 특정 암환자의 효과 연구를 위해 암환자를 연구 대상자로 표집).
- **편의표집**: 자료 수집의 가용성과 편의성에 기초하여 표본을 선택하는 방법이다(예: 연구자가 임의로 쉽게 구할 수 있는 대상자들 중에서 표집).
- **할당표집**: 각 하위집단의 표본수를 연구자가 결정하고, 결정한 만큼 표본수를 채운다(예: 교사 200명을 표본으로 추출하고자 할 때, 남자 100명, 여자 100명으로 해당 비율을 미리 결정한 후 표집).
- **연쇄표집(누적표집 혹은 스노우볼 표집)**: 최초의 작은 표본을 선택한 후, 그 표본 내에서 대상자를 소개받아 원하는 표본 수를 얻을 때까지 계속해서 대상자를 확대해 나가는 방식을 말한다(예: 가출청소년, 희귀병 환자 등 연구 대상자를 찾기 어려울 때 실시).

10 불안이 수행에 미치는 영향을 알아보는 실험에서 종속변인은?

① 피험자의 수행 ② 불안의 원인
③ 불안의 수준 ④ 피험자의 연령

해설

- 종속변인은 독립변인의 변화에 따라 달라지는 변인을 말하며, 원인이 되는 변인을 독립변인이라고 한다.
- 실험은 독립변인의 변화에 따른 종속변인의 결과를 토대로 효과를 검증한다. 따라서 불안은 독립변인에 해당되며, 불안에 의한 결과인 '피험자의 수행'은 종속변인에 해당된다.

정답 9. ④ 10. ①

11 대뇌의 우반구가 손상되었을 때 주로 영향을 받게 될 능력은?

① 통장잔고 점검
② 말하기
③ 얼굴 인식
④ 논리적 문제해결

해설

- **우반구**: 각종 감각기관으로부터 받아들인 신호를 통해 현재 상황을 머릿속에서 재처리하는 역할을 수행한다(예: 얼굴 인식). 우반구가 손상되었을 경우에 안면인식장애와 같이 사람을 구분하지 못하게 된다.
- **좌반구**: 지식에 기반한 정보 처리, 즉 언어나 문자를 이해하고 해석하는 논리력, 어휘력을 담당한다. 좌반구에 손상을 입어 언어 기능이 저하되었을 경우, 언어처리에 문제가 생긴다.

12 주변에 교통사고를 당한 사람들이 많은 사람은 교통사고 발생률을 실제보다 높게 판단하는 것처럼, 특정 사건을 지지하는 사례들이 기억에 저장되어 있는 정도에 따라 사건의 발생가능성을 판단하는 경향은? ▸ 2015

① 초두효과
② 점화효과
③ 가용성 발견법
④ 대표성 발견법

해설

- **가용성 발견법**(availability heuristic)은 어떤 문제를 해결하거나 의사결정을 할 때 객관적인 정보에 근거하기보다는 기억에 저장되어 있는 경험된 특정 사례를 토대로 사건 발생 확률을 추론하는 것을 말한다(예: 어떤 사람은 이웃 사람이 일반 다른 사람보다 더 위험하다고 판단할 수 있다. 이웃 사람의 폭력에 더 노출되어 있을 경우 해당 사례가 많아 이웃 사람이 보다 위험하다고 판단한다).
- **초두효과**: 상반되는 정보가 시간 간격을 두고 주어지면 정보처리 과정에서 초기 정보가 후기 정보보다 더 기억회상에 영향을 주는 것을 말한다.
- **점화효과**: 시간적으로 먼저 제시된 자극이 나중에 제시된 자극의 처리에 영향을 주는 현상을 말한다.
- **대표성 발견법**: 어떤 판단을 할 때 가장 전형적이고 대표적인 특징을 기반으로 평가하는 것을 말한다.

13 Cattell의 성격이론에 관한 설명과 가장 거리가 먼 것은? ▸ 2015

① 주로 요인분석을 사용하여 성격요인을 규명하였다.
② 지능을 성격의 한 요인인 능력특질로 보았다.
③ 개인의 특정 행동을 설명할 수 있느냐에 따라 특질을 표면특질과 근원특질로 구분하였다.
④ 성격특질이 서열적으로 조직화되어 있다고 보았다.

정답 11. ③ 12. ③ 13. ④

해설

성격특질의 서열적 조직화는 Eysenk에 의해 제시된 것으로, 그는 성격을 외-내향성(estraversion-introversion, E), 신경증 성향(neuroticism, N), 정신병적 성향(psychoticism, P)의 3요인으로 구분하고 세 가지 성격차원의 생물학적 토대를 밝히고자 노력하였다.

14 커피숍이나 음식점에서 쿠폰에 도장을 찍어 주고 일정 조건이 충족되면 보상하는 것은 조건형성의 어떤 강화계획과 관련이 있는가?

① 고정간격 강화계획
② 고정비율 강화계획
③ 변동간격 강화계획
④ 변동비율 강화계획

해설

- **고정간격 강화계획**(Fixed Interval schedule: FI): 일정한 시간 간격을 기준으로 강화가 주어진다(예: 월급).
- **고정비율 강화계획**(Fixed Ratio schedule: FR): 정해진 횟수만큼 반응을 해야 강화가 주어진다(예: 쿠폰 10장을 모으면 커피 한 잔을 제공).
- **변동간격 강화계획**(Variable Interval schedule: VI): 임의로 정한 범위 내에서 불규칙한 시간 간격으로 강화가 주어진다(예: 쪽지시험).
- **변동비율 강화계획**(Variable Ratio schedule: VR): 반응의 평균을 정하여 평균 n번에 이르렀을 때 강화가 주어진다. 언제 평균 n번에 해당될지 알 수가 없기에 수행 횟수가 불규칙적이다(예: 슬롯머신).

15 성격 특성들 간의 관련성에 관한 개인적 신념으로서 타인의 성격을 판단하는 틀로 이용하는 것은?

① 기본적 귀인오류
② 고정관념
③ 내현성격이론
④ 자기봉사적 편향

해설

- **내현성격이론**(implicit personality theory): 개인에게 내재된 성격판단의 기준이나 틀(신념)을 말한다.
- **기본적 귀인오류**(fundamental attribution error): 관찰자가 다른 이들의 행동을 설명할 때 상황 요인들의 영향을 과소평가하고 행위자의 내적·기질적인 요인의 영향을 과대평가하는 경향을 의미한다(예: 곱슬머리는 고집이 셀 것이다).
- **고정관념**(stereotype): 사람들이 지니고 있는 부정확하게 일반화된 신념, 잘 변하지 않는 특성이 있다.
- **자기봉사적 편향**(self-serving bias): 자신의 성공은 자신의 내부적 특성이 원인이라고 생각하는 반면, 실패하는 것은 외부의 환경적 요인 때문이라고 보는 경향으로, 자존감을 유지하는 데 영향을 미치는 것으로도 알려져 있다(자기위주 편향이라고도 함).

정답 14. ② 15. ③

16 Horney가 아동의 성격 중 부모에 대한 적개심을 억압하는 이유로 제시한 네 가지는?

① 사랑, 안전, 두려움, 무기력
② 두려움, 안전, 사랑, 죄의식
③ 무기력, 사랑, 죄의식, 회피
④ 사랑, 두려움, 죄의식, 무기력

해설

- 호나이(Horney)는 독일의 정신분석학자로 인간은 기본적으로 내재된 불안에서 벗어나기 위해 잘못된 욕구들을 과도하게 발산함에 따라 불안의 딜레마에서 벗어날 수 없다고 주장했다.
- 호나이는 연령에 따른 성격발달을 제시하지는 않았지만, 아동기에 발달되는 적개심의 억압이 지속적인 영향을 미친다고 보았다.
- 아동기는 안전 욕구에 의해 지배되기에 자녀의 안전을 해치는 부모의 행동은 아동에게 적개심을 야기시킨다. 그러나 아동은 적개심을 부모에게 표현하지 못하고 억압하는데, 부모에 대한 적개심을 억압하는 이유로는 사랑, 두려움, 죄의식, 무기력을 제안하였다.

17 종속변인에 나타난 변화가 독립변인의 영향 때문이라고 추론할 수 있는 정도를 의미하는 것은? ▸ 2009, 2010, 2013

① 내적 신뢰도
② 외적 신뢰도
③ 내적 타당도
④ 외적 타당도

해설

- **내적 타당도**: 종속변인의 효과가 독립변인에 의한 것인지를 의미한다. 즉, 연구에서 관찰한 결과에 대해서 인과관계를 확신할 수 있는가를 말한다(만약 종속변인의 변화가 독립변인 때문이 아니라면 어떤 가외변인의 영향일 가능성이 크다. 내적 타당도를 향상시키는 방법은 가외변인의 통제와 무선할당이다).
- **외적 타당도**: 처치의 결과를 어느 정도 외부에 일반화할 수 있는지에 대한 것을 말한다.
- **내적 신뢰도**: 연구결과가 연구자가 생각하는 것과 일치하는가에 대한 정도를 말한다.
- **외적 신뢰도**: 같은 연구 상황일 때 얼마나 유사한 결과를 얻을 수 있는지의 정도를 말한다.

18 A씨가 할머니 댁에 방문하였을 때, 음료수를 바닥에 엎질러서 할머니에게 혼났던 것을 기억하고 있다. 이러한 기억을 지칭하는 것은?

① 의미기억
② 암묵기억
③ 절차기억
④ 일화기억

정답 16. ④ 17. ③ 18. ④

해설

- **외현기억**(explicit memory): 사실과 사건들에 대해 의식할 수 있는 기억을 말한다. 세상에 대한 일반적인 지식(예: 지구는 둥글다)을 포함하는 의미기억(semantic memory)과 일상생활에서 경험한 자신과 관련된 기억인 일화기억(episodic memory)이 있다.
- **암묵기억**(implicit memory): 경험하여 저장되어 있지만 그 사실이 잘 의식되지 않는 기억을 말한다. 절차기억(procedural memory)이 있다. 절차기억이란 숙련된 행위, 조작 및 운동기술에 대한 기억이다(예: 자전거 타기, 피아노 연주).

19 다음은 무엇에 관한 설명인가?

척도상의 대표적 수치를 의미하며 평균, 중앙치, 최빈치가 그 예이다.

① 빈도분포값 ② 추리통계값
③ 집중경향값 ④ 변산측정값

해설

집중경향치란 한 집단의 점수 분포를 하나의 값으로 요약하고 기술해 주는 대표치로서 평균치, 중앙치, 최빈치가 있다.

- **최빈치**: 가장 빈도가 많은 점수를 말한다.
- **평균치**: 산술평균을 말하는 것으로, 값들의 합을 총 사례수로 나누어 계산한 수치이다.
- **중앙치**: 가장 작은 수치부터 가장 큰 수치까지 차례대로 나열해 놓았을 때 중앙에 오는 값을 의미한다.

20 성격이란 삶과 죽음이 교차하는 현실 속에서 그 사람이 내리는 선택과 결정에 의해 좌우되는 것이라고 보는 관점은?

① 정신분석적 관점 ② 인본주의적 관점
③ 실존주의적 관점 ④ 현상학적 관점

해설

실존주의 접근에서는 인간의 죽음, 자유, 고독, 무의미와 같은 존재의 궁극적 문제를 다루며, 이에 직면하고 삶을 적극적으로 선택하여 주체적으로 결정하며 의미를 발견하는 과정을 통해 성격이 발달된다고 본다.

정답 19. ③ 20. ③

11 2017년 제3회 기출문제

01 실험법에 관한 설명으로 틀린 것은? ▸ 2014

① 심리학이 과학적인 학문을 발전하는 데 큰 기여를 했다.
② 다른 조건들을 일정하게 고정시키는 것을 통제라고 한다.
③ 독립변인이 어떻게 결과에 영향을 미치는지를 알아보기 위한 조작을 처치라고 한다.
④ 가외변인을 통제하기 어렵다는 문제점이 있다.

해설

실험법은 변인의 관계를 인과적으로 설명하는 연구방법으로, 연구자가 원인이 되는 독립변인에 조작을 가해서 변화를 줄 때 결과가 되는 종속변인에서 어떠한 변화가 나타나는가를 살펴볼 수 있으며, 가외변인을 통제할 수 있어 변인 간의 인과관계를 밝힐 수 있다는 장점이 있다.

02 동조에 관한 설명으로 옳은 것은? ▸ 2015

① 집단의 크기에 비례하여 동조의 가능성이 증가한다.
② 과제가 쉬울수록 동조가 많이 일어난다.
③ 개인이 집단에 매력을 느낄수록 동조하는 경향이 더 높다.
④ 집단에 의해서 완전하게 수용 받고 있다고 느낄수록 동조하는 경향이 더 크다.

해설

- 동조(conformity)란 자신의 행동이나 생각을 집단의 기준과 일치하도록 바꾸는 것으로, 집단의 의견에 따라가는 경향성을 의미한다.
- 동조는 집단의 크기가 클 때, 집단 내 전문가가 많을 때, 응집력이 클 때, 매력적으로 느껴지는 집단일 때, 자신의 의견에 대한 확신이 적을 때, 만장일치를 보이는 집단일 때 강화되는 것으로 알려져 있다.

정답 1. ④ 2. ③

03 초자아에 대한 설명으로 틀린 것은?

① 사회의 가치와 도덕에 관한 내면화된 표상이다.
② 부모가 주는 상과 처벌에 대한 반응에 의해 발달한다.
③ 도덕성 원리에 의해 작용한다.
④ 본질적으로 성격의 집행자이다.

해 설

- 초자아(superego)는 부모와 사회로부터 습득하여 내면화된 사회적 규범과 양심의 측면을 구성한다. 초자아는 가치체계, 도덕체계, 양심 등의 개념과 관련된다(도덕성 원리).
- 자아(ego)는 성격의 조직적이고 합리적이며 현실지향적 체계로서 성격의 집행자이며, '자기' 또는 '나'로서 경험되며 지각을 통해 외부 세계와 접촉하는 인간 성격의 일부분을 말한다.

학습 Plus Freud 성격의 구조

- **원초아(id)**: 무의식적 정신 에너지의 저장소이며, 쾌락의 지배를 받아 현실에 의해서 구속받지 않고 즉각적 만족을 추구한다(쾌락 원리).
- **자아(ego)**: 현실적인 적응을 담당하며, 원초아와 초자아와의 균형을 유지하고 둘 간의 갈등을 중재하는 역할을 한다(현실 원리).
- **초자아(superego)**: 자아로 하여금 현실적인 것뿐만 아니라 이상적인 것도 고려하도록 이끌고 행위를 판단하게 하는 도덕적 규범과 같다(도덕 원리).

04 싫어하는 사람을 과도하게 친절하게 대하는 것은 어떤 방어기제인가?

① 승화
② 합리화
③ 반동형성
④ 전치

해 설

반동형성(reaction formation)은 받아들일 수 없는 고통스러운 경험 및 내적 욕구와 반대되는 행동을 함으로써 불안으로부터 벗어나려는 방어기제를 말한다.

학습 Plus 정신분석: 방어기제의 종류

- **억압(repression)**: 의식하기에는 현실이 너무나 고통스럽고 충격적이어서 무의식 속으로 억눌러 버리는 것을 말한다(예: 어린 시절 감당하기 힘든 충격적인 사건을 겪은 후, 사건과 관련된 외상 경험을 기억하지 못하는 것).
- **부인(denial)**: 받아들이기 힘든 상황이나 고통스러운 경험을 인정하려 들지 않고 사실이 아닌 것으로 여기는 것을 말한다(예: 갑작스러운 사고로 자녀가 사망하게 되었을 때, 자녀의 죽음을 인정하지 않고 여전히 어딘가에 살아 있다고 생각하는 것).

정답 3. ④ 4. ③

- **투사(projection)**: 자신이 받아들이기 어려운 느낌, 생각, 충동 등을 무의식적으로 타인의 탓으로 돌려 자신을 보호하는 방어기제를 말한다(예: 실제 자신이 배우자에게 불만을 갖고 있는데, 배우자가 자신을 못마땅하게 여긴다고 생각하는 것).
- **반동형성(reaction formation)**: 실제로 느끼는 부정적 감정을 직접 표현하지 못하고 무의식적 소망과 반대되는 방향으로 행동하는 방어기제를 말한다(예: 직장 상사에게 불만과 적개심이 많은 사람이 반대로 칭찬과 우호적인 행동을 실제 함으로써 관계가 악화되는 것을 피하는 것).
- **전치/전위(displacement)**: 자신의 감정을 대상에게 직접적으로 표현하지 못하고 전혀 다른 대상에게 자신의 감정을 발산하는 것을 말한다(예: 부모님에게 꾸중을 들은 아이가 애완동물에게 화풀이하는 것).
- **동일시(identification)**: 중요한 인물들의 태도와 행동을 자기 것으로 만들면서 닮으려는 것을 말한다. 동일시는 무의식적 과정으로, 그 동기는 대상이 가지고 있는 힘을 자기 것으로 하고자 하는 소망을 포함한다(예: 영향력이 있는 특정 대상의 모습과 행동의 일부를 따라 하면서 마치 그 대상과 동일해진 것 같은 느낌을 갖는 것).
- **합리화(rationalization)**: 현실에 더 이상 실망을 느끼지 않으려고 그럴듯한 구실을 붙여 불쾌한 현실을 피하려는 방어기제를 말한다(예: 〈여우와 신 포도〉 우화에서 포도 따기에 실패한 여우가 "저건 신 포도라서 맛이 없을 거야"라고 변명하며 자신을 위로하는 것).
- **주지화(intellectualization)**: 자신에게 불편하고 받아들이기 힘든 감정을 회피하고, 분석적이고 지적인 이해를 통해 불안을 줄이고자 하는 방어기제를 말한다(예: 대학 입시에 실패한 자신의 괴로운 심정에 대하여 교육의 역사, 국가차원에서의 교육정책, 입시전형 등에 대해서만 말하는 것).
- **승화(sublimation)**: 사회적으로 용납할 수 없는 공격적 충동을 사회적으로 인정되는 형태와 방법을 통해 발산하는 것을 말한다(예: 공격적인 욕구나 충동을 가진 사람이 과격한 스포츠 경기를 하는 것).
- **퇴행(regression)**: 현재 감당하기 어려운 일이나 불안을 모면하기 위해 어린 시절에 용납될 수 있었던 원시적이고 유치한 행위를 하는 것이다(예: 새로 태어난 동생에게 부모의 관심이 집중되자 7세 아동이 갑자기 대소변을 가리지 못하거나 아기 같은 말투로 이야기하는 것).

05 여러 상이한 연령에 속하는 사람들로부터 동시에 어떤 특성에 대한 자료를 얻고, 그 결과를 연령 간 비교하여 발달적 변화 과정을 추론하는 연구방법은? ▸ 2013

① 종단적 연구방법

② 횡단적 연구방법

③ 교차비료 연구방법

④ 단기종단적 연구방법

해 설

- **횡단적 연구방법**: 연령이 다른 집단을 대상으로 같은 시기에 동시에 조사하여 연령에 따른 행동 특성을 비교 연구하는 방법이다. 서로 다른 연령층에서 나타나는 발달적 변화에 대한 정보를 제공한다.
- **종단적 연구방법**: 동일한 집단을 대상으로 하여 시간의 흐름에 따라 계속 추적하면서 반복하여 측정함으로써 시간 경과에 따른 발달과 변화를 연구하는 방법이다.

정답 5. ②

06 잔소리하는 어머니로부터 벗어나기 위해 집 밖에서 머무르는 시간이 증가하는 것은 조작적 조건형성에서 무엇에 해당되는가?

① 정적 강화 ② 부적 강화
③ 정적 처벌 ④ 부적 처벌

부적 강화는 '자극의 제거'를 통해 '목표행동의 강도와 빈도를 증가'시키는 것을 의미한다(잔소리에 대한 회피행동-'자극의 제거', 이후 집 밖에 머무르는 시간 증가-행동의 빈도 증가).

학습 Plus 강화 계획(reinforcement schedule)

- **정적 강화(positive reinforcement)**: 어떤 행동의 빈도를 증가시키기 위해 특정 자극을 제시 혹은 추가하는 것을 말한다(예: 과제 제출 촉진을 위해 마감일 전에 숙제를 제출하면 가산점을 준다).
- **부적 강화(negative reinforcement)**: 어떤 행동의 빈도를 증가시키기 위해 특정 자극을 제거하는 것을 말한다(예: 기부 촉진을 위해 기부를 하는 사람에게 세금을 감면해 준다).
- **정적 처벌(positive punishment)**: 어떤 행동의 빈도를 줄이기 위해 특정 자극을 제시 혹은 추가하는 것을 말한다(예: 주차 위반을 줄이기 위해 주차 위반 시 범칙금을 부과한다).
- **부적 처벌(negative punishment)**: 어떤 행동의 빈도를 줄이기 위해 특정 자극을 제거하는 것을 말한다(예: 게임을 못하게 하기 위해 컴퓨터 사용을 금지시킨다).

07 실험법과 조사법의 가장 근본적인 차이점은? ▸ 2010, 2014

① 실험실 안에서 연구를 수행하는지의 여부
② 연구자가 변인을 통제하는지의 여부
③ 연구변인들의 수가 많은지의 여부
④ 연구자나 연구 참여자의 편파가 존재하는지의 여부

해설

실험법은 한 변인의 다양한 측면에 대한 정보 수집은 어려우나 변인을 통제하여 변인 간의 인과관계를 명확하게 밝힐 수 있다는 이점이 있다.

정답 6. ② 7. ②

08 성격 5요인 이론의 구성요소에 해당하는 것으로만 바르게 나열한 것은?

① 개방성(openness to experience), 성실성(conscientiousness), 민감성(sensitivity)
② 외향성(extraversion), 친화성(agreeableness), 성실성(conscientiousness)
③ 친화성(agreeableness), 신경증적 경향성(neuroticism), 강인성(hardiness)
④ 개방성(openness to experience), 친화성(agreeableness), 충동성(impulsiveness)

해설

성격 5요인(Big Five Personality model)은 신경증적 경향성(neuroticism), 외향성(extraversion), 개방성(openness to experience), 친화성(agreeableness), 성실성(conscientiousness)으로 구성되어 있다.

학습 Plus 성격 5요인과 특성

요인	하위요인	요인 설명
신경증적 경향성	불안, 적개심, 우울, 자의식, 충동성, 취약성	대부분의 상황에서 우울, 불안, 분노를 느끼는 성향
외향성	온정, 사교성, 주장성, 활동성, 자극 추구, 긍정적 정서	자기주장적이고 활동적이며 다른 사람들과 어울리는 것을 선호하는 경향
개방성	상상, 심미성, 사고와 감정 및 행동의 개방성, 가치의 개방성	내외적 경험에 대해 호기심이 많고 수용적이며 상상력이 풍부한 성향
친화성	신뢰성, 솔직성, 이타성, 순응, 겸손, 동정	타인에 대해 긍정적이고 공감적이며 협조적으로 행동하는 성향
성실성	유능감, 충실성, 성취 갈망, 자기규제, 신중성	목표를 추구함에 있어 꾸준하고 끈기 있는 성향

09 자신과 타인의 휴대폰 소리를 구별하거나 식용버섯과 독버섯을 구별하는 것은?

① 변별
② 일반화
③ 행동조형
④ 차별화

변별(discrimination)이란 제시된 자극조건에 따라 다르게 반응할 수 있는 능력을 말한다. 어떤 자극에 대해 그 의미나 특징을 구분하여 인식하는 것을 의미한다.

정답 8.② 9.①

10 기억단계를 바르게 나열한 것은? ▸ 2014

ㄱ. 보유(retention)	ㄴ. 인출(retrieval)	ㄷ. 습득(acquisition)

① ㄱ → ㄴ → ㄷ
② ㄷ → ㄱ → ㄴ
③ ㄴ → ㄱ → ㄷ
④ ㄱ → ㄷ → ㄴ

해설

기억의 정보처리 과정은 정보 습득(acquisition)-보유(retention)-인출(retrieval)로 구성된다.

- 정보 습득은 감각을 통해 들어오는 정보를 처리하는 과정을 말한다(부호화 과정).
- 보유는 정보가 저장되는 단계로, 정보를 일정 기간 유지하는 것을 의미한다(저장 과정).
- 인출은 저장된 특정한 기억 내용을 필요에 따라 상기해 내는 과정을 뜻한다(인출 과정).

11 검사의 내용이 측정하려는 속성과 일치하는지를 논리적으로 분석 및 검토하여 결정하는 타당도는? ▸ 2006, 2013

① 예언타당도
② 공존타당도
③ 구성타당도
④ 내용타당도

해설

- **내용타당도(content validity)**: 검사가 측정하고자 하는 속성과 내용을 제대로 측정하였는지를 논리적인 분석 과정을 통해 판단하는 타당도이다.
- **예언타당도(predictive validity)**: 어떤 검사의 점수가 미래에 나타날 행동이나 특성을 얼마나 잘 예측하고 예언해 주는지를 측정하는 타당도이다.
- **공존타당도(concurrent validity)**: 기존의 타당한 검사와의 유사성과 관련성을 통해 새로 개발된 검사의 타당도를 검증한다.
- **구성타당도(construct validity)**: 검사가 측정하고자 하는 이론적 구성개념을 잘 측정하는지를 검증한다.

12 집단사고가 일어나는 상황과 가장 거리가 먼 것은?

① 집단의 응집력이 높은 경우
② 집단이 외부 영향으로부터 고립된 경우
③ 집단의 리더가 민주적인 경우
④ 실행 가능한 대안이 부족하여 집단의 스트레스가 높은 경우

정답 10. ② 11. ④ 12. ③

해 설

- 집단사고는 강한 응집력을 보이는 집단구성원들 간에 의사결정 시 다른 대안 가능성들을 현실적으로 평가하는 경향이 감소하고, 왜곡되고 비합리적인 방식으로 사고 및 결정을 내리게 되는 경우를 의미한다.
- 집단구성원들 간에 의사소통이 자유롭게 진행될 수 있는 민주적 상황에서는 다양한 의견 조율이 가능하여 집단사고를 방지할 수 있다.

13 성격이론가에 관한 설명으로 틀린 것은? ▸ 2011, 2014

① Allport는 성격은 과거 경험에 의해 학습된 행동 성향으로, 상황이 달라지면 행동 성향도 변화한다고 보았다.

② Cattell은 특질을 표면특질과 근원특질로 구분하고, 자료의 통계분석에 근거하여 16개의 근원특질을 제시하였다.

③ Rogers는 현실에 대한 주관적 해석 및 인간의 자기실현과 성장을 위한 욕구를 강조하였다.

④ Freud는 본능적인 측면을 강조하고, 사회환경적 요인을 상대적으로 경시하였다.

해 설

Allport는 특질에 기반하여 성격을 설명하였는데, 특질은 다양한 자극이나 상황에 대해서도 유사한 방식으로 반응하도록 만드는 특성으로서 시간이 지나 상황이 달라져도 비교적 변하지 않는다고 보았다.

14 단기기억의 용량은? ▸ 2013

① 5±2　② 6±2

③ 7±2　④ 8±2

해 설

- 조지 밀러(1956)는 단기기억에 대략 7개 정도(여기에 2개를 더하거나 뺀 정도)의 정보를 파지할 수 있다고 제안하였다.
- 단기기억의 지속기간은 짧아 '되뇌기'를 하지 못하게 되면 곧 망각된다. 지속시간은 약 10~20초 정도이다.

정답 13. ① 14. ③

15 관찰법에 관한 설명으로 틀린 것은? ▸ 2013

① 관찰법은 실험법과 같이 독립변인을 인위적으로 조작할 수 없으므로 관찰변인을 체계적으로 측정하지 않는다.
② 관찰법에는 직접 집단에 참여하여 그 집단구성원과 같이 생활하면서 관찰하는 참여관찰도 있다.
③ 관찰법은 임신 중 영양부족이 IQ에 미치는 영향과 같이 실험 상황을 윤리적으로 통제할 수 없을 때 사용한다.
④ 관찰법에서는 관찰자의 편견이나 희망이 반영되어 관찰자 편향이 일어날 수 있다.

해설

관찰법은 실험법과 같이 독립변인을 인위적으로 조작하거나 통제할 수는 없지만, 관찰변인을 정해 놓고 어떤 현상이나 행동에 대해 체계적・객관적인 관찰을 통해 분석할 수 있는 방법이다.

16 개나리나 장미가 필 때는 그렇지 않고 유독 진달래가 필 때만 콧물이 나는 상황의 경우, 코감기의 원인이 진달래라고 결론을 내리는 것은?

① 동의성 ② 효율성
③ 일관성 ④ 독특성

해설

독특성이란 어떤 자극이 다른 것들과 특별하게 다른 반응을 유발하는 경우, 해당 자극은 특별하게 다른 성질이 있는 것으로서 다른 것들과 구별될 수 있는 특성이 있다고 보는 경향성을 말한다.

17 나중에 학습한 정보가 먼저 학습한 정보를 방해하여 회상을 어렵게 하는 현상은?

① 순행간섭 ② 역행간섭
③ 부식 ④ 소거

해설

- 순행간섭(proactive interference): 과거의 학습이 새로운 정보의 회상을 방해하는 효과를 말한다.
- 역행간섭(retroactive interference): 새로운 학습이 기존 정보의 회상을 방해하는 효과를 말한다.

정답 15. ① 16. ④ 17. ②

18 한 번 도박에 빠지면 그만두기 어려운 이유를 학습원리로 가장 적절하게 설명한 것은?

① 너무나 큰 정적 강화를 제공하기 때문에
② 부분 강화 효과 때문에
③ 보상에 비해 처벌이 적기 때문에
④ 현실 도피라는 부적 강화를 제공하기 때문에

해설

변동비율 강화계획(variable ratio schedule)은 조작적 조건형성의 강화계획 중 한 유형으로, 어떤 행동의 평균 매 n번째 수행이 강화를 받게 되는 강화계획이다. 이는 부분 강화 효과로서 정확하게 몇 번째 반응에 대하여 강화가 이루어지는지는 예측할 수 없어 행동의 지속성이 크고 소거가 어렵다는 특징이 있다(예: 도박).

19 A씨의 아이는 항상 우유를 보고 물이라고 이야기한다. Piaget에 따르면 A씨가 단어를 바로잡아 준 후 아이의 우유에 대한 도식을 변환시키려면 무엇을 해야 하는가?

① 동화 ② 보존
③ 조절 ④ 대상영속성

해설

Piaget의 인지발달이론 중 평형화(equilibration)는 동화(assimilation)와 조절(accommodation)의 통합 과정이다.

- **동화**: 자신이 이미 가지고 있는 도식 또는 인지구조에 따라 사물이나 사건에 반응하는 과정을 뜻한다.
- **조절**: 이미 가지고 있는 도식 또는 인지구조가 새로운 대상을 동화하는 데 적합하지 않을 때, 새로운 대상에 맞게 기존의 도식이나 인지구조를 바꾸어 가는 인지 과정을 뜻한다.

20 정상분포에 대한 설명으로 틀린 것은?

① 평균을 중심으로 좌우대칭을 이루는 곡선이다.
② 평균과 중앙값, 최빈값이 모두 같다.
③ 정상분포를 따르는 변인은 Z점수 평균이 0이고, 변량은 1이다.
④ 정상분포의 양끝 쪽은 점차 X축에 접근한다.

해설

- 정상분포는 최빈치, 중앙치, 평균이 일치하는 빈도분포로, 분포 곡선은 평균을 중심으로 좌우대칭이 된다.
- 사례의 대부분은 평균치의 주변에 모여 있으며, 양극에 가까울수록 차츰 감소하는 형태를 보인다.
- 정상분포를 따르는 변인의 Z점수는 평균이 0이며, 표준편차가 1이다.

정답 18. ② 19. ③ 20. ③

12 2017년 제1회 기출문제

01 망각에 관한 설명으로 틀린 것은? ▸ 2008, 2014

① 설단현상은 인출의 실패에 대한 사례이다.
② 한 기억요소는 색인 또는 연합이 적을수록 간섭도 적어지므로 쉽게 기억된다.
③ 일반적으로 일화기억보다 의미기억에 대한 정보의 망각이 적게 일어난다.
④ 망각은 유사한 정보 간의 간섭에 기인한 인출 단서의 부족에 의해 생긴다.

해 설

기억은 부호화(encoding), 저장(storage), 인출(retrieval)의 정보처리 과정을 거치는데, 이때 색인 또는 연합이 많을수록 쉽게 기억된다.

02 엘렉트라 콤플렉스와 연관된 Freud의 심리성적 발달단계는?

① 구강기 ② 항문기
③ 남근기 ④ 성기기

해 설

- 남근기는 성격발달에 있어 중요한 의미를 지니며, 아동의 관심이 이성 부모에게로 확산되면서 애정을 독점하려는 노력과 동시에 동성 부모를 경쟁자로 인식하게 된다.
- 남근기에 남자 아동은 어머니의 애정을 독점하려는 욕구에 의해 아버지에 대해 경쟁적인 감정 속에서 갈등을 경험하며 거세불안(castration anxiety)을 경험하게 된다. 이를 오이디푸스 콤플렉스(Oedipus complex)라고 하며, 초자아의 발달과 아버지에 대한 동일시를 통해 원만한 해결을 하게 된다.
- 남근기에 여자 아동은 아버지에 대한 애정을 독점하려 하면서 어머니를 경쟁자로 인식하게 되는 유사한 현상이 나타나는데, 이를 엘렉트라 콤플렉스(Electra complex)라고 한다.

정답 **1.** ② **2.** ③

03 얼마간의 휴식기간을 가진 후에 소거된 반응이 다시 나타나는 현상은?

① 자극 일반화 ② 자발적 회복
③ 변별 조건형성 ④ 고차 조건형성

해설

- **자발적 회복**: 휴지기간 후에 소거되었던 조건반응이 다시 나타나는 현상을 말한다.
- **자극 일반화**: 특정 장면에서 강화를 통해 학습된 행동이 다른 상황이나 장면에서도 나타나는 것을 말한다.
- **변별 조건형성**: 조건자극에는 반응하지만 조건형성 시에 존재하지 않았던 자극에는 반응하지 않는 것을 말한다.
- **고차 조건형성**: 이미 조건화된 자극과 다른 중성자극을 연합 시 조건형성이 이루지는 과정을 말한다(예: 소리가 먹이를 예측한다는 사실을 학습한 동물이 소리를 예측하는 불빛을 학습하고는 불빛만 제시해도 반응을 보이기 시작한다. 이차 조건형성이라고도 함).

04 인본주의 성격이론에 대한 설명으로 옳은 것은?

① 무의식적 욕구나 동기를 강조한다.
② 대표적인 학자는 Bandura와 Watson이다.
③ 외부 환경자극에 의해 행동이 결정된다고 본다.
④ 개인의 성장 방향과 선택의 자유에 중점을 둔다.

해설

- 인본주의 이론에서는 인간을 능동적인 성장가능 잠재력을 가지고 있는 주체이며, 누구나 자기실현화(self-actualization)를 할 수 있다고 가정한다.
- 자신의 성장을 창조하는 과정 중 삶의 의미를 찾고, 주관적인 자유를 실천함으로써 점진적으로 자기실현화는 완성되어 간다고 보며, 개인의 성장 방향과 선택의 자유에 초점을 둔다.

05 관계의 내적 작동모델에 관한 설명으로 틀린 것은?

① 관계의 내적 작동모델은 자기와 일차양육자, 그리고 그들 사이의 관계에 대한 한 세트의 믿음이다.
② 상이한 애착유형의 영아는 상이한 관계의 작동 모델을 갖는 것으로 보인다.
③ 상이한 아동은 상이한 기질 혹은 정서적 반응성의 특징적 양식을 가지고 태어난다.
④ 매우 어린 아동은 두려움, 과민성, 활동성, 긍정적 감정, 그리고 기타 정서적 특성에 대한 성향에서 서로 같다.

정답 3.② 4.④ 5.④

해설

- 내적 작동모델(internal working model)이란 아동이 자기 자신을 포함한 세상의 본질에 대해 형성하는 표상 혹은 개념을 말하는데, 이는 생애 초기에 양육자와의 관계를 통해 발달하는 것으로 본다.
- 내적 작동모델은 생후1년 동안 어머니와 영아 사이에서 일어나는 분리와 재확립을 포함한 다양한 상호작용 경험을 통하여 형성되고, 일단 형성되면 애착 관련 정보나 사건을 지각하고 해석하고 미래를 예언하는 데 중요한 역할을 담당하며 쉽게 변하지 않는 경향이 있다.
- '영아기 아동'은 상이한 기질과 정서적 반응에 따른 '다양한 애착 행동과 애착 대상과의 관계를 경험'하는데, 애착 대상과의 관계 표상은 시간의 경과에 따라 안정적인 특징을 지니며 이후 다양한 관계의 틀로 준거한다.

06 행동주의적 성격이론에 관한 설명으로 틀린 것은? ▸ 2014

① 학습원리로 성격을 설명한다.
② 상황적인 변인보다 유전적인 변인을 중시한다.
③ Skinner는 어떤 상황에서 비롯되는 행동과 그 결과를 강조하였다.
④ 모든 행동을 자극과 반응이라는 기본단위로 설명한다.

해설

- 행동주의적 성격이론에서는 인간의 행동이나 성격이 내적인 요인보다는 외적 자극(상황적 변인)에 의해 동기화된다고 본다. 이에 부적응적인 문제행동은 환경과의 상호작용 및 잘못된 학습에 의해 습득된다고 본다.
- 행동주의 학습이론은 학습의 원리에 대해 행동주의적 관점을 통하여 설명하는 접근으로, 자극과 반응 간의 연합을 통해 일어나는 학습에 초점을 맞추어 성격을 설명한다.
- Skinner는 행동주의 학자로, 인간의 행동은 조작행동(operant behavior)에 의해 좌우된다고 보았으며, 조작적 조건형성 및 그와 관련된 다양한 원리와 방법을 제시하였다.
- 행동주의 심리학자인 Watson은 객관적으로 관찰 가능한 행동을 통해 인간 행동을 이해하고자 하였으며, 자극(S)과 반응(R)의 연쇄에 의해 행동을 설명하는 이른바 S-R 심리학의 입장을 표명했다.

07 다음 현상을 가장 잘 설명하는 것은? ▸ 2009, 2016

철수가 영희와의 약속장소에 지하철로 가던 도중 발생한 안전사고로 인해 약속한 시간에 늦었다. 그럼에도 영희는 철수가 약속 시간을 잘 지키지 않는 성격 특성을 가지고 있다고 생각한다.

① 절감 원리　　② 공변이론
③ 대응추리이론　　④ 기본적 귀인 오류

정답 6.② 7.④

해설

기본적 귀인 오류(fundamental attribution error)는 다른 사람이 보이는 행동의 원인을 추론하는 데 있어 상황적인 요인이나 외적인 요인들은 과소평가하는 반면, 행위자의 기질적인 요인 및 내적 요인들의 영향력을 과도하게 평가하는 경향성을 말한다.

08 기억에 관한 설명으로 틀린 것은?

① 외현기억은 회상과 재인의 정확도에 의해 측정된다.
② 기술이나 절차에 관한 기억은 암묵기억의 특성이 강하다.
③ 일화기억은 의미기억에 비해 더 복잡한 구성을 가지며 많은 단서와 함께 부호화된다.
④ 의미기억은 특정 시점이나 맥락과 연합되어 있지 않다.

해설

- 의미기억(semantic memory)은 세상에 대한 일반적인 지식을 구성하는 개념과 사실들이 연합되어 있는 기억으로, 예를 들어 '8월 15일은 광복절을 기념하는 날이다'에 해당된다. 의미기억은 복잡한 연결망을 통해 부호화 · 조직화되고 활성화된다.
- 일화기억(episodic memory)은 특정한 시간과 장소에서 발생했던 개인의 과거 경험들의 집합으로, '1년 전 생일파티'에 대한 기억과 관련된다.

09 성격의 사회-인지적 접근에서 주장하는 바가 아닌 것은?

① 행동은 개인의 성격보다는 그가 처한 상황에 의해 더 많이 영향을 받는다.
② 사람들은 개인의 구성개념이라는 잣대를 통해 세상을 본다.
③ 상황이 중요하지만 문화에 따라서는 큰 차이가 없다.
④ 통제소재 유형에 따라 목표달성에 대한 기대가 다르다.

해설

- 성격의 사회-인지적 접근(social-cognitive approach)에서는 인간의 성격은 사람이 일상생활에서 접하는 다양한 상황에 대해 어떻게 생각하고, 그에 대한 반응으로서 어떻게 행동하는지에 대한 관점에 초점을 맞춘다.
- 개인마다 상황을 지각하는 방식(즉, 기대 또는 신념)이 다양하며, 기대나 신념의 발달은 개인이 처한 상황적 특수성에 따라 상이하게 행동에 영향을 미친다.
- 사람들은 개인마다 특정 상황을 보는 방식(개인의 구성개념)을 지니며, 이는 행동을 이해하는 데 중요한 요소가 된다.
- 개인이 특성 상황에 대처할 수 있다고 믿는 정도(통제소재)에 따라 목표달성에 대한 기대, 즉 자기효능감이

정답 8. ③ 9. ③

상이하게 나타난다.
• 개인의 행동은 사회적 기원(환경과 문화적 요인)과 인지 기능의 상호작용 결과이다.

10 임의의 영점을 가지고 있는 척도는?

① 명목척도 ② 서열척도
③ 등간척도 ④ 비율척도

해설

등간척도(interval scale)는 측정 단위 간에 등간성이 유지되어 등간의 크기를 알 수 있다. 절대 영점이 아닌 가상적 영점과 가상적 측정 단위를 기준으로 하며, 예를 들어 온도와 IQ 점수 등이 해당된다.

학습 Plus 척도의 종류

- **명명척도**(nominal scale): 질적인 차이로 사물을 구분해 나누어서 범주에 대해 임의로 숫자를 부여함으로써 만들어지는 척도이다(예: 성별, 직업, 거주지역).
- **서열척도**(ordinal scale): 사물이나 사람의 속성에 대하여 상대적 서열을 표기하는 척도이다(예: 키 순서, 각종 선호도).
- **등간척도**(interval scale): 절대 영점이 아닌 가상적 영점과 가상적 측정 단위를 가지고 있으며, 측정 단위 간에 간격이 같은 척도이다(예: 온도계의 0℃는 측정을 위한 가상적 영점, 지능지수, 시험점수).
- **비율척도**(ratio scale): 절대 영점을 갖고 측정 단위 간에 등간성을 유지하는 척도이다(예: 길이, 강우량, 거주기간).

11 언어적 재료에 대한 장기기억의 주된 특징을 나타낸 것은? ▸ 2010

① 무한대의 저장능력, 의미적 부호화, 비교적 영속적
② 제한된 저장능력, 의미적 부호화, 빠른 망각
③ 미지의 저장능력, 음향적 부호화, 비교적 영속적
④ 제한된 저장능력, 감각적 부호화, 빠른 망각

해설

장기기억(long-term memory)은 비교적 영속적인 정보 저장의 장소로, 감각기억이나 단기기억과는 대조적으로 용량의 제한이 없으며, 의미 단위의 연결망을 확산할 수 있어 새로운 정보를 이미 기억에 있는 지식과 의미에 연결하는 과정에 의해 증가될 수 있다.

정답 10. ③ 11. ①

12 Kohlberg의 도덕발달 단계가 아닌 것은? ▸ 2011

① 전인습적 단계　② 인습적 단계
③ 후인습적 단계　④ 초인습적 단계

Kohlberg는 도덕적 갈등에 대한 개인의 판단과 추론 내용을 근거로 전인습적 단계-인습적 단계-후인습적 단계의 도덕발달 단계를 구분하였다.

- **전인습적 수준**: 판단의 근거가 처벌을 피하거나 보상을 최대화하기 위한 것들인 단계이다.
- **인습적 수준**: 관계 유지, 신뢰나 보살핌과 더불어 사회 질서와 법 준수를 중시한다.
- **후인습적 수준**: 규범과 법을 모두 인정하면서도 불의나 비인간적 규칙보다 보편적 도덕이 더 중요하다고 본다.

학습 Plus Kohlberg의 도덕발달이론

수준	단계	내용
전인습적 수준	단계 1. 처벌과 복종 지향	권위자의 벌을 피하고 권위에 복종하는지 여부에 따라 도덕성을 평가한다.
	단계 2. 개인적 보상 지향	자신의 욕구 충족이 도덕적 판단의 기준이며, 자신에게 돌아오는 이익을 생각하는 일종의 교환관계로 인간관계를 이해한다.
인습적 수준	단계 3. 대인관계 조화 지향	타인을 기쁘게 하고 도와주며, 이를 통한 타인의 인정을 중시한다.
	단계 4. 법과 질서 지향	법과 질서를 준수하고, 사회 속에서 개인의 의무를 다하는 것을 중요시한다.
후인습적 수준	단계 5. 사회계약정신 지향	개인의 권리를 존중하고 사회 전체가 인정하는 기준을 준수하는 것이 도덕 기준이 된다. 사회적 약속은 다수의 사람의 보다 나은 이익을 위해 바뀔 수도 있다고 믿는다.
	단계 6. 보편적 도덕원리 지향	자신이 선택한 도덕원리, 양심에 따르는 것이 도덕적 판단의 기준이 된다. 도덕원리는 인간의 존엄성, 정의, 사랑, 공정성 등에 근거를 둔다.

13 설문조사법과 비교할 때 실험법의 장점은?

① 일반적으로 외적 타당도가 높다.
② 현상을 정확하게 기술할 수 있다.
③ 실험 대상자를 무선할당하기 어려운 상황에 적용하기 용이하다.
④ 변인들 간의 인과관계를 파악할 수 있다.

해설

실험법에서는 연구 대상자에게 처치를 한 후 그 과정과 결과를 관찰하는 방법으로 모든 변수가 통제될 수 있다는 장점과 이로 인해 변수 간의 인과관계를 분명히 밝힐 수 있다는 이점이 있다.

정답 12. ④ 13. ④

14 마라톤 경주 중계를 보는 도중 한 선수가 잘못된 방향으로 달리는 것이 눈에 매우 잘 띄었다. 이러한 현상을 가장 잘 설명하는 게슈탈트 원리는?

① 유사성의 원리 ② 연속성의 원리
③ 근접성의 원리 ④ 공통운명의 원리

해설

게슈탈트 원리의 지각적 집단화 규칙 중 '공통운명의 원리'에 해당된다. 이는 같은 방향으로 움직이는 것들은 하나의 집단으로 지각하는 것을 말한다(예: 마라톤 경기-같은 방향 이동에 의한 지각적 집단화가 일어남. 이에 마라톤 이탈자가 쉽게 지각됨).

15 자극 추구 성향에 관한 설명으로 옳은 것은? ▸ 2011, 2013, 2017

① Eysenck는 자극 추구 성향에 관한 척도를 제작했다.
② 자극 추구 성향이 높을수록 노르에피네프린(NE)이라는 신경전달물질을 통제하는 체계에서의 흥분 수준이 낮다는 주장이 있다.
③ 성격 특성이 일부 신체적으로 유전된다는 주장을 반박하는 근거로 제시된다.
④ 내향성과 외향성을 구분하는 생리적 기준으로 사용된다.

해설

자극 추구 성향(sensation seeking tendency)은 다양하고 복잡한 감각과 경험을 추구하는 경향이며, 이러한 경험을 얻기 위해 신체적 · 사회적 위험을 감수하려는 태도가 동반될 수 있다. 자극 추구 성향이 높을수록 주위 환경 및 상황에 대해 경계하고 각성하는 것을 돕는 노르에피네프린 통제체계의 활성화 수준이 낮은 것으로 알려져 있다.

16 자극에 대한 반복된 혹은 지속된 노출이 반응의 점차적인 감소를 낳는 일반적 과정은?

① 습관화 ② 민감화
③ 일반화 ④ 체계화

해설

습관화(habituation)는 반복적으로 제시되는 자극에 주의를 덜 기울이게 되면서 점차 반응이 감소되는 현상을 말한다. 습관화된 자극에 변화를 주면 감소되었던 반응이 다시 증가하는데, 이를 탈습관화(dishabituation)라고 한다.

정답 14. ④ 15. ② 16. ①

17 최빈치에 대한 설명으로 틀린 것은?

① 주어진 자료 중에서 가장 많이 나타나는 측정치이다.
② 최빈값은 대표성을 갖고 있다.
③ 자료 중 가장 극단적인 값의 영향을 받는다.
④ 중심경향성 기술치 중의 하나이다.

해설

최빈치(mode)는 자료의 중심위치의 측정방법 중 하나로, 자료 중 가장 많이 나오는 값, 즉 자료 중 가장 빈번하게 나타나는 값을 의미한다. 자료 중 가장 극단적인 값의 영향을 받는 측정치는 평균치(mean)이다.

학습 Plus 집중 경향치

- **중앙치**(Median: Mdn): 한 집단의 점수분포 상에서 전체 사례를 상위반과 하위반으로 나누는 점수
- **최빈치**(Mode: Mo): 한 점수분포에서 가장 빈도가 높은 점수, 즉 가장 많이 나타나는 점수
- **평균치**(Mean: M): 측정치를 모두 더한 다음 그 집단의 사례수로 나눈 점수

18 접촉(contact)을 통한 편견과 차별 해소에 대한 설명으로 틀린 것은?

① 지속적이고 친밀한 접촉이 이루어져야 한다.
② 공동목표를 달성하기 위해서 협동적으로 상호 의존하여야 한다.
③ 동등한 지위로 접촉이 이루어져야 한다.
④ 사회적 평등보다는 규범이 더 지지되어야 한다.

해설

편견 및 차별에 있어 사회적 불평등과 학습을 통한 사회화 과정이 주요한 영향을 미치는 것으로 알려져 있다. 편견 및 차별 해소를 위해서는 평등, 공동목표, 협동, 동등한 지위가 유지되는 것이 중요하다.

정답 17. ③ 18. ④

19 다음 (　)에 알맞은 것은? ▸2014

> 어떤 고등학교의 2학년 1반 학생들과 2반 학생들의 지능지수 평균은 110으로 같으나, 1반 학생들의 지능지수 분포는 80~140인 반면에 2반 학생들의 분포는 95~120으로 (　)는 서로 다르다.

① 중앙치　② 최빈치
③ 변산도　④ 추정치

해설

변산도(variability)는 자료의 분포가 집중경향치를 중심으로 하여 어느 정도로 밀집되어 있거나 분산되어 있는지를 나타내는 통계치로, 집중경향치를 중심으로 많이 떨어져 있을수록 변산도가 큰 것을 의미하며, 적게 떨어져 있을수록 변산도가 작은 것을 의미한다.

20 다음 사례에 가장 적합한 연구방법은?

> 학교 교실에서 발생하는 아동의 우정관계를 연구하기 위해 아동의 모든 또래관계 상호작용을 정확하게 알아보려고 한다.

① 관찰법　② 실험법
③ 설문조사법　④ 상관연구법

해설

- **관찰법**: 어떤 현상이나 행동에 대해 직접적 · 객관적인 관찰을 통해 분석하는 연구방법이다.
- **실험법**: 한 개 이상의 독립변수와 한 개 이상의 종속변수와의 인과관계를 밝히는 연구방법이다.
- **설문조사법**: 특정한 연구 대상자의 생각, 태도, 행동에 관한 정보를 수집하는 방법이다. 면접이나 질문지를 이용하는 경우가 일반적이다.
- **상관연구법**: 관심이 있는 변인들 사이의 관련성을 살펴볼 수 있는 연구방법이다. 단, 두 변인 간의 관련성은 알 수 있으나 인과관계는 알 수 없다.

정답 19. ③ 20. ①

PART

02

이상심리학

2016년 제3회 기출문제(학지사 홈페이지에 자료 제공)
2016년 제1회 기출문제(학지사 홈페이지에 자료 제공)

01 2022년 제3회 기출문제

◇ 임상심리사 2급 필기 제3회 문제는 응시자의 후기와 과년도 빈출문제를 기반으로 기출과 유사한 문제를 복원하여 '기출예상문제'로 제공됩니다(CBT 방식으로 시험이 전환되어 시험문제가 비공개되었음).

◇ 임상심리사 2급 필기시험에서 〈제2과목 이상심리학〉은 21~40번까지로 총 20문항이 출제됩니다.

21 다음에 해당하는 장애는? ▸ 2017, 2020

- 경험하는 성별과 자신의 성별 간 심각한 불일치
- 자신의 성적 특성을 제거하고자 하는 강한 욕구
- 다른 성별 구성원이 되고자 하는 강한 욕구

① 성도착증 ② 동성애
③ 성기능부전 ④ 성별불쾌감

성별불쾌감(gender dysphoria)은 출생시 지정된 자신의 신체적인 성별이나 성 역할에 대한 불쾌감으로 고통을 받는 것을 뜻한다. 성인의 경우, 이성이 되고 싶거나 또는 이성으로 대우 받고자 하는 강한 갈망을 느끼며, 자신이 경험하는 또는 표현되는 성별의 현저한 불일치로 인해 자신의 일차 또는 이차 성징을 제거하고자 하는 강한 갈망을 느낀다.

22 조현병의 양성 증상에 해당하는 것은? ▸ 2021

① 무의욕증 ② 무사회증
③ 와해된 행동 ④ 감퇴된 정서 표현

해 설

양성 증상(positive symptom)

정상인들에게는 나타나지 않지만 조현병 환자에게서는 나타나는 증상을 말한다. 망상, 환각, 와해된 언어, 와해된 행동이나 긴장성 행동이 있다.

정답 21. ④ 22. ③

학습 Plus 조현병의 양성 증상과 음성 증상

① **양성 증상(positive symptom)**
정상인들에게는 나타나지 않지만 조현병 환자에게서는 나타나는 증상을 말한다. 망상, 환각, 와해된 언어, 와해된 행동이나 긴장성 행동이 있다.
- **망상(delusion)**: 외부 세계에 대한 잘못된 추론에 근거한 그릇된 신념으로서 분명한 반증에도 불구하고 지니고 있고 견고하게 유지된다.
- **환각(hallucination)**: 현저하게 왜곡된 비현실적 지각을 말한다. 환청, 환시, 환후, 환촉, 환미로 구분된다.
- **와해된 언어(disorganized speech)**: 비논리적이고 지리멸렬한 혼란스러운 언어를 뜻하며, 말을 할 때 목표나 논리적 연결 없이 횡설수설하거나 상대방이 이해하기 어려운 말을 한다.
- **와해된 행동(disorganized behavior)**: 나이에 걸맞은 목표지향적 행동을 하지 못하고 상황에 부적절하게 나타내는 엉뚱하거나 부적응적인 행동을 말한다.
- **긴장증적 행동(catatonic behavior)**: 마치 근육이 굳은 것처럼 어떤 특정한 자세를 유지하는 것을 말한다.

② **음성 증상(negative symptom)**
정상인들이 나타내는 적응적 기능이 결여된 상태를 말한다. 정서적 둔마, 무의욕증, 무언어증, 무쾌락증, 비사회성이 있다.
- **정서적 둔마(flat affect)**: 외부자극에 대한 정서적 반응이 감퇴되어 무표정하거나 무감각한 상태이다.
- **무의욕증(avolition)**: 마치 아무런 욕망이 없는 듯 어떠한 목표지향적 행동도 하지 않고 사회적 활동에도 무관심한 상태이다.
- **무언어증(alogia)**: 말이 없어지거나 짧고 간단하며 공허한 말만을 하는 등 언어반응이 빈곤해지는 상태이다.
- **무쾌락증(anhedonia)**: 긍정적인 자극으로부터 쾌락을 경험하는 능력이 감소된 상태이다.
- **비사회성(asociability)**: 다른 사람과의 사회적 상호작용에 대한 관심이 없는 상태이다.

23 DSM-5의 성기능부전에 해당하지 않는 것은? ▸ 2014, 2016, 2021

① 조루증 ② 성정체감 장애
③ 남성 성욕감퇴 장애 ④ 발기 장애

- 성기능부전(sexual dysfunction)으로는 사정지연, 발기 장애, 여성 극치감 장애, 여성 성적 관심/흥분 장애, 성기-골반통증/삽입 장애, 남성 성욕감퇴 장애, 조루증 등이 있다.

〈참조〉 성정체감 장애
성정체감 장애(gender identity disorder)는 사회적으로 부여된 정체감, 개인의 여성 및 남성에의 동일시를 의미한다. DSM-IV의 성정체감 장애는 DSM-5의 성별 불쾌감(gender dysphoria)으로 바뀌었는데, 그 이유는 정체성 그 자체보다는 불쾌감에 임상적 초점을 두었기 때문이다.

정답 23. ②

24 다음은 DSM-5에서 어떤 진단기준의 일부인가? ▸ 2015

- 필요한 것에 비해서 음식 섭취를 제한함으로써 나이, 성별, 발달 수준과 신체건강에 비추어 현저한 저체중 상태를 초래한다.
- 심각한 저체중임에도 불구하고 체중 증가와 비만에 대한 극심한 두려움을 지니거나 체중 증가를 방해하는 지속적인 행동을 나타낸다.
- 체중과 체형을 왜곡하여 인식하고, 체중과 체형이 자기평가에 지나친 영향을 미치거나 현재 나타내고 있는 체중 미달의 심각함을 지속적으로 부정한다.

① 신경성 폭식증 ② 신경성 식욕부진증
③ 폭식장애 ④ 이식증

해설

- 신경성 식욕부진증(anorexia nervosa)은 체중 증가와 비만에 대한 극심한 두려움을 지니고 있어서 음식 섭취를 현저하게 감소시키거나 거부함으로써 체중이 비정상적으로 저하되는 경우를 말한다. 체중 증가에 공포를 지니며, 체중 조절에 대한 과도한 걱정과 집착을 보인다. 현저한 저체중임에도 불구하고 신체상 왜곡으로 인해 체중을 줄이기 위한 다양한 노력을 한다.
- DSM-5의 급식 및 섭식장애(feeding and eating disorder)에는 신경성 식욕부진증(anorexia nervosa), 신경성 폭식증(bulimia nervosa), 폭식장애(binge eating disorder), 이식증(pica), 되새김 장애(rumination disorder, 반추장애), 회피적/제한적 음식섭취 장애(avoidant/restrictive food intake disorder)가 있다.

학습 Plus 급식 및 섭식장애(feeding and eating disorder)의 임상적 특징

- **신경성 식욕부진증(anorexia nervosa)**: 체중 증가와 비만에 대한 두려움이 극심하여 최소한의 음식만을 먹거나 거부함으로써 체중이 비정상적으로 줄어든 경우를 말한다.
- **신경성 폭식증(bulimia nervosa)**: 짧은 시간 내에 많은 양을 먹는 폭식행동과 구토 등의 보상행동이 반복되는 경우를 말한다.
- **폭식장애(binge eating disorder)**: 반복적인 폭식으로 인해 고통을 경험하지만 음식을 토하는 등의 보상행동은 나타내지 않는 경우를 말한다.
- **이식증(pica)**: 영양분이 없는 물질이나 먹지 못할 것(예: 종이, 천, 흙, 머리카락)을 적어도 1개월 이상 지속적으로 먹는 경우를 말한다.
- **되새김 장애(rumination disorder, 반추장애)**: 반복적인 음식 역류로, 음식물을 반복적으로 토해 내거나 되씹는 행동을 1개월 이상 나타내는 경우를 말한다.
- **회피적/제한적 음식섭취 장애(avoidant/restrictive food intake disorder)**: 6세 이하의 아동이 지속적으로 먹지 않아 1개월 이상 심각한 체중 감소가 나타나는 경우를 말한다.

정답 24. ②

25 다음 중 경계성 성격장애의 임상적 특징이 아닌 것은? ▸ 2020

① 반복적인 자살행동과 만성적인 공허함
② 자신의 중요성에 대한 과장된 지각과 특권의식 요구
③ 일시적이고 스트레스와 연관된 피해적 사고 혹은 심한 해리 증상
④ 실제 혹은 상상 속에서 버림받지 않기 위해 미친 듯이 노력함

해설

자기애성 성격장애(narcissistic personality disorder)는 과대성, 과도한 숭배 요구, 공감의 결여를 특징으로 보인다. 과도한 자기지각과 특권의식으로 인해 대우 받기를 원하고, 그런 대우를 받지 못하면 당황하거나 분노한다.

26 강박장애를 가진 내담자의 심리치료에 가장 효과적인 방법은? ▸ 2021

① 행동조형 ② 자유연상법
③ 노출 및 반응방지법 ④ 혐오조건화

해설

강박장애의 대표적인 치료법인 노출 및 반응방지법(ERP)은 학습이론에 근거한 행동치료적 기법으로서 두려워하는 자극이나 사고에 노출시키되 강박 행동을 하지 못하게 하는 방법이다.

학습 Plus 노출 및 반응방지법(Exposure and Response Prevention: ERP)

- 환자로 하여금 힘들게 하는 자극의 위계를 정해 불안의 정도에 따라 평정하게 한다.
- 환자를 상상이든 직접적이든 반복적으로 불안과 고통을 유발하는 자극 상황에 노출한 다음에는 의례적인 문제행동을 금지시킨다.
- 반응을 금지한 상태에서 강박적인 사고가 유발한 고통이나 불안이 감소하고 사라질 때까지 지켜보게 한다.
- 점차 불안이 완화되어 문제행동을 하지 않아도 불안을 느끼지 않는 상태가 되며, 강박 행동을 하지 않아도 두려워하는 결과가 발생하지 않는다는 것을 학습하게 된다.

27 치매에 관한 설명으로 가장 적합한 것은? ▸ 2017, 2021

① 기억손실이 없다.
② 약물남용의 가능성이 많다.
③ 증상은 오전에 가장 심해진다.
④ 자신의 무능을 최소화하거나 자각하지 못한다.

정답 25. ② 26. ③ 27. ④

해 설

- 치매(dementia)의 특징은 인지 및 행동 증상들이 서서히 시작하고 점진적으로 진행되는 경과를 보인다. 이러한 과정 동안 기능의 저하를 자각하지 못하거나 드러내지 않고자 한다.
- 전형적인 증상은 기억손실이다. 인지기능 저하로 인해 자각 및 판단 능력의 손상이 나타나며, 그 외에 언어기능, 성격 변화, 시공간 기억 등의 곤란을 보인다. 일부 환자들의 경우 치매 증세가 늦은 오후에 시작해서 잠들기 전까지 심해지는 경우가 있다.
- 알코올 문제가 심한 경우 중추신경계에 지속적인 영향을 미쳐 지속성 기억상실장애 혹은 코르사코프 증후군처럼 새로운 기억을 입력하는 능력에 심각한 손상을 일으킨다.

28 스스로 독립적인 생활을 하지 못하고 다른 사람에게 과도하게 의존하거나 보호받으려는 행동을 특징적으로 나타내는 성격장애는? ▸ 2015

① 분열성 성격장애 ② 의존성 성격장애
③ 자기애성 성격장애 ④ 히스테리성 성격장애

해 설

- 의존성 성격장애(dependent personality disorder)
  스스로 독립적인 생활을 하지 못하고 다른 사람에게 과도하게 의존하거나 보호받으려는 행동을 특징적으로 나타내는 성격장애이다.
- 분열성 성격장애(schizoid personality disorder)
  타인과의 친밀한 관계 형성에 관심이 없고, 감정표현이 부족하여 사회적 적응에 현저한 어려움을 나타내는 성격장애이다.
- 자기애성 성격장애(narcissistic personality disorder)
  자신에 대한 과장된 평가로 인한 특권의식을 지니고 타인에게 착취적이거나 오만한 행동을 나타내어 사회적인 부적응을 초래하는 장애이다.
- 연극성 성격장애/히스테리성 성격장애(histrionic personality disorder)
  타인의 애정과 관심을 끌기 위한 지나친 노력과 과도한 감정표현이 주된 특징으로, 정서적으로 불안정하며 대인관계의 갈등을 초래하여 사회적 부적응을 보이는 장애이다.

29 심리적 갈등이나 스트레스로 인해 갑작스런 시력 상실이나 마비와 같은 감각이상 또는 운동증상을 나타내는 질환은? ▸ 2015, 2020

① 공황장애 ② 전환장애
③ 신체증상장애 ④ 질병불안장애

정답 28. ② 29. ②

해설

전환장애(conversion disorder)의 초기 발병은 심리적 혹은 신체적 스트레스나 외상과 관련이 있다. 주로 운동기능(신체 마비나 기능 저하, 소변을 보지 못함, 불성증 등)이나 감각기능(촉각이나 통각 상실, 이중시야, 시력 상실, 청각 결손, 환각 등)의 변화 및 신체적 경련이나 발작을 특징으로 한다.

- 공황장애(panic disorder)는 반복적으로 예기치 못한 공황 발작이 일어나며, 다양한 신체 증상을 특징으로 한다.
- 질병불안장애(illness anxiety disorder)는 특정 의학적 질병에 걸렸다고 믿거나 앞으로 걸릴 것에 대해 과도하게 집착하는 것을 특징으로 한다.
- 신체증상장애(somatic symptom disorder)는 한 개 이상의 신체적 증상에 대한 과도한 사고, 감정 또는 행동이나 증상과 관련된 과도한 건강염려를 특징으로 한다.

30 다음 ( )에 알맞은 증상은?

▸ 2013, 2019

> DSM-5의 주요 우울 삽화의 진단에는 9가지 증상 중 5개 혹은 그 이상의 증상이 연속 2주 동안 지속되며, 증상이 사회적, 직업적, 또는 기타 중요 기능 영역에서 임상적으로 현저한 고통이나 손상을 초래한다. 여기서 말하는 9가지 증상 가운데 적어도 하나는 ( )이거나 ( )이다.

① 우울 기분-무가치감 ② 불면-무가치감
③ 우울 기분-흥미나 즐거움의 상실 ④ 불면-사고력이나 집중력의 감소

해설

주요 우울 삽화(major depressive episode)의 DSM-5 진단준거를 보면 9가지 증상 중 5개 혹은 그 이상의 증상이 연속 2주 동안 지속되며, 증상 가운데 적어도 하나는 '우울 기분'이거나 '흥미나 즐거움의 상실'이어야 충족됨을 명시하고 있다.

〈주요 우울 삽화의 9가지 증상〉

- 하루 중 대부분 거의 매일 우울한 기분이 지속됨.
- 일상 활동에 대한 흥미나 즐거움이 현저히 감소됨.
- 체중의 감소나 증가, 식욕의 감소나 증가가 나타남.
- 거의 매일 불면증이나 과다수면
- 거의 매일 정신운동 초조나 지체
- 거의 매일 피로나 에너지 상실
- 거의 매일 무가치감과 부적절하거나 지나친 죄책감
- 거의 매일 사고력, 집중력의 감소 또는 우유부단함
- 반복적인 죽음에 대한 생각, 자살시도나 자살수행에 대한 구체적인 계획

정답 30. ③

31 환각제에 해당되는 약물은? ▸ 2017, 2020

① 펜시클리딘 ② 대마
③ 카페인 ④ 오피오이드

해설

- 펜시클리딘계는 펜시클리딘과 이보다 효력이 약하지만 유사한 작용을 하는 화합물인 케타민, 사이클로헥사민, 디조실핀이 포함된다. 펜시클리딘은 환각제로서 낮은 용량을 사용할 때는 몸과 마음으로부터 분리되는 느낌을 일으키고, 높은 용량에서는 혼미, 혼수를 일으킨다.
- 펜시클리딘사용장애는 환각제관련장애로 분류되며, 해리 증상, 진통, 안구진탕, 고혈압, 저혈압의 위험성과 쇼크 및 공격적인 행동이 나타날 수 있다. 사용 후 잔류 증상들은 조현병 증상과 비슷할 수 있다.

32 스트레스 호르몬이라고 불리는 코티솔(cortisol)이 분비되는 곳은? ▸ 2015, 2021

① 부신 ② 변연계
③ 해마 ④ 대뇌피질

해설

코티솔(cortisol)은 부신피질에서 분비되는 스트레스 호르몬이다. 만성적으로 높은 수준이 유지되면 해마 세포의 손실을 유발할 수 있다. 그 외에 만성 피로, 우울증, 식욕 증가, 면역 반응 이상 등이 초래된다.

33 DSM-5의 신경발달장애에 해당하지 않는 것은? ▸ 2021

① 지적장애 ② 분리불안장애
③ 자폐스펙트럼장애 ④ 주의력결핍 과잉행동장애

해설

- 신경발달장애(neurodevelopmental disorders)의 하위 유형으로는 지적장애, 의사소통장애, 자폐스펙트럼장애, 주의력결핍 과잉행동장애, 특정학습장애, 운동장애(예: 발달성 협응장애, 상동증적 운동장애, 뚜렛장애)가 포함된다.
- 분리불안장애는 불안장애의 하위 유형으로서 애착 대상과의 분리에 대해 부적절하고 과도한 불안과 공포를 나타내는 장애이다.

정답 31. ① 32. ① 33. ②

34 뇌에서 발견되는 베타 아밀로이드라는 단백질의 존재와 가장 관련이 있는 장애는?

▸ 2015, 2019

① 파킨슨 질환　　② 주요우울장애
③ 정신분열증　　④ 알츠하이머 질환

해설

베타 아밀로이드(beta amyloid)는 단백질의 일종으로 노인성 반점이나 혈관 아밀로이드의 주요 구성 단백질이다. 알츠하이머 치매는 뇌에 베타아밀로이드라는 단백질(신경독성 물질)이 축적되고 응집되면서 발생하며, 뇌의 신경 세포 기능의 약화를 초래한다.

35 양극성장애에 대한 설명으로 틀린 것은? ▸ 2016, 2021

① 조증 상태에서는 사고의 비약 등의 사고장애가 나타난다.
② 우울증 상태에서는 자살을 시도하기도 한다.
③ 조증은 서서히, 우울증은 급격히 나타난다.
④ 조증과 우울증이 반복되는 장애이다.

해설

- 제1형 양극성장애의 조증 상태에서는 '사고 비약(flight of ideas)'이 자주 나타나서 한 주제에서 다른 주제로 갑작스럽게 전환되는 특징을 보인다.
- 제2형의 양극성장애의 우울증 상태에서는 자살 위험이 높다고 알려져 있다. 특히 치명적인 자살 완수가 제1형에 비해 높은 특징을 보인다.
- 제2형의 경우, 주요 우울 삽화를 보이다가 갑자기 예측 불허의 기분 변동이 심한 '조증 삽화'를 보여 사회적 · 직업적 기능의 저하가 올 수 있다.
- 양극성장애는 우울한 기분상태와 고양된 기분상태가 교차되어 나타나는 장애로, 제1형 양극성장애, 제2형 양극성장애로 구분된다.

36 Abramson 등의 '우울증의 귀인이론(attributional theory of depression)'에 관한 설명으로 틀린 것은? ▸ 2016

① 우울증에 취약한 사람은 실패 경험에 대해 내부적 · 안정적 · 전반적 귀인을 하는 경향이 있다.
② 실패 경험에 대한 내부적 귀인은 자존감을 손상시킨다.
③ 실패 경험에 대한 안정적 귀인은 우울의 만성화에 기여한다.
④ 실패 경험에 대한 특수적 귀인은 우울의 일반화를 조장한다.

정답 34. ④ 35. ③ 36. ④

해설

- 우울장애에 취약한 사람들은 실패 경험에 대해 내부적 · 안정적 · 전반적 귀인을 하는 반면, 성공 경험에 대해서는 외부적 · 불안정적 · 특수적 귀인을 하는 경향성을 가지고 있어서 우울한 상태가 만성화되고 일반화된다.
- '내부적 귀인'은 자존감을 손상시키며, '안정적 귀인'은 우울의 만성화와 관련되고, '전반적 귀인'은 우울의 일반화를 결정하는 데 영향을 준다.

37 강박장애의 설명으로 옳은 것은? ▸ 2016

① 강박관념은 환자 스스로에게 자아-동조적(ego-syntonic)이다.
② 강박장애 환자의 사고, 충동, 심상은 실생활 문제를 단순히 지나치게 걱정하는 것이다.
③ 강박장애 환자는 강박적인 사고, 충동, 심상이 개인이나 개인 자신의 정신적 산물임을 인정한다.
④ 강박장애 환자는 자신의 강박적 사고나 강박적 행동이 지나치거나 비합리적임을 인식하지 못한다.

해설

- 강박장애(obsessive-compulsive disorder)는 원하지 않는 생각과 행동을 반복하게 되는 불안장애이다. 강박장애는 자아-이질적(ego-dystonic)인 특징이 있어 강박적 사고나 강박적 행동이 지나치거나 비합리적임을 인식하지만 잘 통제되지 않고 반복적으로 의식에 떠올라 고통스럽게 느낀다.
- 강박장애는 반복적이고 지속적인 사고, 충동, 심상으로 인해 현저한 불안과 고통을 초래하며, 이러한 생각과 행동에 많은 시간을 허비하기 때문에 현실 적응에 어려움을 겪게 된다.

38 광장공포증에 관한 설명으로 가장 적합한 것은? ▸ 2021

① 광장공포증의 남녀 간 발병 비율은 비슷한 수준이다.
② 아동기에 발병률이 가장 높다.
③ 광장공포증이 있으면 공황장애는 진단할 수 없다.
④ 공포, 불안, 회피 반응은 전형적으로 6개월 이상 지속된다.

해설

- 광장공포증(agoraphobia)은 다양한 상황에 실제로 노출되거나 노출이 예상되는 상황에서 현저한 공포와 불안이 유발된다. 공포, 불안, 회피 반응은 전형적으로 6개월 이상 지속된다.
- 여성 발병률이 더 높으며, 대개 성인기에 발병하며, 광장공포증만으로 개별 진단된다.

정답 37. ③ 38. ④

학습 Plus 광장공포증(agoraphobia)의 진단기준(DSM-5)

A. 다음의 5가지 상황 중 2가지 이상의 경우에서 극심한 공포와 불안을 느낀다.
  1. 대중교통을 이용하는 것(예: 자동차, 버스, 기차, 배, 비행기)
  2. 열린 공간에 있는 것(예: 주차장, 시장, 다리)
  3. 밀폐된 공간에 있는 것(예: 상점, 공연장, 영화관)
  4. 줄을 서 있거나 군중 속에 있는 것
  5. 집 밖에 혼자 있는 것

B. 공황 유사 증상이나 무능력하거나 당혹스럽게 만드는 다른 증상(예: 노인에서 낙상 공포, 실금에 대한 공포)이 발생했을 때 도움을 받기 어렵거나 그 상황에서 벗어나기 어려울 것이라는 생각 때문에 그런 상황을 두려워하고 피한다.

C. 광장공포증 상황은 거의 대부분 공포와 불안을 야기한다.

D. 광장공포증 상황을 피하거나, 동반자를 필요로 하거나, 극도의 불안과 공포 속에서 견딘다.

E. 광장공포증 상황과 그것의 사회문화적 배경을 고려할 때 실제로 주어지는 위험에 비해 공포와 불안의 정도가 극심하다.

F. 공포, 불안, 회피 반응은 전형적으로 6개월 이상 지속된다.

39 의사소통장애(communication disorder)에 속하지 않는 것은? ▸ 2019

① 언어장애(language disorder)
② 말소리장애(speech sound disorder)
③ 아동기 발병 유창성장애(childhood-onset fluency disorder)
④ 탈억제성 사회적 유대감 장애(disinhibited social engagement disorder)

해설

- 의사소통장애(communication disorders)는 말이나 언어 사용에 결함이 있는 경우로, 언어장애, 말소리장애, 아동기 발병 유창성장애, 사회적(실용적) 의사소통장애 등이 있다.
- 탈억제성 사회적 유대감 장애(disinhibited social engagement disorder)는 외상 및 스트레스관련장애(trauma and stressor-related disorder)의 하위 장애에 해당된다. 이 장애는 낯선 성인에게 지나치게 접근하고 소통하는 언어 또는 신체 행동을 특징으로 한다.

40 섬망(delirium) 증상의 특징이 아닌 것은? ▸ 2020

① 주의를 기울이고 집중, 유지, 전환하는 능력의 감소
② 환경 또는 자신에 대한 지남력의 저하
③ 증상은 오랜 기간에 걸쳐서 발생
④ 오해, 착각 또는 환각을 포함하는 지각장애

정답 39. ④ 40. ③

해 설

섬망(delirium)은 기저에 인지 변화를 동반하는 주의 및 의식의 장애로 주의를 기울이고, 집중하고, 유지하고, 전환하는 능력이 심하게 감소하여 정보처리 능력이 손상되며, 의식장애가 오면 자신이 누구인지도 잘 모르게 되는 심각한 질환이다. 대개 몇 시간에서 며칠 정도 짧은 기간에 걸쳐 발생하고, 보통 저녁과 밤에 상태가 가장 나쁘고 뒤이어 불면증이 따른다.

학습 Plus 섬망의 진단기준(DSM-5)

A. 주의의 장애(즉, 주의를 기울이고, 집중, 유지 및 전환하는 능력 감소)와 의식의 장애(환경에 대한 지남력 감소)
B. 장애는 단기간에 걸쳐 발생하고(대개 몇 시간이나 며칠), 기저 상태의 주의와 의식으로부터 변화를 보이며, 하루 경과 중 심각도가 변동하는 경향이 있다.
C. 부가적 인지장애(예: 기억 결손, 지남력장애, 언어, 시공간 능력 또는 지각)
D. 진단기준 A와 C의 장애는 이미 존재하거나, 확진되었거나, 진행 중인 다른 신경인지장애로 더 잘 설명되지 않고, 혼수와 같이 각성 수준이 심하게 저하된 상황에서는 일어나지 않는다.
E. 병력, 신체 검진 또는 검사 소견에서 장애가 다른 의학적 상태, 물질 중독이나 금단(즉, 남용약물 또는 치료약물로 인한), 독소 노출로 인한 직접적 · 생리적 결과이거나 또는 다중 병인 때문이라는 증거가 있다.

02 2022년 제1회 기출문제

21 DSM-5에서 알코올사용장애 진단기준에 관한 설명으로 옳은 것은?

① 증상의 개수로 알코올사용장애 심각도를 분류한다.
② 알코올로 인한 법적문제가 진단기준에 포함된다.
③ 교차중독 현상이 진단기준에 포함된다.
④ 음주량과 음주횟수가 진단기준에 포함된다.

해 설

알코올사용장애는 증상의 개수에 따라 경도(2~3개의 증상이 있는 경우), 중등도(4~5개의 증상이 있는 경우), 고도(6개 혹은 그 이상의 증상이 있는 경우)로 심각도를 분류한다.

학습 Plus 알코올사용장애의 진단기준(DSM-5)

임상적으로 현저한 손상이나 고통을 일으키는 문제적 알코올 사용 양상이 지난 12개월 사이에 다음의 항목 중 최소한 2개 이상으로 나타난다.

1. 알코올을 종종 의도했던 것보다 많은 양 혹은 오랜 기간 동안 사용함
2. 알코올 사용을 줄이거나 조절하려는 지속적인 욕구가 있음. 혹은 사용을 줄이거나 조절하려고 노력했지만 실패한 경험들이 있음
3. 알코올을 구하거나, 사용하거나, 그 효과에서 벗어나기 위한 활동에 많은 시간을 보냄
4. 알코올에 대한 갈망감 혹은 강한 바람 혹은 욕구
5. 반복적인 알코올 사용으로 인해 직장, 학교 혹은 가정에서의 주요한 역할 책임 수행에 실패함
6. 알코올의 영향으로 지속적으로 혹은 반복적으로 사회적 혹은 대인관계 문제가 발생하거나 악화됨에도 불구하고 알코올 사용을 지속함
7. 알코올 사용으로 인해 중요한 사회적, 직업적 혹은 여가 활동을 포기하거나 줄임
8. 신체적으로 해가 되는 상황에서도 반복적으로 알코올을 사용함
9. 알코올 사용으로 인해 지속적으로 혹은 반복적으로 신체적 · 심리적 문제가 유발되거나 악화될 가능성이 높다는 것을 알면서도 계속 알코올을 사용함

정답 **21.** ①

10. 내성, 다음 중 하나로 정의됨
    a. 중독이나 원하는 효과를 얻기 위해 알코올 사용량의 뚜렷한 증가가 필요
    b. 동일한 용량의 알코올을 계속 사용할 경우 효과가 현저히 감소
11. 금단, 다음 중 하나로 정의됨
    a. 알코올의 특징적인 금단 증후군
    b. 금단 증상을 완화하거나 피하기 위해 알코올(혹은 벤조디아제핀 같은 비슷한 관련 물질)을 사용

* 현재의 심각도를 명시할 것
  경도: 2~3개의 증상이 있다.
  중등도: 4~5개의 증상이 있다.
  고도: 6개 혹은 그 이상의 증상이 있다.

22 여성의 알코올 중독에 관한 설명으로 옳은 것은?

① 알코올 중독의 남녀 비율은 비슷한 수준이다.
② 여성은 유전적으로 남성보다 알코올 중독의 가능성이 더 높다.
③ 여성 알코올 중독자들은 남성 알코올 중독자들보다 우울을 더 많이 경험하고 자살시도 횟수가 더 많다.
④ 여성은 남성보다 체지방이 많기 때문에 술의 효과가 늦게 나타나고 대사가 빠르다.

해설

- 알코올 중독은 남성이 더 높은 비율로 나타나며, 알코올 중독이 유전적 요인에 의한 발병 가능성은 남녀 모두에게서 유사하다.
- 여성은 남성에 비해 더 적은 양의 음주량에도 불구하고 간경화, 알코올성 간염 등 신체적 합병증이 더 많이 동반되고 있다. 이러한 원인에는 에탄올에 대한 여성의 위장관 내 빠른 흡수율, 빠른 대사, 남성에 비해 보다 적은 체중 및 부피 등에 기인한다.
- 알코올 중독 남성에 비해 여성에게서 우울증이 더 많이 동반되며, 주요우울장애와 자살 위험 가능성이 높게 나타난다.

23 지속성 우울장애(기분저하증)의 진단기준에 관한 설명으로 틀린 것은?

① 우울 기간 동안 자존감 저하, 절망감 등의 2가지 증상이 나타난다.
② 순환성장애의 진단기준을 충족해야 한다.
③ 조종 삽화, 경조증 삽화가 없어야 한다.
④ 청소년에서는 기분이 과민한 상태로 나타나기도 한다.

정답 22. ③ 23. ②

해 설

지속성 우울장애(기분저하증)로 진단되기 위해서는 조증 삽화, 경조증 삽화가 없어야 하고, 순환성장애의 진단기준을 충족하지 않아야 한다.

학습 Plus 지속성 우울장애(기분저하증)의 진단기준(DSM-5)

A. 적어도 2년 동안, 하루의 대부분 우울 기분이 있고, 우울 기분이 없는 날보다 있는 날이 더 많으며, 이는 주관적으로 보고하거나 객관적으로 관찰된다.
주의점: 아동 · 청소년에게는 기분이 과민한 상태로 나타나기도 하며, 기간은 적어도 1년이 되어야 한다.
B. 우울 기간 동안 다음 2가지(또는 그 이상)의 증상이 나타난다.
1. 식욕부진 또는 과식
2. 불면 또는 과다수면
3. 기력의 저하 또는 피로감
4. 자존감 저하
5. 집중력 감소 또는 우유부단
6. 절망감
C. 장애가 있는 2년 동안(아동 · 청소년에서는 1년) 연속적으로 2개월 이상, 진단기준 A와 B의 증상이 존재하지 않았던 경우가 없었다.
D. 주요우울장애의 진단기준을 만족하는 증상이 2년간 지속적으로 나타날 수 있다.
E. 조증 삽화, 경조증 삽화가 없어야 하고, 순환성장애의 진단기준을 충족하지 않아야 한다.
F. 장애가 지속적인 조현정동장애, 조현병, 망상장애, 달리 명시된, 또는 명시되지 않는 조현병 스펙트럼 및 기타 정신병적 장애와 겹쳐져서 나타나는 것이 아니다.
G. 증상이 물질(예: 남용약물, 치료약물)의 생리적 효과나 다른 의학적 상태(예: 갑상선 기능저하증)로 인한 것이 아니다.
H. 증상이 사회적, 직업적 또는 다른 중요한 기능 영역에의 임상적으로 현저한 고통이나 손상을 초래한다.

24 이상심리의 이론적 모형에 관한 설명으로 틀린 것은?

① 양극성장애와 조현병은 유전을 비롯한 생물학적 요인에 영향을 받는다.
② 행동주의자들은 부적응 행동이 학습의 원리에 따라 형성된다고 제안하였다.
③ 실존주의자들은 정신장애가 뇌의 생화학적 이상에 의해서 유발된다고 본다.
④ 인지이론가들은 비합리적 신념과 역기능적 사고가 이상 행동에 영향을 준다고 본다.

해 설

- 생물학적 입장에서는 정신장애를 유발하는 주요 원인으로 뇌의 생화학적 이상, 유전적 요인, 뇌의 구조적 결함에 초점을 두고 있다.
- 실존주의자들은 대개의 정신병리는 인간에게 주어진 실존적 조건을 직면하는 데에서 오는 실존적 불안에 대한 방어에서 비롯된다고 본다. 실존적 불안에 대한 방어가 지나치면 신경증적 불안 상태가 된다고 보고, 네 가지 실존적 조건인 죽음, 자유, 고독, 무의미함을 어떻게 받아들이는가를 중요하게 본다.

정답 24. ③

25 조현병 스펙트럼 및 기타 정신병적 장애에 해당하지 않는 것은? ▸ 2021

① 순환성장애
② 조현양상장애
③ 조현정동장애
④ 단기 정신병적 장애

해설

- 조현병 스펙트럼 및 기타 정신병적 장애(schizophrenia spectrum and other psychotic disorders)에는 조현병, 조현양상장애, 조현정동장애, 망상장애, 단기 정신병적 장애, 긴장증, 물질/치료약물로 유발된 정신병적 장애, 달리 명시된 조현병 스펙트럼 및 기타 정신병적 장애가 있다.
- 양극성 및 관련 장애(bipolar and related disorders)에는 제1형 양극성장애, 제2형 양극성장애, 순환성장애, 물질/약물치료로 유발된 양극성 및 관련 장애가 있다.

26 사회불안장애에 대한 설명으로 가장 적합한 것은? ▸ 2015

① 공포스러운 사회적 상황이나 활동 상황에 대한 회피, 예기 불안으로 일상생활, 직업 및 사회적 활동에 영향을 받는다.
② 특정 뱀이나 공원, 동물, 주사 등에 공포스러워 한다.
③ 터널이나 다리에 대해 공포반응이 일어나는 경우이다.
④ 생리학적으로 부교감신경계의 활성 등의 생리적 반응에서 기인한다.

해설

특정 공포증(specific phobias)은 특정한 대상이나 상황에 대한 비합리적인 두려움과 회피 행동을 지속적으로 나타내는 경우이다. 불안장애의 반응은 교감신경계의 활성과 관련이 있다.

학습 Plus 특정 공포증의 진단기준(DSM-5)

A. 특정한 대상이나 상황(예: 비행, 높은 곳, 동물, 주사 맞기, 피를 보는 것)에 대해서 현저하고 지속적인 공포를 느낀다. 때로 이러한 공포 대상이 예견되는 상황에서도 비슷한 공포반응이 나타날 수 있다.
B. 공포자극에 노출되면 거의 예외 없이 즉각적인 불안반응을 일으킨다.
C. 개인은 자신의 공포가 과도하고 비합리적이라는 것을 알고 있다.
D. 특정 공포증을 지닌 사람은 대부분의 경우 공포자극을 회피하려고 하며, 때로는 심한 불안을 느끼면서 고통을 참고 견뎌내는 경우도 있다.
E. 주요 증상이 6개월 이상 나타난다.
F. 상기 증상으로 인해 일상생활을 비롯한 직업적 · 사회적 생활에 현저한 지장이 있거나 심리적 고통을 경험한다.

정답 25. ① 26. ①

27 신경발달장애에 관한 설명으로 틀린 것은?

① 뚜렛장애 진단 시 운동성 틱과 음성 틱은 항상 동시에 나타나야 한다.
② 생의 초기부터 나타나는 유아기 및 아동기 장애와 관련이 있다.
③ 비유창성이 청소년기 이후에 시작되면 성인기-발병 유창성 장애로 진단한다.
④ 상동증적 운동장애는 특정 패턴의 행동을 목적 없이 반복하여 부적응적 문제가 초래 된다.

해설

- 뚜렛장애(Tourette's Disorder)는 다양한 운동 틱과 한 개 이상의 음성 틱이 1년 이상 지속적으로 나타나는 경우로, 틱 장애 중 가장 심한 유형이다.
- 일과성 운동 틱과 같은 단순 틱으로 시작해서 점차 얼굴의 다른 영역으로까지 퍼지고, 머리, 목, 팔 등의 더 낮은 말단으로 내려간다.

28 Bleuler가 제시한 조현병(정신분열병)의 4가지 근본 증상, 즉 4A에 해당하지 않는 것은?

▸ 2016

① 감정의 둔마(Affective blunting) ② 자폐증(Autism)
③ 양가감정(Ambivalence) ④ 무논리증(Alogia)

해설

Bleuler가 제시한 조현병의 네 가지 근본 증상은 감정의 둔마(Affective blunting), 자폐증(Autism), 연상이완(Associative loosening), 양가감정(Ambivalence)으로, 4A로 불린다.

29 주의력 결핍 및 과잉행동장애(ADHD)에 관한 설명으로 틀린 것은?

① 학령전기에 보이는 주요 증상은 과잉행동이다.
② 앉아 있도록 요구되는 상황에서 자리를 떠나는 것은 부주의 증상에 해당된다.
③ 증상이 지속되면 적대적 반항장애로 동반이환할 가능성이 높다.
④ 여성보다 남성에게서 더 흔하게 나타난다.

해설

주의력 결핍 및 과잉행동장애(ADHD)는 부주의 및 과잉행동-충동성의 지속적 패턴이 나타나는 특징이 있다. 앉아 있도록 요구되는 상황에서의 자리 이탈은 '과잉행동 충동성 증상'에 해당된다.

정답 27. ① 28. ④ 29. ②

학습 Plus 주의력 결핍 및 과잉행동장애의 진단기준(DSM-5)

A. 부주의 및 과잉행동-충동성의 지속적 패턴이 나타나며, 아래 1항과 2항 중 한 가지 이상에 해당되어야 한다.
  1. 부주의: 다음 중 6개 이상의 증상이 6개월 이상 지속적으로 나타난다.
    (1) 흔히 세부적인 면에 대해 면밀한 주의를 기울이지 못하거나 학업, 직업 또는 다른 활동에서 부주의한 실수
    (2) 흔히 일을 하거나 놀이를 할 때 지속적으로 주의를 집중하기 어려움
    (3) 흔히 다른 사람이 직접 말을 할 때 경청하지 않는 것으로 보임
    (4) 흔히 지시를 완수하지 못하고, 학업, 작업장에서의 임무를 수행하지 못함
    (5) 흔히 과업과 활동을 체계화하지 못함
    (6) 흔히 지속적인 정신적 노력을 요구하는 과업에 참여하기를 피하고 싫어하며 저항함
    (7) 흔히 활동하거나 숙제하는 데 필요한 물건들을 잃어버림
    (8) 흔히 외부의 자극에 의해 쉽게 산만해짐
    (9) 흔히 일상적인 활동을 잊어버림
  2. 과잉행동과 충동성: 다음 중 6개 이상의 증상이 6개월 이상 지속적으로 나타남
    (1) 흔히 손발을 가만히 두지 못하거나 의자에 앉아서도 몸을 옴지락거림
    (2) 흔히 앉아 있도록 요구되는 교실이나 다른 상황에서 자리를 떠남
    (3) 흔히 부적절한 상황에서 지나치게 뛰어다니거나 기어오름
    (4) 흔히 조용히 여가활동에 참여하거나 놀지 못함
    (5) 흔히 '끊임없이 활동하거나' 마치 '자동차에 쫓기는 것'처럼 행동함
    (6) 흔히 지나치게 수다스럽게 말을 함
    (7) 흔히 질문이 채 끝나기도 전에 성급하게 대답함
    (8) 흔히 차례를 기다리지 못함
    (9) 흔히 다른 사람의 활동을 방해하고 간섭함

B. 심각한 부주의나 과잉행동-충동성의 증상이 12세 이전에 나타나야 한다.

C. 이러한 증상이 사회적, 학업적 또는 직업적 기능을 방해한다.

D. 이러한 증상이 정신분열증이나 다른 정신증적 장애 경과 중에 나타나는 것이 아니며 다른 정신장애에 의해 설명되지 않는다.

30 다음의 사례에 가장 적합한 진단명은? ▸ 2017

> 24세의 한 대학원생은 자신의 꿈속에 사는 듯 느껴졌고, 자기 신체와 생각이 자기 것이 아닌 듯 느껴졌다. 자신의 몸 일부는 왜곡되어 보였고, 주변 사람들이 로봇처럼 느껴졌다.

① 해리성 정체성장애　　② 해리성 둔주
③ 이인화/비현실감 장애　　④ 착란장애

정답 30. ③

해설

이인증/비현실감 장애(depersonalization/derealization disorder)의 주요한 특성은 이인증, 비현실감 또는 2가지 모두의 지속적 또는 반복적인 삽화를 특징으로 한다.

- 이인증은 비현실감을 느끼며, 자기의 전체 혹은 일부로부터 분리되거나 낯설게 느껴지는 것을 특징으로 한다. 자신의 사고, 느낌, 감각, 신체나 행동에 관하여 외부의 관찰자가 된 경험을 한다(예: 인지 변화, 왜곡된 시간 감각, 비현실적이거나 결핍된 자기, 감정적 또는 신체적 마비).
- 비현실감은 주변 환경이 비현실적인 것으로 느껴지거나 그것과 분리된 듯한 느낌을 특징으로 한다(개인 또는 사물이 비현실적이거나, 꿈속에 있는 것 같거나, 안개가 낀 것 같거나, 죽을 것 같거나, 시각적으로 왜곡된 것 같은 경험).

31 주요 신경인지장애에 관한 설명으로 옳은 것은?

① 인지기능의 저하 여부는 병전 수행 수준을 기준으로 삼지 않는다.
② 가족력이나 유전자 검사에서 원인이 되는 유전적 돌연변이의 증거가 있어야 한다.
③ 기억기능의 저하가 항상 나타난다.
④ 알츠하이머병으로 인한 경우는 서서히 시작되고 점진적으로 진행된다.

해설

- 주요 신경인지장애는 한 가지 이상의 인지적 영역(복합 주의, 실행기능, 학습 및 기억, 지각운동 기능 또는 사회적 인지)에서 과거 수행 수준에 비해 심각한 인지적 저하가 나타나는 경우를 말한다.
- 인지기능의 저하는 병전 지능을 추정하여 판단하며, 다양한 원인에 의해 질환이 나타날 수 있다.
- 알츠하이머 질환, 뇌혈관 질환, 충격에 의한 뇌손상, HIV 감염, 파킨슨 질환 등과 같은 다양한 질환에 의해 유발될 수 있다. 알츠하이머병으로 인한 경우는 흔히 서서히 시작되어 점진적 진행을 보인다.

32 분리불안장애에 관한 설명으로 틀린 것은?

① 행동치료, 놀이치료, 가족치료 등을 통하여 호전될 수 있다.
② 부모의 양육행동, 아동의 유전적 기질, 인지행동적 요인 등이 영향을 미친다.
③ 학령기 아동에서는 학교에 가기 싫어하거나 등교 거부로 나타난다.
④ 성인의 경우 증상이 1개월 이상 나타날 때 진단될 수 있다.

해설

분리불안장애의 경우 공포, 불안, 회피 반응이 아동·청소년에게는 최소한 4주 이상, 성인에게는 전형적으로 6개월 이상 지속되어야 한다.

정답 31. ④ 32. ④

학습 Plus 분리불안장애의 진단기준(DSM-5)

A. 애착대상과의 분리에 대한 공포나 불안이 발달 수준에 비해 부적절하고 지나칠 정도로 발생한다. 다음 중 3가지 이상이 나타나야 한다.
1. 집 또는 애착대상과 떨어져야 할 때 과도한 고통을 반복적으로 겪음
2. 주 애착대상을 잃거나 질병이나 부상, 재앙 혹은 죽음 같은 해로운 일들이 그에게 일어날 것이라고 지속적으로 과도하게 걱정함
3. 곤란한 일(예: 길을 잃거나, 납치당하거나, 사고를 당하거나, 아프게 되는 것)이 발생하여 주 애착대상과 떨어지게 될 것이라고 지속적으로 과도하게 걱정함
4. 분리에 대한 공포 때문에 집을 떠나 학교, 직장 혹은 다른 장소로 외출하는 것을 지속적으로 거부하거나 거절함
5. 집이나 다른 장소에서 주 애착대상 없이 있거나 혼자 있는 것에 대해 지속적으로 과도하게 두려워하거나 거부함
6. 집에서 떠나 잠을 자는 것이나 주 애착대상 곁이 아닌 곳에서 자는 것을 지속적으로 과도하게 거부하거나 거절함
7. 분리주제와 연관된 반복적인 악몽을 꿈
8. 주 애착대상과 떨어져야 할 때 신체증상을 반복적으로 호소함(예: 두통, 복통, 오심, 구토)

B. 공포, 불안, 회피 반응이 아동・청소년에게는 최소한 4주 이상, 성인에게는 전형적으로 6개월 이상 지속되어야 한다.
C. 장애가 사회적, 직업적 또는 다른 중요한 기능 영역에서 임상적으로 현저한 고통이나 손상을 초래한다.
D. 장애가 다른 정신질환으로 더 잘 설명되지 않는다.

33 B군 성격장애에 해당하지 않는 것은?

① 경계성 성격장애
② 강박성 성격장애
③ 반사회성 성격장애
④ 연극성 성격장애

해설

• B군 성격장애(cluster B personality disorder)는 정서적이고 극적인 성격 특성을 나타내며, 반사회성 성격장애, 연극성 성격장애, 자기애성 성격장애, 경계성 성격장애가 있다.
• 강박성 성격장애(obsessive-compulsive personality disorder)는 C군 성격장애에 해당된다.

학습 Plus 성격장애의 분류

• A군 성격장애(cluster A personality disorder)
사회적으로 고립되어 있고 기이한 성격특성을 나타낸다. 편집성 성격장애, 조현성 성격장애, 조현형 성격장애가 있다.
• B군 성격장애(cluster B personality disorder)
정서적이고 극적인 성격 특성을 나타내며, 반사회성 성격장애, 연극성 성격장애, 자기애성 성격장애, 경계성 성격장애가 있다.
• C군 성격장애(cluster C personality disorder)
불안하고 두려움을 많이 느끼며, 회피성 성격장애, 의존성 성격장애, 강박성 성격장애가 있다.

정답 33. ②

PART 02 이상심리학

34 다음 장애 중 성기능부전에 포함되지 않는 것은? ▸ 2016

① 사정지연 ② 발기 장애
③ 마찰도착장애 ④ 여성 극치감 장애

해설

- 성기능부전(sexual dysfunction)으로는 사정지연, 발기 장애, 여성 극치감 장애, 여성 성적 관심/흥분 장애, 성기-골반통증/삽입 장애, 남성 성욕감퇴 장애, 조기사정 등이 있다. 성기능부전은 매우 이질적이며, 임상적으로 개인의 성적인 반응이나 성적 즐거움을 경험하는 능력에 현저한 장애를 초래한다.
- 마찰도착장애(frotteuristic disorder)는 변태성욕장애의 하위 장애에 해당된다. 동의하지 않은 사람에게 자신의 성기나 신체 일부를 접촉하는 행위를 반복하며 성적 흥분을 느끼고, 성적 공상, 성적 충동, 성적 행동으로 발현되는 증상을 말한다.

35 다음 증상들이 나타날 때 적절한 진단명은?

- 의학적 상태, 물질 중독이나 금단, 치료약물의 사용 등으로 일어난다는 증거가 있다.
- 주의를 집중하는 것이 어렵고, 이해할 수 없는 말을 중얼거린다.
- 방향 감각이 없고, 자신의 이름을 말하지 못한다.
- 위의 증상들이 갑자기 나타나고, 몇 시간이나 며칠간 지속되다가 그 원인을 제거하면 회복되는 경우가 많다.

① 섬망 ② 경도 신경인지장애
③ 주요 신경인지장애 ④ 해리성 정체성장애

해설

- 섬망(delirium)은 의식이 혼미해지고, 주의집중 및 전환 능력이 크게 감소하며, 기억, 언어, 현실 판단 등의 인지기능에 일시적인 장애가 나타나는 경우를 말한다.
- 섬망의 핵심 증상으로는 주의의 장애와 각성 저하이다. 이는 단기간(몇 시간에서 며칠)에 발생하여 악화되며, 하루 중에도 그 심각도가 변할 수 있다. 대개 몇 시간에서 며칠 정도 짧은 기간에 걸쳐 발생한다.

정답 34. ③ 35. ①

학습 Plus 섬망의 진단기준(DSM-5)

A. 주의의 장애(즉, 주의를 기울이고, 집중, 유지 및 전환하는 능력 감소)와 의식의 장애(환경에 대한 지남력 감소)
B. 장애는 단기간에 걸쳐 발생하고(대개 몇 시간이나 며칠), 기저 상태의 주의와 의식으로부터 변화를 보이며, 하루 경과 중 심각도가 변동하는 경향이 있다.
C. 부가적 인지장애(예: 기억 결손, 지남력장애, 언어, 시공간 능력 또는 지각)
D. 진단기준 A와 C의 장애는 이미 존재하거나, 확진되었거나, 진행 중인 다른 신경인지장애로 더 잘 설명되지 않고, 혼수와 같이 각성 수준이 심하게 저하된 상황에서는 일어나지 않는다.
E. 병력, 신체 검진 또는 검사 소견에서 장애가 다른 의학적 상태, 물질 중독이나 금단(즉, 남용약물 또는 치료약물로 인한), 독소 노출로 인한 직접적 · 생리적 결과이거나 또는 다중 병인 때문이라는 증거가 있다.

36 전환장애에 관한 설명으로 틀린 것은?

① 전환장애 진단을 위해서는 증상이 신경학적 질병으로 설명되지 않아야 한다.
② 전환증상은 다양하지만 특히 흔한 것은 보이지 않음, 들리지 않음, 마비, 무감각증 등이다.
③ 전환증상은 의학적 증거로 설명되지 않고 있으며, 환자들이 일시적인 어려움을 피하기 위하여 의도적으로 꾸며낸 것이다.
④ 전환증상은 내적 갈등의 자각을 차단하는 일차 이득이 있고, 책임감으로부터 구제해주고 동정과 관심을 끌어내는 이차 이득이 있다.

해설

인위성 장애(factitious disorder)는 신체적 또는 심리적 증상을 의도적으로 만들어 내거나 위장하는 경우에 진단된다.

학습 Plus 전환장애의 진단기준(DSM-5)

A. 하나 또는 그 이상의 변화된 수의적 운동이나 감각기능의 증상이 있다.
B. 임상소견이 증상과 인정된 신경학적 혹은 의학적 상태의 불일치에 대한 증거를 제공한다.
C. 증상이나 결함이 다른 의학적 장애 또는 정신질환으로 더 잘 설명되지 않는다.
D. 증상이나 결함이 사회적, 직업적 또는 다른 중요한 기능 영역에서 임상적으로 현저한 고통이나 손상을 초래하거나 의학적 평가를 필요로 한다.

증상 유형을 명시할 것:

- 쇠약감이나 마비 동반
- 이상 운동 동반(예: 떨림, 근육긴장이상, 간대성 근경련, 보행장애)
- 삼키기 증상 동반
- 언어 증상 동반
- 발작 동반
- 무감각증이나 감각손실 동반

정답 36. ③

- 특정 감각 증상 동반
- 혼합 증상 동반

다음의 경우 명시할 것:

- 급성 삽화: 증상이 6개월 이하로 존재할 때
- 지속성: 증상이 6개월이나 그 이상 존재할 때

다음의 경우 명시할 것:

- 심리적 스트레스 요인을 동반하는 경우(심리적 스트레스 요인을 명시할 것)
- 심리적 스트레스 요인을 동반하지 않는 경우

37 변태성욕장애에 해당하지 않는 것은?

① 관음장애 ② 소아성애장애
③ 노출장애 ④ 성별 불쾌감

해설

- 변태성욕장애(paraphilic disorder)는 관음장애, 노출장애, 마찰도착장애, 성적피학장애, 성적가학장애, 소아성애장애, 물품음란장애, 복장도착장애가 포함된다.
- 성별불쾌감(gender dysphoria)은 자신의 생물학적 성과 성 역할에 대해서 지속적으로 불편감을 느끼는 경우를 말한다.

38 대인관계의 자아상 및 정동의 불안정성, 심한 충동성을 보이는 광범위한 행동 양상으로 인해 사회적 부적응이 초래되는 성격장애는?

① 의존성 성격장애 ② 경계선 성격장애
③ 편집성 성격장애 ④ 연극성 성격장애

해설

- 경계선 성격장애의 주요 특징은 대인관계, 자아상 및 정동의 불안정, 충동성이 성인기 초기에 시작되어 광범위한 형태로 여러 상황에서 나타난다.
- 의존성 성격장애의 주요 특징은 독립적인 생활을 하지 못하고 다른 사람에게 과도하게 의존하거나 보호받으려는 행동이다.
- 편집성 성격장애의 주요 특징은 타인에 대한 강한 불신과 의심을 지니고 적대적인 태도를 보인다.
- 연극성 성격장애의 주요 특징은 타인의 애정과 관심을 끌기 위한 지나친 노력과 과도한 감정표현이다.

정답 37. ④ 38. ②

39 조현병에 관한 설명으로 맞는 것은?

① 망상, 환각, 와해된 언어 중 1개 증상이 반드시 포함되어야 한다.
② 양성 증상은 음성 증상보다 더 만성적으로 나타난다.
③ 2개 이상의 영역에서 기능이 저하되어야 진단될 수 있다.
④ 일반적으로 발병 연령의 성별 차이는 나타나지 않는다.

해설

- 조현병(schizophrenia)은 망상, 환각, 와해된 언어 중 1개 증상이 반드시 포함되어야 하며, 1개월 동안 상당 부분의 시간에 나타나야 한다.
- 조현병은 양성 증상보다 음성 증상이 만성적인 경과를 보이며, 망상, 환각, 와해된 언어, 와해된 또는 긴장성 행동, 음성 증상 중 둘 혹은 그 이상의 증상이 나타나야 한다.
- 조현병의 첫 정신병적 삽화의 발병 연령은 남성의 경우 20대 초중반, 여성의 경우 20대 후반에 있다.

학습 Plus 조현병의 진단기준(DSM-5)

A. 다음 증상 중 둘(혹은 그 이상)이 1개월의 기간(성공적으로 치료가 되면 그 이하) 동안 상당 부분의 시간에 존재하고, 이들 중 최소한 하나는 (1) 내지 (2) 혹은 (3)이어야 한다.
  1. 망상
  2. 환각
  3. 와해된 언어(예: 빈번한 탈선 혹은 지리멸렬)
  4. 극도로 와해된 또는 긴장성 행동
  5. 음성 증상(예: 감퇴된 감정표현 혹은 무의욕증)

B. 장애의 발병 이래 상당 부분의 시간 동안 일, 대인관계 혹은 자기관리 같은 주요 영역의 한 가지 이상에서 기능 수준이 발병 전 성취된 수준 이하로 현저하게 저하된다.

C. 장애의 지속적 징후가 최소 6개월 동안 계속된다. 이러한 6개월의 기간은 진단기준 A에 해당하는 증상이 있는 1개월(성공적으로 치료되면 그 이하)을 포함해야 하고, 전구 증상이나 잔류 증상의 기간을 포함할 수 있다. 이러한 전구기나 잔류기 동안 장애의 징후는 단지 음성 증상으로 나타나거나 진단기준 A에 열거된 증상의 2가지 이상이 약화된 형태(예: 이상한 믿음, 흔치 않은 지각 경험)로 나타날 수 있다.

40 주요우울장애에 동반되는 세부 유형(양상)이 아닌 것은?

① 혼재성 양상 동반
② 멜랑콜리아 양상 동반
③ 급속 순환성 양상 동반
④ 비전형적 양상 동반

정답 39. ① 40. ③

해 설

주요우울장애에 동반되는 세부 양상이 있는 경우에는 이를 진단명을 기록할 때 명시한다.

- 주요우울장애의 명시 사항
  - 불안증 동반
  - 혼재성 양상 동반
  - 멜랑콜리아 양상 동반
  - 비전형적 양상 동반
  - 기분과 일치하는 정신병적 양상 동반
  - 기분과 일치하지 않는 정신병적 양상 동반
  - 긴장증 동반
  - 주산기 발병 동반
  - 계절성 동반

03 2021년 제3회 기출문제

21 반사회성 인격장애의 진단기준이 아닌 것은?

① 반사회적 행동은 조현병이나 양극성장애의 경과 중에만 발생되지는 않는다.
② 10세 이전에 품행장애의 증거가 있어야 한다.
③ 사회적 규범을 지키지 못한다.
④ 충동성과 무계획성을 보인다.

해설

15세 이전부터 품행장애를 나타낸 증거가 있어야 한다. 아동기나 청소년기부터 폭력, 거짓말, 절도, 결석이나 가출 등의 문제행동이 나타난다.

22 이상행동 및 정신장애의 판별 기준과 가장 거리가 먼 것은? ▸ 2018

① 적응적 기능의 저하 및 손상
② 주관적 불편감과 개인적 고통
③ 가족의 불편감과 고통
④ 통계적 규준의 일탈

해설

이상행동 및 정신장애의 판별 기준은 적응적 기능의 저하 및 손상, 주관적 불편감과 개인적 고통, 문화적 규범의 일탈, 통계적 규준의 일탈이다.

정답 21. ② 22. ③

학습 Plus 이상행동 및 정신장애의 판별 기준

- **적응적 기능의 저하 및 손상**
  개인의 인지적 · 정서적 · 행동적 · 신체생리적 기능이 저하되거나 손상되어 원활한 적응에 지장을 초래할 때 부적응적인 이상행동으로 간주할 수 있다.
- **주관적 불편감과 개인적 고통**
  개인으로 하여금 현저한 고통과 불편감을 느끼게 하는 행동을 이상행동이라고 본다.
- **문화적 규범의 일탈**
  개인이 속한 문화적 규범에 어긋나거나 일탈된 행동을 나타낼 경우에 이상행동으로 규정할 수 있다.
- **통계적 규준의 일탈**
  한 사람의 행동이 다른 많은 사람의 평균적인 행동과 비교하여 매우 일탈되어 있을 때 이상행동이라고 간주할 수 있다.

23 알츠하이머병으로 인한 신경인지장애와 주요우울장애의 증상 구분에 관한 설명으로 옳은 것은?

① 알츠하이머병으로 인한 신경인지장애는 기억 손실을 감추려는 시도를 하는 데 반해 주요우울장애에서는 기억 손실을 불평한다.
② 알츠하이머병으로 인한 신경인지장애는 자기의 무능이나 손상을 과장하는 데 반해 주요우울장애에서는 숨기려 한다.
③ 주요우울장애보다 알츠하이머병으로 인한 신경인지장애에서 알코올 등의 약물남용이 많다.
④ 주요우울장애에서는 증상의 진행이 고른 데 반해 알츠하이머병으로 인한 신경인지장애에서는 몇 주 안에도 진행이 고르지 못하다.

해 설

알츠하이머병으로 인한 신경인지장애는 증상을 최소화하거나 부정하는 반면, 주요우울장애는 기억 손실을 불편하다고 호소하며 자기비난이 현저한 특징이 있다.

학습 Plus 알츠하이머병(신경인지장애)과 주요우울장애 구분

구분	알츠하이머병	주요우울장애
발병 양상	서서히 점진적으로 발병하며 발병 시기가 불명확함	비교적 급격히 발병하며 발병 시기가 비교적 명확함
증상 발현	인지장애가 기분장애에 선행됨	기분장애가 인지장애에 선행됨
인지기능	비교적 일관되고 인지기능 장애가 지속적임	일관성이 없고 인지기능 저하가 단기적임
증상 관련 태도	증상을 최소화하거나 부정함	기억 손실을 불평하고 자기비난적 태도를 보임
검사 수행 태도	답변에 노력하지만 틀리거나 엉뚱한 답을 함	모른다고 대답하거나 검사를 포기하려 함

정답 23. ①

24 회피성 성격장애에서 나타나는 대인관계 특징은?

① 자신의 목적을 달성하기 위해서 타인을 이용한다.
② 타인에게 과도하게 매달리고 복종적인 경향을 띤다.
③ 친밀한 관계를 바라지도 않으며 타인의 칭찬이나 비판에 무관심해 보인다.
④ 비판이나 거절, 인정받지 못함 등에 대한 두려움이 특징적이다.

해설

- **회피성 성격장애**: 비판이나 거절, 인정받지 못함 등 때문에 의미 있는 대인 접촉이 관련되는 직업적 활동을 회피하는 특징을 보인다.
- **자기애성 성격장애**: 대인관계에서 착취적이며 자신의 목적을 달성하기 위해서 타인을 이용한다
- **의존성 성격장애**: 돌봄을 받고자 하는 지나친 욕구로 인해 타인에게 복종적이고 매달리는 행동을 보인다.
- **조현성 성격장애**: 친밀한 관계를 바라지 않고 즐기지도 않으며, 타인의 칭찬이나 비난에 무관심하다.

학습 Plus 성격장애(personality disorder)의 DSM-5 진단 분류

- A군 성격장애(cluster A personality disorder)
  - 편집성 성격장애(paranoid personality disorder): 타인에 대한 강한 불신과 의심을 지니고 적대적인 태도를 나타내어 사회적 부적응을 나타내는 성격장애이다.
  - 분열성 성격장애(schizoid personality disorder): 타인과의 친밀한 관계 형성에 관심이 없고 감정표현이 부족하여 사회적 적응에 현저한 어려움을 나타내는 성격장애이다.
  - 분열형 성격장애(schizotypal personality disorder): 사회적으로 고립되어 있으며 기이한 생각이나 행동을 나타내어 사회적 부적응을 초래하는 성격장애이다.
- B군 성격장애(cluster B personality disorder)
  - 반사회성 성격장애(antisocial personality disorder): 사회의 규범이나 법을 지키지 않으며 무책임하고 폭력적인 행동을 반복적으로 나타내어 사회적 부적응을 초래하는 장애이다.
  - 연극성 성격장애(histrionic personality disorder): 타인의 애정과 관심을 끌기 위한 지나친 노력과 과도한 감정표현이 주된 특징으로, 정서적으로 불안정하며 대인관계의 갈등을 초래하여 사회적 부적응을 보이는 장애이다.
  - 자기애성 성격장애(narcissistic personality disorder): 자신에 대한 과장된 평가로 인한 특권의식을 지니고 타인에게 착취적이거나 오만한 행동을 나타내어 사회적인 부적응을 초래하는 장애이다.
  - 경계성 성격장애(borderline personality disorder): 강렬한 애정과 분노가 교차하는 불안정한 대인관계를 특징적으로 나타내며, 심한 충동성을 보이고, 자살과 같은 자해적 행동을 반복적으로 나타내는 장애이다.
- C군 성격장애(cluster C personality disorder)
  - 강박성 성격장애(obsessive-compulsive personality disorder): 지나치게 완벽주의적이고 세부적인 사항에 집착하며 과도한 성취지향성과 인색함을 특징적으로 나타내는 장애이다.
  - 의존성 성격장애(dependent personality disorder): 스스로 독립적인 생활을 하지 못하고 다른 사람에게 과도하게 의존하거나 보호받으려는 행동을 특징적으로 나타내는 장애이다.
  - 회피성 성격장애(avoidant personality disorder): 다른 사람과의 만남에 대한 불안과 두려움 때문에 사회적 상황을 회피함으로써 적응에 어려움을 나타내는 장애이다.

정답 24. ④

25 다음 중 치매의 원인에 따른 유형으로 볼 수 없는 것은?

① 알츠하이머 질환
② 혈관성 질환
③ 파킨슨 질환
④ 페닐케톤뇨증

해설

페닐케톤뇨증(phenylketonuria)은 선천성 아미노산 대사 이상으로 인해 지능장애, 담갈색 모발, 피부의 색소 결핍을 유발하는 상염색체 열성 유전 질환을 말한다.

26 우울장애에 대한 설명으로 옳지 않은 것은?

① 주요우울장애의 발병은 20대에 최고치를 보인다.
② 주요우울장애의 유병률은 남자보다 여자에게서 더 높다.
③ 노르에피네프린이나 세로토닌 같은 신경전달물질이 우울장애와 관련된다.
④ 적어도 1년 동안 심하지 않은 우울을 지속적으로 경험할 때 지속성우울장애로 진단한다.

해설

지속성 우울장애(persistent depressive disorder)는 적어도 2년 동안 하루의 대부분 우울 기분이 있고, 우울 기분이 없는 날보다 있는 날이 더 많으며, 이는 주관적으로 보고하거나 객관적으로 관찰된다.

학습 Plus 지속성 우울장애(persistent depressive disorder) 진단기준(DSM-5)

A. 적어도 2년 동안 하루의 대부분 우울 기분이 있고, 우울 기분이 없는 날보다 있는 날이 더 많으며, 이는 주관적으로 보고하거나 객관적으로 관찰된다.
주의점: 아동 · 청소년에게는 기분이 과민한 상태로 나타나기도 하며, 기간은 적어도 1년이 되어야 한다.
B. 우울 기간 동안 다음 2가지(또는 그 이상) 의 증상이 나타난다.
1. 식욕부진 또는 과식
2. 불면 또는 과다수면
3. 기력의 저하 또는 피로감
4. 자존감 저하
5. 집중력 감소 또는 우유부단
6. 절망감
C. 장애가 있는 2년 동안(아동 · 청소년에게는 1년) 연속적으로 2개월 이상 진단기준 A와 B의 증상이 존재하지 않았던 경우가 없었다.
D. 주요우울장애의 진단기준을 만족하는 증상이 2년간 지속적으로 나타날 수 있다.
E. 조증 삽화, 경조증 삽화가 없어야 하고, 순환성장애의 진단기준을 충족하지 않아야 한다.
F. 장애가 지속적인 조현정동장애, 조현병, 망상장애, 달리 명시된, 또는 명시되지 않는 조현병 스펙트럼 및 기타 정신병적 장애와 겹쳐져서 나타나는 것이 아니다.
G. 증상이 물질(예: 남용약물, 치료약물)의 생리적 효과나 다른 의학적 상태(예: 갑상선 기능 저하증)로 인한 것이 아니다.
H. 증상이 사회적, 직업적 또는 다른 중요한 기능 영역에의 임상적으로 현저한 고통이나 손상을 초래한다.

정답 25. ④ 26. ④

27 양극성장애에 대한 설명으로 틀린 것은? ▸ 2016

① 조증 상태에서는 사고의 비약 등의 사고장애가 나타난다.
② 우울증 상태에서는 자살을 시도하기도 한다.
③ 조증은 서서히, 우울증은 급격히 나타난다.
④ 조증과 우울증이 반복되는 장애이다.

해설

- I형 양극성장애의 조증 상태에서는 '사고 비약(flight of idea)'이 자주 나타나서 한 주제에서 다른 주제로 갑작스럽게 전환되는 특징을 보인다.
- II형 양극성장애의 우울증 상태에서는 자살 위험이 높다고 알려져 있다. 특히 치명적인 자살 완수가 I형에 비해 높은 특징을 보인다.
- II형의 경우, 주요 우울 삽화를 보이다가 갑자기 예측 불허의 기분 변동이 심한 '조증 삽화'를 보여 사회적 · 직업적 기능의 저하가 올 수 있다.
- 양극성장애는 우울한 기분 상태와 고양된 기분 상태가 교차되어 나타나는 장애로, 제1형 양극성장애, 제2형 양극성장애로 구분된다.

28 사람이 스트레스 장면에 처하게 되면 일차적으로 불안해지고 그 장면을 통제할 수 없게 되면 우울해진다고 할 때 이를 설명하는 이론은? ▸ 2013

① 학습된 무기력 이론
② 실존주의 이론
③ 사회문화적 이론
④ 정신분석 이론

해설

학습된 무기력 이론에서는 주어진 환경을 통제할 수 없다는 무력감이 학습되어 우울증으로 발전하게 된다고 보았다. 학습된 무기력 상태에서는 반복된 외부의 부정적 자극에 순응하여 스스로 상황을 헤쳐 나갈 의욕을 잃게 된다.

정답 27. ③ 28. ①

29 알코올사용장애에 관한 설명으로 틀린 것은?

① 금단 증상은 과도하게 장기간 음주하던 것을 줄이거나 양을 줄인지 4~12시간 정도 후에 나타나는 것이 특징이다.

② 장기간의 알코올 사용에 따르는 비타민 B의 결핍은 극심한 혼란, 작화반응 등을 특징으로 하는 헌팅턴병을 유발할 수 있다.

③ 알코올은 중추신경계에서 다양한 뉴런과 결합하여 개인을 진정시키는 효과를 가져온다.

④ 아시아인들은 알코올을 분해하는 탈수소효소가 부족하여 알코올 섭취 시 부정적인 반응이 쉽게 나타난다.

해설

- 코르사코프 증후군(Korsakoff syndrome)은 알코올 과다섭취로 인해서 티아민(비타민 B1)의 흡수율과 이용률이 크게 저하되어 나타나는 증상이다. 주된 증상으로 극심한 혼란, 건망증, 지남력 장애, 작화증, 말초신경장애가 나타나며, 그 외 소뇌 운동 실조증, 근육 병변 등의 신경학적 장애를 동반할 수 있다.
- 헌팅턴병(huntington disease)은 신경계에 영향을 미치는 퇴행성 유전 질환으로서 주요 증상은 불수의적 움직임, 비정상적인 걸음걸이, 늘어지는 말투, 연하곤란, 인지장애와 성격장애 등이 나타난다.

30 신체증상 및 관련 장애에 관한 설명으로 틀린 것은?

① 전환장애는 스트레스 요인이 동반되지 않는 경우도 있다.

② 신체증상장애는 일상에 중대한 지장을 일으키는 신체증상이 존재한다.

③ 질병불안장애는 심각한 질병에 걸렸다는 집착이 6개월 이상 지속된다.

④ 허위성장애는 외적 보상이 쉽게 확인된다.

해설

허위성장애(factitious disorder)는 분명한 외적 보상이 없는 상황에서도 질병 징후나 증상을 거짓으로 꾸며내고, 모방하거나 유발하는 은밀한 시도를 한다.

정답 29. ② 30. ④

31 DSM-5의 조현병 진단 기준에 해당하지 않는 것은?

① 망상이나 환각 등의 특징적 증상들이 2개 이상 1개월의 기간 동안 상당 시간에 존재한다.
② 직업, 대인관계 등 주요한 생활영역에서의 기능 수준이 발병 전에 비해 현저하게 저하된다.
③ 장애의 지속적 징후가 적어도 3개월 이상 계속된다.
④ 장애가 물질의 생리적 효과나 다른 의학적 상태로 인한 것이 아니다.

해설

조현병(schizophrenia)은 장애의 징후가 적어도 6개월 이상 지속되어야 한다. 주된 특징으로 망상, 환각, 와해된 언어(예: 빈번한 탈선 혹은 지리멸렬), 극도로 와해된 또는 긴장성 행동, 음성 증상(예: 감퇴된 감정표현 혹은 무의욕증)이 있다.

32 성도착장애에 관한 설명으로 틀린 것은?

① 물품음란장애는 여성보다 남성에게서 훨씬 더 많이 나타난다.
② 동성애를 하위 진단으로 포함한다.
③ 복장도착장애는 강렬한 성적 흥분을 위해 이성의 옷을 입는 것이다.
④ 관음장애는 대부분 15세 이전에 발견되며 지속되는 편이다.

해설

성도착장애(paraphilic disorder)의 하위 유형으로는 관음장애, 노출장애, 마찰도착장애, 성적피학장애, 성적가학장애, 소아성애장애, 물품음란장애, 복장도착장애가 포함된다. 동성애는 해당되지 않는다.

33 조현병의 양성 증상에 포함되지 않는 것은?

① 망상
② 환각
③ 와해된 언어
④ 둔화된 정서

정답 31. ③ 32. ② 33. ④

해 설

- 양성 증상(positive symptom)
  정상인들에게는 나타나지 않지만 조현병 환자에게서는 나타나는 증상을 말한다. 망상, 환각, 와해된 언어, 와해된 행동이나 긴장성 행동이 있다.
- 음성 증상(negative symptom)
  정상인들이 나타내는 적응적 기능이 결여된 상태를 말한다. 정서적 둔마, 무의욕증, 무언어증, 무쾌락증, 비사회성이 있다.

34 이상행동의 원인을 다음과 같이 설명하는 이론은? ▸ 2016

- 인간의 감정과 행동은 객관적 · 물리적 현실보다 주관적 · 심리적 현실에 의해서 결정된다.
- 정신장애는 인지적 기능의 편향 및 결손과 밀접하게 연관되어 있다.

① 정신분석 이론
② 행동주의 이론
③ 인지적 이론
④ 인본주의 이론

해 설

이상행동에 대한 '인지적 입장'은 다음의 가정에 기초한다.

- 인간의 감정과 행동은 객관적 · 물리적 현실보다는 주관적 · 심리적 현실에 의해 결정된다.
- 주관적 현실은 외부 현실에 대한 인간의 심리적 구성으로서 이러한 구성 과정은 수동적인 과정이 아니라 능동적인 과정이다.
- 인간의 주관적 현실은 주로 인지적 활동을 통해 구성되며, 사고와 심상 등 인지적 내용에 의해 표상된다.
- 정신장애는 인지적 기능의 편향이나 결손과 밀접하게 연관되어 있으며, 이러한 인지적 요인에 의해 유발될 수 있다.
- 인지적 왜곡과 결손의 수정과 변화를 통해서 정신장애는 완화되고 치료될 수 있다.

정답 34. ③

35 다음 사례에 가장 적절한 진단명은?

▸ 2017

A는 중소기업에서 일하는 직원이다. 오늘은 동료직원 B가 새로운 상품에 대해서 발표하기로 했는데, 결근을 해서 A가 대신 발표하게 되었다. 평소 A는 다른 사람들이 자신의 발표에 대해 나쁘게 평가할 것 같아 다른 사람 앞에서 발표하기를 피해 왔다. 발표시간이 다가오자 온몸에 땀이 쏟아지고, 숨쉬기가 어려워졌으며, 곧 정신을 잃고 쓰러질 것 같이 느껴졌다.

① 범불안장애
② 공황장애
③ 강박장애
④ 사회불안장애

해설

- 사회불안장애(social anxiety disorder)는 한두 가지의 특정한 사회적 상황을 두려워하는 것이 특징이다. 사회적 상황에 놓이게 되면 타인으로부터 부정적인 평가를 받거나, 자신이 당황하거나 창피를 당할지도 모른다는 불안감을 갖고 있다. 발표불안은 사회불안의 가장 흔한 형태이다.
- 사회적 상황에서 얼굴이 붉어지거나 떨거나 땀을 흘리거나 말을 더듬는 등 타인을 의식하는 불안 증상을 보일 것을 과도하게 염려하여 상황을 회피하거나 극심한 공포와 불안을 견디는 특징을 보인다.

36 품행장애에 대한 설명으로 틀린 것은?

① 발병 연령은 일반적으로 7～15세이며, 이 진단을 받은 아동 중 3/4은 소년이다.
② 주요한 사회적 규범을 위반하고 다른 사람들의 기본적인 권리를 종종 침해한다.
③ 사람이나 동물에 대한 공격적 행동, 절도나 심각한 거짓말 등이 전형적인 행동이다.
④ 청소년기 발병형은 아동기 발병형에 비해 성인기까지 지속되는 경향이 있다.

해설

- 아동기 발병형은 청소년기 발병형에 비해 품행장애가 성인기까지 지속되는 경향이 있다.
- 아동기 발병형의 품행장애가 있는 경우, 대개는 남아이고, 타인에 대한 신체적인 공격성을 빈번히 보인다. 또래관계에 어려움이 있으며, 아동기 초기 동안 적대적 반항장애가 있고, 흔히 사춘기 이전에 품행장애의 진단 기준을 충족하는 증상이 있다.

정답 35. ④ 36. ④

37 물질 관련 장애에 포함되지 않는 것은?

① 알코올 중독(intoxication)
② 대마계(칸나비스) 사용장애(use disorder)
③ 담배 중독(intoxication)
④ 아편계 금단(withdrawal)

해설

- 물질 관련 장애(substance-related disorder)에는 알코올, 카페인, 대마, 환각제, 흡입제, 아편계, 진정제, 수면제 또는 항불안제, 자극제, 담배 관련 장애, 기타 물질 장애가 있다.
- 담배 관련 장애(tobacco-related disorder)에는 담배 사용 장애, 담배 금단, 기타 담배로 유발된 장애, 명시되지 않는 담배 관련 장애가 포함되어 있다.

38 지적장애에 관한 설명으로 옳지 않은 것은?

① 지적장애 중 가장 많은 비율을 차지하는 것은 경도의 지적장애이다.
② 지적장애를 일으키는 염색체 이상 중 가장 일반적인 것은 다운증후군에 의한 것이다.
③ 최고도의 지적장애인 경우, 훈련을 해도 걷기, 약간의 말하기, 스스로 먹기 같은 기초 기술을 배우거나 나아질 수 없다.
④ 경도의 지적장애를 가진 아동의 경우, 자기관리는 연령에 적합하게 수행할 수 있다.

해설

최고도(profound)에 해당되는 경우에도 일부는 일상 활동에 참여할 수도 있으나, 일상적인 신체 관리, 건강, 안전의 전 영역에 걸쳐 타인에게 의존적인 생활을 하게 된다. 지속적인 도움을 통해 물건을 이용한 간단한 활동을 함으로써 일부 직업적 활동의 기초를 마련할 수 있다. 다른 사람의 도움하에 음악 듣기, 영화 보기, 산책하기, 물놀이와 같은 여가 활동에 참여할 수 있다.

39 배설장애 중 유뇨증에 관한 설명으로 틀린 것은?

① 반복적으로 불수의적으로 잠자리나 옷에 소변을 본다.
② 유병률은 5세에서 5~10%, 10세에서 3~5%이며, 15세 이상에서는 약 1% 정도이다.
③ 야간 유뇨증은 여성에게서 더 흔하다.
④ 야간 유뇨증은 종종 REM 수면 단계 동안 일어난다.

정답 37. ③ 38. ③ 39. ③

해설

야간 유뇨증은 남성에게서 더 흔하며, 주간 요실금은 여성에게서 더 흔하다.

40 광장공포증에 관한 설명으로 가장 적합한 것은?

① 광장공포증의 남녀 간 발병 비율은 비슷한 수준이다.
② 아동기에 발병률이 가장 높다.
③ 광장공포증이 있으면 공황장애는 진단할 수 없다.
④ 공포, 불안, 회피 반응은 전형적으로 6개월 이상 지속된다.

해설

- 광장공포증(agoraphobia)은 다양한 상황에 실제로 노출되거나 노출이 예상되는 상황에서 현저한 공포와 불안이 유발된다. 공포, 불안, 회피 반응은 전형적으로 6개월 이상 지속된다.
- 여성 발병률이 더 높으며, 대개 성인기에 발병하며, 광장공포증만으로 개별 진단된다.

학습 Plus 광장공포증(agoraphobia)의 진단기준(DSM-5)

A. 다음 5가지 상황 중 2가지 이상의 경우에서 극심한 공포와 불안을 느낀다.
 1. 대중교통을 이용하는 것(예: 자동차, 버스, 기차, 배, 비행기)
 2. 열린 공간에 있는 것(예: 주차장, 시장, 다리)
 3. 밀폐된 공간에 있는 것(예: 상점, 공연장, 영화관)
 4. 줄을 서 있거나 군중 속에 있는 것
 5. 집 밖에 혼자 있는 것
B. 공황 유사 증상이나 무능력하거나 당혹스럽게 만드는 다른 증상(예: 노인에게서 낙상 공포, 실금에 대한 공포)이 발생했을 때 도움을 받기 어렵거나 그 상황에서 벗어나기 어려울 것이라는 생각 때문에 그런 상황을 두려워하고 피한다.
C. 광장공포증 상황은 거의 대부분 공포와 불안을 야기한다.
D. 광장공포증 상황을 피하거나, 동반자를 필요로 하거나, 극도의 불안과 공포 속에서 견딘다.
E. 광장공포증 상황과 그것의 사회문화적 배경을 고려할 때 실제로 주어지는 위험에 비해 공포와 불안의 정도가 극심하다.
F. 공포, 불안, 회피 반응은 전형적으로 6개월 이상 지속된다.

정답 40. ④

04 2021년 제1회 기출문제

21 이상행동의 분류와 평가에 관한 설명으로 옳지 않은 것은?

① 범주적 분류는 이상행동이 정상행동과는 질적으로 구분되며, 흔히 독특한 원인에 의한 것이기 때문에 정상행동과는 명료한 차이점을 지니고 있다는 가정에 근거한다.
② 차원적 분류는 정상행동과 이상행동의 구분이 부적응성 정도의 문제일 뿐 질적인 차이는 없다는 가정에 근거한다.
③ 타당도는 한 분류체계를 적용하여 환자들의 증상이나 장애를 평가했을 때 동일한 결과가 도출되는 정도를 의미한다.
④ 같은 장애로 진단된 사람들에게서 동일한 원인적 요인들이 발견되는 정도는 원인론적 타당도이다.

해 설

- 특정 분류체계를 통해 증상이나 장애를 평가 시 동일한 결과가 일관성 있게 도출되는 정도는 '신뢰도'에 해당된다.
- 신뢰도란 측정(평가) 도구가 측정하고자 하는 현상을 일관성 있게 측정하는가를 말한다. 어떤 측정 도구를 적용하여 특정 대상을 측정하였을 시 항상 같은 결과가 나온다면 신뢰도가 높다고 할 수 있다.

22 조현병의 양성 증상에 해당하는 것은?

① 무의욕증
② 무사회증
③ 와해된 행동
④ 감퇴된 정서표현

정답 21. ③ 22. ③

해 설

양성 증상(positive symptom)
정상인들에게는 나타나지 않지만 조현병 환자에게서는 나타나는 증상을 말한다. 망상, 환각, 와해된 언어, 와해된 행동이나 긴장성 행동이 있다.

학습 Plus 조현병의 양성 증상과 음성 증상

- 양성 증상(positive symptom)
  정상인들에게는 나타나지 않지만 조현병 환자에게서는 나타나는 증상을 말한다. 망상, 환각, 와해된 언어, 와해된 행동이나 긴장성 행동이 있다.
  - 망상(delusion): 외부 세계에 대한 잘못된 추론에 근거한 그릇된 신념으로서 분명한 반증에도 불구하고 망상 증상을 지니고 견고하게 유지된다.
  - 환각(hallucination): 현저하게 왜곡된 비현실적 지각을 말한다. 환청, 환시, 환후, 환촉, 환미로 구분된다.
  - 와해된 언어(disorganized speech): 비논리적이고 지리멸렬한 혼란스러운 언어를 뜻하며, 말을 할 때 목표나 논리적 연결 없이 횡설수설하거나 상대방이 이해하기 어려운 말을 한다.
  - 와해된 행동(disorganized behavior): 나이에 걸맞은 목표지향적 행동을 하지 못하고 상황에 부적절하게 나타내는 엉뚱하거나 부적응적인 행동을 말한다.
  - 긴장증적 행동(catatonic behavior): 마치 근육이 굳은 것처럼 어떤 특정한 자세를 유지하는 것을 말한다.
- 음성 증상(negative symptom)
  정상인들이 나타내는 적응적 기능이 결여된 상태를 말한다. 정서적 둔마, 무의욕증, 무언어증, 무쾌락증, 비사회성이 있다.
  - 정서적 둔마(flat affect): 외부 자극에 대한 정서적 반응이 감퇴되어 무표정하거나 무감각한 상태이다.
  - 무의욕증(avolition): 마치 아무런 욕망이 없는 듯 어떠한 목표지향적 행동도 하지 않고 사회적 활동에도 무관심한 상태이다.
  - 무언어증(alogia): 말이 없어지거나 짧고 간단하며 공허한 말만을 하는 등 언어 반응이 빈곤해지는 상태이다.
  - 무쾌락증(anhedonia): 긍정적인 자극으로부터 쾌락을 경험하는 능력이 감소된 상태이다.
  - 비사회성(asociability): 다른 사람과의 사회적 상호작용에 대한 관심이 없는 상태이다.

23 물질 관련 장애에 관한 설명으로 옳지 않은 것은?

① 물질에 대한 생리적 의존은 내성과 금단증상으로 나타난다.
② 임신 중의 과도한 음주는 태아알코올증후군을 유발할 수 있다.
③ 모르핀과 헤로인은 자극제(흥분제)의 대표적 종류이다.
④ 헤로인의 과다 복용은 뇌의 호흡 중추를 막아 죽음에 이르게 할 수 있다.

해 설

모르핀과 헤로인은 아편계의 대표적 종류이다.

정답 23. ③

학습 Plus 물질 관련 및 중독 장애(substance-related and addictive disorders)

종류	특징
물질 관련 장애	10가지의 서로 다른 종류의 약물을 포함 : 알코올, 카페인, 대마, 환각제, 흡입제, 아편계, 진정제, 수면제 또는 항불안제, 자극제, 담배 등 기타 물질
비물질 관련 장애	도박중독이 대표적임 : 개인, 가족, 그리고 직업적 장애를 유발하는 지속적이고 반복적인 부적응적 도박 행동을 보임

24 조현병 스펙트럼 및 기타 정신병적 장애에 해당하지 않는 것은?

① 망상장애 ② 순환성장애
③ 조현양상장애 ④ 단기 정신병적 장애

해 설

- 조현병 스펙트럼 및 기타 정신병적 장애(schizophrenia spectrum and other psychotic disorders)에는 조현병, 조현양상장애, 조현정동장애, 망상장애, 단기 정신병적 장애, 긴장증, 물질/치료약물로 유발된 정신병적 장애, 달리 명시된 조현병 스펙트럼 및 기타 정신병적 장애가 있다.
- 양극성 및 관련 장애(bipolar and related disorders)에는 제1형 양극성장애, 제2형 양극성장애, 순환성장애, 물질/약물치료로 유발된 양극성 및 관련 장애가 있다.

학습 Plus 순환성장애(cyclothymic disorder)

- 적어도 2년 동안(아동 · 청소년에서는 1년) 다수의 경조증 기간(경조증 삽화의 진단 기준을 충족하지 않는)과 우울증 기간(주요 우울 삽화의 진단 기준을 충족하지 않는)이 있어야 한다.
- 2년 이상의 기간 동안(아동 · 청소년에서는 1년) 경조증 기간과 우울증 기간이 절반 이상 차지해야 하고, 증상이 없는 기간이 2개월 이상 지속되어서는 안 된다. 또한 주요 우울증 삽화, 조증 삽화, 혼재성 삽화가 없어야 한다.
- 순환성장애는 보통 청소년기나 성인기 초기에 시작하여 만성적인 경과를 보이는 특징이 있다. 제1형 또는 제2형 양극성장애로 발전되는 비율은 15~20%로 매우 높다.

25 반사회성 성격장애와 가장 관련이 없는 것은?

① 품행장애의 과거력
② 역기능적 양육환경
③ 붕괴된 자아와 강한 도덕성 발달
④ 신경전달물질인 세로토닌(serotonin)의 부족

정답 24. ② 25. ③

해설

정신분석적 입장에서는 '강박성 성격장애'를 항문기의 안정된 상태로 퇴행한 것으로 보았다. 항문기적 성격의 특징으로는 강한 도덕성, 규칙성, 완고성, 정서적 억제, 자기회의, 인색함 등을 들 수 있다. 치료의 목표는 지나치게 엄격한 초자아를 수정하고 자아를 회복하는 데 초점을 둔다.

26 DSM-5에 의한 성격장애의 분류로 옳지 않은 것은? (문제 오류로 1, 2번이 모두 정답처리 됨-조현성 성격장애를 조한성 성격장애로 잘못 제시하였음)

① A군 성격장애: 조한성 성격장애
② C군 성격장애: 편집성 성격장애
③ B군 성격장애: 연극성 성격장애
④ C군 성격장애: 회피성 성격장애

해설

편집성 성격장애는 A군(cluster A) 성격장애에 해당된다.

학습 Plus 성격장애의 분류

- A군 성격장애(cluster A personality disorder)
  사회적으로 고립되어 있고 기이한 성격 특성을 나타내는 유형으로서 편집성 성격장애, 조현성 성격장애, 조현형 성격장애가 있다.
- B군 성격장애(cluster B personality disorder)
  정서적이고 극적인 성격 특성을 나타내는 유형으로서 반사회성 성격장애, 연극성 성격장애, 자기애성 성격장애, 경계성 성격장애가 있다.
- C군 성격장애(cluster C personality disorder)
  불안하고 두려움을 많이 느끼는 특성을 지니고 있으며, 회피성 성격장애, 의존성 성격장애, 강박성 성격장애가 있다.

27 노출장애에 관한 설명과 가장 거리가 먼 것은?

① 성도착적 초점은 낯선 사람에게 성기를 노출시키는 것이다.
② 성기를 노출시켰다는 상상을 하면서 자위행위를 하기도 한다.
③ 청소년기나 성인기 초기에 시작되는 것으로 알려져 있다.
④ 노출 대상은 사춘기 이전의 아동에게 국한된다.

정답 26. ② 27. ④

해설

노출장애(exhibitionistic disorder)의 아형은 개인이 성기를 노출하기를 선호하는 동의하지 않은 대상의 연령과 신체적인 성숙 정도에 기초하여 나눈다. 동의하지 않은 대상은 사춘기 이전의 아동일 수도, 성인일 수도, 혹은 둘 다일 수도 있다.

28 DSM-5의 신경발달장애에 해당하지 않는 것은?

① 지적장애
② 분리불안장애
③ 자폐스펙트럼장애
④ 주의력결핍 과잉행동장애

해설

- 신경발달장애(neurodevelopmental disorders)의 하위 유형으로는 지적장애, 의사소통장애, 자폐스펙트럼장애, 주의력결핍 과잉행동장애, 특정학습장애, 운동장애(예: 발달성 협응장애, 상동증적 운동장애, 뚜렛장애)가 포함된다.
- 분리불안장애는 불안장애의 하위 유형으로서 애착 대상과의 분리에 대해 부적절하고 과도한 불안과 공포를 나타내는 장애이다.

29 스트레스 호르몬이라고 불리는 코르티솔(cortisol)이 분비되는 곳은? ▸ 2015

① 부신
② 변연계
③ 해마
④ 대뇌피질

코르티솔(cortisol)은 부신피질에서 분비되는 스트레스 호르몬이다. 만성적으로 높은 수준이 유지되면 해마 세포의 손실을 유발할 수 있다. 그 외 만성 피로, 우울증, 식욕 증가, 면역 반응 이상 등이 초래된다.

30 강박장애를 가진 내담자의 심리치료에 가장 효과적인 방법은?

① 행동조형
② 자유연상법
③ 노출 및 반응방지법
④ 혐오조건화

해설

강박장애의 대표적인 치료법인 노출 및 반응방지법(ERP)은 학습이론에 근거한 행동치료적 기법으로서 두려워하는 자극이나 사고에 노출시키되 강박행동을 하지 못하게 하는 방법이다.

정답 28. ② 29. ① 30. ③

학습 Plus 노출 및 반응방지법(Exposure and Response Prevention: ERP)

- 환자로 하여금 힘들게 하는 자극의 위계를 정해 불안의 정도에 따라 평정하게 한다.
- 환자를 상상이든 직접적이든 반복적으로 불안과 고통을 유발하는 자극 상황에 노출한 다음에는 의례적인 문제행동을 금지시킨다.
- 반응을 금지한 상태에서 강박적인 사고가 유발한 고통이나 불안이 감소하고 사라질 때까지 지켜보게 한다.
- 점차 불안이 완화되어 문제행동을 하지 않아도 불안을 느끼지 않는 상태가 되며, 강박 행동을 하지 않아도 두려워하는 결과가 발생하지 않는다는 것을 학습하게 된다.

31 우울장애에 대한 치료방법으로 적절하지 않은 것은?

① 대인관계치료(interpersonal psychotherapy)
② 기억회복치료(memory recovery therapy)
③ 인지행동치료(cognitive behavioral therapy)
④ 단기정신역동치료(brief psychodynamic therapy)

해설

기억회복치료(memory recovery therapy)는 학대와 같은 외상적 사건으로 인해 억압된 기억을 유도하도록 고안된 치료이다. 많은 암시적 기법이 기억의 재구성과 복구를 위해 적용된다.

32 알코올사용장애에 관한 설명으로 옳은 것은?

① 가족력이나 유전과는 관련성이 거의 없다.
② 성인 여자가 성인 남자보다 유병률이 높다.
③ 자살, 사고, 폭력과의 관련성이 거의 없다.
④ 금단증상의 불쾌한 경험을 피하거나 경감시키기 위해 음주를 지속하게 된다.

해설

- 알코올사용장애(alcohol use disorder)는 금단, 내성, 갈망이 포함된 행동과 신체증상을 특징으로 한다. 알코올로 인한 금단증상은 불쾌하고 강렬하기 때문에 부작용에도 불구하고 금단증상들을 피하거나 경감시키기 위해 음주를 지속하게 된다.
- 알코올사용장애는 가족력이 있고, 40~60%의 위험도는 유전적 영향으로 설명된다.
- 성인 남자(12.4%)가 성인 여자(4.9%)보다 유병률이 높게 나타난다.
- 심한 중독 상태에서 자살 위험을 높이는 중요한 원인이 되며, 알코올사용장애로 인해 자살 완수뿐 아니라 자살 행동 발생률 역시 증가하는 것으로 나타나고 있다.

정답 31. ② 32. ④

33 파괴적, 충동조절 및 품행장애에 관한 설명으로 옳지 않은 것은?

① 병적 방화의 필수 증상은 고의적이고 목적이 있는 수차례의 방화 삽화가 존재하는 것이다.
② 품행장애의 유병률은 아동기에서 청소년기로 갈수록 증가한다.
③ 병적 도벽은 보통 도둑질을 미리 계획하지 않고 행한다.
④ 간헐적 폭발장애는 언어적 공격과 신체적 공격을 모두 포함해야 한다.

해설

간헐적 폭발장애(intermittent explosive disorder)는 언어적 공격성(예: 분노 발작, 장황한 비난, 논쟁이나 언어적 다툼) 또는 재산, 동물, 타인에게 가하는 신체적 공격성이 3개월 동안 평균적으로 일주일에 2회 이상 발생한다.

34 양극성장애(bipolar disorder)의 조증 시기에 있는 환자의 방어적 대응양상을 판단할 수 있는 행동이 아닌 것은?

① 화장을 진하게 하고 다닌다.
② 자신이 신의 사자라고 이야기한다.
③ 증거도 없는 행동을 두고 남을 탓한다.
④ 활동 의욕이 줄어들어 과다 수면을 취한다.

해설

의욕 저하와 과다 수면의 증상은 '주요 우울 삽화'에 해당되는 특징이다.

학습 Plus 조증 삽화(manic episode)의 임상적 특징

- 자존감의 증가 또는 과대감
- 수면에 대한 욕구 감소(예: 단 3시간의 수면만으로도 충분하다고 느낌)
- 평소보다 말이 많아지거나 끊기 어려울 정도로 계속 말을 함
- 사고의 비약 또는 사고가 질주하듯 빠른 속도로 꼬리를 무는 듯한 주관적인 경험
- 주관적으로 보고하거나 객관적으로 관찰되는 주의산만(예: 중요하지 않거나 관계없는 외적 자극에 너무 쉽게 주의가 분산됨)
- 목표지향적 활동의 증가(직장이나 학교에서의 사회적 활동 또는 성적 활동) 또는 정신운동 초조(예: 목적이나 목표 없이 부산하게 움직임)
- 고통스러운 결과를 초래할 가능성이 높은 활동에의 지나친 몰두(예: 과도한 쇼핑 등 과소비, 무분별한 성행위, 어리석은 사업투자)

정답 33. ④ 34. ④

35 DSM-5에 제시된 신경인지장애의 병인에 해당하지 않는 것은?

① 알츠하이머병 ② 레트

③ 루이소체 ④ 파킨슨병

해 설

- 레트 증후군(rett syndrome)은 여아에게만 발생하며, 생후 6개월에서 18개월까지는 비교적 정상적으로 발달하다가 이후에 두위 발달 감소, 인지 및 운동 능력 상실, 언어기능 상실, 손의 상동증을 특징으로 한다.
- **신경인지장애(Neurocognitive Disorders: NCD)의 아형**
  알츠하이머병으로 인한 NCD, 혈관성 NCD, 루이소체 NCD, 파킨슨병으로 인한 NCD, 전두측두엽 NCD, 외상성 뇌손상으로 인한 NCD, HIV 감염으로 인한 NCD, 물질/약물치료로 유발된 NCD, 헌팅턴병으로 인한 NCD, 프라이온병으로 인한 NCD, 다른 의학적 상태로 인한 NCD, 다중 병인으로 인한 NCD, 달리 명시되지 않는 NCD

36 아동 A에게 진단할 수 있는 가장 가능성이 높은 장애는?

> 4세 아동 A는 어머니와 애정적 관계를 형성하지 못하며, 장난감을 가지고 노는 데에는 흥미가 없고 사물을 일렬로 배열하거나 자신의 몸을 앞뒤로 흔들면서 알 수 없는 말을 한다.

① 자폐스펙트럼장애 ② 의사소통장애

③ 틱 장애 ④ 특정학습장애

해 설

자폐스펙트럼장애(autism spectrum disorder)는 사회적 의사소통, 사회적 상호작용의 결함이 지속적으로 나타나며, 제한적이고 반복적인 행동이나 관심, 활동이 특징으로 나타난다.

학습 Plus 자폐스펙트럼장애의 진단기준(DSM-5)

A. 다양한 분야에 걸쳐 나타나는 사회적 의사소통 및 사회적 상호작용의 지속적인 결함으로 현재 또는 과거력상 다음과 같은 특징으로 나타난다.
1. 사회적-감정적 상호성의 결함(예: 비정상적인 사회적 접근과 정상적인 대화의 실패, 흥미나 감정 공유의 감소, 사회적 상호작용의 시작 및 반응의 실패)
2. 사회적 상호작용을 위한 비언어적인 의사소통 행동의 결함(예: 언어적 · 비언어적 의사소통의 불완전한 통합, 비정상적인 눈 맞춤과 몸짓 언어, 몸짓의 이해와 사용의 결함, 얼굴 표정과 비언어적 의사소통의 전반적 결핍)
3. 관계 발전, 유지 및 관계에 대한 이해의 결함(예: 다양한 사회적 상황에 적합한 적응적 행동의 어려움, 상상 놀이를 공유하거나 친구 사귀기가 어려움, 동료들에 대한 관심 결여)

정답 35. ② 36. ①

B. 제한적이고 반복적인 행동이나 흥미, 활동이 현재 또는 과거력상 다음 항목들 가운데 적어도 2가지 이상 나타난다.
1. 상동증적이거나 반복적인 운동성 동작, 물건 사용 또는 말하기(예: 단순 운동 상동증, 장난감 정렬하기 또는 물체 튕기기, 반향어, 특이한 문구 사용)
2. 동일성에 대한 고집, 일상적인 것에 대한 융통성 없는 집착 또는 의례적인 언어나 비언어적 행동 양상(예: 작은 변화에 대한 극심한 고통, 변화의 어려움, 완고한 사고방식, 의례적인 인사, 같은 길로만 다니기, 매일 같은 음식 먹기)
3. 강도나 초점에 있어서 비정상적으로 극도로 제한되고 고정된 흥미(예: 특이한 물체에 대한 강한 애착 또는 집착, 과도하게 국한되거나 고집스러운 흥미)
4. 감각 정보에 대한 과잉 또는 과소 반응 또는 환경의 감각 영역에 대한 특이한 관심(예: 통증/온도에 대한 명백한 무관심, 특정 소리나 감촉에 대한 부정적 반응, 과도한 냄새 맡기 또는 물체 만지기, 빛이나 움직임에 대한 시각적 매료)

C. 증상은 반드시 초기 발달 시기부터 나타나야 한다.
D. 이러한 증상은 사회적, 직업적 또는 다른 중요한 현재의 기능 영역에서 임상적으로 뚜렷한 손상을 초래한다.
E. 이러한 장애는 지적장애(지적발달장애) 또는 전반적 발달지연으로 더 잘 설명되지 않는다.

37 치매에 관한 설명으로 가장 적합한 것은? ▸ 2017

① 기억 손실이 없다.
② 약물남용의 가능성이 많다.
③ 증상은 오전에 가장 심해진다.
④ 자신의 무능을 최소화하거나 자각하지 못한다.

해설

• 치매(dementia)의 특징은 인지 및 행동 증상들이 서서히 시작하고 점진적으로 진행되는 경과를 보인다.
• 전형적인 증상은 기억상실이다. 초기 경도단계에서 알츠하이머병은 기억과 학습의 손상이 전형적으로 나타나며, 때로는 실행기능이 손상된다. 중등도 내지 고도인 경우에는 시각 구조적/지각-운동 능력과 언어능력 역시 손상을 받는다.
• 인지기능 저하로 인해 자각 및 판단 능력의 손상이 나타나며, 그 외 언어기능, 성격 변화, 시공간 기억 등의 곤란을 보인다. 일부 환자들의 경우 치매 증세가 늦은 오후에 시작해서 잠들기 전까지 심해지는 경우가 있다.
• 알코올 문제가 심한 경우 중추신경계에 지속적인 영향을 미쳐 지속성 기억상실장애 혹은 코르사코프 증후군처럼 새로운 기억을 입력하는 능력에 심각한 손상을 일으킨다.

정답 37. ④

38 공황장애의 특징에 해당하는 것을 모두 고른 것은?

ㄱ. 메스꺼움 또는 복부 불편감
ㄴ. 몸이 떨리고 땀 흘림
ㄷ. 호흡이 가빠지고 숨이 막힐 것 같은 느낌
ㄹ. 미쳐 버리거나 통제력을 상실할 것 같은 느낌

① ㄷ, ㄹ ② ㄱ, ㄴ, ㄹ
③ ㄴ, ㄷ, ㄹ ④ ㄱ, ㄴ, ㄷ, ㄹ

해설

공황장애(panic disorder)는 반복적으로 예기치 못한 공황발작이 일어나는 것을 특징으로 한다. 극심한 공포와 고통이 갑작스럽게 발생하여 몇 분 이내에 최고조에 달하며, 갑작스러운 증상의 발생은 차분한 상태나 불안한 상태에서 모두 나타날 수 있다.

학습 Plus  공황장애(panic disorder)의 진단기준(DSM-5)

A. 반복적으로 예상하지 못한 공황발작이 있다. 공황발작은 극심한 공포와 고통이 갑작스럽게 발생하여 수 분 이내에 최고조에 이르러야 하며, 그 시간 동안 다음 중 4가지 이상의 증상이 나타난다.
주의점: 갑작스러운 증상의 발생은 차분한 상태나 불안한 상태에서 모두 나타날 수 있다.
1. 심계항진, 가슴 두근거림 또는 심장 박동 수의 증가
2. 발한
3. 몸이 떨리거나 후들거림
4. 숨이 가쁘거나 답답한 느낌
5. 질식할 것 같은 느낌
6. 흉통 또는 가슴 불편감
7. 메스꺼움 또는 복부 불편감
8. 어지럽거나 불안정하거나 멍한 느낌이 들거나 쓰러질 것 같음
9. 춥거나 화끈거리는 느낌
10. 감각 이상(감각이 둔해지거나 따끔거리는 느낌)
11. 비현실감(현실이 아닌 것 같은 느낌) 혹은 이인증(나에게서 분리된 느낌)
12. 스스로 통제할 수 없거나 미칠 것 같은 두려움
13. 죽을 것 같은 공포

B. 적어도 1회 이상의 발작 이후에 1개월 이상 다음 중 한 가지 이상의 조건을 만족해야 한다.
1. 추가적인 공황발작이나 그에 대한 결과(예: 통제를 잃음, 심장발작을 일으킴, 미치는 것)에 대한 지속적인 걱정
2. 발작과 관련된 행동으로 현저하게 부적응적인 변화가 일어난다(예: 공황발작을 회피하기 위한 행동으로 운동이나 익숙하지 않은 환경을 피하는 것).

정답 38. ④

39 해리장애에 대한 설명으로 적절하지 않은 것은?

① 해리 현상에 영향을 주는 주된 요인으로 학대받은 개인 경험, 고통스러운 상태로부터의 도피 등이 있다.

② 해리 현상을 유발하는 가장 주된 방어기제는 투사로 알려져 있다.

③ 해리성 둔주는 정체감과 과거를 망각할 뿐만 아니라 완전히 다른 장소로 이동한다.

④ 해리성 기억상실증은 중요한 자서전적 정보를 회상하지 못하는 것으로, 해리성 둔주가 나타날 수 있다.

해 설

정신분석적 입장에서는 해리 현상에 대해 불안을 유발할 수 있는 심리적 내용을 방어하고 억압함으로써 그 내용이 의식에 이르지 못하게 된 상태로 설명한다. 이때의 주된 방어기제는 억압(repression)과 부인(denial)이다.

40 주요우울장애 환자가 일반적으로 나타내는 특징적 증상이 아닌 것은?

① 거절에 대한 두려움

② 불면 혹은 과다수면

③ 정신운동성 초조

④ 일상활동에서의 흥미와 즐거움의 상실

해 설

- 회피성 성격장애(avoidant personality disorder)는 다른 사람의 비난, 꾸중 또는 거절에 대한 두려움으로 대인관계에서 요구되는 활동을 회피한다.
- 주요우울장애(major depressive disorder)의 주된 특징으로는 우울한 기분, 흥미나 즐거움 저하, 체중 및 수면 변화, 정신운동성 초조나 지연, 무가치감이나 죄책감, 집중력 감소, 자살 사고 등이 포함된다.

학습 Plus 회피성 성격장애의 진단기준(DSM-5)

사회관계의 억제, 부적절감, 부정적 평가에 대한 예민함이 광범위한 양상으로 나타나고, 이는 청년기에 시작되며, 여러 상황에서 나타나고, 다음 중 4가지(또는 그 이상)로 나타난다.

1. 비판이나 거절, 인정받지 못함 등 때문에 의미 있는 대인 접촉이 관련되는 직업적 활동을 회피함
2. 자신을 좋아한다는 확신 없이는 사람들과 관계하는 것을 피함
3. 수치를 당하거나 놀림 받음에 대한 두려움 때문에 친근한 대인관계 이내로 자신을 제한함
4. 사회적 상황에서 비판의 대상이 되거나 거절되는 것에 대해 집착함
5. 부적절감으로 인해 새로운 대인관계 상황에서 제한됨
6. 자신을 사회적으로 부적절하게, 개인적으로 매력이 없는, 다른 사람에 비해 열등한 사람으로 바라봄
7. 당황스러움이 드러날까 염려하여 어떤 새로운 일에 관여하는 것, 혹은 개인적인 위험을 감수하는 것을 드물게 마지못해서 함

정답 39. ② 40. ①

05 2020년 제3회 기출문제

21 다음 중 DSM-5의 주요우울장애(major depressive disorder) 진단기준에 해당하지 않는 것은?

① 증상이 사회적, 직업적 또는 다른 중요한 기능 영역에서 정상적으로 현저한 고통이나 손상을 초래한다.

② 삽화가 물질의 생리적 효과나 다른 의학적 상태로 인한 것이 아니다.

③ 주요우울삽화가 조현정동장애, 조현병 등 기타 정신병적 장애로 더 잘 설명되지 않는다.

④ 조증 삽화 혹은 경조증 삽화가 존재한 적이 있다.

해 설

조증 삽화 혹은 경조증 삽화의 존재가 진단에 충족되는 장애는 양극성 장애(bipolar disorder)이다. 양극성 장애를 I형과 II형이 있으며, I형의 특징은 조증 삽화이고 II형의 특징은 경조증 삽화를 포함한다.

학습 Plus 주요우울장애(major depressive disorder)의 진단기준(DSM-5)

A. 다음의 증상 가운데 5가지(또는 그 이상)의 증상이 2주 연속으로 지속되며 이전의 기능 상태와 비교할 때 변화를 보이는 경우, 증상 가운데 적어도 하나는 (1) 우울 기분이거나 (2) 흥미나 즐거움의 상실이어야 한다.
1. 하루 중 대부분, 그리고 거의 매일 지속되는 우울 기분이 주관적인 보고(예: 슬픔, 공허감 또는 절망감)나 객관적인 관찰(예: 울 것 같은 표정)에서 드러남(주의점: 아동 및 청소년의 경우에는 과민한 기분으로 나타나기도 함)
2. 거의 매일, 하루 중 대부분, 거의 또는 모든 일상 활동에 대해 흥미나 즐거움이 뚜렷하게 저하됨.
3. 체중 조절을 하고 있지 않은 상태에서 의미 있는 체중의 감소(예: 1개월 동안 5% 이상의 체중 변화)나 체중의 증가, 거의 매일 나타나는 식욕의 감소나 증가가 있음(주의점: 아동에서는 체중 증가가 기대치에 미달되는 경우)
4. 거의 매일 나타나는 불면이나 과다수면
5. 거의 매일 나타나는 정신운동 초조나 지연(객관적으로 관찰이 가능함)

정답 21. ④

6. 거의 매일 나타나는 피로나 활력의 상실
7. 거의 매일 무가치감 또는 과도하거나 부적절한 죄책감을 느낌
8. 거의 매일 나타나는 사고력이나 집중력의 감소 또는 우유부단함
9. 반복적인 죽음에 대한 생각(단지 죽음에 대한 두려움이 아닌), 구체적인 계획 없이 반복되는 자살 사고 또는 자살 시도나 자살 수행에 대한 구체적인 계획

B. 증상이 사회적, 직업적 또는 다른 중요한 기능 영역에서 임상적으로 현저한 고통이나 손상을 초래한다.
C. 삽화가 물질의 생리적 효과나 다른 의학적 상태로 인한 것이 아니다.
D. 주요 우울삽화가 조현정동장애, 조현병, 조현양상장애, 망상장애, 달리 명시된 또는 명시되지 않는 조현병 스펙트럼 및 기타 정신병적 장애로 더 잘 설명되지 않는다.
E. 조증 삽화 또는 경조증 삽화가 존재한 적이 없다.

22 다음에 해당하는 장애는?

- 적어도 1개월 동안 비영양성 · 비음식 물질을 먹는다.
- 먹는 행동이 사회적 관습 혹은 문화적 지지를 받지 못하다.
- 비영양성 · 비음식 물질을 먹는 것이 발달 수준에 비추어 볼 때 부적절하다.

① 되새김장애
② 이식증
③ 회피적/제한적 음식섭취장애
④ 달리 명시된 급식 또는 섭식장애

해설

- 이식증(pica)은 영양분이 없고 음식이 아닌 하나 이상의 물질(예: 종이, 천, 흙, 머리카락)을 먹는 행동이 최소 1개월 이상 지속될 때 진단을 내린다. 비영양성 · 비음식 섭취가 발달적인 연령에 비춰볼 때 부적절하고 사회적 관습이나 문화적으로 받아들일 만한 것이 아니다.

23 전환장애의 특징을 모두 고른 것은?

ㄱ. 신경학적 근원이 없는 신경학적 증상을 경험한다.
ㄴ. 의식적으로 증상을 원하거나 의도적으로 증상을 만들어 내지 않는다.
ㄷ. 대부분 순수한 의학적 질환의 증상과 유사하지 않다.

① ㄱ, ㄴ
② ㄱ, ㄷ
③ ㄴ, ㄷ
④ ㄱ, ㄴ, ㄷ

해설

- 전환장애(conversion disorder)는 신경학적 근원이 없는 다양한 수의운동이나 감각기능의 증상을 경험한

정답 22. ② 23. ①

다. 증상을 의도적으로 만들어 내는 것은 아니며, 대부분 의학적 질환에서 보이는 증상과 유사하나 실제 임상소견에서는 신경학적 또는 의학적 증상으로는 잘 설명되지 않는다.

학습 Plus 전환장애(conversion disorder)의 진단기준(DSM-5)

A. 하나 또는 그 이상의 변화된 수의운동이나 감각기능의 증상이 있다.
B. 임상소견이 증상과 인정된 신경학적 혹은 의학적 상태의 불일치에 대한 증거를 제공한다.
C. 증상이나 결함이 다른 의학적 장애 또는 정신질환으로 더 잘 설명되지 않는다.
D. 증상이나 결함이 사회적, 직업적 또는 다른 중요한 기능 영역에서 임상적으로 현저한 고통이나 손상을 초래하거나 의학적 평가를 필요로 한다.

증상 유형을 명시할 것

- 쇠약감이나 마비 동반
- 이상 운동 동반(예: 떨림, 근육긴장이상, 간대성 근경련, 보행장애)
- 삼키기 증상 동반
- 언어 증상 동반
- 발작 동반
- 무감각증이나 감각 손실 동반
- 특정 감각 증상 동반
- 혼합 증상 동반

24 행동주의적 견해에 따르면 강박행동은 어떤 원리에 의해 유지되는가?

① 고전적 조건형성 ② 부적 강화
③ 소거 ④ 모델링

해 설

강박증의 주된 증상인 강박행동(확인하기, 정돈하기, 씻기 등)은 불안을 감소시키기 위해서 반복적으로 나타나는 행동을 말한다. 이러한 강박행동은 불안을 감소시키는 부적 강화(예: '씻기'는 오염에 대한 불안을 감소시키기에 씻기행동이 반복적으로 나타남) 효과가 있기 때문에 지속적으로 반복된다.

25 일반적 성격장애의 DSM-5의 진단기준에 해당하지 않는 것은?

① 지속적인 유형이 물질(남용약물 등)의 생리적 효과나 다른 의학적 상태로 인한 것이다.
② 지속적인 유형이 다른 정신질환의 현상이나 결과로 더 잘 설명되지 않는다.
③ 지속적인 유형이 개인의 사회 상황의 전 범위에서 경직되어 있고 전반적으로 나타난다.
④ 유형은 안정적이고 오랜 기간 동안 있어 왔으며 최소한 청년기 혹은 성인기 초기부터 시작된다.

정답 24. ② 25. ①

해설

일반적 성격장애(general personality disorder)의 DSM-5의 진단기준에 의하면, 지속적인 유형이 물질(예: 남용약물, 치료약물)의 생리적 효과나 다른 의학적 상태(예: 두부 손상)로 인한 것이 아니어야 한다.

학습 Plus 일반적 성격장애(general personality disorder)의 진단기준(DSM-5)

A. 내적 경험과 행동의 지속적인 유형이 개인이 속한 문화에서 기대되는 바로부터 현저하게 편향되어 있다. 이러한 형태는 다음 중 2가지(또는 그 이상)에서 나타난다.
   1. 인지(즉, 자신과 다른 사람 및 사건을 지각하는 방법)
   2. 정동(즉, 감정반응의 범위, 불안정성, 적절성)
   3. 대인관계 기능
   4. 충동 조절

B. 지속적인 유형이 개인의 사회 상황의 전 범위에서 경직되어 있고 전반적으로 나타난다.

C. 지속적인 유형이 사회적, 직업적 또는 다른 중요한 기능 영역에서 임상적으로 현저한 고통이나 손상을 초래한다.

D. 유형은 안정적이고 오랜 기간 동안 있어 왔으며 최소한 청년기 혹은 성인기 초기부터 시작된다.

E. 지속적인 유형이 다른 정신질환의 현상이나 결과로 더 잘 설명되지 않는다.

F. 지속적인 유형이 물질(예: 남용약물, 치료약물)의 생리적 효과나 다른 의학적 상태(예: 두부 손상)로 인한 것이 아니다.

26 기분장애 '카테콜라민(catecholamine) 가설'에 관한 설명으로 옳은 것은?

① 조증: 도파민의 부족

② 조증: 세로토닌의 증가

③ 우울증: 노르에피네프린의 부족

④ 우울증: 생물학적 및 환경적 원인의 상호작용

해설

- 우울장애를 뇌의 신경화학적 요인으로 설명하는 대표적인 이론은 카테콜라민(catecholamine) 가설이다. 카테콜라민은 신경전달물질인 노르에피테프린(norepinephrine), 에피네프린(epinephrine), 도파민(dopamine)을 포함하는 호르몬을 말한다.
- 카테콜라민이 결핍되면 우울장애가 생기고, 반대로 과다하면 조증이 생긴다. 특히 노르에피네프린은 기분장애에 중요한 역할을 하며, 일정 수준보다 낮을 경우 심리적 위축, 무반응적 행동에 영향을 준다.

27 심리적 갈등이나 스트레스로 인해 갑작스런 시력 상실이나 마비와 같은 감각이상 또는 운동증상을 나타내는 질환은? ▸ 2015

① 공황장애 ② 전환장애

③ 신체증상장애 ④ 질병불안장애

정답 26. ③ 27. ②

해설

전환장애(conversion disorder)의 초기 발병은 심리적 혹은 신체적 스트레스나 외상과 관련이 있다. 주로 운동 기능(신체 마비나 기능 저하, 소변을 보지 못함, 불성증 등)이나 감각 기능(촉각이나 통각 상실, 이중 시야, 시력 상실, 청각 결손, 환각 등)의 변화 및 신체적 경련이나 발작을 특징으로 한다.

- 공황장애(panic disorder)는 반복적으로 예기지 못한 공황발작이 일어나며, 다양한 신체 증상을 특징으로 한다.
- 질병불안장애(illness anxiety disorder)는 특정 의학적 질병에 걸렸다고 믿거나 앞으로 걸릴 것에 대해 과도하게 집착하는 것을 특징으로 한다.
- 신체증상장애(somatic symptom disorder)는 한 개 이상의 신체적 증상에 대한 과도한 사고, 감정 또는 행동이나 증상과 관련된 과도한 건강염려를 특징으로 한다.

28 다음 중 경계성 성격장애의 임상적 특징이 아닌 것은?

① 반복적인 자살행동과 만성적인 공허함
② 자신의 중요성에 대한 과장된 지각과 특권의식 요구
③ 일시적이고 스트레스와 연관된 피해적 사고 혹은 심한 해리 증상
④ 실제 혹은 상상 속에서 버림받지 않기 위해 미친 듯이 노력함

해설

자기애성 성격장애(narcissistic personality disorder)는 과대성, 과도한 숭배 요구, 공감의 결여를 특징으로 보인다. 과도한 자기지각과 특권의식으로 인해 대우 받기를 원하고, 그런 대우를 받지 못하면 당황하거나 분노한다.

29 DSM-5의 성기능 부전에 해당하지 않는 것은? ▸ 2014, 2016

① 조루증 ② 성정체감장애
③ 남성 성욕감퇴장애 ④ 발기장애

해설

성기능 부전(sexual dysfunction)으로는 사정 지연, 발기장애, 여성 극치감장애, 여성 성적 관심/흥분 장애, 성기-골반 통증/삽입장애, 남성 성욕감퇴장애, 조루증 등이 있다.

〈참조〉 성정체감장애

성정체감장애(gender identity disorder)는 사회적으로 부여된 정체감, 개인의 여성 및 남성에의 동일시를 의미한다. DSM-4의 성정체감장애는 DSM-5의 성별 불쾌감(gender dysphoria)으로 바뀌었는데, 그 이유는 정체성 그 자체보다는 불쾌감에 임상적 초점을 두었기 때문이다.

정답 28. ② 29. ②

30 다음 증상 사례의 정신장애 진단으로 옳은 것은?

> 대구 지하철 참사현장에서 생명의 위협을 경험한 후 재경험증상, 회피 및 감정마비증상, 과도한 각성상태를 1개월 이상 보이고 있는 30대 후반의 여성

① 제2형 양극성 장애　② 외상 후 스트레스장애

③ 조현양상장애　④ 해리성정체성장애

해설

- 외상 후 스트레스장애(post-traumatic stress disorder)는 충격적인 외상 사건을 경험하고 난 후에 다양한 심리적 부적응 증상이 나타나는 경우를 말한다. 외상 사건이란 죽음 또는 죽음의 위협, 신체적 상해, 성폭력과 같이 개인에게 심각한 충격을 주는 다양한 사건(예: 자연 재해, 전쟁, 살인, 잡치, 교통사고, 화재, 강간, 폭행)을 의미한다.
- 외상 후 스트레스장애와 관련된 주요 증상은 1개월 이상 나타나서 일상생활에 심각한 장애를 초래한다.
  - **침투 증상**: 외상 관련 기억이나 감정이 의식에 침투하여 재경험됨.
  - **자극 회피**: 외상 사건 관련 기억, 대화, 장소, 상황, 활동, 사람 등
  - **인지와 감정의 부정적 변화**: 기억 결함, 부정적 신념, 공포나 불안, 감정 마비 등
  - **각성과 반응성의 현저한 변화**: 과민성, 분노, 짜증, 집중 곤란, 놀람 반응, 수면 곤란 등

31 지적장애의 심각도 수준에 관한 설명으로 옳은 것은?

① 중등도: 성인기에도 학업 기술은 초등학생 수준에 머무르며 일상생활에 도움이 필요하다.

② 고도: 학령전기 아동에게서 개념적 영역은 정상 발달과 뚜렷한 차이를 보이지 않을 수 있다.

③ 최고도: 개념적 기술을 제한적으로 습득할 수 있다.

④ 경도: 운동 및 감각의 손상으로 사물의 기능적 사용이 어려울 수 있다.

해설

- 지적장애(intellectual Disorder)는 지능이 비정상적으로 낮아서(표준화된 지능 검사에서 70 미만인 경우) 학습 및 사회적 적응에 어려움을 나타내는 경우를 말한다. 지적장애는 그 심각도에 따라서 4가지 등급, 즉 경도(mild), 중등도(moderate), 고도(severe), 최고도(profound)로 구분된다.
- 중등도의 경우, 성인기에도 학업 기술은 초등학생 수준에 머무르며 개인 생활이나 직업에서 학업 기술을 사용하기 위해서는 도움이 필요하다.
- 경도 수준의 경우, 학령전기 아동에서는 개념적 영역의 차이가 뚜렷하지 않을 수 있다.
- 고도의 경우, 개념적 기술을 제한적으로 습득할 수 있다.
- 최고도의 경우, 운동 및 감각의 손상으로 사물의 기능적 사용이 어려울 수 있다.

정답 30. ② 31. ①

32 자폐스펙트럼장애에 관한 설명으로 옳은 것은?

① 남성보다 여성에게서 4~5배 더 많이 발병한다.
② 유병률은 인구 천 명당 2~5명으로 보고되고 있다.
③ 사회적 상호작용을 위해 여러 가지 비언어적 행동을 사용한다.
④ 언어 기술과 전반적 지적 수준이 예후와 가장 밀접한 관계가 있다.

해설

- 자폐스펙트럼장애(Autism Spectrum Disorder: ASD)의 예후에 영향을 미치는 요인으로는 지적장애와 언어 손상 및 추가적인 정신건강 문제의 동반 유무이다.
- ASD의 주된 특징으로는 사회적 상호작용 결함, 비언어적 의사소통 결함, 반복적이고 제한적인 행동이나 관심 등이 나타난다.
- ASD의 유병률은 전체 인구의 1%에 달하며, 남성이 4배 이상 더 많이 발병한다.

33 알코올사용장애에 관한 설명으로 옳지 않은 것은?

① 금단, 내성, 그리고 갈망감이 포함된 행동과 신체 증상들의 집합체로 정의된다.
② 알코올 중독의 첫 삽화는 10대 중반에 일어나기 쉽다.
③ 유병률은 인종 간 차이가 없다.
④ 성인 남자가 성인 여자보다 유병률이 높다.

해설

알코올사용장애(alcohol use disorder)는 과도한 알코올 사용으로 인해 발생하는 부적응적 문제를 특징으로 한다. 알코올사용장애의 평생 유병률은 13.4%이며, 남성과 여성의 유병률이 5:1로 남성에게서 더 흔하지만 그 비율은 연령, 문화권, 계층에 따라 매우 다양하다.

34 치매 진단에 필요한 증상과 가장 거리가 먼 것은?

① 기억장해 ② 함구증
③ 실어증 ④ 실행증

해설

- 치매(dementia)의 진단에 필요한 주요 증상으로는 기억장해(새로운 정보에 대한 학습장애 또는 병전에 학습된 정보의 회상 능력의 장해), 실어증(언어 장해), 실행증(운동 기능은 정상이지만 운동 활동의 수행에 장해), 실인증(감각 기능은 정상이지만 물체를 인식하거나 감별하지 못함), 실행 기능의 장해(계획, 조정, 유지, 추상적 사고 능력 저하) 중 복합적인 인지 결손이 두 가지 이상의 양상으로 나타나야 한다.

정답 32. ④ 33. ③ 34. ②

• 함구증(mutism)은 정상적인 언어능력을 갖추고 있지만 특정 사회적 상황에서 말을 하지 않는 증상을 특징으로 한다.

35 항정신병 약물 부작용으로서 나타나는 혀, 얼굴, 입, 턱의 불수의적 움직임 증상은?

▸ 2017

① 무동증(akinesia)
② 만발성 운동장애(tardive dyskinesia)
③ 추체외로 증상(extrapyramidal symptoms)
④ 구역질(nausea)

해설

• **만발성 운동장애(tardive dyskinesia)**: 일정한 비자발성 운동이 혀, 얼굴, 입, 턱, 다리 등에서 나타난다. 전통적인 항정신병 약물의 장기간 사용에 의해 발생되는 부작용이다.
• **무동증(akinesia)**: 근육을 자발적으로 조절할 수 없고, 걸음걸이, 움직임 등에서의 어려움이 있으며, 몸이 얼어버린 것 같은 느낌을 특징으로 하는 상태이다.
• **추체외로 증상(extrapyramidal symptoms)**: 기저핵의 손상으로 일어나는 운동장애를 의미하며, 수의운동장애, 근경직 등을 포함한다.

〈참조〉
- 항정신병 약물은 조현병의 양성 증상에 효과적이지만 졸림, 입 마름, 체중 증가와 같은 부작용을 보일 수 있다. 특히 추체외로 증상(extrapyramidal symptoms)이 심해 근육 경련, 강직, 떨림과 같은 불수의적 운동장애 같은 것이 동반되기도 한다.
- 약물을 10년 이상 장기 복용할 경우 복용 경과 중이나 중단 혹은 감량을 계기로 만발성 운동장애(tardive dyskinesia)가 나타나서 입술, 혀, 아래턱 등에 불수의적 운동장애가 생긴다.

36 55세의 A씨는 알코올 중독으로 입원한 후 이틀째에 혼돈, 망상, 환각, 진전, 초조, 불면, 발한 등의 증상을 보였다. A씨의 현 증상은?

① 알코올로 인한 금단 증상이다.
② 알코올로 인한 중독 증상이다.
③ 알코올을 까맣게 잊어버리는(black out) 증상이다.
④ 알코올로 인한 치매 증상이다.

해설

알코올 금단(alcohol withdrawal)의 주된 특징은 많은 양의 알코올을 지속적으로 사용하다가 중단한(혹은 감

정답 35. ② 36. ①

량한) 후 수 시간 혹은 수일 이내에 특징적 금단 증후군이 나타나는 것이다. 금단 증후군으로는 자율신경계 항진, 손 떨림, 불면, 오심 또는 구토, 환각이나 착각, 정신운동 초조, 불안, 대발작 등이 있다.

37 이상심리학의 발전에 기여한 주요한 사건들을 연대순으로 바르게 나열한 것은? ▸ 2012

ㄱ. Beck의 인지치료
ㄴ. Freud의 『꿈의 해석』 발간
ㄷ. 정신장애 진단분류체계인 DSM-I 발표
ㄹ. Rorschach 검사 개발
ㅁ. 집단 지능검사인 Army 알파 개발

① ㄱ → ㄴ → ㄷ → ㄹ → ㅁ
② ㄴ → ㅁ → ㄹ → ㄷ → ㄱ
③ ㄴ → ㄹ → ㅁ → ㄷ → ㄱ
④ ㄴ → ㅁ → ㄹ → ㄱ → ㄷ

해 설

Freud의 『꿈의 해석』 발간(1900년) → 집단 지능검사인 Army 알파 개발(1915년) → Rorschach 검사 개발(1921년) → 정신장애 진단분류체계인 DSM-I 발표(1952년) → Beck의 인지치료(1964년)

학습 Plus 현대 이상심리학의 발전에 기여한 주요한 사건들

- 1879. Wundt가 독일의 Leipzig 대학에 심리학 실험실 개설, 과학적 심리학의 시작
- 1883. Krapelin이 최초의 정신의학 교과서 발간
- 1990. Freud가 『꿈의 해석』 발간
- 1905. Binet와 Simon이 최초로 아동용 지능검사 개발
- 1906. Pavlov가 고전적 조건형성 발견
- 1915. 제1차 세계 대전 동안 참전군인 선발을 위한 최초의 집단용 지능검사(Army Alpha & Beta) 개발
- 1921. Rorschach가 최초의 투사적 검사인 로르샤흐 검사 개발
- 1939. 최초의 개인용 성인지능 검사인 Wechsler-Bellevue 검사 개발
- 1940. Hathaway와 Mckinley가 미네소타 다면적 인성검사(MMPI) 개발
- 1942. Rogers가 인간중심치료를 제안
- 1948. WHO가 정신장애를 포함한 최초의 질병분류체계(ICD)를 발표
- 1951. Perls가 게슈탈트 치료를 제안
- 1952. 미국정신의학회가 정신장애 진단분류체계인 DSM-I 발표
- 1953. Skinner가 조작적 조건형성의 원리를 발표
- 1958. Wolpe가 행동치료기법인 체계적 둔감법을 제안
  Ellis가 합리적 정서치료를 제안
- 1964. Beck이 인지치료를 제안
- 1965. Glasser가 현실치료를 제안
- 1977. Meichenbaum이 『인지행동치료』 발간
- 1982. Kabat-Zinn이 마음챙김에 기반한 스트레스 감소 프로그램(MBSR) 개발
- 1994. 미국정신의학회가 DSM-Ⅳ 발표
- 2013. 미국정신의학회가 DSM-5 발표

정답 37. ②

38 다음에 해당하는 장애는? ▸ 2017

- 경험하는 성별과 자신의 성별 간 심각한 불일치
- 자신의 성적 특성을 제거하고자 하는 강한 욕구
- 다른 성별 구성원이 되고자 하는 강한 욕구

① 성도착증 ② 동성애 ③ 성기능 부전 ④ 성별 불쾌감

성별 불쾌감(gender dysphoria)은 출생 시 지정된 자신의 신체적인 성별이나 성 역할에 대한 불쾌감으로 고통을 받는다. 성인의 경우, 이성이 되고 싶거나 또는 이성으로 대우 받고자 하는 강한 갈망을 느끼며, 자신이 경험하는 또는 표현되는 성별의 현저한 불일치로 인해 자신의 일차 또는 이차 성징을 제거하고자 하는 강한 갈망을 느낀다.

39 불안과 관련된 장애에 관한 설명으로 옳지 않은 것은?

① 공황장애는 광장공포증을 동반하기도 한다.
② 특정 공포증 환자는 자신의 공포 반응이 비합리적임을 알고 있다.
③ 사회공포증은 주로 성인기에 발생한다.
④ 외상 후 스트레스장애는 외상과 관련된 자극에 대한 회피가 특징이다.

해설

사회불안장애(social anxiety disorder)는 다른 사람들과 상호작용하는 사회적 상황을 두려워하여 회피하는 장애로서 사회공포증(Social Phobia)이라고 불리기도 한다. 사회공포증은 대개 10대 중반의 청소년기에 시작되며 만성적 경과를 거쳐 점차 심해지는 경향이 있다.

40 조현병의 유전적 요인에 관한 설명으로 옳지 않은 것은?

① 친족의 근접성과 동시발병률은 관련이 없다.
② 여러 유전자 결합의 조합으로 나타나는 장애이다.
③ 일란성 쌍생아보다 이란성 쌍생아에게서 동시발병률이 더 낮다.
④ 생물학적 가족이 입양 가족에 비해 동시발병률이 더 높다.

해설

조현병(schizophrenia)의 생물학적 요인을 보면 유전적 요인이 강력한 영향을 미치는 것으로 나타나며, 3촌 이내의 친족에서는 일반인의 2.5~4배 가까운 발병률을 보이는 것으로 나타났다.

정답 38. ④ 39. ③ 40. ①

06 2020년 제1회 기출문제

21 병적 도벽에 관한 설명으로 옳은 것은?

① 개인적으로 쓸모가 없거나 금전적으로 가치가 없는 물건을 훔치려는 충동을 저지하는 데 반복적으로 실패한다.

② 훔친 후에 고조되는 긴장감을 경험한다.

③ 훔치기 전에 기쁨, 충족감, 안도감을 느낀다.

④ 훔치는 행동이 품행장애로 더 잘 설명되는 경우에도 추가적으로 진단한다.

해설

병적 도벽(kleptomania)은 쓸모가 없고 금전적으로 가치가 없는 물건인데도 반복적으로 훔치려는 충동을 통제하지 못하는 데에서 비롯된다. 주로 청소년기에 시작되며, 성인기 후기에 발생되는 경우는 드물며, 남성에 비해 여성의 유병률이 더 높다.

학습 Plus 병적 도벽(kleptomania)의 진단기준(DSM-5)

A. 개인적인 용도로 쓸모가 없거나 금전적으로 가치가 없는 물건을 훔치려는 충동을 저지하는 데 반복적으로 실패한다.
B. 훔치기 직전에 고조되는 긴장감이 나타난다.
C. 훔쳤을 때의 기쁨, 만족감 또는 안도감이 있다.
D. 훔치는 행위를 분노나 복수를 표현하거나 망상이나 환각에 대한 반응으로 하는 것이 아니다.
E. 훔치는 행위가 품행장애, 조증 삽화 또는 반사회성 성격장애로 더 잘 설명되지 않는다.

정답 21. ①

22 주요우울장애에 대한 설명으로 옳은 것은?

① 주요우울장애의 유병률은 문화권에 관계없이 비슷하다.
② 주요우울장애의 유병률은 60세 이상에서 가장 높다.
③ 정신증적 증상이 나타나면 주요우울장애로 진단할 수 없다.
④ 생물학적 개입방법으로는 경두개 자기자극법, 뇌심부자극술 등이 있다.

해설

주요우울장애(major depressive disorder)의 유병률은 약 7%이며, 18~29세 집단에서 60세 이상의 집단보다 3배 이상 높다. 다양한 문화권의 주요우울장애 연구들에서 유병률은 문화권마다 7배 정도 차이를 보였다. 다양한 정신증적 증상이 주요우울장애와 빈번하게 동반되며, 이 경우 증상이 만성화될 가능성이 높다. 우울증의 효과적인 치료방법은 인지치료와 약물치료가 있으며, 생물학적 개입방법으로는 경두개 자기자극법(transcranial magnetic stimulation), 뇌심부자극술(deep brain stimulation) 등이 있다.

23 성격장애에 대한 설명으로 옳은 것은?

① 성격장애는 아동기, 청소년기에는 진단할 수 없다.
② 반사회성 성격장애의 경우 품행장애의 과거력이 있다면 연령과 상관없이 진단할 수 있다.
③ 회피성 성격장애의 유병률은 여성에게서 더 높다.
④ 경계성 성격장애의 유병률은 여성에게서 더 높다.

해설

- 성격장애는 보통 청소년기나 성인기 초기에 두드러진다. 다만 이 시기는 성격이 발달하는 과정에 있기에 진단을 내리는 데 주의해야 한다.
- 반사회성 성격장애의 경우 15세 이전에 품행장애가 시작된 증거가 있고, 최소한 18세 이상이어야 진단이 가능하다.
- 회피성 성격장애의 유병률은 남녀에게서 유사하게 나타나며, 경계성 성격장애의 유병률은 여성에게서 현저하다(약 75%).

정답 22. ④ 23. ④

24 자폐스펙트럼장애의 진단에 특징적인 증상만으로 묶인 것은?

① 사회적-감정적 상호성의 결함, 관계 발전 · 유지 및 관계에 대한 이해의 결함, 상동증적이거나 반복적인 운동성 동작
② 구두 언어 발달의 지연, 비영양성 물질을 지속적으로 먹음, 상징적 놀이 발달의 지연
③ 일반적인 의학적 상태, 타인과의 대화를 시작하거나 지속하는 능력의 현저한 장애, 발달 수준에 적합한 친구관계 발달의 실패
④ 동물에게 신체적으로 잔혹하게 대함, 반복적인 동작성 매너리즘(mannerism), 다른 사람들과 자발적으로 기쁨을 나누지 못함

해 설

- 자폐스펙트럼장애의 경우, 사회적 의사소통, 사회적 상호작용의 결함이 지속적으로 나타나며 제한적이고 반복적인 행동이나 관심, 활동이 특징으로 나타난다.
- DSM-5의 자폐스펙트럼장애는 과거의 유아기 자폐증, 아동기 자폐증, 고기능 자폐, 달리 분류되지 않는 전반적 발달장애, 아동기 붕괴성장애, 아스퍼거장애 등을 아우르는 진단이다.

학습 Plus 자폐스펙트럼장애(autism spectrum disorder)의 진단기준(DSM-5)

A. 다양한 분야에 걸쳐 나타나는 사회적 의사소통 및 사회적 상호작용의 지속적인 결함으로 현재 또는 과거력 상 다음과 같은 특징으로 나타난다.
  1. 사회적-감정적 상호성의 결함(예: 비정상적인 사회적 접근과 정상적인 대화의 실패, 흥미나 감정 공유의 감소, 사회적 상호작용의 시작 및 반응의 실패)
  2. 사회적 상호작용을 위한 비언어적인 의사소통 행동의 결함(예: 언어적 · 비언어적 의사소통의 불완전한 통합, 비정상적인 눈맞춤과 몸짓 언어, 몸짓의 이해와 사용의 결함, 얼굴 표정과 비언어적 의사소통의 전반적 결핍)
  3. 관계 발전, 유지 및 관계에 대한 이해의 결함(예: 다양한 사회적 상황에 적합한 적응적 행동의 어려움, 상상놀이를 공유하거나 친구 사귀기가 어려움, 동료들에 대한 관심 결여)

B. 제한적이고 반복적인 행동이나 흥미, 활동이 현재 또는 과거력 상 다음 항목들 가운데 적어도 2가지 이상 나타난다.
  1. 상동증적이거나 반복적인 운동성 동작, 물건 사용 또는 말하기(예: 단순 운동 상동증, 장난감 정렬하기 또는 물체 튕기기, 반향어, 특이한 문구 사용)
  2. 동일성에 대한 고집, 일상적인 것에 대한 융통성 없는 집착 또는 의례적인 언어나 비언어적 행동 양상(예: 작은 변화에 대한 극심한 고통, 변화의 어려움, 완고한 사고방식, 의례적인 인사, 같은 길로만 다니기, 매일 같은 음식 먹기)
  3. 강도나 초점에 있어서 비정상적으로 극도로 제한되고 고정된 흥미(예: 특이한 물체에 대한 강한 애착 또는 집착, 과도하게 국한되거나 고집스러운 흥미)
  4. 감각 정보에 대한 과잉 또는 과소 반응 또는 환경의 감각 영역에 대한 특이한 관심(예: 통증/온도에 대한 명백한 무관심, 특정 소리나 감촉에 대한 부정적 반응, 과도한 냄새 맡기 또는 물체 만지기, 빛이나 움직임에 대한 시각적 매료)

C. 증상은 반드시 초기 발달 시기부터 나타나야 한다.

D. 이러한 증상은 사회적, 직업적 또는 다른 중요한 현재의 기능 영역에서 임상적으로 뚜렷한 손상을 초래한다.

E. 이러한 장애는 지적장애(지적발달장애) 또는 전반적 발달지연으로 더 잘 설명되지 않는다.

정답 24. ①

25 이상심리학의 역사에 관한 설명으로 틀린 것은? ▸ 2012

① Kraepelin은 현대 정신의학의 분류체계에 공헌한 바가 크다.
② 고대 원시사회에서는 정신병을 초자연적 현상으로 이해하였다.
③ Hippocrates는 모든 질병은 그 원인이 마음에 있다고 하였다.
④ 서양 중세에는 과학적 접근 대신 악마론적 입장이 성행하였다.

해 설

- 히포크라테스(Hippocrates)는 정신장애를 세 가지 유형, 즉 조증, 우울증 및 광증으로 분류하고 그 원인은 신체적 요인의 불균형에 있다고 보았다. 우리 몸을 구성하는 4가지 체액(점액, 혈액, 황담즙, 흑담즙)의 균형이 깨지면 정신장애가 발생한다고 보았으며, 이러한 설명은 정신장애의 신체적 원인론의 시초라고 할 수 있다.
- 19세기에 들어서 정신장애에 대한 심리적 원인론이 제기되어 급격하게 발전되기 시작하였으며, 19세기 후반에 프로이트(Freud)가 정신분석학을 주장하면서 본격화되기 시작하였다.

26 우울장애의 원인에 관한 설명으로 옳은 것은?

① 신경전달물질인 노르에피네프린 및 세로토닌의 결핍과 관련이 있다.
② 갑상선 기능 항진과 관련된다.
③ 코르티솔 분비 감소와 관련된다.
④ 비타민 B1, B6, 엽산의 과다와 관련이 있다.

해 설

- 신경전달물질인 노르에피네프린이나 세로토닌의 결핍은 우울증과 같은 정신 상태와 관련되며, 현재 우울증 치료제로 사용되고 있는 약물에는 세로토닌이 재흡수되는 것을 막아 기분 상태의 변화를 돕는다. 노르에피네프린은 기분장애에 중요한 역할을 하며, 결핍 시 심리적 위축, 기분 저하 및 활동성 저하를 이끈다.
- 우울장애 환자들의 경우 뇌하수체 호르몬이나 부신선 또는 갑상선의 기능 저하를 보이는데, 이러한 호르몬은 시상하부의 기능장애로 인해 초래된다. 또한 내분비장애가 우울증과 관련되며, 특히 코르티솔 수준이 높은 경향이 있다. 그 외 비타민 B1(티아민), B6(피리독신), B9(엽산) 결핍은 우울증에 영향을 주는 에너지 대사, 세로토닌 수준 및 감정 조절 등과 관련된다.

27 환각제에 해당되는 약물은? ▸ 2017

① 펜시클리딘 ② 대마
③ 카페인 ④ 오피오이드

정답 25. ③ 26. ① 27. ①

해설

- 펜시클리딘계는 펜시클리딘과 이보다 효력이 약하지만 유사한 작용을 하는 화합물인 케타민, 사이클로헥세인, 지조시루핀이 포함된다. 펜시클리딘은 환각제로서 낮은 용량을 사용할 때는 몸과 마음으로부터 분리되는 느낌을 일으키고, 높은 용량에서는 혼미, 혼수를 일으킨다.
- 펜시클리딘사용장애는 환각제관련장애로 분류되며, 해리 증상, 진통, 안구진탕, 고혈압, 저혈압의 위험성과 쇼크 및 공격적인 행동이 나타날 수 있다. 사용 후 잔류 증상들은 조현병 증상과 비슷할 수 있다.

28 자기애성 성격장애에 대한 설명으로 틀린 것은?

① 과도한 숭배를 원한다.
② 자신의 중요성에 대해 과대한 느낌을 가진다.
③ 자신의 방식에 따르지 않으면 일을 맡기지 않는다.
④ 대인관계에서 착취적이다.

해설

- 자기애성 성격장애(narcissistic personality disorder)의 주요 특징은 과대성, 숭배 요구, 감정이입의 부족이 광범위한 양상으로 있고, 이는 청년기에 시작되며, 여러 상황에서 나타난다는 점이다.
- 강박성 성격장애(obsessive compulsive personality disorder)의 경우 자신과 일하는 방법에 대해 정확하게 복종적이지 않으면 일을 위임하거나 함께 일하지 않으려 하는 특징을 지닌다.

학습 Plus 자기애성 성격장애(narcissistic personality disorder)의 진단기준(DSM-5)

과대성(공상 또는 행동성), 숭배에의 요구, 감정이입의 부족이 광범위한 양상으로 있고, 이는 청년기에 시작되며, 여러 상황에서 나타나고, 다음 중 5가지(또는 그 이상)로 나타난다.

1. 자신의 중요성에 대한 과대한 느낌을 가짐(예: 성취와 능력에 대해서 과장한다. 적절한 성취 없이 특별대우 받기를 기대한다)
2. 무한한 성공, 권력, 명석함, 아름다움, 이상적인 사람과 같은 공상에 몰두함.
3. 자신의 문제는 특별하고 특이해서 다른 특별한 높은 지위의 사람(또는 기관)만이 그것을 이해할 수 있고 또는 관련해야 한다는 믿음
4. 과도한 숭배를 요구함
5. 특별한 자격이 있는 것 같은 느낌을 가짐(즉, 특별히 호의적인 대우를 받기를, 자신의 기대에 대해 자동적으로 순응하기를 불합리하게 기대한다)
6. 대인관계에서 착취적임(즉, 자신의 목적을 달성하기 위해서 타인을 이용한다)
7. 감정이입의 결여: 타인의 느낌이나 요구를 인식하거나 확인하려 들지 않음
8. 다른 사람을 자주 부러워하거나 다른 사람이 자신을 시기하고 있다는 믿음
9. 오만하고 건방진 행동이나 태도

정답 28. ③

29 주요우울장애와 양극성장애의 비교 설명으로 옳은 것은? ▸2014

① 주요우울장애와 양극성장애의 발병률은 비슷하다.

② 주요우울장애는 여자가 남자보다, 양극성장애는 남자가 여자보다 높은 발병률을 보인다.

③ 주요우울장애는 사회경제적으로 낮은 계층에서 발생 비율이 높고, 양극성장애는 높은 계층에서 더 많이 발견된다.

④ 주요우울장애 환자는 성격적으로 자아가 약하고 의존적이며, 강박적인 사고를 보이는 경우가 많은 데 비해, 양극성장애의 경우에는 병전 성격이 연기성 성격장애의 특징을 보인다.

해설

- 주요우울장애는 사회경제적으로 낮은 계층에서 발생 비율이 높은 반면, 양극성장애는 고소득 층에서 더 흔한 것으로 나타나고 있다.
- 주요우울장애가 양극성장애보다 발병률이 더 높으며, 주요우울장애는 초기 청소년기부터 여자가 남자보다 1.5~3배 정도 높고, 양극성장애는 남성과 여성에게서 비슷하게 나타난다.
- 주요우울장애의 원인론 중 하나인 '특수 상호작용 모델'에서는 사회적 의존성과 역기능적 신념 간에 높은 상관이 있음을 밝히고 있다. 반면 양극성장애의 경우에는 병전 성격이 경계성 성격장애의 특징을 보이는 것으로 나타났다.

30 소인-스트레스이론(diathesis-stress theory)에 대한 설명으로 가장 적합한 것은? ▸2015

① 소인은 생후 발생하는 생물학적 취약성을 의미한다.

② 스트레스가 소인을 변화시킨다.

③ 소인과 스트레스는 서로 억제한다.

④ 소인은 스트레스 상황에서 발현된다.

해설

소인-스트레스 모델에서는 유전적인 소인과 환경적 스트레스가 상호작용하여 정신장애가 생긴다고 보고 있다. 소인적 요인이 스트레스와 같은 환경적 요인의 영향을 받게 되면 발병률이 커질 수 있다. 즉, 정신장애는 개인의 소인과 스트레스 요인이 함께 결합했을 때 발생하게 되며, 소인과 스트레스 중 어떤 하나의 단일한 요인에 국한되지 않는다.

정답 29. ③ 30. ④

31 알츠하이머병으로 인한 신경인지장애의 특성에 대한 설명으로 옳은 것은?

① 초기에는 일반적으로 오래된 과거에 관한 기억장애만을 가지고 있다.
② 인지 기능의 저하는 서서히 나타난다.
③ 기질적 장애 없이 나타나는 정신병적 상태이다.
④ 약물, 인지, 행동적 치료 성공률이 높은 편이다.

해설

- 알츠하이머병으로 인한 신경인지장애의 핵심 특징은 인지 및 행동 증상이 서서히 시작되고 점진적으로 진행된다는 점이다. 전형적인 증상은 기억 상실이다. 초기 경도 단계에서 알츠하이머병은 기억과 학습의 손상이 전형적으로 나타나며, 때로는 실행 기능이 손상된다. 중등도 내지 고도인 경우에는 시각 구조적/지각-운동 능력과 언어 능력 역시 손상을 입는다.
- 유전적 · 생리적 요인으로는 연령이 가장 강력한 위험 인자이며, 유전적 감수성이 있는 다형태아포지질단백질 E4는 위험성을 높이고 이른 발병에 영향을 준다. 약물 · 인지행동 치료의 성공률이 낮은 편이다.

32 다음 중 만성적인 알코올 중독자에게서 흔히 발생하는 것으로 비타민 B1(티아민) 결핍과 관련이 깊으며, 지남력 장애, 최근 및 과거 기억력의 상실, 작화증 등의 증상을 보이는 장애는?

▸ 2012

① 혈관성 치매 ② 코르사코프 증후군
③ 진전섬망 ④ 다운증후군

해설

만성적인 알코올 중독의 경우 코르사코프 증후군(Korsakoff's syndrome)을 보이는데, 최근 및 과거 기억력의 상실(특히 새로운 기억을 입력하는 능력에 심각한 손상을 일으킴), 지남력 장애, 말초신경장애, 작화증, 의식장애 등이 나타난다. 고용량 비타민 B1제를 투여하여 치료하는 경우에는 여러 증상이 며칠 내로 호전되지만 기억장애는 남을 수 있어 금주하고 고른 영향 섭취를 한다. 그 외 약물 및 심리치료를 통한 개입이 필요하다.

33 불안 증상을 중심으로 한 정신장애에 대한 설명으로 가장 거리가 먼 것은?

① 강박장애: 원치 않는 생각이 침습적으로 경험되고, 이를 무시하거나 억압하려고 하고, 중화시키려고 노력한다.
② 외상 후 스트레스장애: 외상적 사건을 경험하고 난 후에 불안상태가 지속된다.
③ 공황장애: 갑자기 엄습하는 강렬한 불안, 즉 공황발작을 반복적으로 경험한다.
④ 범불안장애: 다른 사람들과 상호작용하는 사회적 상황을 두려워하여 회피한다.

정답 31. ② 32. ② 33. ④

해설

- 범불안장애(generalized anxiety disorder)의 주요 특징은 많은 사건이나 활동에 대해 과도하게 불안해하고 걱정하는 것이다. 이러한 불안과 걱정의 정도와 기간, 빈도가 예상되는 사건이 실제 미치는 영향에 비해 현저하기에 정신사회적 기능에 심각한 영향을 미친다.
- 사회불안장애(social anxiety disorder)의 주요 특징은 한두 가지의 특정 사회적 상황을 두려워하는 것이다. 대화를 하거나 낯선 사람을 만나는 것과 같이 사회적 상황에 노출되는 것을 극심하게 두려워하거나 불안해한다. 사회적 상황은 항상 공포와 불안을 일으키기 때문에 가급적 그 상황을 회피하려고 하거나 극심한 공포 혹은 불안을 견디기도 한다.

34 DSM-5에서 변태성욕장애의 유형에 대한 설명으로 옳은 것은?

① 노출장애: 다른 사람이 옷을 벗고 있는 모습을 몰래 훔쳐봄으로써 성적 흥분을 느끼는 경우

② 관음장애: 동의하지 않은 사람에게 자신의 성기나 신체 일부를 반복적으로 나타내는 경우

③ 소아성애장애: 사춘기 이전의 아동을 상대로 한 성적 활동을 통해 반복적이고 강렬한 성적 흥분이 성적 공상, 충동, 행동으로 발현되는 경우

④ 성적가학장애: 굴욕을 당하거나 매질을 당하거나 묶이는 등 고통을 당하는 행위를 중심으로 성적 흥분을 느끼거나 성적 행위를 반복

해설

- 변태성욕장애(paraphilic disorder)는 강렬한 성충동이나 공상을 반복적으로 갖고 사람이 아닌 물건, 아동, 동의하지 않은 성인에게 수치심이나 고통을 느끼게 하는 행동을 말한다. 하위장애로는 관음장애, 노출장애, 마찰도착장애, 성적피학장애, 성적가학장애, 소아성애장애, 물품음란장애, 복장도착장애가 있다.
- 소아성애장애는 사춘기 이전의 아동(13세 이하)을 상대로 한 성적 활동을 통해 반복적이고 강렬한 성적 흥분이 성적 공상, 성적 충동 또는 성적 행동으로 발현되는 특징을 지닌다.

학습 Plus 변태성욕장애(paraphilic disorder)의 하위 장애와 특징

- **관음장애**: 다른 사람이 옷을 벗고 있는 모습을 몰래 훔쳐봄으로써 성적 흥분을 느낌
- **노출장애**: 눈치 채지 못한 사람에게 성기 노출 행위를 통한 반복적이고 강렬한 성적 흥분이 성적 공상, 성적 충동 또는 성적 행동으로 발현됨
- **마찰도착장애**: 동의하지 않은 사람에게 자신의 성기나 신체 일부를 접촉하거나 문지르는 행위를 하면서 반복적으로 강렬한 성적 흥분을 느끼고, 이것이 성적 공상, 성적 충동 또는 성적 행동으로 발현됨
- **성적피학장애**: 굴욕을 당하든, 매질을 당하거나, 묶이거나, 숨이 막히거나 하는 등으로 고통을 당하는 행위를 통해 성적 흥분을 느끼거나 성적 행위를 반복함

정답 34. ③

- **성적가학장애**: 상대방이 고통이나 굴욕감을 느끼게 함으로써 성적 흥분을 느끼거나 성적 행위를 반복하는 것으로, 몸을 묶고 때리거나 찌르거나, 불로 지지기, 목 조르기 등의 가학적 행동을 함
- **소아성애장애**: 사춘기 이전의 아동(13세 이하)을 상대로 한 성적 활동을 통해 반복적이고 강렬한 성적 흥분이 성적 공상, 성적 충동 또는 성적 행동으로 발현됨
- **물품음란장애**: 무생물인 물건에 대해 성적 흥분을 느끼며 집착함
- **복장도착장애**: 이성의 옷으로 바꿔 입음으로써 성적 흥분을 함

35 급식 및 섭식장애에 대한 설명으로 틀린 것은?

① 이식증은 아동기에서 가장 발병률이 높다.
② 되새김 증상은 다른 정신장애에서 발생하는 경우 심각성과 상관없이 추가적으로 진단할 수 있다.
③ 신경성 폭식장애에서는 체중증가를 막기 위한 반복적이고 부적절한 보상행동이 나타난다.
④ 신경성 식욕부진증의 유병률은 여성이 남성보다 높다.

해설

되새김장애(rumination disorder)는 적어도 1개월 이상 급식 혹은 섭식 후 음식을 반복적으로 역류시키는 특징을 갖고 있다. 다른 정신질환(예: 지적장애, 자폐스펙트럼장애, 조현병)에서도 나타날 수 있으며, 이 경우 임상적으로 심각한 경우에만 되새김장애(또는 이식증)를 별도 진단한다.

36 지적장애에 관한 설명으로 틀린 것은?

① 심각한 두부외상으로 인해 이전에 습득한 인지적 기술을 소실한 경우에는 지적장애와 신경인지장애로 진단할 수 있다.
② 경도의 지적장애는 여성보다 남성에게서 더 많다.
③ 지적장애는 개념적 · 사회적 · 실행적 영역에 대한 평가로 진단된다.
④ 지적장애 개인의 지능지수는 오차 범위를 포함해서 대략 평균에서 1표준편차 이하로 평가된다.

해설

- 지적장애 진단을 위해서는 지능과 적응 기능에 대한 표준화된 검사결과가 필요하다. 지능은 신뢰도와 타당도가 확보된 표준화된 지능검사를 토대로 측정해야 하는데, 오차 범위를 포함해서 대략 평균에서 2표준편차 이하로 나올 경우에 지적장애로 평가한다.

정답 35. ② 36. ④

- 웩슬러 지능검사는 평균이 100이고 표준편차가 15(표준편차 15인 표준점수로 전환하여 IQ 산출)이기 때문에 IQ 70을 기준으로 지적 기능 결함을 진단내릴 수 있다.
- 웩슬러 지능검사는 평균 100을 기준으로, 1표준편차 이하는 IQ 85에 해당되며 2표준편차 이하는 IQ 70에 해당된다.

37 조현병의 원인에 관한 설명으로 옳은 것은? ▸ 2013

① 사회적 낙인: 조현병 환자는 발병 후 도시에서 빈민거주지역으로 이동한다.
② 도파민(dopamine) 가설: 조현병의 발병이 도파민이라는 신경전달물질의 과다활동에 의해 유발된다.
③ 사회선택이론: 조현병이 냉정하고 지배적이며 갈등을 심어 주는 어머니에 의해 유발된다.
④ 표출 정서: 조현병이 뇌의 특정 영역의 구조적 손상에 의해 유발된다.

해 설

〈조현병의 원인론〉

- **도파민 가설**: 신경전달물질인 도파민 활동의 과다로 인해 유발된다고 보았으며, 뇌의 도파민 수용기의 증가가 조현병 환자에게 발견되면서 주목받게 되었다.
- **사회적 선택설**: 조현병 환자들이 부적응적인 증상으로 인하여 사회의 하류계층으로 옮겨가게 되면서 사회계층 간에 차이가 발생하는 것으로 설명하고 있다.
- **이중구속이론**: 부모의 상반된 의사전달이 조현병 유발에 영향을 주는 것으로 보았다. 부모 가운데 한 사람이 동일한 사안에 대해 서로 상반된 의사를 전달하거나 지시를 함으로써 갈등과 혼란을 초래하여 조현병 발병이나 경과에 영향을 준다고 보았다.
- **표출 정서**: 조현병의 발병에 있어 조현병 가족은 가족 간의 갈등이 많고, 강렬한 부정적 감정을 표출하는 경향이 있으며, 환자에 대해 과도한 간섭을 하는 경향이 제기되었다.
- **뇌의 구조적 이상**: 조현병 환자는 정상인보다 뇌실의 크기가 크고 뇌 피질의 양이 적으며, 전두엽, 변연계, 기저 신경절, 시상, 뇌간, 소뇌에서 이상을 나타낸다는 연구결과가 보고되고 있다.
- **사회적 유발설**: 낮은 사회 계층에 속하는 사람은 타인으로부터의 부당한 대우, 낮은 교육 수준, 낮은 취업 기회 및 취업 조건 등으로 많은 스트레스와 좌절 경험을 하게 되며 그 결과 조현병으로 발전할 수 있다고 보았다.

정답 37. ②

38 신경성 식욕부진증에 관한 설명으로 틀린 것은? ▸ 2016

① 폭식하거나 하제를 사용하는 경우는 해당하지 않는다.

② 체중과 체형이 자기평가에 지나치게 영향을 미친다.

③ 말랐는데도 체중의 증가와 비만에 대한 극심한 두려움이 있다.

④ 체중을 회복시키고 다른 합병증의 치료를 위해 입원치료가 필요한 경우도 있다.

해설

- 신경성 식욕부진증(anorexia nervosa)의 핵심 증상은 체증 증가와 비만에 대한 극심한 두려움을 지니고 있어서 음식 섭취를 현저하게 제한하거나 거부함으로써 체중이 비정상적으로 저하된다. 또한 체중 증가에 대한 자가 인식의 장애가 나타나서 날씬한데도 불구하고 자신의 몸이 뚱뚱하다고 왜곡되게 생각하는 경향이 있다.
- 신경성 식욕부진증은 제한형과 폭식 및 하제사용형으로 구분하여 명시한다.
  - 제한형: 지난 3개월 동안 폭식하거나 하제를 사용하지 않음(즉, 스스로 유도하는 구토 또는 하제, 이뇨제, 관장에의 남용이 없음)
  - 폭식 및 하제사용형: 지난 3개월 동안 폭식 혹은 하제를 사용함(즉, 스스로 구토를 유도하거나 하제, 이뇨제, 관장제를 남용함)
- 신경성 식욕부진증을 보이는 사람의 경우 영양실조 상태에서 여러 합병증의 위험이 있어서 입원치료를 하는 경우도 있다. 그 외에 인지치료를 통한 신체상 왜곡 및 비합리적 신념의 변화를 돕고, 가족 치료적인 접근을 통해 역기능적인 가족 갈등 및 구조 등의 개입을 한다.

39 대형 화재현장에서 살아남은 남성이 불이 나는 장면에 극심하게 불안 증상을 느낄 때 의심할 수 있는 가능성이 가장 높은 장애는? ▸ 2017

① 외상 후 스트레스장애

② 적응장애

③ 조현병

④ 범불안장애

해설

외상 후 스트레스장애(Post-Traumatic Stress Disorder: PTSD)는 한 가지 이상의 외상 사건에 노출된 뒤 극심한 불안, 공포 반응, 무력감, 경악 등 다양한 감정과 행동 증상이 나타나는 것을 말한다. 외상(trauma)이란 외부로부터 주어진 충격적인 사건에 의해 입은 심리적 상처를 말하며, PTSD 진단을 위해서는 증상이 최소한 1개월 이상 지속되어야 한다.

정답 38. ① 39. ①

40 섬망(delirium) 증상의 특징이 아닌 것은?

① 주의를 기울이고 집중, 유지, 전환하는 능력의 감소
② 환경 또는 자신에 대한 지남력의 저하
③ 증상은 오랜 기간에 걸쳐서 발생
④ 오해, 착각 또는 환각을 포함하는 지각장애

해 설

섬망(delirium)은 기저에 인지 변화를 동반하는 주의 및 의식의 장애로 주의를 기울이고, 집중하고, 유지하고, 전환하는 능력이 심하게 감소하여 정보처리 능력이 손상되며, 의식장애가 오면 자신이 누구인지도 잘 모르게 되는 심각한 질환이다. 대개 몇 시간에서 며칠 정도 짧은 기간에 걸쳐 발생하고 보통 저녁과 밤에 상태가 가장 나쁘고 뒤이어 불면증이 따른다.

학습 Plus 섬망(delirium)의 진단기준(DSM – 5)

A. 주의의 장애(즉, 주의를 기울이고, 집중, 유지 및 전환하는 능력 감소)와 의식의 장애(환경에 대한 지남력 감소)
B. 장애는 단기간에 걸쳐 발생하고(대개 몇 시간이나 며칠), 기저 상태의 주의와 의식으로부터 변화를 보이며, 하루 경과 중 심각도가 변동하는 경향이 있다.
C. 부가적 인지장애(예: 기억 결손, 지남력장애, 언어, 시공간 능력 또는 지각)
D. 진단기준 A와 C의 장애는 이미 존재하거나, 확진되었거나, 진행 중인 다른 신경인지장애로 더 잘 설명되지 않고, 혼수와 같이 각성 수준이 심하게 저하된 상황에서는 일어나지 않는다.
E. 병력, 신체 검진 또는 검사 소견에서 장애가 다른 의학적 상태, 물질 중독이나 금단(즉, 남용약물 또는 치료약물로 인한), 독소 노출로 인한 직접적 · 생리적 결과이거나 또는 다중 병인 때문이라는 증거가 있다.

정답 40. ③

07 2019년 제3회 기출문제

21 알츠하이머병으로 인한 신경인지장애에 관한 설명으로 틀린 것은?

① 여성호르몬 estrogen과 상관이 있다.

② Apo-E 유전자 형태와 관련이 있다.

③ 허혈성 혈관 문제 혹은 뇌경색과 관련이 있다.

④ 노인성 반점(senile plaque)과 신경섬유다발(neurofibrillary tangle)과 관련이 있다.

해설

- 혈관성 치매(vascular dementia)는 뇌졸중 또는 뇌출혈이 발생한 후 기억력 저하 및 인지 기능의 저하를 보이는 장애로서 알츠하이머 다음으로 흔한 치매의 원인 질환이다.
- 뇌 영상은 혈관 경색이나 출혈, 주요 부위의 단일 경색이나 출혈 등을 밝히는 데 효과적이며, 신경학적 평가에 의해 뇌졸중, 일과성 허혈 삽화 과거력 및 뇌경색을 시사하는 징후를 밝힐 수 있다. 혈관성 치매는 성격 및 기분 변화, 의지의 결여, 우울증, 감정 변동도 나타난다.

22 알코올 금단에 대한 설명으로 틀린 것은?

① 과도하게 장기적으로 사용하다가 중단(혹은 감량) 후에 나타난다.

② 수 시간에서 수일 이내에 진전, 오심 및 구토 등이 나타난다.

③ 알코올 금단을 경험하는 대부분의 사람은 진전 섬망을 경험한다.

④ 알코올이나 벤조다이아제핀을 투여하면 금단 증상이 경감된다.

해설

- 알코올 금단(alcohol withdrawal)이란 지속적으로 사용하던 알코올을 중단했을 때 여러 가지 신체생리적 또는 심리적 증상이 나타나는 것을 말한다. 자율신경계 기능 항진, 불면증, 진전, 오심 및 구토, 일시적인 환

정답 21. ③ 22. ③

시, 환청, 환촉 또는 착각, 정신운동성 초조, 불안, 발작 등을 보인다. 알코올 금단 증상은 벤조다이아제핀(benzodiazepine)을 통해 치료가 가능하다.

- 진전섬망(delirium tremens)은 머리, 손, 몸 등이 무의식적으로 불규칙하게 떨리고, 강한 흥분을 수반한 섬망이 특징인 급성 정신장애이다. 알코올 중독자의 3~5%에게서 진전섬망이 나타난다.

23 이상행동의 설명모형 중 통합적 입장에 해당하는 것은?

① 대상관계이론 ② 사회적 학습이론
③ 소인-스트레스모델 ④ 세로토닌-도파민 가설

해설

- 21세기 들어 이상행동을 유발하는 원인과 과정을 통합적으로 설명하려는 시도가 일어났고, '소인-스트레스모델'과 '생물심리사회적모델'이 주목받았다. 생물심리사회적모델은 이상행동과 정신장애에 영향을 미치는 생물학적 · 심리적 · 사회적 요인을 종합적으로 고려한다.
- 소인-스트레스모델(diathesis-stress model)에서는 장애에 대한 유전적인 소인을 지닌 사람에게 스트레스 사건이 발생하여 그 적응 부담이 일정한 수준을 넘게 되면 정신장애가 발생한다고 보고 있다. 즉, 유전적인 소인과 환경적 스트레스가 상호작용하여 정신장애가 생긴다고 보았다.

24 다음 ( )에 알맞은 증상은? ▸2013

> DSM-5의 주요 우울 삽화의 진단에는 9가지 증상 중 5개 혹은 그 이상의 증상이 연속 2주 동안 지속되며, 증상이 사회적, 직업적, 또는 기타 중요 기능 영역에서 임상적으로 현저한 고통이나 손상을 초래한다. 여기서 말하는 9가지 증상 가운데 적어도 하나는 ( ) 이거나 ( ) 이다.

① 우울 기분-무가치감 ② 불면-무가치감
③ 우울 기분-흥미나 즐거움의 상실 ④ 불면-사고력이나 집중력의 감소

해설

주요 우울 삽화(major depressive episode)의 DSM-5 진단준거를 보면 9가지 증상 중 5개 혹은 그 이상의 증상이 연속 2주 동안 지속되며, 증상 가운데 적어도 하나는 '우울 기분'이거나 '흥미나 즐거움의 상실'이어야 충족됨을 명시하고 있다.

〈주요 우울 삽화의 9가지 증상〉
- 하루 중 대부분 거의 매일 우울한 기분이 지속됨
- 일상 활동에 대한 흥미나 즐거움이 현저히 감소됨
- 체중의 감소나 증가, 식욕의 감소나 증가가 나타남

정답 23. ③ 24. ③

- 거의 매일 불면증이나 과다수면
- 거의 매일 정신운동성 초조나 지체
- 거의 매일 피로나 에너지 상실
- 거의 매일 무가치감과 부적절하거나 지나친 죄책감
- 거의 매일 사고력, 집중력의 감소 또는 우유부단함
- 반복적인 죽음에 대한 생각, 자살시도나 자살수행에 대한 구체적인 계획

25 DSM-5 사회공포증 진단기준이 틀린 것은?

① 사회적 상황에서 수치스럽거나 당혹스런 방식으로 행동할까 봐 두려워한다.
② 공포가 너무 지나치거나 비합리적임을 인식하지 못한다.
③ 공포, 불안, 회피는 전형적으로 6개월 이상 지속되어야 한다.
④ 공포가 대중 앞에서 말하거나 수행하는 것에 국한될 때 수행형 단독으로 명시한다.

해설

사회공포증(social phobia)은 자신의 공포가 너무 지나치거나 비합리적임을 인식하고 있으나, 사회적 상황에 노출될 때 거의 항상 공포나 불안이 수반되기에 이러한 사회적 상황들을 회피하거나, 극심한 불안이나 고통을 견디며 지낸다.

학습 Plus 사회공포증(Social phobia)의 진단기준(DSM-5)

A. 타인에게 면밀하게 관찰될 수 있는 하나 이상의 사회적 상황에 노출되는 것을 극도로 두려워하거나 불안해 한다. 그러한 상황의 예로는 사회적 관계(예: 대화를 하거나 낯선 사람을 만나는 것), 관찰되는 것(예: 음식을 먹거나 마시는 자리), 다른 사람들 앞에서 수행을 하는 것(예: 연설)을 들 수 있다.
주의점: 아이들은 성인과의 관계가 아니라 아이들 집단 내에서 불안해 할 때만 진단해야 한다.
B. 다른 사람들에게 부정적으로 평가되는 방향(수치스럽거나 당황한 것으로 보임, 다른 사람을 거부하거나 공격하는 것으로 보임)으로 행동하거나 불안 증상을 보일까 봐 두려워한다.
C. 이러한 상황이 거의 항상 공포나 불안을 일으킨다.
주의점: 아동의 경우 공포와 불안은 울음, 분노발작, 얼어붙음, 매달리기, 움츠려듦 혹은 사회적 상황에서 말을 못하는 것으로 표현될 수 있다.
D. 이러한 사회적 상황을 회피하거나 극심한 공포와 불안 속에 견딘다.
E. 이러한 공포와 불안은 실제 사회 상황이나 사회문화적 맥락에서 볼 때 실제 위험에 비해 비정상적으로 극심하다.
F. 공포, 불안, 회피는 전형적으로 6개월 이상 지속되어야 한다.
G. 공포, 불안, 회피는 사회적, 직업적 또는 다른 중요한 기능 영역에서 임상적으로 현저한 고통이나 손상을 초래한다.
다음의 경우에 명시할 것
수행형 단독: 만약 공포가 대중 앞에서 말하거나 수행하는 것에 국한될 때

정답 25. ②

26 이상심리학의 역사에 대한 설명으로 옳은 것은?

① Hippocrates는 정신병자에게 인도주의적 대우를 해 주어야 한다고 주장한 최초의 사람이다.
② Kraepelin은 치료와 입원이 필요한 정신장애에 대한 분류체계를 제시하였다.
③ 1939년에는 최초의 집단용 지능 검사인 Wechsler 검사가 제작되었다.
④ 1948년 세계보건기구는 정신장애 분류체계인 DSM-I을 발표하였다.

해 설

- 기원전 4세기경 그리스의 Hippocrates(B.C. 460~377)는 정신장애를 세 가지 유형, 조증, 우울증, 광증으로 분류하고, 그 원인은 신체적 요인(점액, 혈액, 황담즙, 흑담즙)의 불균형에 있다고 보았다.
- Philippe Pinel(1745~1826)은 정신병자에게 인도주의적 대우를 해 주어야 한다고 주장한 최초의 사람이다.
- 1883년에 Kraepelin은 최초로 정신의학 교과서를 발간하였으며, 1899년에 개정을 거치면서 정신장애에 대한 분류체계를 제시하고 실험정신병리학의 발전에 기여하였다.
- 1915년에는 미국심리학자들에 의해 제1차 세계 대전에 참전하는 군인의 선발과 배치를 위한 최초의 집단용 지능검사(Army Alpha)가 개발되었다.
- 1939년에는 최초의 개인용 성인지능 검사인 Wechsler-Bellevue 검사가 개발되었다.
- 1948년에는 세계보건기구가 정신장애를 포함한 질병분류체계인 ICD(International Classification of Diseases)를 발표하였다.
- 1952년 미국정신의학회에서 정신장애 진단분류체계인 DSM-I을 발표함으로써 이상행동과 정신장애의 체계적인 분류와 진단기준이 제시되었다.

학습 Plus 현대 이상심리학의 발전에 기여한 주요한 사건들

- 1879. Wundt가 독일의 Leipzig 대학에 심리학 실험실 개설, 과학적 심리학의 시작
- 1883. Krapelin이 최초의 정신의학 교과서 발간
- 1990. Freud가 『꿈의 해석』 발간
- 1905. Binet와 Simon이 최초로 아동용 지능검사 개발
- 1906. Pavlov가 고전적 조건형성 발견
- 1915. 제1차 세계 대전 동안 참전군인 선발을 위한 최초의 집단용 지능검사(Army Alpha & Beta) 개발
- 1921. Rorschach가 최초의 투사적 검사인 로르샤흐 검사 개발
- 1939. 최초의 개인용 성인지능 검사인 Wechsler-Bellevue 검사 개발
- 1940. Hathaway와 Mckinley가 미네소타 다면적 인성검사(MMPI) 개발
- 1942. Rogers가 인간중심치료를 제안
- 1948. WHO가 정신장애를 포함한 최초의 질병분류체계(ICD)를 발표
- 1951. Perls가 게슈탈트 치료를 제안
- 1952. 미국정신의학회가 정신장애 진단분류체계인 DSM-I 발표
- 1953. Skinner가 조작적 조건형성의 원리를 발표
- 1958. Wolpe가 행동치료기법인 체계적 둔감법을 제안
  Ellis가 합리적 정서치료를 제안

정답 26. ②

- 1964. Beck이 인지치료를 제안
- 1965. Glasser가 현실치료를 제안
- 1977. Meichenbaum이 『인지행동치료』 발간
- 1982. Kabat-Zinn이 마음챙김에 기반한 스트레스 감소 프로그램(MBSR) 개발
- 1994. 미국정신의학회가 DSM-Ⅳ 발표
- 2013. 미국정신의학회가 DSM-5 발표

27 70세가 넘은 할아버지가 기억력 저하를 호소한다. 가장 가능성이 적은 문제는?

① 뇌경색 ② 알츠하이머병
③ 주요우울장애 ④ 정신병질

해설

- 정신병질(psychopathy)이란 비정상적인 성격으로 인해 정상적인 사회 적응에 어려움이 있는 성격 특성을 말한다. 공감 및 죄책감의 결여, 자기중심성, 충동성, 행동 조절 곤란, 얕은 감정, 낮은 책임감 등의 특징을 보인다.
- 뇌경색, 알츠하이머병, 주요우울장애는 기억력 저하 및 약화된 판단력을 특징으로 한다. 단, 기억 기능 저하는 신경인지장애를 유발하는 뇌경색, 알츠하이머병의 경우뿐만 아니라 주요우울장애의 특징이기도 하기에 노년기 우울증과 신경인지장애 간의 감별진단이 필요하다.

28 도박장애는 DSM-5의 어느 진단 범주에 속하는가? ▸ 2013

① 성격장애 ② 파괴적 충동조절 및 품행장애
③ 물질 관련 및 중독장애 ④ 적응장애

해설

DSM-5에서 도박장애(gambling disorder)는 '물질 관련 및 중독장애(substance related and addictive disorder)'의 하위유형인 '비물질 관련 장애(non-substance related disorder)'에 포함된다.

학습 Plus 물질 관련 및 중독장애의 하위 장애와 특징(DSM-5)

하위 장애	특징
물질장애	10가지의 서로 다른 종류의 약물을 포함. 알코올, 카페인, 대마, 환각제, 흡입제, 아편계, 진정제, 수면제 또는 항불안제, 자극제, 담배 등 기타 물질
비물질 관련 장애	도박중독이 대표적임. 개인, 가족 그리고 직업적 장애를 유발하는 지속적이고 반복적인 부적응적 도박 행동을 보임

정답 27. ④ 28. ③

〈참조〉 도박장애의 임상적 특징
- 바라는 흥분을 얻기 위해 액수를 늘리면서 도박하려는 욕구가 증가함
- 도박을 줄이거나 중지시키려고 하면 안절부절못하거나 과민해짐
- 도박을 조절하거나 줄이거나 중지시키려는 노력이 계속 실패함
- 종종 도박에 집착하게 됨(승산 예상 및 계획, 도박에 이길 방법 몰두 등)
- 괴로움을 느낄 때 도박을 함
- 도박으로 돈을 잃은 다음에 만회하기 위해 다음 날 도박판에 되돌아감
- 도박을 했다는 것을 숨기기 위해 가족, 치료자 또는 타인에게 거짓말을 함
- 도박으로 인해 주요 관계가 위태로워지거나 일자리, 교육 및 직업적 기회 상실 또는 위기에 처함
- 도박으로 야기된 절망적인 재정 상태에서 벗어나기 위해 돈 조달을 남에게 의존함

29 타인에 대한 강한 불신과 의심을 가지고 적대적인 태도를 나타내어 사회적 부적응을 나타내는 성격 특성을 지닌 것은?

① 편집성 성격장애 ② 조현성 성격장애
③ 반사회성 성격장애 ④ 연극성 성격장애

해설

편집성 성격장애(paranoid personality disorder)를 가진 사람은 불신과 의심을 특징적으로 보이며, 타인의 동기를 악의적으로 해석한다. 타인에 대해 적대적이고 비판적이며, 타인을 믿지 못해 잘 어울리지 못하고, 사소한 일에서도 주변 탓으로 돌리며 경계하는 경향으로 인해 친밀한 관계를 맺지 못한다.

학습 Plus 성격장애(personality disorder)의 DSM-5 진단 분류

- A군 성격장애(cluster A personality disorder)
  - 편집성 성격장애(paranoid personality disorder): 타인에 대한 강한 불신과 의심을 지니고 적대적인 태도를 나타내어 사회적 부적응을 나타내는 성격장애이다.
  - 분열성 성격장애(schizoid personality disorder): 타인과의 친밀한 관계 형성에 관심이 없고 감정표현이 부족하여 사회적 적응에 현저한 어려움을 나타내는 성격장애이다.
  - 분열형 성격장애(schizotypal personality disorder): 사회적으로 고립되어 있으며 기이한 생각이나 행동을 나타내어 사회적 부적응을 초래하는 성격장애이다.
- B군 성격장애(cluster B personality disorder)
  - 반사회성 성격장애(antisocial personality disorder): 사회의 규범이나 법을 지키지 않으며 무책임하고 폭력적인 행동을 반복적으로 나타내어 사회적 부적응을 초래하는 장애이다.
  - 연극성 성격장애(histrionic personality disorder): 타인의 애정과 관심을 끌기 위한 지나친 노력과 과도한 감정표현이 주된 특징으로, 정서적으로 불안정하며 대인관계의 갈등을 초래하여 사회적 부적응을 보이는 장애이다.
  - 자기애성 성격장애(narcissistic personality disorder): 자신에 대한 과장된 평가로 인한 특권의식을 지니고 타인에게 착취적이거나 오만한 행동을 나타내어 사회적인 부적응을 초래하는 장애이다.
  - 경계성 성격장애(borderline personality disorder): 강렬한 애정과 분노가 교차하는 불안정한 대인관계를 특징적으로 나타내며, 심한 충동성을 보이고, 자살과 같은 자해적 행동을 반복적으로 나타내는 장애이다.

정답 29. ①

- C군 성격장애(cluster C personality disorder)
  - 강박성 성격장애(obsessive-compulsive personality disorder): 지나치게 완벽주의적이고 세부적인 사항에 집착하며 과도한 성취지향성과 인색함을 특징적으로 나타내는 장애이다.
  - 의존성 성격장애(dependent personality disorder): 스스로 독립적인 생활을 하지 못하고 다른 사람에게 과도하게 의존하거나 보호받으려는 행동을 특징적으로 나타내는 장애이다.
  - 회피성 성격장애(avoidant personality disorder): 다른 사람과의 만남에 대한 불안과 두려움 때문에 사회적 상황을 회피함으로써 적응에 어려움을 나타내는 장애이다.

30 다음 중 정신장애에 대한 사회문화적 치료와 가장 거리가 먼 것은?

① 커플치료 ② 집단치료
③ 가족치료 ④ 게슈탈트치료

해 설

- 정신장애의 사회문화적 입장은 정신장애의 발생과 관련된 사회문화적 요인(문화권, 계층, 사회문화적 환경, 거주 지역 등)의 중요성을 강조하고 있다. 특히 사회문화적 요인 중 주요 원인에 해당되는 1차 요인으로 가족 및 관계 요인을 들 수 있으며, 이는 정신장애 발병의 중요한 측면으로 고려된다.
- 게슈탈트치료는 유기체가 환경과의 접촉 속에서 통일된 전체로 기능하는 존재라는 점을 강조하며, 지금-여기에서의 경험에 대한 자각을 증진함으로써 창조적인 삶을 이끌도록 돕는다.

31 주의력결핍 과잉행동장애(ADHD)에 대한 설명으로 가장 적절하지 않은 것은?

① 유전성이 높다.
② 학령전기에는 과잉행동이, 초등학생 시기에는 부주의 증상이 더욱 두드러진다.
③ 페닐알리닌 수산화효소의 부족으로 인해 발생한다.
④ 몇 가지의 부주의 또는 과잉행동-충동성 증상이 12세 이전에 나타나야 한다.

해 설

페닐케톤뇨증(phenylketonuria)이란 선천성 아미노산 대사이상으로 페닐알라닌을 타이로신으로 전환시키는 효소(페닐알라닌 수산화효소)가 선천적으로 저하되어 있기 때문에 페닐알라닌이 축적되어 지능장애, 담갈색 모발, 피부의 색소 결핍을 초래하는 유전성 질환이다.

정답 30. ④ 31. ③

32 강간, 폭행, 교통사고, 자연재해, 가족이나 친구의 죽음 등 충격적 사건에 뒤따라 침습 증상, 지속적 회피, 인지와 감정의 부정적 변화-각성과 반응성의 뚜렷한 변화 등이 나타나는 심리적 장애는? ▸ 2017

① 주요 우울증 ② 공황장애
③ 외상 후 스트레스장애 ④ 강박장애

해설

외상 후 스트레스장애(post-traumatic stress disorder)는 실제적인 것이든 위협을 당한 것이든 죽음, 심각한 상해 또는 성적인 폭력 등의 충격적 사건을 경험한 후에 나타난다. 주요 증상으로는 사건과 관련된 내용이 떠오르는 침습 증상, 관련 자극에 대한 회피, 인지와 감정의 부정적 변화, 각성과 반응성의 현저한 변화를 특징으로 보인다.

33 경계성 성격장애의 치료에 대한 설명으로 틀린 것은?

① 대상관계적 이론가들은 초기에 부모로부터 수용받지 못해 자존감 상실, 의존성 증가, 분리에 대한 대처 능력 부족 등이 나타난다고 보았다.
② 변증법적 행동치료에서는 내담자 중심 치료의 공감이나 무조건적인 수용을 비판하고 지시적인 방법으로 경계성 성격장애를 가진 사람들의 행동을 수정하는 데 집중한다.
③ 정신역동적 치료자들은 경계성 성격장애를 가진 사람들이 아동기에 겪은 갈등을 치유하는 데 집중한다.
④ 인지치료에서는 경계성 성격장애를 가진 사람들의 인지적 오류를 수정하려고 한다.

해설

변증법적 행동치료(Dialectical Behavior Therapy: DBT)는 마음챙김과 수용을 바탕으로 강렬한 감정을 회피하거나 통제하는 대신 마음챙김 상태로 자신의 감정을 인식하고 수용할 수 있도록 돕는다. 핵심 치료모듈로는 마음챙김 기술, 고통감내 기술, 정서조절 기술, 대인관계 효율성 기술이 있다.

학습 Plus 변증법적 행동치료(Dialectical Behavior Therapy)

- 변증법적 행동치료(Dialectical Behavior Therapy: DBT)는 다루기 힘들고 복잡한 정신장애 치료를 위한 통합적인 인지행동치료로서 자살의도를 가진 내담자를 치료하기 위해 개발되었으며, 이후 경계선 성격장애로 진단받은 내담자에게 적용하기 위한 심리치료법으로 발전하였다.
- DBT는 감정조절장애를 지닌 내담자들에게 다양한 심리적 대처기술을 교육함으로써 격렬한 정서 상태에서도 이러한 기술을 활용하는 것이 습관화되도록 지속적으로 훈련시킨다.

정답 32. ③ 33. ②

〈핵심 치료모듈〉

• **마음챙김 기술**
마음챙김 기술에서는 감정적 마음과 합리적 마음 간의 균형을 유지하면서 지혜로운 마음을 갖도록 훈련한다. 지혜로운 마음은 감정적 경험과 논리적 분석에 직관적 인식을 추가해 놓은 상태를 말하며, 다양한 마음챙김 기술을 통해 경험에 대한 심리적 균형을 유지하도록 돕는다.

• **대인관계 효율성 기술**
내담자가 구체적인 대인관계 문제를 해결하는 방법을 익히는 것으로서 사회적 기술과 자기주장 기술을 습득하면서 궁극적으로 대인관계에서 자신이 원하는 것을 이루도록 하는 것이 목표이다.

• **정서조절 기술**
정서조절 기술에서는 불쾌한 정서를 제거하는 것이 목표가 아니라 정서적 고통을 줄이면서 강렬한 정서 상태의 강도, 지속 시간, 빈도를 감소시키기 위한 것이다. 감정을 회피하거나 저항하는 것이 아니라 자신의 감정과 함께 작업하는 것을 배운다.

• **고통감내 기술**
고통감내 기술은 인간의 삶에서 필연적인 고통이나 아픔을 수용하고 감내하는 다양한 방법을 의미한다. 개인의 환경과 현재의 감정을 억지로 바꾸려 하지 않고 있는 그대로 인식하고 경험하면서 자신의 생각과 행동방식을 통제하지 않은 채 수용하는 법을 배운다.

34 조현병의 증상 중 의지 결여, 정서의 메마름, 언어 빈곤, 사회적 철회 등은 다음 중 무엇에 해당하는가?

① 양성 증상 ② 음성 증상
③ 혼란 증상 ④ 만성 증상

조현병의 음성 증상(negative symptom)으로는 정서적 둔마, 무의욕증, 무언어증, 무쾌락증, 비사회성 등이 있다.

• **정서적 둔마(flat affect)**: 외부 자극에 대한 정서적 반응성이 둔화된 상태이다.
• **무의욕증(avolition)**: 마치 아무런 욕망이 없는 듯 어떠한 목표지향적 행동을 하지 않고 사회적 활동에도 무관심한 상태이다.
• **무언어증(alogia)**: 말이 없어지거나 짧고 간단하며 공허한 말만을 하는 등 언어반응이 빈곤해지는 상태이다.
• **무쾌락증(anhedonia)**: 긍정적인 자극으로부터 쾌락을 경험하는 능력이 감소된 상태이다.
• **비사회성(asociability)**: 사회적 철회, 다른 사람과의 사회적 상호작용에 대한 관심이 없는 상태이다.

정답 34. ②

35 우울증의 원인론에 관한 설명으로 틀린 것은?

① 생리학적으로 세로토닌 수준이 높아지면 우울증에 걸리게 된다고 설명하고 있다.
② Freud의 정신분석이론에서 상징적 상실 또는 상상의 상실로 설명하고 있다.
③ Beck의 인지이론에서 인지적 왜곡으로 우울증을 설명하고 있다.
④ 자신의 삶을 통제할 수 없다는 느낌과 개인의 수동적 태도가 학습되어 무기력감을 가지게 된 결과가 우울증을 유발한다는 주장이 있다.

해설

우울증의 경우 뇌의 신경전달물질의 불균형으로 인해 초래된다. 흔히 세로토닌이라는 뇌 내 신경전달물질의 저하가 우울증과 관련되며, 항우울제는 이러한 신경전달물질을 조절하여 우울증의 원인을 치료하는 데 작용한다. 세로토닌은 모노아민 신경전달물질의 하나이며, 기분, 식욕, 기억, 학습 등에 영향을 준다.

36 신경발달장애에 해당하지 않는 것은?

① 발달성 협응장애
② 탈억제성 사회적 유대감 장애
③ 상동증적 운동장애
④ 뚜렛장애

해설

- 신경발달장애(neurodevelopmental disorder)는 유아 및 아동의 발달 시기에 시작되는 장애들로, DSM-IV에서는 아동 및 청소년기에 시작되는 장애로 분류되다가 DSM-5에서 새로운 진단 범주로 묶인 장애들이다.
- 하위 장애로는 지적발달장애, 의사소통장애, 자폐스펙트럼장애, 주의력결핍 과잉행동장애, 특정학습장애, 운동장애(예: 발달성 협응장애, 상동증적 운동장애, 뚜렛장애)가 포함된다.
- 탈억제성 사회적 유대감 장애는 낯선 성인에 대한 무분별한 사회성과 과도한 친밀감을 특징으로 한다. 외상 및 스트레스 관련 장애(trauma and stressor related disorders)의 하위 장애에 해당된다.

학습 Plus 신경발달장애의 하위 장애와 특징

하위 장애	특징
지적발달장애	지적장애로 인해 IQ 70 미만으로 학업을 비롯한 대부분의 적응 활동에서 부진을 보임
의사소통장애	말이나 언어 사용에 결함이 있는 경우로 언어장애, 말소리장애, 아동기 발병 유창성장애, 사회적(실용적) 의사소통장애로 구분됨
자폐스펙트럼장애	DSM-IV의 자폐증, 아스퍼거장애, 소아기붕괴성장애, 레트장애, 광범위성 발달장애를 아우르는 장애로, 사회적 의사소통이 부족하고, 제한되고, 반복적인 행동을 보임
주의력결핍 과잉행동장애	주의집중의 어려움과 산만함, 충동성, 과잉행동을 보이는 장애

정답 35. ① 36. ②

특정학습장애	지능은 정상적이지만 지능 수준에 비해 읽기, 쓰기, 산술 계산과 같은 영역에서 학습부진을 보임
운동장애	연령이나 지능 수준에 비해 운동 능력이 현저하게 미숙하고 부적응적인 움직임을 반복하는 것으로 틱장애, 발달적 협응장애, 상동증적 운동장애가 있음. 틱장애에는 뚜렛장애, 지속성(만성 운동 또는 음성) 틱장애, 잠정적 틱장애 등이 있음

37 급식 및 섭식장애에서 부적절한 보상행동에 포함되는 것은? ▸ 2013

① 폭식 ② 과식
③ 되새김 ④ 하제 사용

급식 및 섭식장애(feeding and eating disorders)의 부적절한 보상행동으로 스스로 구토를 유발하거나 하제, 이뇨제, 관장제 등의 약물을 남용하는 특징을 보인다.

38 조현병의 좋은 예후 요인을 모두 고른 것은?

ㄱ. 높은 병전 기능
ㄴ. 양성 증상이 두드러짐
ㄷ. 나이가 들어서 발병
ㄹ. 높은 지능

① ㄱ, ㄴ ② ㄱ, ㄷ, ㄹ
③ ㄴ, ㄷ, ㄹ ④ ㄱ, ㄴ, ㄷ, ㄹ

해설

조현병(schizophrenia)

- **좋은 예후인자**: 병전 적응 상태, 늦은 발병, 높은 지능, 분명한 촉발요인, 급성 발병, 발병 이전의 좋은 사회/직업/대인관계 경험, 기분장애와의 관련성, 좋은 지지체계, 양성 증상 등이 있다.
- **낮은 예후인자**: 병전 부적응 상태, 조현병 가족력, 점진적 발병, 빈약한 지지체계, 음성 증상, 신경학적 혹은 뇌의 구조적 문제, 다차원적 삽화 경험 등이 있다.

39 성별 불쾌감에 대한 설명으로 틀린 것은?

① 자신의 1차 및 2차 성징을 제거하고자 하는 강한 갈망이 있다.
② 반대 성이 되고 싶은 강한 갈망이 있다.
③ 반대 성의 전형적인 느낌과 반응을 가지고 있다는 강한 확신이 있다.
④ 강력한 성적 흥분을 느끼기 위해 반대 성의 옷을 입는다.

정답 37. ④ 38. ④ 39. ④

해설

- 성별 불쾌감(gender dysphoria)은 자신의 생물학적 성과 성역할에 대해서 지속적으로 불편감을 느끼는 경우를 말한다. 반대의 성에 강한 동일시를 나타내거나 반대의 성이 되기를 소망하며, 자신의 일차 또는 이차 성징을 제거하고자 하는 강한 갈망을 보인다.
- 강력한 성적 흥분을 느끼기 위해 반대 성의 옷을 입는 경우는 성도착증(sexual perversion)에 해당된다.

〈성별 불쾌감(gender dysphoria)의 주요 증상〉

- 자신의 경험된/표현되는 일차 또는 이차 성징 사이의 현저한 불일치
- 자신의 경험된/표현되는 성별의 현저한 불일치로 인해 자신의 일차 또는 이차 성징을 제거하고자 하는 강한 갈망
- 이성의 일차 또는 이차 성징에 대한 강한 갈망
- 이성이 되고 싶은 강한 갈망
- 이성으로 대우받고 싶은 강한 갈망
- 자신이 이성의 전형적인 느낌과 반응을 가지고 있다는 강한 확신

40 다음에 제시된 장애 유형 중 같은 유형으로 모두 묶은 것은?

ㄱ. 신체증상장애	ㄴ. 질병불안장애
ㄷ. 전환장애	ㄹ. 공황장애

① ㄱ, ㄴ
② ㄴ, ㄷ, ㄹ
③ ㄱ, ㄴ, ㄷ
④ ㄱ, ㄴ, ㄷ, ㄹ

해설

- 신체증상 및 관련 장애(somatic symptom and related disorder)는 심리적 원인에 의해서 다양한 신체적 증상을 나타내는 경우를 말한다. 흔히 다양한 신체적 증상을 보이지만 의학적 검사에서는 그러한 증상을 설명할 수 있는 신체적 이상이 발견되지 않는다. 하위 장애로는 신체증상장애, 전환장애, 질병불안장애, 인위성장애가 있다.
- 공황장애(panic disorder)는 불안장애의 하위유형에 속한다. 반복적으로 예기치 못한 공황발작이 특징이며, 추가적으로 나타날 수 있는 발작을 피하기 위해 일상 활동의 제한을 보이기도 한다.

정답 40. ③

08 2019년 제1회 기출문제

21 DSM-5에서 다음에 해당하는 지적장애(intellectual disability) 수준은?

> 개념적 영역에서 학령기 아동과 성인에서는 학업 기술을 배우는 데 어려움이 있으며, 연령에 적합한 기능을 하기 위해서는 하나 이상의 영역에서 도움이 필요하다. 사회적 영역에서 또래에 비해 사회적 상호작용이 미숙하고, 사회적 위험에 대한 제한적인 이해를 한다. 실행적 영역에서 성인기에는 개념적 기술이 강조되지 않는 일자리에 종종 취업하기도 한다. 지적장애의 가장 많은 비율이 여기에 해당한다.

① 경도(mild)
② 중등도(moderate)
③ 고도(severe)
④ 최고도(profound)

해 설

- 지적장애(지적발달장애, intellectual developmental disorder) 진단을 내리려면 표준화된 지능검사를 토대로 측정할 때 평균에서 2표준편차 이하로 나올 경우에 지적장애로 평가한다. 웩슬러 지능검사는 평균이 100이고 표준편차가 15이기 때문에 IQ 70을 기준으로 지적기능 결함을 진단할 수 있다.
- 적응 기능의 심각도에 따라 경도, 중등도, 고도, 최고도 수준으로 구분하며, 적응 기능은 3가지 영역, 즉 개념적 · 사회적 · 실행적 영역에서 얼마나 잘 기능하는가를 기반으로 한다. 경도 수준에서 지적장애의 가장 많은 비율을 보인다.

정답 21. ①

학습 Plus 지적장애의 심각도 수준

심각도	개념적 영역	사회적 영역	실행적 영역
경도 (mild)	학령전기 아동에서는 개념적 영역의 차이가 뚜렷하지 않을 수 있다. 학령기 아동과 성인에서는 읽기, 쓰기, 계산, 시간이나 돈에 대한 개념과 같은 학업 기술을 배우는 데 어려움이 있으며, 연령에 적합한 기능을 하기 위해서는 하나 이상의 영역에서 도움이 필요하다. 성인에서는 학습된 기술의 기능적 사용(예: 읽기, 금전 관리)뿐 아니라 추상적 사고, 집행 기능(예: 계획, 전략 수립, 우선순위 정하기, 인지적 유연성), 단기기억도 손상되어 있다. 문제나 해결에 대한 접근이 또래에 비해 다소 융통성이 없다.	전형적인 발달을 보이는 또래에 비해 사회적 상호작용이 미숙하다. 예를 들어, 또래들의 사회적 신호를 정확하게 인지하는 데 어려움이 있을 수 있다. 의사소통, 대화, 언어가 연령 기대 수준에 비해 좀 더 구체적인 수준에 머물러 있거나 미숙하다. 연령에 적합한 방식으로 감정이나 행동을 조절하는 데 어려움이 있을 수 있다. 이러한 어려움은 사회적 상황에서 또래들에게 눈에 띄게 된다. 사회적 상황에서의 위험에 대해 제한적인 이해를 한다. 사회적 판단이 연령에 비해 미숙하여 다른 이들에게 속거나 조종당할 위험이 있다.	자기관리는 연령에 적합하게 수행할 수 있다. 복잡한 일상생활 영역에서는 또래에 비해 약간의 도움이 필요하다. 성인에서는 장보기, 교통수단 이용하기, 가사 및 아이 돌보기, 영양을 갖춘 음식 준비, 가사 및 아이 돌보기, 은행 업무와 금전 관리와 같은 영역에서의 도움이 필요하다. 여가 기술은 또래와 유사하나, 웰빙과 여가 계획과 관련된 판단에는 도움이 필요하다. 성인기에는 개념적 기술이 강조되지 않는 일자리에 종종 취업하기도 한다. 건강 관리나 법률과 관련된 결정을 내리고 직업 활동을 능숙하게 수행하기 위해서는 도움이 필요하다. 가족을 부양하는 데에는 도움이 필요하다.
중등도 (moderate)	전 발달영역에 걸쳐 개념적 기술이 또래에 비해 현저히 뒤처진다. 학령전기 아동에서는 언어와 학습 준비 기술이 느리게 발달한다. 학령기 아동에서는 읽기, 쓰기, 수학, 시간과 돈에 대한 이해가 전 학령기에 걸쳐 더딘 진행을 보이며, 또래에 비해 매우 제한적이다. 성인기에도 학업 기술은 초등학생 수준에 머무르며, 개인 생활이나 직업에서 학업 기술을 사용하기 위해서는 도움이 필요하다. 일상생활에서의 개념적 업무를 완수하기 위해서는 지속적인 도움이 필요하며, 다른 사람이 이러한 책임을 전적으로 대신하기도 한다.	전 발달 과정에 걸쳐 사회적 행동과 의사소통 행동에서 또래들과 확연한 차이를 보인다. 표현언어가 사회적 의사소통의 주요 수단이지만 단어나 문장이 또래에 비해 단조롭다. 대인관계를 맺는 능력이 있어 가족과 친구와 유대관계를 가지며, 성공적으로 우정을 나눌 수도 있고, 성인기에 연애를 할 수도 있다. 그러나 사회적 신호를 정확하게 감지하거나 해석하지 못할 수도 있다. 사회적 판단과 결정 능력에 제한이 있어 중요한 결정을 내릴 때에는 보호자가 반드시 도와주어야 한다. 의사소통이나 사회성의 제약이 정상 발달을 하는 또래들과의 우정에 영향을 끼친다. 직업적 영역에서 성공하기 위해서는 많은 사회적 · 의사소통적 도움이 요구된다.	식사, 옷 입기, 배설, 위생 관리는 가능하다. 이러한 영역을 독립적으로 수행하기 위해서는 장기간에 걸친 교육과 시간이 필요하며, 할 일을 상기시켜 주는 것도 필요하다. 성인기에 모든 집안일에 참여할 수 있으나 장기간의 교육이 필요하며, 대체로 성인 수준을 수행하기 위해서는 지속적인 도움이 필요하다. 제한된 개념적 기술과 의사소통 기술이 요구되는 직업에 독립적인 취업이 가능하나 사회적 기대, 업무의 복잡성 및 일정 관리, 교통수단 이용하기, 의료보험, 금전 관리와 같은 부수적인 책임을 해내기 위해서는 동료나 감독자, 다른 사람의 상당한 도움이 필요하다. 다양한 여가 활용 기술을 발달시킬 수 있다. 이를 위해서는 일반적으로 오랜 기간에 걸친 부수적인 도움과 학습 기회가 필요하다. 극히 일부에서는 부적응적인 행동을 보이며 사회적 문제를 야기하기도 한다.

고도 (severe)	개념적 기술을 제한적으로 습득할 수 있다. 글이나 수, 양, 시간, 금전에 대한 개념 이해가 거의 없다. 보호자들은 인생 전반에 걸쳐 문제 해결에 광범위한 도움을 제공한다.	말 표현 시 어휘나 문법에 상당한 제한이 있다. 한 단어나 구로 말을 하거나 다른 보완적 방법으로 내용을 보충하게 된다. 말이나 의사소통은 현재의 일상생활에 관한 내용에 치중되어 있다. 언어는 설명이나 해석보다는 사회적 의사소통을 위해 사용하며, 간단한 말이나 몸짓을 이해할 수 있다. 가족구성원과의 관계나 친밀한 이들과의 관계에서 즐거움을 얻고 도움을 받는다.	식사, 옷 입기, 목욕, 배설과 같은 일상생활 영역 전반에 대한 지원과 감독이 항시 필요하다. 자신이나 타인의 안녕에 대한 책임 있는 결정을 내릴 수 없다. 성인기에 가사, 여가 활동이나 작업에 참여하기 위해서는 지속적인 도움과 지원이 필요하며, 모든 영역의 기술 습득을 위해서는 장기간의 교육과 지속적인 도움이 필요하다. 소수의 경우에서는 자해와 같은 부적응적 행동이 문제가 될 수 있다.
최고도 (profound)	개념적 기술은 주로 상징적 과정보다는 물리적 세계와 연관이 있다. 자기관리, 작업, 여가를 위해 목표지향적 방식으로 사물을 이용할 수 있다. 짝짓기, 분류하기와 같은 단순한 시각·공간적 기능을 습득할 수도 있으나 동반된 운동, 감각 손상이 사물의 기능적 사용을 방해할 수 있다.	말이나 몸짓의 상징적 의사소통에 대한 이해가 매우 제한적이다. 일부 간단한 지시나 몸짓을 이해할 수 있다. 자신의 욕구나 감정은 주로 비언어적·비상징적 의사소통 방식을 통해 표현한다. 친숙한 가족구성원이나 보호자와의 관계를 즐기며, 몸짓이나 감정적 신호를 통해 사회적 의사소통을 맺는다. 동반된 감각적·신체적 손상으로 인해 다양한 사회적 활동에 제한이 생길 수 있다.	일부 일상 활동에는 참여할 수도 있으나, 일상적인 신체 관리, 건강, 안전의 전 영역에 걸쳐 타인에게 의존적인 생활을 하게 된다. 심각한 신체적 손상이 없는 경우에는 접시 나르기와 같은 간단한 가사를 보조할 수 있다. 고도의 지속적인 도움을 통해 물건을 이용한 간단한 활동을 함으로써 일부 직업적 활동의 기초를 마련할 수 있다. 다른 사람의 도움 하에 음악 듣기, 영화 보기, 산책하기, 물놀이와 같은 여가 활동에 참여할 수 있다. 동반된 신체적·감각적 손상이 집안일이나 여가, 직업적 활동에 참여하는 데 종종 방해가 된다. 소수의 경우에서는 부적응적 행동이 나타날 수 있다.

22 친밀한 관계에서의 문제, 인지 및 지각의 왜곡, 행동의 괴이성 등을 주요 특징으로 보이는 성격장애는? ▸ 2018

① 조현성 성격장애 ② 조현형 성격장애
③ 편집성 성격장애 ④ 회피성 성격장애

해설

• 조현형 성격장애(schizotypal personality disorder)
친밀한 대인관계에 대한 불안감, 인관관계를 맺는 능력의 결함, 인지 및 지각적 왜곡, 기이한 행동 등이 주요 특징이다.

정답 22. ②

- 조현성 성격장애(schizoid personality disorder)
  다양한 형태의 사회적 관계로부터 유리되어 있으며, 제한된 감정표현, 단조로운 정동 등이 주요 특징이다.
- 편집성 성격장애(paranoid personality disorder)
  타인의 동기를 악의적인 것으로 해석하는 등 타인을 전반적으로 의심하고 불신하는 행동 등이 주요 특징이다.
- 회피성 성격장애(avoidant personality disorder)
  사회적 억제, 부적절감, 부정적 평가에 대한 예민성, 새로운 활동에 대한 회피 등이 주요 특징이다.

23 **공황을 경험하거나 옴짝달싹 못하게 되었을 때, 도망가기 어렵거나 도움이 가능하지 않은 공공장소나 상황에 있는 것을 두려워하는 불안장애는?** ▸ 2014

① 왜소공포증 ② 사회공포증
③ 광장공포증 ④ 폐쇄공포증

해 설

광장공포증(agoraphobia)이란 다양한 상황에 실제로 노출되거나 노출이 예상되는 상황에서 현저한 공포와 불안이 유발되는 것을 말한다. 이 경우 끔찍한 일이 발생할 것 같다는 생각이 들고 공황과 유사한 증상 혹은 무력하게 만들거나 당혹스러운 증상을 경험하며, 그 상황에서 벗어나기 힘들 것이라고 지각한다.

학습 Plus 광장공포증(agoraphobia)의 진단기준(DSM-5)

A. 다음 5가지 상황 중 2가지 이상의 경우에서 극심한 공포와 불안을 느낀다.
  1. 대중교통을 이용하는 것(예: 자동차, 버스, 기차, 배, 비행기)
  2. 열린 공간에 있는 것(예: 주차장, 시장, 다리)
  3. 밀폐된 공간에 있는 것(예: 상점, 공연장, 영화관)
  4. 줄을 서 있거나 군중 속에 있는 것
  5. 집 밖에 혼자 있는 것
B. 공황 유사 증상이나 무능력하거나 당혹스럽게 만드는 다른 증상(예: 노인에게서 낙상 공포, 실금에 대한 공포)이 발생했을 때 도움을 받기 어렵거나 그 상황에서 벗어나기 어려울 것이라는 생각 때문에 그런 상황을 두려워하고 피한다.
C. 광장공포증 상황은 거의 대부분 공포와 불안을 야기한다.
D. 광장공포증 상황을 피하거나, 동반자를 필요로 하거나, 극도의 불안과 공포 속에서 견딘다.
E. 광장공포증 상황과 그것의 사회문화적 배경을 고려할 때 실제로 주어지는 위험에 비해 공포와 불안의 정도가 극심하다.
F. 공포 · 불안 · 회피 반응은 전형적으로 6개월 이상 지속된다.

정답 23. ③

24 의사소통장애(communication disorder)에 속하지 않는 것은?

① 언어장애(language disorder)
② 말소리장애(speech sound disorder)
③ 아동기 발병 유창성장애(child-onset fluency disorder)
④ 탈억제성 사회적 유대감 장애(disinhibited social engagement disorder)

해설

- 의사소통장애(communication disorder)는 말이나 언어 사용에 결함이 있는 경우로 언어장애, 말소리장애, 아동기 발병 유창성장애, 사회적(실용적) 의사소통장애 등이 있다.
- 탈억제성 사회적 유대감 장애(disinhibited social engagement disorder)는 외상 및 스트레스 관련 장애(trauma and stressor related disorder)의 하위장애에 해당된다. 이 장애는 낯선 성인에게 지나치게 접근하고 소통하는 언어 또는 신체 행동을 특징으로 한다.

25 공황장애에 대한 설명과 가장 거리가 먼 것은?

① 일부 신체감각에 대한 재앙적 사고는 공황장애에서 나타나는 대표적인 인지적 왜곡이다.
② 항우울제보다는 항불안제가 공황장애 환자들의 치료에 우선적으로 쓰인다.
③ 전체 인구의 1/4 이상은 살면서 특정 시점에 한두 번의 공황발작을 경험하는 것으로 알려져 있다.
④ 반복적이고 예기치 못한 공황발작이 특징적이다.

해설

공황장애(panic disorder)의 주요 특징은 반복적으로 예기치 못한 공황발작이 일어나는 것이다. 약물치료는 항우울제의 일종인 선택적 세로토닌 재흡수 억제제가 우선적으로 권장되며, 항불안제와 병용하거나 인지행동치료를 통해 사소한 신체감각을 지나치게 과대평가, 확대해석 및 파국적 사고로 발전시키는 공황장애의 인지왜곡을 교정한다.

26 Young에 의해 개발된 것으로, 전통적인 인지치료를 통해 긍정적인 치료효과를 보지 못했던 만성적인 성격문제를 지닌 환자와 내담자를 위한 치료법은?

① 심리도식 치료(schema therapy)
② 변증법적 행동치료(dialectical behavior therapy)
③ 마음챙김에 기초한 인지치료(mindfulness-based cognitive therapy)
④ 통찰 중심치료(insight focused therapy)

정답 24. ④ 25. ② 26. ①

해설

- Jeffrey E. Young이 개발한 심리도식치료(schema therapy)는 Beck의 인지치료를 기반으로 이를 보완하여 만성적인 성격장애에까지 적용 가능하도록 한 심리치료이다.
- 심리도식치료에서는 초기 아동기에 형성된 심리도식을 초기 부적응 도식이라고 하고, 이러한 심리도식이 성인기까지 지속적으로 이어져서 특정 사건이나 지각을 통해 활성화되면 불안이나 우울 같은 심리적 장애를 나타내게 된다고 보고 있다.

27 다음 사례와 같은 성격장애는?

▶ 2009, 2011

자신이 관심의 중심에 있기를 바라고, 감정이 빠르게 변하고 피상적이며, 지나치게 인상에 근거한 언어표현을 보이고, 피암시성이 높은 특성을 보인다.

① 편집성 성격장애
② 연극성 성격장애
③ 자기애성 성격장애
④ 강박성 성격장애

해설

- 연극성 성격장애(histrionic personality disorder)는 과도한 정서성과 관심을 끄는 행동이 특징적이다. 자신이 주목을 받지 못하면 불편해 하고 인정을 받지 못하는 상황을 매우 힘들어한다. 감정표현이 가변적이고 피상적이며, 연극조로 말하거나 과장되게 표현하며, 피암시성이 높아 타인이나 상황의 영향을 쉽게 받는다.
- 편집성 성격장애(paranoid personality disorder)는 타인의 동기를 악의적인 것으로 해석하는 등 타인에 대한 의심과 불신을 특징으로 한다.
- 자기애성 성격장애(narcissistic personality disorder)는 과대성, 과도한 숭배 요구, 공감의 결여를 특징으로 한다.
- 강박성 성격장애(obsessive-compulsive personality disorder)는 정리정돈, 완벽함, 정신적 통제 및 대인관계 통제에 지나치게 집착하는 행동을 특징으로 한다.

학습 Plus 연극성 성격장애(histrionic personality disorder)의 진단기준(DSM-5)

과도한 감정성과 주의를 끄는 광범위한 형태로 이는 성인기 초기에 시작되며, 여러 상황에서 나타나고 다음 중 5가지(또는 그 이상)로 나타난다.

1. 자신이 관심의 중심에 있지 않는 상황을 불편해 함
2. 다른 사람과의 관계 행동이 자주 외모나 행동에서 부적절하게 성적, 유혹적 내지 자극적인 것으로 특징지어짐
3. 감정이 빠른 속도로 변화하고 피상적으로 표현됨
4. 자신에게 관심을 집중시키기 위해 지속적으로 외모를 사용함
5. 지나치게 인상적이고 세밀함이 결여된 형태의 언어 사용
6. 자기극화, 연극성 및 과장된 감정의 표현을 보임
7. 피암시적임. 즉, 다른 사람이나 상황에 의해 쉽게 영향을 받음
8. 실제보다 더 가까운 관계로 생각함

정답 27. ②

28 뇌에서 발견되는 베타 아밀로이드라는 단백질의 존재와 가장 관련이 있는 장애는? ▸ 2015

① 파킨슨병 ② 조현병
③ 알츠하이머병 ④ 주요우울장애

해설

- 베타 아밀로이드는 알츠하이머병 환자의 뇌에서 발견되는 아밀로이드 플라크의 주 성분으로서 알츠하이머병에 결정적으로 관여하는 36~43개의 아미노산 펩타이드를 의미한다.
- 알츠하이머병의 경우 베타 아밀로이드라고 부르는 단백질이 뇌에 쌓여 뇌세포가 파괴되면서 발병하게 되는데, 베타 아밀로이드 플라크(beta amyloid plaque)가 뉴런 신경세포의 손실 및 치매의 발현을 유도한다.

29 다음에서 설명하고 있는 조현병 유발요인에 해당하는 것은? ▸ 2018

부모의 상반된 의사전달, 감정과 내용이 불일치하는 의사소통방식 등이 조현병의 원인이 될 수 있다.

① 조현병을 유발하기 쉬운 어머니(schizophrenogenic mother)의 양육태도
② 이중구속이론(double-bind theory)
③ 표현된 정서(expressed emotion)
④ 분열적 부부관계(marital schism)

해설

이중구속이론(double-bind theory): 부모의 상반된 의사전달로 인해 혼란감이 가중되는 경우(부모 가운데 한 사람이 동일한 사안에 대해서 서로 다른 시기에 상반된 의사를 전달하거나 동일한 사안에 대해 부모가 서로 상반된 지시나 설명을 하는 경우)를 말한다.

학습 Plus 조현병의 유발요인: 가족요인

- 조현병을 유발하기 쉬운 어머니(schizophrenogenic mother)의 양육태도
  어머니의 양육태도가 차갑고 지배적이며 자녀에게 갈등을 조장하는 경우(자녀의 감정에 무감각하거나 거부적이고 친밀감에 대한 두려움을 지님) 또는 과도하게 과잉보호적이며 자기희생적인 경우
- 표현된 정서(expressed emotion)
  가족 간 갈등이 많고 비판적이며, 분노 감정을 과도하게 표현할 뿐 아니라 환자에 대해 과도한 간섭을 보이는 경우
- 분열적 부부관계(marital schism)
  편향적 부부관계(수동적인 배우자가 정신적으로 건강하지 못한 배우자에게 가족에 대한 통제권을 양보한 채 자녀에게 집착하는 경우), 분열적 부부관계(부부가 만성적인 갈등상태에서 서로의 요구를 무시하고 자녀를 자기편으로 만들기 위해 치열하게 경쟁하는 경우)인 경우

정답 28. ③ 29. ②

30 Beck의 우울이론 중 부정적 사고의 세 가지 형태에 해당하지 않는 것은?

① 과거에 대한 부정적 사고
② 자신에 대한 부정적 사고
③ 미래에 대한 부정적 사고
④ 주변 환경(경험)에 대한 부정적 사고

벡(Beck)은 우울한 사람들은 자기, 주변 환경, 미래에 대해서 부정적인 사고와 심상을 지니고 있다고 보았으며, 우울한 사람들이 지니고 있는 부정적인 3가지 도식을 인지삼제(cognitive triad)라고 하였다.

〈우울증의 인지삼제(cognitive triad)〉

- 자신에 대한 부정적 생각(예: "나는 무가치한 사람이다")
- 주변 환경에 대한 부정적 생각(예: "세상은 매우 살기 힘든 곳이다")
- 미래에 대한 부정적 생각(예: "나의 앞날은 희망이 없다")

31 공포증의 형성 및 유지에 대한 2요인 이론은 어떤 요인들이 결합된 이론인가? ▸ 2016

① 학습요인과 정신분석요인
② 학습요인과 인지요인
③ 회피조건형성과 준비성요인
④ 고전적 조건형성과 조작적 조건형성

해 설

- Mowrer는 2요인 이론(two-factor theory)를 제안하면서 공포반응의 형성은 고전적 조건형성에 의해 일어나는 반면, 공포반응의 유지는 조작적 조건형성에 의한 것이라고 보았다.
- 다양한 중성적 조건자극이 공포를 유발하는 무조건 자극과 반복적으로 연합되면 공포반응을 유발할 수 있다. 이처럼 다양한 경로를 통해 형성된 공포(고전적 조건형성)는 회피반응에 의해서 유지되고 강화된다. 회피행동은 두려움을 피하게 하는 부적 강화 효과를 지니기 때문에 지속된다(조작적 조건형성).

32 알코올 중독과 비타민 B1(티아민) 결핍이 결합되어 만성 알코올 중독자에게 발생하는 장애로, 최근 및 과거 기억을 상실하고 새로운 정보를 학습하지 못하는 인지 손상과 관련이 있는 것은? ▸ 2007, 2009, 2012, 2016

① 뇌전증
② 혈관성 신경인지장애
③ 헌팅턴병
④ 코르사코프 증후군

해 설

- 코르사코프 증후군(Korsakoff syndrome)은 장기간에 걸친 음주에 의해 단기기억의 장애가 오는 것이 특징이다. 주된 증상은 건망증, 지남력 장애, 작화증, 말초신경장애가 나타나며, 그 외에 소뇌 운동 실조증, 근육 병변 등의 신경학적 장애를 동반할 수 있다. 알코올 과다 섭취로 인해서 티아민의 흡수율과 이용률이 크게

정답 30. ① 31. ④ 32. ④

저하되어 나타나는 증상이다.

- 뇌전증(epilepsy)은 뇌에서 생기는 질환으로, 뇌 신경세포가 일시적 이상을 일으켜 과도한 흥분 상태를 나타냄으로써 의식의 소실이나 발작, 행동의 변화 등 뇌기능의 일시적 마비의 증상이 나타난다.
- 혈관성 신경인지장애(vascular neurocognitive disorder)는 뇌혈관 질환이 원인이 되는 신경인지결함 장애이다. 다발경색증이 존재하며, 인지 저하는 급격한 계단식 혹은 변동성을 보인다.
- 헌팅턴병(huntington disease)은 신경계에 영향을 미치는 퇴행성 유전질환으로서 주요 증상은 불수의적 움직임, 비정상적인 걸음걸이, 늘어지는 말투, 연하곤란, 인지장애와 성격장애 등이 나타난다.

33 정신분석학적 관점에서 볼 때 해리장애를 야기하는 주된 방어기제는? ▸ 2011, 2013, 2014

① 억압 ② 반동형성
③ 치환 ④ 주지화

해설

- 정신분석에서는 해리장애를 야기하는 '억압(repression)'을 능동적인 정신과정으로 보았다. 억압은 해리장애의 주된 방어기제로서 불안을 일으키는 심리적 내용이 의식되지 못하게 할 뿐 아니라 행동에 영향을 주지 못하게 한다.
- 반동형성(reaction formation)은 실제로 느끼는 부정적 감정을 직접 표현하지 못하고 무의식적 소망과 반대되는 방향으로 행동하는 것을 말한다.
- 치환 혹은 전치(displacement)는 한 대상에 대한 욕구를 덜 위험한 대상에게 표출함으로써 불안과 긴장을 해소하는 것이다.
- 주지화(intellectualization)는 정서적인 주제를 이성적인 주제로 전환하여 추상적으로 다룸으로써 불안을 회피하는 것이다.

34 조현병의 진단기준에 해당하는 증상이 아닌 것은? ▸ 2015

① 망상 ② 환각
③ 고양된 기분 ④ 와해된 언어

해설

〈조현병(schizophrenia)〉

- 양성 증상(positive symptom)
  정상인들에게는 나타나지 않지만 정신분열병 환자에게서는 나타나는 증상을 말한다. 망상, 환각, 와해된 언어, 와해된 행동이나 긴장성 행동이 있다.
  - 망상(delusion)은 외부 세계에 대한 잘못된 추론에 근거한 그릇된 신념으로서 분명한 반증에도 불구하고 지니고 경고하게 유지된다.

정답 33. ① 34. ③

- 환각(hallucination)은 현저하게 왜곡된 비현실적 지각을 말한다. 환청, 환시, 환후, 환촉, 환미로 구분된다.
- 와해된 언어(disorganized speech)는 비논리적이고 지리멸렬한 혼란스러운 언어를 뜻하며, 말을 할 때 목표나 논리적 연결 없이 횡설수설하거나 상대방이 이해하기 어려운 말을 한다.
- 와해된 행동(disorganized behavior)은 나이에 걸맞은 목표지향적 행동을 하지 못하고 상황에 부적절하게 나타내는 엉뚱하거나 부적응적인 행동을 말한다.
- 긴장증적 행동(catatonic behavior)은 마치 근육이 굳은 것처럼 어떤 특정한 자세를 유지하는 것을 말한다.

• 음성 증상(negative symptom)
정상인들이 나타내는 적응적 기능이 결여된 상태를 말한다. 정서적 둔마, 무의욕증, 무언어증, 무쾌락증, 비사회성이 있다.
- 정서적 둔마(flat affect)는 외부 자극에 대한 정서적 반응성이 둔화된 상태이다.
- 무의욕증(avolition)은 마치 아무런 욕망이 없는 듯 어떠한 목표지향적 행동도 하지 않고 사회적 활동에도 무관심한 상태이다.
- 무언어증(alogia)은 말이 없어지거나 짧고 간단하며 공허한 말만을 하는 등 언어반응이 빈곤해지는 상태이다.
- 무쾌락증(anhedonia)은 긍정적인 자극으로부터 쾌락을 경험하는 능력이 감소된 상태이다.
- 비사회성(asociability)은 다른 사람과의 사회적 상호작용에 대한 관심이 없는 상태이다

• 고양된 기분은 조증 삽화의 기준에 해당된다. 조증 삽화(manic episode)는 과도하게 들뜬 고양된 기분을 나타내며 자존감이 팽창되어 말과 활동이 많아지고 주의가 산만해져서 일상적인 생활이 불가능한 경우에 해당된다.

35 주의력결핍 및 과잉행동장애(ADHD)의 치료에 사용되는 약물은?

① Ritalin ② Thorazine
③ Insulin ④ Methadone

해설

• ADHD 치료에 사용되는 가장 일반적인 의약품은 Ritalin(리탈린) 같은 중추신경자극제(메틸페니데이트)이다. 중추신경계를 흥분시키는 이러한 약품들이 대부분의 사람에게는 흥분제로 작용하지만, 역설적으로 ADHD 증상에서는 평온함과 집중력을 높이고, 과잉 행동의 완화 효과를 가져온다.
• 단, 리탈린 등 메틸페니데이트 성분의 ADHD 치료제를 복용할 경우 신경쇠약, 불면증, 식욕 저하, 체중 감소 등의 부작용이 나타날 수 있다.

정답 35. ①

36 특정 공포증의 하위유형 중 공포 상황에서 초반에 짧게 심장박동수와 혈압이 증가된 후 갑자기 심박수와 혈압의 저하가 뒤따르고 그 결과 실신하거나 실신할 것 같은 반응을 경험하는 것은?

① 동물형　② 상황형
③ 자연환경형　④ 혈액-주사-손상형

해설

- 특정 공포증(specific phobia)은 특정한 대상이나 상황에 대한 비합리적인 두려움과 회피행동을 지속적으로 나타내는 경우이다. 공포 대상이나 상황을 마주치거나 예상할 때 생리적 각성을 경험하며, 대상이나 상황에 대한 비합리적 두려움과 회피행동이 특징이다.
  - 교감신경계 각성: 동물형, 상황형, 자연환경형
  - 미주신경성 실신: 혈액-주사-손상형
    * '미주신경성 실신'은 적절한 뇌혈류와 정상적인 의식을 유지하는 데 필요한 혈압 또는 심장박동수를 유지하는 자율신경계의 갑작스러운 기능부전으로 발생한다. 일시적으로 맥박수가 매우 느려지고, 혈압이 저하되면서 뇌로 가는 혈액이 부족해져 실신의 상태를 경험하게 된다.

학습 Plus 특정 공포증(specific phobia)의 진단기준(DSM-5)

A. 특정 대상이나 상황에 대해서 극심한 공포나 불안이 유발된다(예: 비행기 타기, 고공, 동물, 주사 맞기, 피를 봄).
B. 공포 대상이나 상황은 대부분의 경우 즉각적인 공포나 불안을 야기한다.
C. 공포 대상이나 상황을 회피하거나 아주 극심한 공포나 불안을 지닌 채 살아간다.
D. 공포나 불안이 특정 대상이나 상황이 줄 수 있는 실제 위험에 대한 것보다 극심하며, 사회문화적 맥락에서 통상적으로 받아들이는 것보다 심하다.
E. 공포 · 불안 · 회피 반응은 전형적으로 6개월 이상 지속된다.

다음의 경우에 명시할 것
- 동물형(예: 거미, 곤충, 개)
- 자연환경형(예: 고공, 폭풍, 물)
- 혈액-주사-손상형(예: 바늘, 침투적인 의학적 시술)

37 기분관련장애와 관련된 유전가능성에 대한 설명으로 옳은 것은?

① 유전가능성은 양극성 장애보다 단극성 장애에서 더 높다.
② 유전가능성은 단극성 장애보다 양극성 장애에서 더 높다.
③ 유전가능성은 단극성 장애와 양극성 장애에서 유사하다.
④ 단극성 장애와 양극성 장애는 유전가능성과 관련이 없다.

정답 36. ④ 37. ②

해설

양극성 장애가 단극성 장애에 비해 기분장애가 발생할 위험성이 높다. 양극성 장애를 지닌 직계 가족에게서 제1형 양극성 장애, 제2형 양극성 장애 및 기분장애 발생 비율이 높았으며, 쌍둥이와 입양아 연구에서는 제1형 양극성 장애가 유전적인 영향을 가장 많이 받는 것으로 나타났다.

38 외상 후 스트레스장애의 주된 증상과 가장 거리가 먼 것은?

① 침습 증상　② 지속적인 회피
③ 과도한 수면　④ 인지와 감정의 부정적 변화

해설

외상 후 스트레스장애(post-traumatic stress disorder)의 주요 증상

- 실제적인 것이든 위협을 당한 것이든 죽음, 심각한 상해 또는 성적인 폭력을 경험한다.
- 외상 사건과 관련된 침습 증상이 나타난다.
- 외상 사건과 관련된 자극 회피가 지속적으로 나타난다.
- 외상 사건에 대한 인지와 감정의 부정적 변화가 나타난다.
- 외상 사건과 관련하여 각성과 반응성의 현저한 변화가 나타난다.

학습 Plus 외상 후 스트레스장애(post-traumatic stress disorder)의 진단기준(DSM-5)

A. 실제적인 것이든 위협을 당한 것이든 죽음, 심각한 상해 또는 성적인 폭력을 다음 중 한 가지 이상의 방식으로 경험한다.
  1. 외상 사건을 직접 경험하는 것
  2. 외상 사건이 다른 사람에게 일어나는 것을 직접 목격하는 것
  3. 외상 사건이 가까운 가족이나 친구에게 일어났음을 알게 되는 것
  4. 외상 사건의 혐오스러운 세부 내용에 반복적으로 또는 극단적으로 노출되는 것 (전자매체, TV, 영화, 사진을 통한 것이 아님)

B. 외상 사건과 관련된 침습 증상이 다음 중 한 가지 이상 나타난다.
  1. 외상 사건에 대한 고통스러운 기억의 반복적이고 침투적인 경험
  2. 외상 사건과 관련된 고통스러운 꿈의 반복적 경험
  3. 외상 사건이 실제로 일어난 것처럼 느끼고 행동하는 해리 반응(예: 플래시백)
  4. 외상 사건과 유사하거나 그러한 사건을 상징하는 내적 또는 외적 단서에 노출될 때마다 강렬한 심리적 고통의 경험
  5. 외상 사건을 상징하거나 그와 유사한 내적 또는 외적 단서에 대한 심각한 생리적 반응

C. 외상 사건과 관련된 자극 회피가 다음 중 한 가지 이상의 방식으로 지속적으로 나타난다. 이러한 변화는 외상 사건이 일어난 후에 시작된다.
  1. 외상 사건과 밀접히 관련된 고통스러운 기억, 생각, 감정을 회피하거나 회피하려는 노력
  2. 외상 사건과 밀접히 관련된 고통스러운 기억, 생각, 감정을 유발하는 외적인 단서들(사람, 장소, 대화, 활동, 대상, 상황을 회피하거나 회피하려는 노력)

D. 외상 사건에 대한 인지와 감정의 부정적 변화가 다음 중 두 가지 이상 나타난다. 이러한 변화는 외상 사건이 일어난 후에 시작되거나 악화될 수 있다.

정답 38. ③

1. 외상 사건의 중요한 측면을 기억하지 못한다.
2. 자신, 타인, 세상에 대한 과장된 부정적 신념이나 기대를 지속적으로 지닌다.
3. 외상 사건의 원인이나 결과에 대한 왜곡된 인지를 지니며, 이러한 인지로 인해 자신이나 타인을 책망한다.
4. 부정적인 정서 상태(예: 공포, 분노, 죄책감이나 수치심)를 지속적으로 나타낸다.
5. 중요한 활동에 대한 관심이나 참여가 현저하게 감소한다.
6. 다른 사람에 대해서 거리감이나 소외감을 느낀다.
7. 긍정 정서(예: 행복감, 만족, 사랑의 감정)를 지속적으로 느끼지 못한다.

E. 외상 사건과 관련하여 각성과 반응성의 현저한 변화가 다음 중 두 가지 이상 나타난다. 이러한 변화는 외상 사건이 일어난 후에 시작되거나 악화될 수 있다.
1. 자극이 없는 상태이거나 사소한 자극에도 짜증스러운 행동이나 분노 폭발
2. 무모하거나 자기파괴적인 행동
3. 과도한 경계
4. 과도한 놀람 반응
5. 집중의 곤란
6. 수면 장해

F. 위에 제시된(B, C, D, E의 기준을 모두 충족시키는) 장해가 1개월 이상 나타난다.
G. 이러한 장해로 인해서 심각한 고통이 유발되거나 사회적, 직업적 또는 중요한 기능에 현저한 손상이 나타난다.
H. 이러한 장해는 약물이나 신체적 질병에 의한 것이 아니어야 한다.

39 DSM-5에서 주요우울장애의 주 증상에 포함되지 않는 것은? ▸ 2015

① 정신운동 초조나 지연
② 불면이나 과다수면
③ 죽음에 대한 반복적인 생각
④ 주기적인 활력의 증가와 감소

해 설

주요우울장애(major depressive disorder)는 2주 정도 거의 매일 우울한 기분을 느끼고, 거의 모든 활동에 있어 흥미나 즐거움의 상실을 보이는 것이 특징적이다. 식욕과 체중 변화, 수면의 질 저하, 정신운동 활동의 변화, 에너지 저하, 무가치감이나 죄책감, 집중력의 저하와 결정하기의 어려움, 죽음에 대한 반복적인 생각 또는 자살 생각이나 계획 및 시도 등이 나타난다.

학습 Plus 주요우울장애(major depressive disorder)의 DSM-5 진단준거

A. 다음의 증상 가운데 5가지(또는 그 이상)의 증상이 2주 연속으로 지속되며, 이전의 기능 상태와 비교할 때 변화를 보이는 경우 증상 가운데 적어도 하나는 (1) 우울 기분이거나 (2) 흥미나 즐거움의 상실이어야 한다.
1. 하루 중 대부분, 그리고 거의 매일 지속되는 우울 기분이 주관적인 보고(예: 슬픔, 공허감 또는 절망감)나 객관적인 관찰(예: 울 것 같은 표정)에서 드러남(주의점: 아동 및 청소년의 경우에는 과민한 기분으로 나타나기도 함)
2. 거의 매일, 하루 중 대부분, 거의 또는 모든 일상 활동에 대해 흥미나 즐거움이 뚜렷하게 저하됨
3. 체중 조절을 하고 있지 않은 상태에서 의미 있는 체중의 감소(예: 1개월 동안 5% 이상의 체중 변화)나 체중의 증가, 거의 매일 나타나는 식욕의 감소나 증가가 있음(주의점: 아동에서는 체중 증가가 기대치에 미달되는 경우)

정답 39. ④

4. 거의 매일 나타나는 불면이나 과다수면
5. 거의 매일 나타나는 정신운동 초조나 지연(객관적으로 관찰이 가능함)
6. 거의 매일 나타나는 피로나 활력의 상실
7. 거의 매일 무가치감 또는 과도하거나 부적절한 죄책감을 느낌
8. 거의 매일 나타나는 사고력이나 집중력의 감소 또는 우유부단함
9. 반복적인 죽음에 대한 생각(단지 죽음에 대한 두려움이 아닌), 구체적인 계획 없이 반복되는 자살사고 또는 자살시도나 자살수행에 대한 구체적인 계획

B. 증상이 사회적, 직업적 또는 다른 중요한 기능 영역에서 임상적으로 현저한 고통이나 손상을 초래한다.
C. 삽화가 물질의 생리적 효과나 다른 의학적 상태로 인한 것이 아니다.

40 DSM-5에서 성별 불쾌감에 대한 설명으로 틀린 것은? ▸ 2015

① 성인의 경우 반대 성을 지닌 사람으로 행동하며 사회에서 그렇게 받아들이기를 강렬하게 소망한다.
② 태어나면서 정해진 출생 성별과 경험하고 표현하는 성별 사이에 뚜렷한 불일치를 보인다.
③ 아동에서부터 성인에 이르기까지 다양한 연령대에서 나타날 수 있다.
④ 동성애자들이 주로 보이는 장애이다.

해설

- 성별 불쾌감(gender dysphoria)은 출생 시 지정된 자신의 신체적인 성별이나 성역할에 대한 불쾌감으로 고통을 받는다.
- 증상이 연령에 따라 다르기에 아동, 청소년과 성인의 기준에 따라 적용을 달리한다. 전형적인 성역할에 대한 단순한 비순응적인 행동과는 구분되어야 하며, 자신에게 주어진 성별보다는 다른 성별이 되고 싶은 강한 욕구와 성별 변이 행동과 흥미 정도, 만연도의 정도에 따라 달리한다.
- 성인의 경우 이성이 되고 싶거나, 이성으로 대우 받고자 하는 강한 갈망을 느끼며, 자신의 경험된/ 표현되는 성별의 현저한 불일치로 인해 자신의 일차 또는 이차 성징을 제거하고자 하는 강한 갈망을 느낀다.
- 동성애(homosexuality)는 동성의 상대에게 감정적 · 사회적 · 성적인 이끌림을 느끼는 것을 말하며, 이러한 감정을 받아들여 스스로 정체화한 사람을 뜻한다. 성별 불쾌감의 주요 특징에 해당되지 않는다.

학습 Plus 성별 불쾌감(gender dysphoria)의 진단기준(DSM-5)

〈아동에서의 성별 불쾌감〉

A. 자신의 경험된/표현되는 성별과 주어진 성별 사이의 현저한 불일치가 최소 6개월의 기간으로 최소한 다음 6가지를 보인다(진단기준 A1을 반드시 포함).
1. 이성이 되고 싶은 강한 갈망 또는 자신이 이성이라고 주장함
2. 남자 아이(주어진 성별)는 이성 옷을 입거나 여성 복장의 흉내 내기를 강하게 선호하고, 여자 아이(주어진 성별)는 전형적인 남성 복장만 착용하기를 강하게 선호하고 전형적인 여성 복장을 착용하는 것에 강한 저항을 보임

정답 40. ④

3. 가상 놀이 또는 환상 놀이에서 이성의 역할을 강하게 선호함
4. 이성에 의해 사용되거나 참여하게 되는 인형, 게임, 활동을 강하게 선호함
5. 이성 놀이 친구에 대한 강한 선호
6. 남자 아이(주어진 성별)는 전형적인 남성 인형, 게임, 활동에 대한 강한 거부감과 난투 놀이에 대한 강한 회피, 여자 아이(주어진 성별)는 전형적인 여성 인형, 게임, 활동에 대한 강한 거부감을 보임
7. 자신의 해부학적 성별에 대한 강한 혐오
8. 자신이 경험한 성별과 일치하고자 하는 일차적 또는 이차적 성적 특징에 대한 강한 갈망

〈청소년과 성인에서의 성별 불쾌감〉

A. 자신의 경험된/표현되는 성별과 주어진 성별 사이의 현저한 불일치가 최소 6개월의 기간으로 최소한 다음 6가지를 보인다.
1. 자신의 경험된/표현되는 일차 또는 이차 성징 사이의 현저한 불일치
2. 자신의 경험된/ 표현되는 성별의 현저한 불일치로 인해 자신의 일차 또는 이차 성징을 제거하고자 하는 강한 갈망
3. 이성의 일차 또는 이차 성징에 대한 강한 갈망
4. 이성이 되고 싶은 강한 갈망
5. 이성으로 대우받고 싶은 강한 갈망
6. 자신이 이성의 전형적인 느낌과 반응을 가지고 있다는 강한 확신

2018년 제3회 기출문제

21 조현병 스펙트럼 및 기타 정신병적 장애에 속하는 장애를 모두 고른 것은?

> ㄱ. 망상장애　　ㄴ. 조현양상장애　　ㄷ. 긴장증

① ㄱ, ㄴ　　② ㄱ, ㄷ
③ ㄴ, ㄷ　　④ ㄱ, ㄴ, ㄷ

해 설

조현병 스펙트럼 및 기타 정신병적 장애에는 조현병, 조현양상장애, 조현정동장애, 망상장애, 단기 정신병적 장애, 긴장증, 물질/치료약물로 유발된 정신병적 장애, 달리 명시된 조현병 스펙트럼 및 기타 정신병적 장애가 있다.

학습 Plus 조현병 스펙트럼 및 기타 정신병적 장애

장애	특징
조현병	• 활성국면 증상(망상, 환각, 와해된 말, 극도로 와해된 또는 긴장성 행동, 음성 증상)이 적어도 1개월 지속됨 • 증상 지속 기간: 6개월 이상 • 한 가지 이상의 주요 생활 영역에서의 기능 수준이 발병 이전에 성취된 수준보다 현저하게 미달됨
조현양상장애	• 활성국면 증상(망상, 환각, 와해된 언어, 극도로 와해된 또는 긴장성 행동, 음성 증상)이 적어도 1개월 지속됨 • 증상 지속 기간: 6개월 미만
조현정동장애	• 주요우울 또는 조증 삽화 기간이 조현병의 활성국면 증상과 겹침 • 적어도 2주 동안 주요 우울 또는 조증 삽화 없이 망상 또는 환각이 있음
망상장애	• 다른 정신병적 증상 없이 지속적인 망상이 적어도 1개월 동안 지속됨
단기 정신병적 장애	• 망상, 환각 또는 와해된 말이 1개월 미만 동안 지속됨

정답 21. ④

긴장증	• 운동 활동 감소, 면담 또는 신체검진 동안 참여 감소 또는 과도하고 특이한 운동 활동이 포함된 광범위한 증상이 특징인 정신운동 장애
물질/치료약물로 유발된 정신병적 장애	• 중추신경계에 대한 물질 또는 치료약물의 직접적인 효과로 인한 망상 또는 환각
달리 명시된 조현병 스펙트럼 및 기타 정신병적 장애	• 임상적으로 현저한 고통 또는 기능 손상을 초래하지만 조현병 스펙트럼 및 기타 정신병적 장애 진단분류에 속한 장애들 중 어떤 장애의 진단기준에 완전히 부합되지 않는 조현병 스펙트럼 및 기타 정신병적 장애 특유의 증상

22 DSM-5의 진단분류에 따른 성격장애 중 기이하고 괴팍한 행동 특성과 가장 거리가 먼 것은?

① 편집성 성격장애　　② 조현성 성격장애
③ 조현형 성격장애　　④ 회피성 성격장애

DSM-5의 진단분류에 따른 성격장애 중 A군 성격장애는 편집성 성격장애, 조현성 성격장애, 조현형 성격장애가 있다. 회피성 성격장애는 C군 성격장애에 해당된다.

학습 Plus DSM-5의 성격장애의 군집별 분류

- A군 성격장애(cluster A personality disorder)/이상하고, 기이한, 고립된
  편집성 성격장애, 조현성 성격장애, 조현형 성격장애가 해당된다.
- B군 성격장애(cluster B personality disorder)/극적, 감정적, 충동적이고, 변덕스러운
  반사회성 성격장애, 연극성 성격장애, 경계성 성격장애, 자기애성 성격장애가 해당된다.
- C군 성격장애(cluster C personality disorder)/불안해 하고, 두려워하는
  강박성 성격장애, 의존성 성격장애, 회피성 성격장애가 해당된다.

23 정신장애와 그에 관한 설명으로 옳지 않은 것은?

① 신경성 폭식증-체중 증가에 대한 두려움을 가짐
② ADHD-치료에 주로 사용되는 약물은 중추신경 자극제임
③ 학습장애-지능 수준에 관계없이 학업성적이 현저하게 떨어지는 경우를 말함
④ 뚜렛장애-여러 가지 운동 틱과 한 가지 또는 그 이상의 음성 틱이 일정 기간 동안 나타남

정답 22. ④ 23. ③

해설

학습장애(learning disorder)는 정상적인 지능을 갖추고 있고 정서적인 문제가 없음에도 불구하고 지능 수준에 비하여 현저한 학습부진을 보이는 경우를 말한다. 이러한 장애를 지닌 아동들은 흔히 읽기, 쓰기, 산술적 또는 수리적 계산과 관련된 기술을 학습하는 데 어려움을 나타낸다.

24 조현병의 원인에 대한 설명으로 옳지 않은 것은?

① 이중구속이론: 부모의 상반된 의사전달이 조현병 유발에 영향을 준다.
② 표현된 정서(expressed emotion): 가족 간에 긍정적인 감정을 과하게 표현한다.
③ 도파민 가설: 뇌에서 도파민 수용기가 증가되어 있다.
④ 정신분석이론: 조현병을 자아경계(ego boundary)의 붕괴에 기인한 것으로 본다.

해설

조현병의 원인으로 가족 내에서 발생되는 표현된 정서(expressed emotion)가 영향을 준다고 보고 있다. 가족 내 과도한 분노, 간섭 및 비판적 태도는 조현병의 원인으로 주목된다.

학습 Plus 조현병의 발병요인: 가족요인

- **이중구속이론(double-bind theory)**: 부모의 상반된 의사전달로 인해 혼란감이 가중되는 경우(부모 가운데 한 사람이 동일한 사안에 대해서 서로 다른 시기에 상반된 의사를 전달하거나 동일한 사안에 대해 부모가 서로 상반된 지시나 설명을 하는 경우)
- **조현병을 유발하기 쉬운 어머니(schizophrenogenic mother)의 양육태도**: 어머니의 양육태도가 차갑고 지배적이며 자녀에게 갈등을 조장하는 경우(자녀의 감정에 무감각하거나 거부적이고 친밀감에 대한 두려움을 지님) 또는 과도하게 과잉 보호적이며 자기희생적인 경우
- **표현된 정서(expressed emotion)**: 가족 간 갈등이 많고 비판적이며, 분노 감정을 과도하게 표현할 뿐 아니라 환자에 대해 과도한 간섭을 보이는 경우
- **분열적 부부관계(marital schism)**: 편향적 부부관계(수동적인 배우자가 정신적으로 건강하지 못한 배우자에게 가족에 대한 통제권을 양보한 채 자녀에게 집착하는 경우), 분열적 부부관계(부부가 만성적인 갈등상태에서 서로의 요구를 무시하고 자녀를 자기편으로 만들기 위해 치열하게 경쟁하는 경우)인 경우

25 치매에 대한 설명으로 옳지 않은 것은?

① 노인성 치매는 초발 연령 65세 이상에서 발생할 때를 일컫는 말이다.
② 사회적 · 직업적 기능을 방해할 정도로 인지 기능이 점차 퇴화된다.
③ 우울장애를 배제하려면 치매 증상이 아침에 더욱 심하게 나타나야 한다.
④ 작화증(confabulation)은 대표적인 증상이다.

정답 24. ② 25. ③

해설

치매의 경과 중 늦은 오후부터 저녁에 잠들기 전까지 착각과 불안, 혼돈 증상이 심해질 수 있으며, 수면-각성 주기의 문제가 생긴 경우 더욱 현저하다.

26 범불안장애의 DSM-5 진단기준에 해당하지 않는 것은?

① 걱정의 초점이 주로 과거 자신의 잘못에 맞추어짐
② 장애가 물질의 생리적 효과나 다른 의학적 상태로 인한 것이 아님
③ 걱정을 통제하기 어려움
④ 불안과 걱정이 당사자에게 심각한 고통을 유발함

해설

범불안장애(generalized anxiety disorder)는 일상생활 속에서 겪게 되는 여러 가지 사건이나 활동에 대해서 지나치게 걱정함으로써 지속적인 불안과 긴장을 경험한다. 이런 상태가 오랫동안 지속되면 개인은 몹시 고통스러우며 현실적인 적응에도 어려움을 겪게 된다.

학습 Plus 범불안장애(generalized anxiety disorder)의 진단기준(DSM-5)

A. (직장이나 학업과 같은) 수많은 일상 활동에 있어서 지나치게 불안해 하거나 걱정(우려하는 예측)을 하고, 그 기간이 최소한 6개월 이상으로 그렇지 않은 날보다 그런 날이 더 많아야 한다.
B. 이런 걱정을 조절하기 어렵다고 느낀다.
C. 불안과 걱정은 다음의 6가지 증상 중 적어도 3가지 이상의 증상과 관련이 있다(지난 6개월 동안 적어도 몇 가지 증상이 있는 날이 없는 날보다 많다).
주의점: 아동에서는 한 가지 증상만 만족해도 된다.
1. 안절부절못하거나 낭떠러지 끝에 서 있는 느낌
2. 쉽게 피곤해짐
3. 집중하기 힘들거나 머릿속이 하얗게 되는 것
4. 과민상
5. 근육의 긴장
6. 수면 교란(잠들기 어렵거나, 유지가 어렵거나, 밤새 뒤척이면서 불만스러운 수면 상태)
D. 불안이나 걱정 혹은 신체 증상이 사회적, 직업적 또는 다른 중요한 기능 영역에서 임상적으로 현저한 고통이나 손상을 초래한다.
E. 장애가 물질(예: 남용약물, 치료약물)의 생리적 효과나 다른 의학적 상태(예: 갑상선 기능항진증)로 인한 것이 아니다.

정답 26. ①

27 자기애성 성격장애에 관한 이론과 그 설명을 잘못 연결한 것은?

① 대상관계이론 – 부모가 학대한 경우 위험성이 높다.
② 정신역동이론 – 타인이 자신에게 매우 도움이 된다고 믿는다.
③ 인지행동이론 – 아동기에 시나치게 긍정적으로 대우받은 사람들에게서 발생한다.
④ 사회문화이론 – 경쟁이 조장되는 서구 사회에서 나타날 소지가 크다.

해설

자기애성 성격장애(narcissistic personality disorder)의 원인에 대한 정신역동이론에서는 어린 시절에 부모로부터 적절한 양육과 애정을 받지 못하게 되면 자기애적 손상이 일어나 병적인 자기애가 발달하게 되고, 점차 자존감을 유지하고 보호하기 위해 타인에게 지나치게 과민하고 방어적인 행동양식을 나타낸다고 보았다.

28 우울 유발적 귀인방식이 아닌 것은?

① 실패 경험에 대한 전반적 귀인
② 실패 경험에 대한 내부적 귀인
③ 실패 경험에 대한 안정적 귀인
④ 실패 경험에 대한 특정적 귀인

해설

Abramson은 우울한 사람들은 실패 경험에 대해서는 지나치게 내부적 · 안정적 · 전반적 귀인을 하는 반면, 성공 경험에 대해서는 지나치게 외부적 · 불안정적, 특수적 귀인을 하는 경향이 있다고 했다. 이러한 귀인방식을 우울 유발적 귀인(depressogenic attribution)이라고 한다.

〈우울증의 우울 유발적 귀인방식〉

- 내부적 귀인: 실패 경험을 자신의 내복 요인으로 귀인함(예: 능력 부족)
- 안정적 귀인: 실패 경험을 쉽게 변화될 수 있는 안정적인 요인으로 귀인함(예: 성격과 같은 지속적 요인)
- 전반적 귀인: 실패 경험을 일부의 요소가 아닌 전반적 요인으로 귀인함(예: 성격 전체의 문제로 보는 것)

29 다음 설명 중 옳은 것은?

① 여성은 남성에 비해 알코올 분해 효소가 부족하다.
② 알코올은 정적 강화물로 작용할 수 있지만, 부적 강화물은 될 수 없다.
③ 술을 마셨을 때 얼굴이 신속하게 붉어지는 것은 알코올 분해 효소가 많다는 증거이다.
④ 술이 주로 식사와 함께 제공되는 문화에서는 알코올 문제가 많이 발생한다.

해설

여성은 배란 시기에 '에스트라디올'이라는 난소 호르몬이 분비되며, 이는 알코올 분해 효소 작용을 방해하는 역할을 한다. 이에 에스트라디올 호르몬 수치가 높아지는 시기에는 알코올 분해 능력이 저하되는 양상을 보인다.

정답 27. ② 28. ④ 29. ①

30 A양은 음대 입학시험을 앞두고 목소리가 나오지 않는 증상(aphonia)이 나타났다. 가장 가능성이 높은 정신장애 진단은? ▸ 2009, 2018

① 강박장애(obsessive-compulsive disorder)
② 선택적 함묵증(selective mutism)
③ 전환장애(conversion disorder)
④ 특정 공포증(specific phobia)

해 설

전환장애(conversion disorder)는 심리적인 원인에 의해 운동기관이나 신경계의 감각 기능에 이상 증상이 나타나는 장애를 말한다. 흔히 운동 기능 이상, 감각 기능 이상, 신체적 경련이나 발작 및 세 가지 경우가 복합적으로 나타날 수도 있다.
운동 기능 이상: 신체적 균형이나 협응 기능의 손상, 신체 일부의 마비나 기능 저하, 목소리가 나오지 않는 불성증(aphonia), 소변을 보지 못함, 음식을 삼키지 못하거나 목구멍이 막힌 듯한 느낌 등

31 남성이 사정에 어려움을 겪으며 성적 절정감을 느끼지 못하는 성기능 장애는? ▸ 2011, 2018

① 조루증
② 지루증
③ 발기장애
④ 성교통증장애

해 설

- 지루증(delayed ejaculation)은 사정에 도달하지 못하거나 사정에 도달하는 시간이 지연되어 사정에 어려움을 겪는 것을 말한다.
- 조루증(premature ejaculation)은 질 내에 삽입을 하고 개인이 원하기 전에 대략 1분 안에 사정을 하는 것이 반복적으로 일어나는 경우를 말한다.
- 발기장애(erectile disorder)는 성행위 욕구가 있음에도 발기가 되지 않아 성교에 어려움을 겪는 경우를 말한다.
- 성교통증장애(Genito-Pelvic Pain/Penetration Disorder)는 성교 시에 지속적으로 생식기에 통증을 느끼는 경우를 말한다.

32 다음 중 조증 증상일 가능성이 가장 높은 경우는?

① 로또가 당첨될 것 같아서 오늘 자동차를 카드로 결제했고, 내일은 집을 계약할 예정이다.
② 지난 1년 동안 사람들과 부딪히는 것이 싫어서 낮에는 집에 있다가 밤에만 돌아다녔다.
③ 지능이 상위 0.01%에 속한다는 심리검사결과를 받고 멘사에 등록을 신청했다.
④ 연인이 다른 사람과 결혼한 것이 화가 나서 방송국을 폭파하겠다고 위협하는 전화를 했다.

정답 30. ③ 31. ② 32. ①

해설

조증 증상으로는 팽창된 자존심이나 과장된 자신감, 수면 욕구 감소, 많이 많아짐, 사고의 비약, 주의 산만, 목표지향적 활동이나 흥분된 운동성 활동의 증가, 고통스러운 결과를 초래할 쾌락적인 활동에 지나친 몰두(예: 흥청망청 물건 사기, 무분별한 성행위, 어리석은 사업 투자) 등이 있다.

33 품행장애에 관한 설명으로 옳은 것은?

① 적대적 반항장애는 품행장애로 발전하지 않는다.
② 품행장애의 유병률은 남녀의 차이가 없다.
③ 품행장애의 발병에는 환경적 요인보다 유전적 요인이 크다
④ 품행장애가 이른 나이에 발병할수록 예후가 좋지 않다.

해설

- 품행장애(conduct disorder): 다른 사람의 기본적 권리를 침해하거나 나이에 적합한 사회적 규범이나 규칙을 위반하는 행동을 지속적이고 반복적으로 나타내는 장애를 말한다.
- 품행장애의 유병률은 남녀에 따라 상이하며(남자는 6~16%, 여자는 2~9%), 이른 나이의 조기 발병은 양호하지 못한 예후를 보일 수 있으며 유전적 요소와 환경적 요소 모두의 영향을 받는다.
- 적대적 반항장애의 경우 품행장애보다 발달적으로 먼저 나타나기 때문에 아동기에 발병한 품행장애의 경우에는 적대적 반항장애가 전조 증상일 수 있다.

34 의존성 성격장애의 진단기준에 해당하지 않는 것은?

① 자신이 사회적으로 무능하고 열등하다고 생각한다.
② 자신의 일을 혼자서 시작하거나 수행하기가 어렵다.
③ 타인의 보살핌과 지지를 얻기 위해 무슨 행동이든 한다.
④ 타인의 충고와 보장이 없이는 일상적인 일도 결정을 내리지 못한다.

해설

의존성 성격장애(dependent personality disorder)는 타인의 도움이 없이는 아무것도 할 수 없을 것이라는 두려움 때문에 주변 사람에게 매달리며, 중요한 타인과 분리되는 것을 두려워하며 의존적이고 복종적인 행동을 지속적으로 하는 특징이 있다.

정답 33. ④ 34. ①

학습 Plus 의존성 성격장애(dependent personality disorder)의 DSM-5 진단준거

돌봄을 받고자 하는 광범위하고 지나친 욕구가 복종적이고 매달리는 행동과 이별 공포를 초래하며, 이는 청소년기에 시작되며 여러 상황에서 나타나고 다음 중 5가지(또는 그 이상)로 나타난다.

1. 타인으로부터의 과도한 충고 또는 확신이 없이는 일상의 판단을 하는 데 어려움을 겪음
2. 자신의 생활 중 가장 중요한 부분에 대해 타인이 책임질 것을 요구함
3. 지지와 칭찬을 잃는 것에 대한 공포 때문에 타인과의 의견 불일치를 표현하는 데 어려움을 나타냄(주의점: 보복에 대한 현실적인 공포는 포함하지 않는다)
4. 계획을 시작하기 어렵거나 스스로 일을 하기가 힘듦(동기나 에너지의 결핍이라기보다는 판단이나 능력에 있어 자신감의 결여 때문임).
5. 타인의 돌봄과 지지를 지속하기 위해 불쾌한 일이라도 지원해서 함
6. 혼자서는 자신을 돌볼 수 없다는 심한 공포 때문에 불편함과 절망감을 느낌
7. 친밀한 관계가 끝나면 자신을 돌봐 주고 지지해 줄 근원으로 다른 관계를 시급히 찾음
8. 자신을 돌보기 위해 혼자 남는 데 대한 공포에 비현실적으로 집착함

PART 02 이상심리학

35 우울장애에 관한 설명으로 가장 거리가 먼 것은?

① 쌍생아 연구는 우울증의 유전적 소인의 증거를 제시한다.
② 세로토닌의 낮은 활동은 우울과 관련이 있다.
③ 면역체계의 조절장애가 우울의 유발을 돕는 것으로 나타났다.
④ 우울증과 관련된 뇌회로는 밝혀진 것이 없다.

해설

우울증과 관련된 연구에서는 해마, 편도, 미상핵, 피각, 전전두 피질을 연결하는 특정 회로가 우울증과 관련된 신경해부학적 회로인 것으로 나타났다.

- **해마**: 우울증의 인지 기능 저하(특히, 기억 기능)와 관련됨
- **전전두 피질**: 전전두 기능 저하는 우울한 기분, 작업기억, 정신운동 지연과 관련됨
- **편도**: 자극에 대한 정서 수준에 영향을 줌
- **선조계**: 피로감, 무기력감, 동기 저하에 영향을 줌
- **시상하부**: 수면, 식욕, 성욕, 에너지 수준 등의 신경생리학적 변화와 관련됨

36 강한 공포, 곧 죽지 않을까 하는 불안, 심계항진, 호흡곤란, 감각이상 등과 같은 문제들이 순식간에 시작되어 10여 분 내에 절정에 달하는 증상을 특징으로 하는 장애는?

① 신체증상장애 ② 공황장애
③ 질병불안장애 ④ 범불안장애

정답 35. ④ 36. ②

해설

공황장애(panic disorder): 예기치 못한 반복적인 공황발작이 있고, 공황발작은 10분 이내에 증상이 최고조에 이르며 갑작스럽게 나타나는 특징을 보인다. 증상은 비정기적인 특징이 있으며, 두려움이나 불쾌감, 공포를 동반하며 다양한 양상으로 나타난다.

〈공황 증상〉
- 심계항진, 심장의 두근거림, 또는 심장박동수의 증가
- 땀흘림
- 떨림 또는 전율
- 숨가쁜 느낌 또는 숨막히는 느낌
- 질식감
- 흉부 통증 또는 가슴이 답답함
- 토할 것 같은 느낌(오심) 또는 복부의 불편감
- 현기증, 불안정감, 어지럼증
- 비현실감 또는 이인증
- 자제력 상실에 대한 두려움 및 미칠 것 같은 두려움
- 죽음에 대한 두려움
- 감각이상

37 DSM-5의 특정학습장애의 감별진단과 가장 거리가 먼 것은?

① 신경학적 또는 감각 장애로 인한 학습문제
② 지적장애
③ 신경인지장애
④ 우울장애

해설

특정학습장애의 감별진단으로는 학업적 성취의 정상 변이, 지적장애(지적발달장애), 신경학적 또는 감각 장애로 인한 학습문제, 신경인지장애, 주의력결핍 과잉행동장애, 정신병적 장애와 구별되어야 한다.

학습 Plus 특정학습장애(specific learning disorder)의 감별진단

- 학업적 성취의 정상 변이
  특정학습장애는 외부적 요인(예: 교육 기회의 부족, 서투른 가르침의 지속, 제2언어로 학습)에 의한 학업적 성취에서의 정상 변이와 구별된다.
- 지적장애(지적발달장애)
  특정학습장애에서 나타나는 학습문제는 정상 수준의 지적 기능을 가진 경우에 나타나기에 지적 손상과 관련 있는 전반적인 학습에서의 어려움과는 다르다.

정답 37. ④

• 신경학적 또는 감각 장애로 인한 학습문제
신경학적 또는 감각 장애(예: 외상성 뇌손상, 청각손상, 시각손상)로 인한 학습문제가 있는 경우에는 신경학적 검사 상 이상소견이 있다는 점에서 특정학습장애와 구별된다.

• 신경인지장애
특정학습장애에서 나타나는 학습문제의 임상적 양상은 발달 주기 동안에 나타나며, 이전과 비교하여 학습문제의 뚜렷한 저하가 나타나지 않는다는 점이 다르다.

• 주의력결핍 과잉행동장애(ADHD)
특정학습장애는 ADHD와 연관된 저조한 학업적 수행과 구별되는데, ADHD는 특정 학업 기술을 학습하는 데 있어서 특정적 어려움이 있다기보다는 이러한 기술을 수행하는 데 어려움이 있다.

• 정신병적 장애
특정학습장애는 조현병이나 정신병과 연관된 학업적 어려움 및 인지 과정의 어려움과 구별되어야 한다. 정신병적 장애의 경우 이러한 기능적 영역이 대개 빠른 저하를 보인다.

38 이상행동 및 정신장애의 판별기준과 가장 거리가 먼 것은?

① 적응적 기능의 저하 및 손상
② 주관적 불편감과 개인적 고통
③ 가족의 불편감과 고통
④ 통계적 규준의 일탈

해설

이상행동 및 정신장애의 판별기준은 적응적 기능의 저하 및 손상, 주관적 불편감과 개인적 고통, 문화적 규범의 일탈, 통계적 규준의 일탈을 기준으로 보고 있다.

학습 Plus 이상행동 및 정신장애의 판별기준

• 적응적 기능의 저하 및 손상
개인의 인지적 · 정서적 · 행동적 · 신체생리적 기능이 저하되거나 손상되어 원활한 적응에 지장을 초래할 때 부적응적인 이상행동이 나타날 수 있다.

• 주관적 불편감과 개인적 고통
주관적으로 경험하는 현저한 고통과 불편감으로 인해 나타나는 심리적 상태나 특성은 이상행동으로 발현될 수 있다.

• 문화적 규범의 일탈
개인이 속한 사회문화적 규범에 어긋하거나 일탈된 행동을 나타낼 경우 이상행동으로 규정할 수 있다.

• 통계적 규준의 일탈
통계적 속성에 따라 평균으로부터 이탈된 정도에 따라 이상행동으로 간주할 수 있다. 즉, 한 사람의 행동이 다른 많은 사람의 평균적인 행동과 비교하여 매우 일탈되어 있을 때를 말한다.

정답 38. ③

39 알츠하이머병의 유전적 원인에 관한 설명으로 옳지 않은 것은?

① 단백질 생산을 맡은 유전자의 돌연변이와 관련이 있다.
② 만발성 알츠하이머병과 조발성 알츠하이머병에 관련된 유전적 요인은 다르다.
③ 노인성 반점과 같은 구조적 변화가 관찰된다.
④ 신경섬유매듭이 정상 발달 노인에 비해 매우 적다.

해설

알츠하이머 치매는 뉴런의 광범위하고 급속한 손상, 뇌혈관 내 베타아밀로이드의 축적, 플라그의 증식 및 신경원섬유 매듭(neurofibrillary tangle)의 생성 등을 특징으로 한다. 신경세포에 나타나는 심경섬유매듭은 알츠하이머 치매 증상의 주요 원인으로 기억력의 퇴행 및 지적 기능의 상실을 초래한다.

40 섭식장애에 관한 설명으로 옳지 않은 것은?

▸ 2014, 2018

① 신체 기능의 저하를 가져와 죽음에까지 이를 수 있다.
② 마른 외형을 선호하는 사회문화적 분위기와 관련된다.
③ 대개 20대 중반에 처음 발병된다.
④ 외모가 중시되는 직업군에서 발병률이 높다.

해설

섭식장애(eating disorder)의 일반적인 발병 연령은 청소년기나 성인기 초기에 시작된다. 극심한 음식 섭취의 제한으로 인한 영양 부족에 의해 죽음에 이를 수도 있으며, 날씬한 몸을 이상적 미의 기준으로 보는 사회문화적 분위기의 영향을 많이 받는다. 외모를 중요시하는 직업군에서 발병률이 높을 수 있으며, 개인적으로도 외모가 성공과 애정을 얻는 가장 중요한 요인으로 보니 신체에 대한 왜곡된 지각이 장애의 발병에 영향을 준다.

정답 39. ④ 40. ③

10 2018년 제1회 기출문제

21 발달 정신병리에서 성별, 기질, 부모의 불화, 부모의 죽음이나 이별, 긍정적 학교 경험의 부족 등은 어떤 요인에 해당하는가?

① 보호요인 ② 통제요인
③ 탄력성 ④ 위험요인

해 설

- 정신병리의 발병 및 지속, 만성적 경과에 영향을 미치는 요인으로는 보호요인과 위험요인이 있다. 위험요인이란 병리적 증상을 발생시키거나 항진시키는 데 영향을 미칠 가능성이 있는 요인으로, 개인 및 사회환경적 요인으로 구분된다.
- 정신병리의 발달 과정을 보면 성별에 따른 발달력이 영향을 주는 경우가 있으며, 개인의 기질 및 성격 차원의 문제가 병리 수준에 영향을 줄 수 있다. 그 외에 개인의 사회환경적 스트레스 요인 등이 영향을 주기에 다차원적 접근을 통한 정신병리의 이해가 필요하다.

22 허위성 장애에 관한 설명으로 적절하지 않은 것은?

① 남성보다 여성에게서 더 흔하다.
② 정확한 원인은 잘 알려져 있지 않다.
③ 외부적 보상이 없음에도 불구하고 증상을 허위로 만들어 낸다.
④ 청소년기에 주로 발병된다.

해 설

- 허위성/인위성 장애(factitious disorder)는 자신이나 타인의 신체적 또는 심리적 증상을 의도적으로 만들어 내거나 위장하는 경우이다. 분명한 외적 보상이 없는 상황에서도 질병 징후나 증상을 거짓으로 꾸며 내

정답 21. ④ 22. ④

고, 모방하거나 유발하는 은밀한 시도를 한다.
- 이 장애의 유병률은 잘 알려져 있지 않고, 병원에 오는 사람들의 약 1%가 허위성 장애 진단을 충족하는 증상을 보이는 것으로 추정되고 있다. 남성보다 여성에게서 더 흔하며, 발병은 주로 성인기 초기에 시작된다. 증상은 의학적 문제이거나 정신질환 때문에 입원한 이후에 발생한다.

23 사고의 비약(flight of ideas) 증상에 관한 설명으로 옳은 것은?

① 조현병의 망상적 사고
② 우울증의 자살충동적 사고
③ 조증의 대화할 때 보이는 급격한 주제의 전환
④ 신경인지장애의 지리멸렬한 사고

해 설

사고의 비약(flight of ideas)은 양극성 장애 조증 삽화의 임상적 특징에 해당된다. 사고의 비약이란 한 주제에서 다른 주제로 갑작스럽게 사고 전환이 일어나는 것을 말한다. 사고가 빠른 속도로 떠올라 끊임없이 연상이 이어지며, 맥락과 상관없는 이야기를 늘어놓거나 다른 사람의 시선에 상관하지 않고 끝없이 이야기하는 특징을 보인다.

24 다음은 어떤 장애인가?

> A군은 두통과 복통을 자주 호소하여 어머니와 함께 최근 소아과 검진을 받았는데, 별 문제가 없다는 판정을 받았다. 그러나 A군은 아침에 어머니와 헤어져 학교에 가는 것을 매우 힘들어하며, 신체적 문제를 핑계로 학교에서 자주 조퇴하였다.

① 선택적 함구증
② 반응성 애착장애
③ 분리불안장애
④ 기분조절불능장애

해 설

분리불안장애(separation anxiety disorder)는 애착 대상과의 분리에 대해 부적절하고 과도한 불안과 공포를 나타내는 장애이다. 분리불안장애를 가진 아동은 부모나 중요한 사람과 떨어지게 되면 자신에게 좋지 않은 일이 생길 것 같아 불안해 한다. 때문에 학교에 가는 것을 두려워하고 집을 떠나기 싫어한다.

정답 23. ③ 24. ③

25 인지치료 접근에서 사용하는 개입 방안이 아닌 것은?

① 협력적 경험주의 ② 소크라테스식 대화법
③ ABC 사고기록지 ④ 정서적 추론

Beck은 우울증 환자들이 생활 사건의 의미를 부정적인 것으로 받아들이면서 다양한 유형의 논리적 오류를 범한다고 보았으며, 이를 '인지적 오류'라고 불렀다. 정서적 추론은 '인지적 오류'의 한 형태로, 현실적 근거 없이 막연히 느껴지는 자신의 감정에 근거하여 결론을 내리는 것을 말한다.

학습 Plus 인지치료의 치료적 접근 원리

- 협력적 경험주의(collaborative empiricism)
  인지치료에서 치료자와 내담자는 마치 공동연구를 하듯이 협동적인 동등한 관계 속에서 모든 작업을 함께해 나간다.
- 소크라테스식 대화법(socratic dialogue)
  인지치료자가 내담자의 인지적 변화를 촉진하기 위해서 주로 질문을 통해 대화하는 방식을 의미한다.
- ABC 사고기록지(daily record of dysfunctional throught)
  A-B-C 기법을 사용하여 기록지에 사건 및 상황과 그때의 감정 및 행동 반응을 적어 놓고 그 사이에 어떤 생각이 개입되어 있었는지를 인식하도록 돕는다.
- 인도된 발견(guided discovery)
  치료자가 내담자로 하여금 자신의 부정적 사고, 그 속에 포함된 논리적 오류 및 대안적 사고를 발견하도록 안내하고 인도하는 치료적 과정을 의미한다.
- 하향 화살표 기법(down-arrow technique)
  특정한 사건의 자동적 사고로부터 그 사고의 기저에 있는 신념 내용을 계속 추적해 들어가며 자동적 사고의 기저에 존재하는 역기능적 신념을 탐색한다.
- 행동실험(behavioral experiment)
  내담자가 지니는 사고의 타당성을 직접적으로 검증하는 기법이다. 일련의 특정 행동을 해 보고 난 후 어떤 결과가 나타나는지를 확인하며 사고의 잘못된 부분을 확인한다.

26 성격장애의 하위 범주 중 극적이고 변덕스러운 행동을 특징적으로 나타내는 장애군에 속하는 것은? ▸ 2016

① 회피성 성격장애 ② 강박성 성격장애
③ 의존성 성격장애 ④ 경계성 성격장애

해설

DSM-5에서는 성격장애를 10가지 하위유형으로 구분하고 있으며, 크게 3가지 군집으로 분류하고 있다.

- A군 성격장애는 사회적으로 고립되어 있고 기이한 성격 특성을 나타내는 성격장애로서 (1) 편집성 성격장애, (2) 분열성 성격장애, (3) 분열형 성격장애가 이에 속한다.

정답 25. ④ 26. ④

- B군 성격장애는 정서적이고 극적인 성격 특성을 나타내는 유형으로서 (1) 반사회성 성격장애, (2) 연극성 성격장애, (3) 경계성 성격장애, (4) 자기애성 성격장애가 이에 속한다.
- C군 성격장애는 불안하고 두려움을 많이 느끼는 특성을 지니고 있으며, (1) 강박성 성격장애, (2) 의존성 성격장애, (3) 회피성 성격장애가 이에 속한다.

27 도박장애가 있는 사람들의 특징이 아닌 것은?

① 뇌의 보상중추에서 도파민의 활동성과 작용이 고조된다.
② 물질사용장애와는 다르게 금단 증상과 내성이 없다.
③ 충동적이며 새로운 자극을 추구하는 특성을 가진다.
④ 스트레스를 받거나 괴로울 때 도박을 더 많이 한다.

해설

- DSM-5의 물질 관련 및 중독장애 중 비물질-관련 장애에 속하는 '도박장애'는 뇌의 보상중추에서 도파민의 과잉 활동성을 경험한다고 알려져 있다. 병적 도박자의 경우 자극을 추구하고 모험적이며 충동적인 활동을 즐기는 심리적 특성을 지닌다.
- 스트레스를 받을 시 도박을 하게 되는데, 교감신경계의 활성화로 주관적 흥분감이 증가하여 기분이 좋아지고, 고통스러운 부정적 정서 상태에서 벗어나게 되면서 도박을 자주 접하게 된다.
- 병적 도박자의 경우 도박을 중단하면 안절부절못하고 우울해지거나 과민하고 집중력이 저하되는 금단 증상을 보인다.

28 DSM-5에서 해리성 정체감 장애의 진단적 특징이 아닌 것은?

① 자기감각과 행위 주체감의 갑작스러운 변화
② 반복적인 해리성 기억상실
③ 경험성 기억의 퇴보
④ 알코올 등의 직접적인 생리적 효과로 일어나는 경우도 포함

해설

해리성 정체감 장애(dissociative identity disorder)

- 2가지 이상의 각기 구별되는 정체감이나 성격 상태가 존재하는 것을 말한다. 각 성격은 개별적인 기능 상태를 나타내는 기억, 지각, 사고, 감정, 행동을 가진다.
- 하나의 성격에서 다른 성격으로 전환이 될 때는 갑작스럽고 극적으로 일어나는 경우가 많고, 스트레스 사건을 경험하면 이런 성격적인 변환이 쉽게 일어난다.
- 해리성 기억상실을 자주 경험하며, 개인의 생활 사건 중 과거 기억의 공백, 경험성 기억의 쇠퇴(예: 오늘 무슨 일이 일어났는지에 대한 기억, 컴퓨터 사용), 자신이 한 것으로 기억할 수 없는 일상적인 활동이나 수행의 증

정답 27. ② 28. ④

거(쇼핑, 몸의 상처 등)가 발견된다.

- 이러한 증상은 물질이나 약물 등으로 인한 직접적인 생리적 효과로 일어나는 것은 아니며, 문화적 혹은 종교적 관례로 볼 수 있는 것이 아니다.

29 공황장애에 관한 설명으로 적절한 것은?

① 공황발작은 공황장애의 고유한 증상이다.

② 여성보다 남성에게서 2~3배 더 많은 것으로 알려져 있다.

③ 청소년 후기와 30대 중반에서 가장 많이 발병한다.

④ 대개 나이가 들면서 자연스럽게 치유된다.

해 설

공황장애(panic disorder)의 주요 특징은 반복적으로 예기치 못한 공황발작이 일어나는 것이다. 청소년기, 특히 사춘기 이후에 시작되고, 주로 여성에게서 서서히 증가하며 성인기 중반에 가장 많이 나타난다. 평균 발병 연령은 20~24세이며, 치료를 받지 않으면 만성적인 결과를 초래한다.

30 강박 및 관련 장애에 관한 설명으로 옳은 것을 모두 고른 것은?

ㄱ. 강박장애의 가장 흔한 주제는 더러움 또는 오염이다.
ㄴ. 강박장애를 가진 사람들 중 일부는 강박사고만 또는 강박행동만 경험한다.
ㄷ. 강박 관련 장애로 수집광, 신체이형장애, 피부뜯기장애가 있다.

① ㄱ, ㄴ
② ㄱ, ㄷ
③ ㄴ, ㄷ
④ ㄱ, ㄴ, ㄷ

해 설

- 강박 및 관련 장애의 하위유형으로는 강박장애, 신체이형장애, 수집광(저장장애), 발모광(털뽑기장애), 피부뜯기장애가 있다. 강박장애 환자는 대부분 강박사고와 강박행동 모두를 가지고 있으나, 드물게 일부(강박사고 혹은 강박행동)만 경험할 수 있다.
- 강박사고와 강박행동은 사람마다 다르지만, 가장 많이 나타나는 주제는 오염에 대한 강박사고와 청소 강박행동이며, 그 외에 대칭성, 금기시된 사고(예: 성적, 공격적, 종교적), 위해(예: 자해나 타해에 대한 공포) 등이 있다.

정답 29. ③ 30. ④

31 외상 후 스트레스장애의 대표적인 지역사회 개입접근인 심리경험 사후보고에 관한 설명으로 적절한 것은?

① EMDR보다 효과적이다.
② 특정 고위험군 환자들에게 효과적이다.
③ 청소년에게만 효과적이다.
④ 전문가에 의해 행해졌을 때만 효과적이라고 보고된다.

해 설

- 외상 후 스트레스 증상이나 징후를 조기에 파악하여 보다 심각한 정신건강문제를 초래하지 않도록 예방하는 이차적 예방을 위한 심리사회적 개입으로 심리적 경험보고(Psychological Debriefing: PD)가 있다.
- 주로 외상사건 직후 급성기 고위험군 환자들에 대한 개입법으로 사용되며, 외상사건에 대한 기억 왜곡의 방지, 자신의 감정과 생각을 공유하고 집단적 지지를 이용해서 스트레스를 해소하는 과정과 이를 추후 관리로 연결하는 과정으로 구성된다.

32 성격장애에 관한 설명으로 옳지 않은 것은?

① 다른 정신장애와 동반되어 나타날 수 있다.
② 현실검증력의 장애가 있다.
③ 고정된 행동양식이 개인생활과 사회생활 전반에 넓게 퍼져 있다.
④ 대개 청소년기나 성인기 초기에 나타난다.

해 설

- 성격장애(personality disorder)란 성격 패턴이 완고하고 부적응적이어서 개인의 사회적 · 직업적 기능에 유의한 장애가 생기는 경우를 의미한다. 대개 현실검증력의 손상이 나타나지는 않으나 다른 정신장애 동반 가능성이 있기에 증상의 특성에 따라 심각성이 상이할 수 있다.
- 성격장애는 보통 청소년기나 성인기 초기에 두드러지며, 고정된 행동양식이 융통성이 없고 개인생활과 사회생활 전반에 넓게 퍼져 있다.

33 DSM-5에 새로 생긴 장애는?

① 의사소통장애
② 아스퍼거 증후군
③ 아동기 발병 유창성장애
④ 사회적 의사소통장애

해 설

- DSM-5의 신경발달장애의 하위 장애로는 지적발달장애, 의사소통장애, 자폐스펙트럼장애, 주의력결핍 과잉행동장애, 특정학습장애, 운동장애가 있다.

정답 31. ② 32. ② 33. ④

- 의사소통장애(communication disorder)는 말이나 언어 사용에 결함이 있는 경우로 언어장애, 말소리장애, 아동기 발병 유창성장애, 사회적(실용적) 의사소통장애 등이 있다. 이 중 사회적(실용적) 의사소통장애는 DSM-5에 처음 들어온 장애이다.
- 사회적(실용적) 의사소통장애(social communication disorder)는 의사소통 시 사회적 규칙을 이해하고 따르는 데 문제가 있고, 듣는 사람 혹은 상황적 요구에 따라 말을 바꾸며 대화를 나누고 규칙을 따르지 못하는 등의 장애를 나타낸다.

34 **지속성 우울장애(persistent depressive disorder)에 관한 설명으로 옳지 않은 것은?**

① 청소년의 경우, 증상이 적어도 2년 동안 지속되어야 한다.
② 하루의 대부분 우울 기분이 있다.
③ 조증 삽화, 경조증 삽화가 없어야 한다.
④ 식욕 부진 또는 과식, 불면 또는 과다수면, 절망감, 자존감 저하 등 2개 이상의 증상을 보인다.

해설

- 지속성 우울장애(persistent depressive disorder)는 DSM-IV에서의 만성 주요우울장애와 기분부전장애를 통합한 것으로, 성인의 경우 적어도 2년 동안 하루의 대부분 우울 기분이 있고, 우울 기분이 없는 날보다 있는 날이 더 많으며, 주관적으로 보고하거나 객관적으로 관찰된 경우에 해당된다.
- 아동이나 청소년의 경우에는 기분이 과민한 상태로 나타나기도 하며, 기간은 적어도 1년이 되어야 진단이 가능하다.

학습 Plus 지속성 우울장애(persistent depressive disorder)의 진단기준(DSM-5)

A. 적어도 2년 동안 하루의 대부분 우울 기분이 있고, 우울 기분이 없는 날보다 있는 날이 더 많으며, 이는 주관적으로 보고하거나 객관적으로 관찰된다.
주의점: 아동 및 청소년에게는 기분이 과민한 상태로 나타나기도 하며, 기간은 적어도 1년이 되어야 한다.

B. 우울 기간 동안 다음 2가지(또는 그 이상)의 증상이 나타난다.
1. 식욕부진 또는 과식
2. 불면 또는 과다수면
3. 기력의 저하 또는 피로감
4. 자존감 저하
5. 집중력 감소 또는 우유부단
6. 절망감

C. 장애가 있는 2년 동안(아동 및 청소년은 1년) 연속적으로 2개월 이상 진단기준 A와 B의 증상이 존재하지 않았던 경우가 없었다.

D. 주요우울장애의 진단기준을 만족하는 증상이 2년간 지속적으로 나타날 수 있다.

E. 조증 삽화, 경조증 삽화가 없어야 하고, 순환성 장애의 진단기준을 충족하지 않아야 한다.

F. 장애가 지속적인 조현정동장애, 조현병, 망상장애, 달리 명시된 또는 명시되지 않는 조현병 스펙트럼 및 기타 정신병적 장애와 겹쳐져서 나타나는 것이 아니다.

정답 34. ①

G. 증상이 물질(예: 남용약물, 치료약물)의 생리적 효과나 다른 의학적 상태(예: 갑상선 기능저하증)로 인한 것이 아니다.
H. 증상이 사회적, 직업적 또는 다른 중요한 기능 영역에서 임상적으로 현저한 고통이나 손상을 초래한다.

35 성적 가학장애에 관한 설명으로 적절하지 않은 것은?

① 주로 성적 피학장애를 가진 상대에게 가학적 행동을 보인다.
② 대부분 시간이 지나도 행동의 심각도에는 큰 변화가 없다.
③ 대부분 초기 성인기에 나타난다.
④ 성가학적 행동의 패턴은 보통 장기적으로 나타난다.

해설

- 성적 가학장애(sexual sadism disorder)는 상대방으로 하여금 고통이나 굴욕을 느끼게 함으로써 성적 흥분을 즐기거나 성적 행위를 반복하는 경우이다.
- 성적 가학장애는 심한 육체적 손상을 일으키지 않은 채로 지속되는 경우도 있지만, 대부분 시간이 경과함에 따라 강도가 높아지며 상대방에게 심한 손상을 입히거나 죽음에 이르게 하는 경우도 있다.

36 다음 중 증상이 나타나는 기간이 1개월 이상 6개월 이내인 경우 내리는 진단은?

① 망상장애 ② 조현정동장애
③ 조현양상장애 ④ 단기 정신병적 장애

해설

조현양상장애(schizophreniform disorder)는 조현병과 동일하지만 증상의 지속 기간이 1개월 이상 6개월 미만일 때 진단된다.

학습 Plus 조현병 스펙트럼 및 기타 정신병적 장애의 하위 장애와 특징

하위 장애	특징	진단 부합 기간
조현병	망상, 환각, 와해된 언어, 밋밋하거나 부적절한 정서, 긴장증과 같은 다양한 정신증적 증상	6개월 이상
조현정동장애	사고장애와 주요 우울 삽화 혹은 조증 삽화가 혼재	6개월 이상
조현양상장애	망상, 환각, 와해된 언어, 밋밋하거나 부적절한 정서, 긴장증과 같은 다양한 정신증적 증상	1~6개월
망상장애	한 가지 이상의 망상 지속, 다양한 하위 유형이 있음	1개월 미만
단기 정신병적 장애	망상, 환각, 와해된 언어, 긴장증과 같은 다양한 정신증적 증상	1개월 이내

정답 35. ② 36. ③

37 신경성 폭식증에 관한 설명으로 옳지 않은 것은?

① 보상행동(purging)은 칼로리를 낮추는 데 효과적이지 않다.
② 시간이 지남에 따라 폭식과 보상행동(purging)이 점점 증가한다.
③ 폭식은 시간과 장소, 타인의 유무와 관계없이 발생한다.
④ 청소년기나 초기 성인기에 시작된다.

해설

신경성 폭식증(bulimia nervosa)은 짧은 시간 내에 많은 양을 먹는 폭식행동과 이로 인한 체중 증가를 막기 위해 구토 등의 보상행동이 반복되는 경우를 말한다. 폭식행동은 주로 밤에, 혼자 있을 때, 집에 있을 때, 우울하거나 스트레스를 받을 때 자주 나타난다.

38 물질사용장애에 관한 설명이 아닌 것은?

① 내성이 나타난다.
② 금단 증상이 나타난다.
③ 물질 사용을 중단하거나 조절하려고 해도 뜻대로 되지 않는다.
④ 물질 사용으로 인한 직업 기능의 손상 여부는 진단 시 고려하지 않는다.

해설

- 물질사용장애(substance use disorder)는 특정한 물질을 과도하게 사용함으로 인해서 개인적 고통과 사회적 부적응이 초래되는 경우를 말한다. 주요 특징으로는 물질 사용에서의 조절 능력 손상, 사회적 손상, 위험한 물질 사용의 지속, 내성 및 금단 증상 여부가 포함된다.
- 이 중 사회적 손상은 물질 사용으로 인해 직장, 학교 혹은 집에서 해야 할 중요한 역할 수행에 실패하는지에 따라 평가된다.

39 범불안장애에서 나타나는 불안의 특징은?

① 특정 대상에 대한 과도한 불안
② 발작 경험에 대한 예기불안(anticipatory anxiety)
③ 불안의 대상이 분명하지 않은 부동성 불안(free-floating anxiety)
④ 반복적으로 침투하는 특정 사건에 대한 염려

정답 37. ③ 38. ④ 39. ③

해설

범불안장애(genralized anxiety disorder)는 매사에 걱정을 하고 늘 불안하거나 초조해 하며, 사소한 일에도 잘 놀라고 긴장되어 있는 상태이다. 걱정의 주제는 생활 전반에 걸쳐 다양하게 나타나는 특징이 있다. 불안의 대상이 분명하지 않은 부동성 불안을 보인다.

40 주요 신경인지장애와 경도 신경인지장애의 감별진단 기준으로 적절하지 않은 것은?

① 기억과 학습의 감퇴 정도
② 성격의 변화 정도
③ 언어능력의 감퇴 정도
④ 독립적 생활의 장애 정도

해설

경도 신경인지장애는 주요 신경인지장애에 비해 증상의 심각도가 경미한 경우를 의미하는 것으로, 인지적 영역 중 하나 이상의 영역에서 약간의 저하가 나타나는 상태를 뜻한다. 감별진단 기준으로 '인지 기능 저하'에 해당되는 복합적 주의, 집행 기능, 기억과 학습, 언어능력, 지각-운동 능력, 사회인지 능력의 감퇴 정도 및 '독립적인 일상생활의 장애' 정도를 통해 감별한다.

정답 40. ②

11 2017년 제3회 기출문제

21 조현병의 음성 증상이 아닌 것은?

① 감소된 정서표현 ② 무의욕증
③ 긴장성 경직 ④ 무쾌락증

해 설

조현병의 음성 증상으로는 감소된 정서표현, 무언어증, 무의욕증, 무쾌락증, 비사회성 등이 있다. 긴장성 경직(근육이 굳은 것처럼 어떤 특정한 자세를 유지함)은 양성 증상에 해당된다.

〈조현병의 음성 증상〉

- **감소된 정서표현**(diminished emotional expression): 외부 자극에 대한 정서적 반응성이 둔화된 상태로서 얼굴, 눈맞춤, 말의 억양, 손이나 머리의 움직임을 통한 정서표현이 감소된 것을 말한다.
- **무언어증**(alogia): 말이 없어지거나 짧고 간단하며 공허한 말만을 하는 등 언어반응이 빈곤한 것을 말한다.
- **무의욕증**(avolition): 어떠한 목표지향적 행동도 하지 않고 사회적 활동에도 무관심한 채로 오랜 시간을 보내는 것을 말한다.
- **무쾌락증**(anhedonia): 긍정적인 자극으로부터 쾌락을 경험하는 능력이 감소된 것을 말한다.
- **비사회성**(asociability): 다른 사람과의 사회적 상호작용에 대한 관심이 없는 것을 말한다.

22 DSM-5 신체증상 및 관련 장애에 속하는 장애를 모두 고른 것은?

ㄱ. 질병불안장애	ㄴ. 전환장애	ㄷ. 신체증상장애

① ㄱ, ㄴ ② ㄱ, ㄷ
③ ㄴ, ㄷ ④ ㄱ, ㄴ, ㄷ

정답 21. ③ 22. ④

해 설

신체증상 및 관련 장애(somatic symptom and related disorder)의 하위장애로는 신체증상장애, 전환장애, 질병불안장애, 인위성장애가 있다.

- **신체증상장애**: 신체증상을 지나치게 걱정하고, 고통을 받고, 장해를 경험함
- **전환장애**: 의학적으로 설명되지 않지만 수의적인 운동 및 감각 기능에 영향을 미침
- **질병불안장애**: 건강염려적인 현상으로 신체증상이 없음에도 불구하고 심한 병에 걸렸다고 집착함
- **인위성장애**: 의도적으로 신체 증상을 만들거나 꾸밈

23 우울증의 원인에 관한 설명으로 틀린 것은?

① 생물학적 입장: 도파민의 과도한 활동 결과

② 정신분석이론: 자기를 향한 무의식적인 분노의 결과

③ 행동주의이론: 긍정적 강화 감소의 결과

④ 인지이론: 부정적이고 비관적인 생각의 결과

해 설

〈우울증의 원인〉

- **정신분석적 이론**: 사랑하던 대상의 상실로 인한 슬픔과 분노 등의 복합적인 감정이 자신을 향하게 될 때 우울증이 발생된다고 본다.
- **행동주의적 이론**: 사회 환경으로부터 긍정적 강화의 약화, 학습된 무기력 등이 영향을 준다고 본다.
- **인지적 이론**: 역기능적인 신념과 부정적인 인지가 우울증을 유발하는 인지적 취약성으로 본다.
- **생물학적 이론**: 유전적 소인, 신경전달물질인 세로토닌의 감소, 높은 코르티솔 수준, 멜라토닌 호르몬의 과도한 분비가 영향을 준다고 본다.
- 도파민의 과도한 활동 결과로 야기되는 증상으로는 조현병, 파킨슨병, ADHD 등이 있다.

24 조증 삽화와 경조증 삽화의 공통점을 모두 고른 것은?

ㄱ. 의기양양하거나 과대하거나 과민한 기분이 지속되는 기간

ㄴ. 감소된 수면 욕구

ㄷ. 목표지향적 활동의 증가

① ㄱ, ㄴ

② ㄱ, ㄷ

③ ㄴ, ㄷ

④ ㄱ, ㄴ, ㄷ

정답 23. ① 24. ③

해설

조증 및 경조증의 삽화 특징은 동일하나, 비정상적 고양을 보이는 기간이 서로 상이함.

- **제1형 양극성 장애**(bipolar Ⅰ disorder): 비정상적으로 들뜨거나, 의기양양하거나, 과민한 기분 그리고 목표지향적 활동과 에너지의 증가가 적어도 일주일 동안 거의 매일, 하루 중 대부분 지속되는 분명한 기간이 있음(조증 삽화의 진단기준이 충족되어야 함)
- **제2형 양극성 장애**(bipolar Ⅱ disorder): 비정상적으로 들뜨거나, 의기양양하거나, 과민한 기분 그리고 목표지향적 활동과 에너지의 증가가 적어도 4일 연속으로 거의 매일, 하루 중 대부분 지속되는 분명한 기간이 있음(1회 이상의 주요 우울 삽화와 경조증 삽화가 번갈아 나타남)

학습 Plus 조증 삽화 & 경조증 삽화의 임상적 특징(DSM-5)

A. 비정상적으로 들뜨거나, 의기양양하거나, 과민한 기분, 목표지향적 활동과 에너지의 증가가 적어도 일주일 동안 (조증의 경우/경조증의 경우에는 4일 연속으로) 거의 매일, 하루 중 대부분 지속되는 기간이 있다.

B. 기분 장애 및 증가된 에너지와 활동을 보이는 기간 중 다음 증상 가운데 3가지(또는 그 이상)를 보이며(기분이 단지 과민하기만 한다면 4가지), 평소 모습에 비해 변화가 뚜렷하고 심각한 정도로 나타난다.
1. 자존감의 증가 또는 과대감
2. 수면에 대한 욕구 감소(예: 단 3시간의 수면만으로도 충분하다고 느낌)
3. 평소보다 말이 많아지거나 끊기 어려울 정도로 계속 말을 함
4. 사고의 비약 또는 사고가 질주하듯 빠른 속도로 꼬리를 무는 듯한 주관적인 경험
5. 주관적으로 보고하거나 객관적으로 관찰되는 주의산만(예: 중요하지 않거나 관계없는 외적 자극에 너무 쉽게 주의가 분산됨)
6. 목표지향적 활동의 증가(직장이나 학교에서의 사회적 활동 또는 성적 활동) 또는 정신운동 초조(예: 목적이나 목표없이 부산하게 움직임)
7. 고통스러운 결과를 초래할 가능성이 높은 활동에의 지나친 몰두(예: 과도한 쇼핑 등 과소비, 무분별한 성행위, 어리석은 사업투자)

C. 기분장애가 사회적 · 직업적 기능의 현저한 손상을 초래할 정도로 충분히 심각하거나 자해나 타해를 예방하기 위해 입원이 필요 또는 정신병적 양상이 동반된다.

D. 삽화가 물질(예: 남용약물, 치료약물, 기타 치료)의 생리적 효과나 다른 의학적 상태로 인한 것이 아니다.

25 신경성 식욕부진증에 관한 설명으로 틀린 것은?

① 제한적 섭취로 인해 체중이 심각하게 줄어든다.
② 체중 증가에 대한 극심한 두려움이 있다.
③ 신체를 왜곡하여 지각한다.
④ 신경성 폭식증보다 의학적 합병증이 적게 나타난다.

해설

신경성 식욕부진증의 준기아 상태 및 제거 행동은 상당히 심각하고 치명적인 의학적 상태를 야기할 수 있다. 이 장애의 영양 상태는 대부분의 신체 주요 장기에 영향을 주며, 무월경, 영양실조 등의 다양한 장애를 일으킨다.

정답 25. ④

26 조현병에 관한 설명으로 틀린 것은?

① 이란성 쌍생아가 일란성 쌍생아보다 취약하다.
② 유병률은 인종과 민족에 따라 다르게 나타난다.
③ 표출 정서가 높은 가정이 낮은 가정에 비해 재발률이 높다.
④ 가장 대표적인 생화학적 가설은 도파민 가설이다.

해설

조현병의 경우 유전적 요인이 상당한 영향을 미치는 것으로 알려져 있다. 쌍생아 연구에서 일란성 쌍생아의 공병률은 57% 정도, 이란성 쌍생아는 남녀의 성이 같은 경우에는 12%, 성이 다른 경우에는 6% 정도로 보고되어 있다.

27 파괴적 충동조절 및 품행장애에 해당하지 않는 장애는?

① 적대적 반항장애 ② 병적 방화
③ 파괴적 기분조절불능 장애 ④ 간헐적 폭발장애

해설

파괴적 충동조절 및 품행장애의 하위유형으로는 적대적 반항장애, 간헐적 폭발장애, 품행장애, 병적 방화, 병적 도벽이 있다.

- **적대적 반항장애**: 어른에게 거부적이고 적대적이며 반항적인 행동 특성을 보임
- **간헐적 폭발장애**: 공격적인 충동 조절이 어려워 심각한 파괴적 행동을 보임
- **품행장애**: 타인의 권리를 침해하거나 사회적 규범을 위반하는 행동을 함
- **병적 방화**: 불을 지르고 싶은 충동이 통제되지 않아 반복적으로 방화행동을 함
- **병적 도벽**: 남의 물건을 훔치고 싶은 충동을 조절하지 못해 반복적으로 도둑질을 함

28 편집성 성격장애의 행동 특성으로 가장 적합한 것은?

① 다른 사람이 자신을 이용하거나 피해를 입힌다고 생각한다.
② 단순히 아는 정도의 사람을 '매우 친한 친구'라고 지칭한다.
③ 반복적으로 자살을 시도하거나 행동한다.
④ 거의 어떤 활동에서도 즐거움을 느끼지 못한다.

해설

- **편집성 성격 장애**: 충분한 근거 없이 타인이 자신을 착취하거나, 해를 끼치거나, 속이려고 한다고 의심한다. 타인의 동기를 악의적으로 해석하기에 불신과 의심을 특징으로 보인다.

정답 26. ① 27. ③ 28. ①

• **연극성 성격장애**: 대인관계를 실제보다 더 친밀한 것으로 생각하며, 단순히 아는 정도의 사람을 친한 친구로 여긴다.
• **경계성 성격장애**: 거절 민감성이 높고, 스트레스 감내력이 낮아 욕구가 좌절될 때 반복적인 자살행동, 자살 제스처, 자해행동을 보인다.
• **조현성 성격장애**: 거의 모든 분야에서 즐거움을 느끼지 못하고, 감정적으로 유리되어 있고, 단조로운 정동을 보인다.

29 물질사용장애에 관한 설명으로 틀린 것은?

① 스트레스를 받는 사회경제적 조건 하에서 발생 비율이 더 높다.
② 다른 사람들에 비해 의존성, 반사회성, 충동성이 더 높다.
③ 물질 사용이 보상을 줄 것이라는 기대감 때문에 사용이 증가한다.
④ 보상 결핍 증후군과 가장 관련이 많은 신경전달물질은 세로토닌이다.

해설

• 물질사용장애(substance use disorder)는 특정한 물질을 반복적으로 사용함으로써 생겨나는 문제로 물질의존과 물질남용이 이에 속한다. 반복된 물질 사용은 보상중추 혹은 쾌락 경로의 활성화에 영향을 주며, 핵심적인 신경전달물질은 도파민이다.
• 도파민과 같은 물질들이 보상중추를 계속 자극하면 이 중추는 해당 물질에 과민하게 반응하게 되고, 보상중추의 뉴런들이 그 물질에 의해 자극을 받으면 더 쉽게 발화하여 시간이 지나면 해당 물질을 더 많이 요구하게 된다.
• 보상 결핍 증후군(reward deficiency syndrome)과 관련이 되는 물질은 도파민이다. 유전적으로 도파민의 결핍이 있는 경우에 중독, 강박적 물질 사용이 발현될 수 있으며, 환경 내에서 도파민 보상이 부족할 경우에도 물질과 행동에 탐닉하는 특징이 나타날 수 있다.

30 성도착장애(paraphilic disorder)에 관한 설명으로 틀린 것은?

① 물품음란장애(fetishistic disorder)는 여성보다 남성에게서 훨씬 더 많이 나타난다.
② 동성애(homosexuality)를 하위 진단으로 포함한다.
③ 의상도착증(transvestism)은 강렬한 성적 흥분을 위해 이성의 옷을 입는 것이다.
④ 관음장애(voyeuristic disorder)는 대부분 15세 이전에 발견되며 지속되는 편이다.

해설

• 성도착장애 또는 변태성욕장애(paraphilic disorder)는 강렬한 성충동이나 공상을 반복적으로 갖고 사람이 아닌 물건, 아동, 동의하지 않는 성인에게 수치심이나 고통을 느끼게 하는 행동을 말한다.
• 하위 장애로는 관음장애, 노출장애, 마찰도착장애, 성적피학장애, 성적가학장애, 소아성애장애, 물품음란장

정답 29. ④ 30. ②

애, 복장도착장애가 있다. 동성애는 해당되지 않으며 최근에는 개인의 성적 기호로서 평가된다.

- 물품음란장애(fetishistic disorder)는 무생물인 물건에 대해서 성적 흥분을 느끼며 집착하는 경우를 말한다. 주로 여성의 착용물에 성적 흥분을 느끼며, 남성에게서 많이 나타난다.
- 의상도착증(transvestism)은 이성의 옷으로 바꿔 입음으로써 성적 흥분을 하는 경우를 말한다. 보통 남자에게서 주로 보고되며, 여자 옷을 수집하여 바꿔 입으며 만족을 느낀다.
- 관음장애(voyeuristic disorder)는 다른 사람이 옷을 벗고 있거나 성행위를 하는 모습을 몰래 훔쳐봄으로써 성적 흥분을 느끼는 경우를 말한다. 관음증적 행동은 대개 15세 이전에 시작되며 만성화되는 경향이 있다.

31 다음의 특징을 가진 DSM-5의 장애는?

> • 자기의 전체 혹은 일부로부터 분리되거나 이를 낯설게 느낌
> • 신체 이탈 경험을 할 수 있음
> • 현실검증력은 본래대로 유지

① 심인성 둔주(psychogenic fugue)
② 해리성 정체감 장애(dissociative identity disorder)
③ 이인증/비현실감 장애(depersonalization)
④ 해리성 기억상실증(dissociative amnesia)

해설

〈이인증/비현실감 장애(depersonalization)〉

- 이인증은 자신의 감정이나 행동, 인식 등에 대한 주체가 자기 자신이라는 자각이 상실되어 있는 상태를 말한다(신체 이탈 경험, 지각 경험의 변화, 시간 감각의 이상 등).
- 비현실감은 주변 환경이 비현실적인 것으로 느껴지거나 그것과 분리된 듯한 느낌을 말한다(사람이나 물체가 현실이 아닌 듯 느껴짐, 꿈이나 안개 속에 있는 느낌, 사람이나 물체가 생명이 없거나 왜곡된 모습으로 보임). 이인증이나 비현실감을 경험하는 동안에 현실검증력은 손상되지 않은 채로 양호하게 유지된다.
  - **심인성 둔주(psychogenic fugue)**: 기억상실과 더불어 주거지를 이탈하여 떠돌거나 방황하는 행동을 말한다.
  - **해리성 정체감 장애(dissociative identity disorder)**: 한 사람 안에 둘 이상의 각기 다른 정체감을 지닌 인격이 존재하는 경우를 말한다.
  - **해리성 기억상실증(dissociative amnesia)**: 중요한 과거 경험을 기억하지 못하여 부적응을 겪게 되는 경우를 말한다. 특정한 사건에 대한 선택적 기억상실증 및 생애 전체에 대한 전반적 기억상실증으로 구분된다.

정답 31. ③

32 다음 사건이 일어난 순서대로 바르게 나열한 것은?

ㄱ. 비네(Binet)와 사이먼(Simon)이 아동용 지능 검사를 개발
ㄴ. WHO가 정신장애를 포함한 최초의 질병분류체계(ICD)를 발표
ㄷ. 스키너(Skinner)가 조작적 조건형성의 원리를 발표
ㄹ. 벡(Beck)이 인지치료를 제안

① ㄱ → ㄴ → ㄷ → ㄹ
② ㄱ → ㄷ → ㄹ → ㄴ
③ ㄴ → ㄱ → ㄷ → ㄹ
④ ㄴ → ㄷ → ㄱ → ㄹ

해설

- 1905년: 비네(Binet)와 사이먼(Somon)이 아동용 지능검사를 개발
- 1948년: WHO가 정신장애를 포함한 최초의 질병분류체계(ICD)를 발표
- 1953년: 스키너(Skinner)가 조작적 조건형성의 원리를 발표
- 1967년: 벡(Beck)이 인지치료를 제안

33 DSM-5에서 조현성 성격장애의 특징이 아닌 것은?

① 거의 항상 혼자서 하는 활동을 선택한다.
② 기이하거나 편향된 행동을 보인다.
③ 타인의 칭찬이나 비평에 무관심하다.
④ 단조로운 정동의 표현을 보인다.

해설

- **조현성 성격장애(schiziod personality disorder)**: 타인과의 친밀한 관계 형성에 관심이 없고 감정표현이 부족하여 사회적 적응에 현저한 어려움을 나타내는 성격장애이다.
- **조현형 성격장애(schizotypal personality disorder)**: 사회적으로 고립되어 있으며 기이한 생각이나 행동을 나타내어 사회적 부적응을 초래하는 성격장애를 말한다.

학습 Plus 조현성 성격장애(schiziod personality disorder)의 진단기준(DSM-5)

A. 다양한 형태의 사회적 유대로부터 반복적으로 유리되고, 대인관계에서 제한된 범위의 감정표현이 전반적으로 나타나며, 이러한 양상이 성인기 초기에 시작되며 여러 상황에서 나타나고 다음 중 4가지 이상에 해당될 때 조현성 성격장애로 진단된다.
1. 가족과의 관계를 포함해서 친밀한 관계를 바라지 않고 즐기지도 않음
2. 항상 혼자서 하는 행위를 선택함
3. 다른 사람과의 성적 경험에 대한 관심이 거의 없음
4. 거의 모든 분야에서 즐거움을 취하려 하지 않음
5. 일차 친족 이외에 친한 친구가 없음

정답 32. ① 33. ②

6. 다른 사람의 칭찬이나 비난에 무관심함
7. 감정적 냉담, 유리 혹은 단조로운 정동의 표현을 보임

B. 단, 조현병 정신병적 양상을 동반한 양극성 장애 또는 우울장애, 다른 정신병적 장애 혹은 자폐스펙트럼장애의 경과 중 발생한 것은 조현성 성격장애로 진단하지 않으며, 다른 의학적 상태의 생리적 효과로 인한 것이 아니다.

34 B군 성격장애에 해당하지 않는 것은? ▸ 2015

① 경계성 성격장애
② 강박성 성격장애
③ 반사회성 성격장애
④ 연극성 성격장애

해설

B군 성격장애에는 반사회성 성격장애, 경계성 성격장애, 연극성 성격장애, 자기애성 성격장애가 포함된다. 강박성 성격장애는 C군 성격장애의 하위유형이다.

- **반사회성 성격장애**: 도덕적 · 윤리적 발달이 이루어지지 않음. 타인을 조정하고 무책임감이 두드러짐. 죄책감, 공감 능력이 결여되어 있음
- **경계성 성격장애**: 충동성, 부적절한 분노 표현, 극적인 기분 변화, 만성적인 공허감, 자해 시도를 많이 함
- **연극성 성격장애**: 자기 극화, 관심을 얻지 못하면 참을 수 없어 하고 감정적 격발을 보임
- **자기애성 성격장애**: 과대성, 타인으로부터 관심을 받는 것에 몰두함. 자기 과시가 심하고 공감 능력이 결여되어 있음

35 급성 스트레스장애와 외상 후 스트레스장애의 감별진단 기준으로 가장 중요한 것은?

① 기간 ② 아동기의 경험
③ 사회적 지지 ④ 외상 심각도

해설

외상 후 스트레스장애는 증상이 적어도 1개월 이상 지속되어야 진단을 내릴 수 있으며, 해당 증상이 외상 노출 후 3일~1개월 미만으로 나타나는 경우에는 급성 스트레스장애로 진단을 내린다.

정답 34. ② 35. ①

36 불안장애의 인지적 특성을 모두 고른 것은?

ㄱ. 상황의 위험한 측면에 대해 과대평가한다.
ㄴ. 위험의 신호를 찾기 위해 내적 · 외적인 단서를 탐색한다.
ㄷ. 현실적 근거가 없는 자신만의 규칙을 갖고 있다.

① ㄱ, ㄴ
② ㄱ, ㄷ
③ ㄴ, ㄷ
④ ㄱ, ㄴ, ㄷ

해 설

〈불안장애의 인지적 특성〉

- 주변의 생활환경 속에 존재하는 잠재적인 위험에 예민하다.
- 부정적인 결과를 초래할 가능성이 있는 내적 · 외적인 위험한 단서를 탐색한다.
- 일상의 위험한 자극에 주의를 많이 기울이고 그 의미를 위협적인 것으로 해석한다.
- 자신의 대처능력을 과소평가하고, 상황의 위험한 측면에 대해 과대평가한다.
- 현실적 근거가 없는 자신만의 사고 규칙과 인지 도식을 지니고 있다.
- 잠재적인 위험이 실제로 위험한 사건으로 발생할 확률을 과도하게 높이 평가한다.
- 위험한 사건이 실제로 발생할 경우 나타날 수 있는 부정적인 결과를 치명적으로 평가한다.

37 공황장애를 설명하는 인지적 관점에 의하면 공황발작을 초래하는 핵심적 요인은?

① 신체 건강에 대한 걱정과 염려
② 만성 질병에 대한 잘못된 귀인
③ 억압된 분노 표출에 대한 두려움
④ 신체감각에 대한 파국적 오해석

해 설

공황장애(panic diorder)는 불안으로 인해 증폭된 신체감각을 위험한 것으로 잘못 해석하는 파국적 오해석에 의해 유발된다. 파국적 오해석(catastrophic misinterpretation)은 상황에 따른 자연스러운 신체감각에 대해 마치 끔찍한 재앙이 일어난 것처럼 해석하는 인지적 경향성을 말한다.

38 정신분석적 입장에서 강박장애와 밀접한 관련이 있는 방어기제가 아닌 것은?

① 투사(projection)
② 격리(isolation)
③ 전치(displacement)
④ 취소(undoing)

정답 36. ④ 37. ④ 38. ①

해 설

강박장애(obsessive compulsive disorder)에 대한 정신분석적 입장에서는 원초아 충동을 두려워해서 불안이 올라올 때 자아방어기제가 작동한다고 본다. 특히 격리, 대치, 반동형성, 취소와 같은 방어기제가 가장 빈번하게 사용된다고 보았다.

- **격리**(isolation): 생각에 동반되는 감정을 잘 표현하지 않고 고립시키는 방어기제로, 예컨대 공격적인 내용의 강박사고에 몰두하는 환자는 그와 관련된 분노 감정을 잘 인식하지 못한다. 이 때문에 감정이 잘 안 느껴지고 메마르게 느껴진다.
- **전치**(displacement): 원래의 갈등과 욕구를 다른 대상으로 대체하여 불안을 감소시킨다. 부부 갈등의 문제를 피하기 위해 집 안 청소를 지나치게 많이 하거나 몸을 몇 시간씩 씻는 행동을 할 수 있다.
- **반동형성**(reaction formation): 공격적인 주제의 강박사고에 몰두하는 사람이 실제 마음과는 달리 평소에는 주변 사람에게 온순하고 친절하게 행동한다.
- **취소**(undoing): 이미 일어난 일을 소거 혹은 무효화하려는 시도로, 죄책감이나 불안을 방어하기 위해 하는 행동이다. 죄책감을 느낄 만한 성적 · 공격적 사고를 하고 난 뒤 죄를 사하려는 듯 성호를 긋는 행동을 하는 것이 이에 해당된다.

39 알츠하이머병에 관한 설명으로 틀린 것은?

① 신경인지장애의 가장 흔한 유형이다.
② 조발성이 만발성보다 더 빈번하게 발병한다.
③ 가장 현저한 인지 기능 장해는 기억장해이다.
④ 발병부터 사망까지 대개는 8~10년이 걸린다.

해 설

알츠하이머병은 치매를 일으키는 가장 흔한 퇴행성 뇌질환으로, 서서히 발병하여 기억력을 포함한 인지 기능의 점진적 악화가 특징이다. 흔한 발병 연령은 65세 이후(만발성)이나 드물게 40~50대(조발성)에서도 발생할 수 있다. 뇌 병리 침범 부위의 진행에 따라 초기에는 기억력 저하가 주로 나타나다가 점진적으로 증상이 다양해지고 심해지는 양상이 두드러진다.

40 품행장애의 DSM-5 진단기준이 아닌 것은?

① 사람과 동물에 대한 공격성
② 타인의 재산 파괴
③ 사기 또는 도둑질
④ 학습문제

정답 39. ② 40. ④

해 설

품행장애는 다른 사람의 기본적 권리를 침해하고 연령에 적절한 사회적 규범 및 규칙을 위반하는 지속적이고 반복적인 행동 양상을 특징으로 한다. 사람과 동물에 대한 공격성, 재산 파괴, 사기 또는 절도, 심각한 규칙 위반을 보인다.

학습 Plus 품행장애(conduct disorder)의 DSM-5 진단기준

〈사람과 동물에 대한 공격성〉
- 자주 다른 사람을 괴롭히거나 위협하거나 협박함
- 자주 신체적인 싸움을 걺
- 다른 사람에게 심각한 신체적 손상을 입힐 수 있는 무기를 사용
- 다른 사람에게 신체적으로 잔인하게 대함
- 동물에게 신체적으로 잔인하게 대함
- 피해자가 보는 앞에서 도둑질을 함
- 다른 사람에게 성적 활동을 강요함

〈재산 파괴〉
- 심각한 손상을 입히려는 의도로 고의적으로 불을 지름
- 다른 사람의 재산을 고의적으로 파괴함

〈사기 또는 절도〉
- 다른 사람의 집, 건물 또는 자동차를 망가뜨림
- 어떤 물건을 얻거나 환심을 사기 위해 또는 의무를 피하기 위해 거짓말을 자주 함
- 피해자와 대면하지 않은 상황에서 귀중품을 훔침

〈심각한 규칙 위반〉
- 부모의 제지에도 불구하고 13세 이전부터 자주 밤늦게까지 집에 들어오지 않음
- 친부모 또는 양부모와 같이 사는 동안 밤에 적어도 2회 이상 가출, 또는 장기간 귀가하지 않은 가출이 1회 있음
- 13세 이전에 무단결석을 자주 함

PART 02 이상심리학

12 2017년 제1회 기출문제

21 항정신병 약물 부작용으로 나타나는 혀, 얼굴, 입, 턱의 불수의적 움직임 증상은?

① 무동증(akinesia)
② 만발성 운동장애(tardive dyskinesia)
③ 추체외로 증상(extrapyramidal symptoms)
④ 구역질(nausea)

해 설

- 만발성 운동장애: 일정한 비자발성 운동이 혀, 얼굴, 입, 턱, 다리 등에서 나타난다. 전통적인 항정신병 약물의 장기간 사용에 의해 발생되는 부작용이다.
- 무동증: 근육을 자발적으로 조절할 수 없고 걸음걸이, 움직임 등에서의 어려움이 있으며, 몸이 얼어버린 것 같은 느낌을 특징으로 하는 상태이다.
- 추체외로 증상: 기저핵의 손상으로 일어나는 운동장애를 의미하며, 수의운동장애, 근경직 등을 포함한다.

22 다음의 특징을 보이는 장애는?

비사교적이며 대인관계에 무관심하고 정서적으로 냉담하며 외부 자극에 잘 반응하지 않고 과도한 백일몽이나 자기만의 환상을 가짐

① 조현성 성격장애(schizoid personality disorder)
② 연극성 성격장애(histrionic personality disorder)
③ 편집성 성격장애(paranoid personality disorder)
④ 조현형 성격장애(schizotypal personality disorder)

정답 21. ② 22. ①

해 설

- **조현성 성격장애**: 친밀한 관계를 맺는 것에 무관심하고, 감정적으로 냉담하며 단조로운 정동의 표현을 보인다. 외부 자극에 잘 반응하지 않으며 주로 혼자서 하는 활동을 선택한다.
- **연극성 성격장애**: 과도한 감정표현과 관심을 끌려는 행동이 특징적이며 감정의 변화가 급격하고 감정표현이 피상적이다. 피암시성이 높아 타인이나 상황의 영향을 쉽게 받는다.
- **편집성 성격장애**: 타인의 동기를 악의적으로 해석하며 불신과 의심을 특징적으로 보인다. 타인에게 비판적이며 갈등 시 주변의 탓으로 돌리는 투사방어기제를 자주 사용한다.
- **조현형 성격장애**: 친밀한 대인관계에 대한 불안감, 인간관계를 맺는 능력의 결함, 인지 및 지각적 왜곡, 기이한 행동으로 인해 사회적 부적응 및 대인관계 결함이 광범위하게 나타난다.

23 우울증의 원인이 되는 우울 유발적 귀인(depressogenic attribution) 현상에 관한 설명으로 옳은 것은? ▸ 2014

① 성공을 외부적 · 안정적 · 특수적 요인에 귀인한다.
② 성공을 내부적 · 안정적 · 특수적 요인에 귀인한다.
③ 실패를 외부적 · 안정적 · 특수적 요인에 귀인한다.
④ 실패를 내부적 · 안정적 · 전반적 요인에 귀인한다.

해 설

Abramson은 '우울증의 귀인이론'을 통해 우울장애에 취약한 사람들은 실패 경험과 같은 부정적인 사건을 내부적 · 안정적 · 전반적 귀인을 하는 경향이 있다고 보았다. 이러한 귀인 양식은 우울증의 취약성에 영향을 미친다.

〈우울 유발적 귀인이론〉

- **내부적**: 실패 경험을 자신의 탓으로 돌림(능력 부족)
- **안정적**: 실패 경험을 쉽게 변화될 수 없는 지속적 요인의 탓으로 돌림(성격적 결함)
- **전반적 요인**: 실패 경험을 전반적 요인으로 돌림(성격 전체의 문제)

24 순환성 장애의 특징이 아닌 것은?

① 청소년기나 초기 성인기에 시작된다.
② 남녀 간의 유병률에 큰 차이가 없다고 보고된다.
③ 양극성 장애보다 경미한 증상이 2년 이상 지속된다.
④ 양극성 장애로는 발전하지 않는다.

정답 23. ④ 24. ④

해설

- 순환성 장애(cyclothymic disorder)는 기분의 변동성을 특징으로 하는 만성적인 기분 장애로서, 적어도 2년 동안 다수의 경조증 기간과 우울증 기간이 있어야 한다.
- 만일 순환성 장애가 발병한 후 2년이 지난 후에 주요 우울, 조증 또는 경조증 삽화가 발생한다면 진단은 주요 우울장애, 제1형 양극성장애, 달리 명시된 또는 명시되지 않는 양극성 관련 장애로 바뀌게 된다.

25 이상행동 모델에 관한 설명으로 옳은 것? ▸ 2014

① 인지 모델: 잘못된 사고 과정의 결과이다.
② 행동주의 모델: 자기실현을 하는 데 있어서 오는 어려움에서 생긴다.
③ 인본주의 모델: 무의식적 내적 갈등의 상징적 표현이다.
④ 사회문화 모델: 정상 행동과 같이 학습의 결과로 습득된다.

해설

- **인지모델**: 이상행동은 자신과 세상에 대해서 부정적이고 왜곡된 의미를 부여하는 부적응적인 인지적 활동에 기인한다고 본다.
- **행동주의 모델**: 이상행동은 환경과의 상호작용 속에서 잘못 학습된 것이라고 보고, 조건형성에 의한 학습의 원리로 원인을 설명한다.
- **인본주의 모델**: 인간을 근본적으로 자기실현을 추구하는 성장지향적 존재로 보았으며, 개인의 자기실현화가 차단되었을 때 이상행동이 나타난다고 본다.
- **사회문화 모델**: 개인이 성장하고 생활하는 환경의 사회문화적 요인이 이상행동의 유발에 중요한 영향을 미친다고 본다.

26 환각제에 해당되는 약물은?

① 펜시클리딘
② 대마
③ 카페인
④ 오피오이드

해설

펜시클리딘은 환각제로서 낮은 용량을 사용할 때는 몸과 마음으로부터 분리되는 느낌을 일으키고, 높은 용량에서는 혼미, 혼수를 일으킨다. 펜시클리딘 사용 장애는 환각제 관련 장애로 분류되며, 해리 증상, 진통, 안구진탕, 고혈압, 저혈압의 위험성과 쇼크 및 공격적인 행동이 나타날 수 있다. 사용 후 잔류 증상들은 조현병 증상과 비슷할 수 있다.

정답 25. ① 26. ①

27 강박장애의 특징을 모두 고른 것은?

ㄱ. 자신의 행동이 비합리적임을 알지만 강박행동을 멈추지 못한다.
ㄴ. 강박행동을 수행한 후에 대개는 잠시 동안 불안을 덜 느낀다.
ㄷ. 일부 강박행동은 의례행동(ritual behavior)으로 발전한다.

① ㄱ, ㄴ
② ㄱ, ㄷ
③ ㄴ, ㄷ
④ ㄱ, ㄴ, ㄷ

해설

- 강박장애(obsessive compulsive disorder)의 특징적인 증상은 강박사고와 강박행동이다. 강박사고(obsession)는 침습적이고 원치 않는 방식으로 불안감과 괴로움을 초래한다. 강박행동(compulsion)은 불안을 감소시키기 위해 반복적으로 나타내는 행동을 말한다.
- 대개 강박행동이 지나치고 부적절하다는 것을 알지만, 이러한 행동을 하지 않으면 심한 불안을 느끼기 때문에 행동이 반복된다. 강박행동은 씻기, 청소하기, 정돈하기, 확인하기, 숫자세기 등으로 나타날 수 있고, 의식화된 의례행동으로 발현되기도 한다.

28 정신장애 개입의 최근 동향으로 틀린 것은?

① 탈시설화(deinstitutionalization)의 감소
② 향정신성 약물의 발전
③ 심리치료 서비스 이용의 증가
④ 정신건강에 대한 예방적 접근의 강조

해설

〈정신장애 개입의 최근 동향〉

- 향정신성 약물의 발전은 정신장애인의 증상 개선을 가능하도록 했고, 급격한 탈시설화 증가에 영향을 주었다.
  * 탈시설화란 시설에의 불필요한 수용이나 감금을 방지하는 과정, 시설에 수용되어 있을 필요가 없는 이들을 위한 주거나 치료, 훈련, 교육 및 재활을 위해 지역사회 내에서 적절한 대안을 마련하거나 발달시키는 과정, 시설보호가 필요한 이들을 위한 생활조건, 보호 및 치료를 개선하는 과정을 말한다.
- 탈시설화의 증가는 기존의 시설 중심의 보호에 일대 전환을 가져와 낮 병원, 자조집단, 중간 거주지 시설, 재활프로그램 등 지역사회에 기반을 둔 다양한 형태의 서비스 프로그램이 등장하게 되었고, 심리치료 서비스 이용의 증가로 이어졌다.
- 그 외에 사회심리학적 모형에 기반한 지역사회 중심의 재활 및 치료 중심에서 벗어나 예방적 접근에 중점을 둔 정신건강 개입이 증가되었다.

정답 27. ④ 28. ①

29 대형 화재현장에서 살아남은 남성이 불이 나는 장면에 극심하게 불안 증상을 느낄 때 의심할 수 있는 가능성이 가장 높은 장애는?

① 외상 후 스트레스장애　② 적응장애
③ 조현병　④ 범불안장애

해 설

외상 후 스트레스장애(post-traumatic stress disorder)는 외상 사건에 노출된 뒤 극심한 불안, 공포 반응, 무력감, 경악 등 다양한 감정과 행동 증상이 나타나는 것을 말한다. 대표적인 증상의 특징으로는 부정적인 인지와 기분, 과잉 각성 및 반응성, 자극 회피, 외상 관련 침습적 증상이 있으며, 이로 인해 사회 · 직업적 기능에서의 현저한 고통과 손상이 초래된다.

30 적대적 반항장애(oppositional defiant disorder)의 진단기준에 해당되는 행동은?

① 자신도 모르게 일정한 몸짓을 하며 때로는 괴상한 소리를 내기도 한다.
② 엄마와 떨어지는 것에 대한 불안으로 학교 가기를 거부한다.
③ 사회적으로 정해진 규칙을 위반하거나 타인의 권리를 침해한다.
④ 어른들과 논쟁을 하고 쉽게 화를 낸다.

해 설

적대적 반항장애(oppositional defiant disorder)를 가진 아동은 분노와 짜증이 많고 논쟁적이며 반항적인 행동을 자주 보인다. 이들은 복수심을 자주 품고 부정적 기분 문제가 빈번하며 흔히 어른과의 상호작용에서 요구나 규칙을 무시하거나 적대적이고 거부적인 태도를 보인다.

학습 Plus 적대적 반항장애(oppositional defiant disorder)의 진단기준(DSM-5)

A. 분노/과민한 기분, 논쟁적/반항적 행동 또는 보복적인 양상이 적어도 6개월 이상 지속되고, 다음 중 적어도 4가지 이상의 증상이 존재한다. 이러한 증상은 형제나 자매가 아닌 적어도 한 명 이상의 다른 사람과의 상황작용에서 나타나야 한다.

〈분노/과민한 기분〉
1. 자주 욱하고 화를 냄
2. 자주 과민하고 쉽게 짜증을 냄
3. 자주 화를 내고 크게 분개함

〈논쟁적/반항적 행동〉
4. 권위자와의 잦은 논쟁, 아동이나 청소년의 경우에는 성인과 논쟁함
5. 자주 적극적으로 권위자의 요구나 규칙을 무시하거나 거절
6. 자주 고의적으로 타인을 귀찮게 함
7. 자주 자신의 실수나 잘못된 행동을 남의 탓으로 돌림

〈보복적 특성〉
8. 지난 6개월 안에 적어도 두 차례 이상 악의에 차 있거나 앙심을 품음
* 현재의 심각도를 명시할 것: 경도/중등도/고도

정답 29. ① 30. ④

31 우울증과 관련하여 Beck이 제시한 인지삼제는? ▸ 2009, 2014

① 자신, 세계 및 미래에 대한 비관적 견해
② 자신, 과거 및 환경에 대한 비관적 견해
③ 자신, 과거 및 미래에 대한 비관적 견해
④ 자신, 미래 및 관계에 대한 비관적 견해

해설

Beck의 인지모델에 의하면, 우울증 발병에는 부정적인 인지가 핵심적인 요인으로 작용하며, 인지삼제(cognitive triad)에 해당되는 자기, 세계, 미래에 대한 부정적인 생각을 우울증의 인지적 취약성으로 본다.

- **자기**: 자기에 대해 결함이 많고 부족하며, 무가치한 존재라고 생각한다("나는 쓸모없어")
- **세계**: 세상과 타인이 자신에게 적대적이고 무관심하다고 생각한다("아무도 나를 좋아하지 않아").
- **미래**: 자신의 미래에 대해서 비관적이고 희망이 없다고 생각한다("내 인생은 앞으로도 이렇게 잘 안 풀릴 거야").

32 자폐스펙트럼장애에 관한 설명으로 틀린 것은?

① 의사소통의 장해가 현저하고 지속적이다.
② 상상적인 놀이를 하는 데 어려움이 있다.
③ 사회적 관습을 이해하는 데 어려움이 있다.
④ 연령 증가와 함께 증상의 호전을 보인다.

해설

- 자폐스펙트럼장애의 필수적인 특징은 사회적 의사소통 및 상호작용의 결함, 제한적이고 반복적인 행동이나 흥미 및 활동이다. 이러한 증상들은 아동기 초기부터 나타나며 일상의 기능에 있어 제한이나 손상을 일으킨다. 자폐스펙트럼장애의 예후에 영향을 미치는 요인으로는 지적장애와 언어 손상(예: 5세가 되었을 때 기능적 언어가 가능한 것은 좋은 예후의 징후임) 및 추가적인 정신건강 문제의 동반 유무이다. 장애의 예후는 낮은 편이며 대개 만성적인 경과를 보이기에 연령에 따른 증상의 호전을 예측하기는 어렵다.

33 알츠하이머병에 관한 설명으로 틀린 것은?

① 현저한 인지 기능 장애가 특징이다.
② 도파민과 밀접한 관련이 있다.
③ 연령의 증가와 함께 유병률이 높아진다.
④ 점진적으로 진행하는 질병이다.

정답 31. ① 32. ④ 33. ②

해설

- 알츠하이머병의 핵심 특징은 인지 및 행동 증상이 서서히 시작되고 점진적으로 진행된다는 것이다. 유병률은 60세 이후에 급격히 증가를 보이며, 40~50대에 조기 발병할 경우에는 유전자 돌연변이와 관련이 있다. 알츠하이머병은 뇌에 베타 아밀로이드(beta amyloid)라는 단백질(신경독성 물질)이 축적되고 응집되면서 뇌의 신경 세포 기능의 약화를 초래하여 발병하는 것으로 알려져 있다.
- 파킨슨병은 뇌흑질의 도파민계 신경이 파괴되는 질병이다. 도파민은 뇌의 기저핵에 작용하여 몸이 원하는 대로 정교하게 움직일 수 있도록 하는 중요한 신경전달물질로, 파킨슨병에서는 도파민의 부족으로 인하여 움직임의 장애가 나타난다.

34 조현성 성격장애와 조현형 성격장애의 공통점을 짝지은 것은? ▸ 2015

ㄱ. 의심이나 편집증적 사고
ㄴ. 정체성 문제
ㄷ. 제한된 정서 및 감정
ㄹ. 사회적 고립

① ㄱ, ㄴ ② ㄴ, ㄷ ③ ㄷ, ㄹ ④ ㄴ, ㄹ

해설

- **조현성 성격장애**: 타인과의 친밀한 관계 형성에 관심이 없고 혼자 하는 활동을 선호한다. 또한 감정적으로 냉담하고 유리되어 있으며 단조로운 정동의 표현을 보인다.
- **조현형 성격장애**: 친밀한 관계에 대한 불편감과 인간관계를 맺는 능력의 결함으로 인해 일차 친척 외에 친밀한 관계가 없다. 또한 부적절하고 제한된 정동, 인지 및 지각적 왜곡, 기이한 행동으로 인해 생활 전반에서 손상이 나타난다.

35 다음 사례에 가장 적절한 진단명은?

A는 중소기업에서 일하는 직원이다. 오늘은 동료 직원 B가 새로운 상품에 대해서 발표하기로 했는데, 결근을 해서 A가 대신 발표하게 되었다. 평소 A는 다른 사람들이 자신의 발표에 대해 나쁘게 평가할 것 같아 다른 사람 앞에서 발표하기를 피해 왔다. 발표시간이 다가오자 온몸에 땀이 쏟아지고, 숨쉬기가 어려워졌으며, 곧 정신을 잃고 쓰러질 것 같이 느껴졌다.

① 범불안장애 ② 공황장애
③ 강박장애 ④ 사회불안장애

정답 34. ③ 35. ④

해 설

- 사회불안장애(social anxiety disorder)는 한두 가지의 특정 사회적 상황을 두려워하는 것이 특징이다. 사회적 상황에 놓이게 되면 타인으로부터 부정적인 평가를 받거나, 자신이 당황하거나, 창피를 당할지도 모른다는 불안감을 갖고 있다. 발표불안은 사회불안의 가장 흔한 형태이다.
- 사회적 상황에서 얼굴이 붉어지거나 떨거나 땀을 흘리거나 말을 더듬는 등 타인을 의식하는 불안 증상을 보일 것을 과도하게 염려하여 상황을 회피하거나 극심한 공포와 불안을 견디는 특징을 보인다.

36 DSM-5에서 제시한 폭식삽화에 관한 설명으로 옳은 것은?

① 음식 섭취에 대한 통제의 상실
② 주관적으로 많다고 느껴지는 음식 섭취
③ 3시간 이상 지속적인 음식 섭취
④ 부적절한 보상행동(purging)의 사용

해 설

폭식삽화의 기간에는 음식 섭취에 대한 통제력 상실을 경험하며, 일정한 시간 (예: 2시간 이내) 동안 대부분의 사람이 비슷한 상황에서 동일한 시간 동안 먹는 양보다 많은 양의 음식을 섭취한다. 신경성 식욕부진증 폭식제거형이나 신경성 폭식증에서는 음식 섭취 후 부적절한 보상행동이 나타나나, 폭식장애에서는 보상행동이 나타나지 않는 것으로 감별할 수 있다.

학습 Plus 폭식장애(binge-eating disorder)의 진단기준(DSM-5)

A. 반복되는 폭식삽화를 보이며 다음과 같이 특징짓는다.
   1. 일정 기간 (예: 2시간 이내) 동안에 대부분의 사람이 유사한 상황에서 동일한 시간 동안 먹는 것보다 분명하게 많은 양의 음식을 먹음
   2. 삽화 중에 먹는 것에 대한 조절 능력의 상실을 느낌(예: 먹는 것을 멈출 수 없거나, 무엇을 혹은 얼마나 많이 먹어야 할 것인지를 조절할 수 없는 느낌)

B. 폭식삽화는 다음 중 3가지(혹은 그 이상)와 연관된다.
   1. 평소보다 많은 양을 급하게 먹음
   2. 불편하게 배가 부를 때까지 먹음
   3. 신체적으로 배고프지 않은데도 많은 양의 음식을 먹음
   4. 얼마나 많이 먹는지에 대한 부끄러운 느낌 때문에 혼자서 먹음
   5. 폭식 후 스스로에 대한 역겨운 느낌, 우울감 혹은 큰 죄책감을 느낌

C. 폭식으로 인해 현저한 고통이 있다고 여긴다.

D. 폭식은 평균적으로 최소 3개월 동안 일주일에 1회 이상 발생한다.

E. 폭식은 신경성 폭식증에서 관찰되는 것과 같은 부적절한 보상행동과 연관되어 있지 않으며, 신경성 폭식증 혹은 신경성 식욕부진증의 기간 동안에만 발생하지 않는다.

정답 36. ①

37 다음에 해당하는 장애는?

- 경험하는 성별과 자신의 성별 간의 심각한 불일치
- 자신의 성적 특성을 제거하고자 하는 강한 욕구
- 다른 성별 구성원이 되고자 하는 강한 욕구

① 성도착증 ② 동성애
③ 성기능장애 ④ 성별 불쾌감

해설

- 성별 불쾌감(gender dysphoria)은 부여된 성에 대해 정서적·인지적 불만족을 느끼고, 개인에게 생물학적으로 부여된 성과 경험된 혹은 표현된 성의 불일치로 인해 고통을 느끼는 것을 말한다. 반대 성에 대한 강한 갈망 및 자신의 일차 또는 이차 성징을 제거하고 싶은 갈망으로 인해 학교·직장·사회 기능의 고통을 받는다.
- **성도착증**(paraphilic): 부적절한 대상이나 목표에 대해서 강렬한 성적 욕망을 느끼고 성적 상상이나 행위를 반복적으로 나타내는 것으로 변태성욕증이라고도 한다.
- **동성애**(homosexuality): 동성애는 동성인 사람에 대해 성적인 애정과 흥분을 느끼는 경우를 의미하며, 자신의 생물학적 성이나 성역할에 대해 불편감을 겪지 않으며, 성전환을 원하지 않는다는 점으로 인해 성별 불쾌감과 구별된다.
- **성기능장애**(sexual dysfunctions): 사정지연, 발기장애 등 개인의 성적인 반응 또는 성적 즐거움을 경험하는 능력에 현저한 장애를 가지는 특징을 보인다.

38 DSM-5에서 파괴적 충동조절 및 품행장애에 관한 설명으로 틀린 것은? ▸ 2014

① 병적 도벽, 반사회성 성격장애 등의 하위유형이 있다.
② 자신이나 타인을 해하려는 충동, 욕구, 유혹에 저항하지 못한다.
③ 충동적 행동을 하기 전까지 긴장감이나 각성상태가 고조된다.
④ 충동적인 행동을 할 때마다 불쾌감이나 죄책감을 경험하게 된다.

해설

- 파괴적 충동조절 및 품행장애(disruptive impulse-control, and conduct disorders)는 정서나 행동 면에서 충동적인 자기 조절의 문제가 특징적으로 나타나는 장애들이다. 하위장애로는 적대적 반항장애, 간헐적 폭발장애, 품행장애, 병적방화, 병적도벽, 반사회성 성격장애가 있다.
- 충동 행동 전의 긴장감 고조 및 정서적 흥분이 나타나며 행위를 조절하는데 반복적으로 실패한다. 또한 타인에게 위해를 가하거나 훔치는 행위를 한 후에도 이를 합리화 하는 등 양심의 가책이 결여되어 있다.

정답 37. ④ 38. ④

39 다음의 사례에 가장 적합한 진단명은?

> 24세의 한 대학원생은 자신이 꿈속에 사는 듯 느껴졌고, 자기 신체와 생각이 자기 것이 아닌 듯 느껴졌다. 자신의 몸 일부는 왜곡되어 보였고, 주변 사람들이 로봇처럼 느껴졌다.

① 해리성 정체성 장애
② 해리성 둔주
③ 이인화/비현실감 장애
④ 착란장애

해설

이인증/비현실감 장애(depersonalization/derealization disorder)의 주요한 특성은 이인증, 비현실감 또는 2가지 모두의 지속적 또는 반복적인 삽화를 특징으로 한다.

- 이인증은 비현실감을 느끼며 자기의 전체 혹은 일부로부터 분리되거나 낯설게 느껴지는 것을 특징으로 한다. 자신의 사고, 느낌, 감각, 신체나 행동에 관하여 외부의 관찰자가 된 경험을 한다(예: 인지 변화, 왜곡된 시간 감각, 비현실적이거나 결핍된 자기, 감정적 또는 신체적 마비).
- 비현실감은 주변 환경이 비현실적인 것으로 느껴지거나 그것과 분리된 듯한 느낌을 특징으로 한다(개인 또는 사물이 비현실적이거나, 꿈속에 있는 것 같거나, 안개가 낀 것 같거나, 죽을 것 같거나, 시각적으로 왜곡된 것 같은 경험).

40 치매에 관한 설명으로 가장 적합한 것은?

① 기억 손실이 없다.
② 약물남용의 가능성이 많다.
③ 증상은 오전에 가장 심해진다.
④ 자신의 무능을 최소화하거나 자각하지 못한다.

해설

- 치매(dementia)의 특징은 인지 및 행동 증상들이 서서히 시작하고, 점진적으로 진행되며, 전형적인 증상으로 기억과 학습의 손상 및 집행 기능의 결손을 보인다.
- 인지 기능 저하로 인해 자각 및 판단 능력의 손상이 나타나며, 그 외에 언어 기능, 성격 변화, 시공간 기억 등의 곤란을 보인다. 일부 환자들의 경우에 치매 증세가 늦은 오후에 시작해서 잠들기 전까지 심해지는 경우가 있다.
- 알코올 문제가 심한 경우 중추신경계에 지속적인 영향을 미쳐 지속성 기억상실장애 혹은 코르사코프 증후군처럼 새로운 기억을 입력하는 능력에 심각한 손상을 일으킨다.

정답 39. ③ 40. ④

PART
03
심리검사

2016년 제3회 기출문제(학지사 홈페이지에 자료 제공)
2016년 제1회 기출문제(학지사 홈페이지에 자료 제공)

01 2022년 제3회 기출문제

◇ 임상심리사 2급 필기 제3회 문제는 응시자의 후기와 과년도 빈출문제를 기반으로 기출과 유사한 문제를 복원하여 '기출예상문제'로 제공됩니다(CBT 방식으로 시험이 전환되어 시험문제가 비공개되었음).

◇ 임상심리사 2급 필기시험에서 〈제3과목 심리검사〉는 41~60번까지로 총 20문항이 출제됩니다.

41 MMPI-2에서 T점수의 평균과 표준편차는? ▸ 2015, 2020

① 평균: 100, 표준편차: 15
② 평균: 50, 표준편차: 15
③ 평균: 100, 표준편차: 10
④ 평균: 50, 표준편차: 10

해설

MMPI-2의 T점수의 평균은 50이고, 표준편차는 10이다. 일반적으로 원판 MMPI에서는 평균으로부터 2표준편차 이상의 이탈을 유의한 차이로 보아 T점수가 70점 이상일 때 높은 점수로 간주하였다. MMPI-2 매뉴얼에서는 임상 척도 및 소척도의 T점수가 65점 이상일 때 의미 있는 상승으로 해석할 것을 권고하였다.

42 신경심리평가의 용도로 사용되지 않는 검사는? ▸ 2021

① 스트룹(Stroop)검사
② 레이 복합 도형(Rey-complex figure) 검사
③ 밀론 임상 다축(Millon clinical multiaxial) 검사
④ 위스콘신 카드분류(Wisconsin card sorting) 검사

해설

위스콘신 카드분류(Wisconsin card sorting) 검사, 스트룹(Stroop) 검사, 레이 복합 도형(Rey-complex figure) 검사는 전두엽 실행기능을 평가하는 신경심리 검사이며, 밀론 임상 다축(Millon clinical multiaxial 검사는 임상적 증상 뿐 아니라 지속적인 성격기능과 장애에 이르는 다양한 성격 특성을 평가하는 검사이다.

정답 41. ④ 42. ③

〈참조〉

- 위스콘신 카드분류(Wisconsin card sorting) 검사
  전두엽 실행기능을 평가하는 검사로, 추상적인 개념을 형성하고 범주화하는 능력과 피드백에 따라 인지 틀(cognitive set)을 변환하거나 유지하는 인지적 융통성을 측정한다.
- 스트룹(Stroop) 검사
  스트룹 검사는 전두엽에서 담당하는 억제과정의 효율성을 평가한다. 단어의 색과 글자가 일치되지 않는 조건에서 자동화된 반응을 억제하고 글자의 색상을 말해야 하며(예: '파랑'이라는 단어가 빨간색으로 인쇄되어 있을 때, 단어를 무시하고 '빨강'이란 색상을 명명함), 반응 시간과 오류 수가 측정된다.
- 레이 복합 도형(Rey-complex figure) 검사
  레이 복합 도형 검사는 시각기억 검사로, 복잡한 도형을 따라 그리게 하고 이후 회상 과제를 통하여 비언어적, 시각 기억력을 측정한다.
- 밀론 임상 다축(Millon clinical multiaxial) 검사
  전체 175문항으로 구성되어 있으며, 각 문항은 예/아니요 형식으로 응답하도록 구성되어 있다. 채점 과정에서 원 자료는 BR(Base Rate) 점수로 환산되며, BR 점수가 75점 이상이면 병리적 성격장애에 속하는 것으로 해석한다.

43 표집 시 남녀 비율을 정해 놓고 표집해야 하는 경우에 가장 적합한 방법은? ▸ 2017, 2021

① 군집표집(cluster sampling) ② 유층표집(stratified sampling)
③ 체계적 표집(systematic sampling) ④ 구체적 표집(specific sampling)

해 설

유층표집은 모집단 내에 여러 동질성을 갖는 하위집단이 있다고 가정할 때 모집단을 속성에 따라 계층으로 구분하고, 각 계층에서 단순무선표집을 하는 방법이다. 특히 각 유층 내에서 표집의 크기를 모집단의 구성 비율과 같게 무선표집할 때 이를 비율적 유층표집이라고 한다.

44 지능이론가와 모형이 잘못 짝지어진 것은? ▸ 2020

① 스피어먼(Spearman)－2요인 모형
② 서스톤(Thurstone)－다요인/기본정신능력 모형
③ 가드너(Gardner)－다중지능 모형
④ 버트(Burt)－결정성 및 유동성 지능 모형

정답 **43.** ② **44.** ④

해 설

- 카텔(Cattell)은 유동적 지능(fluid intelligence, Gf)과 결정적 지능(crystallized intelligence, Cc)의 2가지 요소로 지능의 개념을 분리하였다.
- 유동적 지능은 유전적이고 선천적인 지능으로, 뇌와 중추신경계의 성숙에 비례하여 발달하게 되며, 외부요인 혹은 노령화에 의해 퇴화되는 지능이다.
- 결정적 지능은 성장하면서 겪게 되는 개인의 교육, 문화 등 다양한 환경 속 상호작용을 통해 발달하며, 유동적 지능을 기반으로 학습을 통해 계속 발달해 나가는 지능이다.

학습 Plus 유동적 지능과 결정적 지능

유동적 지능(fluid intelligence)	결정적 지능(crystallized intelligence)
• 유전적이며 선천적으로 주어진 능력으로, 청소년기까지 발달이 이루어지다가 이후 퇴보현상이 나타남. • 속도, 기계적 암기, 지각속도, 일반적 추론능력, 수리능력 등	• 환경이나 경험, 문화적 영향에 의해 발달되는 지능으로, 나이가 들수록 더욱 발달하는 경향이 있음. • 언어이해능력, 문제해결능력, 논리적 추리력, 상식 등

45 신경심리학적 능력 중 BGT 및 DAP, 시계 그리기를 통해 가장 효과적으로 평가할 수 있는 것은? ▸ 2021

① 주의능력 ② 기억능력
③ 실행능력 ④ 시공간 구성능력

해 설

- 시공간 구성능력에는 시지각 능력과 구성능력 등이 포함된다. 시공간 처리에는 주로 뇌의 우반구가 관여하며, 특히 일차 시각 피질이 위치한 후두엽과 공간처리를 담당하는 두정엽의 역할이 중요하다.
- 시공간 구성능력을 평가하는 검사는 다음과 같다.
  - 벤더 지각운동 게슈탈트 검사(Bender Visual Motor Gestalt Test: BGT)
  - 레이-오스테리스 복합도형 검사(Rey-Osterrieth Complex Figure Test: R-CFT)
  - 인물화 검사(Draw-A-Person: DAP)
  - 시계 그리기 검사(clock drawing test)
  - 토막짜기(WAIS)
  - 도형 그리기 검사(예: MMSE, CERAD-N)

▶ 정답 45. ④

46 MMPI-2의 각 척도에 대한 해석으로 가장 적합한 것은? ▸ 2016, 2021

① 6번 척도가 60T 내외로 약간 상승한 것은 대인관계 민감성에 대한 경험을 나타낸다.
② 2번 척도는 반응성 우울증보다는 내인성 우울증과 관련이 높다.
③ 4번 척도의 상승 시 심리치료 동기가 높고 치료의 예후가 좋음을 나타낸다.
④ 7번 척도는 불안 가운데 상태불안 증상과 연관성이 높다.

해 설

2번 척도(우울증, Depression)는 반응성 우울증과 관련이 높으며, 4번 척도(반사회성, Psychopathic Deviate)는 문제에 대한 인식이 낮고, 자신의 문제를 타인의 탓으로 돌리는 경향이 있어 심리치료의 예후가 낮다. 7번 척도(Psychasthenia)는 특성 불안과 관련성이 높다.

학습 Plus 척도 6 편집증(Paranoia: Pa)

- 척도 6은 편집증적 상태 혹은 편집증을 보이는 환자들을 탐지할 목적으로 개발되었다.
- 해당 문항들은 관계사고, 피해의식, 의심, 지나친 예민성, 과대한 자기개념, 경직된 태도 등의 내용들을 포함하고 있다.

※ 척도 6에서 높은 경우
- 타인의 사소한 말이나 행동에 예민하고 과민하게 반응한다.
- 상대방의 동기, 의도를 의심하고 오해하여 조심스럽고 경계적인 태도를 취한다.
- 세상은 불공평하며 자신에게 불리하게 작용한다고 지각한다.
- 적대감과 분노감을 드러내며 논쟁적이다.
- 사고나 태도가 매우 경직되어 있고 융통성이 부족하다.
- 피해망상, 과대망상, 관계사고 및 기타 사고장애 등 명백한 정신증적 증상과 그에 수반한 행동 특성을 보일 가능성이 높다(T≥70).
- 자신이 음모에 휘말렸거나 남들로부터 부당한 대우, 모함, 괴롭힘을 당한다고 지각한다.
- 투사, 합리화, 주지화 등의 방어기제를 많이 사용한다.

47 집중력과 정신적 추적능력(mental tracking)을 측정하는 데 사용되는 신경심리검사는? ▸ 2020

① Bender Gestalt Test
② Rey Complex Figure Test
③ Trail Making Test
④ Wisconsin Card Sorting Test

정답 46. ① 47. ③

해설

- 선로 잇기 검사(Trail Making Test: TMT)는 주의력, 집중력, 정신적 추적능력 및 실행기능을 평가하며, A형과 B형으로 되어 있다. A형은 검사지에 무작위적으로 배치되어 있는 숫자들을 1-2-3-4와 같이 차례대로 연결하는 것이고, B형은 숫자와 문자를 번갈아 가며 차례대로 연결하는 것으로(1-가-2-나-3-다), 검사를 마치는 데 걸린 반응 시간과 오류 수가 측정된다.
- 벤더 게슈탈트 검사(Bender Gestalt Test: BGT)는 모사된 자극을 통해 시지각-운동의 성숙 수준, 정서적인 상태, 갈등의 영역, 행동통제의 특성 등을 평가한다.
- 레이 복합도형 검사(Rey Complex Figure Test: RCFT)는 시각기억 검사로, 복잡한 도형을 따라 그리게 하고 이후 회상 과제를 통하여 비언어적, 시각 기억력을 측정한다.
- 위스콘신 카드분류 검사(Wisconsin Card Sorting Test: WCST)는 전두엽 실행기능을 평가하는 검사로, 추상적인 개념을 형성하고 범주화하는 능력과 피드백에 따라 범주화, 개념형성능력, 주의지속능력, 인지적 융통성, 보속 반응 등을 평가한다.

48 MMPI에서 검사의 신뢰성과 타당성을 높이기 위한 통계적 조작으로 K 원점수 교정을 하는 임상척도는? ▸ 2014, 2018

① L척도 ② D척도 ③ Si척도 ④ Pt척도

해설

MMPI의 K척도의 경우, 방어적 수검 태도가 임상척도 점수에 미치는 영향을 교정하기 위해 임상척도 1, 4, 7, 8, 9번 척도는 K교정을 통해 보정하여 평가한다. K교정은 K척도의 원점수 비율을 달리해서 1(Hs), 4(Pd), 7(Pt), 8(Sc), 9(Ma)의 척도에 더해 주는 방식으로 측정한다.

49 Guilford의 지능구조 입체모형에서 조작(operation) 요인에 해당하는 것은? ▸ 2015, 2021

① 표정, 동작 등의 행동적 정보
② 사고 결과의 적절성을 판단하는 평가
③ 의미 있는 단어나 개념의 의미적 정보
④ 어떤 정보에서 생기는 예상이나 기대들의 합

해설

- 길포드(Guilford)는 지능이란 다양한 방법으로 상이한 종류의 정보를 처리하는 능력들의 체계적인 집합체라고 정의하고, 지능구조의 3차원 모델을 제시하였다.
- 지능은 '내용' 차원 4가지(그림, 상징, 의미, 행동), '조작' 차원 5가지(평가, 수렴적 조작, 확산적 조작, 기억, 인지), '결과' 차원 6가지(단위, 분류, 관계, 체계, 전환, 함축)로 구성되어 있다. 이들을 조합할 경우 4×5×6=120가지의 다른 종류의 지적 능력이 산출된다고 보았다.

정답 48. ④ 49. ②

50 K-WISC-Ⅳ에서 인지효능지표에 포함되는 소검사가 아닌 것은? ▸ 2021

① 숫자 ② 행렬추리
③ 기호쓰기 ④ 순차연결

K-WISC-Ⅳ(웩슬러 아동용 지능검사-4판)의 인지효능지수(Cognitive Proficiency Index: CPI)는 작업기억의 핵심 소검사(숫자, 순차연결)와 처리속도의 핵심 소검사(동형찾기, 기호쓰기)로 구성된 조합 점수이다.

〈K-WISC-Ⅳ의 구성〉

조합척도(composite scale) 또는 지수척도(index scale)			소검사	
			핵심 소검사	보충 소검사
전체 척도 (full scale)	일반능력지수 (GAI)	언어이해지수 (VCI)	공통성 어휘 이해	상식 단어추리
		지각추론지수 (PRI)	토막짜기 공통그림찾기 행렬추리	빠진 곳 찾기
	인지효능지수 (CPI)	작업기억지수 (WMI)	숫자 순차연결	산수
		처리속도지수 (PSI)	동형찾기 기호쓰기	선택

51 Rorschach 검사에서 지각된 스트레스와 관련된 구조변인이 아닌 것은? ▸ 2020

① M ② FM
③ C ④ Y

FM(동물 운동반응), C(색채 반응), Y(음영 반응)은 실제 자극 상황에 의해 지각된 스트레스 반응과 관련되며, M(인간 운동반응)은 실제적인 관심의 초점과 연관된 관념 활동과 관련된다.

52 아동용 시지각-운동통합 발달검사로, 24개의 기하학적 형태의 도형으로 이루어진 지필검사는? ▸ 2015, 2016, 2019

① VMI ② BGT
③ CPT ④ CBCL

정답 50. ② 51. ① 52. ①

해설

시지각-운동통합 발달검사(VMI)

- 실시방법
  - VMI 실시의 바른 순서는 검사자가 시연을 일체 행하지 않고 아동에게 모사하도록 명령해야 한다. 만약 아동이 처음 3개의 도형을 바르게 대답할 수 없을 때에만 검사자는 시연을 하기 위해 페이지를 넘겨서 처음 3개의 도형을 검사자가 묘사하는 것을 모방하도록 한다.
  - 아동은 도형을 모사해야 하고, 이미 그린 것을 지우거나 검사지를 돌려서 그릴 수는 없다.
  - 검사는 개별검사와 집단검사로 이루어지고, 개별검사는 4세 이하의 아동에게 적절하며, 4세 이상인 경우에는 소집단으로 실시할 수 있다.
- 구성내용
  - VMI는 집단을 대상으로 사용할 수도 있지만, 개인용으로 보다 보편적으로 사용한다. 검사대상은 2~15세이며, 검사 실시 목적은 시지각과 소근육 운동협응 능력을 평가한다. 조기 선별 및 판별을 통해 학습 및 행동 문제를 예방하는 데 있다.
  - 검사자는 아동들이 모사할 24개의 기하도형을 제시한다. 기하도형은 굵은 검은색으로 인쇄되어 있고, 각 페이지마다 3개씩의 기하도형이 배열되어 있으며, 각 도형 아래에는 아동이 도형을 모사할 공간이 마련되어 있다.
  - 기하도형은 가장 단순한 것에서 가장 복잡한 것으로 난이도에 따라 배열되어 있다.
  - 각 도형은 경험의 차이에 크게 좌우되지 않고 아동의 흥미를 유지하며 실시할 수 있는 도형으로 구성되어 있다.

53 주의력 손상을 측정하기 위한 검사가 아닌 것은? ▸ 2018

① Category Test

② Digit-Span Test

③ Letter Cancellation Test

④ Visual Search and Attention Test

해설

- category test는 범주/의미 유창성 검사(category/semantic fluency test) 항목에 해당되며, 언어능력을 측정하는 검사이다.
- 숫자 따라 말하기 검사(digit span test)는 각성도 및 주의력을 측정하는 검사이다.
- 문자 지우기 검사(letter cancellation test)는 지속적 주의력을 측정하는 검사이다.
- 시각 탐색 주의력 검사(visual search and attention test)는 시각적 탐색과 지속적 주의력을 측정하는 검사이다.

정답 53. ①

54 다음 환자는 뇌의 어떤 부위가 손상되었을 가능성이 높은가? ▸ 2004, 2014, 2017, 2021

> 30세 남성이 운전 중 중앙선을 침범한 차량과 충돌하며 두뇌 손상을 입었다. 이후 환자는 매사 의욕이 없고, 할 수 있는데도 불구하고 어떤 행동을 시작하려고 하지 않으며, 계획을 세우거나 실천하는 것이 거의 안 된다고 한다.

① 측두엽　② 후두엽
③ 전두엽　④ 두정엽

해 설

전두엽은 자신의 행동을 효과적으로 조절하고 지시하는 집행기능의 역할을 담당하는 영역으로, 추론능력, 계획을 세우고 순서대로 일을 처리하는 능력, 판단력, 행동조절능력 및 상황이나 목적에 맞는 사회적 행동을 구성하는 능력과 관련된다. 이에 전두엽 손상 시 사례에서 나타난 행동 개시, 계획 및 실천 등의 곤란이 초래된다.

55 로샤(Rorschach) 검사의 엑스너(J. Exner) 종합체계에서 유채색 반응이 아닌 것은? ▸ 2021

① C′　② CF
③ FC　④ Cn

해 설

로샤(Rorschach) 검사의 유채색 반응은 C, CF, FC, Cn이다. C′은 무채색 반응에 해당된다. 유채색 반응은 정서 및 정서표현의 조절과 관련되며, 무채색 반응은 정서적 제약 및 억제와 관련된다.

- C(**순수색채반응**): 어떤 형태 특징에 대한 언급 없이 전적으로 잉크 반점의 유채색 특징에 근거한 반응이다(예: 색이 빨개서 피 같다).
- CF(**색채-형태반응**): 일차적으로 잉크 반점의 색채 때문에 반응이 형성되고, 형태 특징이 부차적으로 사용된 반응이다(예: 색도 빨갛고 말라붙어 있는 모양이 피 같다).
- FC(**형태-색채반응**): 주로 형태 특징 때문에 반응이 형성되고, 정교화 또는 명료화 목적으로 색채가 사용된 경우이다(예: 잎 모양과 색깔이 장미꽃 같다).
- Cn(**색채명명반응**): 잉크 반점의 색채만 명명된 경우이다(예: 이건 분홍색이고 이건 파란색이다).

정답 54. ③ 55. ①

56 MMPI에서 6번과 8번 척도가 함께 상승했을 때의 가능한 해석이 아닌 것은?

▸ 2010, 2018

① 편집증적 경향과 사고장애가 주된 임상 특징이다.
② 주요 방어기제는 투사, 외향화, 왜곡, 현실 부정이다.
③ 대인관계 특징은 친밀한 관계 형성의 어려움, 불신감, 적대감이다.
④ 남들로부터 관심과 애정을 끌고 동정을 받으려는 강한 욕구를 지니고 있다.

해설

6-8/8-6

〈증상과 행동〉

- 주요 특징은 의심과 불신으로 편집증적 경향을 보이며, 다른 사람의 의도를 부정적인 방향으로 지각하기 쉽다.
- 현실감이 부족하고 심각한 정신병리의 가능성을 시사한다.
- 사고 내용은 자폐적이고 비일상적인 경향이 있으며, 피해망상과 과대망상 및 환각이 나타나는 등 현실검증력의 장애를 보인다.
- 정서적으로 둔화되어 있고, 친밀한 관계를 회피하며, 부적절한 사회적 행동을 보인다.
- 심한 열등감과 불안정감을 지니고 있으며, 스트레스가 심해지면 공상과 백일몽으로 도피한다.
- 흔히 조현병, 분열성 또는 편집성 성격장애로 진단 내려지며, 주요 방어기제는 투사, 외향화, 왜곡, 현실 부정이다.

57 신경심리평가 시 고려해야 할 사항과 가장 거리가 먼 것은?

▸ 2012, 2019

① 손상 후 경과 시간
② 성별
③ 교육 수준
④ 연령

해설

신경심리평가 시 고려점

- 현재 기능 수준의 손상 정도
- 손상 후 경과 시간
- 병전 지적 수준
- 교육 수준
- 연령
- 손잡이(우세한 손에 따라 뇌의 신경해부학적 특성이나 인지기능의 패턴이 달라짐)
- 인지기능에 영향을 줄 수 있는 현재 의학적 병력

정답 56. ④ 57. ②

58 아동의 지적 발달이 또래 집단에 비해 지체되어 있는지, 혹은 앞서고 있는지를 평가하기 위해 Stern이 사용한 IQ 산출계산방식은? ▸ 2016, 2021

① 지능지수(IQ)=[정신연령/신체연령] × 100

② 지능지수(IQ)=[정신연령/신체연령] + 100

③ 지능지수(IQ)=[신체연령/정신연령] × 100

④ 지능지수(IQ)=[신체연령/정신연령] ÷ 100

해 설

윌리엄 스턴(William Stern)이 제안한 지능지수(Intelligence Quotient: IQ) 산출방식은 개인의 지적 능력을 정신연령(Mental Age: MA)과 신체연령(Chronological Age: CA)의 대비를 통해 비율로 나타낸 것이다[지능지수(IQ)=정신연령(MA)/신체연령(CA)×100].

59 신뢰도의 추정방법 중 반분신뢰도의 장점은? ▸ 2017

① 검사의 문항수가 적어도 된다.

② 반분된 검사가 동형일 필요가 없다.

③ 단 1회의 시행으로 신뢰도를 구할 수 있다.

④ 속도 검사의 신뢰도를 추정하는 데 적합하다.

해 설

- 반분신뢰도(split-half reliability)란 한 개의 검사를 한 피험자 집단에게 실시하되, 그것을 적절한 방법에 의해 두 부분으로 나누어 반분된 검사 점수들 간의 상관계수를 산출하여 둘 간의 유사성을 추정하는 신뢰도이다.
- 반분신뢰도의 장점으로는 단 한 번의 검사 시행으로 간단하게 신뢰도를 추정할 수 있는 반면, 단점으로는 검사를 양분하는 방법에 따라 신뢰도 계수가 다르게 추정될 수 있다.

60 일반적으로 정신장애의 진단을 목적으로 하는 심리검사는? ▸ 2018

① CPI ② MMPI

③ MBTI ④ 16PF

정답 **58.** ① **59.** ③ **60.** ②

해 설

- 미네소타 다면적 인성검사(Minnesota Multiphasic Personality Inventory: MMPI)는 1943년 미네소타 대학의 Hathaway와 Mckinley 박사에 의해 정신건강의학과 임상장면에서 환자들의 정신병리를 보다 신뢰성 있고 효율적으로 진단·평가할 목적으로 개발되었으며, 현재는 개인의 성격 특성, 적응 수준 등의 다양한 심리내적 영역을 측정하기 위해 사용되고 있다.
- CPI, MBTI, 16PF는 정상인의 일반적인 성격 특성을 파악하기 위한 목적으로 개발되었다.

〈참조〉

- CPI(California Personality Inventory)
  캘리포니아 대학의 연구팀에 의하여 개발되었으며, 정상인을 대상으로 성격 특성을 측정하는 질문지법에 의한 성격검사이다. 전체 480문항으로 구성되며, 18개의 하위 척도로 분류되고, 하위 척도들은 4개의 군집으로 구분된다.
- MBTI(Myers-Briggs Type Indicator)
  마이어스-브릭스에 의해 개발된 성격검사이며, 성격 유형을 16개로 구분하여 외향형과 내향형, 감각형과 직관형, 사고형과 감정형, 판단형과 인식형의 네 가지의 분리된 선호 경향을 기반으로 평가한다.
- 16PF(The Sixteen Personality Questionnaire)
  레이몬트 카텔(Raymond Cattell, 1949)에 의해 개발된 개인의 근본적인 성격 특성 파악을 위한 다중선택 검사법이다. 외향성, 불안, 완고함, 독립심, 자기통제의 5가지 범주로 나누어지는 16가지 성격 특성을 측정하기 위한 185개 문항으로 구성되어 있다.

02 2022년 제1회 기출문제

41 교통사고 환자의 신경심리검사에서 꾀병을 의심할 수 있는 경우는? ▸ 2016

① 기억과제에서 쉬운 과제에 비해 어려운 과제에서 더 나은 수행을 보일 때
② 즉각기억과제와 지연기억과제의 수행에서 모두 저하를 보일 때
③ 뚜렷한 병변이 드러나며 작의적인 반응을 보일 때
④ 단기기억 점수는 정상 범위이나 다른 기억 점수가 저하를 보일 때

해설

꾀병(malingering)이란 심리적 또는 신체적 증상을 고의적으로 조작하고 과장하는 것을 말한다. 기억과제에서 쉬운 과제에 비해 어려운 과제에서 더 나은 수행을 보인다는 것은 과제의 난이도에 대한 인지적 식별이 가능함을 의미한다.

42 MMPI-2 코드 쌍의 해석적 의미로 틀린 것은? ▸ 2016

① 4-9: 행동화적 경향이 높다.
② 1-2: 다양한 신체적 증상에 대한 호소와 염려를 보인다.
③ 2-6: 전환증상을 나타낼 경우가 많다.
④ 3-8: 사고가 본질적으로 망상적일 수 있다.

정답 41. ① 42. ③

해설

- 2-6 상승 척도를 보이는 경우 의심과 불신, 분노, 적대감, 공격성 등을 특징으로 하는 성격적인 문제를 지닐 수 있다. 우울감과 피로감을 호소하며, 스트레스에 잘 대처하지 못하고, 수면곤란, 무망감, 활력 감퇴 및 일부는 자살을 시도할 가능성이 있다.
- 전환증상을 나타낼 가능성이 높은 코드 쌍은 1-3 상승 척도이다. 다양한 신체적 불편감을 호소하며, 두통, 흉통, 사지 마비 혹은 경련 등의 증상을 보인다. 신체증상은 스트레스를 받을 때 증가되며, 증상과 관련된 이차적 이득이 있는 경우가 많다.

43 두정엽의 병변과 가장 관련이 있는 장애는? ▸ 2013, 2017

① 구성장애 ② 시각양식의 장애
③ 청각기능의 장애 ④ 고차적인 인지적 추론의 장애

해설

구성장애(constructional apraxia)는 특정 대상의 형태를 구성하는 능력에 있어 결함을 보이는 장애로, 두정엽 손상과 관련이 있다. 두정엽은 일차 체감각 기능, 감각 통합과 공간 인식 등에 관여하는 뇌 영역이다.

44 동일한 사람에게 교육 수준이나 환경 및 질병의 영향 등과 같은 모든 가외변인을 통제한 상태에서 20세, 30세, 40세 때 편차점수를 사용하는 동일한 지능검사를 실시하였다면 지능이 어떻게 나타날 것인가?

① 점진적인 저하가 나타난다.
② 30세까지 상승하다가 그 이후에는 저하된다.
③ 점진적인 상승이 나타난다.
④ 변하지 않는다.

해설

편차점수를 사용하는 지능검사는 규준집단 내에서 수검자 지능의 상대적 위치에 해당이 되는 정보를 제공해 주기에 가외변인을 모두 통제하여 지능에 영향을 줄 수 있는 부분이 최소화된다면, 20대, 30대, 40대가 되어도 지능 수준은 크게 변하지 않는다.

정답 43. ① 44. ④

45 다면적 인성검사(MMPI-2)에서 개인의 전반적인 에너지와 활동 수준을 평가하며, 특히 정서적 흥분, 짜증스런 기분, 과장된 자기지각을 반영하는 척도는?

① 척도 1 ② 척도 4 ③ 척도 6 ④ 척도 9

해 설

- 척도 9 경조증(Hypomania: Ha)
  척도 9는 경조증 증상을 보이는 사람들을 탐지할 목적으로 개발되었다. 문항들은 전반적인 에너지와 과잉활동, 정서적 흥분성, 과대 사고와 같은 구체적인 경조증 증상을 다루고, 그 외에 가족 관계, 도덕적 가치 및 태도, 신체적 염려 등의 주제를 다룬다.

학습 Plus 척도 9에서 높은 경우(MMPI-2)

- 과대망상, 혼란스러운 사고, 사고의 비약, 비생산적인 행동의 증가, 고양된 기분, 과장된 자기지각, 정서적 불안정성, 충동조절의 어려움 등을 보인다(T>80).
- 생각보다 행동이 앞서고, 지나치게 활동량이 많다.
- 일이 체계적이지 못하고, 조직화된 처리를 하지 못해 마무리가 어렵거나 생산성이 낮다.
- 객관적인 현실과는 무관하게 자신감이 넘치며, 자신의 능력을 과신한다.
- 자기중심적이고, 충동적이며, 감정을 억제하지 못하고 쉽게 표출한다.
- 자신이 추구하는 바가 지연되거나 행동이 방해받을 때 과민한 반응을 보인다.
- 기분이 고양되어 있고, 자신감에 넘치다가도 금방 초조해지고 동요되며 낙담하는 등 감정 기복을 보인다.
- 넘치는 활력이나 심신 에너지의 항진은 정서적 고통이나 스트레스 상황으로부터 주의를 분산시키는 역할을 한다.

46 지능검사와 그 활용에 관한 설명으로 틀린 것은?

① 학습과 진로지도 자료로 활용할 수 있다.
② 지능지수가 높다고 해서 반드시 높은 학업성취를 보이는 것은 아니다.
③ 검사의 전체 소요시간은 여러 요인에 따라 달라질 수 있다.
④ 웩슬러 지능검사의 특징 중 하나는 정신연령 개념을 도입한 것이다.

해 설

- 지능검사의 효시는 Binet와 Simon(1905)이 개발한 Binet-Simon test라고 볼 수 있다. Binet는 연령 증가에 비례해 지능도 발달한다는 전제하에 '정신연령(mental age)'의 개념을 도입했다.
- 미국 스탠퍼드 대학의 Terman(1916)은 Binet-Simon test의 소검사를 확장하고 미국 문화에 맞게 문항을 수정하여 Stanford-Binet test로 출시하였으며, 정신연령 개념을 발전시킨 비율 IQ 개념에 근거하여 지능지수를 산출하였다.
- 웩슬러 지능검사에서는 IQ가 정규분포를 보인다고 가정하고, 해당 연령 규준에 대해 평균 100, 표준편차 15인 표준점수로 전환하여 지능지수를 산출하는 편차 IQ 개념을 도입하였다. 편차 IQ는 규준집단 내에서 수검자 지능의 상대적 위치에 대한 정보를 제공해 주기 때문에 개인 간 비교에 용이하다는 장점이 있다.

정답 45. ④ 46. ④

47 다음에서 설명하고 있는 지능 개념은? ▸ 2014

- Cattell이 두 가지 차원의 지능으로 구별한 것 중 하나이다.
- 타고나는 지능으로, 생애 초기에 비교적 급속히 발달하고 20대 초반부터 감소한다.
- Wechsler 지능검사의 동작성 검사가 이 지능과 관련이 있다.

① 결정적 지능 ② 다중 지능
③ 유동적 지능 ④ 일반 지능

해설

- 카텔(Cattell)의 경우, 지능을 유동적 지능과 결정적 지능의 두 가지 차원으로 구별하였다.
- 유동적 지능(fluid intelligence)은 유전적이며 선천적으로 주어진 능력으로, 속도, 기계적 암기, 지각속도, 일반적 추론능력 등이 해당된다.
- 현재의 웩슬러 지능검사도 이러한 지능의 특징을 반영하여 측정되고 있다.

학습 Plus 유동적 지능과 결정적 지능

유동적 지능(fluid intelligence)	결정적 지능(crystallized intelligence)
• 유전적이며 선천적으로 주어진 능력으로, 청소년기까지 발달이 이루어지다가 이후 퇴보현상이 나타남. • 속도, 기계적 암기, 지각속도, 일반적 추론능력, 수리능력 등	• 환경이나 경험, 문화적 영향에 의해 발달되는 지능으로, 나이가 들수록 더욱 발달하는 경향이 있음. • 언어이해능력, 문제해결능력, 논리적 추리력, 상식 등

48 특정 학업과정이나 직업에 대한 앞으로의 수행능력이나 적응을 예측하는 검사는? ▸ 2017

① 적성검사 ② 지능검사
③ 성격검사 ④ 능력검사

적성검사는 학업이나 진로, 직무에 대한 수행능력이나 적응 정도 및 잠재력을 예측하는 데 목적을 지닌다. 개인마다 특수한 능력에 차이가 있으며, 그 차이를 통해 나중에 어떤 성과를 달성할 것인가 예언할 수 있다고 가정한다.

정답 47. ③ 48. ①

49 모집단에서 규준집단을 표집하는 방법과 가장 거리가 먼 것은? ▸ 2017

① 군집표집(cluster sampling)
② 유충표집(stratified sampling)
③ 비율표집(ratio sampling)
④ 단순무선표집(simple random sampling)

해설

규준이란 특정 검사 점수의 해석에 필요한 기준이 되는 자료이다. 모집단을 가장 잘 대표하는 규준집단을 뽑기 위해 확률표집을 사용한다. 확률표집에는 군집표집, 유층표집, 단순무선표집, 체계적 표집이 있다.

- 군집표집(cluster sampling)
  모집단을 군집(혹은 집락)이라 부르는 소집단(cluster)으로 나누고 이들 군집들 중 일정 수를 추출한 뒤 추출된 군집의 모든 구성원을 조사하는 방법을 말한다(예: 대학생의 인터넷 사용량 조사 시 대학 선정 → 학교, 학년 선정 → 해당 대학생 모두 조사).
- 유층표집(stratified sampling) 또는 층화표집
  모집단을 어떤 기준에 따라 중복되지 않는 집단들로 분리하고 각각의 계층 내에서 무작위 방법으로 표본을 추출하는 것을 말한다(예: 서울시민의 교통안전 의식 조사 시 강남-강북 등으로 나누고 무작위로 대상자 추출).
- 단순무선표집(simple random sampling)
  표집 틀 내의 각 사람이나 표집 단위에 난수표 등을 이용하여 단순히 무작위로 표본을 추출하는 방법을 말한다(예: 인명부를 표집 틀로 하여 난수표로 무작위로 대상자를 선정하여 전화 조사).
- 체계적 표집법(systematic sampling)
  표집 틀인 모집단 목록에서 일정한 순서에 따라 매 k번째 요소를 표본으로 추출하는 방법을 말한다. 무작위로 뽑은 하나의 명단 번호로부터 시작하여 일정한 간격을 두고 선정한다(예: 초기 5번 선정 시 이후 5, 15, 25, 35, 45, 55 등으로 일정 간격을 두고 매 k번째 요소를 추출).

50 검사자가 지켜야 할 윤리적 의무로 옳지 않은 것은? ▸ 2015

① 검사과정에서 피검자에게 얻은 정보에 대해 비밀을 보장할 의무가 있다.
② 자신이 다루기 곤란한 어려움이 있을 때는 적절한 전문가에게 의뢰하여야 한다.
③ 자신이 받은 학문적인 훈련이나 지도받은 경험의 범위를 벗어난 평가를 해서는 안 된다.
④ 피검자가 자해 행위를 할 위험성이 있어도 비밀보장의 의무를 지켜야 하므로 누구에게도 알려서는 안 된다.

해설

검사자는 피검자의 사생활과 비밀을 유지해야 할 의무가 있지만, 내담자의 생명과 관련된 상황은 비밀보장 예외원칙에 해당된다.

정답 49. ③ 50. ④

51 전두엽 기능에 관한 신경심리학적 평가영역과 가장 거리가 먼 것은? ▸ 2015

① 의욕(volition)
② 계획능력(planning)
③ 목적적 행동(purposive action)
④ 장기기억능력(long-term memory)

해 설

- 전두엽 기능에 관한 신경심리학적 평가는 의욕, 계획능력, 추론능력, 조직화능력, 융통성, 판단력, 목적적 행동과 관련된 측면을 평가한다.
- 장기기억능력은 해마 기능과 관련된다. 해마는 단기기억을 장기기억으로 전환하는 기능을 한다.

52 MMPI에서 2, 7 척도가 상승한 패턴을 가진 피검자의 특성으로 옳지 않은 것은? ▸ 2017

① 행동화(acting-out) 성향이 강하다.
② 정신치료에 대한 동기가 높은 편이다.
③ 자기비판 혹은 자기처벌적인 성향이 강하다.
④ 불안, 긴장, 과민성 등 정서적 불안 상태에 놓여 있다.

해 설

- 2-7 상승 척도를 보이는 경우 지나치게 책임감을 느끼며, 불안과 걱정이 많고, 예측 못하는 상황에 대응해서 세상의 위험 요소를 탐색하고 어떻게 대처할지에 대해 염려하며 방어적 양상을 보인다.
- 스트레스에 민감하며, 실패나 실수에 대해 자기비판 및 자기처벌적인 죄책감을 느끼는 특징을 보인다(MMPI에서 2번, 7번 척도는 행동 억제 척도에 해당되며, 대표적인 행동화 척도는 4번, 9번 척도임). 일반적으로 심리치료나 상담의 동기가 양호하며, 예후가 좋은 편이다.

53 다면적 인성검사에 관한 설명으로 틀린 것은?

① 표준화된 규준을 가지고 있다.
② 수검태도와 검사결과의 타당성을 확인하는 척도가 있다.
③ MMPI의 임상척도와 MMPI-2의 기본 임상척도의 수는 동일하다.
④ 임상척도 간에 중복되는 문항이 적어서 진단적 변별성이 높다.

정답 51. ④ 52. ① 53. ④

해 설

- MMPI는 척도 간 문항 중복으로 상관계수가 높고, 개별 척도 및 코드 유형에 대한 정보가 진단적 변별에 유용하지 않을 수 있어 해석에 주의가 필요하다. 상승된 척도 점수에 근거해 정신장애 진단을 잘못 명명하는 문제가 생길 수 있기 때문이다.
- 척도 간 상관이 높은 것은 여러 정신병리가 구성개념이나 징후의 범주에 있어 공통된 특징을 포함하는 것과 관련이 있다. 해석은 코드 타입을 중심으로 할 필요가 있고, 각 척도의 임상적 설명을 충분히 이해하여 다양한 서술적 접근을 해야 한다.

54 지능을 일반요인과 특수요인으로 구분한 학자는?

① 스피어먼(C. Spearman)
② 서스톤(L. Thurstone)
③ 카텔(R. Cattell)
④ 길포드(J. Guilford)

해 설

- 스피어먼(C. Spearman)은 요인분석을 이용하여 지능의 구조를 일반요인(g요인, general factor)과 특수요인(s요인, specific factor)으로 구분하였다. 일반요인(일반지능, 일반지적능력)은 개인이 공통적으로 가지고 있는 능력이며, 특수요인은 음악적 재능이나 기계적 능력과 같은 어떤 특정한 분야에 대한 능력을 말한다.
- 서스톤(L. Thurstone)은 지능을 다양한 종류의 정보를 전달하는 능력이나 기능으로 정의하고, 기본정신능력(Premary Mental Ability: PMA)을 측정하였다. 기본정신능력으로 수리능력, 단어유창성, 언어의미, 지각속도, 시공간 능력, 논리적 능력, 기억이 있다.
- 카텔(R. Cattell)은 유동적 지능(fluid intelligence, Gf)과 결정적 지능(crystallized intelligence, Cc)의 2가지 요소로 지능의 개념을 분리하였다.
- 길포드(J. Guilford)는 지능이란 다양한 방법으로 상이한 종류의 정보를 처리하는 능력들의 체계적인 집합체라고 정의하고, 지능구조의 3차원 모델(내용 차원, 조작 차원, 결과 차원)을 제시하였다.

55 검사의 종류와 검사구성 방법을 짝지은 것으로 가장 적합하지 않은 것은? ▸ 2015

① 16PF－요인분석에 따른 검사구성
② CPI－경험적 준거에 따른 검사구성
③ MMPI－경험적 준거방법
④ MBTI－합리적 · 경험적 검사구성의 혼용

정답 54. ① 55. ④

해 설

- MBTI는(Myers-Briggs Type Indicator)는 혼용적 접근이 아닌, 융의 심리유형론을 경험적으로 검증하여 개발하였다. 유형이론에 의하면 태어날 때부터 특정 기능을 선호하는 경향이 있으며, 각 유형마다 4개의 차원[외향(E)-내향(I), 감각(S)-직관(N), 사고(T)-감정(F), 판단(J)-인식(P)]에 따라 자신이 선호하는 기능(주기능, 부기능)을 주로 사용하여 발달시킬 수 있다고 본다.
- 심리검사의 제작방식은 이론적(합리적) 제작방식과 경험적 제작방식이 있다. 이론적 제작방식은 임상경험과 이론적 배경을 토대로 문항을 구성하는 반면에, 경험적 제작방식은 실제 사람들이 반응하는 문항으로 검사를 구성한다(예: MMPI).

56 노인 집단의 일상생활 기능에 대한 양상 및 수준을 평가하기에 가장 적합한 심리검사는?

▸ 2018

① MMPI-2 ② K-VMI-6
③ K-WAIS-IV ④ K-Vineland-II

해 설

한국판 바인랜드 적응행동척도(K-Vineland)는 수검자의 연령 범위가 0~만 90세에 해당되며, 조사 면담형과 보호자 평정형으로 나눠진다. 각기 문항은 같으나 실시방법에 차이가 있으며, 검사를 통해 나타난 결과를 토대로 일상의 적응적 기능 유지를 위한 도움을 제공하는 데 유용하다. 노인 집단의 경우, 신체-운동 기능을 반영하여 적응 수준을 평가한다.

57 발달검사를 사용할 때 고려해야 할 사항과 가장 거리가 먼 것은?

① 일반적인 기능적 분석만 사용해야 한다.
② 규준에 의한 발달적 비교가 가능해야 한다.
③ 다중기법적 접근을 취해야 한다.
④ 경험적으로 측정도구를 사용해야 한다.

해 설

발달검사는 일반적인 기능적 분석 외에도 발달 수준에 따른 발달 정도의 지체나 지연상의 문제를 고르게 평가해야 하며, 발달력과 임상적 정보가 기반되어야 한다. 특히 운동과 인지발달 전반에서 나타나는 문제인지, 특정 영역에서만 국한된 경우인지에 대한 면밀한 평가가 필요하다.

정답 56. ④ 57. ①

58 문장완성검사에 대한 설명으로 틀린 것은?

① 가족, 이성관계 등 문항의 의미와 관련하여 이들 문항 세트를 함께 고려하여 해석하는 것이 도움이 된다.

② Rapport 등(1968)은 형식적 면에서 연상의 장애를 '근거리 반응'과 '원거리 반응'으로 개념화하여 설명하고자 했다.

③ 국내에서 출판되고 있는 Sacks의 문장완성검사는 아동용, 청소년용, 성인용으로 구분되어 있다.

④ 누락된 문항이라 하더라도 중요한 가설을 형성할 수 있다는 점에서 주의 깊게 검토해야 한다.

해 설

- Rapport는 Jung의 '단어연상검사'를 단어의 내용과 시행의 편의를 위해 60개의 단어를 다시 선택해 사용했다. 단어연상검사는 연상의 장애와 내재된 마음의 갈등이 무엇인지 객관화된 방법을 통해 측정할 수 있게 해 준다.
- Rapport 등(1968)은 '단어연상검사' 시 형식적인 면에서 나타나는 연상의 장애를 크게 '근거리 반응(close reaction)'과 '원거리 반응(distrance reaction)'으로 개념화하여 설명하고자 했다.

학습 Plus 단어연상검사의 시행과정과 해석적 특징

〈검사 시행〉

단어연상검사는 두 과정으로 나뉘어진다. 우선 자극어가 인쇄된 용지, 필기도구, 반응 시간을 기록할 시계를 준비한다.

- 첫 번째 과정에서 수검자에게 "이제부터 단어를 하나씩 불러줄 테니 그 단어를 듣고 제일 먼저 머리에 떠오르는 단어 한 개를 될 수 있는 대로 빨리 대답해 보십시오"라는 지시문을 불러 준다.
- 두 번째 '재생 과정'에서는 첫 번째 과정에서 제시된 자극어를 다시 불러 주고, 각 자극어에 대해 첫 번째 시행에서 응답했던 단어를 다시 회상해서 대답해 보도록 요구한다. 재생어가 원래의 반응어와 일치하면 '+', 일치하지 않으면 '-'로 표시하고, 응답하지 않은 응답도 그대로 기록한다.

〈검사 해석〉

수검자의 콤플렉스가 어떤 관념 영역에 있는지, 어떤 양상으로 연상의 장애가 나타나는지를 확인하는 것을 목적으로 한다. 이를 위해 반응의 '형식적인 면'과 '내용적인 면'을 분석한다. Rapport는 연상과정의 '장애'가 나타났다고 판단하기 위한 세 가지 기준을 제시하였다.

1. 지시문과 일치하지 않는 반응의 측면들
2. 대체로 연상되는 반응으로부터 의미 있게 일탈되어 있는 반응들
3. 두 번째 과정에서의 지시화가 일치하지 않는 반응들

- 반응의 '형식적인 면'에 대한 분석
  - 근거리 반응: 자극어 자체와 너무 밀착되어 있는 반응이기 때문에 수검자의 사적인 연상내용이 반영되지 않은 반응일 경우가 이에 해당된다(예: 집-들어가서 사는, 집-우리 집, 불-산불).
  - 원거리 반응: 자극어와 거의 관련이 없는 듯한 반응들 역시 주목해 보아야 한다(예: 책-칠면조, 춤-먹는다, 연회장에서 식사와 함께하는).

정답 58. ②

- 반응의 '내용적인 면'에 대한 분석
  - 형식적 분석에서 기술한 다양한 방식의 연상 장애가 일어나는 자극어와 반응어 혹은 재생어가 무엇인지, 그 단어의 내용에 어떤 표면적 · 상징적 · 무의식적 연관이 있는지를 찾아내는 데 초점을 둔다.
  - 만일 어떤 의미 있는 공통된 단어들에서 연상 장애가 일관성 있게 일어난다면 그 단어와 관련된 콤플렉스가 내재되어 있다고 가정할 수 있다.

59 K-WAIS-IV에서 개념형성능력을 측정하는 소검사는? ▸ 2016

① 차례 맞추기　② 공통성 문제
③ 이해 문제　④ 빠진 곳 찾기

해설

- K-WAIS-IV(웩슬러 성인용 지능검사)의 언어이해지표 내 '공통성' 소검사는 결정적 지능, 논리적이고 추상적인 추론능력, 개념적 사고능력, 언어적 이해능력, 언어능력과 결합된 연상능력 등을 측정한다.
- **차례 맞추기**: WAIS-R의 소검사에 해당된다. 사회적 이해력과 판단력, 인과관계 추론능력, 연속적 처리능력 등을 평가한다.
- **이해 문제**: 언어적 추론능력, 언어적 이해와 표현능력, 사회적 환경에 대한 이해력, 사회적 규칙과 규범에 대한 지식 등을 측정한다.
- **빠진 곳 찾기**: 시지각적 조직화능력, 시각적 주의집중력, 시각적 재인 및 장기기억, 핵심과 비핵심을 구분하는 능력 등을 측정한다.

60 말의 유창성이 떨어지고 더듬거리는 말투, 말을 길게 하지 못하고 어조나 발음이 이상한 현상 등을 보이는 실어증은? ▸ 2018

① 브로카 실어증　② 베르니케 실어증
③ 초피질성 감각 실어증　④ 전도성 실어증

해설

- **브로카 실어증(Broca's aphasia)**: 말을 유창하게 하지 못하지만 언어 이해와 발성 기제는 정상적이다. 언어 지시를 이해할 수 있음에도 불구하고 이 지시를 복창하는 능력은 손상되어 있다.
- **베르니케 실어증(Wernicke's aphasia)**: 유창하게 말을 하지만 의미 있는 내용은 아니며, 타인의 말을 이해하지 못한다.
- **전도성 실어증(conduction aphasia)**: 다른 사람의 말을 따라 하지 못하고 대화에 장애를 보이는 경우를 말한다.
- **초피질성 감각 실어증(transcortical sensory aphasia)**: 다른 사람의 말을 따라 할 수는 있으나 그 의미를 이해하는 데 장애를 보이는 경우를 말한다.

정답 59. ② 60. ①

03 2021년 제3회 기출문제

41 집-나무-사람(HTP) 검사에 관한 설명으로 맞는 것은?

① 집, 나무, 사람의 순서대로 그리도록 한다.
② 각 그림마다 시간 제한을 두어야 한다.
③ 문맹자에게는 실시할 수 없다.
④ 머레이(H. Murray)가 개발하였다.

해설

- HTP 검사는 벅(J. Buck)이 개발하였다. 검사를 수행하는 동안 자유롭게 그리도록 안내되며 시간 제한을 두지 않는다. 또한 검사의 특성상 연령, 지능, 예술적 재능에 제한을 받지 않는다.
- HTP 검사는 그림 단계와 질문 단계로 실시된다. '그림 단계'에서는 집, 나무, 사람의 순서대로 그리도록 하며, 검사 수행 시 수검자의 말과 행동을 관찰, 기록해 둔다. '질문 단계'에서는 그림을 보여 주며 여러 가지 질문을 한다. 모든 단계를 마친 후에는 그림 단계와 질문 단계 내용을 토대로 통합적으로 분석한다.

42 다음 환자는 뇌의 어떤 부위가 손상되었을 가능성이 높은가? ▸ 2004, 2014, 2017

> 30세 남성이 운전 중 중앙선을 침범한 차량과 충돌하며 두뇌 손상을 입었다. 이후 환자는 매사 의욕이 없고, 할 수 있는데도 불구하고 어떤 행동을 시작하려고 하지 않으며, 계획을 세우거나 실천하는 것이 거의 안 된다고 한다.

① 측두엽 ② 후두엽
③ 전두엽 ④ 두정엽

정답 **41.** ① **42.** ③

해설

전두엽은 자신의 행동을 효과적으로 조절하고 지시하는 집행기능의 역할을 담당하는 영역으로, 추론능력, 계획을 세우고 순서대로 일을 처리하는 능력, 판단력, 행동조절능력 및 상황이나 목적에 맞는 사회적 행동을 하는 능력과 관련된다. 이에 전두엽 손상 시 사례에서 나타난 행동 개시, 계획 및 실천 등의 곤란이 초래된다.

43 지능의 개념에 관한 연구자와 주장의 연결이 틀린 것은? ▸ 2004, 2019

① Wechsler: 지능은 성격과 분리될 수 없다.

② Horn: 지능은 독립적인 7개 요인으로 이루어져 있다.

③ Cattell: 지능은 유동적 지능과 결정화된 지능으로 구분할 수 있다.

④ Spearman: 지적 능력에는 g요인과 s요인이 존재한다.

해설

- Cattell과 Horn은 요인 분석을 사용하여 지능이 유동지능(fluent intelligence)과 결정지능(crystallized intelligence)의 요인으로 구분됨을 발견했다.
- Thurstone은 단어유창성, 언어이해력, 공간능력, 지각속도, 수리능력, 귀납적 추리, 기억을 구성요소로 보고, 지능을 구성하는 일곱 가지의 기초정신능력(primarily mental ability)요인을 발견하였다.

44 선로 잇기 검사(Trail Making Test)는 대표적으로 어떤 기능 또는 능력을 측정하기 위해 고안된 검사인가? ▸ 2019

① 주의력

② 기억력

③ 언어능력

④ 시공간 처리능력

해설

선로 잇기 검사(Trail Making Test: TMT)

주의력 및 정신적 추적능력을 평가하며 A형과 B형으로 되어 있다. A형은 검사지에 무작위적으로 배치되어 있는 숫자들을 1-2-3-4와 같이 차례내로 연결하는 것이고, B형은 숫자와 문자를 번갈아 가며 차례대로 연결하는 것으로(1-가-2-나-3-다), 검사를 마치는 데 걸린 반응 시간과 오류 수가 측정된다.

정답 43. ② 44. ①

45 로샤(Rorschach) 검사의 엑스너(J. Exner) 종합체계에서 유채색 반응이 아닌 것은?

① C′ ② CF
③ FC ④ Cn

해설

• 로샤(Rorschach) 검사의 유채색 반응은 C, CF, FC Cn이다. C′은 무채색 반응에 해당된다. 유채색 반응은 정서 및 정서표현의 조절과 관련되며, 무채색 반응은 정서적 제약 및 억제와 관련된다.
 - C(순수색채반응): 어떤 형태의 특징에 대한 언급 없이 전적으로 잉크 반점의 유채색 특징에 근거한 반응이다(예: 색이 빨개서 피 같다).
 - CF(색채-형태반응): 일차적으로 잉크 반점의 색채 때문에 반응이 형성되고 형태의 특징이 부차적으로 사용된 반응이다(예: 색도 빨갛고 말라붙어 있는 모양이 피 같다).
 - FC(형태-색채반응): 주로 형태의 특징 때문에 반응이 형성되고, 정교화 또는 명료화 목적으로 색채가 사용된 경우이다(예: 잎 모양과 색깔이 장미꽃 같다).
 - Cn(색채명명반응): 잉크 반점의 색채만 명명된 경우이다(예: 이건 분홍색이고, 이건 파란색이다).

46 WAIS-IV의 소검사 중 언어이해지수 척도의 보충 소검사에 해당되는 것은?

① 공통성 ② 상식
③ 어휘 ④ 이해

WAIS-IV의 언어이해지수의 보충 소검사는 이해이다. 공통성, 상식, 어휘는 핵심 소검사에 해당된다.

학습 Plus K-WAIS-IV의 구성

<table>
<tr><th colspan="3" rowspan="2">지수척도(index scale)</th><th colspan="2">소검사</th></tr>
<tr><th>핵심 소검사</th><th>보충 소검사</th></tr>
<tr><td rowspan="4">전체 척도
(full scale)</td><td rowspan="2">일반능력지수
(GAI)</td><td>언어이해지수
(VCI)</td><td>공통성
어휘
상식</td><td>이해</td></tr>
<tr><td>지각추론지수
(PRI)</td><td>토막짜기
행렬추론
퍼즐</td><td>무게비교
빠진 곳 찾기</td></tr>
<tr><td rowspan="2">인지효능지수
(CPI)</td><td>작업기억지수
(WMI)</td><td>숫자
산수</td><td>순서화</td></tr>
<tr><td>처리속도지수
(PSI)</td><td>동형찾기
기호쓰기</td><td>지우기</td></tr>
</table>

정답 45. ① 46. ④

47 심리검사의 윤리에 관한 설명으로 틀린 것은?

① 자격을 갖춘 사람이 심리검사를 실시해야 한다.
② 검사 동의를 구할 때는 비밀유지의 한계에 대해 알려야 한다.
③ 동의할 능력이 없는 사람에게도 평가의 본질과 목적을 알려야 한다.
④ 자동화된 서비스를 사용할 경우 검사자는 평가의 해석에 대한 책임을 지지 않는다.

해설

검사자는 자동화된 서비스를 사용하는 경우에도 심리평가 해석의 정확성을 감소시킬 수 있는 모든 요인을 고려해야 한다.

48 지능에 대한 설명으로 틀린 것은?

① 아동기의 전반적인 인지발달은 청소년기보다 그 속도가 느리다.
② 발달규준에서는 수검자의 생활연령과 정신연령을 함께 표기한다.
③ 편차 IQ는 집단 내 규준에 속한다.
④ 추적규준은 연령별로 동일한 백분위를 갖는다고 가정한다.

해설

아동기는 청소년기에 비해 인지발달이 빠르게 일어나는 편이다. 다만, 한 개인의 지능을 평가할 때는 인지발달 수준을 집단 규준과 검토해야 하고, 다양한 심리사회적 측면을 고려해야 한다.

49 카우프만 아동용 지능검사(K-ABC)에 관한 설명으로 틀린 것은?

① 정보처리적인 이론적 관점에서 제작되었다.
② 성취도를 평가할 수도 있다.
③ 언어적 기술에 덜 의존하므로 언어능력에 문제가 있는 아동에게 적합하다.
④ 웩슬러 아동용 지능검사(K-WISC)와 동일한 연령대의 아동을 대상으로 한다.

해설

- 카우프만 아동용 지능검사(K-ABC)는 만 2세 6개월에서 12세 6개월까지의 아동을 대상으로 실시한다. 웩슬러 아동용 지능검사(K-WISC)는 6세 0개월부터 16세 11개월까지의 아동과 청소년의 인지능력을 평가하기 위해 개별적으로 실시하는 검사이다.
- 아동의 지능과 습득도를 평가하기 위해 개발한 종합심리 검사로서 인지 처리 과정 이론을 근거로 개발되었다.
- 카우프만(Kaufman)은 지능과 성취도를 구분하여 측정하고자 하였으며, 비교적 언어적 기술에 덜 의존하는 검사 항목들로 구성되어 있다.

정답 47. ④ 48. ① 49. ④

50 MMPI 제작 방식에 관한 설명으로 옳은 것은? ▸ 2018

① 정신병리 이론을 바탕으로 하여 제작되었다.
② 합리적 · 이론적 방식을 결합하여 제작되었다.
③ 정신장애군과 정상군을 변별하는 통계적 결과에 따라 경험적 방식으로 제작되었다.
④ 인성과 정신병리와의 상관성에 대한 선행연구 결과들을 바탕으로 하여 제작되었다.

해설

MMPI는 당시의 논리적 접근방식(검사 제작자가 주관적으로 개별 문항 및 채점 방향을 선정하는 방식으로 인해 실제 환자들의 반응과 일치하지 않는 문제점 대두)에 기반한 검사 제작의 한계에서 벗어나고자 여러 집단의 속성을 잘 변별해 낼 수 있는 경험적 제작방식에 기반하여 개발되었다. 임상적인 장애를 지닌 환자집단과 정상인 집단을 변별해 주는 문항들이 통계적 분석에 따라 선정되었다.

51 표준점수에 관한 설명으로 틀린 것은? ▸ 2016

① 대표적인 표준점수로는 Z점수가 있다.
② 표준점수는 원점수를 직선 변환하여 얻는다.
③ 웩슬러 지능검사의 IQ 수치도 일종의 표준점수이다.
④ Z점수가 0이라는 것은 그 사례가 해당 집단의 평균치보다 1 표준편차 위에 있다는 것을 의미한다.

해설

Z점수가 0점이라는 것은 원점수가 평균치에 해당한다는 것을 의미한다. 원점수를 변환하여 Z점수(평균이 0, 표준편차가 1)로 나타내면 개인이 규준 집단 내의 다른 사람들과 비교해서 어느 수준에 있는지를 파악하는 데 도움이 된다.

52 노년기의 인지발달에 관한 설명으로 옳은 것은?

① 정보처리 속도가 크게 증가한다.
② 결정지능의 감퇴가 유동지능보다 현저해진다.
③ 인지발달의 변화 양상에서 개인차가 더 커지게 된다.
④ 의미기억이 일화기억보다 더 많이 쇠퇴한다.

정답 50. ③ 51. ④ 52. ③

해설

노년기 인지발달의 특징으로 유동성 지능의 저하와 반응 속도의 변화로 인한 낮아진 정보처리 속도를 들 수 있다. 또한 의미기억보다는 일화기억이 더 많이 쇠퇴하는 경향을 보인다.

- 의미기억(semantic memory): 세상에 대한 일반적인 사실과 지식을 포함한다. 과잉학습된 경우가 많으므로 비교적 망각이 적게 일어난다(예: 지구는 둥글다, 8월 15일은 광복절이다).
- 일화기억(episodic memory): 일상생활에서 경험한 자신과 관련된 기억이다. 유사한 경험에 의한 간섭 때문에 망각이 자주 일어난다(예: 지난 주말에 한 일에 대한 기억).

53 성격검사에 관한 설명으로 틀린 것은?

① MMPI는 만 15세의 수검자에게 실시 가능하다.
② CAT은 모호한 검사 자극을 통해 개인의 의식 영역 밖의 정신현상을 측정하기 위한 성격검사이다.
③ 16 성격요인검사는 카텔(R. Cattell)의 성격특성 이론을 근거로 개발되었다.
④ 에니어그램은 인간의 성격 유형을 8개로 설명한다.

해설

- 에니어그램은 성격 유형을 9개로 구분하여 설명하고 있다.
- MMPI-A는 만 13~18세의 청소년용이며, MMPI-2는 만 19세 이상의 성인에게 실시한다.
- 아동용 주제통각검사(Child Apperception Test: CAT)는 3~10세의 아동을 대상으로 만들어진 투사검사로서 충동이나 주변의 인물에 대응해 나가는 방식을 이해할 수 있다.
- 카텔(R. Cattell)은 성격을 상황적 특성과 잠재적 특성으로 구분하였으며, 인간의 표면적 행동의 근원이 되는 잠재적 특성을 확인하기 위해 16 성격요인검사를 구성하였다.

54 다음에서 설명하는 검사는? ▸ 2018

> 유아 및 학령 전 아동의 발달 과정을 체계적으로 측정하기 위한 최초의 검사로서, 표준 놀이기구와 자극 대상에 대한 유아의 반응을 직접 관찰하며, 의학적 평가나 신경학적 원인에 의한 이상을 평가하기 위해 사용된다.

① Gesell의 발달 검사
② Bayley의 영아발달 척도
③ 시 · 지각 발달 검사
④ 사회성숙도 검사

정답 53. ④ 54. ①

해설

- Gesell의 발달 검사는 대상 연령(4주~5세)의 신경운동 기능과 인지능력 발달의 지연 정도를 평가하는 도구로서 적응 행동, 대근육 운동, 소근육 운동, 언어능력, 개인적 및 사회적 행동을 관찰하거나 부모로부터 보고된 정보를 기반으로 아동의 발달 과정 전반에 대해 평가한다.
- 베일리의 영아발달 척도(Bayley scales of infant development)는 현재의 발달 정도 및 정상 발달로부터 벗어난 정도를 파악하기 위한 검사이다.
- 시·지각 발달 검사(Developmental Test of Visual Perception: DTVP)는 아동의 시·지각 장애와 학습 및 적응을 평가하기 위해 개발되었다.
- 사회성숙도검사(Social Maturity Scale: SMS)는 수검자의 사회 적응능력의 발달 수준을 평가하여 인지적 성숙도를 간접적으로 측정할 수 있고, 적응 수준을 예측할 수 있다. 자조, 이동, 작업, 의사소통, 자기관리, 사회화 능력을 평가하는 6개 영역으로 구성되어 있다.

55 MMPI-2의 타당도 척도 중 비전형성을 측정하는 척도에서 증상 타당성을 의미하는 것은?

▸ 2017

① TRIN ② FBS

③ F(P) ④ F

해설

- MMPI-2의 타당도 척도 중 비전형성 척도에는 F, F(B), F(P), FBS 척도가 있으며, 이 중 FBS(증상 타당도) 척도는 상해 소송 장면에서 신체적, 인지적 증상의 과대보고를 탐지하기 위해 개발되었다.
  - F, F(B), F(P) 척도와 마찬가지로 과대보고를 평가한다.
  - F, F(B), F(P) 척도는 정신병적 사고 과정, 삶의 혼란과 두려움, 불쾌감 등을 평가하는 반면, FBS 척도는 자신의 신체적/인지적 증상에 대한 과장된 반응을 탐지한다.

56 심리검사 선정 기준으로 틀린 것은?

① 신뢰도와 타당도가 높은 검사를 선정한다.

② 검사의 경제성과 실용성을 고려해 선정한다.

③ 수검자의 특성과 상관없이 의뢰 목적에 맞춰 선정한다.

④ 객관적 검사와 투사적 검사의 장단점을 고려하여 선정한다.

해설

수검자의 특성과 의뢰 사유에 맞게 심리검사를 선정하여야 한다. 가령, 검사마다 독해 수준이 다르기에 수검자의 교육 수준에 맞는지 고려해야 하고, 증상에 따라 시간 소요가 많은 검사는 단축형으로 실시할 수 있다.

정답 55. ② 56. ③

57 신경심리평가 중 주의력 및 정신적 추적능력을 평가할 수 있는 검사가 아닌 것은?

▸ 2018

① Wechsler 지능검사의 기호쓰기 소검사
② Wechsler 지능검사의 숫자 소검사
③ Trail Making Test
④ Wisconsin Card Sorting Test

해설

위스콘신 카드분류검사(WCST)는 전두엽의 집행기능을 측정하는 대표적인 검사로, 추상적인 개념을 형성하고 범주화하는 능력과 피드백에 따라 인지 틀을 변환하거나 유지하는 인지적 유연성을 측정한다.

58 투사적 검사에 관한 설명으로 옳은 것은?

① 벤더 게슈탈트 검사에서 성인이 그린 도형 A의 정상적인 위치는 용지의 정중앙이다.
② 동작성 가족화 검사는 가족의 정서적인 관계를 살펴보는 데 유용하다.
③ 아동용 주제통각검사의 카드 수는 주제통각검사와 동일하다.
④ 주제통각검사의 카드는 성인 남성과 성인 여성으로만 구별된다.

해설

- 동작성 가족화 검사(Kinetic Family Drawing: KFD)는 가족구성원을 그림으로 그려 보도록 하는 과정을 통하여 가족의 역동, 정서적인 관계, 가족 내에서 아동의 위치 등을 살펴보는 검사이다.
- 벤더 게슈탈트 검사(Bender-Gestalt Test: BGT)의 도형 A의 위치는 용지 상부 1/3 이내에 있고 가장자리에서는 2.5cm 이상 떨어져 있다면 정상적인 위치로 본다. 용지 중앙에 배치하는 경우 자기중심적이고 주장적인 성향을 지닌 것으로 본다.
- 주제통각검사(TAT)는 머레이(Murray)와 모건(Morgan)이 소개했고, 1943년 31개 도판의 TAT 도구로 정식 출판되었으며, 현재까지 변경 없이 사용되고 있다. 아동용 주제통각검사는 벨라크(Bellak, 1949)가 제작하였으며, 표준그림 10장과 보충그림 10장으로 구성되어 있다. 한국판 CAT(1976)는 표준그림 9장과 보충그림 9장으로 구성된다.
- 주제통각검사의 카드는 성별과 연령으로 구분되어 있다. 각 카드 뒷면에 카드를 선정할 때 고려할 일련번호와 함께 남자(M), 여자(F), 소년(B), 소녀(G) 등의 구분이 있어 수검자에 따라 선택할 수 있다.

정답 57. ④ 58. ②

59 아동의 지적 발달이 또래 집단에 비해 지체되어 있는지, 혹은 앞서고 있는지를 평가하기 위해 Stern이 사용한 IQ 산출계산방식은? ▸ 2016

① 지능지수(IQ)=[정신연령/신체연령] × 100
② 지능지수(IQ)=[정신연령/신체연령]+100
③ 지능지수(IQ)=[신체연령/정신연령] × 100
④ 지능지수(IQ)=[신체연령/정신연령]÷100

해설

윌리엄 스턴(William Stern)이 제안한 지능지수(Intelligence Quotient: IQ) 산출방식은 개인의 지적 능력을 정신연령(Mental Age: MA)과 신체연령(Chronological Age: CA)의 대비를 통해 비율로 나타낸 것이다(지능지수(IQ)=정신연령(MA)/신체연령(CA)×100). 이후 비네(A. Binet)는 독일의 심리학자인 스턴(W. Stern)의 견해를 받아들여 지능을 비율로 표기했다. 이것이 우리가 익히 알고 있는 IQ(Intelligent Quotient, 지능지수)의 개념이다.

60 뇌손상 환자의 병전지능 수준을 추정하기 위한 자료와 가장 거리가 먼 것은? ▸ 2013

① 교육 수준, 연령과 같은 인구학적 자료
② 이전의 직업기능 수준 및 학업성취도
③ 이전의 암기력 수준, 혹은 웩슬러 지능검사에서 기억능력을 평가하는 소검사 점수
④ 웩슬러 지능검사에서 상황적 요인에 의해 잘 변화하지 않는 소검사 점수

해설

웩슬러 지능검사에서 병전지능을 추정하기 위해 흔히 사용하는 방법은 지능검사의 소검사 가운데 정신병리 또는 뇌손상에 비교적 영향을 받지 않고 점수가 가장 안정적인 소검사를 토대로 추정한다. 즉, 어휘, 상식, 토막짜기 소검사의 환산점수로 병전지능을 추정한다.

정답 59. ① 60. ③

04 2021년 제1회 기출문제

41 신경심리학적 능력 중 BGT 및 DAP, 시계 그리기를 통해 가장 효과적으로 평가할 수 있는 것은?

① 주의능력
② 기억능력
③ 실행능력
④ 시공간 구성능력

해설

- 시공간능력에는 시지각 능력과 구성능력 등이 포함된다. 시공간 처리에는 주로 뇌의 우반구가 관여하며, 특히 일차 시각 피질이 위치한 후두엽과 공간 처리를 담당하는 두정엽의 역할이 중요하다.
- 시공간 구성능력을 평가하는 검사는 다음과 같다.
  - 벤더 지각 운동 게슈탈트 검사(Bender Visual Motor Gestalt Test: BGT)
  - 레이 복합도형검사(Rey-Osterrieth Complex Figure Test: R-CFT)
  - 인물화 검사(Draw-A-Person: DAP)
  - 시계 그리기 검사(clock drawing test)
  - 토막짜기(WAIS)
  - 도형 그리기 검사(예: MMSE, CERAD-N)

정답 41. ④

42 신경심리검사에 대한 설명으로 옳은 것은?

① Broca와 Wernicke는 실행증 연구에 뛰어난 업적을 남겼으며, Benton은 임상신경심리학의 창시자라고 할 수 있다.
② X레이, MRI 등 의료적 검사 결과가 정상으로 나온 경우에는 신경심리검사보다는 의료적 검사 결과를 신뢰하는 것이 타당하다.
③ 신경심리검사는 고정식(fixed) battery와 융통식(flexible) battery 접근이 있는데, 두 가지 접근 모두 하위 검사들이 독립적인 검사는 아니다.
④ 신경심리검사는 환자에 대한 진단, 환자의 강점과 약점, 향후 직업능력의 판단, 치료계획, 법의학적 판단, 연구 등에 널리 활용된다.

해설

- 신경심리평가 도구로는 1936년 래슐리(Lashley)가 신경심리학이라는 용어를 도입한 이래로, 1955년 하프스테드 라이탄 배터리(Halstead-Reitan Battery)가 개발된 것을 비롯하여 벤튼 시각 유지 검사(Benton Visual Retention Test) 등 개별적인 신경심리검사가 개발되었으며, 1970~1980년대에 이르러서야 Luria Nebraska 신경심리검사와 같은 표준화된 검사들이 보편화되기 시작했다.
- 뇌영상 기법 외에도 뇌의 특정 기능이나 영역에 대한 평가 및 뇌와 행동 간의 관계를 규명하기 위해 다양한 신경심리검사가 병행되고 있다. 특히 뇌영상 기법으로 쉽게 탐지되지 않는 질환들(예: 중독성 뇌장애, 알츠하이머병과 관련된 초기 치매, 가벼운 두부 외상의 경우)에 대한 진단을 내리는 데 중요한 역할을 담당한다.
- 신경심리평가에 접근하는 전략에는 고정된 배터리 접근(양적 접근)과 융통성 있는 가설 검증(질적 접근)이 있다. 배터리 검사는 뇌기능을 측정하기 위한 몇몇 검사들을 묶어서 평가하는 것으로서 선택된 검사들은 독립적인 검사로서의 기능을 한다.

학습 Plus 신경심리평가의 양적 및 질적 접근

- 고정된 배터리 접근(fixed battery approach)
  실시하는 검사의 종류와 절차가 미리 정해져 있다. 거의 모든 뇌기능을 평가하는 다양한 소검사로 구성되어 있어 광범위한 강점과 약점을 측정할 수 있고, 일정 기간 훈련을 받으면 실시할 수 있다. 단, 광범위한 기간 동안 불필요한 검사를 받을 수 있으며, 비용면에서도 비효율적일 수 있다.
- 가설 검증 접근(hypothesis-testing approach)
  사전 평가 자료를 토대로 뇌손상의 원인과 본질에 관한 가설을 수립한 후 이를 기초로 검사를 선택한다. 단, 제한된 영역의 정보를 얻을 수 있으며, 임상가의 전문성에 의존한 가설을 토대로 검사가 진행되기에 숙련된 전문적 훈련이 필요하다.

정답 42. ④

43 심리검사자가 준수해야 할 윤리적 의무로 옳은 것을 모두 고른 것은?

ㄱ. 심리검사 결과 해석 시 수검자의 연령과 교육 수준에 맞게 설명해야 한다.
ㄴ. 심리검사 결과가 수검자의 삶에 영향을 줄 수 있음을 인식해야 한다.
ㄷ. 컴퓨터로 실시하는 심리검사는 특정한 교육과 자격이 필요 없다.

① ㄱ ② ㄱ, ㄴ
③ ㄴ, ㄷ ④ ㄱ, ㄴ, ㄷ

해설

컴퓨터로 검사를 실시하는 경우에도 심리검사를 사용할 수 있는 자격 조건에 준하는 요건을 갖춘 자가 실시하여야 한다.

44 표집 시 남녀 비율을 정해 놓고 표집해야 하는 경우에 가장 적합한 방법은? ▸2017

① 군집표집(cluster sampling) ② 유층표집(stratified sampling)
③ 체계적 표집(systematic sampling) ④ 구체적 표집(specific sampling)

해설

유층표집은 모집단 내에 여러 동질성을 갖는 하위집단이 있다고 가정할 때 모집단을 속성에 따라 계층으로 구분하고, 각 계층에서 단순무선표집을 하는 방법이다. 특히 각 유층 내에서 표집의 크기를 모집단의 구성 비율과 같게 무선표집할 때 이를 비율적 유층표집이라고 한다.

45 MMPI-2의 각 척도에 대한 해석으로 가장 적합한 것은? ▸2016

① 6번 척도가 60T 내외로 약간 상승한 것은 대인관계 민감성에 대한 경험을 나타낸다.
② 2번 척도는 반응성 우울증보다는 내인성 우울증과 관련이 높다.
③ 4번 척도의 상승 시 심리치료 동기가 높고 치료의 예후가 좋음을 나타낸다.
④ 7번 척도는 불안 가운데 상태 불안 증상과 연관성이 높다.

해설

2번 척도(우울증, depression)는 반응성 우울증과 관련이 높으며, 4번 척도(반사회성, psychopathic deviate)는 문제에 대한 인식이 낮고, 자신의 문제를 타인의 탓으로 돌리는 경향이 있어 심리치료의 예후가 낮다. 7번 척도(Psychasthenia)는 특성 불안과 관련성이 높다.

정답 43. ② 44. ② 45. ①

학습 Plus 척도 6 편집증(Paranoia: Pa)

- 척도 6은 편집증적 상태 혹은 편집증을 보이는 환자들을 탐지할 목적으로 개발되었다.
- 해당 문항들은 관계사고, 피해의식, 의심, 지나친 예민성, 과대한 자기개념, 경직된 태도 등의 내용들을 포함하고 있다.

※ 척도 6에서 높은 경우

- 타인의 사소한 말이나 행동에 예민하고 과민하게 반응한다.
- 상대방의 동기, 의도를 의심하고 오해하여 조심스럽고 경계적인 태도를 취한다.
- 세상은 불공평하며 자신에게 불리하게 작용한다고 지각한다.
- 적대감과 분노감을 드러내며 논쟁적이다.
- 사고나 태도가 매우 경직되어 있고 융통성이 부족하다.
- 피해망상, 과대망상, 관계사고 및 기타 사고장애 등 명백한 정신증적 증상과 그에 수반한 행동 특성을 보일 가능성이 높다(T≥70).
- 자신이 음모에 휘말렸거나 남들로부터 부당한 대우, 모함, 괴롭힘을 당한다고 지각한다.
- 투사, 합리화, 주지화 등의 방어기제를 많이 사용한다.

46 웩슬러 지능검사의 하위 지수 중 지적 장애를 가진 사람들이 어려움을 겪는 것으로 알려진 소검사들을 가장 많이 포함하고 있는 것은?

① 언어이해　　② 지각추론
③ 작업기억　　④ 처리속도

해설

- 언어이해지표에서의 높은 점수는 지적·교육적 활동에 흥미가 많음을 시사한다. 일반적으로 교육 수준이 높고 전문 직종에 종사하는 사람들의 경우에 점수가 높다.
- 언어이해지표는 언어를 활용한 이해와 능력, 개념형성능력, 처리능력, 획득된 지식, 학습능력 등을 측정한다.

47 Guilford의 지능구조 입체모형에서 조작(operation) 요인에 해당하는 것은? ▸ 2015

① 표정, 동작 등의 행동적 정보
② 사고 결과의 적절성을 판단하는 평가
③ 의미 있는 단어나 개념의 의미적 정보
④ 어떤 정보에서 생기는 예상이나 기대들의 합

정답 46. ① 47. ②

해설

- 길포드(Guilford)는 지능이란 다양한 방법으로 상이한 종류의 정보를 처리하는 능력들의 체계적인 집합체라고 정의하고 지능구조의 3차원 모델을 제시하였다.
- 지능은 '내용' 차원 4가지(그림, 상징, 의미, 행동), '조작' 차원 5가지(평가, 수렴적 조작, 확산적 조작, 기억, 인지), '결과' 차원 6가지(단위, 분류, 관계, 체계, 전환, 함축)로 구성되어 있다. 이들을 조합할 경우 4×5×6=120가지의 다른 종류의 지적 능력이 산출된다고 보았다.

48 지능검사를 해석할 때 고려사항으로 옳지 않은 것은?

① 작업기억과 처리속도는 상황적 요인에 민감한 지수임을 감안한다.
② 지수점수를 해석할 때 여러 지수 간에 점수 차이가 유의한지를 살펴봐야 한다.
③ 지수가 유의한 차이가 있을 경우 전체 척도 IQ는 해석하기가 용이하다.
④ 지수점수 간의 비교를 통해 상대적 약점이 문제의 원인이 될 수 있는지 확인한다.

해설

일반적으로 지수 간의 차이가 유의하지 않으면 전체 척도(IQ)가 수검자의 지적 능력을 잘 대표하는 반면, 지수 간의 차이가 유의하면 전체 척도보다는 지수점수를 중심으로 해석한다.

49 다음 MMPI-2 프로파일과 가장 관련이 있는 진단은? ▸ 2014, 2018

L=56, F=78, K=38
1(Hs)=56, 2(D)=58, 3(Hy)=54, 4(Pd)=53, 5(Mf)=54
6(Pa)=76, 7(Pt)=72, 8(Sc)=73, 9(Ma)=55, 0(Si)=66

① 품행장애 ② 우울증
③ 전환장애 ④ 조현병

해설

방어성 척도(L, K)의 점수가 낮고, 비전형성 F척도 점수가 78점으로 높은 점수를 보이고 있고, 임상척도에서 6-7-8 척도가 상승되어 있어 심각한 정신병리를 보이고 있을 가능성이 높다. 일반적으로 환각, 망상, 극도의 의심성을 드러내며 조현병 진단이 흔하다(6-8-7 상승척도 쌍, 정신증적 V 파일이라고 함).

정답 48. ③ 49. ④

50 BSID-Ⅱ(Bayley Scale of Infant Development-Ⅱ)에 대한 설명으로 틀린 것은? ▸ 2015

① 신뢰도와 타당도에 관한 보다 많은 정보를 제공하여 검사의 심리측정학적 질이 개선되었다.

② 유아의 기억, 습관화, 시각선호도, 문제해결 등과 관련된 문항들이 추가되었다.

③ BSID-Ⅱ는 대상 연령 범위가 16일에서 42개월까지로 확대되었다.

④ 지능척도, 운동척도의 2가지 척도로 구성되어 있다.

해설

BSID-Ⅱ는 정신척도(mental scale) 178문항, 운동척도(motor scale) 111문항, 행동평정척도(behavior rating scale) 30문항으로 구성되어 있다. 영아의 현재 발달 정도 및 정상 발달로부터 벗어난 정도를 파악하기 위한 검사이다.

51 성격을 측정하는 자기보고 검사에 관한 설명으로 옳은 것은?

① 개인의 심층적인 내면을 탐색하는 데 흔히 사용된다.

② 응답 결과는 개인의 반응경향성과 무관하다.

③ 강제선택형 문항은 개인의 묵종 경향성을 예방하는 데 효과적이다.

④ 사회적으로 바람직하게 응답하려는 경향을 나타내기 쉽다.

해설

질문지형 성격검사는 자기보고형 검사라고 하는 것으로, 검사문항에 대한 주관적인 경험, 판단을 응답지에 기록하는 방식으로 이루어진다. 자기보고식 검사의 특성상 문항 내용에 따라 자기 자신에 대한 평가를 객관적으로 하기보다는 사회적으로 바람직한 응답을 보이고자 하는 반응 태도가 나타날 수 있다.

52 80세 이상의 노인집단용 규준이 마련되어 있는 심리검사는? ▸ 2017

① MMPI-A

② K-WISC-IV

③ K-Vineland-Ⅱ

④ SMS(Social Maturity Scale)

정답 50. ④ 51. ④ 52. ③

해설

- 한국판 바인랜드 적응행동척도 2판(K-Vineland-II)의 검사 대상은 만 0세 0개월~만 90세 11개월이며, 아동기 발달상의 문제뿐만 아니라 적응기능이 손상된 고령자를 대상으로 평가하는 데 활용되며, 별도의 규준이 있고, 수검자의 백분위 점수를 통해 기능의 정도를 객관적으로 평가한다.
- 검사에 포함되어 있는 평가 영역은 의사소통(듣기, 이해하기, 말하기, 읽기와 쓰기), 생활기술(자신 돌보기, 집안 돌보기, 사회생활), 사회성(대인관계, 놀이와 여가, 대처기술), 운동기술(대근육 운동, 소근육 운동)의 네 가지 주 영역으로 구성되어 있으며, 주 영역은 몇 개의 하위 영역을 포함한다.

53 Rorschach 검사에서 반응의 결정인 중 인간운동반응(M)에 대한 설명으로 옳지 않은 것은?

① M 반응이 많은 사람은 행동이 안정되어 있고 능력이 뛰어남을 나타낸다.
② M 반응이 많을수록 그 사람은 그의 세계의 지각을 풍부하게 만들기 위해 자유롭게 구사할 수 있는 상상력을 지니고 있다.
③ 상쾌한 기분은 M 반응의 수를 증가시킨다.
④ 좋은 형태의 수준을 가진 M의 출현은 높은 지능의 존재를 부정하는 것이며, 가능한 M이 많이 나타난다는 사실은 낮은 지능을 의미한다.

해설

수많은 연구에서 인간운동반응(M)과 지능지수(IQ) 간의 정적 상관이 발견되었다. 즉, 좋은 형태의 수준과 M 반응의 빈도는 높은 수준의 지능과 관련된다고 볼 수 있다.

54 MMPI-2의 자아강도 척도(ego strength scale)에 관한 설명으로 틀린 것은?

① 정신치료의 성공 여부를 예측하기 위해 고안되었다.
② 개인의 전반적인 기능 수준과 상관이 있다.
③ 효율적인 기능과 스트레스를 견디는 능력을 반영한다.
④ F척도가 높을수록 자아 강도 척도의 점수는 높아진다.

해설

F척도는 수검자의 사고와 태도 및 경험이 일반인과 얼마나 다른지를 측정한다. F척도의 점수가 높을수록 수검자는 비관습적이고, 특이한 사고와 태도를 드러내며, 불안정한 특징을 보인다. Es척도가 높은 수검자는 스트레스 통제와 회복에 양호하며 대처방식이 효율적이다.

정답 53. ④ 54. ④

학습 Plus 비전형(F) 척도

- F척도는 규준집단에서 매우 낮은 빈도로 응답되는 60개의 문항으로 구성되어 있다. 이는 통계적으로 이탈된 이상 반응 경향 혹은 관습적인 태도에서 벗어난 비전형적인 반응 경향을 탐지하기 위해 개발되었다.

〈F척도 상승의 의미〉
- 문항 내용과 상관없이 무작위로 반응하였을 가능성(T<80)
- 어느 한 방향으로만 고정 반응으로 응답하였을 가능성(T<80)
- 일반적인 사람들이 좀처럼 경험하지 않는 심각한 심리적 문제를 겪고 있을 가능성(VRIN, TRIN이 정상범위라면 환각, 망상, 판단력 손상, 극단적인 철수 등 매우 혼란스러운 상태의 심각한 정신병리를 반영함)
- 심각한 문제를 겪고 있지는 않지만 의도적으로 부적응을 부각시키고 심리적 문제를 가장했을 부정 왜곡 가능성(VRIN, TRIN이 정상범위, F(P)척도<100)
- 도움을 요청하는 의도로서 증상을 과장하여 표현했을 가능성(TRIN 척도 정상범위, F(P)척도가 70~99점 범위로 상승되어 있을 경우)
- 채점이나 기록에서의 오류로 인한 경우
- 문항 이해나 읽기의 어려움으로 인한 경우
- 청소년의 경우, 반항, 적개심, 거부를 의미할 수 있음

55 MMPI-2 검사를 실시할 때 고려해야 할 사항으로 옳지 않은 것은?

① 검사의 목적과 결과의 비밀보장에 대해 설명한다.
② 검사 결과는 환자와 치료자에게 중요한 자료가 됨을 강조할 필요가 있다.
③ 수검자들이 피로해 있지 않은 시간대를 선택한다.
④ 수검자의 독해력은 중요하지 않다.

해 설

수검자는 최소한 초등학교 6학년 수준 이상의 읽기 능력, 즉 독해력을 지니고 있어야 한다. 이 정도의 독해력을 지니고 있어야 검사 문항을 읽고 답하는 데 무리가 없는 것으로 본다.

56 신경심리검사의 실시에 대한 설명으로 옳은 것은?

① 두부 외상이나 뇌졸중 환자의 경우에는 급성기에 바로 검사를 실시하는 것이 바람직하다.
② 어려운 검사는 피로가 적은 상태에서 실시하고, 어려운 검사와 쉬운 검사를 교대로 실시하는 것이 좋다.
③ 운동기능을 측정하는 검사는 과제 제시와 검사 사이에 간섭 과제를 사용한다.
④ 진행성 뇌질환의 경우 6개월 정도가 지난 후에 정신 상태와 인지기능을 평가하는 것이 바람직하다.

정답 55. ④ 56. ②

해설

- 두부 외상이나 뇌졸중 환자의 경우에는 6~12주 후에 검사를 실시하는 것이 바람직하다. 급성기가 지난 후에 손상된 기능을 평가하여 치료계획을 세운다.
- 기억기능을 측정하는 검사는 간섭 과제를 사용한다.
- 퇴행성 질환이나 진행성 뇌질환 등의 경우 초기 신경심리검사가 조기 진단에 도움이 된다.

57 타당도에 관한 설명으로 틀린 것은?

① 준거타당도는 검사 점수와 외부 측정에서 얻은 일련의 수행을 비교함으로써 결정된다.
② 준거타당도는 경험타당도 또는 예언타당도라고 불리기도 한다.
③ 구성타당도는 측정될 구성개념에 대한 평가도구의 대표성과 적합성을 말한다.
④ 구성타당도는 내용 및 준거 타당도 접근법에서 직면하게 될 부적합성 및 문제점을 해결하기 위해 개발되었다.

해설

내용타당도는 측정하려는 개념 또는 구성의 모든 속성을 평가도구가 올바르고 완전하게 측정하는지를 평가하는 정도를 말한다.

58 지능을 구성하는 요인에 관한 Cattell과 Horn의 이론 중 결정화된 지능(crystallized intelligence)에 관한 설명으로 옳은 것은?

① 비언어적 요인과 관련된 능력을 말한다.
② 후천적이기보다는 선천적으로 이미 결정화된 지능의 측면을 말한다.
③ 나이가 늘어감에 따라 낮아진다.
④ 문화적 요인에 의해 더 많은 영향을 받는다.

해설

- 결정적 지능(crystallized intelligence)
  성장하면서 겪게 되는 개인의 교육, 문화 등 다양한 환경 속 상호작용을 통해 발달하며, 유동적 지능을 기반으로 학습을 통해 계속 발달해 나가는 지능이다.
- 유동적 지능(fluid intelligence)
  유전적이고 선천적인 지능으로, 뇌와 중추신경계의 성숙에 비례하여 발달하게 되며, 외부 요인 혹은 노령화에 의해 퇴화되는 지능이다.

PART 03 심리검사

정답 57. ③ 58. ④

학습 Plus 유동적 지능(fluid intelligence) & 결정적 지능(crystallized intelligence)

① 유동적 지능
- 유전적이며 선천적으로 주어진 능력으로, 청소년기까지 발달이 이루어지다가 이후 퇴보 현상이 나타남
- 속도, 기계적 암기, 지각속도, 일반적 추론 능력, 수리능력 등

② 결정적 지능
- 환경이나 경험, 문화적 영향에 의해 발달되는 지능으로, 나이가 들수록 더욱 발달하는 경향이 있음
- 언어이해능력, 문제해결능력, 논리적 추리력, 상식 등

59 적성검사에 관한 설명으로 옳지 않은 것은?

① 개인의 특수한 영역에서의 능력을 측정한다.
② 적성검사는 능력검사로 불리기도 한다.
③ 적성검사는 개인의 미래 수행을 예측하는 데 사용된다.
④ 학업적성은 실제 학업성취도와 일치한다.

해설

학업적성을 평가하여 미래의 학업 수행을 위한 능력을 예측하지만, 반드시 학업성취도와 일치하는 것은 아니다. 학업성취도는 계속평가(continuous assessment)를 통해 목표로 정한 학업을 이루었는가를 알아보는 것으로서 의미와 목적성에 따라 차이가 생길 수 있다.

60 K-WISC-Ⅳ에서 인지효능지수에 포함되는 소검사가 아닌 것은?

① 숫자
② 행렬추리
③ 기호쓰기
④ 순차연결

해설

K-WISC-Ⅳ(웩슬러 아동용 지능검사-4판)의 인지효능지수(Cognitive Proficiency Index: CPI)는 작업기억의 핵심 소검사(숫자, 순차연결)와 처리속도의 핵심 소검사(동형찾기, 기호쓰기)로 구성된 조합 점수이다.

정답 59. ④ 60. ②

〈K-WISC-IV의 구성〉

<table>
<tr><td colspan="3" rowspan="2">조합척도(composite scale) 또는
지수척도(index scale)</td><td colspan="2">소검사</td></tr>
<tr><td>핵심 소검사</td><td>보충 소검사</td></tr>
<tr><td rowspan="4">전체 척도
(full scale)</td><td rowspan="2">일반능력지수
(GAI)</td><td>언어이해지수
(VCI)</td><td>공통성
어휘
이해</td><td>상식
단어추리</td></tr>
<tr><td>지각추론지수
(PRI)</td><td>토막짜기
공통그림찾기
행렬추리</td><td>빠진 곳 찾기</td></tr>
<tr><td rowspan="2">인지효능지수
(CPI)</td><td>작업기억지수
(WMI)</td><td>숫자
순차연결</td><td>산수</td></tr>
<tr><td>처리속도지수
(PSI)</td><td>동형찾기
기호쓰기</td><td>선택</td></tr>
</table>

05 2020년 제3회 기출문제

41 표준화검사에 대한 설명으로 옳은 것은?

① 표준화검사는 검사의 제반 과정에서 검사자의 주관적인 의도나 해석이 개입될 수 있도록 한다.
② 절차의 표준화는 환경적 조건에 대한 엄격한 지침을 제공함으로써 시간 및 공간의 변화에 따라 검사 실시 절차가 달라지는 것을 의미한다.
③ 실시 및 채점의 표준화를 위해서는 그에 관한 절차를 명시해야 한다.
④ 표준화된 여러 검사에서 원점수의 의미는 서로 동등하다.

해 설

검사의 표준은 검사의 실시, 채점, 해석의 전 과정에 걸쳐서 지켜야 할 필요사항을 말하며, 표준화된 절차에 따라 시행되는 검사를 표준화검사라고 한다. 표준화검사는 검사 시행과 관련된 전 과정이 명시되어야 하고 지침대로 시행되어야 한다.

42 다음에서 설명하는 타당도는?

> 주어진 준거에 비추어 검사의 타당도를 확인하기 위한 것으로 미래 예측과 관련된다. 예를 들어, 수능 시험이 얼마나 대학에서의 학업능력을 잘 예측하는지를 확인하기 위하여 학점과의 관련성을 측정하는 것이다.

① 변별타당도 ② 예언타당도
③ 동시타당도 ④ 수렴타당도

정답 **41.** ③ **42.** ②

해 설

• 예언타당도(predictive validity)
제작된 검사에서 얻은 점수와 준거를 토대로 미래의 어떤 행위를 추정하는 방법을 말한다. 예측타당도라고도 한다(예: 수능 점수-대학 학업능력 예측).
• 변별타당도(discriminant validity)
서로 다른 개념을 재는 한 변수와 다른 변수 간에 상관관계가 낮을 때 변별타당도가 높다고 판단하는 방법이다.
• 동시타당도(concurrent validity)
새로운 검사도구가 타당한지를 밝히고자 기존에 타당성을 인정받은 검사와 연관성이 있는지, 유사한지 등을 비교하여 검증하는 방법이다.
• 수렴타당도(convergent validity)
동일한 개념들을 재는 서로 다른 여러 개의 측정도구를 개발하고, 이 도구들에 따라 측정한 각 개념들 간의 상관관계 정도를 통해 타당도를 판별하는 방법이다.

43 MMPI-2와 Rorschach 검사에서 정신병리의 심각성과 지각적 왜곡의 문제를 탐색할 수 있는 척도와 지표로 옳은 것은?

① F척도, X-% ② Sc척도, EB
③ Pa척도, a:p ④ K척도, Afr

해 설

MMPI-2의 F척도는 이상 반응 혹은 비전형적인 반응 경향을 탐지하며, F척도의 상승은 정신병리와 관련된 임상적 특징을 평가하는 데 유용하다. Rorschach 검사의 X-%(distorted form)는 반점의 특징과 맞지 않는 형태를 사용한 비율을 말하며, 지각적 왜곡의 정도를 평가한다.

〈참조〉
• Affective ratio(Afr): 정동/정서 비율로, 카드 I번부터 카드 VII번까지의 반응 수와 나머지 카드의 반응 수의 비율이다. 수검자의 정서적 자극에 대한 관심 정도를 나타낸다.
• Erlebnistypus(EB): EB는 두 가지 중요한 변인인 인간 운동 반응과 가중치를 부여한 유채색 반응의 합 간의 관계를 나타낸다. 수검자의 경험에 따른 반응양식을 나타낸다.
• Active: Passive Ratio(a: p): 능동 운동 반응의 총 반응수와 수동 운동 반응의 총 반응 수의 비율이다. 수검자의 관념 및 태도의 유연성 정도를 나타낸다.

정답 43. ①

44 심리검사자가 지켜야 할 윤리적 의무와 가장 거리가 먼 것은?

① 심리검사 결과 해석 시 수검자의 연령과 교육 수준에 맞게 설명해야 한다.
② 컴퓨터로 실시하는 심리검사는 특정한 교육과 자격이 없어도 된다.
③ 심리검사 결과가 수검자의 삶에 영향을 줄 수 있음을 인식해야 한다.
④ 검사규준 및 검사도구와 관련된 최근 동향과 연구방향을 민감하게 파악해야 한다.

해설

심리검사를 실시하는 검사자는 일정 기준 이상의 전문성을 갖추고 있어야 한다. 이에 일정 수준 이상으로 검사 사용의 경험이 있어야 하며, 교육과 훈련을 받아야 한다. 컴퓨터로 실시하는 검사에서도 검사자의 자격 요건은 동일하게 적용된다.

45 한 아동이 웩슬러 아동용 지능검사에서 언어이해지수(VCI) 125, 지각추론지수(PRI) 89, 전체검사 지능지수(FSIQ) 115를 얻었다. 이 결과에 대한 해석적인 가설이 될 수 있는 것은?

① 매우 우수한 공간지각능력
② 열악한 초기 환경
③ 학습부진
④ 우울 증상

해설

- 아동용 지능검사(WISC-IV)의 경우 기존의 언어성 IQ와 동작성 IQ를 사용하지 않고 언어이해지수와 지각추론지수로 각각 대체되었다. 언어성에 비해 동작성에 해당되는 검사에서 낮은 수행을 보인 경우 우울증을 고려해 볼 수 있다(언어성>동작성: 36점 차이).
- 사례의 경우 높은 언어이해지수를 통해 초기 학습 환경, 획득된 지식의 정도, 학습 능력 등이 양호한 것으로 평가된다. 단, 지각추론점수가 상대적으로 매우 낮은 점수를 보이고 있어 낮은 공간지각능력, 세부 주의력 부족, 저조한 처리 속도, 우울 수준이 영향을 주었을 가능성이 있다.

46 Wechsler 지능검사에서 시각-공간적 기능 손상이 있는 뇌손상 환자에게 특히 어려운 과제는?

① 산수
② 빠진 곳 찾기
③ 차례맞추기
④ 토막짜기

해설

웩슬러 지능검사의 소검사인 '토막짜기(block design)' 검사의 경우 주어진 자극을 보고 조작을 통해 과제를 수행해야 하는 검사이며, 시지각 조직화 능력, 시각-운동 협응 능력, 공간적 시각화 능력 등을 측정한다. 시간-공간적 기능 손상이 있을 경우 낮은 수행을 보일 수 있다.

정답 44. ② 45. ④ 46. ④

47 MMPI-2의 타당도 척도에 관한 설명으로 틀린 것은?

① ? 척도는 응답하지 않은 문항들이나 '예' '아니요' 둘 다에 응답한 문항들의 합계로 채점된다.
② L 척도는 자신을 사회적으로 바람직하며 좋은 사람처럼 보이게끔 하려는 태도를 가려내기 위한 척도이다.
③ F 척도는 점수가 높을수록 평범반응 경향을 말해 준다.
④ K 척도는 L 척도에 의해 포착하기 어려운 은밀한 방어적 태도를 측정하는 문항들로 구성되어 있다.

해설

F 척도(비전형 척도)는 통계적으로 이탈된 이상 반응 경향 혹은 관습적인 태도에서 벗어난 비전형적인 반응 경향을 탐지하기 위해 개발되었다. 점수가 높을수록 정신병리와 관련된 다양한 임상적 증상을 보일 수 있다.

48 발달검사를 사용할 때 고려해야 할 사항으로 가장 거리가 먼 것은? ▸2006, 2012, 2013

① 대상자의 연령에 적합한 검사를 선정해야 한다.
② 경험적으로 타당한 측정도구를 사용해야 한다.
③ 규준에 의한 발달적 비교가 가능해야 한다.
④ 기능적 분석을 중심으로 평가해야 한다.

해설

발달검사 시 기능 분석 중심의 특정 영역에 국한하여 평가가 이루어져서는 안 되며, 운동영역과 인지영역 전반에서의 발달 정도 및 습득한 행동 정도의 평가를 종합적으로 고려해야만 한다.

49 심리검사에서 원점수에 대한 설명으로 틀린 것은?

① 원점수 그 자체로는 객관적인 정보를 주지 못한다.
② 원점수는 기준점이 없기 때문에 특정 점수의 의미를 파악하기 어렵다.
③ 원점수는 척도의 종류로 볼 때 등간척도에 불과할 뿐 사실상 서열척도가 아니다.
④ 원점수만으로는 서로 다른 검사의 결과를 동등하게 비교할 수 없다.

해설

원점수(raw score)란 심리검사를 해서 우선적으로 채점되어 나오는 점수를 말한다. 원점수는 기준점이 없기 때문에 특정 점수의 상대적 위치(크기)를 밝히기 어렵고, 원점수만으로는 서로 다른 검사의 결과를 상호 객관적으로 비교할 수가 없다. 원점수들은 척도의 분류로 볼 때 서열척도에 해당된다.

정답 47. ③ 48. ④ 49. ③

50 K-WAIS-IV에서 일반능력지수(GAI)와 개념적으로 관련이 있는 지수는?

① 언어이해지수와 지각추론지수 ② 언어이해지수와 작업기억지수
③ 작업기억지수와 처리속도지수 ④ 지각추론지수와 처리속도지수

해설

일반능력지수(General Ability Index: GAI)

- 언어이해 핵심 소검사(공통성, 어휘, 상식)와 지각추론 핵심 소검사(토막짜기, 행렬추론, 퍼즐)로 구성된 조합점수이다.
- 신경심리학적 결함이 있는 경우 작업기억과 처리속도 과제 수행에 영향을 줄 수 있어 일반적 능력과 다른 인지 기능을 비교할 수 있도록 고안된 지수이다.

학습 Plus 일반능력지수와 인지효능지수

- 일반능력지수(General Ability Index: GAI)
  - 언어이해 핵심 소검사(공통성, 어휘, 상식) 와 지각추론 핵심 소검사(토막짜기, 행렬추론, 퍼즐)로 구성된 조합점수임
  - 작업기억과 처리속도 측면을 배제한 인지적 능력을 검토할 필요가 있을 때 사용함
  - 신경심리학적 결함이 있는 경우 작업기억과 처리속도 과제 수행에 영향을 줄 수 있어 일반적 능력과 다른 인지 기능을 비교할 수 있도록 고안된 지수임
  - 개인의 상대적인 강점과 약점을 파악할 수 있음
- 인지효능지수(Cognitive Proficiency Index: CPI)
  - 작업기억 핵심 소검사(숫자, 산수)와 지각추론 핵심 소검사(동형찾기, 기호쓰기)로 구성된 조합점수임
  - 언어이해와 지각추론에 덜 민감한 인지적 능력에 대한 측정이 필요할 때 고려할 수 있음

51 노년기 인지발달의 특징에 관한 설명으로 옳지 않은 것은? ▸ 2014

① 일화기억보다 의미기억이 더 많이 쇠퇴한다.
② 노년기 인지 기능의 저하는 처리속도의 감소와 관련이 있다.
③ 연령에 따른 지능의 변화 양상은 지능의 하위 능력에 따라 다르다.
④ 노인들은 인지 기능의 쇠퇴에 직면하여 목표범위를 좁혀 나가는 등의 최적화 책략을 사용한다.

해설

노년기에는 일생에 일어났던 사건들에 대한 '일화기억(일상생활에서 경험한 자신과 관련된 기억)'이 쇠퇴되는 특징이 있으며, 상대적으로 의미기억(세상에 대한 일반적인 지식)이나 절차기억(반복을 통해 습득된 기억)은 덜 영향을 받는 것으로 나타났다.

정답 50. ① 51. ①

52 뇌손상에 수반된 기억장애에 대한 설명으로 옳지 않은 것은?

① 대부분의 경우에 정신성 운동 속도의 손상이 수반된다.
② 장기기억보다 최근 기억이 더 손상된다.
③ 일차기억은 비교적 잘 유지된다.
④ 진행성 장애의 초기 징후로 나타나기도 한다.

해설

뇌손상으로 인한 기억장애의 경우 대부분 역행성 기억상실이 흔하게 나타나며, 최근의 일을 기억하지 못하는 특징이 두드러지며, 진행성 장애의 초기 징후와 유사한 경과를 보이기도 한다. 한편, '우울'로 인한 인지 기능 저하의 경우 기억력, 판단력 및 정신운동성 저하가 수반되는 경우가 비교적 흔하다.

53 K-WAIS-IV의 언어이해 소검사에 해당하지 않는 것은?

① 어휘
② 이해
③ 기본 지식
④ 순서화

해설

K-WAIS-IV의 언어이해 지표에 포함되는 소검사는 공통성, 어휘, 상식(기본 지식)-핵심 소검사/이해-보충 소검사로 구성된다. 순서화는 작업기억 지표의 보충 소검사에 해당된다.

54 Rorschach 검사에 대한 설명으로 옳지 않은 것은?

① 좌우 대칭의 잉크 반점이 나타난 10장의 카드로 구성되어 있다.
② 모호한 자극 특성을 이용한 투사법 검사이다.
③ 자유로운 연상과 반응을 위해 임의의 순서로 카드를 제시하는 것이 좋다.
④ 반응 시 카드를 회전해서 보아도 무방하다.

해설

Rorschach 검사를 실시하는 단계에서는 표준화된 절차에 따라 검사를 실시해야만 한다. 임의로 카드 순서를 변경해서는 안 되며, 검사자는 10장의 카드를 순서대로 수검자에게 제시해야 한다.

정답 52. ① 53. ④ 54. ③

55 신경심리평가를 사용하는 목적으로 옳지 않은 것은?

① 뇌손상 여부의 판단
② 치료과정에서 병의 진행과정과 호전 여부의 평가
③ MRI 등으로 판단하기 어려운 미세한 기능장애의 평가
④ 과거의 억압된 감정을 치료하는 데 주 목적이 있다.

해설

신경심리평가의 목적은 두부 외상이나 뇌기능 장애를 보이는 환자의 진단 및 관리, 치료계획의 수립, 재활 및 치료 평가를 위해 실시된다. 과거의 억압된 감정을 치료하기 위한 목적이라면 다양한 성격 및 정서 검사를 통한 평가가 유용하다.

56 MMPI-2에서 T-점수의 평균과 표준편차는? ▸ 2015

① 평균: 100, 표준편차: 15
② 평균: 50, 표준편차: 15
③ 평균: 100, 표준편차: 10
④ 평균: 50, 표준편차: 10

해설

MMPI-2에서 T점수의 평균은 50이고, 표준편차는 10이다. 일반적으로 원판 MMPI에서는 평균으로부터 2표준편차 이상의 이탈을 유의한 차이로 보아 T점수가 70점 이상일 때 높은 점수로 간주하였다. MMPI-2 매뉴얼에서는 임상 척도 및 소척도의 T점수가 65점 이상일 때 의미 있는 상승으로 해석할 것을 권고하였다.

57 지능이론가와 모형이 잘못 짝지어진 것은?

① 스피어만(Spearman)－2요인 모형
② 서스톤(Thurstone)－다요인/기본정신능력 모형
③ 가드너(Gardner)－다중지능모형
④ 버트(Burt)－결정성 및 유동성 지능모형

해설

커텔(Cattell)은 유동적 지능(fluid intelligence, Gf)과 결정적 지능(crystallized intelligence, Cc)의 2가지 요소로 지능의 개념을 분리하였다.

정답 55. ④ 56. ④ 57. ④

학습 Plus 지능의 모델과 정의

- 스피어만의 2요인 이론
  - 스피어만(Spearman, 1904)은 요인분석을 사용하여 지능의 구조를 일반요인(g요인, general factor)과 특수요인(s요인, specific factor)의 두 가지 요인으로 구성되어 있다는 2요인 이론을 주장하였다.
  - 2요인은 지능을 일반적이고 공통적으로 가지는 g요인(일반지능, 일반지적능력)과 개개의 검사에서 발견할 수 있는 언어능력, 수리능력, 공간능력, 암기력, 기억력 등의 특수적인 지능인 s요인(특수지능, 특수지적능력)으로 나눈 것을 나타낸다.
- 서스톤의 다요인 이론
  - 서스톤(Thurstone, 1955)은 지능을 다양한 종류의 정보를 전달하는 능력이나 기능으로 정의하였다. 지능의 구성요소들을 '각각의 독특한 정신능력'으로 정의하였으며, 이들을 기본정신능력(Primary Mental Ability: PMA)으로 개념화하였다.
  - 기본정신능력으로 수리능력(N요인), 단어유창성(W요인), 언어의미(V요인), 지각속도(P요인), 시공간 능력(S요인), 논리적 능력(R요인), 기억(M요인)을 제시하였다.
- 길포드의 지능구조모델
  - 길포드(Guilford, 1955)는 지능이란 다양한 방법으로 상이한 종류의 정보를 처리하는 능력들의 체계적인 집합체라고 정의하고, 요인분석을 통해 지능구조의 3차원 모델을 제시하였다.
  - 지능은 내용, 조작 및 결과 차원으로 구성되어 있고, 내용은 4가지(그림, 상징, 의미, 행동), 조작은 5가지(평가, 수렴적 조작, 확산적 조작, 기억, 인지), 결과는 6가지(단위, 분류, 관계, 체계, 전환, 함축)로 구성되어 있으므로 이들을 조합할 경우 4×5×6=120가지의 다른 종류의 지적 능력이 산출된다고 보았다.
- 커텔과 혼의 이론
  - 커텔(Cattell, 1963)은 스피어만의 g요인의 개념을 확장하여 유동적 지능(fluid intelligence, Gf)과 결정적 지능(crystallized intelligence, Cc)의 2가지 요소로 지능의 개념을 분리하였다.
  - 유동적 지능: 유전적이고 선천적인 지능으로, 뇌와 중추신경계의 성숙에 비례하여 발달하게 되며 외부요인 혹은 노령화에 의해 퇴화되는 지능이다.
  - 결정적 지능: 성장하면서 겪게 되는 개인의 교육, 문화 등 다양한 환경 속에서 상호작용을 통해 발달하며 유동적 지능을 기반으로 학습을 통해 계속 발달해 나가는 지능이다.
  - 커텔의 제자인 혼(Horn)은 유동적 지능과 결정적 지능의 개념을 체계화하였으며, 추가적인 공통요인을 제안하여 유동지능, 결정지능, 공간지능, 청각지능, 단기기억, 장기기억, 양적지능, 처리속도, 결정 속도 등을 제시하였다.
- 가드너의 다중지능이론
  - 가드너(Gardner, 1983)는 지능을 '문제를 해결하기 위해 하나 또는 그 이상의 환경에서 가치 있는 방법을 생산해 낼 수 있는 능력'이라고 정의하였으며, 지능은 매우 다양한 능력을 포함하여야 한다는 점에서 다중지능이론을 제안하였다.
  - 정신능력은 한 가지로 포괄할 수 없으므로 언어적 지능, 공간적 지능, 논리-수학적 지능, 신체 운동 지능, 음악적 지능, 자기이해 지능, 대인관계 지능과 같은 독립적인 지능이 존재하며 이는 상호작용한다고 보았다.

58 편차지능지수에 관한 설명으로 옳은 것은?

① 정규분포 가정이 적용되지 않는다.
② 한 개인의 점수는 같은 연령 범주 내에서 비교된다.
③ 비네-시몬(Binet-Simon) 검사에서 사용한 지수이다.
④ 비율지능지수에 비해 중년 집단에의 적용에는 한계가 있다.

정답 58. ②

해설

웩슬러 지능검사는 편차 지능지수(편차 IQ)의 개념을 도입하여 지능점수의 상대적 위치에 따라 지능을 수량화할 수 있도록 개발하였다. 편차 IQ 점수는 규준집단에서 수검자의 상대적 위치에 대한 정보를 제공하기에 개인간 비교가 용이하다.

〈참조〉
편차 IQ: IQ 점수가 정규분포를 보인다고 가정하고, 각 개인의 점수를 평균이 100, 표준편차가 15인 표준점수로 변환하여 지능지수를 산출한다[예: IQ 70은 평균(IQ=100)으로부터 2표준편차만큼 저하되었음을 나타냄. 반면에 IQ 130은 2표준편차만큼 상승해 있음을 나타냄].

59 MMPI-2의 임상척도에 대한 설명으로 옳은 것은?

① 각 임상척도는 그에 상응하는 DSM 진단명이 부여되어 있으며 해당 진단명에 준해 엄격하게 해석해야 한다.
② MMPI-2의 임상척도는 타당도척도와는 달리 수검태도에 따른 반응 왜곡의 영향을 받지 않는다.
③ 임상척도 중 5번 척도는 그에 상응하는 정신병리적 진단이 존재하지 않는다.
④ 임상척도 중에서는 약물처방 유무를 직접적으로 알려 주는 지표를 먼저 검토해야 한다.

해설

- MMPI-2의 임상척도 5번인 남성성-여성성(Masculinity-femininity: Mf) 척도는 정신병리적 진단을 하지 않는다(척도 5번의 경우, 비임상 집단, 입원 및 외래 환자의 증상이나 심리적 문제와 관련성이 없는 것으로 나타나고 있어 문제행동을 예측하는 척도로 보기 어렵다).
- 각 임상척도는 수검태도의 변화에 따른 반응 왜곡이 나타날 수 있고, 해당 임상 척도 점수가 상승하였다고 하더라도 임상적 특징에 따른 진단적 가설과 추론은 가능하나, DSM 진단명에 부합되는지는 신중하게 검토되어야 한다.
- 임상척도 내 약물처방 유무를 직접적으로 알려 주는 지표는 없으며, 심각성의 정도에 따라 약물치료와 심리치료에 대한 고려가 필요하다.

60 신경심리평가의 용도로 사용되지 않는 검사는?

① 스트룹(stroop) 검사
② 레이 복합도형(rey complex figure) 검사
③ 밀론 임상 다축(millon clinical multiaxial) 검사
④ 위스콘신 카드분류(wisconsin card sorting) 검사

정답 59. ③ 60. ③

해 설

위스콘신 카드분류(wisconsin card sorting) 검사, 스트룹(stroop) 검사, 레이 복합도형(rey complex figure) 검사는 전두엽의 실행 기능을 평가하는 신경심리검사이며, 밀론 임상 다축(millon clinical multiaxial) 검사는 임상적 증상뿐 아니라 지속적인 성격 기능과 장애에 이르는 다양한 성격 특성을 평가하는 검사이다.

〈참조〉

- **위스콘신 카드분류(wisconsin card sorting) 검사**
  전두엽의 실행 기능을 평가하는 검사로, 추상적인 개념을 형성하고 범주화하는 능력과 피드백에 따라 인지틀(cognitive set)을 변환하거나 유지하는 인지적 융통성을 측정한다.
- **스트룹(stroop) 검사**
  스트룹 검사는 전두엽에서 담당하는 억제 과정의 효율성을 평가한다. 단어의 색과 글자가 일치되지 않는 조건에서 자동화된 반응을 억제하고 글자의 색상을 말해야 하며(예: '파랑'이라는 단어가 빨강으로 인쇄되어 있을 때, 단어를 무시하고 '빨강'이란 색상을 명명함), 반응시간과 오류 수가 측정된다.
- **레이 복합도형(rey complex figure) 검사**
  레이 복합도형 검사는 시각 기억 검사로, 복잡한 도형을 따라 그리게 하고 이후 회상 과제를 통하여 비언어적, 시각 기억력을 측정한다.
- **밀론 임상 다축(millon clinical multiaxial) 검사**
  총 175문항으로 구성되어 있으며, 각 문항은 예/아니요 형식으로 응답하도록 구성되어 있다. 채점 과정에서 원 자료는 BR(base rate) 점수로 환산되며, BR 점수가 75점 이상이면 병리적 성격장애에 속하는 것으로 해석한다.

06 2020년 제1회 기출문제

41 심리검사의 윤리적 문제에 대한 설명으로 옳지 않은 것은? ▸ 2018

① 검사자들은 검사 제작의 기술적 측면에만 관심을 가질 필요가 있다.

② 제대로 자격을 갖춘 검사자만이 검사를 사용해야 한다는 조건은 부당한 검사 사용으로부터 피검자를 보호하기 위한 조치이다.

③ 검사자는 규준, 신뢰도, 타당도 등에 관한 기술적 가치를 평가할 수 있어야 한다.

④ 심리학자에게 면허와 자격에 관한 법을 시행하는 것은 직업적 윤리 기준을 세우기 위함이다.

해 설

심리검사 사용과 관련하여 검사자가 지켜야 할 윤리사항으로는 심리검사의 기술적 측면(규준, 신뢰도, 타당도, 표준화 등) 외에도 검사자의 자격과 책임감, 사생활 보호 및 비밀유지, 문서기록 보관 등에 대한 전반적 이해 및 시행이 필요하다('한국심리학회' 윤리: 심리검사 제작 및 사용 지침서 참조).

42 MMPI-2의 재구성 임상척도 중 역기능적인 부정적 정서를 나타내며, 불안과 짜증 등을 경험하는 경우에 상승하는 척도는?

① RC4 ② RC1

③ RC7 ④ RC9

해 설

RC7은 MMPI-2 재구성 임상척도 중 역기능적인 부정적 정서를 측정하는 척도이다. RC7 점수가 높은 경우(T>65)에는 불안과 짜증을 비롯한 다양한 부정적 정서를 경험한다. 원하지 않는 생각이 침투적 사고, 우울 증상, 비판에 예민함, 반추 사고, 대인관계의 수동적이고 복종적인 태도를 특징으로 보인다.

정답 41. ① 42. ③

학습 Plus 재구성 임상척도(Restructured Clinical Scales)

RCd	의기소침	자존감이 낮고, 비관적이며, 우울감, 불안감, 신체적 불편감을 호소
RC1	신체증상 호소	신체건강에 대한 집착, 만성통증, 심리적 · 대인관계 곤란 시 신체화
RC2	낮은 긍정 정서	불행감, 무력감, 절망감, 동기 저하, 수동적, 고립감, 자살사고 고려
RC3	냉소적 태도	남을 배려하지 않고, 착취적이라고 생각하고, 자신만 생각하고, 거부적
RC4	반사회적 행동	논쟁적이고, 비판적이고, 화를 잘 내며, 반사회적 행동 및 약물남용 문제
RC6	피해의식	타인의 동기 의심, 타인 비난, 사회적 소외감, 망상 혹은 환각
RC7	역기능적 부정 정서	불안, 분노, 공포감과 같은 다양한 부정적 정서 경험, 수동적, 복종적
RC8	기태적 경험	현실검증력 손상, 환각, 망상, 기태적 감각 경험, 분열성 성격 특성
RC9	경조증적 상태	성마름, 고양된 기분 및 활력 수준, 충동 통제 곤란, 감각적, 자극 추구

43 시각운동협응 및 시각적 단기기억, 계획성을 측정하며 운동(motor) 없이 순수하게 정보처리 속도를 측정하는 소검사는?

① 순서화 ② 동형찾기
③ 지우기 ④ 어휘

웩슬러 성인용 지능검사(WAIS-Ⅳ)의 정보처리 속도를 측정하는 소검사 항목인 동형찾기(symbol search)는 단기적 시각기억, 시각-운동 협응력, 인지적 유연성, 시각적 변별력, 정신운동 속도, 정신적 조작속도, 주의력, 집중력 등을 측정한다.

학습 Plus 웩슬러 성인용 지능검사(WAIS-Ⅳ) 소검사와 측정 내용

WAIS-Ⅳ의 소검사는 언어이해 · 지각추론 · 작업기억 · 처리속도 소검사로 분류된다.

• 언어이해 소검사와 측정 내용

구분	소검사	측정 내용
핵심 소검사	공통성	결정적 지능, 논리적이고 추상적인 추론능력, 개념적 사고능력, 언어적 이해능력, 기억력, 연합 및 범주적 사고, 핵심적인 측면과 지엽적인 측면의 변별, 언어능력과 결합된 연상능력 등을 측정한다.
	어휘	언어적 개념 형성, 단어 지식, 장기기억, 결정적 지능, 언어발달의 정도, 언어적 이해능력, 축적된 언어학습의 정도, 획득된 사고, 언어적 유창성 등을 측정한다.
	상식	일반적인 사실적 지식의 범위, 장기기억, 실제적 지식에 대한 학습, 파지, 재인능력, 결정적 지능, 언어적 지각능력, 언어적 이해 및 표현능력 등을 측정한다.
보충 소검사	이해	언어적 추론 및 개념화 능력, 언어적 이해와 표현능력, 과거 경험을 활용하고 평가하는 능력, 사회적 판단력, 장기기억, 사회적 환경에 대한 이해력, 사회적 규칙과 규범에 대한 지식 등을 측정한다.

정답 43. ②

• 지각추론 소검사와 측정 내용

구분	소검사	측정 내용
핵심 소검사	토막짜기	추상적인 시각적 자극을 분석하고 통합하는 능력, 비언어적 개념 형성과 추론능력, 유동적 지능, 시지각 및 조직화 능력, 동시적 처리능력, 시각-운동 협응능력, 공간적 시각화능력 등을 측정한다.
	행렬추론	부분과 전체의 관계를 파악하는 능력, 유동적 지능, 동시적 처리능력, 지각적 조직화능력, 추상적 추론능력, 시공간적 추론능력, 분류와 공간적 능력 등을 측정한다.
	퍼즐	비언어적 추론능력, 추상적인 시각자극을 분석 및 통합하는 능력, 시각적 재인능력, 시공간적 추론능력, 전체를 부분으로 분석하는 능력, 유동적 추론능력, 지속적인 시각적 주의력 및 집중력 등을 측정한다.
보충 소검사	무게 비교	비언어적 수학적 추론능력, 양적 및 유추적 추론능력, 시각적 조직화 및 집중력, 귀납적 사고 및 연역적 사고, 지속적 주의력 등을 측정한다.
	빠진 곳 찾기	시지각적 조직화능력, 시각적 집중력, 시각적 주의, 시각적 재인 및 장기기억, 환경적 세부사항에 대한 인식(현실검증력), 본질과 비본질을 구분하는 능력 등을 측정한다.

• 작업기억 소검사와 측정 내용

구분	소검사	측정 내용
핵심 소검사	숫자	즉각적인 기계적 회상능력, 가역적 사고능력, 인지적 유연성, 집중력과 주의력, 청각적 연속능력, 기계적 학습, 청각적 처리능력, 정보의 변형과 정신적 조작능력 등을 측정한다.
	산수	청각적 기억능력, 정신적 조작능력, 주의력 및 집중력, 단기 및 장기 기억, 수리적 추론능력, 순차적 처리능력, 유동적 지능, 논리적 추론능력, 추상화 및 수리적 문제 분석력 등을 측정한다.
보충 소검사	순서화	청각적 단기기억, 연속적 처리능력, 주의력 및 집중력, 순차적 처리능력, 정보를 재조직화하는 능력, 기억 폭 등을 측정한다.

• 처리속도 소검사와 측정 내용

구분	소검사	측정 내용
핵심 소검사	동형찾기	시각적 단기기억, 시각-운동 협응능력, 인지적 유연성, 시각적 변별력, 정신운동 속도, 정신적 조작 속도, 주의력 및 집중력, 정보처리 및 탐색의 속도, 정보의 부호화능력 등을 측정한다.
	기호쓰기	정신운동 속도, 지시를 따르는 능력, 시각적 단기기억, 시각적 자극에 대한 학습 및 반응능력, 정신적 전환능력, 지속적 주의력, 연합학습, 시각적 탐색능력, 시각-운동 협응능력 등을 측정한다.
보충 소검사	지우기	지각적 재인능력, 지각적 변별력, 지각적 주사능력, 주의력 및 집중력, 시각-운동 협응능력, 시각적 선택적 주의력, 반응 억제 및 경계능력, 지각 속도, 과제 처리속도 등을 측정한다.

44 MMPI-2의 임상척도 중 0번 척도가 상승한 경우에 나타나는 특징은?

① 외향적이다.
② 소극적이다.
③ 자신감이 넘친다.
④ 관계를 맺는 데 능숙하다.

정답 44. ②

해 설

척도 0 내향성(Social Introversion: Sc)은 대인관계 기술의 부족, 사회적 상호작용의 불편감, 사회적 활동에 대한 회피적 태도 등을 특징으로 한다.

〈척도 0이 높은 경우〉

- 척도 0이 높은 사람들은 사회적 상황에서 불안정감과 불편감을 느끼며, 특히 이성 앞에서 더 그러한 특징을 보인다.
- 수줍음이 많고 소심하며, 앞에 나서지 않으려고 한다. 감정 억제가 심하며, 감정을 직접적으로 표현하지 않는다.
- 혼자 있을 때나 몇 명의 친한 친구와 있을 때만 편하게 느끼고, 사회적인 활동에 거의 참여하지 않으려고 한다.
- 자신감이 부족하고 소극적이며, 남들이 자신을 어떻게 생각할지 매우 신경을 쓴다.
- 점수가 경미하게 상승한 경우(55~64T) 대인관계 형성 능력은 있으나 혼자 있는 것을 더 선호할 수 있다.
- 척도 0이 낮은 사람들(T<45)은 외향적이고 사교적이며, 말을 잘하고 자기주장적이다. 다양한 사람과도 잘 어울리고 경쟁적인 상황을 즐기는 편이다.

45 표본에서 얻은 타당도 계수가 표집에 의한 우연요소에 의해 산출된 것이 아님을 확인하기 위해 필요한 것은?

① 추정의 표준오차　　② 모집단의 표준편차
③ 표본의 표준편차　　④ 표본의 평균

해 설

연구에서 모집단 특성을 추정하기 위해 표본을 추출하게 되는데, 완전한 모집단이 아닌 임의의 표본에 의존하기 때문에 표본으로부터 얻은 자료인 추정 값은 추정의 '표준오차'가 발생한다. 이때 표준오차의 크기가 작을수록 표본 자료(표집)에서 얻은 추정 값의 타당도가 확보된다.

46 Wechsler 지능검사를 실시할 때 주의할 사항으로 옳은 것은?

① 피검자가 응답을 못하거나 당황하면 정답을 알려 주는 것이 원칙이다.
② 모호하거나 이상하게 응답한 문항을 다시 질문하여 확인할 필요는 없다.
③ 모든 검사에서 피검자가 응답할 수 있을 때까지 충분한 여유를 주어야 한다.
④ 피검자의 반응을 기록할 때는 그대로 기록하는 것이 원칙이다.

해 설

- 지능검사를 실시할 때는 표준화된 절차를 정확히 숙지하고 준수해야 한다. 피검자가 응답을 하지 못한다고

정답 45. ① 46. ④

해서 정답을 알려 주어서는 안 되며, 평가원칙에 기반하여 실시되어야 한다.

- 수검자의 반응이 모호하거나 분명치 않다면 중립적인 질문("어떤 의미인지 좀 더 자세하게 말씀해 주십시오.")을 통해 탐색해야 한다.
- 시간 제한이 있는 검사의 경우 이를 채점에 정확히 적용해야 한다. 단, 시간 제한이 없는 검사에서는 수검자에게 충분한 시간 여유를 주어야 하며 수검자가 반응을 독촉받는 느낌을 갖지 않도록 한다.
- 수검자가 사용한 언어 반응은 그대로(verbatim) 기록해야 한다. 특히 어휘, 이해, 공통성 소검사 등에서는 채점을 점검하기 위해 언어 반응을 정확히 기록하는 것이 매우 중요하다.

47 BGT(Bender-Gestalt Test)에 관한 설명으로 옳지 않은 것은?

① 기질적 장애를 판별하려는 목적에서 만들어졌다.
② 언어적인 방어가 심한 환자에게 유용하다.
③ 정서적 지수와 기질적 지수가 거의 중복되지 않는다.
④ 통일된 채점체계가 없어 전문가 간에 불일치가 발생할 수 있다.

해설

- BGT(Bender-Gestalt Test)는 간단한 기하학적 도형이 그려져 있는 9개의 자극 카드들을 수검자에게 한 장씩 보여 주면서 이를 종이 위에 모사하도록 하고 추가 단계를 걸쳐 실시한 후 정보를 통합하여 인지, 정서, 성격 등의 수검자의 심리적 특성들에 대해 분석하는 검사이다.
- Lauretta Bender가 1938년도에 개발하였으며, 이후 BGT에 대한 심리측정적 접근이 시작되면서 기질적인 손상이 있는 환자들에 대한 진단 목적으로 사용될 수 있음이 주목받게 되었다.
- 언어적 의사소통 능력이 없거나, 언어적 방어가 심한 환자에게도 사용이 가능하며, 그 외에 뇌기능 장애, 문맹자, 외국인 수검자, 지적 결손이 있는 경우에도 실시할 수 있다.
- 객관적인 채점체계가 여러 방식으로 개발되어 있기에 통일된 채점체계가 필요하며, 전문가들은 필요에 따라 각각의 입장에서 BGT 결과를 해석, 사용하고 있다.
- 검사의 해석에는 각 항목에 따른 결과를 양적, 질적으로 해석하나 정서적 지수와 기질적 지수가 중복되는 특징이 있어 해당 항목의 측정 내용을 명확하게 이해할 필요가 있다.

48 다음 중 뇌손상으로 인해 기능이 떨어진 환자를 평가하고자 할 때 흔히 부딪힐 수 있는 환자의 문제와 가장 거리가 먼 것은?

▸ 2011, 2013

① 시력장애　② 주의력 저하
③ 동기 저하　④ 피로

해설

신경심리평가 시 환자의 동기 저하, 급성의 혼란 상태, 주의력 및 집중력 저하, 극도의 우울 및 불안상태, 신체

정답 47. ③ 48. ①

적 피로도 등은 검사 실시에 영향을 줄 수 있기에 증상이 어느 정도 호전된 후 평가를 의뢰하는 것이 바람직하다. 특히 두뇌 외상, 뇌졸중과 같이 갑작스럽게 발병한 경우에는 발병 초기에는 상태가 급변하고 불안정하며 신체 기능 저하, 피로감, 우울, 혼란감 등으로 검사 수행에 영향을 많이 받는다.

49 K-WAIS-IV에서 일반능력지수(GAI)에 해당하지 않는 것은?

① 행렬추론 ② 퍼즐

③ 동형찾기 ④ 토막짜기

일반능력지수(GAI)는 언어이해의 핵심 소검사(공통성, 어휘, 상식)와 지각추론의 핵심 소검사(토막짜기, 행렬추론, 퍼즐)로 구성된 조합점수이다. GAI는 일반적 능력과 다른 인지 기능을 비교할 수 있도록 고안된 지수로, 이를 통하여 개인의 상대적인 약점을 파악할 수 있다.

학습 Plus 일반능력지수(GAI)와 인지효능지수(CPI)

- 일반능력지수(General Ability Index: GAI)
  - 언어이해의 핵심 소검사(공통성, 어휘, 상식)와 지각추론의 핵심 소검사(토막짜기, 행렬추론, 퍼즐)로 구성된 조합점수이다.
  - GAI는 전체지능지수에 비해 작업기억과 처리속도의 영향을 덜 받는다. 이에 FSIQ에 포함된 작업기억과 처리속도 측면을 배제한 인지적 능력을 검토할 필요가 있을 때 사용될 수 있다.
  - 신경심리학적 결함이 있는 경우에는 작업기억과 처리속도 과제의 수행이 언어이해나 지각추론 과제의 수행보다 더욱 민감하게 영향을 받는다. 이런 경우 작업기억과 처리속도 소검사들에서의 수행 저하로(FSIQ로 대표되는) 전체적인 지적 능력과 다른 인지 기능 간의 차이가 실제만큼 드러나지 않을 수 있기에 유용한 측정치가 될 수 있다.
  - GAI는 일반적 능력과 다른 인지기능을 비교할 수 있도록 고안된 지수로, 이를 통하여 개인의 상대적인 약점을 파악할 수 있다.
- 인지효능지수(Cognitive Proficiency Index: CPI)
  - 작업기억의 핵심 소검사(숫자, 산수)와 처리속도의 핵심 소검사(동형찾기, 기호쓰기)로 구성된 조합점수이다.
  - CPI는 언어이해와 지각추론에 덜 민감한 인지적 능력 측정이 필요할 때 고려할 수 있다. 그러나 CPI 소검사들도 어느 정도는 언어이해와 지각추론을 필요로 한다.

50 원판 MMPI의 타당도 척도가 아닌 것은?

① L척도 ② F척도

③ K척도 ④ S척도

해 설

MMPI-2는 원판 MMPI의 4개의 타당도(무응답 척도, L척도, F척도, K척도) 척도에 6개를 추가하여 총 10개의 타당도 척도를 포함하고 있으며, 임상척도는 동일한 명칭과 특징을 유지한다.

정답 49. ③ 50. ④

학습 Plus MMPI-2의 타당도 척도

척도 종류		척도 기호	척도 명칭	문항 수
타당도 척도	성실성	?	무응답(Cannot Say)	
		VRIN	무선반응 비일관성(Variable Response Inconsistency)	67문항 쌍
		TRIN	고정반응 비일관성(True Response Inconsistency)	23문항 쌍
	비전형성	F	비전형(Infrequency)	60
		F(B)	비전형-후반부(Back Infrequency)	40
		F(P)	비전형-정신병리(Infrequency-Psychopathology)	27
		FBS	증상 타당도(Symptom Validity)	43
	방어성	L	부인(Lie)	15
		K	교정(Correction)	30
		S	과장된 자기제시(Superlative Self-Presentation)	50

51 Rorschach 검사에서 지각된 스트레스와 관련된 구조변인이 아닌 것은?

① M
② FM
③ C
④ Y

해설

FM(동물 운동반응), C(색채 반응), Y(음영 반응)은 실제 자극 상황에 의해 지각된 스트레스 반응과 관련되며, M(인간 운동반응)은 실제적인 관심의 초점과 연관된 관념 활동과 관련된다.

52 지능에 대한 설명으로 옳지 않은 것은?

① 비네(Alfred Binet)는 정신연령(mental age)이라는 용어를 사용하였다.
② 지능이란 인지적 · 지적 기능의 특성을 나타내는 불변 개념이다.
③ 새로운 환경 및 다양한 상황을 다루는 적응과 순응에 관한 능력이다.
④ 결정화된 지능은 문화적 · 교육적 경험에 따라 영향을 받는다.

해설

- 지능의 정의는 학자들마다 다양하게 정립되었으며, 인지적 및 지적 기능 외에 여러 요인의 집합체로 보는 견해가 일반적이다. 또한 지능의 구성 개념들은 시간의 안정성이 있는 요인도 있지만 그렇지 않은 다양한 요인이 포함된다.
- 비네(Binet)는 일반 아동으로부터 정신지체 아동을 선별하여 특수교육을 시키기 위한 목적으로 최초의 지능검사인 비네검사를 개발하였으며, 이후 개정을 통해 정신연령(mental age)이란 개념을 도입하였다.
- 웩슬러(Wechsler)는 지능이란 적합하게 행동하고 합리적으로 사고하며 자신의 환경을 효율적으로 다룰 수

정답 51. ① 52. ②

있는 개인의 총체적이고 종합적인 능력이라고 정의하였으며, 환경이나 상황에 따른 효율적 적응을 포함하는 개념으로 보았다.

- 커텔(Cattell)은 스피어만의 g요인의 개념을 확장하여 지능을 유동적 지능(fluid intelligence)과 결정적 지능(crystallized intelligence)으로 구분하였다.
  - 유동적 지능: 유전적이고 선천적인 지능으로, 뇌와 중추신경계의 성숙에 비례하여 발달하게 되며 외부요인 혹은 노령화에 의해 퇴화되는 지능이다.
  - 결정적 지능: 성장하면서 겪게 되는 개인의 교육, 문화 등 다양한 환경 속에서 상호작용을 통해 발달하며 유동적 지능을 기반으로 학습을 통해 계속 발달해 나가는 지능이다.

53 집중력과 정신적 추적능력(mental tracking)을 측정하는 데 사용되는 신경심리검사는?

▶ 2015

① Bender Gestalt Test ② Rey Complex Figure Test
③ Trail Making Test ④ Wisconsin Card Sorting Test

해설

- 선로 잇기 검사(Trail Making Test: TMT)는 주의력, 집중력, 정신적 추적 능력 및 실행 기능을 평가하며, A형과 B형으로 되어 있다. A형은 검사지에 무작위적으로 배치되어 있는 숫자들을 1-2-3-4와 같이 차례대로 연결하는 것이고, B형은 숫자와 문자를 번갈아가며 차례대로 연결하는 것으로(1-가-2-나-3-다), 검사를 마치는 데 걸린 반응시간과 오류 수가 측정된다.
- 벤더 게슈탈트 검사(Bender Gestalt Test: BGT)는 모사된 자극을 통해 시지각-운동의 성숙 수준, 정서적인 상태, 갈등의 영역, 행동 통제의 특성 등을 평가한다.
- 레이 복합도형 검사(Rey Complex Figure Test: RCFT)는 시각기억 검사로, 복잡한 도형을 따라 그리게 하고 이후 회상 과제를 통하여 비언어적, 시각 기억력을 측정한다.
- 위스콘신 카드분류 검사(Wisconsin Card Sorting Test: WCST)는 전두엽의 실행 기능을 평가하는 검사로, 추상적인 개념을 형성하고 범주화하는 능력과 피드백에 따라 범주화, 개념 형성 능력, 주의 지속 능력, 인지적 융통성, 보속 반응 등을 평가한다.

54 Sacks의 문장완성검사(SSCT)에서 4가지 영역에 속하지 않는 것은?

① 가족 영역 ② 대인관계 영역
③ 자기개념 영역 ④ 성취욕구 영역

해설

Sacks의 문장완성검사(Sacks Sentence Completion Test: SSCT)는 가족, 성, 자기개념, 대인관계의 네 가지 영역으로 구분되어 있다. 각 영역에서 수검자가 보이는 손상의 정도에 따라 3점 척도로 평가하며, 검사 수치를 통해 수검자에 대한 최종평가를 한다.

정답 53. ③ 54. ④

학습 Plus Sacks의 문장완성검사, SSCT의 영역별 특징

- 가족(12문항)
  어머니, 아버지, 가족에 대한 태도를 담고 있는 문항으로 구성되어 있다. 수검자가 경계적이고 회피적인 경향이 있다고 하더라도 각각의 영역을 묻는 네 개의 문항 중 최소 한 개에서 유의미한 정보가 드러나게 된다.
  예: 나의 아버지는 좀처럼 ______________________
- 성(8문항)
  이성관계에 대한 영역으로, 이성, 결혼, 성 관계에 관한 태도를 표현할 수 있는 문항으로 구성되어 있다. 이 문항에서 사회적인 개인으로서의 여성과 남성, 결혼, 성적 관계에 대한 태도가 드러난다.
  예: 남녀가 같이 있는 것을 볼 때면 ______________________
- 대인관계(16문항)
  친구, 지인, 직장 동료, 직장 상사에 관한 태도를 포함한다. 이 영역의 문항에서 가족 외의 사람들에 대한 감정이나 자신에 대해 타인이 어떻게 느끼는지에 관한 수검자의 생각이 표현된다.
  예: 윗사람이 오는 것을 보면 ______________________
- 자기개념(24문항)
  자신의 두려움, 죄의식, 목표, 자신의 능력, 과거와 미래에 대한 태도가 포함되며, 현재, 과거, 미래의 자기개념과 바라는 미래의 자기상과 실제로 자신이 될 것 같다고 생각하는 모습에 대한 정보를 제공해 준다. 이를 통해 수검자가 자신을 어떻게 생각하고 있는지가 반영된다.
  예: 내 인생에서 가장 원하는 것은 ______________________

55 정신지체가 의심되는 6세 6개월 된 아동의 지능검사로 가장 적합한 것은?

① H−T−P ② BGT−2
③ K−WAIS−4 ④ K−WPPSI

해설

한국 웩슬러 유아지능검사 4판(Korean Wechsler Preschool Scale of Intelligence: K-WPPSI-IV)은 2세 6개월에서 만 7세 7개월까지 유아의 인지능력을 임상적으로 평가하기 위한 개인 지능검사이다. 연령 범위에 따라 2세 6개월~3세 11개월용 검사와 4세 1개월~7세 7개월용 검사로 나뉜다. 연령 범위에 따라 서로 다른 소검사를 구성하였고, 도구 및 기록지가 다르다.

56 검사-재검사 신뢰도에 관한 설명으로 옳지 않은 것은?

① 검사 사이의 시간 간격이 너무 길면 측정 대상의 속성이나 특성이 변할 가능성이 있다.
② 반응민감성에 의해 검사를 치르는 경험이 개인의 진점수를 변화시킬 가능성이 있다.
③ 감각식별검사나 운동검사에 권장되는 방법이다.
④ 검사 사이의 시간 간격이 짧으면 이월효과가 작아진다.

정답 55. ④ 56. ④

해설

- 검사-재검사 신뢰도란 하나의 검사를 동일한 수검자에게 2회 실시했을 때 같은 결과가 산출되는 정도이다. 즉, 하나의 검사를 실시한 후에 시간 간격을 두고 다시 한 번 그 검사를 실시하는데, 1차 실시에서 나온 검사 점수와 2차 실시에서 나온 검사 점수 간의 상관관계가 재검사 신뢰도이다.
- 주의할 점은 두 시점에서 같은 검사를 사용할 때의 시간 간격이 짧으면 '이월효과'가 발생하기에 이 경우에는 연구자의 의도와 달리 두 검사 간의 높은 상관은 신뢰도가 아닌 이월효과로 해석될 수 있다.
  예: 어떤 수검자가 월요일에 지능검사를 받았는데 이틀 후에 같은 검사를 다시 받았을 경우 짧은 시간 간격으로 인해 유사한 점수가 나오는 것은 당연한데, 이는 검사 시에 자신의 답을 2차 검사 시까지 기억하고 있기 때문이라고 할 수 있다. 이를 이월효과라고 한다.

57 다음 MMPI 검사의 사례를 모두 포함하는 코드 유형은?

ㄱ. 에너지가 부족하고 냉담하며 우울하고 불안하며 위장장애를 호소하는 남자이다.
ㄴ. 이 남자는 삶에 참여하거나 흥미를 보이지 않고 일을 시작하는 것을 힘들어한다.
ㄷ. 미성숙한 모습을 보이며 의존적일 때가 많다.

① 2-3/3-2 ② 3-4/4-3
③ 2-7/7-2 ④ 1-8/8-1

해설

- 2-3/3-2 코드 유형은 에너지가 없고 무기력하며 무관심하고, 우울과 불안을 경험하며, 소화기 증상을 자주 호소한다. 부적절감을 느끼고, 일상 활동을 제대로 해내지 못한다. 이 유형은 표현에서 성차가 있는데, 남자의 경우에는 미성숙하고 의존적이며, 여자의 경우에는 더욱 무기력하며, 불행과 만족 결핍을 체념하고 받아들이는 태도를 보인다.
- 3-4/4-3 코드 유형은 미성숙하고 자기중심적인데, 분노는 많지만 표현하기 어려워한다. 이에 이들의 분노는 종종 간접적이고, 수동-공격적인 방식으로 표현된다. 이러한 분노는 가족으로부터의 고립감과 거리감에서 나온다. 이들은 자신의 분노를 잘 표현할 수 있는 대리적 사람과 관계를 맺으면서 자신의 공격성을 대리적으로 행동화하기도 한다.
- 2-7/7-2 코드 유형은 우울하고 초조하며 신경이 예민한 사람들에게서 나타난다. 말하는 속도와 움직임이 느려질 수 있고, 불면과 사회적 부적절감, 성적 부적절감 등이 동반될 수 있다. 이들은 앞으로 어떤 문제가 생길지 걱정하는 데 시간을 많이 보내고, 작은 일에도 과민 반응을 보인다. 신체적 허약감, 피로, 흉통, 변비, 현기증 등과 같은 신체 증상의 호소가 있을 수 있다.
- 1-8/8-1 코드 유형은 모호하면서도 특이한 여러 신체 증상을 호소하며, 신체 증상과 관련된 믿음이 망상일 수 있다. 마음이 혼란스럽고 주의집중이 어렵고 스트레스와 불안을 적절히 조절하는 능력이 부족하고, 대인관계에서 상당한 거리감과 소외감을 경험한다. 타인에 대한 불신이 크고 대인관계 유지가 어려우며, 적대감을 표현하지 않는 경향이 있으나, 드러낼 때는 매우 호전적인 방식으로 나타난다.

정답 57. ①

58 연령이 69세인 노인 환자의 신경심리학적 평가에 적합하지 않은 검사는?

① SNSB
② K-VMI-6
③ Rorschach 검사
④ K-WAIS-IV

해설

- Rorschach 검사는 대칭구조로 된 10장의 잉크반점 카드를 사용하며, 여러 가지 형태와 색채, 음영과 같은 지각적 속성을 포함하는 대표적인 투사적 검사이다. 수검자의 성격적 특징, 정서 상태, 자신 및 타인 지각, 욕구와 갈등 및 대인관계 양식에 대한 다양한 정보를 제공한다.
- 한국 시각 운동 통합 발달검사(K-VMI-6)는 시각 운동 통합 능력을 기반으로 시지각과 소근육 운동 협응 능력을 평가한다. 2~90세까지의 다양한 연령대에서 실시가 가능하다.
- 한국 웩슬러 성인용 지능검사(K-WAIS-IV)는 각 소검사들이 다양한 뇌손상에 차별적으로 민감한 특징을 지니고 있어 신경심리평가의 측정치로 유용하다(주의력, 집중력, 시공간능력, 실행 기능 등).
- 서울신경심리 검사(Seoul Neuropsychological Screening Battery: SNSB)는 치매 평가를 목적으로 개발된 종합 신경심리검사 배터리로, 주의집중력, 언어 및 관련 기능들, 시공간 기능, 기억력 및 전두엽 실행 기능 등을 평가한다.

59 심리검사 점수의 해석과 사용에서 임상심리사가 유의해야 할 점이 아닌 것은?

① 검사는 개인의 일정 시점에서 무엇을 할 수 있는지를 밝혀 내도록 고안된 것이다.
② 검사 점수를 해석할 때는 그 사람의 배경이나 수행 동기 등을 배제해야 한다.
③ 문화적 박탈 효과에 둔감한 검사는 문화적 불이익의 효과를 은폐시킬 수 있다.
④ IQ 점수를 범주화하여 해석하는 것은 오류 가능성이 있다.

해설

심리검사 점수를 해석하고 적용하는 데 있어 수검자의 사회문화적 배경이나 수행 동기에 대한 고려가 필요하다. 단지 양적 점수에 기반하여 검사 점수를 해석하지 않도록 주의해야 하며, 수검자가 처한 상황뿐만 아니라 동기, 욕구, 기대 등을 인식하여 검사 상의 정보를 제공할 수 있어야 한다.

정답 58. ③ 59. ②

60 기억검사로 분류되지 않는 것은?

① K-BNT
② Rey-Kim Test
③ Rey Complex Figure Test
④ WMS

해설

- 한국 보스턴 이름대기 검사(Korea Boston Naming Test: K-BNT)는 언어능력을 측정하는 검사이다. 피검자로 하여금 선으로 구성된 흑백 그림을 보고 이름을 말하게 하는 이름대기 검사로서 언어영역의 손상 정도를 측정하는 60개의 그림들이 포함되어 있다.
- 15세 이상의 성인 남녀에게 적용되며, 뇌졸중, 간질, 뇌 외상, 퇴행성 뇌질환에 수반되어 나타나는 언어영역의 손상 정도를 측정하는 검사로서 종합적인 신경심리 및 신경언어학적 평가도구로 유용하다.

〈언어능력 측정검사〉
- 보스턴 진단용 실어증 검사(Boston Diagnostic Ahpasia Examination: BDAE)
- 보스턴 이름대기 검사(Boston Naming Test: BNT)
- 언어 유창성 검사(verval fluency test)
- 따라 말하기 검사(repetition test)
- 토큰 검사(token test)
- 웨스턴 실어증 검사(Western Aphasia Battery: WAB)
- 통제 단어 연상 검사(Controlled Oral Word Association Test: COWAT)

정답 60. ①

07 2019년 제3회 기출문제

41 스탠포드-비네 지능검사에 대한 설명으로 틀린 것은?

① IQ는 대부분의 점수가 100 근처에 모인다.
② 언어성 검사와 동작성 검사 두 부분으로 나누어져 있다.
③ 언어 추리, 추상적/시각적 추리, 양, 추리, 단기기억 영역을 포함한다.
④ IQ 분포는 종 모양의 정상분포 곡선을 그린다.

해 설

언어성 검사와 동작성 검사 두 부분으로 나뉘어져 있는 검사는 웩슬러 지능검사이다.

학습 Plus  스탠포드-비네(Stanford-Binet) 지능검사

- 1916년, 스탠포드 대학의 터만(Terman)이 비네 검사를 개정하였고, 비율 I.Q.를 도입하였다(I.Q.=정신연령 ÷ 생활연령 × 100).
- 스탠포드-비네 지능검사는 1937년 두 개의 동형검사로 개정되었는데, 비율 I.Q. 대신 편차 I.Q.를 채택하였다.
- 1986년 제4판이 제작되었고, 다양한 인지영역(언어추리, 추상적/시각적 추리, 수량 추리, 단기기억) 등을 포함한 15개의 소검사로 구성되어 있으며, 약 1시간 15분 정도 소요된다.

42 MMPI-2 내용척도의 CYN의 설명과 가장 거리가 먼 것은?

① 근거 없는 염세적 신념을 보인다.
② 자신의 위선, 속임수를 정당화한다.
③ 어려움에 쉽게 포기하거나 타인에게 복종한다.
④ 쉽게 비난받는다고 여기고 타인을 경계한다.

정답 41. ② 42. ③

해설

냉소적 태도(Cynicism, CYN)는 염세적 태도, 불신, 의심, 경계적 태도, 자기정당화, 편집증적 사고와 적대적 태도를 반영한다.

학습 Plus MMPI 내용 척도

척도명	특징
ANX(Anxiety)	불안, 긴장감, 염려, 수면 및 주의집중의 어려움을 보이고, 결정을 내리기 어렵고 정신이상이 될까 걱정하며 미래를 두려워함. 삶과 인생은 상당한 긴장과 스트레스의 연속이라고 생각함
FRS(Fears)	일반화된 공포(FRS1)
	특정 공포(FRS2: 특정 동물, 자연재해)
OBS(Obsessions)	결정을 내리기가 어려움, 과도한 반추, 지나친 걱정, 침투적 사고, 변화를 싫어함
DEP(Depression)	어떤 일을 계속할 만한 능력이 없음(DEP1)
	우울한 기분과 사고(DEP2)
	쉽게 울고 자기비판적 태도와 죄책감을 경험함(DEP3)
	자살사고 또는 자살시도(DEP4)
HEA (Health Concerns)	특정 소화기적 증상(HEA1)
	신경학적 증상(HEA2)
	건강에 대한 염려(HEA3)
BIZ (Bizarre Mentation)	편집증적 사고, 환각(BIZ1)
	이상하고 비일상적인 경험, 피해의식(BIZ2)
ANG(Anger)	통제력 상실, 물건 파괴, 싸움(ANG1)
	과민함, 참을성이 없고 고집이 셈(ANG2)
CYN(Cynicism)	염세적 신념, 이기적이고 다른 사람을 도와주려는 의지가 없음(CYN1)
	타인을 믿지 않고 타인의 동기를 의심(CYN2)

43 뇌손상의 영향에 관한 설명으로 가장 적합한 것은?

① 뇌손상 이후 일반적인 지적능력을 유지하지 못하여 원래의 지적능력 수준이 떨어진다.

② 의사소통장애가 있는 모든 뇌손상 환자는 실어증을 수반한다.

③ 뇌손상이 있는 환자는 복잡한 자극보다는 단순한 자극에 더 시지각장애를 보인다.

④ 뇌손상이 있는 환자는 대부분 일차 기억보다 최신 기억을 더 상세하게 기억한다.

해설

뇌에 손상이 일어나면 지적능력부터 저하되기 시작하면서 다발성 인지장애가 나타날 수 있으며, 이로 인해 병전 지적능력을 유지하기가 어렵다.

정답 43. ①

44 다음 K-WAIS 검사결과가 나타내는 정신장애로 가장 적합한 것은?

- 토막짜기, 바꿔쓰기, 차례맞추기, 모양맞추기(점수가 낮음)
- 숫자외우기 소검사에서 바로 따라 외우기와 거꾸로 따라 외우기(점수 간에 큰 차이를 보임)
- 어휘, 상식, 이해 소검사의 점수는 비교적 유지되어 있음

① 강박장애 ② 기질적 뇌손상
③ 불안장애 ④ 반사회성 성격장애

해설

기질적 뇌손상(organic brain syndrome)
- 토막짜기, 바꿔쓰기, 차례맞추기, 모양맞추기 점수가 낮다.
- 숫자외우기 소검사에서 '바로 따라 외우기'와 '거꾸로 따라 외우기' 점수 간에 큰 차이를 보인다.
- 공통성 점수가 낮다(개념적 사고의 손상).
- 어휘, 상식, 이해 소검사의 점수는 비교적 유지되어 있다.

학습 Plus 지능검사에서 나타나는 진단별 반응 특징

- 정신증(psychosis)
  - 상식, 어휘 소검사를 중심으로 극단적인 분산을 보인다(지적 기능의 심한 불균형).
  - 언어성 기능 > 동작성 기능(14점 이상): 동작성 기능이 장애의 영향을 더 받는다.
  - 쉬운 문항에서 잦은 실패를 보인다.
  - 문항을 잘못 이해한다.
  - 이해문제, 차례맞추기 점수가 낮다(사회적 적응 능력의 손상 시사).
  - 공통성 저하, 상식과 어휘 상승(손상된 추상적 사고능력, 반면 잘 보존된 기억력)
  - 빠진 곳 찾기, 산수 점수가 낮다(주의집중 곤란).
  - 토막짜기 점수가 낮다.
  - 숫자외우기는 유지된다(즉각적 기억 손상, 불안이 적거나 없음).
  - 질적 분석 시 비논리성, 연상 장애, 부적절성, 기이한 언어표현이 나타날 수 있다.
- 불안장애
  - 숫자외우기, 산수, 바꿔쓰기, 차례맞추기 점수가 낮다.
  - 사고의 와해나 혼란은 없다.
- 강박장애
  - 전체 지능지수가 110 이상 정도를 보인다.
  - 상식, 어휘 점수가 높다(주지화로 인해), 이해 점수가 낮다(판단능력 장애로 인한 것이 아니라 회의적 경향으로 인함).
  - 언어성 지능 > 동작성 지능 편차를 보인다.
- 우울증
  - 언어성 지능 > 동작성 지능 편차를 보인다.
  - 쉽게 포기하는 경향, 지구력이 부족하다.
  - 전반적으로 반응이 느리다.
  - 언어성 검사 중 공통성 점수가 낮다, 빠진 곳 찾기를 제외한 다른 동작성 검사에서 낮은 점수를 얻는다.

정답 44. ②

- 반응의 질적인 면에서의 정교화나 언어표현의 유창성이 부족하다.
- 자신에 대해 비판적이다.
- 사고 와해는 나타나지 않는다.

• 연극성 성격장애
- 쉬운 문항의 실패를 보인다.
- 쉽게 포기하는 경향을 보인다(특히 산수 소검사에서).
- 이해문제 점수가 높다(상식문제에 비해). 토막짜기, 차례맞추기 점수가 높다.
- 도덕적인 반응 내용을 보인다.
- 사고와 와해 징후는 없다.

• 반사회성 성격장애
- 언어성 지능 < 동작성 지능 편차를 보인다.
- 소검사 간 분산이 심한 편이다.
- 사회적 상황에 대한 예민성을 보인다.
- 바꿔쓰기, 차례맞추기 점수가 높으나, 개념형성 점수가 낮다.
- 노력없이 무성의하게 응답한다.
- 비사회적 규준을 보인다.
- 지나친 관념화, 주지화, 현학적인 경향을 보일 수 있다.

45 표준화된 검사가 다른 검사에 비하여 객관적인 해석을 가능하게 해 주는 이유로 가장 적합한 것은?

① 타당도가 높기 때문이다. ② 규준이 마련되어 있기 때문이다.
③ 신뢰도가 높기 때문이다. ④ 실시간 용이하기 때문이다.

해 설

• 표준화 검사란 행동을 표집하는 데 있어 객관화되고 표준화된 절차에 의해서 측정함으로써 행동의 전체 집단을 미루어 짐작하고, 이를 기초로 하여 두 사람 이상의 행동을 비교하는 체계적인 절차라고 정의할 수 있다.
• 표준화된 검사는 검사문항의 표집과 구성을 엄격히 하며, 검사 실시 조건과 채점방법을 일정하게 정해 좋고, 검사결과의 해석을 표준화하고, 규준을 제시하고 있기에 객관적인 해석이 용이하다.

46 Rorschach 검사의 질문단계에서 검사자의 질문 또는 반응으로 가장 적절하지 않은 것은?

① "말씀하신 것은 주로 형태인가요?" "색깔인가요?"
② "당신이 어디를 그렇게 보았는지 잘 모르겠네요."
③ "그냥 그렇게 보인다고 하셨는데 어떤 것을 말씀하는 것인지 조금 더 구체적으로 설명해 주세요."
④ "그것처럼 보이게 만든 것은 무엇인가요?"

정답 45. ② 46. ①

해설

- 질문단계의 목적은 피검자의 반응을 정확히 기호화, 채점하는 데 있다. 즉, 피검자가 어떻게 그렇게 보게 되었는지를 명료화하는 데 목적이 있는 것이지 새로운 반응을 이끌어 내려는 것이 목적이 아님을 유념해야 한다. 이 과정에서 검사자의 질문이나 태도에 따라 피검자의 반응이 유도되기 쉬우므로 주의해야 한다.
- 질문은 비지시적이어야 하며, 피검자가 반응단계에서 했던 반응 이외에 다른 새로운 반응을 하도록 유도해서는 안 된다.
  (적절한 질문: "당신이 본 것을 나도 볼 수 있도록 말씀해 주시기 바랍니다." "당신이 본 것처럼 볼 수가 없군요. 나도 그렇게 볼 수 있도록 다시 한 번 말씀해 주세요." "당신이 무엇 때문에 거기서 그렇게 보았는지 잘 모르겠습니다. 그 부분에서 그렇게 보도록 만든 것이 무엇이었는지 다시 한 번 말씀해 주세요.")
- "말씀하신 것은 주로 형태인가요?" "색깔인가요?"와 같은 질문은 보다 명료화하기 위한 질문이라기보다는 새로운 반응을 유도할 수 있는 질문이기에 부적절하다.

47 MMPI-2에서 4-6 코드 유형의 대표적인 특성으로 옳은 것은?

① 기묘한 성적 강박 관념과 반응을 가질 수 있다.
② 외향적이고 수다스러우며 사교적이면서도 긴장하고 안전부절못한다.
③ 연극적이고 증상과 관련된 수단을 통해 사람을 통제한다.
④ 자신의 잘못에 대해 타인을 비난하기 때문에 이에 대한 자신의 통찰이 약하다.

해설

4-6 코드 유형
- 주요 특징은 분노와 적개심, 불신이다.
- 까다롭고, 타인을 원망하며 화를 잘 내고 논쟁을 자주 벌인다. 특히 권위적인 대상에 대한 적개심이 많고 권위에 손상을 입히려고 한다.
- 주의나 관심에 대한 욕구가 많고 다른 사람이 자신을 어떻게 대우하는가에 극히 민감하며, 사소한 비판이나 거부에도 부당한 취급을 받았다고 여기고 심한 분노감을 표출한다.
- 타인의 동기를 의심하고 남을 잘 믿지 못하며 타인의 요구를 잘 들어주지 않는다.
- 밀접한 대인관계가 거의 없고 타인에 대한 불신감으로 인해 깊은 정서적 교류를 회피한다.
- 갈등을 유발하고, 대인관계를 악화시키는 자신의 태도에 대해서는 전혀 생각하지 않고, 분노나 갈등의 원인을 항상 외부로 전가한다.
- 자기평가에 있어 비현실적이며, 때론 과대망상적인 경향도 보인다.

정답 47. ④

48 조직에서 직원을 선발할 때 적성검사를 사용하는 경우, 적성검사의 준거관련타당도는 어떻게 구하는 것이 가장 바람직한가?

① 적성검사의 요인을 분석한다.
② 적성검사와 다른 선발용 검사와의 상관을 구한다.
③ 적성검사의 내용을 전문가들이 판단하도록 한다.
④ 적성검사와 직원이 입사 후 이들이 직무 수행 점수와의 상관을 구한다.

해 설

- 준거타당도(criterion validity): 검사결과가 경험적 기준을 얼마나 잘 예언하느냐 또는 그 기준과 어떤 관련이 있느냐와 같이 주어진 준거에 비추어 검사의 타당도를 확인하는 과정이다. 이때 준거가 미래 기준이냐 또는 현재 기준이냐에 따라 예언타당도와 공인타당도로 구분된다.
- 예언타당도는 측정도구의 검사결과가 수검자의 미래 행동이나 특성을 얼마나 정확하게 예언하느냐에 따라 결정되는 반면, 공인타당도는 하나의 심리 특성을 측정한 검사결과를 다른 검사결과 점수와의 상관을 구해 얼마나 서로 일치하느냐를 확인한다(적성검사 점수와 직무 수행 점수와의 상관을 구함).

49 MMPI-2에서 임상척도의 중요성을 평가할 때 고려할 사항과 가장 거리가 먼 것은?

① 전체 프로파일 해석에서 타당도척도보다 임상척도를 먼저 해석해야 한다.
② 정신병리에 대해 임상척도와 소척도를 함께 살펴봐야 한다.
③ 정신병리를 측정하는 내용 척도 및 내용 소척도와도 비교해야 한다.
④ 연령이나 성별과 같은 인구통계학적 변인들과 임상척도들 사이의 관계를 고려해야 한다.

해 설

MMPI-2는 평가 해석 시 타당도척도를 우선 고려하여 임상척도의 해석 유무를 결정한다. 타당도척도의 문제가 있을 경우 임상척도의 해석에 유의해야만 한다. 타당도척도는 수검자의 검사태도를 반영하고 있으며, 유의수준에 따라 임상척도의 해석이 달라질 수 있어 면밀한 검토가 필요하다.

50 실행 기능(executive function)을 담당하는 뇌 부위가 손상된 환자에 대한 평가결과와 가장 거리가 먼 것은?

① BGT에서 도형의 배치 순서를 평가하는 항목의 점수가 유의하게 낮다.
② Trail Making Test에서 반응시간이 평균보다 2표준편차 이상 높았다.
③ Stroop test의 간섭시행 단계에서 특히 점수가 낮았다.
④ 웩슬러 지능검사에서 상식 소검사의 점수가 유의하게 낮았다.

정답 48. ④ 49. ① 50. ④

해설

- 전두엽 실행 기능의 구성요소
  - 행위의 시작, 중단, 행동 통제
  - 추상적 사고와 개념적 사고
  - 인지적 추론과 예측
  - 인지적 유연성과 새로운 것에 대한 반응
  - 목표지향적인 행동: 과제 집중, 인지적 세트의 전환과 전략 수정, 정보의 활용
- 실행 기능/전두엽 관리 기능을 측정하는 검사

  '공통성 검사'(웩슬러 지능검사, WAIS), 언어유창성 검사, 선로 잇기 검사(trail making test), 스트룹 검사(stroop test), 레이 복합도형 검사, 위스콘신 카드분류 검사(WCST), 하노이탑 검사, 벤더-게슈탈트 검사(BGT), Kims 전두엽 관리기능 검사, 전두엽 평가 배터리 등이 있다.

51 WAIS-IV의 연속적인 수준 해석 절차의 2단계는?

① 소검사 반응내용 분석 ② 전체 척도 IQ 해석
③ 소검사 변산성 해석 ④ 지수점수 및 CHC 군집 해석

해설

WAIS-IV의 연속적인 수준 해석 절차

- 전체 척도 IQ 해석
- 지수점수 및 CHC 군집 해석
- 소검사 변산성 해석
- 소검사 반응내용 분석

학습 Plus K-WAIS-IV의 연속적(순차적) 해석 절차

- 수준 I: 전체지능지수(FSIQ)의 해석
- 수준 II: 지수점수 및 CHC 군집 해석
  - 지수점수 간에 차이가 유의한 경우 수검자의 개인적 강점 및 약점 해석
  - 규준적 해석
    a. 지수점수
    b. CHC 군집
- 수준 III: 소검사 변산 분석
- 수준 IV: 질적/과정 분석
- 수준 V: 소검사 내 변산 분석

〈참조〉

- CHC(Cattell-Horn-Carroll) 군집

  CHC 군집은 15개의 소검사가 모두 실시되었을 때 또 다른 해석적 접근을 제시한다. FSIQ, 지수점수와 마

정답 51. ④

찬가지로 CHC 군집 또한 단일 능력을 대표하는지를 먼저 탐색한 후 각 군집을 구성하는 소검사 점수들 간의 차이가 5점 미만일 때 해석을 시도한다. CHC 군집을 해석할 때는 개인 간 비교(규준 비교)와 개인 내 비교를 할 수 있다(예: 유동적 추론-행렬추론, 무게비교, 어휘 지식-어휘, 공통성).

- **과정 분석**
  K-WAIS-IV는 몇 가지 과정점수(process scores)를 포함하고 있다. 과정점수는 소검사 수행에 영향을 주는 인지능력에 대한 보다 자세한 정보를 제공하기 위해 만들어진 것으로, 추가적인 실시 절차 없이 해당 소검사의 수행으로부터 도출된다. 과정분석은 충분한 이유가 없다면 꼭 해야 하는 것은 아니다(예: 토막짜기에서 수행 속도의 영향을 알고자 한다면 토막짜기와 시간 보너스 없는 토막짜기에서 환산점수를 비교).

52 신경인지장애가 의심되는 노인 환자를 대상으로 실시하기에 적합하지 않은 검사는?

① NEO-PI-R ② MMSE
③ COWA Test ④ CERAD

해설

NEO-PI-R
코스타와 매크레이(Costa & McCrae)가 개발한 NEO-PI-R(NEO-Personality Inventory Revised)는 성격의 5요인을 측정하기 위한 것이다. NEO-PI-R은 총 240개 문항으로 5점 척도 상에서 응답하도록 구성되어 있으며, 5요인과 각 요인에 속하는 여섯 가지 하위 특성을 측정한다. 각 요인에 속하는 하위 특성은 다음과 같다.

- **개방성**: 공상, 미적 추구, 감성, 모험심, 생각, 진보성
- **성실성**: 유능감, 질서, 자제심, 의무감, 신중함, 성취 노력
- **외향성**: 긍정적 정서, 친근함, 사교성, 활동성, 자기 주장성, 흥분 추구
- **친화성**: 신뢰성, 솔직함, 이타성, 겸손, 온유함, 순응성
- **신경증**: 우울, 불안, 자의식, 상처받기 쉬움, 충동성, 적대감
  - MMSE(Mini-Mental State Examination)는 간이정신상태 평가로, 인지 기능의 손상을 선별하고 측정하는 검사이다.
  - COWA Test(Controlled Oral Word Association Test)는 언어적 유창성을 평가하는 신경인지검사이다. 피험자들은 제한된 시간(1분) 내에 주어진 철자로 시작되는 단어들(예: ㄱ, ㄷ)이나 특정 범주(예: 동물, 의복)에 해당되는 단어들을 자발적으로 응답해야 한다.
  - CERAD(Consortium to Establish a Registry for Alzheimer's Disease)는 알츠하이머병 환자의 신경인지 기능을 평가 및 진단하는 목적으로 개발된 도구이다.

정답 52. ①

53 아동용 시각 운동 통합 발달검사로, 24개의 기하학적 형태의 도형으로 이루어진 지필검사는? ▸ 2015, 2016

① VMI ② BGT
③ CPT ④ CBCL

해 설

시각 운동 통합 발달검사(VMI)

- 실시방법
  - VMI 실시의 바른 순서는 검사자가 시연을 일체 행하지 않고 아동에게 모사하도록 명령해야 한다. 만약 아동이 처음 3개의 도형을 바르게 대답할 수 없을 때에만 검사자는 시연을 하기 위해 페이지를 넘겨서 처음 3개의 도형을 검사자가 모사하는 것을 모방하도록 한다.
  - 아동은 도형을 모사해야 하고 이미 그린 것을 지우거나 검사지를 돌려서 그릴 수는 없다
  - 검사는 개별검사와 집단검사로 이루어지고, 개별검사는 4세 이하의 아동에게 적절하며, 4세 이상인 경우에는 소집단으로 실시할 수 있다.
- 구성내용
  - 시각 운동 통합 발달검사는 집단을 대상으로 사용할 수도 있지만, 개인용으로 보다 보편적으로 사용한다. 검사대상은 2~15세이며, 검사 실시 목적은 시지각과 소근육의 운동협응 능력을 평가한다. 조기 선별 및 판별을 통해 학습 및 행동 문제를 예방하는 데 있다.
  - 검사자는 아동들이 모사할 24개의 기하도형을 제시한다. 기하도형은 굵은 검은색 선으로 인쇄되어 있고 각 페이지마다 3개씩의 기하도형이 배열되어 있으며, 각 도형 아래에는 아동이 도형을 모사할 공간이 마련되어 있다.
  - 기하도형은 가장 단순한 것에서 가장 복잡한 것으로 난이도에 따라 배열되어 있다.
  - 각 도형은 경험의 차이에 크게 좌우되지 않고 아동의 흥미를 유지하며 실시할 수 있는 도형으로 구성되어 있다.
  - VMI-6판으로 개정을 이어오면서 6판에서는 시간-운동통합, 시지각 또는 운동협응에 심각한 결함이 있는 아동 및 청소년, 성인, 노인의 평가도 가능하도록 표준화되었다(검사 대상 2~90세).

54 지능이론에 대한 설명으로 옳은 것은?

① Thurstone은 지능을 g요인과 s요인으로 구분하여 지능의 개념을 가정하였다.
② Cattell은 지능을 선천적이며 개인의 경험과 무관한 결정성 지능과 후천적이며 학습된 지식과 관련된 유동성 지능으로 구분하였다.
③ Gardner는 다중지능을 기술하여 언어, 음악, 공간 등 여러 가지 지능이 있다고 하였다.
④ Spearman은 지능을 7개의 요인으로 구성되어 있다고 보는 다요인설을 주장하고, 이를 인간의 기본정신능력이라고 하였다.

정답 53. ① 54. ③

해 설

• Gardner는 다중지능이론을 통해 인간의 지능이 언어, 음악, 논리수학, 공간, 신체운동, 음악, 대인관계, 자기이해, 자연탐구 등 8개의 지능과 종교적 실존지능으로 이뤄져 있으며, 각각의 지능 조합에 따라 다양한 재능이 발현된다고 보았다.
• Cattell은 지능을 현재 지능검사 분야에서 가장 널리 받아들이는 개념인 유동적 지능(fluid intelligence)과 결정적 지능(crystallized intelligence)으로 구별하였다.
• Thurstone은 지능을 기본정신능력으로 언어의미(V요인), 단어유창성(W요인), 수리능력(N요인), 기억(M요인), 시공간 능력(S요인), 지각속도(P요인) 및 논리적 능력(R요인)으로 구성되어 있다고 제시하였다.
• Spearman은 지능은 일반요인(general factor)과 특수요인(specific factor)으로 구성되어 있다고 주장하였다. 일반요인이란 개인이 공통적으로 가지고 있는 능력을 말하며, 특수요인이란 음악적 재능이나 기계적 능력과 같은 어떤 특정한 분야에 대한 능력을 말한다.
• Guilford는 지능을 다양한 방법으로 상이한 종류의 정보를 처리하는 능력들의 체계적인 집합체라고 개념화하고, 요인분석을 통해 지능구조의 3차원 모델을 제시하였다. 지능은 내용(content), 조작(operation) 및 결과(product) 차원으로 이루어져 있고, 각 차원마다 내용, 조작, 결과로 구성되어 있어 이들을 조합할 경우 120가지의 다른 종류의 지적 능력이 산출된다고 보았다.

55 노인을 대상으로 HTP 검사를 실시하는 방법으로 옳은 것은?

① 노인의 보호자가 옆에서 지켜보면서 격려하도록 한다.
② HTP 실시할 때 각 대상은 별도의 용지를 사용하여 실시한다.
③ 그림을 그린 다음에는 수정하지 못하게 한다.
④ 그림이 완성된 후 보호자에게 사후 질문을 하는 것이 일반적이다.

해 설

HTP 검사의 실시 방법

• 준비할 도구는 A4 용지 4장, 연필, 지우개이다.
• 수검자에게 A4 용지 한 장을 가로로 제시하며 "여기에 집을 그려 보세요" 라고 말하고, 소요 시간을 측정한다. '나무'와 '사람' 그림은 세로로 종이를 제시한다.
• 만약 '사람'의 얼굴만 그리거나 막대인형 식의 그림이라면 다시 '온전한 사람'을 그리도록 지시한다.
• 4번째 종이를 제시하며 방금 전 그린 '사람'의 반대 성을 그리도록 지시하고 소요 시간을 측정한다.
• 검사 수행 시 수검자의 말과 행동을 관찰, 기록해 둔다. 이는 모호한 상황에서의 대처방법에 대한 단서를 제공해 준다.
• 질문단계: 정해진 형식은 없고, 각각 수검자에 맞는 질문을 하는 것이 좋다. "이 그림에 대한 당신의 느낌을 자유롭게 말해 보세요" "이 그림에 대한 이야기를 한번 만들어 보세요"와 같은 질문도 좋다. 그림이 완성된 후에는 수검자에게 사후 질문을 하는 것이 일반적이다.

정답 55. ②

56 발달검사의 특징에 관한 설명으로 옳은 것은?

① 아동을 직접 검사하지 않고 보호자의 보고에 의존하는 발달검사도구도 있다.
② 발달검사의 목적은 유아의 지적능력 파악이 주 목적이다.
③ 영유아 기준 발달상 미숙한 단계이므로 다양한 영역을 측정하기가 어렵다.
④ 발달검사는 주로 언어이해 및 표현능력으로 구성되어 있다.

해설

발달검사의 경우, 아동이 직접 검사를 실시하는 경우도 있고, 검사의 측정 내용상 보호자의 평가가 필요한 경우에는 보호자 평정을 통해 검사를 실시한다.

57 MMPI의 타당도척도 중 평가하는 내용이 나머지와 다른 하나는?

① F ② K
③ L ④ S

해설

F는 비정형성을 평가하며, L, K, S는 방어성을 평가하는 척도이다.

	MMPI-2 척도	MMPI-A 척도
성실성 (무효반응)	? (무응답)	? (무응답)
	VRIN (무선반응 비일관성)	VRIN (무선반응 비일관성)
	TRIN (고정반응 비일관성)	TRIN (고정반응 비일관성)
비정형성 (과대보고)	F (비전형)	F1 (비전형1)
	F(B) (비전형-후반부)	F2 (비전형2)
		F (비전형 F1+F2)
	F(P) (비전형-정신병리)	
	FBS (증상 타당도)	
방어성 (과소보고)	L (부인)	L (부인)
	K (교정)	K (방어성)
	S (과장된 자기제시)	

58 Guilford의 지능구조(Structure of Intellect: SOI) 3요소가 아닌 것은?

① 조작(operation) ② 내용(content)
③ 과정(process) ④ 결과(product)

정답 56. ① 57. ① 58. ③

해 설

Guilford(1971)

- 지능을 다양한 방법으로 상이한 종류의 정보를 처리하는 능력들의 체계적인 집합체라고 개념화하고, 요인분석을 통해 지능구조의 3차원 모델을 제시하였다.
- 지능은 내용(content), 조작(operation) 및 결과(product) 차원으로 이루어져 있고, 각 차원마다 내용, 조작, 결과로 구성되어 있어 이들을 조합할 경우 120가지의 다른 종류의 지적 능력이 산출된다.

〈Guilford의 지능 분류〉

내용	조작	결과
그림 상징 의미 행동	평가 수렴적 조작 확산적 조작 기억 인지	단위 분류 관계 체계 전환 함축

59 MMPI-2에서 타당성을 고려할 때 '?' 지표에 대한 설명으로 틀린 것은?

① 각 척도별 '?' 반응의 비율을 확인해 보는 것은 유용할 수 있다.

② '?' 반응이 300번 이내의 문항에서만 발견되었다면 L, F, K 척도는 표준적인 해석이 가능하다.

③ '?' 반응이 3개 미만인 경우에도 해당 문항에 대한 재반응을 요청하는 등의 사전검토 작업이 필요하다.

④ '?' 반응은 수검자가 질문에 대해 답변을 하지 않을 경우뿐만 아니라 '그렇다'와 '아니다'에 모두 응답했을 경우에도 해당된다.

해 설

무응답 척도(?)

빠뜨린 문항과 '그렇다'와 '아니다'에 모두 응답한 문항들의 총합이다.

30개 이상이라면 무효로 간주하며, 370번을 중심으로 타당성을 고려한다.

원점수	프로파일 타당성	점수 상승의 이유	가능한 해석
30 이상	전체 결과가 무효일 수 있음	• 독해능력 부족 • 심각한 정신병리 • 통찰력 부족 • 비협조적 태도 • 강박적 태도	• 무응답 문항의 위치를 검토 • 무응답이 대개 370번 이후라면 L/F/K 척도와 임상척도는 해석 가능 • 각 척도별로 응답 문항의 퍼센트 비율을 살필 것
11~29	일부 척도들이 무효일 수 있음	• 선택적 문항 무응답	• 무응답 문항의 내용과 특정 척도 포함 여부를 검토 • 무응답 문항이 전체의 10% 이상인 척도는 해석하지 말 것
0~10	유효함	• 특정인에게 적용되지 않는 문항	• 무응답 문항의 내용을 검토

정답 59. ②

60 K-WISC-IV를 통해 일반능력을 알아볼 수 있는 소검사끼리 바르게 묶인 것은?

① 공통그림찾기, 단어추리, 순차연결
② 상식, 숫자, 동형찾기
③ 공통성, 토막짜기, 이해
④ 행렬추리, 기호쓰기, 어휘

해설

K-WISC-IV 검사의 구조

소검사는 주요 소검사와 보충 소검사로 구성된다. 10개의 주요 소검사는 네 가지 지표에 할당되어 있다. 공통성, 어휘, 이해는 '언어이해'의 주요 소검사이다. 토막짜기, 공통그림찾기, 행렬추리는 '지각추론'의 주요 소검사이다. 숫자, 순차연결은 '작업기억'의 주요 소검사이고, 기호쓰기, 동형찾기는 '처리속도'의 주요 소검사이다. 각 지표에는 보충 소검사를 실시할 수 있다.

- 일반능력을 측정하는 소검사는 공통성, 어휘, 이해, 상식, 단어추리, 토막짜기, 공통그림찾기, 행렬추론, 빠진 곳 찾기이다.

정답 60. ③

08 2019년 제1회 기출문제

41 지능의 개념에 관한 연구자와 주장의 연결이 틀린 것은?

① Wechsler-지능은 성격과 분리될 수 없다.

② Horn-지능은 독립적인 7개의 요인으로 이루어져 있다.

③ Cattell-지능은 유동적 지능과 결정적 지능으로 구분할 수 있다.

④ Spearman-지적 능력에는 g요인과 s요인이 존재한다.

해 설

- Cattell과 Horn은 요인 분석을 사용하여 지능이 유동적 지능(fluent intelligence)과 결정적 지능(crystallized intelligence)의 요인으로 구분됨을 발견했다.
- Thurstone은 단어유창성, 언어의미, 시공간 능력, 지각속도, 수리능력, 논리적 능력, 기억을 구성요소로 보고, 지능을 구성하는 일곱 가지의 기본정신능력(primari mental ability)을 발견하였다.

42 MMPI-2의 형태분석에서 T점수가 65 이상으로 상승된 임상척도들을 묶어서 해석하는 것은?

① 코드 유형(code type) ② 결정 문항(critical item)

③ 내용척도(content scale) ④ 보완척도(supplementary scale)

해 설

형태분석(configural interpretation)

- 임상척도들 사이의 관계를 고려하는 형태분석은 수검자에 대한 풍부하고 유용한 임상정보를 얻을 수 있다. 즉, 개별 임상척도가 아닌 상승척도 코드 유형(code type)을 활용해야 수검자의 구체적인 행동 특성을 더욱 신뢰성 있게 평가한다는 것이다.
- 형태분석을 위해 T점수가 65점 이상으로 상승된 척도를 중심으로 임상적 해석을 하며, 두 개 혹은 세 개의

정답 41. ② 42. ①

척도로 구성된 상승척도 쌍에 대한 정의된 해석을 하되, 가장 전형적인 양상을 의미하는 것이 아님을 늘 유념해야 한다.

43 정신연령(mental age) 개념상 실제 연령이 10세인 아동이 IQ 검사에서 평균적으로 12세 아동들이 획득할 수 있는 점수를 보였다. 이 아동의 IQ 점수는 어느 정도라고 할 수 있는가?

① 84 ② 100

③ 120 ④ 140

해설

- IQ는 비율지능지수(Ratio IQ: RIQ)와 편차지능지수(Deviation IQ: DIQ)로 나뉘는데, 현대에 이르러서는 편차지능이 주로 사용되고 있다.
- 비율지능지수=(피험자의 정신연령 ÷ 피험자의 실제 연령) × 100
  12 ÷ 10 × 100=120
- 비율지능지수(RIQ)는 (피험자의 정신연령÷피험자의 실제 연령) × 100 으로 산출된다. 예를 들어, 만 5세 아동이 지능검사를 실시한 결과 6세의 정신연령을 가지고 있었다면 이 아동의 비율지능지수는 (6 ÷ 5) × 100=120임을 알 수 있다.
- 편차지능지수(DIQ)는 {(원점수-원점수의 평균) ÷ (원점수의 표준편차)} × (사용하고자 하는 표준편차) + 100 으로 산출된다. 예를 들어, 어떤 사람이 원점수 평균이 60이고 원점수 표준편차는 20이며 표기되는 표준편차는 16인 지능검사에서 80개의 원점수를 받았다면 이 사람의 편차지능지수는 {(80-60) ÷ 20} × 16 + 100=116 임을 알 수 있다.

44 다음은 MMPI의 2개 척도 상승 형태분석 결과이다. 어느 척도 상승에 해당하는 것인가?

▸ 2010

> 이 프로파일은 반사회성 성격장애 특징을 나타낸다. 즉, 사회적 규범과 가치관, 제도에 대해 무관심하거나 무시하며, 반사회적 행위로 인해 권위적인 인물과 자주 마찰을 빚는다. 이들의 성격 특징은 충동적이고 무책임하며 타인과의 관계에서 신뢰를 얻기가 어렵다.

① 1-2 ② 2-1

③ 3-5 ④ 4-9

해설

4-9/9-4 코드 유형의 특징

- 사회적인 기준이나 가치를 무시하며, 반사회적인 행동으로 인해 권위적 인물과 자주 갈등을 초래한다.
- 양심이 충분히 발달되지 않았으며, 도덕성이 낮고, 그릇된 윤리관을 가지고 있다.
- 자기도취적이고, 이기적이고, 충동적이며, 충동의 만족을 지연시키지 못한다.

정답 **43.** ③ **44.** ④

- 판단력이 부족하고, 자신의 행동이 초래할 결과를 고려하지 않고 행동하며, 책임감이 낮다.
- 자신의 실패나 단점을 합리화하고, 문제가 생기면 타인을 탓하고 비난한다.
- 좌절을 감내하지 못하고, 변덕스러우며, 강한 분노와 적대감을 지니며, 강렬하게 감정을 표출한다.
- 정서적인 자극과 흥분을 추구하며 과잉활동적이다.
- 미성숙하고 불안정하며, 자기중심적이다. 깊은 유대관계를 맺지 못하며 대인관계가 피상적이다.
- 변화에 대한 동기가 부족하여 자발적으로 치료 장면을 찾는 경우는 드물며, 문제에 대한 통찰과 문제인식이 부족하여 치료적 예후가 낮은 편이다.

45 Rorschach 검사의 각 카드별 평범반응이 잘못 짝지어진 것은? ▸ 2015

① 카드 I–가면
② 카드 IV–거인
③ 카드 V–나비
④ 카드 VI–동물의 가죽

PART 03 심리검사

평범반응(popular responses): 피검자들에게 흔히 나타나는 반응을 '평범반응'이라고 부르고, 따로 기호화한다. 이때 평범반응과 내용 및 위치가 매우 유사하지만 정확하게 일치하지 않는 경우에는 평범반응으로 채점되지 않는다.

- 카드 I은 박쥐, 나비로 반응하였을 시 평범반응으로 간주한다(카드의 전체 영역을 보고 박쥐, 나비라고 반응함).

〈Rorschach 검사: 평범반응(popular responses)〉

카드	위치	기준
I	W	박쥐, 전체 브롯을 포함하고 있어야 한다.
I	W	나비, 전체 브롯을 포함하고 있어야 한다.
II	D1	동물, 곰, 개, 코끼리 등 구체적인 동물 이름 제시. 보통은 동물의 머리나 상체 부분으로 표현되지만 동물 전체 모양이 지각될 때도 평범반응으로 채점한다.
III	D9	인간의 모습이나 인형, 만화 등 인간의 모습. 만약 D1이 두 사람으로 지각된다면 D9는 단일한 인간으로 지각되어도 평범반응으로 채점한다.
IV	W / D7	인간 혹은 인간과 유사한 존재(거인, 괴물, 공상과학적 존재)
V	W	박쥐, 카드의 정위치나 거꾸로 돌려본 위치에서 전체 브롯을 포함한다.
V	W	나비, 카드의 정위치나 거꾸로 돌려본 위치에서 전체 브롯을 포함한다.
VI	W / D9	동물 가죽, 융단, 가죽. 흔히 고양이나 여우의 전체 모양의 가죽이 언급. 평범반응은 피검자가 반응하는 과정에서 가죽을 실제로 묘사할 경우 채점한다.
VII	D1 또는 D9	인간의 머리나 얼굴 특히 여성, 어린이, 인디언으로 지칭되거나 성이 언급되지 않기도 한다. D1이 사용된다면 D5는 머리카락이나 깃털로 묘사. D2가 반응된다면 머리나 얼굴은 D9에 국한. 만약 Dd23이 인간의 부분으로 묘사된다면 평범반응으로 채점하지 않는다.
VIII	D1	전체 동물 모습, 흔히 개, 고양이, 다람쥐 등 다양한 동물이 언급된다. 또한 동물 모양의 문장과 같은 W 반응의 일부분으로 D1이 지각된 때도 평범반응으로 채점한다.
IX	D3	인간이나 인간과 유사한 존재, 마귀, 거인, 괴물, 공상과학적 존재
X	D1	게, D1 영역에 국한되어야 한다.
X	D1	거미, D1 영역에 국한되어야 한다.

정답 45. ①

46 초등학교 아동에게 사용하기에 적합하지 않은 검사는?

① SAT
② KPRC
③ CBCL
④ K-Vineland-II

해 설

- SAT(Senior Appetception Test)는 노인을 위한 주제통각검사로, 주인공이 고독과 가족 간의 갈등을 주제로 한 모습을 그리고 있어서 노인의 이야기 구성에 용이하도록 하였다.
- KPRC는 만 3~17세의 수검자를 대상으로 보호자평정으로 실시한다.
- CBCL은 만 4세~17세의 수검자를 대상으로 보호자평정으로 실시한다.
- K-Vineland-II는 수검자의 연령 범위가 출생~90세에 해당되며, 조사면담형과 보호자평정형으로 나눠지며, 각기 문항은 같으나 실시방법에 차이가 있다.

47 MMPI-2가 대표적인 자기보고식 심리검사로 사용되는 이유가 아닌 것은?

① 객관적으로 표준화된 규준을 갖추고 있다.
② 많은 연구결과가 축적되어 있다.
③ 코드 유형 등을 사용해 체계적으로 사용할 수 있다.
④ MMPI 척도가 DSM 체계와 일치하여 장애 진단이 용이하다.

해 설

MMPI 척도는 1943년에 개발한 원판의 용어를 그대로 사용하고 있어 변화하는 최신 진단분류의 흐름에 부합하지 않는 측면이 있다. 예를 들어, 척도 7의 '신경쇠약(psychasthenia)'이라는 용어나 척도 1, 척도 2와 척도 3을 통칭하는 '신경증적 3요소(neurotic triad)'라는 용어 등은 현재의 DSM 체계에서는 어떠한 정신병리학 용어로도 설명하기가 어렵다. 이렇듯 과거에 사용하던 용어들은 현대의 진단체계의 정신병리 용어에 맞추어 새롭게 이해하고 반영해야만 한다.

48 Rorschach 구조변인 중 형태질에 대한 채점이 아닌 것은?

① v
② -
③ o
④ u

해 설

형태질(form quality)
- 반응 내용이 브롯의 특징에 얼마나 적합한가를 평가한다.
- 형태질이 양호하다고 평가되는 2개 수준(+, o)과 양호하지 못하다고 분류되는 2개 수준(u, -)으로 나뉜다.

정답 46. ① 47. ④ 48. ①

• 현실검증력이나 지각장애를 판단해 주고 임상진단을 구별해 주는 주요한 지표이다.

부호	정의	기준
+	우수하고 정교한 (superior-overelaborated)	매우 정확하게 형태 사용. 형태가 적절하면서 질적으로 상승된 수준에서 반응. 반드시 독창적일 필요는 없으나 부분이 구별되고 형태의 사용·명료화 방식이 매우 독특함
o	보통의 (ordinary)	흔히 지각되는 사물을 묘사함에 있어서 명백하고 쉽게 이해될 수 있는 방식으로 브롯의 특징이 사용. 반응 내용은 평범하며 반응의 내용을 쉽게 알아볼 수 있음. 브롯의 특징을 사용하는 수준은 평범하므로 브롯 특징의 사용이 매우 정교하여 반응 내용을 풍부하고 독특하게 해 주는 우수한 형태질 수준과는 구별됨
u	드문 (unusual)	흔히 반응되지 않는 낮은 빈도의 반응. 반응 내용이 브롯의 특징과 크게 부조화되지는 않음. 비교적 빠르고 쉽게 알아볼 수는 있지만 흔히 일어나는 반응은 아님
−	왜곡된 (minus)	반응 과정에서 브롯의 특징이 왜곡, 인위적·비현실적으로 사용. 브롯의 특징을 완전히 혹은 거의 무시한 반응이 지각됨. 반응과 브롯의 특징이 전혀 조화되지 않음. 때로 반응된 형태를 지각할 만한 브롯의 특징이 없는 상태에서 독단적으로 형태가 지각됨

49 뇌손상 환자의 병전지능 수준을 추정하기 위한 자료와 가장 거리가 먼 것은? ▸2013

① 교육 수준, 연령과 같은 인구학적 자료

② 이전의 직업 기능 수준 및 학업 성취도

③ 이전의 암기력 수준, 혹은 웩슬러 지능검사에서 기억능력을 평가하는 소검사 점수

④ 웩슬러 지능검사에서 상황적 요인에 의해 잘 변화하지 않는 소검사 점수

해설

• 병전지능 추정의 기준이 되는 소검사는 가장 안정적이고 대표적인 '어휘' '상식' '토막짜기'로, 병전지능 추정 결과를 토대로 볼 때 피검자의 현재 지능이 15점 이상 저하되어 있다면 유의한 지적 기능의 저하로 간주한다.

• 그 외에 인구학적 자료, 이전의 직업 기능 수준, 학업 성취도를 고려하여 병전 기능 상태를 평가한다.

50 신경심리평가 시 고려해야 할 사항과 가장 거리가 먼 것은? ▸2012

① 손상 후 경과시간 ② 성별

③ 교육 수준 ④ 연령

해설

신경심리평가 시 고려점

현재 기능 수준의 손상 정도, 손상 후 경과시간, 병전 지적 수준, 교육 수준, 연령, 손잡이(우세한 손에 따라 뇌의 신경해부학적 특성이나 인지 기능의 패턴이 달라짐), 인지 기능에 영향을 줄 수 있는 현재 의학적 병력을 고려해야 한다.

정답 49. ③ 50. ②

51 심리평가를 시행할 때 고려할 사항과 가장 거리가 먼 것은?

① 성격이 복잡한 구조로 이루어져 있음을 고려한다.
② 각각의 심리검사는 성격의 상이한 수준을 측정할 수 있음을 고려한다.
③ 측정의 방법과 관련된 요인이 그 결과에 영향을 미칠 수 있음을 고려한다.
④ 심리적 구성개념과 대응되는 구체적인 행동 모두를 관찰한 이후에야 결론에 이를 수 있음을 고려한다.

해설

면담과 검사 장면에서 보이는 수검자의 특징적인 행동은 일상생활 속에서의 대인관계 상황, 압력과 긴장 상황, 문제해결 과제 상황에서의 행동을 추측해 볼 수 있는 중요한 자료가 된다. 그러나 심리평가는 면담, 검사, 행동관찰의 3요소를 고루 반영하여 최종평가를 해야 한다. 따라서 구체적인 행동 모두를 관찰한 후에야 평가적 결론을 얻는 것은 부적절하다.

52 일반적으로 지능검사는 같은 연령 범주 규준집단의 원점수를 평균 100, 표준편차 15인 표준점수로 바꾸어서 규준을 작성한다. IQ 85와 115 사이에는 전체 규준 집단의 사람들 중 약 몇 %가 포함된다고 가정할 수 있는가?

① 16%
② 34%
③ 68%
④ 96%

해설

평균 100, 표준편차 15로 규정할 때, IQ 85와 115는 평균을 기준으로 -1, +1로 분포되어 있어 전체 규준 집단의 약 68%를 포함한다.

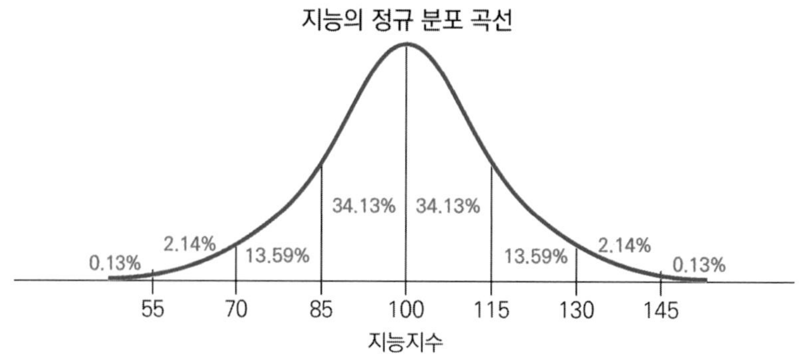

IQ-지능지수	55	70	85	100	115	130	145
SD-표준편차	-3	-2	-1	0	1	2	3

정답 51. ④ 52. ③

53 선로 잇기 검사(trail making test)는 대표적으로 어떤 기능 또는 능력을 측정하기 위해 고안된 검사인가?

① 주의력　② 기억력
③ 언어능력　④ 시공간 처리능력

해 설

선로 잇기 검사(Trail Making Test: TMT)

- 주의 지속 및 주의 전환 능력을 평가하며, A형과 B형으로 되어 있다. A형은 검사지에 무작위적으로 배치되어 있는 숫자들을 1-2-3-4와 같이 차례대로 연결하는 것이고, B형은 숫자와 문자를 번갈아가며 차례대로 연결하는 것으로(1-가-2-나-3-다), 검사를 마치는 데 걸린 반응 시간과 오류 수가 측정된다.
- 국내에서는 알츠하이머 치매검사를 평가하기 위한 CERAD-K 신경심리평가집에 포함된 소검사 중 하나로, 60세 이상의 노인을 대상으로 표준화하여 사용되고 있다.

학습 Plus 주의력 및 집중력 측정 검사

- **숫자 폭 검사:** 숫자 바로 따라 외우기 / 거꾸로 따라 외우기
- **시공간 폭 검사:** 바로 따라 하기 / 거꾸로 따라 하기
- 순서화(letter-number sequencing)
- 지우기 검사(cancellation test)
- **연속 수행력 검사(Continuous Performance Test: CPT):** 지속적 주의집중력 평가
- **선로 잇기 검사(trail making test):** 주의 지속 및 주의 전환 능력 평가
- **스트룹 검사(stroop test):** 선택적 주의력 평가
- **기타 주의력 검사:** 요일 또는 달 거꾸로 말하기, 연속 빼기(100-7 등) 검사 등

54 주의력결핍 과잉행동장애(ADHD)로 진단된 아동의 경우 Wechsler 지능검사상 수행이 저하되기 쉬운 소검사는? ▸ 2010

① 공통성　② 숫자
③ 토막짜기　④ 어휘

해 설

숫자(Digit Span: DS)

- 바로 따라 하기는 즉각적 단기기억의 폭을 측정하며, 암기학습과 기억, 주의력, 부호화 그리고 청각적 처리 과정을 포함하고 있다. 거꾸로 따라 하기는 작업기억, 정보의 변형과 정신적 조작, 시공간적 심상화를 포함하고 있다. 순서대로 따라 하기는 작업기억 및 정신적 조작 기능을 측정한다.
- 검사자가 숫자를 다 불러 주기도 전에 반응을 시작하는 경우 또는 수검자가 숫자를 매우 빠른 속도로 되뇌는 경우에는 충동성의 증거가 된다.
- 과제의 수행은 개인의 불안 수준, 특히 상태 불안(또는 시험불안)의 영향을 받을 수 있다.

정답 53. ① 54. ②

- 주의력결핍 과잉행동장애(ADHD)로 진단된 아동의 경우 Wechsler 지능검사상 숫자, 산수 소검사의 저하를 보일 수 있다.

55 다음 설명에 해당하는 타당도는? ▸ 2015

> 타당화하려는 검사와 외적 준거 간에는 상관이 높아야 하고, 어떤 검사를 실시하여 얻은 점수로부터 수검자의 다른 행동을 예측할 수 있어야 한다.

① 준거관련타당도 ② 내용관련타당도
③ 구인타당도 ④ 수렴 및 변별 타당도

해설

- 준거타당도(criterion validity)는 검사결과가 경험적 기준을 얼마나 잘 예언하느냐 또는 그 기준과 어떤 관련이 있느냐와 같이 주어진 준거에 비추어 검사의 타당도를 확인하는 과정이다. 이때 준거가 미래 기준이냐 또는 현재 기준이냐에 따라 예언타당도와 공인타당도로 구분된다.
- 예언타당도는 측정도구의 검사결과가 수검자의 미래 행동이나 특성을 얼마나 정확하게 예언하느냐에 따라 결정되는 반면, 공인타당도는 하나의 심리 특성을 측정한 검사결과와 다른 대안적 방법으로 측정한 검사결과가 얼마나 일치하느냐에 따라 결정된다. 즉, 새로 개발된 심리검사를 실시해서 얻은 점수와 기존의 검사를 실시해서 얻은 점수 간의 상관계수가 공인타당도의 지수이다.

56 MMPI에서 6번과 8번 척도가 함께 상승했을 때 가능한 해석이 아닌 것은? ▸ 2010

① 편집증적 경향과 사고장애가 주된 임상 특징이다.
② 주요 방어기제는 투사, 외향화, 왜곡, 현실 부정이다.
③ 대인관계 특징은 친밀한 관계 형성의 어려움, 불신감, 적대감이다.
④ 남들로부터 관심과 애정을 끌고 동정을 받으려는 강한 욕구를 지니고 있다.

해설

6-8/8-6 증상과 행동

- 주요 특징은 의심과 불신으로 편집증적 경향을 보이며, 다른 사람의 의도를 부정적인 방향으로 지각하기 쉽다.
- 현실감이 부족하고 심각한 정신병리의 가능성을 시사한다.
- 사고 내용은 자폐적이고 비일상적인 경향이 있으며, 피해망상과 과대망상 및 환각이 나타나는 등 현실검증력의 장애를 보인다.
- 정서적으로 둔화되어 있고, 친밀한 관계를 회피하며, 부적절한 사회적 행동을 보인다.
- 심한 열등감과 불안정감을 지니고 있으며, 스트레스가 심해지면 공상과 백일몽으로 도피한다.
- 흔히 정신분열증, 분열성 또는 편집성 성격장애로 진단 내려지며, 주요 방어기제는 투사, 외향화, 왜곡, 현실 부정이다.

정답 55. ① 56. ④

57 Wechsler 지능검사를 실시할 때 주의할 점과 가장 거리가 먼 것은?

① 가급적 표준화된 과정과 동일한 방식대로 실시되어야 한다.
② 검사의 이론적 배경, 적용한계, 채점방식 등에 관해 충분한 이해가 선행되어야 한다.
③ 검사도구는 그 검사를 실시하기 전까지 피검자의 눈에 띄지 않는 곳에 두어야 한다.
④ 지적인 요인을 평가하는 검사이므로 다른 어떤 검사보다 피검자와의 라포 형성은 최소화되어야 한다.

해설

Wechsler 지능검사를 실시할 경우 검사 문항과 실시 지시는 임의대로 변경하면 안 되며, 라포 형성과 유지가 중요하다. 검사 중단이 필요한 경우, 소검사 도중에 하지 말고 하고 있던 소검사가 다 끝난 다음에 중단하도록 하며, 검사 수행에 영향을 주는 부적절한 촉진과 언급에 주의하여야 한다.

학습 Plus Wechsler 지능검사 실시상의 주의점

- 지능검사는 다른 심리검사에 비해 피검자의 불안과 저항을 유발하기 쉬우므로 시작 전에 일반적인 사항을 설명해 주도록 한다. 또한 검사의 실시 목적이 지능의 평가에 있지 않고 피검자의 문제해결에 도움이 될 수 있는 자료를 얻는 데 있음을 강조한다.
- 피검자의 능력이 최대로 발휘될 수 있는 분위기에서 시행될 수 있어야 한다. 검사자는 피검자가 검사에 대한 동기와 관심을 가지고 안정되고 자연스러운 상태에서 자신의 최대 능력과 일상적인 행동을 보여 줄 수 있도록 해 주어야 한다. 적절히 반응을 격려하거나 안심시키면서 진행하되, 정답의 여부를 알려 주는 것은 부적절하며, 불필요한 강화를 통해 수행에 영향을 주어서는 안 된다.
- 피검자가 한 번에 검사를 마칠 수 없는 경우에는 피검자의 상황에 따라야 한다. 피검자의 조건이 검사 시행에 적절하지 않거나 검사에 대한 저항이 계속 해결되지 않는다면, 검사 시행을 중단하고 면담 등을 통해 상황을 극복할 수 있도록 시도해 보아야 한다.
- 시간 제한이 없는 검사에서는 피검자가 응답할 수 있을 때까지 충분한 시간 여유를 주어야 한다. 시간 제한이 있는 경우에는 원칙적으로 시간 제한을 지켜서 실시하지만, 과제를 성공적으로 해결할 수 있는지를 검토하기 위해서는 제한 시간이 지나더라도 어느 정도 시간을 주고 결과를 지켜보는 것이 필요하다(한계 검증이라고 함).
- 피검자의 반응을 기록할 때는 피검자가 한 말을 그대로 축어록(verbatim)처럼 기록하도록 한다.
- 모호하거나 이상하게 응답되는 문항은 다시 질문하여 확인하여야 한다. 검사자가 채점의 원칙을 미리 잘 알고 있어야 피검자 반응의 불분명한 점을 알아채고 채점 원칙에 비추어 적절히 질문할 수 있을 것이다. 검사 채점은 실시 요강의 채점안내에 제시된 기준에 따른다.
- 개인용 지능검사라는 특성을 살려 피검자의 행동 특성을 잘 관찰하도록 한다. 이를 통해 많은 유용한 정보를 얻을 수 있다.

58 MMPI-2에서 문항의 내용과 무관하게 응답하는 경향을 측정하는 척도는? ▸2017

① F ② F(p)
③ FBS ④ TRIN

정답 57. ④ 58. ④

해설

TRIN(고정반응 비일관성) 척도란 문항의 내용과 무관하게 모두 '그렇다' 또는 모두 '아니다'라고 반응한 경우를 탐지하는 척도이다.

59 심리검사 사용 윤리와 가장 거리가 먼 것은? ▸ 2013

① 자격을 갖춘 사람만이 심리검사를 사용해야 한다.

② 자격을 갖춘 사람만이 심리검사를 구매할 수 있다.

③ 쉽게 이해할 수 있고 검사 목적에 맞는 용어로 검사결과를 제시하는 것이 좋다.

④ 검사결과는 어떠한 경우라도 사생활 보장과 비밀유지를 위해 수검자 본인에게만 전달되어야 한다.

해설

검사결과와 관련된 내용은 사생활 보장과 비밀유지가 원칙이나 비밀보장 예외사항에 해당되는 경우(생명과 관련된 경우, 타인에게 위해 가능성이 있는 경우, 법적 증거 자료로서 필요한 경우 등)에는 비밀보장 원칙에서 제외된다.

60 주의력 손상을 측정하기 위한 검사가 아닌 것은?

① Category Test

② Digit-Span Test

③ Letter Cancellation Test

④ Visual Search and Attention Test

해설

- category test는 범주/의미 유창성 검사(category/semantic fluency test) 항목에 해당되며, 언어능력을 측정하는 검사이다.
- 숫자 따라 말하기 검사(digit span test)는 각성도 및 주의력을 측정하는 검사이다.
- 문장 지우기 검사(letter cancellation test)는 지속적 주의력을 측정하는 검사이다.
- 시각탐색 주의력 검사(visual search and attention test)는 시각적 탐색과 지속적 주의력을 측정하는 검사이다.

정답 59. ④ 60. ①

09 2018년 제3회 기출문제

41 MMPI-2의 타당도척도 점수 중 과잉보고(over reporting)로 해석 가능한 경우는?

① VRIN 80점, K 72점
② TRIN(f방향) 82점, FBS 35점
③ F 75점, F(P) 80점
④ F(B) 52점, K 52점

해설

MMPI-2의 타당도척도 중 과장된 보고를 탐지하는 척도는 비전형(F)척도, 비전형-후반부(FB)척도, 비전형-정신병리척도(FP)척도가 있다.

〈참조〉 타당도척도 응답 경향성

문항 내용과 무관한 응답 평가	무응답 점수, VRIN, TRIN
문항 내용과 관련된 왜곡된 응답 평가	과장된 왜곡 보고 탐지
	F, F(B), F(P), FBS
	축소된 왜곡 보고 탐지
	L, K, S

42 Wechsler 지능검사 결과 해석에 대한 설명으로 옳지 않은 것은?

① 전체지능지수는 수검자의 지적능력에 대한 대표점수로서의 의미를 가진다.
② 검사 결과지에서는 지표점수들 간의 차이가 통계적으로 유의할 시 그에 대한 기저율과 차이확률이 제공된다.
③ 보충 소검사는 지능에 영향을 미치는 성격적 측면을 분명히 해 주기 때문에 모두 실시하는 것이 좋다.
④ 과정점수(처리점수)는 문제해결 과정에서의 인지적 과정에 대한 구체적 정보를 나타낼 수 있다.

정답 41. ③ 42. ③

해설

Wechsler 지능검사의 보충 소검사는 핵심 소검사에서 얻은 점수가 실시 오류에 의한 경우, 최근에 해당 검사를 받은 경험이 있는 경우, 신체적 한계 또는 감각 결함의 문제로 대체 검사가 필요한 경우, 반응 태도(수검자가 한 소검사의 모든 문항에서 같은 반응을 하거나 모르겠다고 하는 경우) 등의 이유로 인해 핵심 소검사 점수가 타당하지 않은 경우에 보충 소검사로 대체하여 실시할 수 있다.

43 지능에 관한 설명으로 옳지 않은 것은?

① 지능은 학업성적과 관련이 있다.
② 지능발달은 성격과 관련이 없다.
③ 지능은 가정의 양육행동과 관련이 있다.
④ 일반적인 지능에 있어서 남녀의 성차가 없다.

해설

Wechsler는 지능이 성격과 분리될 수 없음을 강조하며, 동기나 성격 등의 비인지적 요소가 지적 기능의 수행에 영향을 미치며 임상적으로 중요한 자료를 제공해 준다고 보았다.

44 일반적으로 정신장애의 진단을 목적으로 하는 심리검사는? ▸ 2014, 2018

① CPI ② MMPI
③ MBTI ④ 16PF

해설

- 미네소타 다면적 인성검사(Minnesota Multiphasic Personality Inventory: MMPI)는 1943년 미네소타 대학의 Hathaway와 Mckinley 박사에 의해 정신건강의학과 임상 장면에서 환자들의 정신병리를 보다 신뢰성 있고 효율적으로 진단 · 평가할 목적으로 개발되었으며, 현재는 개인의 성격 특성, 적응 수준 등의 다양한 심리내적 영역을 측정하기 위해 사용되고 있다.
- CPI, MBTI, 16PF는 정상인의 일반적인 성격 특성을 파악하기 위한 목적으로 개발되었다.

〈참조〉

– **캘리포니아 성격검사(California Personality Inventory: CPI)**
캘리포니아 대학의 연구팀에 의하여 개발되었으며, 정상인을 대상으로 성격적 특징을 측정하는 질문지법에 의한 성격검사이다. 전체 480문항으로 구성되며, 18개의 하위척도로 분류되고, 하위척도들은 4개의 군집으로 구분된다.

정답 **43.** ② **44.** ②

- 마이어-브릭스 성격유형검사(Myers-Briggs Type Indicator: MBTI)
  마이어-브릭스에 의해 개발된 성격검사로, 성격 유형을 16개로 구분하여 외향형과 내향형, 감각형과 직관형, 사고형과 감정형, 판단형과 인식형의 네 가지의 분리된 선호 경향을 기반으로 평가한다.
- 다요인 인성 성격검사(The Sixteen Personality Questionnaire: 16PF)
  커텔(Raymond Cattell, 1949)에 의해 개발된 개인의 근본적인 성격 특성 파악을 위한 다중선택검사법이다. 외향성, 불안, 완고함, 독립심, 자기통제의 5가지 범주로 나누어지는 16가지의 성격 특성을 측정하기 위한 185문항으로 구성되어 있다.

45 다음 중 노인 집단의 일상생활 기능에 대한 양상 및 수준을 평가하기에 가장 적합한 심리검사는?

① MMPI−2 ② K−VMI−6
③ K−WAIS−IV ④ K−Vineland−II

해설

한국판 바인랜드 적응행동척도(K-Vineland)는 적응 기능이 손상된 고령의 사람들을 대상으로 일상생활의 기능 양상 및 수준을 평가하는 데 적합하며, 검사를 통해 나타난 결과를 토대로 일상의 적응적 기능 유지를 위한 도움을 제공하는 데 유용하다(평가 연령은 출생~90세의 전 연령을 포함하며, 노인 집단의 경우에는 신체-운동 기능을 반영하여 적응 수준을 평가한다).

46 MMPI 제작방식에 대한 설명으로 옳은 것은?

① 정신병리이론을 바탕으로 하여 제작되었다.
② 합리적 방식과 이론적 방식을 결합한 방식으로 제작되었다.
③ 정신장애군과 정상군을 변별하는 통계적 결과에 따라 경험적 방식으로 제작되었다.
④ 인성과 정신병리와의 상관성에 대한 선행연구 결과들을 바탕으로 하여 제작되었다.

해설

MMPI는 당시의 논리적 접근방식(검사 제작자가 주관적으로 개별 문항 및 채점 방향을 선정하는 방식으로 인해 실제 환자들의 반응과 일치하지 않는 문제점 대두)에 기반한 검사 제작의 한계에서 벗어나고자 여러 집단의 속성을 잘 변별해 낼 수 있는 경험적 제작방식에 기반하여 개발되었다. 임상적인 장애를 지닌 환자집단과 정상인 집단을 변별해 주는 문항들이 통계적 분석에 따라 선정되었다.

정답 45. ④ 46. ③

47 MMPI에서 검사의 신뢰성과 타당성을 높이기 위한 통계적 조작으로 K 원점수 교정을 하는 임상척도는?

▸ 2014

① L척도 ② D척도
③ Si척도 ④ Pt척도

해설

MMPI의 K척도의 경우, 방어적 수검 태도가 임상척도 점수에 미치는 영향을 교정하기 위해 임상척도 1, 4, 7, 8, 9번 척도는 K-교정을 통해 보정하여 평가한다. K교정은 K척도의 원점수 비율을 달리해서 1(Hs), 4(Pd), 7(Pt), 8(Sc), 9(Ma)의 척도에 더해 주는 방식으로 측정한다.

48 검사자가 지켜야 할 윤리적 의무로 옳지 않은 것은?

▸ 2014, 2018

① 검사 과정에서 피검자에게 얻은 정보에 대해 비밀을 보장할 의무가 있다.
② 자신이 다루기 곤란한 어려움이 있을 때는 적절한 전문가에게 의뢰하여야 한다.
③ 자신이 받은 학문적인 훈련이나 지도받은 경험의 범위를 벗어난 평가를 해서는 안 된다.
④ 피검자가 자해 행위를 할 위험성이 있어도 비밀보장의 의무를 지켜야 하므로 누구에게도 알려서는 안 된다.

해설

검사자는 검사 과정에서 수검자로부터 얻은 정보에 대한 비밀보장의 의무가 있다. 단, 피검자의 문제가 자살시도 위험성이 있는 경우에는 비밀보장 의무의 예외 상황에 해당된다(자신 및 타인에게 명백한 위험이 초래되는 경우이거나 정보를 제공하도록 법적으로 요청되는 경우는 제외).

49 23개월 유아가 연령에 비해 체격이 작고 아직도 걷는 것이 안정적이지 않으며, 말할 수 있는 단어가 '엄마' '아빠'로 제한되었다는 문제로 내원하였다. 다음 중 이 유아에게 실시할 수 있는 검사로 적합한 것은?

▸ 2005, 2007, 2009, 2018

① 그림지능검사 ② 덴버 발달검사
③ 유아용 지능검사 ④ 삐아제식 지능검사

해설

덴버 발달검사
영아기에서 학령전기 동안의 발달 지연을 측정하기 위해 개발된 검사이다. 연령 분류는 2세까지는 월별로 구분하며, 3~6세까지는 6개월로 나누어 구분한다. 사회성, 언어능력, 적응 기능, 운동기술 등의 영역에 기반하

정답 47. ④ 48. ④ 49. ②

여 측정하며, 정상적인 표준과 비교하여 발달 정도를 평가한다. 언어발달 관련 문제를 보일 경우 해당 검사를 실시하게 되면 비교 준거와의 검토를 통해 발달지연을 확인하는 데 유용하다.

50 Kaufman과 Lichtenberger가 제시한 정보처리과정 모형에 해당되지 않는 것은?

① 입력 ② 군집
③ 저장 ④ 산출

해설

Kaufman과 Lichtenberger는 인지 신경과학이론과 관련 연구에 기초하여 입력-통합-저장-산출의 4단계 정보 처리과정과 인지능력을 측정하기 위한 지능검사 모형을 제시하였다.

51 지능이 높은 사람은 모든 영역에서 우수하다는 종래의 일반적인 지능 개념에 이의를 제기하고 인간의 지적 능력은 서로 독립적인 여러 유형의 능력으로 구성되어 있다고 주장한 학자는?

① Binet ② Gardner
③ Wechsler ④ Kaufman

가드너(Howard Gardner)는 다중지능이론을 통해 지능은 단일하지 않고 다양한 영역으로 구성되어 있으며, 사회문화적 환경과의 상호작용을 통해 발달한다고 보았다. 가드너가 제안한 다수의 지능이란 언어지능, 논리-수학지능, 시각-공간지능, 음악지능, 신체운동지능, 대인관계지능, 자기성찰지능 및 자연탐구지능의 8가지 종류이다.

52 말의 유창성이 떨어지고 더듬거리는 말투, 말을 길게 하지 못하고 어조나 발음이 이상한 현상 등을 보이는 실어증은?

① 브로카 실어증 ② 전도성 실어증
③ 초피질성 감각 실어증 ④ 베르니케 실어증

해설

- **브로카 실어증(Broca's aphasia)**: 좌측 전두엽 손상. 말을 유창하게 하지 못하지만 언어 이해와 발성 기제는 정상적이다. 언어 지시를 이해할 수 있음에도 불구하고 이 지시를 복창하는 능력은 손상되어 있다.
- **베르니케 실어증(Wernicke's aphasia)**: 좌측 측두회 손상. 유창하게 말을 하지만 의미 있는 내용은 아니

정답 50. ② 51. ② 52. ①

며, 타인의 말을 이해하지 못한다.

- **전도성 실어증(conduction aphasia)**: 베르니케 영역-브로카 영역을 잇는 선상속 손상. 다른 사람의 말을 따라 하지 못하고 대화에 장애를 보이는 경우를 말한다.
- **초피질성 감각 실어증((transcortical sensor aphasia)**: 베르니케 영역-개념 회로 간의 연결 손상. 다른 사람의 말을 따라 할 수는 있으나 그 의미를 이해하는 데 장애를 보이는 경우를 말한다.

53 K-WAIS-IV의 보충 소검사가 아닌 것은?

① 이해　　② 순서화
③ 동형찾기　　④ 빠진 곳 찾기

K-WAIS-IV의 보충 소검사는 이해, 빠진 곳 찾기, 무게 비교, 순서화, 지우기가 있다. 동형찾기는 핵심 소검사에 해당된다.

학습 Plus K-WAIS-IV의 구조

<table>
<tr><th colspan="3" rowspan="2">조합척도(composite scale) 또는 지수척도(index scale)</th><th colspan="2">소검사</th></tr>
<tr><th>핵심 소검사</th><th>보충 소검사</th></tr>
<tr><td rowspan="4">전체척도
(full scale)</td><td rowspan="2">일반능력지수
(General Ability Index: GAI)</td><td>언어이해지수
(Verbal Comprehension Index: VCI)</td><td>공통성
어휘
상식</td><td>이해</td></tr>
<tr><td>지각추론지수
(Perceptual Reasoning Index: PRI)</td><td>토막짜기
행렬추론
퍼즐</td><td>빠진 곳 찾기
무게 비교</td></tr>
<tr><td rowspan="2">인지효능지수
(Cognitive Proficiency Index: CPI)</td><td>작업기억지수
(Working Memory Index: WMI)</td><td>숫자
산수</td><td>순서화</td></tr>
<tr><td>처리속도지수
(Processing Speed Index: PSI)</td><td>동형찾기
기호쓰기</td><td>지우기</td></tr>
</table>

54 MMPI의 세 타당도 척도(L, F, K) 점수를 연결한 모양이 부적(-) 기울기를 보일 때 가능한 해석은?

① 정교한 방어　　② 방어능력의 손상
③ 순박하지만 개방적인 태도　　④ 개방적이지 못한 심리적 태세

정답 53. ③ 54. ③

해 설

MMPI의 타당도 척도(L, F, K)가 부적 기울기(╲)를 보이는 경우는 다소 미숙한 방식으로 자신을 좋게 보이려는 태도를 지니고 있으나 비교적 심리적 문제를 인정하고 있으며 개방적인 태도로 검사에 임했을 가능성을 나타낸다.

〈참조〉 타당도 척도(L, F, K)에 따른 해석

- 삿갓형(∧): 가장 자주 나타나는 척도로, 자신의 신체적 · 정서적 곤란을 인정하고 문제를 스스로 해결할 능력 부족으로 도움을 요청하는 상태를 반영함
- 브이형(v): 자신의 문제를 부인하거나 회피하며 가능한 한 좋게 보이려고 하는 상태, 주된 방어기제는 억압과 부인을 사용함
- 정적 기울기(↗ 모양): L<F<K, 일상의 여러 문제를 해결할 능력이 있고 현재 갈등이나 스트레스를 느끼지 않는 정상적 상태를 반영함
- 부적 기울기(↘ 모양): L>F>K, 순박하고 덜 세련되어 있으면서 좋게 보이려고 하는 태도를 반영함

55 표준화검사의 개발 과정으로 옳은 것은?

① 검사목적 구체화 → 측정방법 검토 → 예비검사 시행 → 문항 수정 → 본검사 제작 → 검사문항 분석 → 검사 사용 설명서 제작

② 측정방법 검토 → 검사목적 구체화 → 예비검사 시행 → 문항 수정 → 검사문항 분석 → 본검사 제작 → 검사 사용 설명서 제작

③ 검사목적 구체화 → 예비검사 시행 → 측정방법 검토 → 본검사 제작 → 문항 수정 → 검사문항 분석 → 검사 사용 설명서 제작

④ 측정방법 검토 → 검사목적 구체화 → 예비검사 시행 → 검사문항 분석 → 문항 수정 → 본검사 제작 → 검사 사용 설명서 제작

해 설

표준화검사란 표준화된 제작 절차, 검사 내용, 검사의 실시 조건, 채점 과정 및 해석을 함으로써 객관적으로 행동을 측정하는 검사를 말한다. 검사가 동일한 절차에 따라 일정하게 이루어지며, 검사의 실시, 채점, 해석 등이 일정한 방식으로 진행된다. 표준화검사의 개발 절차는 검사목적 구체화–측정방법 검토–예비검사 시행–문항 수정–본검사 제작–검사문항 분석–검사 사용 설명서 제작 순으로 이루어진다.

정답 55. ①

56 K-Vineland-II에 대한 설명으로 틀린 것은?

① 개인의 발달 수준을 평가할 수 있다.
② 중학교 이상의 청소년들에게는 사용하기 어렵다는 단점이 있다.
③ 피검자의 가족이나 여타 피검자를 잘 알고 있는 사람과의 면담을 통해 실시할 수 있다.
④ 언어 능력이 제한되어 있는 아동의 지능 수준을 유추할 수 있는 자료가 될 수 있다.

해설

한국판 바인랜드 적응행동척도(K-Vineland-II)의 검사 대상은 0~90세까지 전 연령에 해당된다. 아동의 발달 수준에 대한 평가뿐만 아니라 고령의 집단에 대한 일상의 기능 및 적응 수준 평가에 활용된다.

57 Wechsler 지능검사 결과가 다음과 같을 때 그 해석으로 적절하지 않은 것은?

> 전체 IQ=127, 언어성 IQ=116, 동작성 IQ=132
> 상식=15, 숫자 외우기=15, 어휘=9, 산수=15, 이해=10, 공통성=10
> 빠진 곳 찾기=12, 차례맞추기=9, 토막짜기=19, 모양맞추기=17, 바꿔쓰기=15

① 주의집중의 문제가 의심된다.
② 시지각능력의 발달이 우수하다.
③ 전반적으로 지적 능력 발달이 불균형하다.
④ 언어 및 사회성 발달이 다른 지적능력에 비해 상대적으로 저조하다.

해설

- '주의집중력'을 측정하는 주요 소검사인 숫자 외우기, 산수 검사에서 높은 점수(15점)를 보이고 있어 주의집중력 문제는 나타나지 않고 있다.
- 언어성<동작성 점수 간 16점의 편차를 보이고 있어 인지능력의 불균형을 보일 수 있고, 언어 및 사회성 발달이 상대적으로 저조한 것으로 나타난다. 한편 시지각 조직화능력 및 시각운동 협응능력을 측정하는 토막짜기, 모양맞추기가 높은 점수를 보이고 있어 해당 영역의 기능이 우수한 것으로 평가된다.

58 신경심리검사의 용도에 관한 설명으로 옳지 않은 것은? ▸ 2013, 2018

① 기질적 장애와 기능적 장애 간의 감별진단에 유용하다.
② 재활과 치료평가 및 연구에 유용하다.
③ CT나 MRI와 같은 뇌영상기법에서 이상 소견이 나타나지 않을 때 유용할 수 있다.
④ 기능적 장애의 원인을 판단하는 데 도움이 된다.

정답 56. ② 57. ① 58. ④

신경심리검사는 기질적인 손상으로 인해 신경과적인 문제를 보이는 경우, 후천적 또는 선천적 뇌손상과 뇌기능장애 등을 진단하는 데 사용된다. 단, 기능적 장애가 주의력, 집중력, 판단력 등의 문제를 보일 수 있어 기질적 장애와 기능적 장애 간의 감별진단이 필요할 때 효과적이다.

59 다음 중 구성능력(constructional ability)을 평가하는 데 적절한 신경심리검사는?

① Boston 실어증검사
② 위스콘신 카드분류 검사
③ 선로 잇기 검사
④ 레이 복합도형 검사

레이 복합도형 검사(Rey Complex Figure Test: RCFT)는 시공간 구성능력 및 시각 기억을 측정하는 검사로, 복잡한 도형을 따라 그리게 하고 이후 회상 과제를 통하여 비언어적, 시각 기억력을 평가한다.

60 K-WAIS-IV의 지수에 속하지 않는 것은?

① 처리속도지수
② 지각추론지수
③ 작업기억지수
④ 운동협응지수

해설

한국 웩슬러 성인용 지능검사(K-WAIS-IV)는 언어이해, 지각추론, 작업기억, 처리속도의 4개 지수로 구성되어 있으며, 각 지수는 핵심 소검사와 보충 검사를 포함한다.

학습 Plus K-WAIS-IV 조합점수

- **전체지능지수**: 전체지능지수(FSIQ)는 개인의 인지 능력의 현재 수준에 대한 전체적인 측정치이며, 프로파일을 해석할 때 가장 먼저 검토되는 점수이다. 언어이해, 지각추론, 작업기억, 처리속도의 4개 지수를 산출하는 데 포함된 소검사 환산점수들의 합으로 계산된다.
- **언어이해지수**: 언어이해지수(VCI)는 언어적 이해능력, 언어적 기술과 정보를 새로운 문제해결에 적용하는 능력, 언어적 정보처리능력, 어휘를 사용한 사고능력, 결정적 지식, 정신적 수행을 전환할 수 있는 능력을 포함한 인지적 유연성, 자기감찰능력 등을 측정한다.
- **지각추론지수**: 지각추론지수(PRI)는 지각적 추론능력, 시각적 이미지에 대한 사고능력, 공간처리능력, 시각-운동 통합능력, 인지적 유연성, 제한된 시간 내에 시각적으로 인식된 자료를 해석 또는 조직화하는 능력, 비언어적 추론능력, 유동적 추론능력, 자기점검능력 등을 측정한다.
- **작업기억지수**: 작업기억지수(WMI)는 주의집중, 정신적 통제, 추론능력, 작업기억, 청각적 단기기억, 주의지속능력, 수리능력, 부호화능력, 청각적 처리기술, 심적 수행을 바꿀 수 있는 능력을 포함한 인지적 유연성, 자기감찰능력을 측정한다.
- **처리속도지수**: 처리속도지수(PSI)는 시지각적 변별능력, 정신운동 속도, 과제 수행 및 처리 속도, 주의력, 집중력, 단기시각기억, 시각-운동 협응능력, 수 능력, 자기점검능력, 정신적 수행을 변환시킬 수 있는 능력을 포함한 인지적 유연성 등을 측정한다.

정답 59. ④ 60. ④

10 2018년 제1회 기출문제

41 K-WAIS-IV에서 처리속도가 점수에 긴밀하게 영향을 주는 소검사는?

① 숫자 ② 퍼즐 ③ 지우기 ④ 무게비교

K-WAIS-IV에서의 처리속도는 간단한 시각적 정보를 빠르고 정확하게 탐색하고 변별하는 능력을 측정하는 영역으로, '동형찾기' '기호쓰기' '지우기(선택)'의 소검사로 구성되어 있다.

학습 Plus K-WAIS-IV의 처리속도 소검사와 측정 내용

구분	소검사	측정 내용
핵심 소검사	동형찾기	시각적 단기기억, 시각-운동 협응능력, 인지적 유연성, 시각적 변별력, 정신운동 속도, 정신적 조작 속도, 주의력 및 집중력, 정보처리 및 탐색의 속도, 정보의 부호화능력 등을 측정
	기호쓰기	정신운동 속도, 지시를 따르는 능력, 시각적 단기기억, 시각적 자극에 대한 학습 및 반응 능력, 정신적 전환능력, 지속적 주의력, 연합학습, 시각적 탐색능력, 시각-운동 협응능력 등을 측정
보충 소검사	지우기	지각적 재인능력, 지각적 변별력, 지각적 주사능력, 주의력 및 집중력, 시각-운동 협응능력, 시각적 선택적 주의력, 반응 억제 및 경계 능력, 지각 속도, 과제 처리속도 등을 측정

42 심리평가를 위해 수행되는 면담에 관한 설명으로 옳은 것은?

① 면담은 구조화할 수 없다는 단점이 있다.
② 면담은 평가를 하기 위한 목적으로 하는 것이어서 치료적인 효과는 없다.
③ 면담에서는 신뢰도와 타당도를 크게 고려하지 않아도 된다는 장점이 있다.
④ 면담자가 피면담자에 대한 전반적인 인상을 형성한 후 그것에 준해 다른 관련 특성을 추론하는 경향을 할로효과(halo effect)라고 한다.

정답 41. ③ 42. ④

해설

- 평가 면담의 목적은 피면담자에 대한 다양한 정보를 통해 문제행동에 대한 이해 및 치료를 위한 방향성을 수립하기 위함이다.
- 평가 면담 동안 피면담자는 다양한 당면문제를 나누는 과정에서 자신에 대한 객관적 이해 및 정서적 정화 효과를 얻을 수 있으며, 효과적인 평가 면담을 위해 면담자와 피면담자 간의 라포가 매우 중요하다.
- 면담은 구조화된 면담, 비구조화된 면담 및 반구조화된 면담의 형식으로 구분되며, 면담 시 수검자에 대한 초기 인상을 통해 다른 관련 특성을 추론하는 경향성을 할로효과(후광효과)라고 한다.

43 MMPI-2 임상척도와 Kunce와 Anderson(1984)이 제안한 기본 차원 간의 연결이 옳지 않은 것은?

① 1번 척도-표현
② 4번 척도-주장성
③ 8번 척도-상상력
④ 9번 척도-열의

해설

Kunce와 Anderson(1984)은 각 척도가 측정하는 성격의 기본 차원을 제시하여 정상인의 해석에 고려하도록 하였다.

〈Kunce와 Anderson의 성격의 기본 차원〉

- **1번 척도(Hs, 건강염려증)** 신중성: 신중하며 조심성이 있으나 스트레스 상황 시 한 가지에 집착할 수 있는 특징을 지님
- **2번 척도(D, 우울증)** 평가: 삶의 실존적 의미, 옳고 그름에 대한 인식, 단점을 보완하고자 노력하는 경향성을 지님
- **3번 척도(Hy, 히스테리)** 표현: 감수성, 감정표현이 풍부하고 대인관계에서 사교적인 행동 특징을 지님
- **4번 척도(Pd, 반사회성)** 주장성: 자기주장, 자신감, 자신이 처한 환경에 대한 문제 인식의 정도를 반영함
- **5번 척도(Mf, 남성성-여성성)** 역할 유연성: 전통적인 성역할에 대한 유연한 견해와 태도, 다차원적 흥미와 관심의 정도를 반영함
- **6번 척도(Pa, 편집증)** 호기심: 대인관계에서 호기심이 많고 타인의 반응에 대하여 민감성을 지님
- **7번 척도(Pt, 강박증)** 조직화: 강한 책임감, 조직화 능력, 꼼꼼하고 정확한 처리방식을 지님
- **8번 척도(Sc, 정신분열증)** 상상력: 독창성이 있고 상상력이 풍부함. 창의적으로 사고하는 경향성을 반영함
- **9번 척도(Ma, 경조증)** 열의: 정신적 에너지의 정도, 활동적이고 외향적이며 열정적인 행동 특징을 지님
- **0번 척도(Si, 내향성)** 자율성: 대인관계를 맺는 정도 및 관계에서의 자율성 추구 정도를 반영함

정답 43. ①

44 대상 및 사건에 대한 학습을 의미하는 서술기억(declarative memory)의 하위 영역에 포함되는 것은?

① 절차기억(procedural memory) ② 암묵적 기억(implicit memory)
③ 일화기억(episodic memory) ④ 특정기억(particular memory)

해설

서술기억은 외현기억(explicit memory)이라고도 하며, 의식이 있는 상태에서 회상할 수 있는 기억으로 의미기억과 일화기억으로 구분된다.

- **의미기억**: 객관적 지식(일반적인 사실, 법칙, 원리 등)에 관한 기억을 말한다(예: 1년은 365일이다).
- **일화기억**: 개인적 경험과 사건에 대한 기억을 말한다. 특정한 시간, 공간, 상황에 대한 정보가 포함되어 있다(예: 작년 생일에 친구들과 전시회에 갔다).

45 지적장애 진단을 위한 IQ 기준과 이 장애에 해당되는 사람의 비율은?

① IQ 60 미만, 전체 인구의 약 3% 이하
② IQ 65 미만, 전체 인구의 약 3% 이하
③ IQ 70 미만, 전체 인구의 약 3% 이하
④ IQ 70 미만, 전체 인구의 약 5% 이하

해설

지적장애(intellectual disability)는 표준화된 지능검사에서 70 미만의 지능지수(IQ)를 지닌 경우(전체 인구의 약 3% 이하)에 진단되며, 지적 기능과 적응 기능에서 결손된 상태를 의미한다.

- **지적 기능**: 추리, 문제해결, 계획, 추상적 사고, 판단, 학교에서의 학습 및 경험을 통한 학습을 의미한다.
- **적응 기능**: 가정, 학교, 직장 등의 다양한 환경에서의 의사소통, 사회적 참여, 독립적인 생활과 같은 일상생활을 영위할 수 있는 능력을 말한다.

46 다음 MMPI-2 프로파일과 가장 관련이 있는 진단은?

L=56, F=78, K=38
1(Hs)=56, 2(D)=58, 3(Hy)=54, 4(Pd)=53, 5(Mf)=54
6(Pa)=76, 7(Pt)=72, 8(Sc)=73, 9(Ma)=55, 0(Si)=66

① 우울증 ② 품행장애
③ 전환장애 ④ 조현병

정답 44. ③ 45. ③ 46. ④

해설

방어성 척도(L, K)의 점수가 낮고, 비전형성 F척도 점수가 78점으로 높은 점수를 보이고 있고, 임상척도에서 6-7-8 척도가 상승되어 있어 심각한 정신병리를 보이고 있을 가능성이 높다. 일반적으로 환각, 망상, 극도의 의심성을 드러내며 조현병 진단이 흔하다(6-8-7 상승척도 쌍, 정신증적 V 파일이라고 함).

47 개인용 지능검사와 집단용 지능검사에 관한 설명으로 옳은 것은?

① 집단용 지능검사의 경우, 검사의 시행과 절차가 간편하기 때문에 검사자는 피검자의 검사 행동에 관한 자료 수집이 용이하다.
② 개인용 지능검사나 집단용 지능검사에서 검사 실시와 절차에 대한 검사자의 본질적인 역할은 동일하다.
③ 피검자는 개인용 지능검사의 경우에는 사람에게 반응하지만, 집단용 지능검사의 경우에는 주어진 문항에 반응한다고 볼 수 있다.
④ 개인용 지능검사나 집단용 지능검사나 피검자가 반응하는 데 요구되는 인지작용은 질적인 측면에서 차이가 없다.

해설

개인용 지능검사에서는 검사자와 수검자 간에 일대일 대면을 하는 반면, 집단용 지능검사에서는 주어진 도구에 대면한다는 점에서 수검자 반응의 질적인 측면에 차이가 발생할 수 있다. 또한 지능검사를 집단으로 실시하는 경우에는 실시가 간편하다는 장점이 있지만, 개별검사를 실시한 경우에 비해 수검자의 개별특유적인 특성에 대한 정보를 수집하는 데에는 한계가 있다.

48 주제통각검사(Thematic Apperception Test: TAT)의 실시에 관한 설명으로 옳은 것은?

① 모든 수검자에게 24장의 카드를 실시한다.
② 카드를 보여 주고, 각 그림을 보면서 될 수 있는 대로 연극적인 장면을 만들어 보라고 지시한다.
③ 수검자의 반응이 매우 피상적이고 기술적인 경우라도 검사자는 개입하지 않고 다음 반응으로 넘어간다.
④ 수검자가 "이 사람은 남자인가요? 여자인가요?" 라고 묻는 경우, 검사 요강을 참고하여 성별을 알려 준다.

정답 47. ③ 48. ②

해설

- 주제통각검사는 제시되는 그림 자극에 대해 수검자가 구성한 이야기를 해석하는 투사적 검사이다. 검사 실시는 성별과 연령을 고려하여 선정된 20장의 카드를 2회에 걸쳐 실시하며, 각 카드를 보고 극적인 이야기를 만들어 보도록 지시한다.
- 수검자의 반응이 피상적이고 기술적인 경우 연상의 흐름을 방해하거나 이야기의 내용을 유도하지 않는 범위 내에서 추가 설명을 제공하거나 개입할 수 있으나, 수검자의 요청에 따라 구체적인 답변을 제공하지는 않는다.

49 신경심리검사에 관한 설명으로 옳지 않은 것은? ▸ 2012

① 치료 효과의 평가에 사용할 수 있다.
② 우울장애와 치매상태를 감별해 줄 수 있다.
③ 가벼운 초기 뇌손상의 진단에는 효과적이지 못하다.
④ 신경심리검사의 해석에 성격검사 결과를 참조한다.

해설

- 신경심리평가의 목적은 뇌손상이나 뇌기능 장애의 평가 및 진단, 환자 관리 및 치료 계획 수립, 재활 및 치료 효과 평가, 연구 등을 들 수 있다. 또한 신경심리평가에서 수검자의 성격과 정서적 요인은 예후의 중요한 예측 요인이기에 병전 성격과 현재의 신경심리학적 손상과의 관련성을 검토하기 위한 성격검사 자료는 중요한 평가영역이 된다.
- 신경심리검사는 MRI, CT 등을 통해 확인이 어려운 가벼운 초기 뇌손상의 진단에 유용하다.

50 성격검사의 구성타당도를 평가하는 방법이 아닌 것은?

① 성격검사의 요인 구조를 분석한다.
② 다른 유사한 성격을 측정하는 검사와의 상관을 구한다.
③ 관련 없는 성격을 측정하는 검사와의 상관을 구한다.
④ 전문가들로 하여금 검사 내용을 판단하게 한다.

해설

검사 내용이 측정하고자 하는 속성을 제대로 측정하고 있는지 전문가가 판단하는 검증 과정은 내용타당도(content validity)에 해당된다.

정답 49. ③ 50. ④

51 K-WAIS-IV 소검사 중 같은 유형의 소검사에 해당하지 않는 것은?

① 상식, 공통성 ② 퍼즐, 무게비교
③ 지우기, 기호쓰기 ④ 동형찾기, 무게비교

해설

K-WAIS-IV의 4가지 지수와 소검사
- 언어이해지수(VCI): 공통성, 어휘, 상식, 이해(선택)
- 지각추론지수(PRI): 토막짜기, 행렬추론, 퍼즐, 무게 비교(선택), 빠진 곳 찾기(선택)
- 작업기억지수(WMI): 숫자, 산수, 순서화(선택)
- 처리속도지수(PSI): 동형찾기, 기호쓰기, 지우기(선택)

52 MMPI-2에서 F척도 상승이 기대되지 않는 경우는?

① 고의적으로 나쁘게 보이려는 태도로 응답했을 경우
② 자신의 약점을 고의적으로 숨기려는 강한 방어적 태도로 응답했을 경우
③ 대부분의 문항에 대해 '그렇다' 혹은 '아니다'의 한 방향으로만 응답했을 경우
④ 혼란, 망상적 사고 또는 다른 정신병적 과정을 겪고 있는 사람이 응답했을 경우

해설

수검자가 방어적인 태도로 검사에 응답했을 가능성을 확인하기 위한 방어성 척도는 L(부인)척도와 K(교정)척도, S(과장된 자기제시)척도가 있다.

학습 Plus MMPI-2의 F척도 상승의 의미

- 문항 내용과 상관없이 무작위로 반응하였을 가능성(T < 80)
- 어느 한 방향으로만 고정 반응(그렇다 혹은 아니다)으로 응답하였을 가능성(T < 80)
- 일반적인 사람들이 좀처럼 경험하지 않은 심각한 심리적 문제를 겪고 있을 가능성(VRIN, TRIN이 정상 범위라면 환각, 망상, 판단력 손상, 극단적인 철회 등 매우 혼란스러운 상태의 심각한 정신병리를 반영함)
- 심각한 문제를 겪고 있지는 않지만 의도적으로 부적응을 부각시키고 심리적 문제를 가장했을 부정 왜곡 가능성(VRIN, TRIN이 정상 범위, F(P)척도 < 100)
- 도움을 요청하는 의도로서 증상을 과장하여 표현했을 가능성(TRIN 척도 정상 범위, F(P) 척도가 70~99점 범위로 상승되어 있을 경우)
- 채점이나 기록에서의 오류로 인한 경우
- 문항 이해나 읽기의 어려움으로 인한 경우
- 청소년의 경우 반항, 적개심, 거부를 의미할 수 있음

정답 51. ④ 52. ②

53 시공간 처리능력을 평가하기에 적합하지 않은 검사는?

① 토막짜기 ② 벤더 도형 검사
③ 선로 잇기 검사 ④ 레이 복합도형 검사

해설

선로 잇기 검사(trail making test)는 주의력과 정신처리 속도를 평가하기 위해 실시된다.

- **토막짜기**: 웩슬러 지능검사 중 지각추론영역의 소검사로, 시각적 구성능력을 평가한다.
- **벤더 도형 검사**(Bender visual motor gestalt test): 시각적 구성능력을 평가함으로써 뇌손상에 대한 선별검사로 광범위하게 사용되고 있다.
- **레이 복합도형 검사**(rey complex figure test): 시각적 구성능력과 시각적 기억력을 측정하는 검사이다.

54 연령이 69세인 노인 환자의 신경심리학적 평가에 적합하지 않은 검사는?

① SNSB ② K-VMI-6
③ Rorschach 검사 ④ K-WAIS-IV

해설

- 로샤 검사는 투사적 검사의 일종으로, 개인 성격의 여러 차원(인지, 정서, 자기상, 대인상 등)에 대한 종합적이고 다차원적인 정보를 얻는 데 유용하다.
- SNSB(서울신경심리배터리, 45~90세), K-VMI-6(한국 시각운동 통합 발달검사, 2~90세), K-WAIS-IV(한국 웩슬러 성인용지능검사, 16~69세)는 고령인 노인 환자의 신경심리평가에 유용하다.

55 K-WISC-IV에서 일련의 숫자와 글자를 읽어 주고 숫자는 많아지는 순서로, 글자는 가나다 순서로 각각 말하게 하는 과제는?

① 숫자 ② 선택
③ 행렬추리 ④ 순차연결

해설

순차연결은 작업기억지수의 소검사 중 하나로, 검사자가 일련의 숫자와 글자를 읽어 주면 숫자와 글자를 순서대로 회상하여 보고하는 검사이다. 수검자의 정신적 조작능력, 주의력과 집중력, 청각적 단기기억, 작업기억, 부호화 및 암송 전략 사용 등을 측정한다.

정답 53. ③ 54. ③ 55. ④

56 다음에서 설명하는 검사는?

> 유아 및 학령전기 아동의 발달 과정을 체계적으로 측정하기 위한 최초의 검사로서 표준 놀이 기구와 자극 대상에 대한 유아의 반응을 직접 관찰하며, 의학적 평가나 신경학적 원인에 의한 이상을 평가하기 위해 사용된다.

① Gesell의 발달검사 ② Bayley의 영아발달 척도
③ 시지각 발달검사 ④ 사회성숙도 검사

해 설

Gesell의 발달검사는 대상 연령(4주~5세)의 신경운동 기능과 인지적 능력 발달 지연 정도를 평가하는 도구로서 적응 행동, 대근육 운동, 소근육 운동, 언어능력, 개인적 및 사회적 행동을 관찰하거나 부모로부터 보고된 정보를 기반으로 아동의 발달과정 전반에 대한 평가를 한다.

57 신뢰도의 추정방법 중 반분신뢰도의 장점은?

① 검사의 문항수가 적어도 된다.
② 반분된 검사가 동형일 필요가 없다.
③ 단 1회의 시행으로 신뢰도를 구할 수 있다.
④ 속도 검사의 신뢰도를 추정하는 데 적합하다.

해 설

- 반분신뢰도(split-half reliability)란 한 개의 검사를 한 피험자 집단에게 실시하되, 그것을 적절한 방법에 의해 두 부분으로 나누어 반분된 검사 점수들 간의 상관계수를 산출하여 둘 간의 유사성을 추정하는 신뢰도이다.
- 반분신뢰도의 장점으로는 단 한 번의 검사 시행으로 간단하게 신뢰도를 추정할 수 있는 반면, 단점으로는 검사를 양분하는 방법에 따라 신뢰도 계수가 다르게 추정될 수 있다.

58 신경심리평가 중 주의력 및 정신적 추적능력을 평가할 수 있는 검사가 아닌 것은?

① Wechsler 지능검사의 기호쓰기 소검사 ② Wechsler 지능검사의 숫자 소검사
③ Trail Making Test ④ Wisconsin Card Sorting Test

해 설

위스콘신 카드분류 검사(WCST)는 전두엽 집행 기능을 측정하는 대표적인 검사로, 추상적인 개념을 형성하고 범주화하는 능력과 피드백에 따라 인지 틀을 변환하거나 유지하는 인지적 유연성을 측정한다.

정답 56. ① 57. ③ 58. ④

59 성취도검사의 일종인 기초학습기능검사가 평가하기 어려운 영역은?

① 독해력 ② 계산능력
③ 철자법 능력 ④ 공간추론능력

해설

기초학습기능검사는 학습능력, 학습 결손 및 학습장애의 요인 등을 평가하는 데 유용하다. 검사를 통해 아동의 기초학습 기능 및 기초능력을 파악하여 개별 개입, 학급 배치 등에 적용한다. 소검사 항목은 정보처리, 셈하기, 읽기 I(문자와 낱말의 재인), 읽기 II(독해력), 쓰기(철자의 재인)로 구성되어 있다(검사 대상은 유치원~초등학교 6학년이며, 연령 규준 및 학년 규준을 갖춘 표준화검사임).

〈참조〉 기초학습기능검사 소검사와 측정 내용

- **정보처리**: 정보에 대한 지각과정, 자극에 대한 시각-운동과정, 관찰능력, 조직화 능력, 추론 및 유추 능력, 관계성 파악능력 등을 측정한다.
- **셈하기**: 숫자 변별, 수읽기 등의 수 개념, 간단한 연산 및 응용을 통한 수학적 지식과 개념 획득 정도를 측정한다.
- **읽기 I**: 문자를 변별하는 능력, 낱말을 다른 사람이 이해할 수 있는 언어음으로 발음하는지 등의 읽기 능력을 측정한다.
- **읽기 II**: 제시된 문장을 통해 문장의 의미를 파악하고, 해당 사실과 정보를 기억하여 그림 예시 중에 해당되는 내용을 고르도록 구성되어 있으며, 의미적 · 관계적 이해 정도를 측정한다.
- **쓰기**: 사물, 숫자, 기호, 문자의 변별, 철자를 정확하게 파악하는 능력, 낱말의 소리와 단어를 이해하는 능력 등을 측정한다.

60 심리검사의 윤리적 문제에 대한 설명으로 옳지 않은 것은?

① 검사자들은 검사 제작의 기술적 측면에만 관심을 가질 필요가 있다.
② 제대로 자격을 갖춘 검사자만이 검사를 사용해야 한다는 조건은 부당한 검사 사용으로부터 피검자를 보호하기 위한 조치이다.
③ 검사자는 규준, 신뢰도, 타당도 등에 관한 기술적 가치를 평가할 수 있어야 한다.
④ 심리학자에게 면허와 자격에 관한 법을 시행하는 것은 직업적 윤리 기준을 세우기 위함이다.

해설

검사자는 심리검사를 정확하게 실시하고 해석하기 위한 훈련을 받아야 하며, 검사도구의 선택, 신뢰도와 타당도와 관련된 지식, 검사 절차를 포함한 심리검사를 실시하는 데 필요한 전문적인 역량 및 정신병리를 포함한 인간의 심리적 기능에 대한 지식과 경험을 충분히 갖추고 있어야 한다.

정답 59. ④ 60. ①

11 2017년 제3회 기출문제

41 웩슬러 지능검사의 소검사를 범주화하는 데 있어 '획득된 지식' 요인에 속하는 소검사가 아닌 것은?

① 산수문제 ② 상식문제
③ 어휘문제 ④ 숫자문제

해설

웩슬러 지능검사의 언어이해지수에 해당되는 소검사인 어휘, 상식 소검사와 작업기억지수에 해당되는 산수 소검사는 '획득된 지식'의 정도를 측정한다.

〈참조〉
- 어휘: 획득된 지식, 언어적 개념 형성, 언어발달의 정도, 축적된 학습능력, 경험 및 관심사의 범위, 학업성취 및 교육적 배경
- 상식: 획득된 지식의 범위, 장기기억, 지적 호기심 또는 지식을 얻고자 하는 욕구, 과거의 학습 또는 학교교육의 정도, 일상 세계에 대한 관심
- 산수: 획득된 지식, 학습능력, 청각적 기억, 수리적 추론, 논리적 추론, 계산능력, 추상화 및 수리적 문제 분석력
- 숫자: 즉각적인 기계적 회상능력, 가역성 사고 전환능력, 집중력과 주의력, 청각적 연속 처리능력, 기계적 학습

42 웩슬러 지능검사를 실시한 결과는 지수점수(또는 지표점수)가 산출된다. 각 지수점수(지표점수)의 평균과 표준편차는?

① 평균 90, 표준편차 10 ② 평균 100, 표준편차 15
③ 평균 90, 표준편차는 15 ④ 평균 100, 표준편차 10

정답 41. ④ 42. ②

해설

웩슬러 지능검사는 편차 IQ 개념을 도입하여 IQ 점수가 정규분포를 보인다는 가정 하에 각 개인의 점수를 평균이 100, 표준편차가 15인 표준점수로 변환하여 평가한다.

43 신경심리검사의 해석에 관한 설명으로 옳은 것은?

① 반응의 질적 측면은 해석에서 배제된다.
② 피검자의 정서적 및 성격적 특징은 해석에서 고려되지 않는다.
③ 과제에 접근하는 방식과 검사자와의 상호작용 양상도 해석적 자료가 된다.
④ 과거의 기능에 관한 정보는 배제하고 현재의 기능에 초점을 맞추어 평가한다.

해설

신경심리검사는 뇌손상이나 뇌기능장애의 진단을 목적으로 실시된다. 신경심리검사 시 자료에 대한 양적 분석뿐만 아니라 수검자의 검사 당시 과제에 접근하는 방법, 검사자와의 상호작용 방식 등은 수검자 반응의 질적 측면에 대한 중요한 해석적 가치를 지닌다.

44 BGT(Bender Gestalt Test)의 장점에 관한 설명으로 틀린 것은?

① 피검자의 뇌기능장애 평가에 유용하다.
② 자기 자신을 과장되게 표현하려는 피검자에게 유용하다.
③ 적절하게 말할 수 있는 능력이 없거나 말할 수 있는 능력은 있으나 얘기를 하기 싫어할 때 유용하다.
④ 피검자가 말로 의사소통을 할 능력이 충분히 있더라도 언어적 행동으로 성격의 강점과 약점에 관한 정보를 얻기 힘들 때 유용하다.

해설

- BGT 심리검사는 신경심리적인 목적과 투사적인 목적 모두를 위해 사용되고 있으며, 뇌의 기질적인 손상 유무 이외에도 정신증이나 정신지체, 성격적 특성을 파악하는 데에도 유용하다.
- 언어적 표현능력에 문제가 있거나, 문맹이거나, 정신지체 및 뇌손상이 있는 환자의 경우에도 사용이 가능하다는 장점이 있으며, 검사에 대한 긴장 완화 및 라포 형성에 도움이 되는 완충검사로도 활용된다.

학습 Plus BGT(Bender Gestalt Test)의 장점

- 수검자가 말로 의사소통을 할 능력이 충분히 있더라도 그의 언어적 행동에 의해서 성격의 강점이나 약점에 대한 적절한 정보를 제공받을 수 없을 때 사용할 수 있다.

정답 43. ③ 44. ②

- 적절히 말할 수 있는 능력이 없거나, 능력은 있더라도 표현할 의사가 없는 수검자에게 사용할 수 있다.
- **뇌기능장애가 있는 수검자:** 기질적 장애를 가진 사람들은 언어를 통해 평가될 수 없고, 통상적인 신경학적 진단 절차를 통해서 기능상의 이상이 밝혀지지 않는 경우가 많기에 BGT는 간과하기 쉬운 뇌기능장애의 가능성을 평가하는 데 매우 유용하게 사용될 수 있다.
- **정신지체가 있는 수검자:** 해당 수검자들의 심리적인 면에 대해서 평가하기 위해서는 언어 및 문화적 요인에 편향되어 있지 않으면서 지적 기능과 정서적 요인을 동시에 평가할 수 있는 비언어적 검사를 사용해야 하는데, 이러한 경우에 유용하게 사용될 수 있다.
- **문맹자, 교육을 받지 못한 수검자, 외국인 수검자:** 해당 수검자들의 경우에도 지능이나 성격 평가를 위해 문화적인 요인이나 교육적인 배경과 관계없이 사용할 수 있으면서 동일한 규준으로 비교해 볼 수 있는 검사를 사용해야 하는데, 이 경우에 유용하게 사용될 수 있다.

45 두정엽의 병변과 가장 관련이 있는 장애는? ▸2013

① 구성장애 ② 시각양식의 장애

③ 청각 기능의 장애 ④ 고차적인 인지적 추론의 장애

해설

구성장애(constructional apraxia)는 특정 대상의 형태를 구성하는 능력에 있어 결함을 보이는 장애로, 두정엽 손상과 관련이 있다. 두정엽은 일차 체감각 기능, 감각 통합과 공간 인식 등에 관여하는 뇌 영역이다.

46 다음 MMPI 프로파일에 대한 해석으로 적합하지 않은 것은?

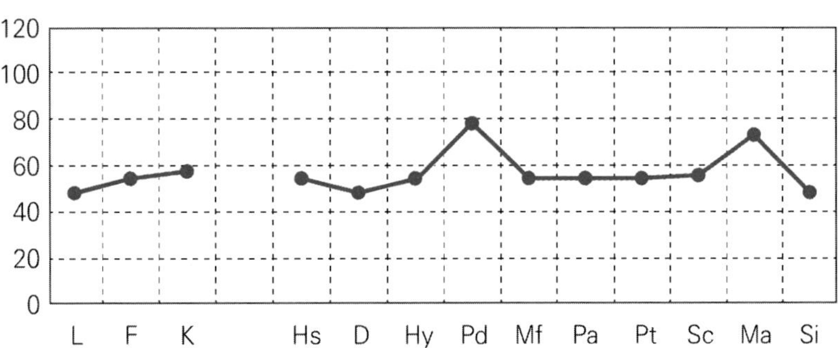

① 수동–공격성 프로파일로 볼 수 있다.

② 행동화 문제를 나타낼 가능성이 높다.

③ 비순응적이고 반사회적인 경향이 높다.

④ 대인관계가 피상적이고 이기적일 가능성이 높다.

정답 45. ① 46. ①

해설

- 4-9/9-4 상승척도 쌍을 보이는 사람들의 두드러진 특징은 사회적인 기준이나 가치를 매우 심하게 무시하는 반사회적인 공격성과 충동적인 행동화이다. 사회적 규범과 가치관을 신경쓰지 않으며, 대인관계가 피상적이고, 타인을 이용하거나 착취하려고 들며 무책임한 특성이 있어 신뢰가 가지 않는다는 평가를 받는다.
- 수동-공격성 프로파일은 4-6/6-4 상승 코드를 보이는 경우에 해당되며, 분노를 수동-공격적으로 표출하며 자신의 행동에 대해 책임지려고 하지 않는 특징을 보인다. 흔히 수동-공격성 성격장애 진단을 받는다(특히 4-5-6번 코드 V형태 - 4, 6번이 상승하고 5번이 낮은 경우).

47 기억장애를 보이고 있는 환자에게 기억 및 학습 능력을 평가하는 데 가장 적합한 것은?

① K-WMS-IV
② SCL-90-R
③ Face-Hand Test
④ Trail Making Test

해설

- WMS-IV는 웩슬러 기억검사로, 다양한 기억과 작업기억 능력들을 평가하기 위해 고안된 검사 배터리이다.
- 선로 잇기 검사(Trail Making Test: TMT): 주의력과 실행 기능을 평가하는 검사이다.
- SCL-90-R: 신체화, 강박, 대인예민성, 우울, 불안, 적대감, 공포, 불안, 편집증, 정신증, 기타 문제를 평가하는 간이정신진단 검사이다.
- Face-Hand Test: 고령자의 뇌 증후군을 판별하기 위한 검사로, 눈을 감은 상태에서 얼굴이나 손에 주어지는 자극을 알아맞히도록 구성된 검사이다.

48 지능검사 시행에 관한 설명으로 옳은 것은?

① 지능검사는 표준절차를 따르되 개인의 최대 능력을 측정하는 것을 목표로 한다.
② 지능검사 시행에서 수검자에 대한 행동 관찰은 별로 중요하지 않다.
③ 지능검사 시행에서 검사에 대한 동기는 결과에 영향을 미치지 않는다.
④ 검사가 시행되는 환경적 조건은 지능검사 결과에 별로 영향을 미치지 않는다.

해설

지능검사는 표준화된 절차에 따라 실시되어야 하며, 개인이 학습한 최대 능력을 측정하는 것을 목표로 한다. 지능검사는 다양한 출처의 정보(배경 정보, 행동 관찰 및 문제해결 방식 등)와 통합적으로 고려되어야 하며, 검사 수행에 지장이 되지 않는 조용하고 안정적인 검사 환경 및 수검자와의 라포 형성을 통해 검사 흥미나 동기 등의 요인이 수행에 영향을 미치지 않도록 하여야 한다.

정답 47. ① 48. ①

49 심리검사의 시행에 관한 설명으로 옳은 것은?

① 표준절차 외에 자신만의 효과적인 절차를 사용한다.
② 중립적 검사 시행을 위해 라포 형성은 가급적 배제되어야 한다.
③ 표준절차 외의 부가적 절차로 산출된 결과는 규준에 의거하여 해석하지 않는다.
④ 검사를 자동화된 컴퓨터 검사로 전환한 경우 원 검사에 대한 전문적 훈련은 요구되지 않는다.

해설

심리검사는 정확한 실시와 해석을 위해 표준화된 절차를 따라야 하며, 그 외에 부가적인 절차로 산출된 결과는 질적 분석 등을 위한 평가 자료로서 고려할 수는 있어도 표준화된 시행 절차에서 벗어난 자료를 해당 규준에 의거하여 해석하지 않도록 한다.

50 다음의 아동용 심리검사 중 실시 목적이 나머지 셋과 다른 것은?

① 동적 가족화(KFD)
② 아동용 주제통각검사(CAT)
③ 집-나무-사람 검사(HTP)
④ 코너스 평정척도(Conners rating scale)

해설

코너스 평정척도(Conners rating scale)는 주의력 결핍 과잉행동장애(ADHD)를 평가하기 위한 주의력 평가 검사도구이다. CAT, HTP, KFD는 수검자의 성격이나 무의식적 욕구, 갈등, 가족관계 역동 등을 파악하기 위한 투사적 검사에 해당된다.

51 TAT(주제통각검사)에 관한 설명으로 틀린 것은?

① TAT 성인용 도판은 남성용, 여성용, 남녀 공용으로 나누어진다.
② TAT는 대인관계상의 역동적인 측면을 파악하는 데 유용하다.
③ TAT는 준거조율전략(criterion keying strategy)을 통해 개발되었다.
④ TAT 반응은 순수한 지각반응이 아닌 개인의 선행 경험과 공상적 체험이 혼합된 통각적 과정이다.

해설

주제통각검사(TAT)는 '욕구-압력 체계'를 근거로 한 성격이론을 바탕으로 개발되었다. 각 카드의 그림 자극에 대해 수검자가 이야기하는 내용의 주제는 개인의 욕구와 압력의 결합 또는 개인과 환경이 통합되어 나타나는 역동적 구조로 보았으며, 해당 주제에는 개인의 욕구나 감정이 잘 투사되므로 역동적인 심리적 구조의 분석이 가능하다는 가정에 기초한다.

정답 49. ③ 50. ④ 51. ③

52 모집단에서 규준집단을 표집하는 방법과 가장 거리가 먼 것은?

① 군집표집(cluster sampling) ② 유층표집(stratified sampling)
③ 비율표집(ratio sampling) ④ 단순무선표집(simple random sampling)

해설

모집단을 가장 잘 대표하는 표본(규준집단)을 뽑기 위해 확률표집을 사용한다. 확률표집에는 군집표집, 유층표집, 단순무선표집, 체계적 표집이 있다.

- 군집표집(cluster sampling)
  모집단을 군집(혹은 집락)이라고 부르는 소집단(cluster)으로 나누고, 이들 군집 중 일정 수를 추출한 뒤 추출된 군집의 모든 구성원을 조사하는 방법을 말한다(예: 대학생의 인터넷 사용량 조사 시 대학 선정 → 학교, 학년 선정 → 해당 대학생 모두를 조사).
- 유층표집(stratified sampling) 또는 층화표집
  모집단을 어떤 기준에 따라 중복되지 않는 집단들로 분리하고, 각각의 계층 내에서 무작위 방법으로 표본을 추출하는 것을 말한다(예: 서울 시민의 교통안전 의식조사 시 강남-강북 등으로 나누고 무작위로 대상자를 추출).
- 단순무선표집(simple random sampling)
  표집 틀 내의 각 사람이나 표집 단위에 난수표 등을 이용하여 단순히 무작위로 표본을 추출하는 방법을 말한다(예: 인명부를 표집 틀로 하여 난수표로 무작위로 대상자를 선정하여 전화 조사).
- 체계적 표집법(systematic sampling)
  표집 틀인 모집단 목록에서 일정한 순서에 따라 매 k번째 요소를 표본으로 추출하는 방법을 말한다. 무작위로 뽑은 하나의 명단 번호로부터 시작하여 일정한 간격을 두고 선정한다(예: 초기 5번 선정 시 이후 5, 15, 25, 35, 45, 55 등으로 일정 간격을 두고 매 k번째 요소를 추출).

53 집단용 지능검사의 특징으로 옳은 것은? ▸ 2010

① 개인용 검사에 비해 임상적인 유용성이 높다.
② 선별검사(screening test)로 사용하기에 적합하다.
③ 대규모 실시로 실시와 채점, 해석이 상대적으로 어렵다.
④ 개인용 검사에 비해 지적 기능을 보다 신뢰성 있게 파악할 수 있다.

해설

지능검사를 집단으로 실시하는 경우에 지적 능력에 따른 선별과 배치 등에 유용할 수 있다. 표준화된 절차에 따라 실시되는 지능검사의 경우 신뢰도와 타당도가 검증되어 있으며, 검사 실시와 채점, 해석의 용이성이 장점이라고 볼 수 있다.

정답 52. ③ 53. ②

54 MMPI-2의 타당도척도에 해당되지 않는 것은?

① S척도 ② D척도
③ F(B)척도 ④ 무응답 척도

MMPI-2의 타당도척도는 성실성(무응답, VRIN, TRIN)척도, 비전형성[F, F(B), F(P), FBS]척도, 방어성(L, K, S)척도로 구성된다. D(Depression)척도는 임상척도 2번에 해당된다.

〈참조〉 MMPI-2의 기본척도

척도 종류		척도 기호	척도 명칭	문항 수
타당도 척도	성실성	?	무응답(Cannot Say)	
		VRIN	무선반응 비일관성(Variable Response Inconsistency)	67문항 쌍
		TRIN	고정반응 비일관성(True Response Inconsistency)	23문항 쌍
	비전형성	F	비전형(Infrequency)	60
		F(B)	비전형-후반부(Back Infrequency)	40
		F(P)	비전형-정신병리(Infrequency-Psychopathology)	27
		FBS	증상 타당도(Symptom Validity)	43
	방어성	L	부인(Lie)	15
		K	교정(Correction)	30
		S	과장된 자기제시(Superlative Self-Presentation)	50
임상 척도		1(Hs)	건강염려증(Hypochondriasis)	32
		2(D)	우울증(Depression)	57
		3(Hy)	히스테리(Hysteria)	60
		4(Pd)	반사회성(Psychopathic Deviate)	50
		5(Mf)	남성성-여성성(Masculinity-Femininity)	56
		6(Pa)	편집증(Paranoia)	40
		7(Pt)	강박증(Psychasthenia)	48
		8(Sc)	정신분열증(Schizophrenia)	78
		9(Ma)	경조증(Hypomania)	46
		0(Si)	내향성(Social Introversion)	69

55 K-VMI-6(시각운동 통합 발달검사)에 관한 설명으로 가장 적합한 것은?

① BGT에 비해 전반적으로 문항의 난이도가 높다.
② BGT에 비해 전반적으로 문항의 난이도가 낮다.
③ 사용 대상 연령은 만 2~5세까지로 대상 연령의 폭이 비교적 좁다.
④ 만 2~90세에 이르기까지 폭넓은 연령에서 실시할 수 있다.

정답 54. ② 55. ④

해설

- K-VMI-6(시각 운동 통합 발달검사)는 만 2~90세에 이르기까지 폭넓은 연령을 대상으로 실시가 가능하며, 24개의 도형 모사를 포함한 간단한 시행 과제를 통해 시각-운동 통합능력과 시지각능력, 운동협응 능력을 측정한다. 시각-운동 통합, 시지각 또는 운동협응에 심각한 결함이 있는 아동, 청소년, 성인의 조기 식별 및 평가를 통한 개입에 유용하며, 문항의 수준은 가장 단순한 것에서부터 가장 복잡한 것으로까지 난이도가 다양하다.
- VMI는 수검자가 너무 어리거나 장애 정도가 심해서 표준화된 지능검사를 실시하기 어려운 경우에 발달지수를 산출하거나 장애를 판별하기 위한 비언어적인 지능검사 도구로도 활용되어 왔다.

56 표집 시 남녀 비율을 정해 놓고 표집해야 하는 경우에 가장 적합한 방법은?

① 군집표집(cluster sampling)
② 유층표집(stratified sampling)
③ 체계적 표집(systematic sampling)
④ 구체적 표집(specific sampling)

해설

유층표집은 모집단 내에 여러 동질성을 갖는 하위 집단이 있다고 가정할 때 모집단을 속성에 따라 계층으로 구분하고 각 계층에서 단순무선표집을 하는 방법이다. 특히 각 유층 내에서 표집의 크기를 전집의 구성 비율과 같게 무선표집할 때 이를 비율적 유층표집이라고 한다.

57 MMPI-2의 타당도척도 중 비전형성을 측정하는 척도에서 증상 타당성을 의미하는 척도는?

① TRIN
② FBS
③ F(P)
④ F

해설

MMPI-2의 타당도척도 중 비전형성 척도에는 F, F(B), F(P), FBS 척도가 있으며, 이 중 FBS(증상 타당도)척도는 개인적 이득을 위해 보이는 다양한 방식의 증상 가장을 탐지하기 위한 목적으로 개발되었다.

〈참조〉

- **고정반응 비일관성(TRIN)척도**: TRIN척도는 문항 내용과 무관하게 '그렇다-그렇다' 혹은 '아니다-아니다'와 같이 어느 한 방향으로 응답했을 때 채점된다. 수검자가 무분별하게 '그렇다(모두 긍정)' 혹은 '아니다(모두 부정)' 중 어느 방향으로 응답했는지에 대한 정보를 제공해 준다.

정답 56. ② 57. ②

• **비전형(F)척도**: F척도는 통계적으로 이탈된 이상 반응 경향 혹은 관습적인 태도에서 벗어난 비전형적인 반응 경향을 탐지하기 위해 개발되었다.
• **비전형-정신병리(F(P))척도**: F(P)척도는 F척도의 상승이 실제 정신병적 문제로 인한 것인지, 아니면 의도적으로 자신을 부정적으로 보이려는 태도로 인한 것인지를 판별하는 데 유용하다.

58 적성검사에 대한 설명으로 틀린 것은?

① GATB는 대표적인 진로적성검사이다.
② 적성검사는 개인의 직업 선택에도 활용된다.
③ 적성과 지능은 측정하는 구성요인이 서로 겹치지 않는다.
④ 적성검사는 하나의 검사로 다양한 능력 영역을 측정할 수 있는 이점이 있다.

해설

• 적성검사와 지능검사는 미래의 성취를 예측하기 위한 개인의 다양한 능력을 측정하는 측면에서 구성요인이 상호 유사한 특징을 지닌다.
• 일반직업적성검사(GATB)는 9개의 영역(지능, 형태지각, 사무지각, 운동반응, 공간적성, 언어능력, 수리능력, 손의 재치, 손가락 재치)의 측정을 통해 개인의 적성을 평가한다.

59 다음 중 지능에 관한 일반적인 정의와 가장 거리가 먼 것은?

① 지능이란 적응능력이다.
② 지능이란 학습능력이다.
③ 지능이란 기억능력이다.
④ 지능은 총합적 · 전체적 능력이다.

해설

• 지능은 일반적으로 학습과 적응에 필요한 능력으로 정의되고 있으며, 이를 위해 기억 기능을 포함한 다차원적 측면에 대한 평가가 이루어진다. 따라서 기억능력을 전체적인 지능의 일반적인 개념이라고 볼 수 없다.
• 비네(Binet)는 지능을 학습능력이라고 정의하였고, 핀트너(Pintner)와 피아제(Piaget)는 지능은 환경이나 새로운 상황 및 문제에 적응하는 능력이라고 하였으며, 웩슬러(Wechsler)는 개인이 합목적적으로 행동하고 합리적으로 사고하며 환경에 효과적으로 적응할 수 있는 총합적이고 전체적인 능력으로 정의하였다.

정답 58. ③ 59. ③

60 MMPI 타당도척도 중 L과 K 척도는 T점수로 50에서 60 사이이고, F척도는 70 이상인 점수를 얻은 사람의 특징으로 적합한 것은?

① 지나친 방어적 태도 때문에 면담하기 어려운 사람이다.

② 감정을 억제하고 있으며, 행동을 적절하게 통제하고 있다.

③ 경험하는 스트레스의 정도가 미미하며, 사회적 상황에 효율적으로 대처하는 사람이다.

④ 자신의 문제를 인정하는 동시에 그런 문제와 관련하여 자신을 방어하려고 애쓰는 사람이다.

해설

방어성 척도인 L, K 척도가 50~60 사이이고, 정신병리를 나타내는 F척도가 70 이상으로 상승되어 있어 자신의 증상이나 문제를 인정하여 반응하였을 가능성과 동시에 L, K 척도의 50~60에 해당되는 수검자의 경우에 부인(denial)과 억압(repression)의 방어기제 사용으로 인해 실제적으로는 심리적 문제를 인정하거나 시인하는 데 어려움을 보일 수 있다.

정답 60. ④

12 2017년 제1회 기출문제

41 80세 이상의 노인집단용 규준이 마련되어 있는 심리검사는?

① K-WAIS ② K-WAIS-IV

③ K-Vineland-II ④ Social Maturity Scale

해설

- 한국판 바인랜드 적응행동척도 2판(K-Vineland-II)의 검사 대상은 0~만 90세 11개월이며, 아동기 발달상의 문제뿐만 아니라 적응 기능이 손상된 고령자를 대상으로 평가하는 데 활용되며, 별도의 규준이 있고 수검자의 백분위 점수를 통해 기능의 정도를 객관적으로 평가한다.
- 검사에 포함되어 있는 평가영역은 의사소통(듣기, 이해하기, 말하기, 읽기와 쓰기), 생활기술(자신 돌보기, 집안 돌보기, 사회생활), 사회성(대인관계, 놀이와 여가, 대처기술), 운동기술(대근육 운동, 소근육 운동)의 네 가지 주 영역으로 구성되어 있으며, 주 영역은 몇 개의 하위 영역을 포함한다.

42 MMPI에서 2, 7 척도가 상승한 패턴을 가진 피검자의 특성으로 옳지 않은 것은? ▸ 2009

① 행동화(acting-out) 성향이 강하다.

② 정신치료에 대한 동기는 높은 편이다.

③ 자기비판 혹은 자기처벌적인 성향이 강하다.

④ 불안, 긴장, 과민성 등 정서적 불안 상태에 놓여 있다.

해설

- 2-7 상승 척도를 보이는 경우 지나치게 책임감을 느끼며, 불안과 걱정이 많고, 예측 못하는 상황에 대응해서 세상의 위험요소를 탐색하고 어떻게 대처할지에 대해 염려하며 방어적 양상을 보인다.
- 스트레스에 민감하며 실패나 실수에 대해 자기비판 및 자기처벌적인 죄책감을 느끼는 특징을 보인다(MMPI

정답 41. ③ 42. ①

에서 2번, 7번 척도는 행동 억제 척도에 해당되며, 대표적인 행동화 척도는 4번, 9번 척도임). 일반적으로 심리치료나 상담의 동기가 양호하며 예후가 좋은 편이다.

43 신경심리검사에 관한 일반적인 설명으로 옳은 것은? ▸2004, 2009

① 뇌손상은 단일한 행동지표를 나타낸다.
② 정상인과 노인의 기능평가에는 사용되지 않는다.
③ 피검자의 인구통계학적 및 심리사회적 배경에 따라 반응이 달라진다.
④ 신경심리검사에서는 전통적인 지적 기능평가와 성격평가는 필요하지 않다.

해설

신경심리검사는 뇌손상에 수반된 개인의 인지, 감각, 운동, 정서 및 사회적 행동의 다차원적 측면을 평가하며, 신경학적 진단뿐만 아니라 환자를 관리하고 치료를 계획하는 데 필요한 유용한 정보를 제공한다. 수검자의 인구통계학적 및 심리사회적 배경에 따라 반응이 다양하게 도출될 수 있기에 별도의 규준(연령별, 성별, 교육 수준 등)이 마련되어 있으며, 해당 규준 내 수검자의 기능 수준 정도를 객관적으로 측정한다.

44 다음 중 심리평가 과정에서 일반적으로 중요도가 상대적으로 가장 낮은 정보는?

① 면담 ② 직업관
③ 심리검사 ④ 행동 관찰

해설

심리평가는 한 사람의 심리적 특성을 이해하기 위한 일련의 전문적인 과정을 말한다. 심리평가 과정은 심리검사, 면담, 행동 관찰(심리평가의 3요소)로 구성되며, 정신병리에 대한 전문적인 지식이 요구된다.

45 MMPI에 관한 설명으로 틀린 것은?

① 수검자에 대한 행동평가가 가능하다.
② 수검자의 방어기제를 잘 알 수 있다.
③ 결과에 대한 정신역동적 해석이 가능하다.
④ 수검자의 성격 전반에 대한 이해가 가능하다.

해설

MMPI는 객관적 자기보고 검사로서 성격 전반에 대한 이해뿐만 아니라 정신병리에 대한 진단 및 평가로 활용된다. 단, 수검자에 대한 행동 평가영역이 별도로 마련되어 있지 않으며, 각 척도별 특징에 따른 행동 양식을

정답 43. ③ 44. ② 45. ①

분석한다. 각 척도별 주요 특징에 따라 수검자의 주된 방어기제를 확인할 수 있으며, 이를 통해 정신역동적 해석이 가능하다.

46 다음 환자는 뇌의 어떤 부위가 손상되었을 가능성이 높은가? ▸2014

> 30세 남성이 운전 중 중앙선을 침범한 차량과 충돌하여 두뇌 손상을 입었다. 이후 환자는 매사 의욕이 없고, 할 수 있는 데도 불구하고 어떤 행동을 시작하려고 하지 않으며, 계획을 세우거나 실천하는 것이 거의 안된다고 한다.

① 측두엽 ② 후두엽
③ 전두엽 ④ 두정엽

해설

전두엽은 자신의 행동을 효과적으로 조절하고 지시하는 집행 기능의 역할을 담당하는 영역으로, 추론능력, 계획을 세우고 순서대로 일을 처리하는 능력, 판단력, 행동 조절능력 및 상황이나 목적에 맞는 사회적 행동을 하고 구성하는 능력과 관련된다. 이에 전두엽 손상 시 사례에서 나타난 행동 개시, 계획 및 실천 등의 곤란이 초래된다.

47 MMPI-2에서 타당성을 고려할 때 '?' 지표에 대한 설명으로 틀린 것은?

① 각 척도별 '?' 반응의 비율을 확인해 보는 것은 유용할 수 있다.
② '?' 반응이 300번 이내의 문항에서만 발견되었다면 L, F, K 척도는 표준적인 해석이 가능하다.
③ '?' 반응이 3개 미만인 경우에도 해당 문항에 대한 재반응을 요청하는 등의 사전검토 작업이 필요하다.
④ '?' 반응은 수검자가 질문에 대해 답변을 하지 않을 경우뿐만 아니라 '그렇다'와 '아니다'에 모두 응답했을 경우에도 해당된다.

해설

MMPI-2의 타당도 척도 중 ?(무응답 척도)는 수검자가 빠뜨린 문항이 있는지, '그렇다' 혹은 '아니다'에 모두 응답한 문항이 있는지를 확인하는 척도이다. 주요 임상척도에 해당되는 문항이 370번 이전에 포함되어 있기에 수검자의 무응답이 370번 이후라면 L/F/K 척도 및 임상척도 해석이 가능하다.

정답 46. ③ 47. ②

학습 Plus MMPI-2 무응답 척도 특징

- 수검자가 '그렇다' 혹은 '아니다'에 모두 체크했거나 응답하지 않고 생략한 문항의 개수를 나타낸다. 수검자가 문항에 응답하지 않는 이유는 다양할 수 있다(원점수가 30 이상이라면 프로파일이 무효일 가능성이 높다).

※ 원점수가 30 이상인 경우
- 수검자가 부주의하거나 혼란스러워 의도와 무관하게 반응을 누락하는 경우
- 자신의 바람직하지 않은 특성에 대해 고의로 거짓 응답을 하기보다는 회피하려는 경우
- '예'와 '아니요'의 양자택일 상황에서 어느 하나를 택하지 못하는 우유부단한 경우
- 의미 있는 결과를 도출하는 데 필요한 정보의 경험이 부족한 경우
- 독해 능력 문제로 다소 복잡한 문항에 응답하지 않은 경우
- 심한 정신병리 상태로 인해 적절히 반응하는 것 자체가 힘든 경우
- 자신의 특정한 문제가 노출되는 것을 꺼려서 특정 문항 내용에 대해서만 응답하지 않은 경우
- 강박증적 경향이나 반추적 사고로 인해 어떤 방향으로 응답해야 할지 결정을 하지 못하는 경우
- 문항 내용이 자신과 관련이 없다고 느끼는 경우
- 검사 및 검사자에 대해 반항적이고 비협조적인 태도를 보이는 경우
- 심한 우울증으로 인하여 문항에 대한 결정을 내리기 어려운 경우

- 무응답 문항의 개수가 30개 이상이라면 검사결과 자체를 무효로 볼 수 있다. 단, 원판 타당도척도들(L, K, F)과 임상척도들이 최초 370문항 안에 배치되어 있기에 무응답이 대개 370번 이후라면 무응답의 수가 많다는 이유만으로 전체 검사결과의 타당성을 의심할 필요는 없다.

48 지능검사를 실시할 때 검사자의 태도로 바람직하지 않은 것은?

① 표준화된 실시 지침을 지켜야 한다.
② 검사의 실시 방법과 정답을 숙지하여야 한다.
③ 피검자가 최대 능력을 발휘할 수 있는 분위기에서 실시한다.
④ 객관적 해석을 위해서는 피검자의 배경 정보를 고려하지 않는다.

해설

지능검사를 실시하는 과정에서 피검자의 배경 정보는 다양한 적응적·부적응적 양상을 이해하는 데 유용하며, 지능검사 프로파일을 통해 도출된 결과는 다양한 출처를 통한 자료와 통합적으로 고려되어야 객관적이고 타당한 평가가 이루어질 수 있다.

49 특정 학업 과정이나 직업에 대한 앞으로의 수행능력이나 적응을 예측하는 검사는?

▸ 2003, 2007, 2009, 2010

① 적성검사 ② 지능검사
③ 성격검사 ④ 능력검사

정답 48. ④ 49. ①

해설

적성검사는 학업이나 진로, 직무에 대한 수행능력이나 적응 정도 및 잠재력을 예측하는 데 목적을 지닌다. 개인마다 특수한 능력에 차이가 있으며, 그 차이를 통해 나중에 어떤 성과를 달성할 것인가를 예언할 수 있다고 가정한다.

50 좌반구 측두엽 부위에 손상을 당한 환자가 신경심리평가 과제에서 보일 수 있는 특징이 아닌 것은?

① 명명과제(naming test)에서의 수행 저하
② 언어기억과제(verbal memory test)에서의 수행 저하
③ 시공간적 지남력의 저하
④ 단어유창성과제(word fluency test)에서의 수행 저하

해설

- 좌반구 측두엽은 언어 기능을 담당하는 영역으로, 손상 시에는 흔히 실어증(언어를 이해하거나 관념을 언어로 표현하는 능력이 상실된 상태)이나 언어 인출의 문제가 나타날 수 있고, 언어유창성 상실, 명명 곤란, 문법과 구문 상실, 착어증(글자의 음을 틀리게 발음하거나 단어를 잘못 말하는 증상), 의미 이해 곤란 등이 유발될 수 있다.
- 시공간적 지남력 저하는 치매 증상의 주된 특징으로 나타나는데, 초기에는 시간 지남력을 보이다가 점차 공간에 대한 인식 및 사람에 대한 인식 저하로 확산되는 경향을 보인다. 시간 지남력은 전두엽과 관련되며, 공간 지남력은 두정엽과 관련된다.

51 측정영역이 서로 다른 검사로 짝지어진 것은?

① 주의력 검사 – 연속수행과제
② 코너스 평정척도 – 주의력 검사
③ 연속수행과제 – 코너스 평정척도
④ 낯선 상황 실험 – 코너스 평정척도

해설

- 코너스 평정척도(Conners rating scale)는 주의력결핍 과잉행동장애(ADHD)를 판단하기 위해 제작된 검사도구이다. 부주의, 과잉행동, 학습문제, 품행문제 등의 유목에 해당되는 문항에 평정하도록 구성되어 있다. 연령별 규준이 별도로 마련되어 있으며, 부모용, 교사용, 청소년용 등으로 구분하여 실시 가능하다.
- 낯선 상황 실험(strange situation experiment)은 메리 아인워스(Mary Ainsworth)에 의해 개발된 영유아 대상의 구조화된 평가절차로서 영유아의 애착체계(attachment system)를 활성화시키고 애착행동들을 유발시키도록 구성된 실험 절차를 통해 영유아와 양육자의 상호 행동 측정 및 애착 유형을 분류하여 평가한다.

정답 50. ③ 51. ④

52 웩슬러 지능검사의 소검사 중에서 일반 지능 또는 발병 전 지능을 추정하는 데 사용되지 않는 소검사는?

▸ 2013

① 상식 ② 어휘
③ 숫자 ④ 토막짜기

해설

웩슬러 지능검사 소검사 중 병전 지능을 추정하는 데 사용되는 소검사에는 상식, 어휘, 토막짜기이다. 지능검사 후 원래의 지능 수준을 추정하여 현재의 지능 수준과의 차이를 계산해 봄으로써 급성적 · 만성적 병적 경과, 지능의 유지나 퇴보 정도를 파악한다.

53 MMPI-2에서 8-9/9-8 상승척도 쌍을 보이는 사람들의 특징이 아닌 것은?

① 과잉활동적이고 정서적으로 불안정하다.
② 사회적인 기준이나 가치를 지나치게 무시하고, 자신의 이익을 위해 사람들을 이용하는 경향이 있다.
③ 다른 사람들에게 다소 자기중심적이고 유아적인 기대를 한다.
④ 성취 욕구가 강하고 성취에 대한 압박감을 느끼지만, 그들의 실제 수행은 기껏해야 평범한 수준인 경우가 많다.

해설

- 4-9/9-4 상승척도 쌍을 보이는 사람들의 가장 두드러진 특징은 사회적인 기준이나 가치를 무시하고, 타인을 기만하며 이기적이고 무책임한 행동 양상을 보인다(②번은 4-9 척도에 해당됨).

8-9/9-8 상승척도

- 다른 사람들에게 자기중심적이고 유아적인 기대를 한다. 자신에게 관심을 보여 줄 것을 요구하며 욕구가 충족되지 않으면 화를 내면서 적대적으로 행동한다.
- 과잉활동적이고 정서적으로 불안정하다. 쉽게 동요되고 흥분된 상태인 것처럼 보이며, 지나치게 큰 목소리로 말하며 변덕스러운 사람이라는 인상을 준다.
- 성취 욕구가 강하고 성취에 대한 압박감을 느끼지만 실제 수행은 평범한 수준인 경우가 많다. 열등감과 부적절감을 느끼며 자존감이 낮기 때문에 경쟁적인 상황이나 성취지향적인 상황에 선뜻 나서지 못한다.
- 심각한 심리적 장애를 시사하며, 심각한 사고장애가 분명히 드러나기도 한다. 혼란감과 당혹감을 자주 느끼며 지남력이 상실되어 있고 비현실감을 보고하기도 한다.

정답 52. ③ 53. ②

54 지능검사에 관한 설명으로 옳은 것은? ▸ 2012

① 최초의 편차지능을 이용한 지능검사는 Spearman이 만들었다.
② 정신검사(mental test)란 용어를 심리학에 도입한 학자는 Binet이다.
③ 지능검사는 피검사자의 정신병리를 파악하는 데 사용할 수 있다.
④ 현재 널리 사용되는 지능검사들은 대부분 문화적 영향이 적절히 배제되어 있다.

해설

- 웩슬러(Wechsler)는 편차 IQ(개인이 속한 해당 연령 집단 내에서 자신의 상대적 위치를 지능지수로 환산한 것)의 개념을 지능검사에 도입하였다. 정상분포(normal distribution)인 모집단의 평균을 100, 표준편차를 15로 가정한다.
- 정신검사(mental test)라는 용어를 심리학에 도입한 학자는 커텔(Cattell)이며, 지능을 유동적 지능과 결정적 지능의 2차원으로 구분하였다.
- 지능검사는 대개 기본적으로 문화적, 교육적, 일상생활에서의 경험 등을 통한 학습을 반영한다.

55 16PF(다요인 인성 성격검사)에 관한 설명으로 틀린 것은?

① 상반된 의미의 형용사를 요인 분석하여 만든 검사이다.
② Cattell에 따르면 임상 증상은 표면 특성이고, 그 배후에는 다양한 근원 특성이 있다.
③ MMPI와는 달리 정신질환자가 아닌 정상인의 성격을 측정하기 위해 만든 검사이다.
④ Cattell과 Eber가 고안한 검사로 성인은 물론 학령기를 시작하는 6세 이상을 대상으로 한다.

해설

16PF는 1949년 커텔(Cattell)에 의해 개발된 도구로, 중고등 학생 개인의 근본적인 성격 특성 파악을 위한 다중선택검사법이다. 이 검사는 요인분석(factor analysis)을 통해 외향성, 불안, 완고함, 독립심, 자기통제의 5가지 범주로 나누어지는 16가지의 성격 특성을 측정하기 위한 185문항으로 이루어진다. 16PF는 16세 이상을 대상으로 설계되었지만, 중고등 학생을 대상으로 한(16PF 청소년 성격 질문지) 검사도 있다.

56 지능은 우수하지만 주의력결핍 과잉행동장애가 있어 학업부진을 보이는 아동이나 청소년들이 다른 소검사에 비해 높은 점수를 얻기 어려운 소검사는? ▸ 2015

① 어휘 ② 이해
③ 숫자 ④ 토막짜기

정답 54. ③ 55. ④ 56. ③

해 설

숫자 소검사는 검사자가 읽어 주는 일련의 숫자를 동일한 순서로 기억해 내야 하는 과제로, 주의집중능력과 관련이 높다. 불안, 충동성, 부주의한 경우에 수행이 낮을 수 있다.

57 심리평가와 관련된 윤리로 보기 어려운 것은?

① 가능하면 최근에 제작된 검사를 사용해야 한다.
② 심리검사를 구매하는 데에도 일정한 자격이 필요하다.
③ 수검자 외의 어떠한 사람에게도 검사결과를 알려서는 안 된다.
④ 검사결과는 수검자가 이해할 수 있는 방식으로 설명해야 한다.

해 설

검사자는 수검자의 사생활과 비밀을 유지해야 할 의무가 있지만 몇 가지 예외적인 상황에서는 비밀유지가 제한될 수 있다(예: 생명과 관련된 문제, 법적 쟁점).

58 Bayley 발달척도(BSID-II)를 구성하는 하위 척도가 아닌 것은? ▸2011, 2014

① 운동척도(motor scale)
② 정신척도(mental scale)
③ 사회성척도(social scale)
④ 행동평정척도(behavior rating scale)

해 설

Bayley 영유아 발달검사(BSID-II)의 구성에는 정신척도(mental scale), 운동척도(motor scale), 행동평정척도(behavior rating scale)가 있다. 평가자가 아동에게 도구나 언어적 지시를 사용해 지시한 후 수행 수준을 평가한다. 국내에서는 1~42개월의 아동을 대상으로 한 BSID-II가 표준화되었다.

59 검사 점수들의 분포 특성을 요약적으로 나타내는 지표로 사용되지 않는 것은?

① 사례수(N)
② 평균(mean)
③ 중앙치(median)
④ 표준편차(standard deviation)

해 설

검사 점수들의 분포 특성을 요약하기 위해서는 평균, 중앙치, 표준편차가 사용된다.

- **평균(mean)**: 중심위치의 측정과 양적 자료에 쓰인다. 대칭적인 분포에서 평균은 자료를 대표할 수 있는 지표로 볼 수 있다.
- **중앙치(median)**: 자료를 크기순으로 나열할 때 가운데 놓이는 값, 즉 전체 사례수에서 가운데에 해당되는

정답 **57.** ③ **58.** ③ **59.** ①

값이다.

- **표준편차**(standard deviation): 편차를 자승해서 합하는 방법을 통해서 측정한다. 통계집단의 분산의 정도를 나타내는 수치를 말한다.

60 **동일한 사람에게 첫 번째 시행한 검사와 측정영역, 문항 수, 난이도가 같은 검사로 두 번째 검사를 실시해서 두 검사점수 간의 상관으로 신뢰도를 추정하는 방법은?** ▸2016

① 반분 신뢰도 ② 내적 합치도
③ 동형검사 신뢰도 ④ 검사-재검사 신뢰도

동형검사 신뢰도(parallel-form reliability)는 같은 사람에게 첫 번째 시행한 검사와 동등한 유형의 검사로 두 번째 검사를 실시해 두 점수 간의 상관으로 신뢰도를 추정한다. 난이도를 포함한 여러 조건에서 완벽한 동일한 동형을 제작하기 어려운 단점을 지닌다.

〈참조〉
동형검사 신뢰도를 사용하기 위해서는 다음 조건이 충족되어야 함.
- 동일한 측정영역
- 동일한 문항 수와 형식
- 동일한 두 검사의 난이도 수준
- 검사 지시 내용, 시간 제한, 구체적 설명 등에서 동일한 조건 유지

- **검사-재검사 신뢰도**(test-retest realibility): 동일한 검사를 동일한 대상에게 일정한 시간 간격을 두고 두 번 실시했을 때 두 검사 점수가 일치하는 정도를 상관계수로 추정한다.
- **반분 신뢰도**(split-half reliability): 한 검사를 한 집단에 실시하고 그 검사의 문항을 동형이 되도록 두 개의 검사로 나눈 다음 두 부분의 점수가 어느 정도 일치하는가를 상관계수로 추정한다.
- **내적 합치도**(internal consistency): 검사 내 문항들이 어느 정도의 동질성을 가지고 있는가를 살펴보기 위해 문항들 간의 유사성 혹은 일치성을 추정한다.

PART 03 심리검사

정답 60. ③

PART

04

임상심리학

2016년 제3회 기출문제(학지사 홈페이지에 자료 제공)
2016년 제1회 기출문제(학지사 홈페이지에 자료 제공)

01 2022년 제3회 기출문제

◇ 임상심리사 2급 필기 제3회 문제는 응시자의 후기와 과년도 빈출문제를 기반으로 기출과 유사한 문제를 복원하여 '기출예상문제'로 제공됩니다(CBT 방식으로 시험이 전환되어 시험문제가 비공개되었음).

◇ 임상심리사 2급 필기시험에서 〈제4과목 임상심리학〉은 61~80번까지로 총 20문항이 출제됩니다.

61 **주로 흡연, 음주, 과식 등의 문제를 해결하기 위해 사용되며, 부적응적이고 지나친 탐닉이나 선호를 제거하는 데 사용되는 행동치료 방법은?** ▸ 2015, 2020

① 부적 강화 ② 혐오치료
③ 토큰경제 ④ 조형

해설

- 혐오치료(aversion therapy)
  역조건 형성의 일종으로서 바람직하지 못한 행동(흡연, 음주, 과식, 성 중독 등)에 혐오자극을 제시하여 부적응적인 행동을 제거하는 기법이다.
- 토큰경제(token economy)
  토큰경제는 토큰 또는 교환권을 강화물로 사용하여 바람직한 행동을 유보하는 기법이다. 이 방법은 조작적 조건형성을 이용한 행동수정 기법이다.
- 조형(shaping)
  조작적 조건형성의 원리를 적용한 기법으로, 바람직한 행동을 여러 하위 단계로 나누어 세분화된 목표행동에 접근할 때마다 적절한 보상을 주어 점진적으로 특정 행동을 학습시키는 기법이다.
- 부적 강화(negative reinforcement)
  부적 강화는 학습자가 싫어하는 자극인 부적 강화인(negative reinforcer)을 제거해 줌으로써 기대되는 행동의 발생 빈도를 증가시키는 것이다(예: 선행을 한 아이에게 아이가 싫어하는 청소를 면제해 줌).

정답 61. ②

62 강제 입원, 아동 양육권, 여성에 대한 폭력, 배심원 선정 등의 문제에 특히 관심을 가지는 심리학 영역은? ▶ 2015, 2021

① 아동임상심리학 ② 임상건강심리학
③ 법정심리학 ④ 행동의학

해설

- 법정심리학(forensic psychology)
  법정심리학자들은 인간 행동의 원리들을 재판제도나 법률제도에 사용하는 데 전문화되어 있다. 피고인에 대한 심리평가, 전문가 증언, 배심원 선정, 아동 양육 조정을 위한 평가, 비행 예측 평가, 강제 입원, 법정 자문 등을 제공할 수 있다.
- 아동임상심리학(child clinical psychology)
  아동임상심리학자들은 아동들과 가족들을 대상으로 전문화된 평가와 치료, 자문을 제공한다. 아동평가(예: 행동장애, 학습 무능, 운동발달 지연), 아동치료(예: 가족치료, 정서적 · 행동적 문제), 심리자문(교사, 학교 상담원, 부모 등)의 영역에서 전문적이고 심층적인 개입을 한다.
- 임상건강심리학(health psychology)
  임상건강심리학자들은 건강 증진 생활양식을 발달시키도록 도움을 주며, 건강 증진 행동들(예: 운동, 금연, 스트레스 관리)을 최대화하고, 건강 유해 행동을 최소화하기 위한 중재를 한다.
- 행동의학(behavioral medicine)
  행동의학이란 건강이나 질병에 관련된 행동과학적 · 생물의학적 지식과 기술을 개발하고, 이러한 지식과 기법들을 예방, 진단, 치료 및 재활에 적용하는 학제 간 분야를 말한다.

63 아동기에 기원을 둔 무의식적인 심리적 갈등에서 이상행동이 비롯된다고 가정한 조망은? ▶ 2016, 2020

① 행동적 조망 ② 인지적 조망
③ 대인관계적 조망 ④ 정신역동적 조망

해설

정신역동적 조망에서는 어린 시절의 경험을 중요시하며 무의식적 갈등에서 이상행동이 비롯된다고 보고, 개인이 의식하지 못하는 무의식적 요인인 미해결된 욕구, 충동, 소망 등에 대한 분석을 통해 인간의 행동을 이해하고자 한다.

정답 62. ③ 63. ④

64 사회기술 훈련 프로그램의 구성요소에 해당되지 않는 것은? ▸ 2016

① 문제해결 기술
② 의사소통 기술
③ 증상관리 교육
④ 자기주장 훈련

해설

사회기술 훈련 프로그램은 의사소통을 통해 대인관계의 효율성을 향상시키 데 필요한 사회적 기술을 훈련하는 과정을 말한다. 가족이나 다른 사람들과의 대인관계에서 어려움이 많은 환자들에게 갈등이나 긴장을 해결하기 위한 효과적인 방법을 제공한다. 구체적으로 문제해결 기술, 자기주장 훈련, 의사소통 기술 등으로 구성되어 있다.

65 행동평가에 관한 설명으로 가장 적합한 것은? ▸ 2017, 2021

① 자연적인 상황에서 실제 발생한 것만을 대상으로 평가한다.
② 행동표본은 내면심리를 반영한 것으로 해석된다.
③ 특정 표적 행동의 조작적 정의가 상이할 수 있음을 고려해야 한다.
④ 관찰 결과는 요구 특성이나 피험자의 반응성 요인과는 무관하다.

해설

행동평가에서는 관찰할 특정 표적 행동의 조작적 정의가 구체적으로 명시되어야 관찰자 간의 서로 다른 조작적 정의에 의한 평정의 상이함을 통제할 수 있다. 구체적으로 합의된 행동이 지정되지 않는 이상 관찰자는 어떤 것에 집중해야 할지에 대해 다양한 수준에서 초점을 맞출 수 있어 조작적 정의가 상이하게 되면 관찰의 신뢰도에 영향을 줄 수 있다.

66 Beck의 우울증 인지행동치료에서 인지 삼제(cognitive triad)로 틀린 것은? ▸ 2018

① 자신
② 과거
③ 세계
④ 미래

해설

Beck은 우울증을 경험하는 사람들의 자동적 사고는 주로 인지 삼제(cognitive triad: 자신-세계-미래)에, 즉 자신에 대한 비관적 생각(나는 무가치한 사람이다), 세계(세상)에 대한 부정적인 생각(세상은 매우 살기 힘든 곳이다), 미래에 대한 염세주의적 생각(나의 앞날은 희망이 없다)과 같은 세 가지 내용으로 구성된다고 보았다.

정답 64. ③ 65. ③ 66. ②

67 건강심리학 분야의 주된 관심 영역과 가장 거리가 먼 것은? ▸ 2016

① 흡연 ② 우울증
③ 비만 ④ 알코올 남용

- 건강심리학(health psychology)은 건강의 유지 및 증진, 질병의 예방과 치료를 목적으로 심리학적인 지식을 응용하는 학문이다. 신체 질병, 스트레스, 비만, 흡연, 알코올 남용, 만성질환 등 다양한 건강 관련 주제를 다루고 있다.
- 우울증과 같은 정신장애 관련 주제는 임상 및 상담 심리학 분야의 주된 관심 영역에 해당된다.

68 범죄에 대한 지역사회심리학적 접근에서 일차적 예방에 해당하는 것은? ▸ 2017

① 가해자의 부모에 대한 교육
② 범죄 피해자에 대한 조기지원 프로그램
③ 범죄 예방을 위한 환경의 변화 노력
④ 비행 청소년의 재비행 방지 프로그램

해설

지역사회심리학적 접근에서 일차 예방(primary prevention)은 정신장애가 발생하는 것을 막기 위한 환경적 변화에 초점을 둔다. 이러한 예비 활동이 지역사회의 모든 사람을 대상으로 이루어질 경우에는 전반적 예방(universal prevention)이라고 하고, 취약성을 지닌 일부 집단을 대상으로 할 경우에는 선별적 예방(selective prevention)이라고 한다.

학습 Plus 지역사회심리학

지역사회심리학은 문제의 발생, 완화에서 환경적 힘의 역할을 강조하는 정신건강 접근을 말한다. 이에 개인, 집단, 단체, 사회적 차원의 행동에 영향을 끼치는 사회적, 환경적 요소에 초점을 둔다.

① 일차 예방(primary prevention)
- 정신장애가 발생하는 것을 막기 위한 환경적 변화를 의미한다.
- 이러한 예비 활동이 지역사회의 모든 사람을 대상으로 이루어질 경우에는 전반적 예방(universal prevention)이라고 하고, 취약성을 지닌 일부 집단을 대상으로 할 경우에는 선별적 예방(selective prevention)이라고 한다.

② 이차 예방(secondary prevention)
- 정신장애가 발생했을 때 그러한 장애를 초기에 발견하여 치료하려는 노력을 말한다.
- 정신장애가 이미 발생했지만 심각한 상태로 진전되기 전에 치료를 함으로써 그 영향을 최소화하려는 노력이다.

③ 삼차 예방(tertiary prevention)
- 정신장애가 이미 상당히 심각한 만성적 상태에 이른 경우 더 이상의 악화를 막고 합병증을 최소화하기 위한 노력들을 말한다.
- 삼차 예방의 주된 목적은 사회 복귀와 재활이라고 할 수 있다.

정답 67. ② 68. ③

69 다음 중 접수 면접의 주요 목적과 가장 거리가 먼 것은? ▸ 2021

① 환자를 병원이나 진료소에 의뢰할지를 고려한다.
② 제공되는 서비스에 대한 환자의 질문에 대답한다.
③ 환자에게 신뢰, 라포 및 희망을 심어 주려고 시도한다.
④ 환자가 자신이나 다른 사람을 해칠 중대한 위험상태에 있는지 결정한다.

해 설

위기 면접은 환자가 중대하고 외상적이며, 자신이나 타인의 생명을 위협하는 위기상태에 놓여 있을 때 실시한다. 위기 면접 시에는 문제를 신속하게 파악하여 결정을 내려야 하며, 환자의 욕구를 명료화하고, 조언과 지시를 적절히 사용하며, 침착하고 단호한 태도를 유지해야 한다.

학습 Plus 면접의 유형

① **접수 면접**
- 접수 면접은 가장 적절한 치료나 중재 계획을 세우기 위해 환자의 증상이나 문제를 더 잘 이해하는 데 있다.
- 접수 면접 동안 치료 절차 및 제공되는 서비스에 대한 환자의 질문에 답하며, 일련의 과정들에 대한 정보를 제공한다.
- 접수 면접에서는 환자에게 신뢰와 희망을 심어 주고 라포를 형성하기 위해 노력한다.
- 접수 면접을 통해 적절한 치료에 적합한 병원, 진료소 등의 의뢰를 고려한다.

② **정신상태 면접**
- 정신상태 면접은 환자의 심리적 기능 수준과 망상, 섬망 또는 치매와 같은 정신현상의 유무를 선별하기 위해 수행된다.
- 정신상태 검사(mental state examination)의 결과는 더 깊은 평가와 중재를 위한 어떤 방향을 제시할 뿐만 아니라 환자가 겪고 있는 가능한 정신과적 진단에 대한 예비 정보를 제공한다.
  * 정신상태 검사(mental state examination): 외모, 몸가짐, 언어 및 의사소통, 감정, 사고과정, 통찰, 판단력, 주의, 집중, 기억 및 지남력 등을 평가한다.

③ **위기 면접**
- 위기 면접은 환자가 중대하고 외상적이며, 자신과 타인의 생명을 위협하는 위기상태에 놓여 있을 때 실시한다.
- 위기 면접 시에는 문제를 신속하게 파악하여 결정을 내려야 하며, 내담자의 욕구를 명료화하고, 조언과 지시를 적절히 사용하며, 침착하고 단호한 태도를 유지해야 한다.

④ **진단 면접**
- 진단 면접의 목적은 환자의 특정 진단에 대한 명확한 이해를 얻는 것이다.
- 정신과적 문제를 파악하기 위해 정신장애 진단 및 통계 편람(DSM-5) 등을 사용하며, 면접의 목표는 환자가 특정 장애의 진단 준거에 부합되는지의 여부를 밝히는 데 있다.

⑤ **컴퓨터 보조 면접**
- 컴퓨터 보조 면접은 상담자와 면-대-면으로 만나기 전에 환자들이 자신의 관심사에 대한 다양한 질문에 대답할 수 있도록 구성되어 있다.
- 면접의 결과는 치료과정에서 내담자를 도와주기 위해 사용되며, 민감하고 잠재적인 질문들에 대답을 효과적으로 돕는다.

정답 69. ④

70 펜실베이니아 대학교에 첫 심리진료소를 개설하고 임상심리학의 탄생에 크게 기여한 학자는? ▸ 2012, 2017

① William James ② Lightner Witmer
③ Emil Kraepelin ④ Wilhelm Wundt

해설

- 임상심리학은 1896년 Witmer가 펜실베이니아 대학교에 첫 심리진료소를 개설하면서 시작되었다. 학습장애가 있는 어린이를 돕는 데 중점을 두었으며, 1907년 학술지인 『The Psychological Clinic』을 통해 '임상심리학'이라는 용어를 처음으로 소개하였다.
- William James: 의식의 흐름과 기능을 중시하며, 인간을 이해하기 위해서는 의식의 전체적 기능을 밝혀야 한다고 주장하였다. 의식작용의 과정과 기능에 초점을 둔 기능주의 심리학에 영향을 미쳤다.
- Emil Kraepelin: 현재의 정신분열증으로 분류되는 행동을 기술하기 위해 조발성 치매라는 용어를 정의하였다.
- Wilhelm Wundt: 1879년 독일의 라이프치히 대학교에 첫 심리학 실험실을 세웠고, 정신의 구조와 구성요소들을 이해하기 위한 과학적 기법을 강조하였다.

71 정신분석치료의 주요 개념 및 기법과 가장 거리가 먼 것은? ▸ 2018

① 전이 ② 저항
③ 과제 ④ 훈습

해설

정신분석상담에서는 무의식에 대한 이해와 통찰에 초점을 두기에 과제를 통한 연습을 권장하지 않는다. 다만 일상에서 훈습 과정을 통해 통찰한 바를 적응 행동으로 변화시킬 수 있도록 돕는다.

- 전이(transference): 내담자가 과거에 중요한 대상에게 느꼈던 감정이나 환상을 무의식적으로 현재 상담자에게 옮겨 와 나타내는 것을 말한다.
- 저항(resistance): 내담자가 상담과정에서 나타내는 비협조적인 행동들을 의미한다. 저항은 내담자의 무의식적인 갈등을 반영한다고 보기에 저항적인 행동의 의미에 대해 분석해야 한다.
- 훈습(working-through): 상담과정에서 통찰을 통해 얻게 된 성숙한 행동과 태도를 실제 일상생활에 적용하여 사용함으로써 변화된 적응적 행동이 지속될 수 있도록 돕는 기법이다.

정답 70. ② 71. ③

72 관상동맥성 심장병과 관련 깊은 성격 유형에 대비되는 성격으로, 스트레스에 유연하게 반응하고 느긋함이 강조되는 성격 유형은? ▸ 2018

① Type A ② Type B
③ Introversion ④ Extraversion

해설

- 질병에 영향을 주는 행동적 요인에 대한 연구가 활발해지면서 A형 행동유형(타입 A)은 적대적, 경쟁적이고, 다양한 대상에 관심을 갖고 획득하려고 하며, 시간적으로 서두르는 성급함을 지니고 있어 관상동맥성 심장병 발병과 관련이 높은 것으로 나타났다.
- 반면에 B형 행동유형(타입 B)은 스트레스에 유연하고, 느긋하며, 취미에 시간을 할애하고, 시간에 강박적이지 않은 특징을 지닌다(타입 A와 대비).

73 Rogers의 인간중심 이론에서 치료자가 지녀야 할 주요 특성으로 틀린 것은? ▸ 2013, 2019

① 합리성 ② 진실성
③ 정확한 공감 ④ 무조건적인 존중

인간중심상담에서 로저스가 강조한 치료자의 태도

- 진실성 또는 일치성
  진솔성은 치료 과정에서 매 순간 경험하는 감정을 있는 그대로 솔직히 인정하고 표현하는 태도로서 치료자가 경험하는 감정을 부인하지 않고 기꺼이 표현하고 개방하는 것을 말한다.
- 무조건적인 긍정적 존중
  내담자를 존중하며 있는 그대로 수용하는 것을 말한다. 치료자가 비판단적으로 내담자를 존중할 때, 방어하지 않고 자신의 경험을 자유롭게 탐색할 수 있어 안정감과 자기개념의 변화를 경험하게 된다.
- 공감적 이해
  치료 시 내담자의 경험과 감정을 민감하고 정확하게 이해하는 것을 말한다. 내담자의 주관적인 경험을 이해하도록 노력하고, 이면의 감정까지도 마치 자신의 감정인 것처럼 느끼는 과정을 통해 내담자가 의식하여 표면화하지 못한 감정을 다시 경험하고 느끼도록 돕는다.

74 단기 심리치료에서 좋은 결과를 이끌어 내기 위한 요인이 아닌 것은? ▸ 2017, 2021

① 치료자의 온정과 공감 ② 견고한 치료적 동맹 관계
③ 문제에 대한 회피 ④ 내담자의 적절한 긍정적 기대

정답 72. ② 73. ① 74. ③

해설

- 단기 심리치료에서는 시간을 구체적으로 제한함으로써 치료자와 내담자가 상호 동맹적 관계 속에서 가능한 성과를 얻을 수 있도록 한다.
- 단기 심리치료에서 치료자는 온정과 공감, 적극적인 태도를 유지하며 단기간의 치료 목표와 목적을 이루기 위해 공동의 노력을 기울이고, 전반적 성격 변화에 중점을 두기보다는 문제에 초점을 맞추는 현실적인 접근을 취한다.
- 성공적인 단기 상담을 위해서는 치료자와 내담자 간의 긍정적인 치료적 관계뿐만 아니라 내담자의 긍정적 기대가 있을 때 제한된 시간 내에 특정한 목표를 달성하는 데 효과적인 성과를 얻게 된다.

75 심리평가를 시행하는 동안 임상심리사가 취해야 할 태도와 가장 거리가 먼 것은?

▸ 2011, 2013, 2019

① 행동관찰에서는 비일상적 행동이나 그 환자만의 특징적인 행동을 주로 기술한다.
② 관찰된 행동을 기술할 때 구체적인 용어로 설명하는 것이 바람직하다.
③ 평가 상황에서의 일상적인 행동을 평가보고서에 기록하는 것이 좋다.
④ 심리검사 결과뿐만 아니라 외모나 면접자에 대한 태도, 의사소통방식 등도 기록하는 것이 좋다.

해설

평가 상황에서는 수검자의 행동관찰을 통해 비일상적 행동이나 그 환자만의 특징적인 행동을 중심으로 기술한다.

76 뇌의 편측화 효과를 측정할 수 있는 대표적 방법은?

▸ 2016, 2020

① 미로검사
② 이원청취기법
③ Wechsler 기억검사
④ 성격검사

해설

- 뇌의 편측화를 측정하기 위해 피검자는 헤드폰을 쓰고 각 귀로 동시에 서로 다른 메시지를 제시받는다. 각 귀로 경쟁하는 메시지를 제시하여 비대칭성을 시험하는 방법을 '이원청취(dichotic listening)'라고 부른다.
- 피험자에게 두 청각 메시지를 각 귀에 하나씩 들려준 다음 메시지를 얼마나 잘 회상하는지를 측정할 경우, 대부분 오른쪽 귀에 제시된 단어를 더 잘 회상하는 경향을 보이는데, 이는 좌반구가 언어능력과 관련 있다는 것을 보여 주는 뇌의 편측화 효과를 설명한다.

정답 75. ③ 76. ②

77 우울증에 관한 Beck의 인지치료에서 강조하는 내용과 가장 거리가 먼 것은? ▸ 2020

① 내담자의 비활동성과 자신의 우울한 감정에 초점을 두는 경향을 막기 위해 활동 계획표를 만든다.
② 환자에게 부정적 결과에 대한 비난을 자신이 아닌 적절한 다른 곳으로 돌리게 가르친다.
③ 내담자의 미해결되고 억압된 기억을 자각하고 의식함으로써 지금-여기에서 해결하도록 조력한다.
④ 내담자가 해결 불가능한 일로 간주하고 자신을 비난하는 대신 문제에 대한 대안책을 찾도록 돕는다.

해설

게슈탈트 치료에서는 미해결된 욕구를 효과적으로 해소하는 데 실패하게 되면 심리적 · 신체적 장애가 나타난다고 본다. 따라서 미해결된 욕구를 회피하지 않고 지금-여기에서의 경험 안에서 자각함으로써 해소하도록 증진한다.

78 임상심리학자의 법적 · 윤리적 책임에 관한 설명으로 틀린 것은? ▸ 2019

① 임상심리학자의 직업 수행에는 공적인 책임이 따른다.
② 어떠한 경우에도 내담자의 비밀은 보장해야 한다.
③ 내담자 사생활의 부당한 침해를 방지하기 위해 노력해야 한다.
④ 내담자, 피감독자, 학생, 연구 참여자들을 성적으로 악용해서는 안 된다.

해설

내담자의 개인 정보나 개인력 등에 관한 비밀은 원칙적으로 보장되어야 한다. 단, 비밀보장의 예외 상황이 발생할 경우(자신 및 타인에게 위해 위험성이 있거나 법원의 정보 공개 요청 등)에는 내담자에게 이를 고지하고 동의를 구한 후 최소한의 정보들을 신중하게 공개해야 한다.

학습 Plus 비밀보장 예외 상황

- 내담자가 자신과 타인에게 위해 행동을 할 위험이 있을 경우(예: 학대, 폭행, 살인)
- 내담자 자신이 타인의 위해 행동의 피해자인 경우
- 내담자가 자살시도와 같은 생명의 위험이 높을 경우
- 범죄 및 법적인 문제와 연루되어 있을 경우
- 내담자에게 위해한 감염성 질병이 있는 경우

정답 77. ③ 78. ②

79 일반적으로 의미적 인출(semantic retrieval) 및 일화적 부호화(episodic encoding)를 담당하는 곳은? ▸ 2014, 2019

① 브로카의 영역
② 우전전두 피질 영역
③ 베르니케 영역
④ 좌전전두 피질 영역

해 설

의미적 인출(semantic retrieval) 및 일화적 부호화(episodic encoding)는 좌전전두 피질이 관여한다. 개인적 경험의 부호화 시에는 주로 좌반구의 전두엽이 활성화되며, 인출 시에는 주로 우반구의 전두엽이 활성화된다.

80 골수 이식을 받아야 하는 아동에게 불안과 고통에 대처하도록 돕기 위하여 교육용 비디오를 보게 하는 치료법은? ▸ 2016, 2020

① 유관관리기법
② 역조건형성
③ 행동시연을 통한 노출
④ 모델링

해 설

모델링은 다른 사람의 관찰을 통해서 효율적인 새로운 기술이나 행동을 습득하는 과정을 말한다. 다른 사람이 어떤 행동을 수행하는 것을 관찰하는 것은 그 상황과 관련된 공포나 불안을 제거하거나 줄이는 데 도움이 된다. 또한 모델링은 관찰을 통해 이미 알고 있는 지식을 행동을 통해 실천하는 것을 배울 수 있다는 점에서도 효과적이다(예: 교육용 비디오, 참여 관찰).

정답 79. ④ 80. ④

02 2022년 제1회 기출문제

61 내담자를 평가할 때 문제행동의 선행조건, 환경적 유인가, 보상의 대체원, 귀인방식과 같은 요소를 중요하게 여기는 평가방법은? ▸ 2018

① 정신역동적 평가
② 인지행동적 평가
③ 다축분류체계 평가
④ 기술지향적 평가

해 설

인지행동적 평가는 내담자의 인지와 사고가 행동에 중요한 역할을 한다는 개념에 중점을 둔다. 이를 위해 선행조건을 살펴보고, 귀인방식을 통해 해석 체계를 검토하며, 환경적 유인가, 보상의 대체원 등을 면밀히 평가한다.

62 인지치료에서 강조하는 자동적 자기파괴 인지 중 파국화에 해당하는 것은? ▸ 2015

① 그 프로젝트가 성공하지 못한 것은 나 때문이다.
② 나는 완벽해져야 하고 나약함을 보여서는 안 된다.
③ 나는 성공하거나 실패하거나 둘 중 하나이다.
④ 이 일이 잘되지 않으면 다시는 이 일과 같은 일은 할 수 없을 것이다.

해 설

- **파국화**: 이 일이 잘되지 않으면 다시는 이 일과 같은 일은 할 수 없을 것이다. 파국화는 어떤 일에 대해 과도하게 염려하거나 지나치게 두려워하는 것을 말한다.
- **개인화**: 그 프로젝트가 성공하지 못한 것은 나 때문이다.
- **당위적 진술**: 나는 완벽해져야 하고 나약함을 보여서는 안 된다.
- **흑백논리(이분법적 사고)**: 나는 성공하거나 실패하거나 둘 중 하나이다.

정답 61. ② 62. ④

학습 Plus 인지적 오류(cognitive error)

- **흑백논리(이분법적 사고)**: 상황을 연속적으로 보기보다는 극단적 측면에서 보는 것
- **과잉일반화**: 한 가지 증거로 타당하지 않은 일반적인 결론을 내리는 것
- **정신적 여과**: 큰 그림을 보지 않고 부정적인 세부 사실에 선택적으로 초점을 두는 것
- **긍정적인 면의 평가 절하**: 부정적 정보에만 주의를 집중하는 것
- **비약적 결론(임의적 추론)**: 성급하고 확인되지 않은 결론을 내리는 것
- **확대하기/축소하기**: 부정적인 것에 너무 치중하고 긍정적 정보의 가치를 축소하는 것
- **감정적 추론**: 어떤 것이 그렇게 느껴지기 때문에 진실이라고 믿는 것
- **당위적 진술**: 우리 자신과 다른 사람들이 어떻게 행동해야 하고, 삶이 어떻게 되어야 한다고 당위적으로 생각하는 것
- **잘못된 명명하기**: 누군가에게 극단적이고 광범위하며 정당하지 않은 꼬리표를 붙이는 것
- **개인화**: 어떤 일이나 다른 사람의 행동에 대해 지나치게 자신에게 책임을 돌리는 것
- **파국화**: 어떤 일에 대해 과도하게 염려하거나 지나치게 두려워하는 것
- **재앙화**: 다른 가능성들은 고려하지 않은 채 부정적 결과를 예상하는 것
- **독심술**: 다른 사람들이 실제로 어떤 지 알아보지 않은 채 그들이 부정적 생각과 반응을 하고 있다고 여기는 것
- **터널 시야**: 오로지 상황의 부정적 측면에만 초점을 맞추는 것

63 다음 30대 여성의 다면적 인성검사 MMPI-2 결과에 대한 일반적 해석으로 적절한 것은?

▸ 2018

Hs	D	Hy	Pd	Mf	Pa	Pt	Sc	Ma	Si
72	65	75	50	35	60	64	45	49	60

① 스트레스 상황에서 신체증상이 두드러지고 회피적 대처를 할 소지가 크다.
② 반사회적 행동을 보일 가능성이 크다.
③ 외향적이고 과도하게 에너지가 항진되어 있기 쉽다.
④ 망상, 환각 등의 정신증적 증상이 나타나기 쉽다.

해설

MMPI-2의 1-3/3-1 코드 유형에 해당된다(1번 척도 Hs: 72, 3번 척도 Hy: 75).

〈1-3/3-1 코드 특징〉

- 신체적 불편감(두통, 흉통, 피로감, 수면곤란 등)을 호소할 수 있고, 스트레스를 받으면 신체증상이 커지며, 주로 회피적 대응기제(억압, 부인)를 사용한다.
- 신체증상에 대한 이차적 이득이 있을 수 있고, 이는 증상을 지속시키는 데 영향을 준다.
- 미성숙하고 자기중심적이며, 타인으로부터 관심과 애정을 끌고자 하는 강한 욕구를 지닌다.
- 대인관계의 깊이가 부족하고, 피상적인 경향이 있고, 타인에게서 관심의 욕구가 충족되지 않을 시 분노감과 적대감을 보일 수 있다.
- 자신의 심리적 문제에 대한 통찰이 어렵고, 심리치료에 대한 동기가 부족하여 치료적 예후가 낮은 편이다.

정답 63. ①

64 공식적인 임상심리학의 기원으로 보는 역사적 사건은?

① Wundt의 심리실험실 개설
② Witmer의 심리클리닉 개설
③ Binet의 지능검사 개발
④ James의 『심리학의 원리』 출판

해설

- 임상심리학은 1896년 Lightner Witmer가 펜실베이니아 대학교에 첫 심리진료소를 개설하면서 시작되었다.
- 심리진료소에서는 진단적 평가와 그에 맞는 치료 절차와 서비스를 제공했으며, 다학문 분야가 협력하는 학제 간 접근방식을 구축했다. 또한 연구 증거에 기반한 중재와 전략들을 사용했으며, 문제가 나타나기 전에 이를 예방하는 데 많은 관심을 두었다.

65 Wolpe의 체계적 둔감법을 적용하기에 가장 적합한 내담자는? ▸ 2015

① 적절한 대처능력이 떨어지고 일반 상황에 심각한 불안을 보이는 내담자
② 적절한 대처능력이 있으나 특정 상황에 심각한 불안을 보이는 내담자
③ 적절한 대처능력이 있으나 일반 상황에 심각한 불안을 보이는 내담자
④ 적절한 대처능력이 떨어지고 특정 상황에 심각한 불안을 보이는 내담자

해설

체계적 둔감법(systematic desensitization)은 Wolpe에 의해 개발된 기법으로, 공포증과 같은 불안장애의 치료에 효과적이다. 주로 특정한 사건, 사람, 대상에 대한 불안이나 공포가 있는 사람들의 치료를 위해 고안된 것으로, 공포 관련 부적응 행동이나 회피 행동 또는 일반화된 공포 치료에 적용된다.

학습 Plus 체계적 둔감법 절차

① **1단계-이완훈련**
- 이완상태에서는 불안이 일어나지 않는다는 원리를 토대로 한다(상호억제원리).
- 상담자는 수회에 걸쳐 내담자가 긴장을 이완할 수 있도록 훈련한다.

② **2단계-불안위계목록 작성**
- 내담자가 가지고 있는 불안(공포)에 대한 정보와 증상, 행동을 파악한다.
- 불안(공포)을 일으키는 유발 상황에 대한 위계목록을 작성한다.

③ **3단계-불안위계목록에 따른 둔감화**
- 이완상태에서 내담자가 불안을 유발하는 상황을 상상하도록 유도한다.
- 순서는 불안(공포)을 가장 적게 느끼는 상황에서부터 시작하여 높은 수준의 불안으로 옮겨 가는 것이 바람직하다.
- 불안 상황에서 불안 반응을 더 이상 보이지 않을 때까지 반복하여 실시한다.

정답 64. ② 65. ②

66 내담자의 말과 행동에서 표현된 기본적인 감정, 생각 및 태도를 상담자가 다른 참신한 말로 부연해 주는 것은?

① 명료화 ② 반영
③ 직면 ④ 해석

해 설

- 반영
  내담자의 말이나 비언어적 행동을 통해서 감정을 명확히 파악하여 감정을 중심으로 내담자에게 표현하는 것을 말한다. 상담자가 표현한 감정의 반영이 내담자가 느끼는 것과 비교적 가깝다면 상담자로부터 충분히 이해받고 있다고 느끼게 되고 자신의 감정을 보다 분명히 말할 수 있도록 돕는다.
- 명료화
  내담자의 말 속에 포함되어 있는 불분명한 내용에 대해 상담자가 그 의미를 분명하게 밝히려는 것을 말한다. 명료화는 재진술과 달리 상담자의 판단에 의해 내담자의 감정, 생각 속에 내포된 의미를 보다 분명하게 말하는 것이다.
- 직면
  직면은 내담자가 상담 중에 보인 사고, 감정, 행동에서 모순이나 불일치가 관찰될 때 이러한 모순이나 불일치를 지적하는 상담기법이다. 직면을 할 때는 비교·대조하기 쉽도록 모순되는 양면을 함께 제시하고, 단정적이지 않게 가설적이고 공감적으로 표현한다.
- 해석
  해석은 내담자가 자신의 말이나 상황에 대해 명확하게 의식하지 못하는 것에 대해 그 의미를 설명해 주는 상담기법이다.
  상담자와 내담자 간의 신뢰관계를 토대로 질문을 통해 파악된 단서를 활용하여 해석을 제공한다. 해석을 하는 시기는 내담자가 받아들일 준비가 되어 있는 때에 이루어지는 것이 가장 효과적이다.

67 행동평가 방법에 관한 설명으로 틀린 것은? ▸ 2016

① 자연관찰은 참여자가 아닌 관찰자가 환경 내에서 일어나는 참여자의 행동을 관찰하고 기록하는 방법이다.
② 유사관찰은 제한이 없는 환경에서 관찰하는 방법이다.
③ 자기관찰은 자신이 개인과 환경 간의 상호작용에 관한 자료를 수집하도록 한다.
④ 참여관찰은 관찰하고자 하는 개인이 자연스러운 환경에 관여하면서 기록하는 방식이다.

정답 66. ② 67. ②

해설

- 유사관찰(통제관찰)
  인위적인 상황에 처하게 한 후 그 상황에서 관심 행동이 나타나도록 하는 것을 말한다. 연구자가 상황을 조작하거나 변인을 통제한 상태에서 관찰이 진행된다.
- 자연관찰
  자연스러운 맥락 내에서 일어나는 행동을 그대로 관찰하여 기록하는 것이며, 자연관찰은 특별한 제한 없이 일상 활동을 관찰하기에 문제행동에 대한 직접적인 정보를 얻을 수 있다.
- 참여관찰
  관찰 대상이 되는 집단이나 개인의 일상 속으로 들어가서 실제 구성원이 되어 관찰을 수행한다. 관찰 대상의 행위 동기, 구성원 간의 감정관계 등 외부로 나타나지 않는 사실까지 직접 경험하며 관찰할 수 있다.
- 자기관찰
  자신의 행동을 객관적인 방법으로 관찰하고 기록하는 것을 말한다. 문제행동이나 문제를 강화시키는 요인을 평가하는 데 도움이 된다.

68 임상심리학자는 내담자와 이중관계를 갖지 말아야 한다. 이와 가장 관련이 깊은 윤리원칙은?

① 성실성 ② 의무성
③ 유능성 ④ 책임성

해설

임상심리학자의 윤리원칙 〈성실성〉
임상심리학자는 전문적이고 개인적인 성실성을 유지해야 함을 강조하며 지켜야 할 원칙을 제시하고 있다.
- 다른 사람들을 다루는 데 있어서 존중해야 하고, 공정해야 하며, 정직해야 한다.
- 자신의 서비스, 전문 분야, 그리고 자신의 서비스로부터 기대될 수 있는 것을 설명하는 데 진실해야 한다.
- 자신의 고정관념, 욕구 및 가치와 이러한 요소들이 어떠한 영향을 주는지 잘 알고 있어야 한다.
- 부적절한 이중관계를 피하는 데 모든 노력을 기울여야 한다. 환자, 내담자, 학생 및 타인들에 대한 이중관계와 이해관계의 갈등을 피해야 한다.

69 위치 감각과 공간적 회전 등의 개별적인 신체 표상과 관련이 있는 대뇌 영역은?

① 전두엽 ② 후두엽
③ 측두엽 ④ 두정엽

정답 68. ① 69. ④

해설

- 두정엽(parietal lobe)은 일차체감각피질이 있어서 촉각이나 통증 등의 신체감각 정보를 처리한다. 그 외에 감각 통합과 위치 및 공간 인식 등에 관여한다.
- 전두엽(frontal lobe)은 의사결정, 계획, 상황 판단, 정서 조절 등 고차원적인 인지기능을 담당한다.
- 후두엽(occipital lobe)은 일차시각피질이 있어 시각 정보를 처리한다. 이 부분이 손상되면 눈에는 아무런 이상이 없어도 앞을 보지 못하는 증세를 나타낸다.
- 측두엽(temporal lobe)은 반구의 양측에 자리하며, 일차청각피질이 있어 청각 정보를 분석한다. 좌측 측두엽에는 언어 정보를 처리하는 영역이 있고, 측두엽 안쪽의 해마와 주변 피질은 기억을 처리한다.

70 바람직한 행동을 한 아동에게 그 아동이 평소 싫어하던 화장실 청소를 면제해 주었더니 바람직한 행동이 증가했다면 이는 어떤 유형의 조작적 조건형성에 해당하는가? ▸2017

① 정적 강화　② 부적 강화
③ 정적 처벌　④ 부적 처벌

해설

부적 강화는 바람직한 행동의 강도와 빈도를 증가시키기 위해 원하지 않는 어떤 특정한 자극을 제거하는 것을 말한다(예: 바람직한 행동을 한 아동에게 화장실 청소를 면제해 줌으로써 기대 행동이 증가됨).

〈강화와 처벌〉

행동의 강도

		증가	감소
자극의 형태	자극 제시	정적 강화(+) (예: 과제 마감 행동을 늘리기 위해 가산점을 줌)	정적 처벌(−) (예: 아동의 지각을 줄이기 위해 위반 시 화장실 청소를 시킴)
	자극 제거	부적 강화(+) (예: 기부 행동을 늘리기 위해 기부하면 세금을 줄여 줌)	부적 처벌(−) (예: 컴퓨터 게임 시간을 줄이기 위해 게임 시 용돈을 빼앗음)

71 정신건강 자문 중 점심시간이나 기타 휴식시간 동안에 임상사례에 대해 동료들에게 자문을 요청하는 형태는? ▸2015

① 내담자-중심 사례 자문　② 피자문자-중심 사례 자문
③ 비공식적인 동료집단 자문　④ 피자문자-중심 행정 자문

정답 70. ② 71. ③

해설

비공식적인 동료집단 자문
내담자에게 필요한 더 좋은 치료 전략을 얻기 위해 동료에게 해당 사례에 관한 자문을 요청하는 것을 말한다. 심리학자는 더 좋은 치료 전략에 대한 통찰을 얻기 위해 동료에게 해당 사례에 대한 논의를 요청할 수 있다.

학습 Plus 자문의 유형

- **비공식적인 동료집단 자문**
  내담자에게 필요한 더 좋은 치료 전략을 얻기 위해 동료에게 해당 사례에 관한 자문을 요청하는 것을 말한다. 심리학자는 더 좋은 치료 전략에 대한 통찰을 얻기 위해 동료에게 해당 사례에 대한 논의를 요청할 수 있다.
- **내담자-중심 사례 자문**
  특정한 내담자의 치료나 보호에 책임이 있는 또 다른 심리학자 등의 동료 자문가에게 자문을 하거나 보다 적절하게 내담자의 특별한 요구를 충족시키기 위해 책임 있는 동료에게 자문을 구하는 것을 말한다. 이 경우 피자문가와 자문가는 모두 내담자의 치료에 어느 정도 책임이 있다.
- **프로그램-중심 행정 자문**
  개인적인 사례보다는 프로그램이나 제도에 초점을 둔다. 진료소, 실무, 연구 프로그램 및 전체적 쟁점이 되는 문제에 관한 중요한 기능적 측면에 대한 자문을 제공한다.
- **피자문자-중심 사례 자문**
  개인 사례나 내담자와 관련된 문제보다는 피자문자의 경험 내용에 대해 전문 자문가로부터 도움을 받는 것을 말한다(예: 임상실무 수련 중인 학생이 나이 든 내담자를 치료 시 느끼는 불안에 대해 숙련된 지도감독자에게 자문을 구하는 것).
- **피자문자-중심 행정 자문**
  기관 내의 행정적인 쟁점과 인사 쟁점에 관한 업무에 대해 전문 심리학자의 자문을 구하는 것을 말한다.

PART 04 임상심리학

72 다음 중 자연관찰법의 특징이 아닌 것은?

① 시간과 비용이 많이 든다.
② 비밀이 보장된다.
③ 자신이 관찰된다는 것을 알았을 때 다르게 행동한다.
④ 관찰은 편파될 수 있다.

해설

- 자연관찰법은 관찰 대상의 행동이 통제되지 않고 다른 변인도 통제하거나 조작하지 않은 상태로 목표 행동을 체계적으로 관찰하는 것을 말한다. 자연적인 상태에서 현상이나 행동을 찾아낼 수 있는 장점이 있으나, 시간과 비용이 많이 들고, 관찰 결과의 해석 시 관찰자 편향(observer bias)이 나타날 수 있다.
- 참여관찰법은 연구자가 연구 대상이 생활하는 곳을 방문하여 직접 현상을 관찰하여 자료를 수집하는 방법을 말한다. 이때 연구자는 자신의 행동이 연구 대상에게 영향을 미치지 않도록 유의해야 한다.

정답 72. ③

73 강박장애로 치료 중인 고3 학생에게 K-WAIS-IV를 실시한 결과 다른 소검사보다 상식, 어휘문제의 점수가 유의하게 높았다. 이 검사 결과로 가정해 볼 수 있는 이 학생의 심리적 특성으로 옳은 것은?

① 높은 공간지각력
② 높은 주지화 경향
③ 주의력 저하
④ 현실검증력 손상

해 설

지능검사에서 나타나는 강박장애의 특징

- 전체지능지수가 110 이상의 점수를 보임
- 상식, 어휘 소검사 점수가 높음(높은 주지화로 인해)
- 이해 소검사 점수가 낮음(냉소적이고 회의적 태도로 인해)
- 언어성 지능>동작성 지능(강박적 반응 경향 및 주지화로 인해)

학습 Plus 지능검사에서 나타나는 진단별 반응 특징

① **정신증**
- 상식, 어휘 소검사를 중심으로 극단적인 분산을 보임(지적 기능의 심한 불균형)
- 언어성 지능>동작성 지능의 차이가 현저함(14점)
- 쉬운 문항에서의 잦은 실패
- 문항에 대한 잘못된 이해(오해석)
- 이해 문제 점수가 낮음(사회적 적응능력 손상)
- 공통성 점수가 낮음(추상적 사고능력 손상)
- 빠진 곳 찾기, 산수 문제가 낮음(주의집중력 저하)
- 토막 짜기 점수가 낮음(시지각적 조직화능력 저하)

② **강박장애**
- 전체지능지수가 110 이상의 점수를 보임
- 상식, 어휘 소검사 점수가 높음(높은 주지화로 인해)
- 이해 소검사 점수가 낮음(냉소적이고 회의적 태도로 인해)
- 언어성 지능>동작성 지능(강박적 반응 경향 및 주지화로 인해)

③ **반사회성 성격장애**
- 언어성 지능<동작성 지능의 차이를 보임
- 소검사 간 분산이 심한 편임
- 이해 소검사 점수가 낮음(사회적 판단력 문제 및 사회적 상황에 대한 예민성)
- 무성의하거나 충동적인 응답 경향성
- 반사회적 기준, 현학적인 반응 경향을 보일 수 있음

④ **우울증**
- 언어성 지능>동작성 지능
- 쉽게 포기하는 경향, 에너지 수준 저하
- 전반적으로 반응이 느림
- 산수, 숫자 문제의 점수 저하(주의집중력 곤란)
- 공통성 점수가 낮고, 동작성 지능 전반의 낮은 수행(빠진 곳 찾기 제외)
- 반응의 정교화 및 언어표현의 유창성 부족
- 비관적이고 비판적인 반응 내용

정답 73. ②

74 심리상담 및 심리치료의 과정에서 나타나는 현상과 가장 거리가 먼 것은?

① 내담자는 상담자가 아무런 요구 없이 인간으로서의 관심만을 베푼다는 것을 경험한다.
② 상담관계에서 내담자는 처음부터 새로운 방식으로 반응하고 행동하게 된다.
③ 상담장면에서는 일반적이고 추상적인 자료보다는 그 상황에서의 실제 행동을 다룬다.
④ 치료유형에 차이가 있음에도 불구하고 심리치료에는 공통요인이 작용한다.

해설

상담의 중기단계에서는 목표를 달성하기 위한 구체적인 새로운 시도들이 나타난다. 내담자는 상담목표에 따른 변화된 행동을 하게 되면서 이전 문제들에 대한 해결이 시도된다.

75 초기 임상심리학자와 그의 활동으로 바르게 짝지어진 것은? ▸ 2018

① Witmer－g지능 개념을 제시했다.
② Binet－Army Alpha 검사를 개발했다.
③ Spearman－정신지체아 특수학교에서 심리학자로 활동했다.
④ Wechsler－지능검사를 개발했다.

해설

- Witmer가 펜실베이니아 대학교에 첫 심리진료소를 개설하였고, 주로 학습장애와 행동문제를 지닌 아동을 대상으로 치료하였다. Spearman은 지능을 일반요인 g와 특수요인 s로 구분하였다.
- Binet는 최초로 지능검사를 제작하였으며(Binet-Simon 검사), 웩슬러는 성인용 지능검사(Wechsler-Bellevue Intelligence Scale, 1939)를 시작으로 2008년 WAIS-4(성인용 지능검사 4판)가 개발되었다. 그 외에 웩슬러 지능검사는 아동용, 유아용으로 개발되어 실시되고 있다.

76 행동의학에서 주로 다루는 주제로 가장 적합한 것은? ▸ 2016

① 공황 발작　② 외상 후 스트레스 장애
③ 조현병의 음성 증상　④ 만성통증 관리

해설

행동의학(behavioral medicine)
건강이나 질병에 관련된 행동과학적・생물학적・의학적 지식과 기술을 개발하고, 이러한 지식과 기법들을 예방, 진단, 치료 및 재활에 적용하는 학제 간 분야를 말한다. 건강을 증진시키고 질병을 치료하기 위해 의학과 연계하며, 심리학과 행동과학을 활용하는 데 목적을 둔다. 행동의학의 주된 주제는 만성질환과 스트레스 관리에 중점을 두며, 만성통증, 고혈압, 심장병, 흡연, 비만, 신경성피부염, 두통 등의 치료적 개입으로 행동적이거나 인지행동적인 접근을 취한다.

정답 74. ② 75. ④ 76. ④

77 다음 중 유관학습의 가장 적합한 예는? ▸ 2013, 2017

① 욕설을 하지 않게 하기 위해 욕을 할 때마다 화장실 청소하기
② 손톱 물어뜯기를 줄이기 위해 손톱에 쓴 약을 바르기
③ 충격적 스트레스 사건이 떠오를 때 '그만!'이라는 구호 외치기
④ 뱀에 대한 공포가 있는 사람에게 뱀을 만지는 사람의 영상 보여 주기

해설

유관학습(contingent learning)은 자극과 반응 또는 행동과 결과 간에 유관성을 학습시키는 것을 말한다. 조작적 조건형성에서 부적응적인 문제행동을 제거하기 위해 행동과 결과를 연결(문제행동 후에는 처벌을 받음)시키는 방법이다.

- 손톱 물어뜯기를 줄이기 위해 손톱에 쓴 약을 바르기: 혐오학습
- 충격적 스트레스 사건이 떠오를 때 '그만!'이라는 구호 외치기: 사고중지법
- 뱀에 대한 공포가 있는 사람에게 뱀을 만지는 사람의 영상 보여 주기: 관찰학습(모델링)

78 환자가 처방받은 대로 약을 잘 복용하고, 의사의 치료적 권고를 준수하게 하기 위한 가장 적절한 방법은? ▸ 2017

① 준수하지 않을 때 불이익을 준다.
② 의사가 권위적이고 단호하게 지시한다.
③ 모든 책임을 환자에게 위임한다.
④ 치료자가 약의 효과 등에 대해 친절하고 상세하게 설명한다.

해설

약물교육
약물 복용 기간 동안 지속적으로 투약할 수 있도록 투약 용량과 복용 방법, 복용 기간 등에 대해 충분히 설명하고 약의 효과성에 대해 안내한다.

79 환자와의 초기 면접에서 면접자가 주로 탐색하는 정보의 내용이 아닌 것은? ▸ 2015

① 환자의 증상과 주 호소, 도움을 요청하게 된 이유
② 최근 환자의 적응기제를 혼란시킨 스트레스 사건의 유무
③ 면접과정에서 드러난 고통스런 경험에 대한 이해와 심리적 격려
④ 기질적 장애의 가능성 및 의학적 자문의 필요성에 대한 탐색

정답 77. ① 78. ④ 79. ③

해 설

- 초기 면접 시에는 환자의 현재 상태 및 증상, 요구, 자문의 필요성 등을 파악하고, 면접자가 속한 기관에서 제공이 가능한 서비스에 대해 설명하고, 환자와 기관이 어떻게 협력해야 할 것인가에 관해 설명한다.
- 초기 면접에서는 내담자가 호소하는 주된 심리적 문제나 증상에 대한 탐색, 스트레스원, 치료에 대한 내담자의 기대 탐색, 긍정적인 치료적 관계의 형성, 치료에 대한 구조화가 진행된다.

80 심리평가 도구 중 최초 개발된 이후에 검사의 재료가 변경된 적이 없는 것은? ▸2019

① Wechsler 지능검사
② MMPI 다면적 인성검사
③ Bender-Gestalt 검사
④ Rorschach 검사

해 설

로샤검사(Rorschach test)는 1921년 스위스 정신과 의사인 Herman Rorschach에 의해 개발된 투사적 성격 검사로서, 초기 개발된 이후 개정되지 않고 원판을 그대로 적용하고 있다. 현재까지 가장 널리 사용되는 대표적인 투사적 검사로, 개인의 사고, 정서, 현실 지각, 대인관계 방식 등 다양한 측면의 인격 특성에 대한 정보를 제공한다.

〈참조〉

- Wechsler 지능검사
  1955년, WAIS(Wechsler Adult Intelligence Scale)
  1981년, WAIS-R(Reviced)
  1997년, WAIS-III
  2008년, WAIS-IV
- MMPI 다면적 인성검사
  1943년, MMPI 출판
  1989년, MMPI-2 개정판 출판
- Bender-Gestalt 검사
  1938년, BGT 발매
  1990년, BGT II 발매

정답 80. ④

03 2021년 제3회 기출문제

61 행동평가와 전통적 심리평가 간의 차이점으로 틀린 것은? ▸ 2018

① 행동평가에서 성격의 구성개념은 주로 특정한 행동패턴을 요약하기 위해 사용된다.
② 행동평가는 추론의 수준이 높다.
③ 전통적 심리평가는 예후를 알고, 예측하기 위한 것이다.
④ 전통적 심리평가는 개인 간이나 보편적 법칙을 강조한다.

해설

전통적 평가는 내담자의 겉으로 드러나는 증상보다는 그 증상을 유발하는 내면의 원인을 찾는 데 중점을 두므로, 내적인 특성 혹은 성격적 특성과 같은 것들을 추론하여 밝히고자 한다.

62 우리나라 임상심리학자의 고유 역할에 해당되지 않는 것은?

① 연구
② 자문
③ 약물치료
④ 교육

해설

임상심리학자의 고유 역할에는 연구, 심리평가, 심리치료, 교육과 예방, 자문 등의 활동이 포함된다.

정답 61. ② 62. ③

63 행동평가의 목적에 해당하지 않는 것은?

① 처치를 수정하기
② 진단명을 탐색하기
③ 적절한 처치를 선별하기
④ 문제행동과 그것을 유지하는 조건을 확인하기

해 설

- 행동평가에서는 특수한 상황에서 나타나는 개인의 구체적인 행동, 사고, 감정 및 생리적 반응과 같은 자료를 수집하며, 행동의 결과뿐만 아니라 문제행동을 이끈 선행조건에 대해 분석하고 이를 토대로 효과적인 처치 방법들을 제공한다.
- 심리평가는 진단을 내리고, 치료를 계획하고, 행동을 예측하기 위해 정보를 수집하고 평가하는 과정이다. 이에 심리평가의 실시, 채점, 해석 과정이 표준화된 절차를 거쳐 체계적으로 이루어져야 한다.

64 셀리에(Selye)의 일반적응 증후군의 단계로 옳은 것은?

① 경고 → 소진 → 저항
② 경고 → 저항 → 소진
③ 저항 → 경고 → 소진
④ 소진 → 저항 → 경고

해 설

일반적응 증후군(general adaptation syndrome)
유기체는 스트레스에 직면하게 되면 일련의 단계를 거쳐 반응하게 된다. 셀리에(Selye)는 이를 일반적응 증후군으로 설명하며, 경고-저항-소진의 세 단계의 과정을 제시하고 있다

- **경고단계**: 스트레스에 대한 초기 적응 반응으로, 어떤 상황을 위협으로 지각하여 투쟁 혹은 도피 반응이 유발되고, 그에 따른 생리적 각성이 생기게 되는 것을 말한다.
- **저항단계**: 개인이 가진 자원과 에너지가 총동원되고, 스트레스에 대한 적응 반응이 최고점에 이르게 된다. 신체적으로는 특별한 증상을 보이지 않으며, 신체는 스트레스에 대항하기 위해 많은 에너지를 소비하는 단계이다.
- **소진단계**: 저항단계에서도 스트레스가 해소되지 못하고 지속되는 경우에는 소진단계에 이르게 된다. 개인이 보유하고 있는 자원은 고갈되고, 신체의 면역 체계가 약화되며, 다양한 심리적 증상이 나타나게 된다.

정답 63. ② 64. ②

65 HTP 검사 해석으로 옳은 것은?

① 필압이 강한 사람은 약한 사람에 비해 억제된 성격일 가능성이 높다.
② 지우개를 과도하게 많이 사용한 사람은 대부분 자신감이 높다.
③ 집 그림에서 창과 창문은 내적 공상 활동에 대한 정보를 제공하는 중요한 지표이다.
④ 나무의 가지와 사람의 팔은 대인관계에 대한 욕구를 탐색할 수 있는 정보를 제공한다.

해설

- ① 지나치게 진하고 강한 필압은 충동성, 공격성 등 높은 수준의 심신 에너지를 나타낸다.
- ② 지우개의 과도한 사용은 내면의 불확실감, 불안감, 초조감, 자기불만족을 반영한다.
- ③ 집 그림에서 지붕은 내적인 공상, 생각, 관념 및 기억을 반영한다. 창과 창문은 외부 환경과의 상호작용과 개방성, 대인관계에 대한 주관적 경험을 반영한다.

66 다음 중 접수면접의 주요 목적과 가장 거리가 먼 것은?

① 환자를 병원이나 진료소에 의뢰할지를 고려한다.
② 제공되는 서비스에 대한 환자의 질문에 대답한다.
③ 환자에게 신뢰, 라포 및 희망을 심어 주려고 시도한다.
④ 환자가 자신이나 다른 사람을 해칠 중대한 위험 상태에 있는지 결정한다.

해설

위기면접은 환자가 중대하고 외상적이며, 자신이나 타인의 생명을 위협하는 위기 상태에 놓여 있을 때 실시한다. 위기면접 시에는 문제를 신속하게 파악하여 결정을 내려야 하며, 환자의 욕구를 명료화하고, 조언과 지시를 적절히 사용하며, 침착하고 단호한 태도를 유지해야 한다.

학습 Plus 면접의 유형

① 접수면접
- 접수면접은 가장 적절한 치료나 중재 계획을 세우기 위해 환자의 증상이나 문제를 더 잘 이해하는 데 있다.
- 접수면접 동안 치료절차 및 제공되는 서비스에 대한 환자의 질문에 답하며 일련의 과정들에 대한 정보를 제공한다.
- 접수면접에서는 환자에게 신뢰와 희망을 심어 주고 라포를 형성하기 위해 노력한다.
- 접수면접을 통해 적절한 치료에 적합한 병원, 진료소 등의 의뢰를 고려한다.

② 정신상태면접
- 정신상태면접은 환자의 심리적 기능 수준과 망상, 섬망 또는 치매와 같은 정신현상의 유무를 선별하기 위해 수행된다.
- 정신상태검사(mental state examination)의 결과는 더 깊은 평가와 중재를 위한 어떤 방향을 제시할 뿐만 아니라 환자가 겪고 있는 정신과적 진단에 대한 예비 정보를 제공한다.

정답 65. ④ 66. ④

* 정신상태검사(mental status examination): 외모, 몸가짐, 언어 및 의사소통, 감정, 사고 과정, 통찰, 판단력, 주의, 집중, 기억 및 지남력 등을 평가한다.

③ 위기면접
- 위기면접은 환자가 중대하고 외상적이며, 자신과 타인의 생명을 위협하는 위기 상태에 놓여 있을 때 실시한다.
- 위기면접 시에는 문제를 신속하게 파악하여 결정을 내려야 하며, 환자의 욕구를 명료화하고, 조언과 지시를 적절히 사용하며, 침착하고 단호한 태도를 유지해야 한다.

④ 진단면접
- 진단면접의 목적은 환자의 특정 진단에 대한 명확한 이해를 얻는 것이다.
- 정신과적 문제를 파악하기 위해 정신장애 진단 및 통계 편람(DSM-5) 등을 사용하며, 면접의 목표는 환자가 특정 장애의 진단 준거에 부합되는지의 여부를 밝히는 데 있다.

⑤ 컴퓨터보조면접
- 컴퓨터보조면접은 상담자와 면-대-면으로 만나기 전에 환자들이 자신의 관심사에 대한 다양한 질문에 대답할 수 있도록 구성되어 있다.
- 면접의 결과는 치료 과정에서 환자를 도와주기 위해 사용되며, 민감하고 잠재적인 질문들에 대한 대답을 효과적으로 돕는다.

67 체계적 둔감법에 대한 설명으로 틀린 것은?

① 고전적 조건형성 원리에 기초한 행동치료 기법이다.
② 특정한 대상에 불안을 느끼는 경우에 효과적이다.
③ 이완훈련, 불안위계 목록 작성, 둔감화로 구성된다.
④ 심상적 홍수법과는 달리 불안 유발 심상에 노출되지 않는다.

해 설

체계적 둔감화(systematic desensitization)는 볼프(Wolpe)에 의해 개발된 기법으로, 공포증과 같은 불안장애의 치료에 효과적이다. 이완된 상태에서 불안을 유발하는 상황들을 떠올리게 한다. 이완과 불안의 연합학습을 통해 불안을 치료하는 고전적 조건형성의 원리를 적용하며, 이완훈련, 불안위계 목록 작성, 둔감화 절차로 구성된다.

68 현실치료에 관한 설명으로 틀린 것은?

① 내담자가 실행하지 못한 것에 대한 변명을 허용하지 않는다.
② 전체 행동(total behavior)의 '생각하기'에는 공상과 꿈이 포함된다.
③ 개인은 현실에 대한 지각을 통해 현실 그 자체를 알 수 있다.
④ 내담자 개인의 책임을 강조한다.

정답 67. ④ 68. ③

해설

- 글래서(Glasser)가 창시한 현실치료(reality therapy)는 인간은 자신의 욕구를 충족하기 위해 행동하며, 그러한 행동은 인간이 스스로 선택하고 결정한 것이라는 점을 강조한다.
- 치료 과정에서 내담자들이 자신의 삶에서 가치 있다고 생각하는 행동을 주도적으로 선택하고 책임지도록 한다.
- 현실치료에서는 효과적인 치료환경을 위해 치료자가 피해야 할 세 가지 금지사항과 열세 가지의 권장사항을 제시하고 있다.

  〈금지사항〉
  - 치료자는 내담자의 행동 결과를 인정하며, 내담자를 비판하거나 처벌하지 않으며 논쟁하지 않는다.
  - 치료자는 내담자의 변명을 받아들이지 않는다.
  - 치료자는 내담자를 쉽게 포기하지 않는다.
- 인간의 모든 행동은 기본적인 욕구(생존, 사랑, 권력, 자유, 재미)를 충족시키기 위해서 선택한 것이며, 욕구 충족을 위한 다양한 노력을 전체 행동(total behavior)이라는 용어로 기술하고, 행동하기, 생각하기, 느끼기, 생리 작용의 네 가지 요소로 구성된 체계로 보았다.
- 글래서(Glasser)는 인간은 현실을 지각할 수는 있지만, 현실 그 자체를 알 수는 없다고 보고, 현실 그 자체보다 현실에 대한 인식이 인간의 행동을 결정하는 데 더 중요하다고 보았다.

69 단기 심리치료에서 좋은 결과를 이끌어 내기 위한 요인이 아닌 것은? ▸ 2017

① 치료자의 온정과 공감
② 견고한 치료적 동맹 관계
③ 문제에 대한 회피
④ 내담자의 적절한 긍정적 기대

해설

- 단기 심리치료에서는 시간을 구체적으로 제한함으로써 치료자와 내담자가 상호 동맹적 관계 속에서 가능한 성과를 얻을 수 있도록 한다.
- 단기 심리치료에서 치료자는 온정과 공감, 적극적인 태도를 유지하며, 단기간의 치료 목표와 목적을 이루기 위해 공동의 노력을 기울이고, 전반적 성격 변화에 중점을 두기보다는 문제에 초점을 맞추는 현실적인 접근을 취한다.
- 성공적인 단기상담을 위해서는 상담자와 내담자 간의 긍정적인 치료적 관계뿐만 아니라 내담자의 긍정적 기대가 있을 때 제한된 시간 내에 특정한 목표를 달성하는 데 효과적인 성과를 얻게 된다.

정답 69. ③

70 두뇌기능의 국재화에 관한 설명으로 옳은 것은? ▸ 2011, 2018

① 특정 인지능력은 국부적인 뇌손상에 수반되는 한정된 범위의 인지적 결함으로부터 발생한다고 본다.
② Broca 영역은 좌반구 측두엽 손상으로 수용적 언어 결함과 관련된다.
③ Wernicke 영역은 좌반구 전두엽 손상으로 표현 언어 결함과 관련된다.
④ MRI 및 CT가 개발되었으나 기능 문제 확인에는 외과적 검사가 이용된다.

해 설

- 뇌기능의 국재화란 뇌 영역마다 각기 특정한 기능을 담당하고 있어 특정 부위에 뇌손상이 발생되면 관련된 기능의 결함이 초래된다고 보았다.
- 브로카 실어증은 좌측 전두엽 손상과 관련되어 있으며, 말을 유창하게 하지 못하지만 언어 이해와 발성 기제는 정상적인 경우이다.
- 베르니케 실어증은 좌측 측두엽 손상과 관련되어 있으며, 유창하게 말을 하지만 의미 있는 내용을 전달하지 못하며, 타인의 말을 이해하지 못한다.
- MRI나 CT를 통해 발견되지 않는 뇌기능 저하의 평가를 위해 신경심리검사를 실시한다.

71 임상심리학자로서의 책임과 능력에 있어서 바람직하지 못한 것은? ▸ 2018

① 서비스를 제공할 때 높은 기준을 유지한다.
② 자신의 활동 결과에 대해 책임을 진다.
③ 자신의 능력과 기술의 한계를 알고 있어야 한다.
④ 자신만의 경험을 기준으로 내담자를 대한다.

해 설

한국임상심리학회 윤리규정 제10조 전문성에서는 전문분야에 대한 과학적 지식을 추구하고 이를 정확하게 전달하기 위하여 끊임없이 노력해야 함을 강조하고 있다. 따라서 내담자를 대하는 데 있어 자신의 경험이 기준이 되어서는 안 된다. 또한 자신의 전문 영역 밖의 지식과 경험이 요구되는 서비스를 제공하고자 하는 심리학자는 이와 관련된 교육과 수련 및 지도감독을 받아야 한다.

정답 70. ① 71. ④

72 방어기제에 대한 개념과 설명이 옳게 연결된 것은? ▸ 2019

① 투사(projection): 당면한 상황에서 얻게 된 결과에 대해 어쩔 수 없었다고 생각하며 행동한다.

② 대치(displacement): 추동 대상을 위협적이지 않거나 이용 가능한 대상으로 바꾼다.

③ 반동형성(reaction formation): 이전의 만족방식이나 이전 단계의 만족 대상으로 후퇴한다.

④ 퇴행(regression): 무의식적 추동과는 정반대로 표현한다.

해설

- **대치(displacement)**: 한 대상에 대한 욕구를 덜 위험한 대상에게 표출함으로써 불안과 긴장을 해소하는 것을 말한다.
- **투사(projection)**: 용납할 수 없는 자신의 감정이나 욕구를 다른 대상에게 전가시켜 다른 사람의 탓으로 돌리는 것이다.
- **반동형성(reaction formation)**: 받아들이기 어려운 자신의 욕망과 반대의 행동을 함으로써 불안을 회피하는 것이다.
- **퇴행(regression)**: 현재 감당하기 어려운 일이나 불안을 모면하기 위해 어린 시절에 용납될 수 있었던 원시적인 수준의 발달로 되돌아감으로써 불안을 회피하는 것이다.

73 다음 중 관계를 중심으로 치료가 초점화되고 있는 정신역동적 접근방법의 단기치료가 아닌 것은? ▸ 2016

① 핵심적 갈등관계 주제(core conflictual relationship theme)

② 불안유발 단기치료(anxiety provoking brief therapy)

③ 기능적 분석(functional analysis)

④ 분리개별화(separation and individuation)

해설

- 기능적 분석(functional analysis)은 특정한 행동을 유발하는 요인과 그 결과에 대한 분석으로 행동치료적 접근에서 적용된다.
- 기능적 분석은 문제행동의 기능과 문제행동이 환경과 어떠한 관련을 지니고 있는지를 평가하여 문제행동과 관련된 환경을 수정하거나 문제행동을 대체할 적절한 새로운 행동을 가르치고 지원할 수 있는 긍정적 중재를 선택하고, 기존의 행동을 조절하는 데 중점을 둔다.

정답 72. ② 73. ③

74 잠재적인 학습문제의 확인, 학습실패 위험에 처한 아동에 대한 프로그램 운용, 학교 구성원들에게 다양한 관점 제공, 부모 및 교사에게 특정 문제행동에 대한 대처기술을 제공하는 학교심리학자의 역할은?

① 예방　　② 교육
③ 부모 및 교사훈련　　④ 자문

해 설

학교심리학자는 치료적 개입, 심리평가, 예방, 교육, 자문, 부모 및 교사 훈련의 역할을 수행한다. 특히 예방적 개입을 위해 학습문제 개선 프로그램 운영 및 부모나 교사에게 효과적인 대처기술을 제공하여 이미 어려움을 겪고 있거나 잠재적 위험성이 있는 학생들의 건강한 적응과 발달을 돕는다.

75 임상심리학자로서 지켜야 할 내담자에 대한 비밀보장에 관한 설명으로 틀린 것은?

① 일반적으로 상담 과정에서 내담자에 대해 알게 된 사실을 다른 사람들에게 말하면 안 된다.
② 아동 내담자의 경우에도 아동에 관한 정보를 부모에게 알려서는 안 된다.
③ 자살 우려가 있는 경우 내담자의 비밀을 지키는 것보다는 가족에게 알려 자살 예방 조치를 취하는 것이 더 중요하다.
④ 상담 도중 알게 된 내담자의 중요한 범죄 사실에 대해서는 비밀을 지킬 필요가 없다.

해 설

아동의 생명이나 신변의 위협 및 폭력에 노출되어 있거나 잠재적 위험성이 높은 상황의 경우 비밀보장 예외 사항에 해당되며, 보호자 및 전문기관을 통한 안전한 환경을 제공할 수 있어야 한다.

76 행동치료를 위해 현재 문제에 대한 기능 분석을 하면 규명할 수 있는 요소가 아닌 것은?

▸ 2016

① 문제행동을 일으키는 자극이나 선행조건
② 문제행동과 관련 있는 유기체 변인
③ 문제행동과 관련된 인지적 해석
④ 문제행동의 결과

정답 74. ① 75. ② 76. ③

해설

행동평가의 기능 분석

기능 분석이란 행동의 결과뿐만 아니라 특정 행동을 이끈 선행조건에 대해 분석하는 것을 말한다. 기능 분석은 A(Antecedents, 선행조건), B(Behavior, 유기체의 행동), C(Consequences, 행동의 결과)를 분석한다(예: A-친구가 장난감을 가지고 논다/B-민수가 친구를 때린다/C-친구가 장난감을 준다).

77 다음에 해당하는 인지치료 기법은?

친한 친구와 심하게 다퉈 헤어졌을 때 마음이 많이 아프지만 이 상황을 자신의 의사소통이나 대인관계 방식을 돌아볼 수 있는 기회로 삼는다.

① 개인화 ② 사고중지
③ 의미축소 ④ 재구성

해설

- **인지적 재구성(cognitive restructuring)**: 부적응적 인지를 적응적 인지로 대체하는 방법으로서 개인이 가지고 있는 잘못된 신념이나 인지 방식을 수정하여 정서 및 행동상의 변화를 돕는다.
- **개인화**: 인과적 연결을 지지하는 증거 없이 외부적 사건을 자기 자신에게 귀인하여 잘못 해석하는 것을 말한다.
- 의미축소: 자신이나 다른 사람 혹은 어떤 상황을 평가할 때 긍정적인 측면을 최소화하여 실제보다 작게 지각하는 것을 말한다.
- 사고중지: 원치 않는 생각들이 떠올라 내담자를 지속적으로 괴롭힐 때, 원치 않는 생각이 떠오를 때마다 "멈춰(stop)"라고 말함으로써 부적응적인 생각을 중지하는 방법이다.

78 다음의 뇌 관련 장애들은 공통적으로 어떤 질환과 관련이 있는가? ▸ 2017

헌팅턴병, 파킨슨병, 알츠하이머병

① 종양
② 뇌혈관 사고
③ 퇴행성 질환
④ 만성 알코올 남용

정답 77. ④ 78. ③

해 설

헌팅턴병, 파킨슨병, 알츠하이머병은 신경계 퇴행성 질환에 해당된다.
- **파킨슨병**: 움직임을 개시하는 능력의 점진적 손실을 나타내는 질환이다.
- **헌팅턴병**: 근육 간의 조정능력의 상실 및 인지능력 저하와 정신적인 문제가 동반된다.
- **알츠하이머병**: 치매를 일으키는 퇴행성 뇌질환으로, 서서히 발병하여 기억력을 포함한 인지기능의 악화가 점진적으로 진행된다.

79 성격평가질문지에서 척도명과 척도군의 연결이 틀린 것은?

① 저빈도척도(INF): 타당성척도
② 지배성척도(DOM): 대인관계척도
③ 자살관념척도(SUI): 치료고려척도
④ 공격성척도(AGG): 임상척도

해 설

- 성격평가질문지(PAI)는 모레이(Morey, 1991)가 임상장면에서 환자나 내담자의 다양한 정신병리를 측정하기 위해 개발한 성격검사이다. 4개의 타당성척도, 11개의 임상척도, 5개의 치료고려척도, 2개의 대인관계척도를 포함하여 총 22개 척도 344문항으로 구성되어 있다.
- 공격성척도는 치료고려척도에 해당된다.

학습 Plus 성격평가질문지(Personality Assessment Inventory: PAI)

	척도명	문항수	척도 설명
타당성 척도	비일관성(ICN)	10	수검자가 얼마나 일관성 있는 반응을 했는지를 나타냄.
	저빈도 (INF)	8	대부분의 사람들과 다른 방식으로 반응하는 경향을 측정함. 무선반응, 부주의, 무관심, 정신적 혼란이나 독해력 결함 등의 문제를 시사함.
	부정적 인상(NIM)	9	일부러 불편함이나 문제가 있는 것처럼 보이려는 경향을 측정함.
	긍정적 인상(PIM)	9	바람직한 인상을 주려고 하는 경향을 측정함.
임상 척도	신체적 호소 (SOM)	24	전환(SOM-C), 신체화(SOM-S), 건강염려(SOM-H)로 구성되어 있으며, 신체적 기능 및 건강 관련 문제에 대한 관심을 측정함.
	불안(ANX)	24	인지적(ANX-C) · 정서적(ANX-A) · 생리적(ANX-P) 불안으로 구성되어 있으며, 불안을 경험할 때 공통적으로 나타나는 임상 특징을 측정함.
	불안관련장애 (ARD)	24	강박증(ARD-O), 공포증(ARD-P), 외상적 스트레스(ARD-T)로 구성되어 있으며, 불안장애와 관련된 세 가지 상이한 증후군의 임상 특징을 측정함.
	우울 (DEP)	24	인지적(DEP-C) · 정서적(DEP-A) · 생리적(DEP-P) 우울로 구성되어 있으며, 우울장애에서 나타나는 다양한 임상 특징을 측정함.
	조증 (MAN)	24	활동 수준(MAN-A), 과대성(MAN-G), 초조성(MAN-I)으로 구성되어 있으며, 고양된 기분, 과대성, 활동 수준 증가, 초조성, 참을성 부족 등과 같은 다양한 특징을 측정함.

정답 79. ④

	망상 (PAR)	24	과경계(PAR-H), 피해의식(PAR-P), 원한(PAR-R)으로 구성되어 있으며, 주변 환경의 잠재적 위협에 대한 지나친 경계, 원한을 품는 경향, 타인으로부터 부당한 대우를 받는다는 생각 등을 측정함.
	정신분열병 (SCZ)	24	정신병적 위험(SCZ-P), 사회적 위축(SCZ-S), 사고장애(SCZ-T)로 구성되어 있으며, 기이한 신념과 지각, 사회적 효율의 저하, 사회적 무쾌감, 주의집중력 결핍 및 연상 과정의 비효율성 등의 내용을 측정함.
	경계선적 특징 (BOR)	24	정서적 불안정(BOR-A), 정체성 문제(BOR-I), 부정적 관계(BOR-N), 자기손상(BOR-S)으로 구성되어 있으며, 감정 통제의 어려움, 강렬하고 투쟁적인 대인관계, 정체감 혼란, 자기파괴적인 충동적 행동 등을 측정함.
	반사회적 특징 (ANT)	24	반사회적행동(ANT-A), 자기중심성(ANT-E), 자극 추구(ANT-S)로 구성되어 있으며, 자기중심성, 공감능력 및 자책감 부족, 무모한 모험심, 흥분과 자극 추구 성향 등 반사회적 태도 및 행동을 측정함.
	음주문제(AC)	12	알코올 사용, 남용, 의존과 관련된 행동과 그 결과를 평가함.
	약물사용(DRG)	12	약물 사용, 남용, 의존과 관련된 행동과 그 결과를 평가함.
치료고려 척도	공격성 (AGG)	18	공격적 태도(AGG-A), 언어적 공격(AGG-V), 신체적 공격(AGG-P)으로 구성되어 있으며, 분노, 공격성, 적개심과 관련된 태도와 행동 특징을 측정함.
	자살관념(SUI)	12	죽음이나 자살과 관련된 사고를 평가함.
	스트레스(STR)	8	현재 혹은 최근에 경험한 생활 스트레스를 평가함.
	비지지 (NON)	8	친지, 친구 및 가족 등과의 상호작용에서 지각된 사회적 지지의 부족 정도를 측정함.
	치료거부 (RXR)	8	심리적 · 정서적 변화에 대한 개인적 관심과 동기, 적극적으로 치료에 참여하려는 의지 등을 평가함.
대인관계 척도	지배성 (DOM)	12	지배와 복종의 양 차원에서 나타나는 특징을 측정함. 점수가 높을수록 대인관계에서 독립성, 주장성, 통제성을 나타냄.
	온정성 (WRM)	12	온정과 냉담의 양 차원에서 나타나는 특징을 측정함. 점수가 높을수록 대인관계에서 사교적이고 공감적임을 나타냄.

80 알코올중독 환자에게 술을 마시면 구토를 유발하는 약을 투약하여 치료하는 기법은?

▸ 2017

① 행동조성
② 혐오치료
③ 자기표현훈련
④ 이완훈련

해 설

혐오치료(aversion therapy)는 고전적 조건형성을 역으로 이용한 역조건 형성의 원리를 응용한 치료기법으로, 문제행동과 혐오자극을 연합시켜 부적응 행동을 소거시키는 방법을 말한다. 주로 과식, 과음, 흡연 등의 문제를 개선하기 위해 실시된다.

정답 80. ②

04 2021년 제1회 기출문제

61 강제 입원, 아동 양육권, 여성에 대한 폭력, 배심원 선정 등의 문제에 특히 관심을 가지는 심리학 영역은? ▸ 2015

① 아동임상심리학 ② 임상건강심리학

③ 법정심리학 ④ 행동의학

- 법정심리학(forensic psychology)
  법정심리학자들은 인간 행동의 원리들을 재판제도나 법률제도에 사용하는 데 전문화되어 있다. 피고인에 대한 심리평가, 전문가 증언, 배심원 선정, 아동 양육 조정을 위한 평가, 비행 예측 평가, 강제 입원, 법정 자문 등을 제공할 수 있다.
- 아동임상심리학(child clinical psychology)
  아동임상심리학자들은 아동들과 가족들을 대상으로 전문화된 평가와 치료, 자문을 제공한다. 아동평가(예: 행동장애, 학습 무능, 운동발달 지연), 아동치료(예: 가족치료, 정서・행동적 문제), 심리자문(교사, 학교상담자, 부모 등)의 영역에서 전문적이고 심층적인 개입을 한다.
- 임상건강심리학(clinical health psychology)
  임상건강심리학자들은 건강 증진 생활양식을 발달시키도록 도움을 주며, 건강 증진 행동들(예: 운동, 금연, 스트레스 관리)을 최대화하고, 건강 유해 행동을 최소화하기 위한 중재를 한다,
- 행동의학(behavioral medicine)
  행동의학이란 건강이나 질병에 관련된 행동과학적·생물의학적 지식과 기술을 개발하고, 이러한 지식과 기법들을 예방, 진단, 치료 및 재활에 적용하는 학제 간 분야를 말한다.

정답 61. ③

62 MMPI-2의 타당도 척도 중 부정 왜곡을 통해 극단적인 수준으로 정신병적 문제가 있음을 나타내려는 경우에 상승되는 것은?

① S scale ② F(P) scale
③ TRIN scale ④ VRIN scale

해설

- F(P)(비전형-정신병리 척도)
  F척도를 보완하기 위해 개발되었으며 비전형을 반응 탐지한다. VRIN, TRIN 척도의 T점수가 정상범위에 속한다면 수검자는 정신병리를 의도적으로 과장하여 표현하고 있을 부정 왜곡 가능성이 높다.
- S(과장된 자기제시)
  자신을 매우 정직하고, 책임감 있고, 심리적인 문제가 없으며, 도덕적 결함이 없고, 다른 사람들과 잘 어울리는 사람으로 드러내려는 경향을 탐지한다. 방어성에 대한 추가적 정보를 제공하는 척도로, 긍정 왜곡을 하는 경우를 탐지해 내도록 구성되었다.
- TRIN(고정반응 비일관성 척도)
  문항 내용과 상관없이 무분별하게 '그렇다'로 응답하는 경향(모두 긍정) 혹은 '아니다'로 응답하는 경향(모두 부정)이 있는지를 탐지한다.
- VRIN(무선반응 비일관성 척도)
  이 척도는 내용면에서 유사한 혹은 정반대인 문항들로 짝지어진 67개의 문항 반응 쌍으로 구성되어 있으며, 피검자가 문항에 비일관적으로 응답하는 경향이 있는지를 탐지한다.

63 역할-연기에 대한 설명과 가장 거리가 먼 것은?

① 주장훈련과 관련이 있다.
② 사회적 기술을 포함하고 있다.
③ 행동 시연을 해야 한다.
④ 이완훈련을 해야 한다.

해설

- 역할연기(roleplaying)는 내담자에게 중요한 것으로 여겨지는 과거나 미래의 어떤 장면을 실제 상황처럼 상상하면서 하고 싶은 말을 해 보거나 실제처럼 행동으로 시연해 보도록 요구한다. 이러한 경험을 통해 내담자는 미처 자각하지 못했던 감정의 측면을 새롭게 알게 되며, 실제 행동에 옮길 때 어떤 경험을 하게 될 것인지 예상하게 되면서 사회적 기술이나 대처방법을 배우게 된다.
- 이완훈련은 불안이나 긴장, 공포 등을 다루기 위한 치료방법으로 적용되며, 체계적 둔감화나 점진적 이완훈련 등이 대표적이다.

정답 62. ② 63. ④

64 미국에서 임상심리학이 비약적으로 발전하게 된 계기가 된 것은?

① 자원봉사자들의 활동 ② 루스벨트 대통령의 후원
③ 제2차 세계대전 ④ 매카시즘의 등장

해 설

- 제2차 세계대전 종전을 전후로 미연방정부와 재향군인회의 지원을 받아 미국심리학회(APA)는 임상심리전문가의 기준을 수립하고 수련모형인 볼더(Boulder) 모형을 선언했다.
- 제2차 세계대전 이후에는 사회적 요구와 경제 성장을 바탕으로 미국의 임상심리학은 급속히 발전하였고, 전 세계 임상심리학의 역할 모델이 되었다. 특히 전후 재향군인병원에 입원한 군인들을 위한 임상심리학자의 역할이 증대되었고, 심리검사, 심리치료, 자문 등을 제공하였다.

학습 Plus 임상심리학자 수련모형

- 미국심리학회(APA)의 임상심리학 수련위원회(1947)에서는 수련 기준 및 지침을 개발하였다.
- Boulder 회의(1949)에서 임상심리학자의 과학자-실무자 모형(scientist-practitioner model)이 수립되었다.
  * 과학자-실무자 모형(scientist-practitioner model): 임상심리학자들은 심리 치료 및 평가와 같은 전문적인 심리학적 서비스뿐만 아니라 연구를 행하는 데 있어서도 유능해야 한다.
- Vail 회의(1973)에서 새로운 수련모델인 학자-실무자 모형(scholar-practitioner model)이 수립되었다.
  * 학자-실무자 모형(scholar-practitioner model): 임상 수련에 있어 연구를 최소화하고 전문적인 심리서비스를 제공해야 한다.

65 임상심리사로서 전문적인 관계를 유지하는 데 바람직한 지침사항과 가장 거리가 먼 것은?

① 다른 전문직에 종사하는 동료들의 욕구, 특수한 능력, 그리고 의무에 대하여 적절한 관심을 가져야 한다.
② 동료 전문가와 관련된 단체나 조직의 특권 및 의무를 존중하여 행동하여야 한다.
③ 소비자의 최대 이익에 기여하는 모든 자원을 활용해야 한다.
④ 동료 전문가의 윤리적 위반가능성을 인지하면 즉시 해당 전문가 단체에 고지해야 한다.

해 설

임상심리학자는 다른 심리학자가 윤리규정을 위반한 것을 인지하게 되면 그 심리학자로 하여금 윤리규정에 주목하게 함으로써 문제를 해결하도록 노력한다. 그러나 문제가 해결되지 않거나 명백한 윤리규정 위반으로 비공식적 방식이 적절하지 않은 경우, 임상심리학회 산하학회 또는 임상심리학회 상벌 및 윤리위원회에 보고해야 한다(한국임상심리학회 윤리규정).

정답 64. ③ 65. ④

66 시각적 처리와 시각적으로 중재된 기억의 일부 측면에 관여하는 뇌의 위치는?

① 두정엽 ② 후두엽
③ 전두엽 ④ 측두엽

해설

- 후두엽(occipital lobe)에는 일차 시각 피질이 있어 시각 정보를 처리한다. 이 부분이 손상되면 눈에는 아무런 이상이 없어도 앞을 보지 못하게 되는 증세를 나타낸다.
- 두정엽(parietal lobe)에는 일차 체감각 피질이 있어서 촉각이나 통증 등의 체감각 정보를 처리한다. 그 외 감각 통합과 공간 인식 등에 관여한다.
- 전두엽(frontal lobe)은 의사결정, 계획, 상황 판단, 정서 조절 등 고차원적인 인지기능을 담당한다.
- 측두엽(temporal lobe)은 반구의 양측에 자리하며 일차 청각 피질이 있어 청각 정보를 분석한다. 좌측 측두엽에는 언어 정보를 처리하는 영역이 있고, 측두엽 안쪽의 해마와 주변 피질은 기억을 처리한다.

67 불안에 관한 노출치료의 내용과 가장 거리가 먼 것은?

① 노출은 불안을 더 일으키는 자극에서 낮은 불안을 일으키는 자극 순으로 진행되어야 한다.
② 노출은 공포, 불안이 제거될 때까지 반복되어야 한다.
③ 노출은 불안을 유발해야 한다.
④ 환자는 될 수 있는 한 공포스러운 자극에 주의를 기울이고 그 자극과 관계를 맺도록 노력해야 한다.

해설

노출치료는 두려움을 일으키는 자극을 지속적으로 제시하여 불안이나 공포를 치료하는 기법이다. 실제상황 노출법과 상상적 노출법이 있다. 노출치료 과정 동안 내담자에게 불안 강도가 낮은 자극이나 상황을 상상하도록 하여 점차 가장 심하게 불안을 유발하는 상황을 극복하게 한다.

68 다음의 설명에 해당하는 것은?

불안을 유발하는 기억과 통찰을 무의식적으로 억압하거나 회피하려는 시도로, 치료 시간에 잦은 지각이나 침묵과 의사소통의 회피 등을 보인다.

① 합리화 ② 전이
③ 저항 ④ 투사

정답 66. ② 67. ① 68. ③

해설

- 저항은 무의식의 의식화를 방해하고 변화를 가로막는 내담자의 모든 생각, 태도, 감정, 행동을 말한다. 이는 부적절한 아동기의 소망과 그 소망의 부적응적이고 왜곡된 표현을 포기하지 않으려고 하는 무의식적인 거부를 반영한다.
- 저항은 불안을 유발하는 기억이나 심상에 대한 일종의 방어로 나타나기에 저항을 다스리기 위해서는 그 이유를 먼저 분석하며, 특정한 주제에 대해 더 많은 저항을 보일 때는 해당 주제가 내담자가 해결해야 할 핵심 문제일 수 있다.

69 행동평가에 관한 설명으로 가장 적합한 것은? ▸ 2017

① 자연적인 상황에서 실제 발생한 것만을 대상으로 평가한다.
② 행동표본은 내면심리를 반영한 것으로 해석된다.
③ 특정 표적행동의 조작적 정의가 상이할 수 있음을 고려해야 한다.
④ 관찰 결과는 요구 특성이나 피험자의 반응성 요인과 무관하다.

해설

행동평가에서는 관찰할 특정 표적행동의 조작적 정의가 구체적으로 명시되어야 관찰자 간에 서로 다른 조작적 정의에 의한 평정의 상이함을 통제할 수 있다. 구체적으로 합의된 행동이 지정되지 않는 이상 관찰자는 어떤 것에 집중해야 할지에 대해 다양한 수준에서 초점을 맞출 수 있어 조작적 정의가 상이하면 관찰의 신뢰도에 영향을 줄 수 있다.

70 문장완성검사에 관한 설명으로 틀린 것은?

① 수검자의 자기개념, 가족관계 등을 파악할 수 있다.
② 수검자가 검사자극의 내용을 감지할 수 없도록 구성되어 있다.
③ 수검자에 따라 각 문항의 모호함의 정도는 달라질 수 있다.
④ 개인과 집단 모두에게 실시될 수 있다.

해설

- 문장완성검사는 다수의 미완성 문장을 보고 수검자가 자기 생각대로 자유롭게 완성하도록 하는 검사로서 수검자는 주어진 어구를 보고 제일 먼저 생각나는 것을 기록한다.
- 개인과 집단 모두에게 실시될 수 있으며, 약 20~40분 정도의 시간이 소요된다. 문장완성검사에서 측정하고자 하는 대표 영역은 자기개념, 가족관계, 대인관계, 성적 영역 등이 있다(예: "내가 없을 때 친구들은 ______"/ "윗사람이 오는 것을 보면 나는 ______").

정답 69. ③ 70. ②

71 심리치료 이론 중 전이와 역전이의 중요성을 강조하고 치료에 활용하는 접근은?

① 정신분석적 접근 ② 행동주의적 접근
③ 인본주의적 접근 ④ 게슈탈트적 접근

해 설

정신분석치료에서 치료자는 내담자가 치료자에게 보이는 전이와 치료자에게 유발한 역전이 등을 다각적으로 고려하여 내담자를 적절히 이해하고 치료적으로 개입할 수 있어야 한다.

- **전이**: 과거의 의미 있는 대상과의 관계에서 일어났던 무의식적 소망과 기대 혹은 좌절 등이 치료자와의 관계에서 재현되는 것을 말한다.
- **역전이**: 내담자에 대한 치료자의 감정과 태도에서 나타나는 요소로서 치료자의 과거 경험이 현재 상황에서 내담자에게 전치되는 것을 말한다.

72 인간중심치료에 대한 설명으로 적합하지 않은 것은? ▸ 2015

① 인간중심접근은 개인의 독립과 통합을 목표로 삼는다.
② 인간중심적 상담(치료)은 치료 과정과 결과에 대한 연구 관심사를 포괄하면서 개발되었다.
③ 치료자는 내담자의 자기와 세계에 대한 인식에 주로 관심을 가진다.
④ 내담자가 정상인인가, 신경증 환자인가, 정신병 환자인가에 따라 각기 다른 치료원리가 적용된다.

해 설

인간중심치료에서는 개인의 자기실현화 가능성, 자기의지, 성장 잠재력을 중요시하고, 심리치료에서 이를 촉진하는 데 중점을 두었다. 내담자의 경험과 정서를 유형화하지 않으며, 내담자의 주관적인 경험을 수용하고 개인마다의 독특성을 중요시한다.

73 임상심리사가 수행하는 역할과 가장 거리가 먼 것은?

① 심리치료상담 ② 심리검사
③ 언어치료 ④ 심리재활

해 설

임상심리사는 심리평가와 심리검사, 개인 및 집단 심리상담, 심리재활 프로그램의 개발과 실시, 심리교육 및 자문, 연구의 역할을 수행한다. 언어치료는 표준화된 검사와 관찰을 통해 언어장애의 원인을 평가·진단하고 치료하며, 언어재활 관련 전문 자격증이 요구된다.

정답 71. ① 72. ④ 73. ③

74 다음에 해당하는 관찰법은?

- 문제행동의 빈도, 강도, 만성화된 문제행동을 유지시키는 요인들을 실제장면에서 관찰하는 데 효과적이다.
- 시간과 비용이 많이 들며, 대부분의 사람들은 자신들이 관찰된다는 것을 알고 있을 때 다르게 행동한다.

① 자연 관찰법 ② 통제된 관찰법
③ 자기 관찰법 ④ 연합 관찰법

해설

- **자연 관찰법(naturalistic observation)**
  관찰자가 전혀 조작하거나 통제를 하지 않는 자연 상태에서 일상적으로 발생하는 사건이나 행동을 관찰하는 방법이다. 자연적인 상태의 현상이나 행동을 찾아낼 수 있는 장점이 있으나, 윤리적인 문제가 제기될 수 있고, 시간과 비용이 많이 들며, 관찰 대상임을 인식했을 때 참가자의 태도 편향이 나타날 수 있다.

75 다음에 해당하는 자문의 유형은?

주의력결핍 장애를 가진 아동의 혼란된 행동을 다루는 방법을 확신하지 못하고 있는 초등학교 3학년 담임교사에게 자문을 해 주었다.

① 내담자 중심 사례 자문 ② 프로그램 중심 행정 자문
③ 피자문자 중심 사례 자문 ④ 피자문자 중심 행정 자문

해설

피자문자 중심 사례 자문은 전문 자문가가 피자문자의 경험 내용(사례)에 대해 필요한 자문을 제공하는 것을 말한다.

학습 Plus 정신건강자문의 유형

- 비공식적인 동료집단 자문
  내담자에게 필요한 더 좋은 치료전략을 얻기 위해 동료에게 해당 사례에 관한 자문을 요청하는 것을 말한다. 심리학자는 더 좋은 치료전략에 대한 통찰을 얻기 위해 동료에게 해당 사례에 대한 논의를 요청할 수 있다.
- 내담자 중심 사례 자문
  특정한 내담자의 치료나 보호에 책임이 있는 또 다른 심리학자 등의 동료 자문가에게 자문을 하거나, 보다 적절하게 내담자의 특별한 요구를 충족시키기 위해 책임 있는 동료에게 자문을 구하는 것을 말한다.

정답 74. ① 75. ③

- 프로그램 중심 행정 자문
  개인적인 사례보다는 프로그램이나 제도에 초점을 둔다. 진료소, 실무, 연구 프로그램 및 전체적 쟁점이 되는 문제에 관한 중요한 기능적 측면에 대한 자문을 제공한다.
- 피자문자 중심 사례 자문
  전문 자문가가 피자문자의 경험 내용(사례)에 대해 필요한 자문을 제공하는 것을 말한다.
- 피자문자 중심 행정 자문
  기관 내의 행정적인 쟁점과 인사 쟁점에 관한 업무에 대해 전문 심리학자의 자문을 구하는 것을 말한다.

76 합동가족치료에 대한 설명으로 틀린 것은?

① 비행청소년들과 그들의 가족들을 위한 개입법으로 개발되었다.
② 한 치료자가 가족 전체를 동시에 본다.
③ 치료자는 상황에 따라 비지시적인 역할을 할 수 있다.
④ 치료자는 가족구성원에게 과제를 준다.

해설

다중체계치료(multisystemic therapy)
위기청소년과 가족을 위한 개입방법으로 개발되었다. 아동 · 청소년의 폭력이나 비행과 같은 반사회적 행동의 치료를 위해 내담자를 둘러싼 사회체계에 집중적으로 개입하는 치료방식이다. 한 명의 슈퍼바이저와 3~4명의 치료팀으로 구성되어 최소 주 3회 이상 내담자가 살고 있는 체계로 들어가 진행된다. 현재 다중체계치료는 소년범죄, 성범죄, 약물중독, 학대, 정신과 장애, 후기 청소년까지 그 범위를 확대하여 적용되고 있다.

77 Rogers가 제안한 내담자의 긍정적 변화를 촉진시키기 위한 치료자의 3가지 조건에 해당하지 않는 것은?

▸ 2004, 2013

① 무조건적 존중　② 정확한 공감
③ 창의성　④ 솔직성

해설

인간중심치료에서는 치료 과정에서 내담자가 자유롭게 자신의 감정을 표현하도록 하고, 이를 적극적으로 경청하고, 비판 없이 반영하고 존중할 때 내담자는 스스로 문제를 극복하고 성장하게 된다고 보았다. 치료자가 갖추어야 할 기본적 태도에는 진솔성(일치성), 무조건적인 긍정적 존중, 공감적 이해를 강조한다.

정답 76. ① 77. ③

78 접수면접의 목적에 대한 설명으로 가장 적합한 것은? ▸ 2014

① 환자의 심리적 기능 수준과 망상, 섬망 또는 치매와 같은 이상 정신현상의 유무를 선별하기 위해 실시한다.

② 가장 적절한 치료나 중재 계획을 권고하고 환자의 증상이나 관심을 더 잘 이해하기 위해 실시한다.

③ 환자가 중대하고 외상적이거나 생명을 위협하는 위기에 있을 때 그 상황에서 구해 내기 위해서 실시한다.

④ 환자가 보고하는 증상들과 문제들을 진단으로 분류하기 위해서 실시한다.

해설

- 접수면접(초기면접)의 목적은 가장 적절한 치료나 중재 계획을 세우기 위해 환자의 증상이나 문제를 더 잘 이해하는 데 있다. 접수면접 동안 치료절차, 제공되는 서비스에 대한 환자의 질문에 답하며 일련의 과정들에 대한 정보를 제공한다.
- ①번은 정신상태면접, ③번은 위기면접, ④번은 진단면접에 해당된다.

79 불안장애를 지닌 내담자에게 적용한 체계적 둔감법의 단계를 바르게 나열한 것은?

ㄱ. 이완 상태에서 가장 낮은 위계의 불안자극에 노출한다.
ㄴ. 이완 상태에서 더 높은 위계의 불안자극에 노출한다.
ㄷ. 불안자극의 위계를 정한다.
ㄹ. 불안 상태와 양립 불가능하며 불안을 억제하는 효과를 지닌 이완기법을 배운다.

① ㄱ → ㄴ → ㄷ → ㄹ
② ㄷ → ㄱ → ㄴ → ㄹ
③ ㄷ → ㄹ → ㄱ → ㄴ
④ ㄹ → ㄱ → ㄴ → ㄷ

해설

- 체계적 둔감화(systematic desensitization)는 볼프(Wolpe)에 의해 개발된 기법으로, 공포증과 같은 불안장애의 치료에 효과적이다. 불안을 유발하는 상황들을 생각하도록 함으로써 불안과 병존할 수 없는 이완을 연합시켜 불안을 감소 또는 소거시키는 기법이다. 공존할 수 없는 새로운 반응(신체적 이완)을 통해 부적응적 반응(불안, 공포)을 억제하는 상호억제의 원리를 이용한다.
- 일반적으로 체계적 둔감화 기법은 이완훈련을 시작으로 치료가 진행된다(ㄹ-ㄷ-ㄱ-ㄴ 순서). 낮은 수준의 불안부터 점진적으로 접근하며 조작적 조건형성의 원리가 적용된다.

정답 78. ② 79. ③

학습 Plus 체계적 둔감화 절차

① 1단계-이완훈련
- 이완 상태에서는 불안이 일어나지 않는다는 원리를 토대로 한다(상호억제원리).
- 상담자는 수회에 걸쳐 내담자가 긴장을 이완할 수 있도록 훈련한다.

② 2단계-불안위계목록 작성
- 내담자가 가지고 있는 불안(공포)에 대한 정보와 증상, 행동을 파악한다.
- 불안(공포)을 일으키는 유발 상황에 대한 위계목록을 작성한다.

③ 3단계-불안위계목록에 따른 둔감화
- 이완 상태에서 내담자가 불안을 유발하는 상황을 상상하도록 유도한다.
- 순서는 불안(공포)을 가장 적게 느끼는 상황에서부터 시작하여 높은 수준의 불안으로 옮겨 가는 것이 바람직하다.
- 불안 상황에서 불안 반응을 더 이상 보이지 않을 때까지 반복하여 실시한다.

80 평가면접에서 면접자의 태도에 대한 설명으로 틀린 것은?

① 수용: 내담자의 가치에 대한 기본적인 존중과 관련되어 있다.

② 해석: 면접자가 자신의 내면과 부합하는 심상을 수용하는 것과 관련되어 있다.

③ 이해: 내담자의 관점에서 세계를 보기 위한 노력과 관련되어 있다.

④ 진실성: 면접자의 내면과 부합하는 것을 전달하는 정도와 관련되어 있다.

해설

- 평가면접은 임상적 의사결정, 문제에 대한 이해와 예측을 위한 주요한 과정이다. 면접자와 내담자 간의 협력적 관계는 타당하고 신뢰할 수 있는 정보를 획득하고 효과적인 개입을 제공하는 데 필수적인 조건이라고 할 수 있다. 이에 면접자의 태도가 중요하며, 내담자에 대한 수용과 존중, 이해와 진솔성에 기반한 신뢰할 수 있는 관계 형성은 내담자로 하여금 자신이 겪고 있는 감정이나 문제를 솔직하고 자유롭게 표현할 수 있도록 촉진한다.
- 해석은 내담자가 새로운 방식으로 자신의 문제를 돌아볼 수 있도록 내담자가 경험한 사건들과 행동, 감정, 생각 등의 의미를 설명해 주는 것을 말한다. 평가면접 단계는 면접자-내담자 간의 치료적 관계가 중요하기에 '해석'을 통한 자기이해는 라포가 충분한 상태에서 신중하게 이루어져야 하며, 대개 치료적 과정 동안 주의 깊게 이루어진다.

정답 80. ②

05 2020년 제3회 기출문제

61 다음 ( )에 알맞은 방어기제는? ▸ 2016

> 중현이는 선생님께 꾸중을 들어 기분이 매우 좋지 않았다. 집으로 돌아온 중현이에게 동생이 밥을 먹을 것인지 묻자 "네가 상관할 거 없잖아!"라고 소리를 질렀다. 중현이가 사용하고 있는 방어기제는 ( )이다.

① 행동화　　② 투사
③ 전치　　④ 퇴행

해설

- **전치(displacement)**: 어떤 대상에게 향했던 감정을 전혀 다른 대상으로 옮겨 표출하는 것을 말한다.
- **투사(projection)**: 직면하기 힘든 내적 욕구나 감정 등을 회피하기 위하여 무의식적이고 반복적으로 자신의 생각이나 욕구, 감정 등을 타인에게 전가하는 것을 말한다.
- **동일시(identification)**: 자신이 존경하는 대상과 강한 정서적 유대를 형성하여 모방함으로써 만족을 추구하는 것을 말한다.
- **행동화(acting-out)**: 자신의 무의식적 충동을 본능적으로 드러내서 욕구를 충족하는 행동을 말한다.

62 다음 중 대뇌 기능의 편재화를 평가하는 데 사용하는 검사가 아닌 것은?

① 손잡이(handedness)검사　　② 주의력 검사
③ 발잡이(footedness)검사　　④ 눈의 편향성 검사

해설

대뇌 기능의 편재화란 특정 정신 기능이 대뇌의 좌반구와 우반구 중 어느 한쪽에 치우쳐 있는 경향성을 말한

정답 61. ③ 62. ②

다. 손잡이 검사, 발잡이 검사는 우세하게 사용하는 좌우 기능을 통해 뇌의 편재화를 평가하며(예: 우세손이 왼손잡이인 경우 우뇌 기능 발달), 눈의 편향성 검사는 좌우 반구의 대측 기능 담당과 관련하여 편재화를 측정한다(예: 좌뇌는 우측 시각장 처리).

63 우울증에 관한 Beck의 인지치료에서 강조하는 내용과 가장 거리가 먼 것은?

① 내담자의 비활동성과 자신의 우울한 감정에 초점을 두는 경향을 막기 위해 활동 계획표를 만든다.
② 환자에게 부정적 결과에 대한 비난을 자신이 아닌 적절한 다른 곳으로 돌리게 가르친다.
③ 내담자의 미해결되고 억압된 기억을 자각하고 의식함으로써 지금-여기에서 해결하도록 조력한다.
④ 내담자가 해결 불가능한 일로 간주하고 자신을 비난하는 대신 문제에 대한 대안책을 찾도록 돕는다.

해설

게슈탈트 치료에서는 미해결된 욕구를 효과적으로 해소하는 데 실패하게 되면 심리적 · 신체적 장애가 나타난다고 보았다. 따라서 미해결된 욕구를 회피하지 않고 지금-여기에서의 경험 안에서 자각함으로써 해소하도록 증진한다.

64 기말고사에서 전 과목 100점을 받은 경희에게 선생님은 최우수상을 주고 친구들 앞에서 칭찬도 해 주었다. 선생님이 경희에게 사용한 학습 원리는? ▸ 2016

① 조건화
② 내적 동기화
③ 성취
④ 모델링

해설

조작적 조건화에 해당되는 정적 강화 원리를 적용한 사례이다. 정적 강화(positive reinforcement)는 학습자가 좋아하는 자극을 제공함으로써 기대되는 행동의 발생 빈도수를 증가시키는 학습 원리를 말한다. 정적 강화인(positive reinforcer)으로는 칭찬과 같은 사회적 인정, 돈, 음식 등이 포함된다.

정답 63. ③ 64. ①

65 Cormier와 Cormier가 제시한 적극적 경청 기술과 그 내용에 해당하지 않는 것은?

① 해석: "당신이 그 사람과의 관계에서 재미없다고 말할 때 성적 관계에서 재미없다는 말씀으로 들립니다."
② 요약: "이제까지의 말씀은 당신이 결혼하기에 적당한 사람인지 불확실해서 걱정하신다는 것이지요."
③ 반영: "당신은 그 사람과의 관계에서 지루함을 느끼고 있군요."
④ 부연: "그래서 당신은 자신의 문제 때문에 결혼이 당신에게 맞는지 확신하지 못하는군요."

해설

• 재진술
내담자 이야기의 내용이나 의미를 명확하게 하여 구체적으로 표현하는 방법을 말한다. 재신술은 내담자가 하는 말보다 짧고 유사한 단어를 사용하여 구체적이고 정확하게 전달한다(예: '제가 듣기에는 마치 ~처럼 들립니다' '제가 이해하기로는 ~입니다' '당신은 ~라고 생각하고 계시는군요').
재진술: "당신이 그 사람과의 관계에서 재미없다고 말할 때 성적 관계에서 재미없다는 말씀으로 들립니다."

PART 04 임상심리학

66 인간의 정신병리가 경험 회피와 인지적 융합으로 인한 심리적 경직성 때문이라고 주장하며 창조적 절망감, 맥락으로서의 자기 등의 치료요소를 강조하는 가장 대표적인 치료법은?

① 수용전념치료(ACT)
② 변증법적 행동치료(DBT)
③ 합리적 정서행동치료(REBT)
④ 마음챙김에 근거한 인지치료(MBCT)

해설

수용전념치료(ACT)는 내담자로 하여금 고통스러운 부정적 감정에 저항하지 말고 수용하면서 자신이 원하는 가치와 목표를 실현하는 데 전념하도록 돕는다. ACT에서는 인간의 정신병리가 '경험 회피'와 '인지적 융합'으로 인한 심리적 경직성 때문이라고 보았다.

〈참조〉
• 경험 회피(experiential avoidance)는 인간이 고통스러운 경험을 직면하기보다는 그것을 제거하거나 변화시키려고 통제하는 노력을 의미한다. 이러한 통제의 노력은 오히려 역설적 효과로 인해 고통을 가중시킨다.
• 인지적 융합(cognitive fusion)이란 언어로 인해 생각을 현실로 인식하면서 개념의 틀 속에 갇혀 고통을 겪는 것을 의미한다. 인간은 경험을 있는 그대로 보는 것이 아니라 언어를 통해 재구성하여 인식함으로써 고통이 수반된다고 본다.

정답 65. ① 66. ①

67 사회기술훈련 프로그램의 구성요소와 가장 거리가 먼 것은? ▸ 2016

① 문제해결 기술 ② 증상관리 기술
③ 의사소통 기술 ④ 자기주장 훈련

해 설

- 사회기술훈련은 의사소통을 통해 대인관계 효율성을 향상시키는 데 필요한 사회적 기술을 훈련하는 과정을 말한다. 의사소통 기술, 문제해결 기술, 자기주장 훈련은 대표적인 사회기술 훈련에 해당된다.
- 증상관리기술은 환자에게 증상을 최소화시킬 수 있는 실제적인 자기관리 방법을 교육하는 과정을 말한다.

68 심리평가에서 임상적 예측을 시행할 때 자료통계적 접근법이 더욱 권장되는 경우는?

① 매우 드물게 발생하며, 비정상적인 사건으로서 지극히 개인적인 일을 예측하고 판단을 내려야 하는 경우
② 다수의 이질적인 표본들을 대상으로 한 경우로 한 개인의 특성에 대한 관심은 적은 경우
③ 적절한 검사가 없는 영역이나 사건에 대한 정보가 필요한 경우
④ 예측하지 못한 상황 변수가 발생하여 공식이 유용하지 않게 되는 경우

해 설

임상적 판단을 할 때 통계적 접근법을 사용하는 것은 결과 또는 예측의 객관성을 수립하는 데 중요하다. 심리평가에서 '임상적 예측'을 시행하는 과정에서 자료통계적 접근법 활용이 유용한 경우는 많은 사람을 대상으로 하는 경우 또는 다수의 수행에 대한 예측이 보다 중요하게 고려되는 경우에 해당된다.

학습 Plus 임상적 접근 vs 통계적 접근의 이점

〈임상적 접근의 이점〉
- 적절하게 측정할 검사가 없는 영역에서 사건에 대한 정보가 필요한 경우
- 매우 드물게 발생하며, 비정상적인 사건으로서 지극히 개인적인 일을 예측하고 판단을 내려야 하는 경우
- 임상적인 판단들이 어떠한 통계적인 공식도 적용된 적이 없는 사례들을 다루고 있는 경우
- 예측하지 못한 상황 변수가 발생하여 공식이 유용하지 않게 되는 경우

〈통계적 접근의 이점〉
- 예측되는 결과가 객관적이고 특정한 것일 경우(예: 학점, 성공적인 퇴원율, 직업성공 예측)
- 다수의 이질적인 표본들을 대상으로 한 경우로 한 개인의 특성에 대한 관심은 적은 경우
- 인간이 내리는 판단, 실수와 오류가 걱정이 되는 경우

정답 67. ② 68. ②

69 전통적인 정신역동적 심리평가와 비교했을 때 행동평가의 특징으로 옳은 것은?

① 행동이 시간이나 장소에 관계없이 일관될 것으로 예상한다.
② 개인 간을 비교하며 보편적 법칙을 더 강조한다.
③ 행동을 징후라고 해석하기보다는 표본으로 간주한다.
④ 성격 특성의 병인론을 기술하는 데 초점을 둔다.

해설

행동평가는 '행동'을 징후로 보기보다는 행동이 일어나는 상황에서 나타나는 반응인 표본으로 보고, 특정 행동과 그 행동에 영향을 미치는 환경 변인에 초점을 맞춘다.

〈참조〉

- 어떤 행동을 '표본'으로 볼 경우에는 비평가 상황에서도 같은 방식으로 행동할 것이라고 가정하는 반면[예: 아동이 부모에게 공격적인 반응을 보였다면, 이러한 공격성이 다른 상황(또래관계)에서도 나타날 것이라고 가정하게 됨], 행동을 '징후'로 본다면 그 행동은 어떤 다른 특성의 간접적이거나 상징적 발현으로 추론할 수 있다.
- 전통적인 평가에서는 행동에 대해 징후적 접근을 취하지만, 행동평가에서는 표본적 접근을 통해 행동을 평가한다.

PART 04 임상심리학

70 현실치료에 관한 설명으로 가장 적합한 것은? ▸ 2016

① 내담자가 더 현실적이고 실현 가능한 인생철학을 습득함으로써 정서적 혼란과 자기패배적 행동을 최소화하는 것을 강조한다.
② 내담자의 좌절된 욕구를 알고 사람들과의 관계에서 새로운 선택을 함으로써 보다 성공적인 관계를 얻고 유지할 수 있음을 강조한다.
③ 현대의 소외, 고립, 무의미 등 생활의 딜레마 해결에 제한된 인식에서 벗어나 자유와 책임능력의 인식을 강조한다.
④ 가족 내 서열에 대한 해석은 어른이 되어 세상과 작용하는 방식에 큰 영향이 있음을 강조한다.

해설

현실치료에서는 정신장애로 진단되는 대부분의 심리적 문제는 기본적인 욕구(생존, 사랑, 권력, 자유, 재미)를 효과적인 방식으로 충족시키는 데 실패했기 때문으로 본다. 특히 인간관계에서 오는 욕구 부재나 갈등이 불행의 가장 주된 근원으로 보고, 새로운 인간관계를 선택하고 자신과 타인의 삶을 향상시키기 위한 노력을 중요시한다.

정답 69. ③ 70. ②

71 한국심리학회 윤리규정에 관한 설명으로 틀린 것은?

① 심리학자는 성실성과 인내심을 가지고 함께 일하는 다른 분야의 종사자와 협조적으로 업무를 수행한다.
② 심리학자는 내담자의 개인정보를 어떠한 경우에도 노출하면 안 된다.
③ 심리학자는 성적 괴롭힘을 하지 않는다.
④ 심리학자는 개인과 사회의 발전을 위해 노력하여야 한다.

해설

심리학자는 내담자의 개인정보가 노출되지 않도록 비밀보장을 유지하여야 하나, 비밀보장의 예외상황이 발생할 경우(자신 및 타인에게 위해 위험성이 있거나, 법원의 정보 공개 요청 등)에는 내담자에게 동의를 구한 후 최소한의 정보들을 신중하게 공개해야 한다.

72 다음 중 가장 최근에 있었던 사건은?

① Blouder 모형 제안
② Wechsler-Bellevue 지능 척도 출판
③ George Engel이 생물심리사회적 모델 제안
④ Rogers 내담자중심치료 출판

해설

21세기 들어 이상행동을 유발하는 원인과 과정을 통합적으로 설명하려는 시도가 일어났고, '생물심리사회적 모델'이 주목을 받았다. 생물심리사회적 모델은 이상행동과 정신장애에 영향을 미치는 생물학적 · 심리적 · 사회적 요인을 종합적으로 고려한다.

- 1944. 최초의 개인용 성인지능 검사인 Wechsler-Bellevue 척도 출판
- 1949. Boulder 모형 제안(과학자-전문가 모형: 연구와 치료, 평가의 포괄적 수련 기준)
- 1951. Rogers가 내담자중심치료 출판
- 1977. George Engel이 생물심리사회적 모델 제안

정답 71. ② 72. ③

73 최근 컴퓨터는 임상실무에서의 치료효과평가에 점차 그 사용이 확대되고 있다. 전산화된 심리평가에 관한 설명으로 옳은 것은?

① 컴퓨터 기반 검사는 시행 시간을 절약해 주지만 검사자 편파가능성이 높아진다.
② 컴퓨터 기반 보고서는 임상가를 대체하는 임상적 판단을 제공할 수 있다.
③ 컴퓨터 기반 검사를 사용하면 임상가가 유능하지 못한 영역에서도 임상적 판단을 제공할 수 있다.
④ 컴퓨터 기반 검사의 해석의 경우 짧거나 중간 정도의 분량을 지닌 진술이 긴 분량의 진술에 비해 일반적으로 타당한 경우가 더 많다.

해설

컴퓨터 기반 평가(Computer Based Testing: CBT)의 해석의 경우 분량이 짧거나 중간 정도일 때 분량이 긴 진술에 비해 더 높은 타당도를 갖는 것으로 나타났다.

학습 Plus 컴퓨터 기반 평가(Computer Based Testing: CBT)

- 기존의 심리검사는 평가자와 수검자가 일대일로만 실시가 가능하지만, 컴퓨터를 사용하면 동시에 여러 수검자에게 심리검사를 실시할 수 있다.
- 검사의 실시, 기록, 채점 등에서 시간과 비용을 절약할 수 있으며 소비자의 비용도 절감할 수 있다.
- 검사 지시를 비롯해 실시 및 채점 절차가 동일하게 표준화된 방식으로 제공됨으로써 평가자 간의 편차나 검사결과에 미치는 평가자의 영향력을 최소화할 수 있다.
- 컴퓨터의 자동화 해석 프로그램의 실시와 해석이 간편하면 지필검사와 유사한 신뢰도와 타당도를 지니고 있으나, 임상가들이 직접 해석한 것과 비교하면 타당도가 상대적으로 낮다.
- 컴퓨터로 검사를 실시할 경우 자격을 갖추지 않을 경우 실시와 해석의 오남용이 쉽게 발생할 여지가 있어 검사자는 전문적인 안목과 경험을 갖추고 있어야 한다.
- 컴퓨터에 기반한 해석의 경우 분량이 짧거나 중간 정도일 때 분량이 긴 진술에 비해 더 높은 타당도를 갖는다.

74 지역사회 심리학에서 강조하는 사항과 가장 거리가 먼 것은?

① 지역사회 조직과의 관계 개발을 강조한다.
② 준전문가의 역할과 자조활동을 강조한다.
③ 전통적인 입원치료에 대한 지역사회의 대안을 강조한다.
④ 유지되는 능력보다는 결손된 능력을 강조한다.

정답 73. ④ 74. ④

해설

지역사회심리학은 개인의 정신건강 문제 증상 그 자체나 치료 모형을 밝히는 데 초점을 두기보다는 정신건강 문제가 발생하는 것을 '예방'하는 데 목적을 둔다. 이를 위해 개인이 자신의 문제를 인식하고 사전에 예방하는 능력을 증진할 것을 장려하며, 개인의 자원체계 내 능력을 유지하고, 필요한 자원을 보강하여 환경 내 적응을 돕도록 한다.

〈참조〉

지역사회심리학은 유전적 요소, 가정의 역사, 사회경제적 수준, 가정생활의 질, 문화적인 배경과 같은 요인들이 개인의 발달과 관련된다고 보는 생태학적 이론에 기반한다. 주로 인간과 환경 간의 상호관계를 규명하고 이해하는 데 초점을 둔다.

75 뇌의 편측화 효과를 측정할 수 있는 대표적인 방법은? ▸2016

① 미로검사
② 이원청취기법
③ Wechsler 기억검사
④ 성격검사

해설

- 뇌의 편측화를 측정하기 위해 피검자는 헤드폰을 쓰고 각 귀로 동시에 서로 다른 메시지를 제시받는다. 각 귀로 경쟁하는 메시지를 제시하여 비대칭성을 시험하는 방법을 '이원청취'(dichotic listening)라고 부른다.
- 피험자에게 두 청각 메시지를 각 귀에 하나씩 들려준 다음, 메시지를 얼마나 잘 회상하는지를 측정할 경우 대부분 오른쪽 귀에 제시된 단어를 더 잘 회상하는 경향을 보이는데, 이는 좌반구가 언어능력과 관련 있다는 것을 보여 주는 뇌의 편측화 효과를 설명한다.

76 신경인지장애가 의심되는 경우에 주로 사용하는 구조화된 면접법은?

① SADS(Schedule of Affective Disorder and Schizophrenia)
② 개인력 청취
③ SIRS(Structured Interview of Reported Symptoms)
④ 정신상태검사

해설

- 정신상태검사(Mental Status Examination: MSE)는 임상면접에서 실시되는 구조화된 평가로서 MSE에 포함되는 내용은 사고의 과정, 사고의 내용, 지각, 의식, 지적능력(기억력, 지남력, 판단력, 독해력 등), 감정반응, 병식의 정도를 평가한다. 신경인지장애가 의심되는 환자의 이해, 진단 및 치료에 대한 중요한 정보를 제공한다.

정답 75. ② 76. ④

- SIRS(Structured Interview of Reported Symptoms)는 가장된 정신질환들을 측정하는 구조화된 면담 도구로서, 증상 가장에 의한 정신 이상 보고를 탐지하기 위해 개발되었다.
- **개인력 청취**: 정신과적 개인력을 조사하기 위한 항목들을 개방형 질문을 통해 순차적으로 수집한다. 환자의 진술 청취 과정에서 라포 형성이 중요하며 구체적인 다양한 항목을 통해 개인력을 확인한다.
- SADS(Schedule of Affective Disorders and Schizophrenia): 아동 및 청소년을 위한 구조화된 면담 도구로서 주로 정신과적인 진단을 위해 사용된다.

77 치료동맹에 관한 설명 중 내담자중심치료의 입장을 가장 잘 반영하고 있는 것은?

① 내담자와 치료자의 관계가 치료적 변화를 발생시킬 수 있는 필요충분조건이다.
② 치료동맹을 형성하는 데 있어서 치료자보다는 내담자의 자발성을 강조하는 것이 중요하다.
③ 치료관계보다 치료기법을 적절하게 사용하는 것이 치료효과를 높이는 데 더 중요하다.
④ 치료동맹은 내담자의 적절한 행동에 대한 수반적 강화를 제공하기 때문에 치료효과에 긍정적이다.

해설

인간중심치료에서 치료자는 내담자의 성장을 촉진하기 위해 일치성, 무조건적 긍정적 존중, 공감적 이해의 핵심조건을 기반으로 치료가 제공되어야 함을 강조하며, 치료자-내담자 관계를 치료적 변화의 필요충분조건으로 보았다. 이를 위해 치료자는 내담자가 이전의 관계에서 경험한 조건적이고 가치평가적인 관계와는 다른 새로운 관계를 제공할 수 있어야 한다.

78 심리치료에서 치료자가 역전이를 다루는 방식으로 가장 바람직한 것은?

① 치료자는 내담자에 대해 부정적인 감정을 느끼지 않도록 노력해야 한다.
② 내담자에게 좋은 치료자라는 말을 듣고 싶은 것은 당연한 욕구라고 여긴다.
③ 내담자에게 느끼는 역전이 감정은 내담자의 전이와 함께 연결 지어 분석한다.
④ 치료자가 경험하는 역전이를 정확하게 인식해야 하지만 이를 치료에 활용하는 것을 삼간다.

해설

역전이란 치료자가 내담자와의 관계에서 갈등을 느끼고 내담자에게 대해 느끼는 감정적 반응을 말한다. 치료자는 자신의 과거의 중요했던 경험이 현재 자신과 내담자에게 미치는 영향에 대해 지속적으로 점검하여 역전이 감정을 알아차리고, 내담자의 전이 및 자신과 내담자의 전이-역전이 과정에 대해 분석한다.

정답 77. ① 78. ③

79 다음 중 뇌반구의 기능에 관한 설명으로 적합하지 않은 것은?

① 좌반구는 세상의 좌측을 보고, 우반구는 우측을 본다.
② 좌측 대뇌피질의 전두엽 가운데 운동피질 영역의 손상은 언어문제 혹은 실어증을 일으킨다.
③ 대부분의 언어장애는 좌반구와 관련이 있다.
④ 좌반구는 말, 읽기, 쓰기 및 산수를 통제한다.

해설

인간의 뇌에는 두 개의 반구, 즉 좌반구(left hemisphere)와 우반구(right hemisphere)가 있으며 뇌량으로 연결되어 있다. 두 개의 좌 · 우반구는 상호 대측으로 기능을 하기에 좌반구는 우측, 우반구는 좌측 시각장의 정보를 처리한다.

80 주로 흡연, 음주문제, 과식 등의 문제를 해결하기 위해 사용되며, 부적응적이고 지나친 탐닉이나 선호를 제거하는 데 사용되는 행동치료 방법은? ▸ 2015

① 부적 강화 ② 혐오치료
③ 토큰경제 ④ 조형

해설

- 혐오치료(aversion therapy)
  역조건 형성의 일종으로서 바람직하지 못한 행동(흡연, 음주, 과식, 성 중독 등)에 혐오자극을 제시하여 부적응적인 행동을 제거하는 기법이다.
- 부적 강화(negative reinforcement)
  부적 강화는 학습자가 싫어하는 자극인 부적 강화인(negative reinforcer)을 제거해 줌으로써 기대되는 행동의 발생 빈도를 증가시키는 것이다(예: 선행을 한 아이에게 아이가 싫어하는 청소를 면제해 줌).
- 토큰경제(token economy)
  토큰경제는 토큰 또는 교환권을 강화물로 사용하여 바람직한 행동을 유보하는 기법이다. 이 방법은 조작적 조건형성을 이용한 행동수정 기법이다.
- 조형(shaping)
  조작적 조건형성의 원리를 적용한 기법으로서 바람직한 행동을 여러 하위 단계로 나누어 세분화된 목표행동에 접근할 때마다 적절한 보상을 주어 점진적으로 특정 행동을 학습시키는 기법이다.

정답 79. ① 80. ②

06 2020년 제1회 기출문제

61 자신의 초기 경험이 타인에 대한 확장된 인식과 관계를 맺는다는 가정을 강조하는 치료적 접근은? ▸ 2016

① 대상관계이론
② 자기심리학
③ 심리사회적 발달이론
④ 인본주의

해설

- 대상관계이론에서는 어린 유아가 어머니를 비롯한 주요 대상관계에서 겪게 되는 내면적 경험과 갈등이 자기표상과 대상표상뿐만 아니라 성인기의 대인관계에 강력한 영향을 준다고 보았다.
- 대상(object)은 어머니를 비롯한 개인이 관계를 맺게 되는 타자를 총칭하는 것으로, 개인과 중요한 타인 또는 중요한 애정 대상과의 관계를 대상관계라고 한다.

62 임상심리사의 역할 중 교육에 관한 설명으로 옳은 것을 모두 고른 것은?

ㄱ. 심리학자가 아동들이 부모의 이혼에 대처하도록 도와주는 방법에 관한 강의를 해 주는 것은 비학구적인 장면에서의 교육에 해당된다.
ㄴ. 의과대학과 병원에서의 교육은 비학구적인 장면에서의 교육에 포함된다.
ㄷ. 임상심리학자들은 심리학과뿐만 아니라 경영학, 법학, 의학과에서도 강의한다.
ㄹ. 의료적 · 정신과적 문제를 대처하도록 환자를 가르치는 것도 임상적 교육에 포함된다.

① ㄱ, ㄴ, ㄷ
② ㄱ, ㄴ, ㄹ
③ ㄱ, ㄷ, ㄹ
④ ㄴ, ㄷ, ㄹ

정답 61. ① 62. ③

해설

임상심리사의 역할로는 심리평가, 심리치료, 교육과 예방, 자문 및 정책 제안 등이 있다. 교육과 예방 차원의 역할로서 임상심리 전반에 대한 이론적 지식과 실무적 활동을 교육하며 학회, 의과대학과 병원, 학회, 대학 등의 학구적 장면에서의 교육을 지도한다. 또한 지역사회의 일반인을 대상으로 정신건강에 관한 주제를 교육함으로써 정신장애를 예방하는 활동을 한다.

63 다음 ( )에 알맞은 것은?

> Seligman의 학습된 무기력과 관련하여 사람들이 부정적 사건들을 ( ), ( ), ( )으로 볼 때 우울하게 되는 경향이 있다고 예언했다.

① 내부적, 안정적, 일반적
② 내부적, 불안정적, 특수적
③ 외부적, 안정적, 일반적
④ 외부적, 불안정적, 특수적

해설

- 우울증의 귀인이론(attribution theory of depression)에서는 우울장애에 취약한 사람은 실패 경험에 대해서 내부적 · 안정적 · 일반적 귀인을 하는 경향이 있다고 보았다. 즉, 통제 불가능한 상황의 원인을 어떻게 귀인하느냐에 따라 우울 양상이 달라질 수 있음을 제시하고 있다(예: 내부적 요인-성격적 결함, 안정적 요인-능력 부족, 일반적 요인-전반적인 지적 능력의 부족으로 원인을 돌림).
- 실패 경험에 대한 내부적-외부적 귀인은 자존감 손상과 우울장애의 발생에 영향을 미치며, 안정적-불안정적 귀인은 우울의 만성화 정도와 관련되고, 일반적-특수적 귀인은 우울장애의 일반화 정도를 결정하게 된다.

64 수업시간에 가만히 자리에 앉아 있지 못하고 돌아다니며, 급우들의 물건을 함부로 만져 왕따를 당하고 있는 초등학교 3학년 10세 지적장애 남아의 문제행동을 도울 수 있는 가장 권장되는 행동치료법은?

① 노출치료
② 체계적 둔감화
③ 유관성 관리
④ 혐오치료

해설

유관성 관리의 경우, 아동의 바람직한 행동은 보상을 통해 격려하는 등의 강화를 제공하고 문제행동에는 강화를 제공하지 않는다. 문제행동이 나타날 때는 이를 무시하거나 관심을 철회하고, 기대하는 바람직한 행동에 대해서만 일관되게 강화를 제공한다. 유관성 관리는 바람직한 행동의 증가에 효과적이다.

정답 63. ① 64. ③

65 현재 임상 장면에서 많이 사용되는 심리평가 도구들 중 가장 먼저 개발된 검사는?

① 다면적 인성검사
② Strong 직업흥미검사
③ Rorschach 검사
④ 주제통각검사

해설

대표적인 투사적 검사인 Rorschach 검사는 1921년도에 제작되어 가장 먼저 개발된 검사에 해당된다.

- 1921. Hermann Rorschach가 최초의 투사적 검사인 로르샤흐 검사 개발
- 1927. E, K. Strong이 Strong 직업흥미검사 개발
- 1935. Morgan과 Murray가 주제통각검사(TAT) 개발
- 1940. Hathaway와 Mckinley가 다면적 인성검사(MMPI) 개발

66 다음은 무엇에 관한 설명인가?

> Back이 우울증 환자에 대한 관찰을 기반하여 사용한 용어로, 자신을 무가치하고 사랑받지 못할 사람으로 간주하고, 자신이 경험하는 세계가 가혹하고 도저히 대처할 수 없는 곳이라고 지각하며, 자신의 미래는 암담하고 통제할 수 없으며 계속 실패할 것이라고 예상하는 것

① 부정적 사고(negative thought)
② 인지 삼제(cognitive triad)
③ 비합리적 신념(irrational belief)
④ 인지오류(cognitive error)

해설

- Beck은 우울증 환자들은 자기, 미래, 세상에 대해서 부정적인 사고와 심상을 지닌다고 보았으며, 우울한 사람들이 부정적인 생각을 지니는 세 가지 주제(자기, 미래, 세상)를 인지 삼제(cognitive triad)라고 하였다.
- 자기에 대한 부정적 사고: '무가치하고 사랑받지 못할 것이다.'
- 미래에 대한 부정적 사고: '미래는 암담하고 통제할 수 없으며 계속 실패할 것이다.'
- 세상에 대한 부정적 사고: '세상은 가혹하고 도처히 대처할 수 없는 곳이다.'

67 프로그램의 주요 초점은 사회 복귀이며, 직업능력 증진부터 내담자의 자기개념 증진에 걸쳐 있는 것은?

① 일차 예방
② 이차 예방
③ 삼차 예방
④ 보편적 예방

해설

정신장애 예방을 위한 지역사회 심리학적 접근은 일차, 이차, 삼차 예방적 단계를 거쳐 진행된다.

정답 65. ③ 66. ② 67. ③

• 일차 예방
정신장애가 발생하는 것을 막기 위한 노력을 의미한다. 이러한 예비활동이 지역사회의 모든 사람을 대상으로 이루어질 경우에는 전반적 예방이라고 하고, 취약성을 지닌 일부 집단을 대상으로 할 경우에는 선별적 예방이라고 한다.

• 이차 예방
정신건강문제의 조기 확인 증진과 정신장애로 발전하지 않도록 초기단계에서 문제를 치료하는 것을 포함한다.

• 삼차 예방
정신장애 발생 후 그 지속기간과 부정적 영향을 줄이는 것을 목표로 한다. 주요 초점은 사회 복귀이며, 직업능력 증진부터 내담자의 자기개념 증진까지 걸쳐 있다.

68 통제된 관찰에 관한 설명으로 적합하지 않은 것은?

① 스트레스 면접은 통제된 관찰의 한 유형이다.
② 자기-탐지 기법은 통제된 관찰의 한 유형이다.
③ 역할시연은 가장 일반적으로 사용되는 통제된 관찰 유형이다.
④ 모의실험 방식에서 관심행동이 나타나도록 하는 유형이다.

해설

• 통제된 관찰(controlled observation)은 연구자가 상황을 조작하거나 변인을 통제한 상태에서 관찰을 진행하는 방식을 말한다. 실제 상황에 일정한 통제, 조작을 가하기 때문에 통제된 관찰이라고 한다(예: 가상현실을 통한 노출, 역할 시연, 모의 실험).
• 자기-탐지 기법은 참가자가 스스로 자신의 정서, 행동, 사고를 관찰하고 기록하는 방법이다. 부적응적인 행동을 긍정적으로 변화시키는 데 도움이 된다. 비통제된 방식의 자기관찰법이다.

69 주의력결핍 과잉행동장애(ADHD)는 뇌와 행동과의 관계에서 볼 때 어떤 부위의 결함을 시사하는가?

▸ 2015

① 전두엽의 손상
② 측두엽의 손상
③ 변연계의 손상
④ 해마의 손상

해설

주의력결핍 과잉행동장애(ADHD)는 생각, 감정, 행동을 조절하고 통제하는 역할을 담당하는 전두엽의 발달이 지연되어 발생하며, 특히 전두엽의 억제 기능 저하는 과잉행동 발생의 원인이 된다고 보고되고 있다.

정답 68. ② 69. ①

70 치료 매뉴얼을 바탕으로 하며 내담자의 특성이 명확하게 기술된 대상에게 경험적으로 타당화된 치료를 실시할 때 증거가 잘 확립된 치료에 대한 기준에 해당하지 않는 것은?

① 서로 다른 연구자들이 시행한 두 개 이상의 집단설계 연구로서 위약 혹은 다른 치료에 비해 우수한 효능을 보이는 경우

② 두 개 이상의 연구가 대기자들과 비교해 더 우수한 효능을 보이는 경우

③ 많은 일련의 단일사례 설계연구로서 엄정한 실험설계 및 다른 치료와 비교하여 우수한 효능을 보이는 경우

④ 서로 다른 연구자들이 시행한 두 개 이상의 집단설계 연구로서 이미 적절한 통계적 검증력(집단당 30명 이상)을 가진 치료와 동등한 효능을 보이는 경우

해설

경험적으로 타당화된 치료(empirically validated treatments)의 준거/'근거 기반 치료'(한국임상심리학회)

- 첫째, 최소 2편 이상의 잘 설계된 집단 간 비교 연구들에서 약물이나 심리적 위약조건 또는 다른 치료조건에 비하여 우월한 치료효과를 보이거나, 혹은 충분한 표본 크기를 갖춘 연구를 통해 확립된 다른 기존 치료법과 동등한 효과를 보여야 한다.
- 둘째, 명확한 치료 매뉴얼을 적용하고, 셋째, 표본 특성이 상세히 기술되어 있으며, 넷째, 최소한 다른 2개 이상의 연구진에 의해 치료효과가 입증되어야 한다.
  - '근거 기반이 어느 정도 있는 치료'는 최소 2편의 치료연구에서 대기 통제집단보다 우월한 치료효과가 입증되거나 앞서 제시한 근거 기반이 강한 치료기준 첫째 · 둘째 · 셋째 조건을 충족시키나 연구가 한 편(또는 두 개인데 연구진이 동일한 경우)인 경우에 해당되어야 한다.
  - '논쟁의 여지가 있는 치료'는 임상시험에서 결과가 혼재되거나 방법론적으로 근거 기반 치료의 기준을 충족시키는 연구가 아직 수행되지 못한 경우이다.

71 행동관찰에 대한 설명으로 틀린 것은?

① 면접을 통해서 얻어진 정보에 비해서 의도적 또는 비의도적으로 왜곡될 가능성이 더 적다.

② 연구자 스스로 관심을 가지고 있는 문제를 볼 수 있는 기회를 제공해 준다.

③ 표적행동을 분명하게 정의하기 위하여 조작적 정의를 개발하는 것이 필요하다.

④ 외현적-운동 행동뿐만 아니라 인지와 정서적 상태에 대한 정보를 풍부하게 얻을 수 있다.

해설

행동관찰은 외현적으로 드러나는 행동보다 내면적인 정서, 동기, 사고와 같은 내면적 요인들이 주된 증상을 구성하는 다양한 심리적 장애를 설명하고 치료하는 데 한계를 지닌다.

정답 70. ② 71. ④

72 초기 접수면접에 관한 설명과 가장 거리가 먼 것은?

① 환자가 미래의 문제들을 잘 다룰 수 있는지에 초점을 맞춰야 한다.
② 내원 사유를 정확히 파악해야 한다.
③ 기관의 서비스가 환자의 필요와 기대에 부응하는지 판단해야 한다.
④ 치료에 대해 가질 수 있는 비현실적 기대를 줄여 줄 수 있어야 한다.

해설

초기 면접, 즉 접수면접의 목적은 가장 적절한 치료나 중재 계획을 권고하기 위해서 환자의 증상이나 문제를 더 잘 이해하고자 시행된다.
접수면접 동안 환자의 주호소 문제(내원 사유)를 파악하고, 기관에서 제공되는 서비스가 환자의 욕구를 적절하게 충족시킬 수 있는지를 파악한다. 또한 치료 비용 및 절차, 치료에 대한 실제적인 안내를 통해 치료에 대한 객관적 이해를 돕고, 라포 형성을 통해 상호 신뢰를 형성하는 데 초점을 둔다.

73 골수 이식을 받아야 하는 아동에게 불안과 고통에 대처하도록 돕기 위하여 교육용 비디오를 보게 하는 치료법은?

▸ 2016

① 유관관리 기법
② 역조건형성
③ 행동시연을 통한 노출
④ 모델링

해설

모델링은 다른 사람의 관찰을 통해서 효율적인 새로운 기술이나 행동을 습득하는 과정을 말한다. 다른 사람이 어떤 행동을 수행하는 것을 관찰하는 것은 그 상황과 관련된 공포나 불안을 제거하거나 줄이는 데 도움이 된다. 또한 모델링은 관찰을 통해 이미 알고 있는 지식과 행동을 통해 실천하는 것을 배울 수 있다는 점에서도 효과적이다(예: 교육용 비디오, 참여 관찰).

74 다음은 무엇에 관한 설명인가?

> 정신이상 항변을 한 피고인이 유죄로 판결되면 치료를 위해 정신과 시설로 보내진다.
> 최종적으로 정상상태로 판정되면 남은 형기를 채우기 위해 교도소로 보낸다.

① M'Naghten 원칙
② GBMI 평결
③ Durham 기준
④ ALI 기준

정답 72. ① 73. ④ 74. ②

해설

- 유죄이지만 정신장애(Guilty But Mentally Ill: GBMI) 평결
  GBMI 평결은 유죄이지만 정신장애가 있다는 결론을 취하는데, 사회 안전에 위험한 정신이상자의 석방을 금지하려고 한 입법 목적을 가졌다. GBMI 평결을 받으면 기소된 당사자는 우선 치료감호를 통한 치료를 받은 후에 남은 형량에 대한 처벌을 받게 된다.
- M'Naghten(맥노튼) 원칙
  형사재판의 피고인이 정신질환으로 인해 도덕적 또는 인지적 판단능력을 상실했을 경우에 무죄 선고를 내릴 수 있다.
- Durham(더럼) 기준
  피고가 지은 죄가 정신병이나 정신장애로 인한 것이라면 죄가 될 수 없다는 취지의 판결을 선고할 수 있다.
- ALI(미국법률협회) 기준
  반복적으로 사회 도덕관을 해치거나 빈번하게 법률을 위반하는 범죄적 사이코패스의 정신이상 항변을 인정하지 않는 것을 목적으로 한다.

75 아동기에 기원을 둔 무의식적인 심리적 갈등에서 이상행동이 비롯된다고 가정한 조망은?

▸ 2016

① 행동적 조망 ② 인지적 조망
③ 대인관계적 조망 ④ 정신역동적 조망

정신역동적 조망에서는 어린 시절의 경험을 중요시하였으며 무의식적 갈등에서 이상행동이 비롯된다고 보고 개인이 의식하지 못하는 무의식적 요인인 미해결된 욕구, 충동, 소망 등에 대한 분석을 통해 인간의 행동을 이해하고자 하였다.

76 임상면접에서 사용되는 바람직한 의사소통 기술에 해당되는 것은?

① 면접자 자신의 사적인 이야기를 꺼내는 데 주저하지 않는다.
② 침묵이 길어지지 않게 하기 위해 면접자는 즉각 개입할 준비를 한다.
③ 환자가 의도한 대로 단어들을 이해하기 위해 노력한다.
④ 내담자의 감정보다는 얻고자 하는 정보에 주목한다.

해설

- 임상면접이란 임상가가 내담자의 직면한 임상문제에 대한 정보를 수집하고 평가 및 진단하는 과정을 의미한다. 효과적인 면접을 위해 임상가는 내담자의 언어를 경청하고 공감하는 태도를 보이며 내담자의 개방을 이

정답 75. ④ 76. ③

끌어야 한다.

- 임상면접 시 환자가 표현하는 방식의 단어들을 이해하기 위해 노력해야 하며, 모호하거나 불명확한 내용의 경우에는 추가적인 질문을 통해 구체적인 반응을 이끌도록 하고, 내담자의 반응을 촉진할 수 있는 언어를 사용하는 것이 좋다.

77 임상심리학자의 법적 · 윤리적 책임에 관한 설명으로 틀린 것은?

① 임상심리학자의 직업 수행에는 공적인 책임이 따른다.

② 어떠한 경우에도 내담자의 비밀은 보장해야 한다.

③ 내담자 사생활의 부당한 침해를 방지하기 위해 노력해야 한다.

④ 내담자, 피감독자, 학생, 연구 참여자들을 성적으로 악용해서는 안 된다.

내담자의 개인 정보나 개인력 등에 관한 비밀은 원칙적으로 보장되어야 한다. 단, 비밀보장의 예외상황이 발생할 경우(자신 및 타인에게 위해 위험성이 있거나, 법원의 정보 공개 요청 등)에는 내담자에게 이를 고지하고 동의를 구한 후 최소한의 정보들을 신중하게 공개해야 한다.

학습 Plus 비밀보장 예외상황

- 내담자가 자신과 타인에게 위해 행동을 할 위험이 있을 경우(예: 학대, 폭행, 살인)
- 내담자 자신이 타인의 위해 행동의 피해자인 경우
- 내담자가 자살시도와 같은 생명의 위험이 높을 경우
- 범죄 및 법적인 문제와 연루되어 있을 경우
- 내담자에게 위해한 감염성 질병이 있는 경우

78 Rorschach 검사에서 반응 위치를 부호화할 때 단독으로 기록할 수 없는 것은?

① S
② D
③ Dd
④ W

Rorschach 검사에서 반응 위치 부호화를 할 때 반응영역 S(공백반응)는 단독으로 채점하지 않으며, 다른 반응 위치 기호들과 함께 기록한다(WS, DS, DdS).

정답 77. ② 78. ①

학습 Plus 로르샤흐 심리검사의 반응영역 채점체계

기호	정의	기준
W	전체반응(whole response)	잉크반점 전체를 반응에 사용했을 경우
D	부분반응(common detail response)	흔히 사용되는 잉크반점의 영역이 사용된 경우
Dd	드문 부분반응(unusual detail response)	드물게 사용되는 잉크반점의 영역이 사용된 경우
S	공백반응(white response)	흰 공간이 반응에 사용된 경우로 다른 반응 위치 기호들과 함께 사용(WS, DS, DdS)

79 Rorschach 검사의 모든 반응이 왜곡된 형태를 근거로 한 반응이고, MMPI에서 8번 척도가 65T 정도로 상승되어 있는 내담자에 대한 설명으로 가장 적합한 것은?

① 우울한 기분, 무기력한 증상이 주요 문제일 가능성이 있다.
② 주의집중과 판단력이 저하되어 있을 가능성이 있다.
③ 합리화나 주지화를 통해 성공적인 방어기제를 작동시킬 가능성이 있다.
④ 회피성 성격장애의 특징을 보일 가능성이 있다.

Rorschach 검사의 모든 반응이 왜곡되어 있고 MMPI 8번(정신분열증) 척도가 상승되어 있는 경우, 심각한 정신적 혼란, 망상 수준의 기이한 사고, 환각, 주의력 및 판단력 저하 등의 문제를 보이는 정신병적 장애를 지니고 있을 가능성이 있다.

80 기억력 손상을 측정하는 검사가 아닌 것은?

① Wechsler Memory Scale
② Benton Visual Retention Test
③ Rey Complex Figure Test
④ Wisconcin Card Sorting Test

해설

- 위스콘신 카드분류 검사(Wisconsin Card Sorting Test: WCST)는 전두엽 실행기능을 측정하는 검사이다.
- 웩슬러 기억척도(Wechsler Memory Scale)는 청각기억, 시각기억, 시각작업기억, 즉시기억, 지연기억 등을 측정한다.
- 벤톤 시각 기억 검사(Benton Visual Retention Test)는 시각 자극에 대한 즉각적인 기억 회상 및 시지각-운동 기능을 평가한다.
- 레이 복합도형 검사(Rey Complex Figure Test)는 시각적 기억 및 시공간 처리능력을 평가한다.

정답 79. ② 80. ④

07 2019년 제3회 기출문제

61 건강심리학 분야의 초점 영역과 가장 거리가 먼 것은?

① 고혈압　② 과민성 대장증후군
③ 결핵　④ 통증

해 설

건강심리학(health psychology)

- 건강심리학은 건강, 질병 및 그와 관련된 기능장애의 원인과 진단의 관련성을 밝히는 것에 대한 심리학의 교육적 · 과학적 접근을 기반으로 하는 체계적이고 전문적인 심리학의 한 분야이다.
- 건강심리학의 내용영역은 심리적 차원과 신체적 차원을 모두 포함하고 있다. 사람의 건강을 위협하는 신체적 질병(예: 암, 심혈관계 질환, 고혈압, 당뇨, 비만, 통증, 과민성 대장 증후군)이 생활습관이나 행동, 태도, 스트레스 대처방식 등에 의해 큰 영향을 받는다고 보고 다양한 건강관리 영역에 심리학적 접근을 통해 원인을 분석하고 질병을 예방하고 건강을 증진하는 데 기여한다.

62 아동을 상담할 때 일반적으로 고려해야 할 사항과 가장 거리가 먼 것은?

① 아동에게 치료 중 일어난 일은 성인의 경우와 마찬가지로 부모 등에게는 반드시 비밀로 유지되어야만 한다.
② 아동은 놀이를 통해 자신의 생각과 감정을 표현하기 때문에 놀이의 기능을 중요하게 다루어야 한다.
③ 아동은 발달과정에 있기 때문에 생활조건을 변화시키는 데 있어 거의 무력하다.
④ 이동은 부모에게 의존적 상태에 있기 때문에 상담자는 가족의 역동을 이해하고 변화시키는 것이 바람직하다.

정답 61. ③ 62. ①

해설

- 아동과의 치료 과정 중에도 비밀보장 예외상황이 발생할 경우에는 이를 고지하고 적용해야 한다.
  〈아동상담 시 비밀유지 예외의 경우〉
  1) 내담자가 자신 혹은 타인을 해칠 가능성이 있는 경우
  2) 아동학대와 관련된 경우(신체적 · 심리적 · 성적 학대)

63 지역사회심리학에서 지향하는 바가 아닌 것은? ▸ 2006, 2013

① 자원 봉사자 등 비전문 인력의 활용
② 정신장애의 예방
③ 정신장애인의 사회 복귀
④ 정신병원 시설의 확장

해설

- 지역사회심리학은 문제의 발생, 완화에서 환경적 힘의 역할을 강조하는 정신건강 접근을 말한다.
- 정신장애인의 사회 복귀 및 1차 및 2차, 3차 예방 수준에서 정신장애 발생의 예방적 노력을 위한 전반적인 예비활동에 보다 중점을 둔다. 정신장애 발생 위험을 막기 위해 지역사회의 모든 사람을 대상으로 예방적 활동을 하거나 일부 취약성을 지닌 잠재적 집단을 대상으로 선별적 예방을 실시한다.
- 정신건강예방사업을 위해 비전문가들을 훈련시켜 활용할 수 있고, 학교 및 직장, 조직체 등을 대상으로 방문사업을 실시하는 것이 권장된다. 또한 위기개입의 경우에 준전문가 및 예방적 개입의 활용이 강조된다.

64 심리치료 장면에서 치료자의 3가지 기본 특성 혹은 태도가 강조된다. 이는 인간중심치료의 기본적 치료 기제로도 알려져 있는데, 이러한 치료자의 기본 특성에 해당되지 않는 것은?

① 무조건적인 긍정적 존중 ② 정확한 공감
③ 적극적 경청 ④ 진솔성

해설

인간중심치료의 기본적 치료 기제

- 진솔성 또는 일치성
  진솔성은 치료 과정에서 매 순간 경험하는 감정을 있는 그대로 솔직히 인정하고 표현하는 태도로서 치료자가 경험하는 감정을 부인하지 않고 기꺼이 표현하고 개방하는 것을 말한다.
- 무조건적인 긍정적 존중
  내담자를 존중하며 있는 그대로 수용하는 것을 말한다. 치료자가 비판단적으로 내담자를 존중할 때, 방어하지 않고 자신의 경험을 자유롭게 탐색할 수 있게 되며 안정감과 자기개념의 변화를 경험하게 된다.

정답 63. ④ 64. ③

- 공감적 이해
  치료 시 내담자의 경험과 감정을 민감하고 정확하게 이해하는 것을 말한다. 내담자의 주관적인 경험을 이해하도록 노력하고 이면의 감정까지도 마치 자신의 감정인 것처럼 느끼는 과정을 통해 내담자가 의식하여 표면화하지 못한 감정을 다시 경험하고 느끼도록 돕는다.

65 임상심리학자의 윤리에 관한 일반 원칙 중 다음에 해당하는 것은?

> 모든 사람은 심리서비스를 이용하고 이익을 얻을 권리가 있다. 심리학자는 자신이 가진 편견과 능력의 한계를 인지하고 있어야 한다.

① 공정성 ② 유능성
③ 성실성 ④ 권리와 존엄성의 존중

해설

상담의 일반적인 윤리적 원칙
- **자율성(autonomy)**: 타인의 권리를 해치지 않는 한 내담자가 자신의 행동을 선택할 권리가 있음을 의미한다.
- **선행(beneficience)**: 내담자와 타인을 위해 선한 일을 하는 것을 의미한다.
- **무해성(nonmaleficence)**: 내담자에게 해를 끼치는 행동을 하지 않는 것을 의미한다.
- **공정성(justice, fairness)**: 모든 내담자는 평등하며, 성별과 인종, 지위에 관계없이 공정하게 대우받을 권리가 있다.
- **성실성(fidelity)**: 상담자는 내담자에게 믿음과 신뢰를 주며 상담관계에 충실해야 한다.

66 Dougherty가 정의한 임상심리학자들의 6가지 공통적인 자문 역할에 해당하지 않는 것은?

① 협력자 ② 진상 조사자
③ 옹호자 ④ 조직 관리자

해설

Dougherty가 정의한 여섯 가지 공통적인 자문 역할은 전문가, 수련가/교육자, 옹호자, 협력자, 진상 조사자, 과정 전문가이다.

정답 65. ① 66. ④

학습 Plus Dougherty의 임상심리학자들의 공통 자문 역할

1) 전문가 자문가
피자문자가 문제를 해결하는 데 필요한 전문 기술이나 지식 및 경험을 가지고 있는 기술적 조언자이다. 예를 들어, 어떤 전문가 자문가는 영재 프로그램에 지원하는 아동들에게 지능검사를 수행할 수 있는 특별한 기술을 가지고 있을 수 있다. 이 학교는 자신들이 이 검사 점수가 무엇을 의미하는지 이해하고 이 프로그램에 지원할 아동을 가장 잘 선별하는 방법을 밝혀 주도록 자문가를 고용할 수 있다.

2) 수련가/교육자 자문가
교육을 통해 획득될 수 있는 전문적인 정보를 갖고 있다. 예를 들어, 어떤 자문가는 이완 기법을 사용함으로써 한 회사의 피고용자들이 스트레스를 더 잘 다루도록 훈련시켜 줄 것을 요청받을 수도 있다. 또는 여러 회기의 워크숍을 통해 아동의 질병이나 신체적 학대의 양상을 보육 시설 근무자들에게 가르칠 수도 있다. 또한 가정폭력에 대한 지식이 있는 자문가는 경찰관이 이 문제의 징후와 증상들을 인식하도록 수련시킬 수 있다.

3) 옹호자 자문가
자문가가 바람직하다고 믿는 어떤 일을 하도록 피자문자에게 확신시키려고 애쓴다. 예를 들어, 정신건강 진료소에서 자문가는 스스로 자신의 권리를 옹호하는 데 어려움을 겪는 심각하게 무능력한 환자의 권리를 옹호할 수 있다. 개별 교육 계획을 토론하는 학교회의에 참여하도록 고용된 자문가는 학습장애 아동을 위한 특수 서비스 규정을 옹호할 수 있다. 옹호자 자문가는 신체적으로 장애가 있는 아동이나 성인이 시설에 접근할 수 있는 권리를 얻도록 도울 수 있다.

4) 협력자 자문가
자문가가 피자문가와 공동목적을 성취하기 위해서 함께 일하는 동등한 파트너임을 의미한다. 자문가와 피자문가는 모두 그들의 협력으로 이익을 유지한다. 예를 들어, 한 연구자가 우울증과 운동효과에 관심 있고, 운동에 대해서는 많이 알고 있지만 우울증에 대한 지식이 없다면, 우울에 관하여 전문가인 협력 자문가와 함께 일하기로 결정할 수 있다. 또는 동일한 환자를 치료하는 개인 심리치료자와 집단 심리치료자는 그들 각각의 치료양식에 협력할 수 있다.

5) 진상 조사자 자문가
전문성, 시간, 에너지 또는 심리학적인 민감성이 결핍된 피자문자들이 스스로 그 과제를 행하도록 정보를 찾고, 그 결과를 전달해 주는 것이 포함된다. 예컨대, 사원들의 사기가 낮아진 것을 걱정하는 회사는 외부의 진상 조사자 자문가를 고용하여 문제의 원인을 조사하도록 할 수 있다.

6) 과정 전문가 자문가
피자문자가 문제의 원인이 될 수도 있는 사건의 과정을 더 잘 이해하도록 돕는 것이다. 예를 들면, 스텝 회의 운영 방법에 불만족해 하는 진료소 관리자는 회의를 관찰하고 의사소통 및 스텝 참가를 개선하는 방법을 제안하도록 과정 전문가 자문가를 고용할 수 있다.

67 심리치료기법에서 해석에 관한 설명으로 적절하지 못한 것은?

① 핵심적인 주제가 더 잘 드러나도록 사용한다.
② 저항에 대한 해석보다는 무의식적 갈등에 대한 해석을 우선시한다.
③ 내담자가 상담자의 해석을 받아들일 수 있는 것부터 해석한다.
④ 내담자의 생각 중 명확하지 않은 부분에 대해 상담자가 추리하여 설명해 준다.

정답 67. ②

해설

정신분석치료의 경우에는 치료 과정 속에서 관찰되는 저항을 분석하는 것이 중요하다.

정신분석 치료기법: 해석의 원칙

해석은 내담자의 연상이나 정신작용 가운데서 불명확한 부분에 대해 상담자가 추리하여 내담자에게 설명해 주는 것이다. 해석에는 몇 가지 원칙이 필요하다.

1) 해석은 무의식적 갈등에 대한 해석보다는 저항에 대한 해석이 우선되어야 한다.
2) 해석은 해석하려는 내용이 내담자의 의식 수준에 가까이 있을 때, 즉 내담자가 아직 스스로 깨닫지는 못하고 있지만 견뎌 낼 수 있거나 수용할 수 있다고 판단될 때 이루어져야 한다.
3) 해석은 표면적인 것에서부터 시작해서 깊이 들어가도록 한다. 또한 핵심적인 주제가 더 잘 드러나도록 사용한다.

학습 Plus 정신분석치료 기법: 저항, 해석, 통찰

1) 저항: 저항이란 상담 진행을 방해하고 현재 상태를 유지하려는 의식적 · 무의식적 생각, 태도, 감정, 행동 등을 의미한다. 저항은 내담자에게 위협이 되는 그 어떤 것을 의식에 떠오르지 않게 하는 것이다. 그러므로 상담자는 내담자의 저항을 분석하고 해석하고, 저항과 무의식적 갈등의 의미를 파악하여 내담자가 통찰을 얻도록 돕는다.
2) 해석: 내담자의 연상이나 정신작용 가운데서 불명확한 부분에 대해 상담자가 추리하여 내담자에게 설명해 주는 것이다. 해석에는 몇 가지 원칙이 필요하다.
   - 해석은 무의식적 갈등에 대한 해석보다는 저항에 대한 해석이 우선되어야 한다.
   - 해석은 해석하려는 내용이 내담자의 의식 수준에 가까이 있을 때, 즉 내담자가 아직 스스로 깨닫지는 못하고 있지만 견뎌 낼 수 있거나 수용할 수 있다고 판단될 때 이루어져야 한다.
   - 해석은 표면적인 것에서부터 시작해서 깊이 들어가도록 한다. 또한 핵심적인 주제가 더 잘 드러나도록 사용한다.
3) 통찰: 내담자가 자신의 무의식적 갈등, 저항, 전이 등을 깨닫는 것을 말한다. 지적 통찰과 정서적 통찰이 있다.
   - 지적 통찰은 피상적이고 지식 수준이며, 단지 희미하게 알고 있었던 생각을 지식 수준에서 좀 더 분명하게 알게 된 것을 말한다.
   - 정서적 통찰은 지적 통찰보다 더 치료적이고 깊은 통찰이다. 감정과 함께 오는 통찰이며, 따라서 행동의 변화가 따라오는 통찰이다.

68 정신건강의학과 병동에 입원한 환자들 중 단체생활의 규칙을 잘 지키지 않는 환자들의 행동 문제들을 개선하는 데 가장 효과적인 치료적 접근은? ▸ 2014

① 자기주장훈련(self-assertiveness training)

② 체계적 둔감법(systematic desensitization)

③ 유관성 관리(contingency management)

④ 내재적 예민화(covert sensitization)

정답 68. ③

해 설

유관성(contingency)이란 행동과 그에 따르는 결과 사이의 관계를 말한다. 유관성 관리(contingency management)에서는 행동문제 개선을 위해 특정 행동반응이 일어남에 따라 주어지는 보상의 유형을 구체화시킨다. 따라서 새롭거나 적응적인 행동은 그 행동이 일어날 때마다 제공되는 보상에 의해 촉진된다. 반면, 문제행동은 이러한 강화를 제공하지 않거나 제거함으로써 감소된다.

69 1950년대 이후 정신역동적 접근에 대한 대안적 접근들이 임상심리학에 많은 영향을 주었다. 이와 가장 관련이 적은 것은?

① 형태주의적 접근
② 행동주의적 접근
③ 가족체계적 접근
④ 생물심리사회적 접근

해 설

- 1940년대 펄스(Perls)에 의해서 개발된 형태주의(Gestalt) 상담은 사람은 자신의 현재 행동과 환경의 관계를 이해하고 있다는 실존적/현상학적 접근의 기본전제를 따른다.
- 형태주의 상담은 진정한 지식은 지각자의 경험에서 즉각적으로 나타나는 산물이라는 실존주의 철학, 현상학 및 장이론에 근거하여 형태주의 상담자는 상담자가 직접적으로 변화시키기를 기대하기보다는 내담자 성장을 촉진시키는 것에 초점을 둔다.

70 자해 행동을 보이는 아동에 대한 심리평가로 가장 적합한 것은?

① 부모면접
② 자기보고형 성격검사
③ 투사법 검사
④ 행동평가

해 설

- 자해행동에 대한 행동평가(기능평가)를 실시하고 기능평가 결과를 통해 도출된 가설을 기초로 배경사건 중재, 선행사건 중재, 대체행동 중재와 후속결과 중재를 적용한다.
- 기능적 행동평가(Functional Behavioral Assessment: FBA)는 행동의 이유, 즉 부적응 행동을 일으키고 유지시키는 선행사건과 결과사건을 확인하는 과정이다. 어떤 선행사건이 그 행동을 일으키고 어떤 결과가 그 행동을 유지시키고 있으며, 현재의 부적응 행동과 동일한 기능을 할 수 있도록 어떤 적절한 대체행동을 가르칠 수 있는지를 파악할 수 있는 평가기법이다.

정답 69. ① 70. ④

71 다음 중 혐오치료를 적용하기에 가장 적합한 장애는?

① 광장공포증 ② 소아기호증
③ 우울증 ④ 공황장애

혐오치료(aversion therapy)
역조건형성의 일종으로서 바람직하지 못한 행동에 혐오자극을 제시하여 부적응적인 행동을 제거하는 기법이다. 주로 과음, 과식, 흡연, 성도착증 등의 문제와 관련하여 이들 자극에 대한 지나친 추구나 탐닉을 제거하는 데 사용된다.

72 다음에 제시된 방어기제 중 Vaillant의 성숙한 방어에 해당하지 않는 것은?

① 승화 ② 유머
③ 이타주의 ④ 합리화

George Vaillant는 방어기제를 4가지 종류(자기애적 방어, 미성숙된 방어, 신경증적 방어, 성숙한 방어)로 분류했다. 합리화는 신경증적 방어에 해당된다.

〈참조〉

성숙한 방어(mature defense)의 종류

- 이타주의(altruism)
  건설적이고, 본능적으로 자신에게 만족을 주는 다른 사람에 대한 봉사를 통해서 대리의 경험(만족)을 하는 것. 양성적(benign)이고 건설적인 반동형성을 포함한다.
- 대비(antipation)
  목적을 가지고 향후 발생할 내적 고통에 대해 준비하고 대비하는 것으로, 이는 무섭고 공포스럽기까지 할 수 있는 결과에 대해 조심스럽게 계획하거나 걱정하며 현실적인 대비를 하는 것이다.
- 금욕주의(asceticism)
  어떤 일을 통해 얻을 수 있는 쾌락을 무시한다. 각각의 쾌락에는 도덕적 요소가 있으며, 만족은 거부를 통해서 얻어진다.
- 유머(humor)
  개인적인 고통이나 어려움 없이 감정이나 생각을 마음 놓고 표현하는 것으로, 다른 사람에게 불쾌감을 초래하지 않는다.
- 승화(Sublimation)
  충동의 만족과 목표의 성취가 이루어지는데, 그 대상이나 목적은 이전에 사회적으로 용납되지 않던 것에서 사회적으로 받아들이는 것으로 변한다.

정답 71. ② 72. ④

• 억제(Suppression)
의식적 혹은 반의식적(semiconscious)으로 충동이나 갈등에 관심을 기울여 어떤 문제에 대한 생각을 의식적으로 중단한다. 이 과정에서 고통이 있기는 하나 최소화된다.

학습 Plus Vaillant의 방어기제(자기애적 방어, 미성숙된 방어, 신경증적 방어, 성숙한 방어)

1) 자기애적 방어(narcissistic defense)
- **부정**(denial)
인정하기 고통스러운 일을 전혀 보지 않으려고 하는 것. 억압(repression)은 위협적인 충동, 감정, 소원, 환상, 기억 등에 대한 방어이나, 부정은 외적인 현실(external reality) 자체를 없애려고 한다. 정상적인 상태와 병적인 상태 모두에서 사용된다.
- **왜곡**(distortion)
외적인 현실을 자신의 내적인 목적(비현실적인 자기 과대사고, 환상, 소망충동성 망상)에 맞게 재형성하고 망상적인 자기우월성을 지속하는 데 사용한다.
- **원시적 이상화**(primitive idealization)
매우 훌륭한(all good) 혹은 매우 나쁜(all bad) 것으로 보이는 어떤 대상이 비현실적으로 과도한 힘을 부여받는다. 매우 훌륭한 대상은 전지전능하고 이상적으로 보이며, 매우 나쁜 대상 속에서 발견되는 나쁜 점은 과도하게 강조된다.
- **투사**(projection)
받아들일 수 없는 충동이나 욕구를 자기의 것으로 의식하기에 고통스럽기에 자신의 밖에 존재하는 사실인양 반응하게 된다(자기 감정을 남에게 전가). 정신증적 상태의 경우 외적 현실에 대한 망상 형태(흔히, 피해망상)를 띠게 된다.
- **투사적 동일시**(projective identification)
자신의 심리내적 경험 중 견디기 힘든 면을 다른 사람에게 투사하여 그 대상과 공감상태를 유지한다(cf 투사-투사 대상에 대해 공감이 없다). 참을 수 없는 내적 경험을 방어하기 위해 대상을 조정하며 투사 대상이 자신과 같은 감정을 느끼도록 압력을 가한다.
- **분리**(splitting)
외적인 대상이 아주 좋거나(all good), 아주 나쁜(all bad) 대상으로 분리되고, 한 대상에 대한 평가가 극단으로 급작스럽게 바뀐다. 자신에 대한 평가도 극단적이다.

2) 미성숙된 방어(immature defenses)
- **행동화**(acting out)
무의식적 소망이나 충동의 표현 시 동반되는 감정을 의식하지 않기 위해 행동을 통하여 표현한다. 이러한 행동화는 충동에 굴복하는 것으로, 충동표현을 지연하는 데에서 오는 긴장을 피하기 위함이다.
- **차단**(blocking)
사고, 감정, 충동의 순간적이고 일시적인 억제가 일어나는 것을 말한다. 억압과 유사하지만 이러한 억제가 일어날 때 긴장이 생긴다는 점이 다르다.
- **건강염려증**(hypochondriasis)
사별로부터 오는 책망, 외로움, 다른 이에 대해 받아들일 수 없는 공격적인 충동이 자기책망, 통증 및 신체질환에 대한 호소, 신경쇠약으로 변환된다. 건강염려 증세를 통해 책임감을 피할 수 있고, 죄책감은 극복되며, 본능적 충동을 떨쳐 버릴 수 있다.
- **동일시**(identification)
동일시는 자아와 초자아의 발달에 가장 중요한 역할을 하며, 어떤 상황에서는 방어기제로 사용된다. 충동이 용납될 수 없는 경우, 충동 그 자체는 부정되지만 그 충동을 갖고 있는 어떤 사람과 동일시함으로써 받아들이는 과정을 말한다.
- **함입**(introjection)
발달과정상의 함입은 그 대상의 특성을 내면화하는 것이며, 방어기제로 사용될 때에는 주체와 대상 간의 차이를 없애는 것이다.

- **수동-공격적 행동**(passive-aggressive behavior)
  타인에 대한 공격성이 수동성, 자학적 행동, 자신으로 향함(turning against the self)을 통해 간접적으로 표현되는 것을 말한다.
- **퇴행**(regression)
  스트레스를 받게 될 때 현재의 성장기보다 어린 시절의 행동으로 물러나는 것을 말한다. 이러한 퇴행을 통해서 현 발달단계에서 야기된 긴장과 갈등을 피하고 이전단계로 돌아가 본능적 만족을 얻으려고 한다.
- **정신분열성 환상**(schizoid fantasy)
  환상을 통해서 자폐적 사고에 사로잡히고 이를 통해 갈등을 해소하고 만족을 얻는다. 대인관계에서의 친근감을 피하고 기이함이 다른 사람을 멀어지게 한다.
- **신체화**(somatization)
  정신적 갈등이 신체 증상으로 표현되고, 이후에는 정신적 갈등보다는 신체 증상에 관심을 갖는다.

3) 신경증적 방어(neurotic defense)

- **조절**(controlling)
  불안을 최소화하고 내적 갈등을 해결하기 위해 주변 환경의 대상이나 사건을 과도하게 조절, 통제하려고 한다.
- **전치**(displacement)
  어떤 대상에 대한 감정, 생각, 충동이 본래의 것과 어느 정도 연관이 있는 다른 것으로 옮겨가는 것을 말한다. 이러한 전치를 통해 본래의 감정이나 대상이 상징적으로 표현되고, 감정이 격렬하게 표현되지 않으며, 고통을 덜 느낀다.
- **해리**(dissociation)
  감정적 고통을 피하기 위하여 순간적이지만 격렬한 인격의 변화와 자기정체감의 변화가 일어나는 것을 말한다.
- **외면화**(externalization)
  투사보다 보다 일반적인 용어로, 외부 세계나 외부 대상에서 자신의 인격의 여러 요소(본능적 충동, 갈등, 기분, 태도, 사고 형태)를 인식하는 것을 말한다.
- **억제**(inhibition)
  본능적 욕구, 초자아, 주변 환경의 요구 사이의 갈등에서 발생하는 불안을 피하기 위해 자아가 의식적으로 제한을 가하거나 포기하는 것을 말한다.
- **주지화**(intellectualization)
  감정적 경험이나 표현을 억제하기 위해 이성적 과정을 과도하게 사용하는 것을 말한다. 내적 감정의 표현을 억제하기 위해 외적 현실에 주의를 기울이고 전체를 보지 않기 위해 무관한 사소한 부분을 과도하게 강조한다.
- **격리**(isolation)
  어떠한 생각과 이에 동반되는 감정을 분리시키는 것으로, 감정은 억압(repressed)된다. 기억과 함께하는 고통스런 감정이나 느낌을 의식에서 몰아내는 과정으로, 고통스런 사건이나 생각은 기억하나 그 기억에 수반된 정서는 기억되지 않는 것을 말한다.
- **합리화**(rationalization)
  받아들일 수 없는 태도, 행동, 생각을 정당화하기 위해 이성적 설명을 하는 것을 말한다. 즉, 행동 속에 숨어 있는 실제 원인 대신에 자아가 의식에서 용납할 수 있는 '그럴듯한' 이유를 대는 것을 말한다.
- **반동형성**(reaction formation)
  무의식의 밑바닥에 흐르는 생각, 소원, 충동이 받아들일 수 없는 것일 때, 이와는 정반대 방향의 대상을 통해 의식되지 않도록 하는 과정을 말한다.
- **억압**(repression)
  위협적인 충동, 감정, 소원, 환상, 기억 등이 의식되는 것을 막아 주는 것으로, 무의식적이고 자동적인 과정을 말한다.
- **성애화**(sexualization)
  금지된 충동과 연관된 불안을 떨쳐 버리기 위해 어떠한 대상에 성적인 의미를 부여하는 것으로, 이 대상은 본래 성적인 연관이 없거나 적다.

73 다음은 어떤 치료에 대한 설명인가?

> 경계성 성격장애와 감정 조절의 어려움과 충동성이 문제가 되는 상태를 치료하기 위해 상대적으로 최근에 개발된 인지행동치료이다. 주로 자살행동을 보이는 여자 환자들과의 임상 경험을 바탕으로 개발되었다.

① ACT(Acceptance and Commitment Therapy)
② DBT(Dialectical Behavior Therapy)
③ MBSR(Mindfulness Based Stress Reduction)
④ EMDR(Eye Movement Desensitization and Reprocessing)

해 설

- DBT(Dialectical Behavior Therapy, 1993)는 Marsha Linehan 박사에 의해 개발된 심리치료이며, 원래 다수의 복잡하고 중증인 동시 발생 심리문제들로 BPD(경계성 성격장애)를 진단받은 만성 자살충동 여성들을 치료하기 위해 설계되었다. 자해, 자살시도, 우울증, 약물남용 및 기타 문제들과 함께 경계성 성격 장애(BPD)를 포함하는 중증 정서조절장애에 연관된 광범위한 문제들에 대한 치료의 표준이 되었다.
- DBT에서는 마음챙김과 수용을 바탕으로 강렬한 감정을 회피하거나 통제하는 대신 마음챙김 상태로 자신의 감정을 잘 바라보고 수용할 수 있도록 돕는다. 핵심 모듈로는 마음챙김 기술, 고통감내 기술, 정서조절 기술, 대인관계 효율성 기술이 있다.

74 원판 MMPI에 관한 설명으로 가장 거리가 먼 것은?

① T점수로 변환되어 모든 척도 점수의 분포가 동일한 정규분포가 되도록 했다.
② 적어도 중학생 이상의 독해능력 혹은 IQ 80 이상 등의 조건에서 실시한다.
③ 불가피한 경우가 아니면 맹목 해석(blind interpretation)을 하지 말아야 한다.
④ 개별척도의 의미뿐만 아니라 척도의 연관성을 함께 고려해야 한다.

해 설

MMPI-2에서는 T점수로 변환되어 모든 척도 점수의 분포가 동일한 정규분포가 되도록 했다. MMPI-2에서는 동형 T점수를 사용하여 편포의 특성을 크게 해치지 않으며 척도 간 백분위 비교가 가능하도록 개발되었다.

정답 73. ② 74. ①

75 투사검사의 일반적인 특성이 아닌 것은?

① 환자의 성격구조가 드러나며, 욕구, 소망 또는 갈등을 표출시킨다.
② 자극 재료의 모호성이 풍부하다.
③ 반응 범위가 거의 무한하게 허용된다.
④ 환자의 욕구나 근심이 드러나도록 구조화하여 질문한다.

해설

투사검사에서 구조화된 질문에 의존할 경우 제시되는 질문 외에 다양한 반응을 살펴보기 어렵기에 환자의 욕구나 갈등 등 기저하는 심리적 특성을 밝히는 데 제한이 있다.

76 DSM-5에 관한 설명으로 옳은 것은?

① DSM-IV에 있던 GAF 점수 사용을 중단하였다.
② DSM-IV에 있던 다축진단체계를 유지한다.
③ 모든 진단은 정신병리의 차원모형에 근거하고 있다.
④ DSM-IV에 있던 모든 진단이 유지되었다.

해설

DSM-5 정신장애의 진단 및 통계 편람(Diagnostic and Statistical Manual of Mental Disorder) 5번째 개정판에서는 DSM-IV의 다축진단체계를 폐기하고, 범주적 진단체계를 보완하기 위해 차원적 평가(dimensional evaluation)를 반영하였으며, DSM-IV에 있던 진단명의 변화, 진단분류의 간소화와 명료화 및 진단과 관련된 생애 전반의 발달적 주제들을 진단에 포함하였으며, 전반적 기능 수준(Global Assessment of Functioning, GAF)에 대한 점수 사용을 중단하였다.

77 일반적으로 의미적 인출(semantic retrieval) 및 일화적 부호화(episodic encoding)를 담당하는 곳은?

▸ 2014

① 브로카 영역
② 우측 전전두피질 영역
③ 베르니케 영역
④ 좌측 전전두피질 영역

해설

의미적 인출(semantic retrieval) 및 일화적 부호화(episodic encoding)는 좌측 전전두피질이 관여한다. 개인적 경험의 부호화 시에는 주로 좌반구의 전두엽이 활성화되며, 인출 시에는 주로 우반구의 전두엽이 활성화된다.

정답 75. ④ 76. ① 77. ④

78 다음은 어떤 조건형성에 해당하는가? ▸ 2014

> 연구자가 종소리를 들려주고 10초 후 피실험자에게 전기 자극을 주었다고 가정해 보자. 몇 번의 시행 이후 다음 종소리에 피실험자는 긴장하기 시작했다.

① 지연조건형성　　② 흔적조건형성
③ 동시조건형성　　④ 역행조건형성

흔적조건형성: CS를 먼저 제시하고 철회한 뒤 UCS를 제시한다.

〈참조〉 시간적 관계에 따른 조건형성 과정

- 동시조건형성: 조건자극(cs)과 무조건 자극(ucs)이 동시에 제시된다.
- 지연조건형성: 조건자극(cs)이 먼저 제시되고 뒤이어 무조건 자극(ucs)이 제시된다(약 0.5~2초). 가장 조건형성이 잘된다.
- 흔적조건형성: 제시한 조건자극(cs)이 사라진 후 무조건 자극(ucs)을 제시한다.
- 역행조건형성: 무조건 자극(ucs)을 먼저 제시하고 조건자극(cs)을 뒤에 제시하는 절차로, 학습하기가 어렵다.

79 행동평가 방법 중 참여관찰법에 비교할 때 비참여 관찰법의 특성과 가장 거리가 먼 것은?

① 내담자의 외현적 행동을 기록하는 데 유리하다.
② 관찰자 훈련에 많은 시간과 비용이 소요된다.
③ 관찰자가 다른 활동 때문에 관찰에 지장을 받아 기록에 오류를 범할 가능성이 높다.
④ 행동에 관한 정밀한 측정이 요구되고, 연구자가 충분한 인적 자원을 갖고 있는 경우에 유용하다.

해설

- 비참여 관찰(non-participant observation)은 연구자가 연구 현장에 참여하지 않는 관찰을 말한다. 엄밀한 의미에서 비참여 관찰은 한 면에서만 보이는 특수유리로 칸막이된 관찰실에서의 관찰이라야 가능하다.
- 관찰자가 다른 활동 때문에 관찰에 지장을 받아 기록에 오류를 범할 가능성이 높은 것은 참여관찰법의 제한점에 해당된다. 참여관찰법은 연구자가 연구 대상자들과 함께 생활하거나 활동에 참여하면서 일상생활에서 나타나는 행동을 관찰, 기록하여 자료를 수집하는 방법이다.

정답 78. ② 79. ③

80 평가자 간 신뢰도를 알아보기 위한 지표로 사용되지 않는 것은?

① Pearson's r ② 계층 간 상관계수
③ Kappa 계수 ④ Cronbach's alpha

해설

평가자 간 신뢰도(inter-rater reliability)

- 평가자 간 신뢰도는 둘 이상의 독립적인 평가자들이 동일한 대상을 평가할 때, 평가자 간에 평가결과가 얼마나 일치하는지를 살펴보고자 할 때 사용된다. 평가자 간 신뢰도는 평정점수가 연속 변인으로 부여되느냐 또는 평정이 항목이나 범주로 분류되느냐에 따라 서로 다른 방법으로 신뢰도가 추정된다.
- 평정점수가 연속 변인으로 부여되는 경우에는 평가자의 평점점수들 간의 상관계수를 통해 신뢰도가 추정된다. 평정이 항목이나 범주로 분류되는 경우에는 일치도 통계치와 Cohen의 Kappa 계수를 통해 신뢰도를 추정한다.
- Cronbach's alpha 계수는 내적 일관성 신뢰도(internal consistency reliability) 검증을 위한 신뢰도 추정치로 검토되며, 내적 일관성 신뢰도 검증에서는 검사 내 문항들이 어느 정도의 동질성을 가지고 있는가를 살펴보기 위해 문항들 간의 유사성 혹은 일치성을 추정한다.

정답 80. ④

08 2019년 제1회 기출문제

61 심리평가 도구 중 최초 개발된 이후에 검사의 재료가 변경된 적이 없는 것은?

① Wechsler 지능검사
② MMPI 다면적 인성검사
③ Bender-Gestalt 검사
④ Rorschach 검사

로르샤흐 검사(Rorschach Test)는 1921년 스위스 정신과 의사인 Hermann Rorschach에 의해 개발된 투사적 성격검사로서 초기 개발된 이후 개정되지 않고 원판을 그대로 적용하고 있다. 현재까지 가장 널리 사용되는 대표적인 투사적 검사로, 개인의 사고, 정서, 현실지각, 대인관계 방식 등 다양한 측면의 인격 특성에 대한 정보를 제공한다.

〈참조〉

- Wechsler 지능검사
  1955년. WAIS(Wechsler Adult Intelligence Scale)
  1981년. WAIS-R(Reviced)
  1997년. WAIS-III
  2008년. WAIS-IV
- MMPI 다면적 인성검사
  1943년. MMPI 출판
  1989년. MMPI-2 개정판 출판
- Bender-Gestalt 검사
  1938년. BGT 발매
  1990년. BGT II 발매

정답 61. ④

62 심리치료에 관한 연구결과로 옳은 것은? ▸ 2011

① 모든 문제는 똑같이 치료가 어렵다.
② 치료자의 연령과 치료성과와의 관련성은 없다.
③ 사회경제적 지위는 좋은 치료효과를 예언한다.
④ 치료자의 치료경험과 치료성과 간의 관계는 일관적이다.

해설

치료자의 연령과 치료성과와의 관련성은 무관하다. 치료성과에는 치료자의 전문적 지식과 경험 및 내담자의 치료동기와 성격 특성과 같은 요인들이 영향을 줄 수 있다.

63 치료효과에 긍정적인 영향을 미치는 유능한 치료자의 특성과 가장 거리가 먼 것은?

① 의사소통 능력
② 이론적 모델
③ 치료적 관계 형성 능력
④ 자기관찰과 관리기술

해설

- 특정한 이론적 모델만을 지향하는 경우, 다양한 이론적 모델에 대한 이해와 경험이 부족한 경우, 교육이나 훈련을 통해 치료역량을 개발하지 않는 경우 등은 치료성과의 제한적 요소가 된다.
- 유능한 치료자는 긍정적 치료동맹을 만드는 능력, 효과적인 의사소통 능력, 적절한 대인관계 기술을 습득하고 있어야 한다. 또한 자신의 감정과 내담자의 감정을 구분할 수 있어야 하고, 자기관찰과 관리기술을 갖추고, 치료전략을 융통성 있게 적용하고 변경할 수 있는 역량을 가진 사람이어야 한다.

64 Rogers의 인간중심 이론에서 치료자가 지녀야 할 주요 특성으로 틀린 것은? ▸ 2013

① 합리성
② 진실성
③ 정확한 공감
④ 무조건적인 긍정적 존중

해설

인간중심치료에서 로저스가 강조한 치료자의 태도

- **진실성 또는 일치성**: 진솔성은 치료 과정에서 매 순간 경험하는 감정을 있는 그대로 솔직히 인정하고 표현하는 태도로서, 치료자가 경험하는 감정을 부인하지 않고 기꺼이 표현하고 개방하는 것을 말한다.
- **무조건적인 긍정적 존중**: 내담자를 존중하며 있는 그대로 수용하는 것을 말한다. 치료자가 비판단적으로 내담자를 존중할 때, 방어하지 않고 자신의 경험을 자유롭게 탐색할 수 있게 되며 안정감과 자기개념의 변화를 경험하게 된다.
- **공감적 이해**: 치료 시 내담자의 경험과 감정을 민감하고 정확하게 이해하는 것을 말한다. 내담자의 주관적인

정답 62. ② 63. ② 64. ①

경험을 이해하도록 노력하고 이면의 감정까지도 마치 자신의 감정인 것처럼 느끼는 과정을 통해 내담자가 의식하여 표면화하지 못한 감정을 다시 경험하고 느끼도록 돕는다.

65 내담자의 경험에 초점을 두고 심리치료적 상호작용에서 감정이입, 따뜻함, 무조건적인 긍정적 존중을 강조한 접근은?

① 정신분석적 접근
② 행동주의적 접근
③ 생물학적 접근
④ 인본주의적 접근

해 설

인본주의적(humanistic) 접근은 인간 행동을 이해하고 심리치료 전략을 제공하는 데 있어 철학, 실존주의 및 인간 성장과 잠재력에 대한 이론들을 채택하였다. 인본주의적 접근은 내담자의 경험이나 그들의 관심사에 대한 현상학에 초점을 두고, 심리치료적인 상호작용에서 따뜻함, 감정이입 및 무조건적인 긍정적 존중을 강조한다.

66 다음과 같은 상황에서 임상심리사에게 가장 필요한 것은?

개인적인 문제와 관련하여 공격적이거나 적대적인 내담자와의 관계에서 자주 갈등을 일으키며, 이 때문에 심리적 고통이 심하고 업무 수행이 곤란한 상황이다.

① 임상실습훈련에 참여
② 지도감독에 참여
③ 소양교육에 참여
④ 개인심리치료에 참여

해 설

치료자의 개인적인 요인으로 인해 내담자와 잦은 갈등이 일어나고, 이로 인해 심리적 고통 및 업무 수행에 곤란한 상황이 발생한다면 개인심리치료를 통해 심리적 문제를 극복해야 하며, 이를 통해 유사 문제가 발생되지 않도록 해야 한다.

정답 65. ④ 66. ④

67 심리평가의 해석 과정에 대한 설명으로 틀린 것은?

① T점수의 평균은 50점, 표준편차는 10점이 된다.

② 개인내간 차이는 각 하위척도 점수를 표준점수로 환산하여 오차를 없앤 뒤 절댓값을 산출한다.

③ 외적 준거로 채택한 검사에서 받을 수 있는 점수를 좀 더 정확하게 추정하려면 회귀방정식을 이용해야 한다.

④ 심리검사의 점수는 절대성이 있는 것이 아니고 상대적으로 비교한 측정치로 상대성을 포함한다.

해설

개인내적 차이를 알아보는 가장 정확한 방법은 차이의 표준오차를 사용하여 어떤 사람의 두 하위척도 점수 간의 차이를 통계적으로 분석한다. 개인내간 차이 분석은 한 개인이 보이는 여러 반응 간의 차이를 알아보는 것을 말한다.

68 다음 중 접수면접에서 반드시 확인되어야 할 사항과 가장 거리가 먼 것은? ▸ 2009, 2012

① 인적 사항
② 주 호소문제
③ 내원하게 된 직접적 계기
④ 문제의 원인으로 추정되는 어린 시절의 경험

해설

- 접수면접(intake interview)이란 내담자에 대한 정보를 수집하고 수집된 정보를 종합하여 내담자의 호소문제를 개념화하고 상담의 구조화를 위한 안내를 제공하는 등의 초기 과정에서 이루어지는 면담을 말한다.
- 접수면접에서는 인적 사항, 내원 계기, 주 호소문제, 호소문제와 관련된 현재의 기능상태 등 내담자의 기본정보를 수집한다. 정보를 수집하는 방법에는 면담, 질문지 사용, 행동관찰, 심리검사, 아동이나 청소년 또는 장애가 있는 경우에는 부모나 교사, 가까운 주변인의 보고 등이 있다.

69 다음과 관련된 치료적 접근은?

> 치료과정에서 내담자의 열등감 극복을 주요과제로 상정하며, 보상을 향한 추구 행동으로서의 생활방식을 변화시키는 데 주목한다.

① Erikson의 심리사회적 발달이론
② Freud의 정신분석학
③ Adler의 개인심리학
④ 대상관계이론

정답 67. ② 68. ④ 69. ③

해설

아들러 심리치료의 목표는 삶의 도전적 과제를 회피하는 열등 콤플렉스를 극복하고, 내담자의 생활양식에 포함된 부적응적인 신념과 행동의 수정 및 변화를 돕고, 사회적 관심을 증가시켜 보다 적응적인 목표와 생활방식으로 변화시키는 데 있다.

70 최초의 심리진료소를 설립함으로써 임상심리학의 초기 발전에 직접적으로 중요한 공헌을 한 인물은? ▸ 2003, 2012

① Kant ② Witmer

③ Mowrer ④ Miller

임상심리학은 1896년 Lightner Witmer(1867~1956)가 Pennsylvania 대학교에 첫 심리진료소를 개설하면서 시작되었다.

71 다음은 자문의 모델 중 무엇에 관한 설명인가? ▸ 2009

- 자문가와 자문 요청자 간에 보다 분명한 역할이 있다.
- 자문가는 학습이론이 어떻게 개인, 집단 및 조직의 문제에 실질적으로 적용될 수 있는지를 가르치고 보여 주는 인정된 전문가이다.
- 문제해결에 대한 지식에 있어 자문가와 자문 요청자 간에 불균형이 있다.

① 정신건강 모델 ② 행동주의 모델

③ 조직사고 모델 ④ 과정 모델

행동주의 모델

- 자문가는 학습이론이 어떻게 개인, 집단 및 조직의 문제에 실질적으로 적용될 수 있는지를 가르치고 보여 주는 인정된 전문가이다.
- 자문가와 자문 요청자 간에 보다 분명한 역할이 있으며, 문제해결에 있어 상호관계가 있을 수 있지만 행동 지식 기반에 있어서 자문가와 자문 요청자 간에는 불균형이 있다.

- **정신건강 모델**
  - 자문가와 자문 요청자 간의 관계는 평등하며, 자문가는 조언과 지시를 제공하여 촉진자로서의 역할을 수행한다.

정답 70. ② 71. ②

- 자문의 성공 여부는 자문 요청자의 기술적·정서적 문제해결 능력 및 대처능력의 확장 정도 등으로 평가된다.

• **조직인간관계 모델**
- 조직 내에서 개인들 간의 상호작용이 어떻게 이루어지는가에 관심을 기울인다.
- 자문가는 인간관계의 촉진자로서 개인의 가치 및 태도, 집단 과정에 초점을 두어 계획된 변화를 이끌어 냄으로써 조직의 생산성 향상 및 관계 증진을 촉진한다.

• **조직사고 모델**
- 조직인간관계 모델의 변형된 형태로서 조직 내 의사소통 및 의사결정, 목표 설정 및 역할 규정, 조직 내 갈등 등에 관심을 기울인다.
- 자문가는 시범을 보이고 훈련을 제공하는 등 보다 직접적인 개입을 통해 집단 과정을 촉진한다.

• **과정 모델**
- 자문가와 자문 요청자 간의 협력적 관계와 협동을 강조한다.
- 조직의 상호작용을 분석하여 문제를 파악하고 해결책을 모색하며, 자문 요청자로 하여금 조직의 생산성 및 조직 내 정서적 분위기에 영향을 미치는 대인관계 상호작용에 대한 이해도를 높이는 데 초점을 둔다.

72 방어기제에 대한 개념과 설명이 바르게 짝지어진 것은?

① 투사(projection): 주어진 상황에서 결과에 대해 어쩔 수 없었다고 생각하며 행동한다.
② 전치(displacement): 추동 대상을 위협적이지 않거나 이용 가능한 대상으로 바꾼다.
③ 반동형성(reaction formation): 이전의 만족방식이나 이전 단계의 만족 대상으로 후퇴한다.
④ 퇴행(regression): 무의식적 추동과 정반대로 표현한다.

해설

• **전치(displacement)**: 한 대상에 대한 욕구를 덜 위험한 대상에게 표출함으로써 불안과 긴장을 해소하는 것을 말한다.
• **투사(projection)**: 용납할 수 없는 자신의 감정이나 욕구를 다른 대상에게 전가시켜 다른 사람의 탓으로 돌리는 것이다.
• **반동형성(reaction formation)**: 받아들이기 어려운 자신의 욕망과 반대의 행동을 함으로써 불안을 회피하는 것이다.
• **퇴행(regression)**: 현재 감당하기 어려운 일이나 불안을 모면하기 위해 어린 시절에 용납될 수 있었던 원시적인 수준의 발달로 되돌아감으로써 불안을 회피하는 것이다.

정답 72. ②

73 직접행동관찰에 관한 설명으로 가장 적합한 것은? ▸ 2014

① 평정하고자 하는 속성을 명확하게 정의해야 한다.
② 후광효과의 영향은 고려되지 않는다.
③ 내현적이거나 추론된 성격 측면을 평가하는 데 적합하다.
④ 각각의 항목에 대해 극단적인 점수에 평정하는 경향이 있다.

해설

직접행동관찰: 자신에게 있는 문제행동 또는 고치고 싶은 행동 한 가지를 설정하여 조작적 정의를 한 후 그 문제행동을 직접 관찰하는 방법이다. 따라서 평정하고자 하는 속성을 명확하게 정의하여야 하며, 객관적으로 기록하고 평가하여야 한다.

74 정상적 지능의 성인이 나머지 가족원을 살해한 사건에서 법정 임상심리학자가 가장 우선적으로 고려해야 할 사항은?

① 가족의 재산 정도
② 피해자와 가해자의 평소 친분관계
③ 목격자 증언의 신빙성
④ 범행 당시 가해자의 정신상태

해설

- 범행 당시 가해자의 정신상태에 대한 분석이 가장 우선적으로 고려될 필요가 있다. 임상심리학자는 법적 기준에 근거한 정신이상을 밝히기 위해 피고인이 정신장애나 결함을 가지고 있는지, 범행 당시의 정신상태는 어떠했는지에 대한 전문적 견해를 법정에 제출한다(임상면접 및 심리평가 실시).
- 법정 임상심리학자의 역할로는 형사사건의 정신이상 변론, 폭력사건에서의 가피해자 평가(가해자의 재범위험성 평가 등, 피해자의 심리적 피해 정도 평가 등) 및 심리치료, 민사사건 참여(가사조사관 또는 상담위원으로 활동, 심리치료 개입 등), 법정 자문 등이 있다.

75 다음 사례에서 사용한 치료적 접근은?

불안을 갖고 있는 내담자를 치료하는 과정에서 체계적 둔감법을 사용하였고, 공황을 느끼고 있는 내담자에게 참여 모델링 기법을 사용했다.

① 행동적 접근
② 정신분석적 접근
③ 실존주의적 접근
④ 현상학적 접근

해설

행동적 접근의 대표적인 치료방법으로 체계적 둔감법, 참여 모델링 기법, 노출법, 홍수법, 조형법 등이 있다.

정답 73. ① 74. ④ 75. ①

불안을 갖고 있는 내담자를 치료하는 과정에서 체계적 둔감법을 사용하고, 공황을 느끼는 내담자에게 참여 모델링 기법을 사용한 치료적 접근은 행동적 접근에 해당된다.

76 상담자가 자신의 내담자와 치료를 진행하는 기간에 내담자 가족에게 식사 초대를 받아 식사를 했다면 어떤 윤리원칙을 위반할 가능성이 높은가?

① 유능성　　② 이중관계
③ 전문적 책임　　④ 타인의 존엄성에 대한 존중

해 설

상담 윤리 원칙 중 '이중관계' 원칙에 위반되는 경우이다. 상담자는 내담자와의 상담관계에 영향을 줄 수 있는 다른 사적관계(이중관계)를 피해야 하며, 이러한 관계가 상담의 성과에 영향을 줄 수 있다고 판단되면 다른 상담자에게 내담자를 의뢰해야 한다.

〈참조〉 피해야 할 이중관계의 예
- 사제관계이면서 동시에 사적으로 친밀관계인 경우
- 사제관계이면서 동시에 치료자-내담자/환자 관계인 경우
- 같은 기관에 소속되어 사제관계, 고용관계, 또는 상하관계에 있으면서 기관 내의 치료자-내담자/환자에 대한 지도감독의 대가로 직접 금전적 관계를 형성하는 경우
- 치료자-내담자/환자 관계이면서 동시에 사적으로 친밀관계인 경우
- 내담자/환자의 가까운 친척이나 보호자와 사적으로 친밀관계를 가지는 경우
- 기타 업무 수행의 공정성을 저해할 가능성이 있거나 착취를 하거나 피해를 입힐 가능성이 있는 경우

77 심리평가를 시행하는 동안에 임상심리사가 취해야 할 태도와 가장 거리가 먼 것은?

▸ 2004, 2011, 2013

① 행동관찰에서는 비일상적 행동이나 그 환자만의 특징적인 행동을 주로 기술한다.
② 관찰된 행동을 기술할 때 구체적인 용어로 설명하는 것이 바람직하다.
③ 평가 상황에서의 일상적인 행동을 평가보고서에 기록하는 것이 좋다.
④ 심리검사 결과뿐만 아니라 외모나 면접자에 대한 태도, 의사소통 방식 등도 기록하는 것이 좋다.

해 설

평가 상황에서는 수검자의 행동 관찰을 통해 비일상적 행동이나 그 환자만의 특징적인 행동을 중심으로 기술한다.

정답 76. ② 77. ③

78 임상적 평가의 목적과 가장 거리가 먼 것은?

① 치료효과에 대한 예측(예후) ② 미래 수행에 대한 예측
③ 위험성 예측 ④ 심리 본질의 발견

해설

임상적 평가는 개인의 장점과 약점, 현재 문제들의 개념화, 문제를 약화시키기 위한 개입방법과 관련된다. 이러한 평가 과정을 통해 치료효과에 대한 예측, 미래 수행에 대한 예측 및 위험성을 예측하여 보다 효과적인 치료전략을 세우고 임상적 문제를 해결하는 데 초점을 둔다.

79 행동평가 방법 중 참여 관찰법에 비교할 때 비참여 관찰법의 특성과 가장 거리가 먼 것은?

① 내담자의 외현적 행동을 기록하는 데 유리하다.
② 관찰자 훈련에 많은 시간과 비용이 소요된다.
③ 관찰자가 다른 활동 때문에 관찰에 지장을 받아 기록에 오류를 범할 가능성이 높다.
④ 행동에 관한 정밀한 측정이 요구되고, 연구자가 충분한 인적 자원을 갖고 있는 경우에 유용하다.

해설

참여 관찰법은 관찰 대상인 집단 안으로 관찰자가 직접 들어가서 활동하면서 관찰을 수행하기에 관찰자가 다른 활동 때문에 관찰에 지장을 받아 기록에 오류를 범할 가능성이 높다. 따라서 정기적으로 기록의 정확성을 지속적으로 점검할 필요가 있다.

학습 Plus 비참여 관찰법 vs 참여 관찰법의 장점과 제한점

- 비참여 관찰법
  - **장점**: 비참여 관찰에서 관찰자는 관찰 대상인 집단의 구성원이 아닌 제삼자의 입장에서 관찰을 수행한다. 제삼자의 입장에서 관찰을 수행할 뿐 관찰 대상과 다른 형태의 유의미한 접촉을 하지 않기 때문에 관찰의 객관성을 확보할 수 있는 장점이 있다.
  - **제한점**: 관찰 수행 여부와 그 내용을 사전에 알릴 경우 관찰 대상이 이를 의식하여 부자연스럽게 행동하는 상황이 발생할 수 있다. 또한 집단구성원 간의 미묘한 정서 반응 등 내현적 행동은 관찰이 어려운 한계가 있다.
- 참여 관찰법
  - **장점**: 참여 관찰에서는 관찰 대상인 집단 안으로 관찰자가 직접 들어가서 함께 생활하거나 활동에 참여하면서 관찰을 수행한다. 관찰자는 집단의 한 구성원으로서 관찰 대상과 밀접한 관계를 유지할 수 있으며, 집단 밖에서 관찰하기 어려운 특정 행동이나 관계 양상 및 미묘한 상호작용 등을 포착할 기회를 얻게 된다.
  - **제한점**: 집단구성원으로 참여하다 보니 관찰자로서의 객관적인 태도를 유지하기가 어려울 수 있고, 관찰자 고유의 주관성이 개입되어 관찰결과에 영향을 줄 수 있다. 또한 동일한 대상이라도 관찰자가 누구냐에 따라 관찰결과가 달라질 수 있기에 관찰자 간 일치도가 낮아지고 관찰결과의 객성성을 확보하기가 어려울 수 있는 제한점을 지닌다.

정답 78. ④ 79. ③

80 행동평가에 관한 설명으로 틀린 것은? ▸ 2012

① 목표행동을 정확히 기술한다.
② 행동의 선행 조건과 결과를 확인한다.
③ 법칙정립적(nomothetic) 접근에 기초한다.
④ 특정 상황에 대한 개인의 행동에 초점을 맞춘다.

해 설

행동평가는 특정한 상황에서의 행동적 경향성, 즉 행동과 상황의 상호작용을 알아보려고 하는 것이다. 특정 상황에 대한 개별특유적(idiographic)인 개인의 행동에 초점을 맞추고, 조작적 정의를 통해 변화되기를 기대하는 목표행동을 정의하며, 기능 분석을 통해 행동의 선행조건과 결과를 확인한다.

정답 80. ③

09 2018년 제3회 기출문제

61 초기 임상심리학자와 그의 활동으로 바르게 짝지어진 것은?

① Witmer-g지능 개념을 제시했다.

② Binet-Army Alpha 검사를 개발했다.

③ Spearman-정신지체아 특수학교에서 심리학자로 활동했다.

④ Wechsler-지능검사를 개발했다.

해설

- Witmer가 Pennsylvania 대학교에 첫 심리진료소를 개설하였고, 주로 학습장애와 행동문제를 지닌 아동을 대상으로 치료하였다.
- Spearman은 지능을 일반요인 g와 특수요인 s로 구분하였다.
- Yarkes는 군대 신병들을 평가하기 위해 Army Alpha 검사를 개발했다.
- Binet는 최초로 지능검사를 제작하였으며(Binet-Simon 검사), 웩슬러는 성인용 지능검사(Wechsler-Bellevue Intelligence Scale, 1939)를 시작으로 2008년에 성인용 지능검사 4판(WAIS-4)이 개발되었다. 그 외에 웩슬러 지능검사는 아동용, 유아용으로 개발되어 실시되고 있다.

62 내담자를 평가할 때 문제행동의 선행조건, 환경적 유인가, 보상의 대체원, 귀인방식과 같은 요소를 중요하게 여기는 평가방법은?

① 기술지향적 평가 ② 인지행동적 평가

③ 정신역동적 평가 ④ 다축분류체계 평가

해설

인지행동적 평가는 내담자의 인지와 사고가 행동에 중요한 역할을 한다는 개념에 중점을 둔다. 이를 위해 선행조건을 살펴보고, 귀인방식을 통해 해석체계를 검토하며, 환경적 유인가, 보상의 대체원 등을 면밀히 평가한다.

정답 61. ④ 62. ②

63 다음에 해당하는 강화계획으로 옳은 것은?

ㄱ. 회사의 일정한 매출에 따라 성과급을 지원받았다.
ㄴ. 라디오 방송 프로그램에 사연을 보내 경품에 당첨되었다.

① ㄱ: 고정비율, ㄴ: 고정간격
② ㄱ: 고정간격, ㄴ: 변동비율
③ ㄱ: 고정비율, ㄴ: 변동간격
④ ㄱ: 변동비율, ㄴ: 고정비율

해설

- 고정비율 강화계획(fixed ratio schedule): 정해진 횟수만큼 반응을 해야 강화가 주어진다(목표치의 매출 달성-고정비율/성과급 제공-강화).
- 변동간격 강화계획(variable interval schedule): 임의로 정한 시간 범위 내에서 불규칙한 간격으로 강화가 주어진다(라디오 방송 프로그램-임의로 정해진 범위/경품-강화).

64 관상동맥성 심장병과 관련 깊은 성격유형에 대비되는 성격으로, 스트레스에 유연하게 반응하고 느긋함이 강조되는 성격유형은?

① Type A
② Type B
③ Introversion
④ Extraversion

해설

- 질병에 영향을 주는 행동적 요인에 대한 연구가 활발해지면서 A형 행동유형(타입 A)은 적대적, 경쟁적이고, 다양한 대상에 관심을 갖고 획득하려고 하며, 시간적으로 서두르는 성급함을 지니고 있어 관상동맥성 심장병 발병과 관련이 높은 것으로 나타났다.
- 반면에 B형 행동유형(타입 B)은 스트레스에 유연하고, 느긋하며, 취미에 시간을 할애하고, 시간에 강박적이지 않는 특징을 지닌다(타입 A와 대비).

65 행동평가에서 중요시하는 기능분석(functional analysis)이 아닌 것은?

① 선행조건(antecedent)
② 문제행동(behavior)
③ 문제인식(cognition)
④ 결과(consequence)

해설

기능분석(functional analysis): 행동수정기법을 사용하기 전에 먼저 왜 그러한 행동이 발생하는지를 이해하는 것이 중요하기에 행동을 유발하는 선행조건(A)과 그것을 유지시키는 강화요인(결과, C)을 파악하는 것을 말한다. 선행조건(A)-문제행동(B)-결과(C)의 기능적 관계를 분석한다. 즉, 문제행동과 기능적으로 관련된 선행조건과 결과에 대한 정보를 파악하는 과정을 말한다.

정답 63. ③ 64. ② 65. ③

66 임상건강심리학에서 주로 관심을 갖는 영역으로 가장 거리가 먼 것은?

① 주의력결핍 과잉행동장애 ② 비만
③ 흡연 ④ 스트레스 관리

임상건강심리학은 개인의 신체건강에 영향을 주는 행동과 생활양식에 초점을 둔다. 비만, 스트레스 관리, 통증 완화, 금연, 기타 위험행동 절제 등과 같은 신체건강영역에 심리학 원리를 응용한다.

67 내담자 중심 치료에서 치료자의 주요 기능과 가장 거리가 먼 것은?

① 자유로운 분위기를 제공하는 것
② 내담자 자신과 주변 세계에 대해 스스로 지각을 높이게 하는 것
③ 충고, 제안, 해석 등을 제공하는 것
④ 내담자가 자신에 대해 더 많이 말할 수 있도록 하는 반응들을 나타내어 보이는 것

해설

내담자 중심 치료에서 치료자의 주요 기능은 내담자가 자신의 특성과 경험을 열린 마음으로 탐색하여 자각하게 함으로써 있는 그대로의 자기 모습을 더 잘 수용하고 존중할 수 있도록 성장 촉진적인 치료적 분위기를 제공하는 데 있다.

68 임상심리학자로서의 책임과 능력에 있어서 바람직하지 못한 것은?

① 서비스를 제공할 때 높은 기준을 유지한다.
② 자신의 활동결과에 대해 책임을 진다.
③ 자신의 능력과 기술의 한계를 알고 있어야 한다.
④ 자신만의 경험을 기준으로 내담자를 대한다.

해설

한국임상심리학회 윤리강령 제10조 전문성에 관한 윤리강령에서는 전문 분야에 대한 과학적 지식을 추구하고 이를 정확하게 전달하기 위하여 끊임없이 노력해야 함을 강조하고 있다. 따라서 내담자를 대하는 데 있어 자신의 경험이 기준이 되어서는 안 된다. 또한 자신의 전문 영역 밖의 지식과 경험이 요구되는 서비스를 제공하고자 하는 심리학자는 이와 관련된 교육과 수련 및 지도감독을 받아야 한다.

정답 66. ① 67. ③ 68. ④

69 치료자가 환자에게 자신의 욕구, 소망 및 역동을 투사함으로써 환자의 전이에 반응하는 것은?

① 전이 ② 전치
③ 역할전이 ④ 역전이

역전이(countertransference)란 정신분석 치료에서 치료자가 환자에게 자신의 욕구, 소망 및 역동을 투사하는 것을 말한다. 분석가는 자신의 신념과 욕구, 태도가 상담관계의 형성은 물론 상담 과정에 영향을 준다는 것을 자각하고 역전이를 객관적으로 처리할 수 있어야 한다.

70 Beck의 우울증 인지행동치료에서 인지 삼제(cognitive triad)로 틀린 것은?

▸ 2009, 2012, 2017

① 자신 ② 과거
③ 세계 ④ 미래

해설

Beck의 우울증을 경험하는 사람들의 자동적 사고는 주로 인지 삼제(cognitive triad, 자신-세계-미래)에, 즉 자신에 대한 비관적 생각('나는 무가치한 사람이다.'), 세계(세상)에 대한 부정적인 생각('세상은 매우 살기 힘든 곳이다.'), 미래에 대한 염세주의적 생각('나의 앞날은 희망이 없다.')과 같은 세 가지 내용으로 구성된다고 보았다.

71 다음에서 보여 주는 철수 엄마의 행동을 가장 잘 설명한 것은?

> 철수의 엄마는 아침마다 철수가 심한 떼를 쓰면 기분이 상하기 때문에 철수가 떼를 쓰기 전에 미리 깨우고, 먹여 주고, 가방을 챙겨서 학교에 데려다 주는 행동을 계속하고 있다.

① 정적 강화 ② 처벌
③ 행동조형 ④ 회피조건형성

회피조건형성의 원리는 어떤 행동이 혐오자극의 발생을 방지하면 그 행동의 빈도가 증가된다는 것이다(엄마는 철수가 떼를 쓰기 전에 미리 행동-기분 상함을 방지).

정답 69. ④ 70. ② 71. ④

72 MMPI를 해석하는 방법을 바르게 나열한 것은?

ㄱ. 피검자의 검사 태도 검토	ㄴ. 전체 프로파일 형태 분석
ㄷ. 2코드 해석 시도	ㄹ. 임상척도에서 상승한 척도 검토
ㅁ. 타당도척도 검토	

① ㄱ → ㄹ → ㄷ → ㄴ → ㅁ
② ㄱ → ㄴ → ㄷ → ㄹ → ㅁ
③ ㄱ → ㅁ → ㄹ → ㄷ → ㄴ
④ ㄱ → ㄴ → ㅁ → ㄹ → ㄷ

해설

MMPI를 해석을 위한 공통된 단계는 피검자의 검사 태도 검토-타당도척도 검토-임상척도에서 상승한 척도 검토-2코드 해석 시도-전체 프로파일 형태 분석으로 실시한다.

73 다음 중 면접질문의 유형과 예로 잘못 짝지어진 것은?

① 개방형: "당신은 그 상황에서 분노를 경험했나요?"
② 촉진형: "조금만 더 자세히 말씀해 주시겠습니까?"
③ 직면형: "이전에 당신은 이렇게 말했는데요."
④ 명료형: "당신이 그렇게 느꼈다는 말인가요?"

해설

개방형 질문이란 내담자의 대답이 짧은 한두 마디의 말로 한정되지 않도록 하는 형태의 질문으로, 내담자가 자신의 문제에 대해 깊이 생각하고 자유롭게 드러낼 수 있도록 하는 질문이다. 폐쇄형 질문은 대화가 자연스럽지 않고 단절될 위험이 있다(예-아니요 답변 가능성).

〈개방형 질문의 예〉
- "오늘 어떤 이야기를 하고 싶으세요?"
- "어떤 상황에서 기분이 안 좋았어요?"
- "구체적인 예를 들어 보시겠어요?"
- "그것에 관해서 어떻게 느끼고 있습니까?"

74 집단치료의 치료요소에 대한 설명으로 옳은 것은?

① 보편성: 다른 사람들도 자신과 비슷한 문제와 걱정을 가지고 있다는 것을 알게 된다.
② 희망의 고취: 집단구성원들은 치료자와 다른 구성원들로부터 충고를 받을 수 있다.
③ 카타르시스: 집단구성원들은 집단 수용을 통해 자기존중감을 증대시킨다.
④ 이타심: 집단 구성원들은 다른 구성원들로부터 배울 수 있다.

정답 72. ③ 73. ① 74. ①

해설

보편성: 참여자 자신만 심각한 문제 생각, 충동을 가진 것이 아니라 다른 사람들도 자기와 비슷한 갈등과 경험, 문제를 가지고 있다는 것을 알고 위로를 얻는다.

학습 Plus 집단치료의 치료요소(Yalom)

- 희망의 고취: 집단 구성원들에게 문제가 개선될 수 있다는 희망을 심어 주는데, 희망 그 자체가 치료효과를 가질 수 있다.
- 보편성: 참여자 자신만 심각한 문제와 증상을 가진 것이 아니라 다른 사람들도 자기와 비슷한 갈등과 어려움, 문제를 가지고 있다는 것을 알고 위로를 받는다.
- 이타심: 집단구성원들은 서로 위로와 격려, 지지, 제안 등을 통해 서로 도움을 주고받는다.
- **정보 전달**: 집단구성원들은 상담자에게서 다양한 정보를 습득함으로써 자신의 문제에 대해 보다 명확하게 이해하며, 동료 참여자에게서도 제안과 지도, 충고를 얻는다.
- **1차 가족집단의 교정적 재현**: 집단은 가족과 유사한 점이 있어 집단구성원의 부모형제 관계와의 교류가 집단 내에서 상호작용으로 재현될 수 있다. 그 과정을 통해 그동안 해결되지 못한 갈등 상황에 대해 탐색하고 도전한다.
- **사회기술의 발달**: 집단구성원으로부터의 피드백이나 특정 사회 기술에 대한 학습을 통해 대인관계에 필요한 사회 기술을 발달시킨다.
- **모방행동**: 집단상담자와 집단구성원들은 새로운 행동을 배우는 데 있어 좋은 모델이 될 수 있다.
- **대인관계 학습**: 집단구성원과의 상호작용을 통해 자신의 대인관계에 대한 통찰을 얻고, 대인관계 형성의 새로운 방식을 시험해 볼 수 있는 장이 된다.
- 정화(카타르시스): 집단 내의 비교적 안전한 분위기 속에서 집단구성원은 그동안의 억압되어 온 감정을 자유롭게 발산할 수 있다.
- **집단 응집력**: 집단 내에서 자신이 인정받고 수용된다는 소속감은 그 자체로 집단구성원의 긍정적인 변화에 영향을 미친다.

75 다음은 어느 항목의 윤리적 원칙에 위배되는가? ▸ 2004, 2011, 2018

> 임상심리사가 개인적인 심리적 문제를 갖고 있다든지, 너무 많은 부담 때문에 지쳐 있다든지, 교만하여 더 이상 배우지 않고 배울 필요가 없다고 생각하거나 해당되는 특정 전문교육수련을 받지 않고도 특정 내담자군을 잘 다룰 수 있다고 여긴다.

① 유능성 ② 성실성
③ 권리의 존엄성 ④ 사회적 책임

해설

유능성은 임상심리사가 자신의 강약점, 자신이 가지고 있는 기술과 그것의 한계에 대해 자각해야 한다는 것이다. 이를 보완하기 위하여 지속적인 교육수련으로 최신 기술을 습득하며, 이를 통해 사회의 변화에 민첩하게 대응해야 한다.

정답 75. ①

〈유능성의 원칙을 위반하는 이유〉

- 개인적인 심리적 문제를 가지고 있는 경우
- 너무 많은 부담으로 지쳐 있는 경우
- 더 이상 배우지 않고 배울 필요가 없다고 자만하는 경우
- 해당되는 특정 전문교육수련을 받지 않고도 특정 내담자군을 잘 다룰 수 있다고 여기는 경우

76 행동평가방법 중 흡연자의 흡연 횟수, 비만자의 음식 섭취 등을 알아보는 데 가장 적합한 방법은? ▸ 2014, 2018

① 자기감찰 ② 행동관찰
③ 참여관찰 ④ 평정척도

해설

자기감찰(self-monitoring): 내담자 스스로 자신의 행동을 관찰하고 작성하도록 함으로써 자신의 바람직하지 못한 행동을 모니터링하는 것이다(예: 체중 조절을 위하여 식이요법을 시행하는 사람이 매일 식사의 시간, 종류, 양과 운동량을 구체적으로 기록하는 것).

77 다음은 어떤 원리에 따른 치료방법인가?

> 야뇨증 치료를 위해 요와 벨을 사용하여 환아가 오줌을 싸서 요를 적시게 되면 벨이 울려 잠자리에서 깨게 된다.

① 사회학습이론 ② 고전적 조건화
③ 조작적 조건화 ④ 인지행동적 접근

해설

고전적 조건화(classical conditioning)란 무조건 자극과 조건자극이 결합하여 나중에는 조건자극만으로도 유기체의 반응이 유발되는 학습 과정을 말하며, 자극 간의 연합학습에 기반한다(예: 환아의 야뇨증과 벨소리를 조건화하여 잠에서 깨도록 함).

78 다음에 해당하는 심리적 현상은?

> • 개체가 환경과의 접촉에서 발생한 행동이나 가치관을 무비판적으로 받아들이는 것
> • 자기 것으로 동화시키지 못하며 개체의 행동이나 사고방식에 악영향을 미침

① 투사 ② 융합 ③ 내사 ④ 편향

정답 76. ① 77. ② 78. ③

해 설

내사(introjection)란 개체가 자신을 제외한 외부의 행동, 사고, 가치관 등을 무비판적으로 받아들여 자기 것으로 동화되지 못한 채 남아 있으면서 개체에게 악영향을 미치는 타인 혹은 집단의 행동방식이나 가치관 등을 의미한다. 개체는 내사 과정을 통해 타인의 관점이나 주장 또는 가치관을 깊이 생각해 보지 않고 자신의 것으로 받아들이게 된다.

79 지역사회 정신건강 센터에서 접수면접을 가장 잘 수행하는 방법에 대해 자문을 받았다면 어떤 유형의 자문인가?

① 내담자 중심 사례 자문
② 프로그램 중심 행정 자문
③ 피자문자 중심 사례 자문
④ 피자문자 중심 행정 자문

해 설

- 프로그램 중심 행정 자문은 개인적인 사례보다는 프로그램이나 제도적 측면에 중점을 둔다. 주로 문제에 포함된 기능적 측면을 효과적으로 개선하기 위한 자문을 제공한다.
- 내담자 중심 사례 자문은 내담자의 특별한 요구를 충족시키기 위해 특정한 환자의 치료나 보호에 책임이 있는 해당 자문가에게 조언을 구하는 것을 말한다.
- 피자문자 중심 사례 자문은 피자문자의 경험 내용에 대해 전문 자문가로부터 도움을 받는 것을 말한다.
- 피자문자 중심 행정 자문은 기관 내의 행정적인 쟁점과 인사 쟁점에 관한 업무에 대해 전문적인 자문을 구하는 것을 말한다.

80 제1차 세계 대전과 제2차 세계 대전 사이의 임상심리학의 발전사에 대한 내용으로 틀린 것은?

① 많은 심리 평가도구들이 개발되었다.
② 치료영역에서 심리학자들의 역할이 증대되었다.
③ 정신건강 분야 내 직업적 갈등으로 임상심리학자들은 미국의 APA를 탈퇴해서 미국 응용심리학회를 결성했다.
④ 미국 임상심리학의 박사급 자격 전문화가 이루어졌다.

해 설

제1차 · 2차 세계 대전 사이의 시기 동안 APA 임상심리학 수련규정위원회는 PhD 학위와 1년간 임상 경험을 지도, 감독받는 것이 임상심리학자가 되는 데 필요하다고 권장하였으나, 이 시기에는 APA의 권장에 강제력을 갖추지 못해 필요성이 고려되지 못하였다.

정답 79. ② 80. ④

10 2018년 제1회 기출문제

61 집단개업 활동을 할 때 임상심리 전문가들이 가장 주의해야 할 사항은?

① 직업윤리 및 활동에 대해 개인적인 책임을 져야 한다.
② 직업적인 경쟁과 성격적인 충돌 가능성이 있다.
③ 개인의 독립적인 사무실의 확보 비용이 든다.
④ 개인적이고 직업적인 고립감을 경험한다.

해 설

집단개업 활동 시 개업 전문가들 간의 직업적인 경쟁과 성격적인 충돌 가능성이 발생되지 않도록 주의하고, 임상심리 전문가로서의 직업윤리와 책임의식을 갖고 전문적인 역량을 증진하기 위해 지속적인 교육, 최신의 지식을 습득하여 내담자 서비스를 증진하기 위해 노력해야 한다.

62 뇌기능의 국재화에 관한 설명으로 옳은 것은? ▸ 2011

① 특정 인지능력은 국부적인 뇌손상에 수반되는 한정된 범위의 인지적 결함으로부터 발생한다고 본다.
② Broca 영역은 좌반구 측두엽 손상으로 수용적 언어 결함과 관련된다.
③ Wernicke 영역은 좌반구 전두엽 손상으로 표현 언어 결함과 관련된다.
④ MRI 및 CT가 개발되었으나 기능 문제 확인에는 외과적 검사가 이용된다.

해 설

• 뇌기능의 국재화란 뇌 영역마다 각기 특정한 기능을 담당하고 있어 특정 부위의 뇌손상이 발생되면 관련된 기능의 결함이 초래된다고 본다.

정답 61. ② 62. ①

- 브로카 실어증은 좌측 전두엽 손상과 관련되며, 말을 유창하게 하지 못하지만 언어 이해와 발성 기제는 정상적인 경우이다.
- 베르니케 실어증은 좌측 측두엽 손상과 관련되며, 유창하게 말을 하지만 의미 있는 내용을 전달하지 못하며, 타인의 말을 이해하지 못한다.
- MRI나 CT를 통해 발견되지 않는 뇌기능 저하의 평가를 위해 신경심리검사를 실시한다.

63 정신분석치료의 주요 개념 및 기법과 가장 거리가 먼 것은?

① 전이　　② 저항
③ 과제　　④ 훈습

해설

정신분석치료에서는 무의식에 대한 이해와 통찰에 초점을 두기에 과제를 통한 연습을 권장하지 않는다. 다만 일상에서 훈습 과정을 통해 통찰한 바를 적응 행동으로 변화시킬 수 있도록 돕는다.

- 전이(transference): 내담자가 과거에 중요한 대상에게 느꼈던 감정이나 환상을 무의식적으로 현재 상담자에게 옮겨와 나타내는 것을 말한다.
- 저항(resistance): 내담자가 상담 과정에서 나타내는 비협조적인 행동들을 의미한다. 저항은 환자의 무의식적인 갈등을 반영한다고 보기에 저항적인 행동의 의미에 대해 분석해야 한다.
- 훈습(working-through): 상담 과정에서 통찰을 통해 얻게 된 성숙한 행동과 태도를 실제 일상생활에 적용하여 사용함으로써 변화된 적응적 행동이 지속될 수 있도록 돕는 기법이다.

64 근육의 긴장을 이완시키고, 심장의 박동을 조정하고, 혈압을 통제하는 훈련을 받는 것은?

▸ 2015

① 바이오피드백　　② 행동적인 대처방식
③ 문제 중심의 대처기술　　④ 정서 중심의 대처기술

해설

바이오피드백(biofeedback)은 생물학적 반응들을 전자도구로 측정하는 것으로, 신체 내부에서 일어나는 생리 현상들을 컴퓨터를 통해 시각적으로나 청각적으로 알 수 있게 해 주고, 스스로 훈련을 통해 생리 현상들을 조절할 수 있게 도와주는 치료법이다. 근육이완, 심장박동 조절, 혈압 통제, 심인성 신체 질환, 두통, 불면증 치료에 사용된다.

정답 63. ③ 64. ①

65 아동 또는 청소년의 폭력비행을 상담할 때 부모를 통한 개입법으로 가장 효과적인 것은?

▸ 2004, 2010, 2017

① 자녀가 반사회적 행동을 하면 심하게 야단을 치게 한다.
② 사회에서 용인되는 행동을 보이면 일관되게 보상을 주도록 한다.
③ 가족모임을 열어서 훈계를 하도록 한다.
④ 폭력을 휘둘렀을 때마다 부모가 자녀를 매로 다스리게 한다.

해 설

비행 아동 또는 청소년을 둔 부모의 개입법으로 가장 효과적인 방법은 처벌보다 긍정적 행동에 대한 강화이다. 아동이 사회에서 용인되는 행동을 보일 때 일관되게 보상을 제공하는 경우에 기대하는 행동의 유지 및 증가에 효과적이다(유관성 원리).

66 합리적 정서행동치료에 대한 설명으로 틀린 것은?

① Aaron Beck이 개발했다.
② 환자가 사물에 대해 생각하는 방식을 바꿈으로써 행동 변화를 목적으로 한다.
③ 해석은 문제가 되는 감정적 · 행동적 결과(C)를 결정하는 사건과 상황(A)에 대한 믿음(B)이다.
④ 이 치료의 기본목적은 사람들이 자신이 가진 비논리적 사고에 직면하게 만드는 것이다.

해 설

- 합리적 정서행동치료(Rational Emotive Behavior Therapy: REBT)는 Albert Ellis에 의해 개발되었으며, Aaron Beck은 인지치료를 창시했다.
- REBT에서는 내담자의 문제는 일어난 사건이 아니라 개인이 갖고 있는 비합리적인 신념에서 비롯된다고 본다. REBT 과정을 통해 내담자는 비합리적 신념을 효과적이고 합리적인 인지로 대체하는 방법을 배우게 되고, 결과 상황에 대한 정서적 · 행동적 반응을 변화시킨다.

67 현대 임상심리학 발전에 가장 큰 영향을 준 역사적 사건은?

① Binet의 지능검사 개발
② MMPI의 개발
③ 미국심리학회 설립
④ 제 1 · 2차 세계 대전

정답 65. ② 66. ① 67. ④

해 설

- 제1 · 2차 세계 대전 동안 심리학자의 치료 및 평가 활동이 급격히 증대되었다. 심리검사는 지능 이외에도 성격, 정석 등으로 다양해졌으며, 임상심리학자의 역할이 진단 및 평가, 치료, 자문 등으로 확대되는 계기가 되었다.
- 참전 후 다수의 사람에게 정신과적 문제가 발생하면서 임상심리학자들이 전문적인 치료 서비스를 제공하였고, 이를 계기로 임상심리학자의 역할에 대한 필요성과 지역사회 수요 증가 및 전문적 역량을 증진하기 위한 제도 마련에 대한 논의가 대두되었다.

68 Burish(1984)는 객관적 성격검사 제작에 관한 접근들을 규명하여 기술하였다. 다음 중 이 접근법에 해당하지 않는 것은?

① 외적 준거 접근 ② 내적 구조 접근
③ 내적 내용 접근 ④ 외적 차원 접근

해 설

심리검사 제작방법에는 외적 준거 접근, 내적 구조 접근, 내적 내용 접근이 있다.

- **외적 준거 접근**: 특정 집단과 정상 집단을 구분하는 문항을 선별하여 집단을 구분하는 방식을 말한다(예: 공포를 측정하는 문항을 선별할 때 공포증으로 진단받은 환자가 높게 반응하는 문항을 선택함. 경험적 제작방식에 해당됨, MMPI).
- **내적 구조 접근**: 많은 사람에게 공통적으로 해당되는 문항을 선별, 대부분의 사람이 답변하는 문항 외에 반응하는 사람들을 특정 집단으로 구분하는 방식을 말한다(귀납적 방법에 해당됨, 16PF).
- **내적 내용 접근**: 이론에 따라 문항을 선별, 측정하고자 하는 내용을 구성하는 방식을 말한다(연역적 방법에 해당됨, BDI).

69 다음 중 비밀유지의 의무가 제외될 수 있는 경우에 해당하지 않는 것은?

① 자살 가능성이 있는 내담자 ② 범죄를 저지를 가능성이 있는 내담자
③ 강도, 강간 등 범죄 피해자 ④ 아동학대의 사례

해 설

내담자가 강도, 강간 등의 범죄 피해자인 경우 피해자의 인격이나 명예가 손상되거나 사적인 비밀이 침해되지 않도록 해야 한다.

〈비밀유지 제외 상황〉

- 내담자가 자신과 타인에게 위해 행동을 할 위험이 있을 경우
- 내담자의 문제가 위급한 위기 상황(병원치료, 자살시도)인 경우
- 범죄 및 법적인 문제와 연루되어 있을 경우

정답 68. ④ 69. ③

• 내담자가 비밀공개를 허락했을 경우
• 내담자가 타인의 위해 행동의 피해자로서 신고 의무가 있는 경우(아동학대 사례 등)

70 체중 조절을 위하여 식이요법을 시행하는 사람이 매일 식사의 시간, 종류, 양과 운동량을 구체적으로 기록하고 있다면 이는 어떤 행동 관찰의 방법인가? ▸ 2006, 2013

① 자기감찰(self-monitoring)
② 통계적인 평가
③ 참여관찰(participant observation)
④ 비참여 관찰(non-participant observation)

해 설

자기감찰(self-monitoring)은 내담자 스스로 자신의 행동을 관찰하고 작성하도록 함으로써 자신의 바람직하지 못한 행동을 점검하는 것을 말한다. 체중 조절, 식습관, 알코올 사용, 흡연 등 여러 다양한 문제행동 개선에 도움이 된다.

71 심리사회적 또는 환경적 스트레스와 생물학적 또는 기타 취약성의 상호작용이 질병을 일으킨다는 조망은? ▸ 2011, 2016

① 상호적 유전-환경 조망
② 병적 소질-스트레스 조망
③ 사회적 조망
④ 생물학적 조망

해 설

병적 소질-스트레스 조망은 정신장애 발병의 원인을 생물학적 취약성과 스트레스 간의 상호작용에 의해 나타난다고 본다. 즉, 생물학적 취약성을 지닌 개인이 환경 내 스트레스에 반복적으로 노출될 경우에 정신장애 발병 가능성이 증가될 수 있다.

72 실존적 접근의 심리치료는? ▸ 2014

① 인지치료
② 의미치료
③ 자기교습훈련
④ 합리적 정서행동치료

해 설

의미치료는 내담자가 삶의 의미와 가치를 찾는 실존적 과정에 초점을 둔다. 치료의 목표는 내담자로 하여금 실존적 공허를 통해 가지는 무의미감이나 신경증에서 벗어나 삶의 의미를 발견하도록 하는 데 있다. 이를 위해 상담자는 내담자가 현재 자신의 모습을 초월하여 더 깊은 의미를 추구할 수 있는 방향으로 나아가도록 돕는다.

정답 70. ① 71. ② 72. ②

73 투쟁-도피(fight-flight) 반응과 가장 거리가 먼 것은?

① 호흡의 증가 ② 땀 분비 감소
③ 소화 기능 저하 ④ 동공 팽창

해설

투쟁-도피(fight-flight) 반응은 긴박한 상황에 마주해 자동적으로 나타나는 생리적 각성 상태를 의미한다. 대표적 증상으로는 심장박동과 호흡의 증가, 혈압 상승, 땀 분비 증가, 동공 확장, 소화 기능 저하 등이 나타난다. 이는 상황에 빠르게 반응하도록 돕는 과정으로서 교감신경계가 항진과 관련된다.

74 '엄마'라는 언어가 어머니의 행동과 반복적으로 연합됨으로써 획득된다고 설명하는 이론은?

① 고전적 조건형성
② 조작적 조건형성
③ 관찰학습
④ 언어심리학적 이론

해설

고전적 조건형성은 연합학습에 의한 조건화가 행동의 습득과 유지에 영향을 준다고 본다(엄마라는 단어와 어머니의 특정 행동이 반복적으로 연합되어 '엄마'라는 언어가 획득됨).

75 Wolpe의 체계적 둔감법 절차의 설명과 가장 거리가 먼 것은? ▸ 2014

① 공포증의 치료에 효과적인 것으로 밝혀졌다.
② 불안을 억제하기 위하여 이완 상태를 유도한다.
③ 이완을 위해서 자극에 대한 실제 노출을 상상 노출보다 먼저 제시한다.
④ 불안을 가장 약하게 일으키는 상황부터 노출시킨다.

해설

Wolpe에 의해 개발된 체계적 둔감법은 고전적 조건형성 원리를 통해 공포 및 불안 반응을 극복하도록 돕는 기법이다. 불안에 대한 노출은 낮은 수준부터 시작해서 점진적으로 높은 수준으로 접근한다. 이완 상태에서 불안을 유발한 상황을 상상하게 한 후 불안이 사라지고 나면 다음 단계를 실시한다. 상상을 통한 노출 후에는 실제 상황에 대한 노출을 통해 불안이나 공포를 치료한다.

정답 73. ② 74. ① 75. ③

76 조현병의 음성 증상에 관한 설명으로 옳은 것을 모두 고른 것은?

ㄱ. 감소된 감정표현, 무의욕증 등이 해당된다.
ㄴ. 양성 증상에 비해 약물치료 효과가 떨어진다.
ㄷ. 정상인은 경험하지 않는다.

① ㄱ, ㄴ
② ㄱ, ㄷ
③ ㄴ, ㄷ
④ ㄱ, ㄴ, ㄷ

해설

조현병의 음성 증상은 감소된 정서표현과 무언어증, 무의욕증, 무쾌락증, 비사회성이 있다. 양성 증상의 경우에는 약물치료에 의해 쉽게 호전되지만, 음성 증상은 약물치료 효과가 낮은 편이다.

- **정서적 둔마**(flat affect): 외부 자극에 대한 정서적 반응성이 둔화되어 무표정하거나 무감각한 상태를 보인다.
- **무언어증**(alogia): 말이 없어지거나 짧고 간단한 말만 하는 등 언어표현이 빈곤하다.
- **무의욕증**(avolition): 어떠한 목표지향적 행동도 하지 않고 일상생활에 무관심한 채로 시간을 보낸다.
- **무쾌락증**(anhedonia): 긍정적인 자극으로부터 쾌락을 경험하는 능력이 감소된 상태이다.
- **비사회성**(asociability): 다른 사람과의 사회적 상호작용에 대한 관심이 없는 상태이다.

〈참조〉

- 양성 증상: 정상인에게서는 나타나지 않지만 정신분열증 환자에게서 나타나는 증상(기능 왜곡이나 과잉). 망상, 환각, 와해된 언어나 행동, 긴장증적 행동을 특징으로 한다.
- 음성 증상: 정상인들이 나타내는 적응적 기능이 결여된 상태. 정서적 둔마, 무언어증, 무의욕증, 무쾌락증, 비사회성을 특징으로 한다.

77 다음 30대 여성의 MMPI-2 결과에 대한 해석으로 적절한 것은?

Hs	D	Hy	Pd	Mf	Pa	Pt	Sc	Ma	Si
72	65	75	50	35	60	64	45	49	60

① 스트레스 상황에서 신체 증상이 과도하고 회피적 대처를 할 소지가 크다.
② 망상, 환각 등의 정신증적 증상이 나타나기 쉽다.
③ 반사회적 행동을 보일 가능성이 크다.
④ 외향적이고 과도하게 에너지가 항진되어 있기 쉽다.

해설

MMPI-2의 1-3/3-1 코드 유형에 해당된다(1번 척도 Hs: 72, 3번 척도 Hy: 75).

정답 76. ① 77. ①

PART 04 임상심리학

〈1-3/3-1 코드 유형 특징〉

- 신체적 불편감(두통, 흉통, 피로감, 수면 곤란 등)을 호소할 수 있고, 스트레스를 받으면 신체 증상이 커지며, 주로 회피적 대응기제(억압, 부인)를 사용한다.
- 신체 증상에 대한 2차적 이득이 있을 수 있고, 이는 증상을 지속시키는 데 영향을 준다.
- 미성숙하고 자기중심적이며, 타인으로부터 관심과 애정을 끌고자 하는 강한 욕구를 지닌다.
- 대인관계의 깊이가 부족하고 피상적인 경향이 있고, 타인에게서 관심의 욕구가 충족되지 않을 시 분노감과 적대감을 보일 수 있다.
- 자신의 심리적 문제에 대한 통찰이 어렵고, 심리치료에 대한 동기가 부족하여 치료적 예후가 낮은 편이다.

78 행동평가와 전통적 심리평가 간의 차이점으로 틀린 것은?

① 행동평가에서 성격의 구성 개념은 주로 특정한 행동 패턴을 요약하기 위해 사용된다.

② 행동평가는 추론의 수준이 높다.

③ 전통적 심리평가는 예후를 알고, 예측하기 위한 것이다.

④ 전통적 심리평가는 개인 간이나 보편적 법칙을 강조한다.

해설

- 행동평가는 문제행동의 직접적 평가, 선행 조건 및 결과를 강조한다. 행동평가는 특정한 상황에서 나타나는 행동을 표집하는 데 중점을 두므로 행동을 둘러싼 전후 맥락을 중요시한다.
- 전통적 평가는 내담자의 겉으로 드러나는 증상보다는 그 증상을 유발하는 내면의 원인을 찾는 데 중점을 두므로 내적인 특성 혹은 성격적 특성과 같은 것들을 추론하여 밝히고자 한다.

79 다음에 해당하는 장애 유형은?

> 원치 않는 성적인 생각, 난폭하거나 공격적인 충동, 도덕 관념과 배치되는 비윤리적인 심상 등과 같은 불편한 생각이 자꾸 떠올라 무기력하고 괴로워하거나 마치 내면적 논쟁을 하듯이 대응한다.

① 공황장애　② 강박장애

③ 성적불쾌감　④ 우울증

해설

강박장애는 원하지 않는 생각과 행동을 반복하게 되는 불안을 주된 특징으로 하는 장애이다. 강박장애의 주된 증상은 강박사고와 강박행동이다.

- 강박사고는 반복적으로 의식에 침투하는 고통스러운 생각, 충동 또는 심상을 말한다. 매우 다양한 주제를 포

정답 78. ② 79. ②

함하며, 흔히 성적 · 도덕적 · 공격적인 주제와 관련된다. 이러한 생각이 부적절하다는 것을 인식하지만 잘 통제되지 않고 반복되기에 일상의 고통을 초래한다.

- 강박행동은 불안을 감소시키기 위해 반복적으로 나타내는 행동을 말한다. 씻기, 확인하기, 정돈하기, 청소하기와 같은 외현적 행동 외에도 숫자세기, 기도하기와 같은 내현적 행동이 있다.

80 임상심리학자의 고유한 역할과 가장 거리가 먼 것은? ▸ 2005, 2009, 2014

① 사례관리 ② 심리평가
③ 심리치료 ④ 심리학적 자문

임상심리학자의 주요 역할은 심리평가, 심리치료, 심리학적 자문과 교육, 연구 등이 있다. 사례관리는 사회복지사의 주요 업무에 해당된다.

정답 80. ①

11 2017년 제3회 기출문제

61 인지치료에 대한 설명으로 틀린 것은? ▸ 2014

① 개인의 문제는 잘못된 전제나 가정에 바탕을 둔 현실 왜곡에서 비롯된다.
② 개인이 지닌 왜곡된 인지는 학습 상의 결함에 근거를 둔다.
③ 부정적인 자기개념에서 비롯된 자동적 사고들은 대부분 합리적인 사고들이다.
④ 치료자는 왜곡된 사고를 풀어 주고 보다 현실적인 방식들을 학습하도록 도와준다.

해설

인지치료(cognitive therapy)에서는 부정적인 자기개념에서 비롯된 자동적 사고들은 대부분 비합리적인 내용을 포함하고 있어 부정적인 사고 내용을 탐색하여 타당성, 현실성, 유용성을 내담자와 함께 평가함으로써 보다 더 현실적이고 적응적인 사고로 전환시키는 데 목적을 둔다.

62 치료자가 치료 초기에 라포(rapport)를 형성하기 위한 행동으로 바람직하지 않은 것은?

① 내담자를 가능한 한 인간으로 존중하려고 한다.
② 너무 심문식으로 질문하지 않으려고 한다.
③ 치료시간을 넘기더라도 내담자가 충분히 이야기할 시간을 준다.
④ 내담자의 긴장을 풀어 주기 위해 간단히 안부를 묻는다.

해설

치료 초기에는 내담자의 문제를 이해하고 치료계획을 수립하는 동시에 내담자와 신뢰할 수 있는 치료관계 형성(rapport)이 중요하다. 다만 효과적인 치료계획을 위해 치료구조화가 잘 수립되어야 하기에 치료시간, 치료자-내담자 역할, 치료절차, 치료방법 등을 안내하고 치료시간이 경과되지 않도록 한다.

정답 61. ③ 62. ③

63 생명 유지에 필수적인 기능에서 고차원적 인지 기능으로 발달하는 뇌의 발달단계를 순서대로 나열한 것은?

① 후뇌(교와 소뇌) → 수뇌(연수) → 중뇌 → 간뇌 → 종뇌
② 수뇌(연수) → 후뇌(교와 소뇌) → 중뇌 → 간뇌 → 종뇌
③ 후뇌(교와 소뇌) → 중뇌 → 간뇌 → 종뇌 → 수뇌(연수)
④ 수뇌(연수) → 간뇌 → 후뇌(교와 소뇌) → 중뇌 → 종뇌

해설

뇌의 발달단계는 후뇌-수뇌-중뇌-간뇌-종뇌의 순으로 발달된다.
- 후뇌: 척수의 안으로 들어오거나 바깥으로 나가는 정보를 조절하는 기능을 한다.
- 수뇌: 흔히 연수로 알려져 있으며, 호흡, 심장박동, 혈액 순환 등 생명 유지 기능을 담당한다.
- 중뇌: 시개와 피개로 구성되어 있다. 시개는 유기체로 하여금 환경 내에서 정향 반응을 가능하게 하며, 피개는 운동과 각성에 관여한다.
- 간뇌: 시상, 시상상부, 시상후부, 시상하부의 네 부분으로 나누어지며, 감각정보를 수용하여 대뇌피질로 전달하는 기능을 한다.
- 종뇌: 대뇌라고도 하며, 뇌의 가장 상위 수준 구조로 복합한 인지, 정서, 감각 및 운동 기능 등과 관련된다.

64 치료관계에서 얻은 내담자의 정보에 대한 비밀보장의 예외적인 경우에 해당하지 않는 것은?

① 자해의 위험성이 있는 경우
② 제삼자에게 위해가 가해질 우려가 있는 경우
③ 감염성 질병이 있는 경우
④ 내담자에게 알리지 않고 내담자의 정보를 책에 인용한 경우

해설

- 치료관계에서의 윤리-비밀 유지 및 노출
  심리학자는 연구, 교육, 평가 및 치료 과정에서 알게 된 비밀정보를 보호하여야 할 일차적 의무가 있다. 단, 비밀보장 예외 상황이 발생 시에는 내담자에게 이를 고지하고 동의를 구한다.
- 비밀보장 예외사항
  - 내담자가 자신과 타인에게 위해 행동을 할 위험이 있을 경우
  - 내담자 자신이 타인의 위해 행동의 피해자인 경우
  - 내담자의 문제가 위급한 위기상황(병원치료, 자살시도)인 경우
  - 범죄 및 법적인 문제와 연루되어 있을 경우
  - 내담자에게 감염성 질병이 있는 경우
  - 내담자가 비밀공개를 허락했을 경우

정답 63. ① 64. ④

65 신경심리학적 기능을 연구하는 방법 중 비침습적인 방법에 해당하는 것은?

① 양전자방출단층촬영술(PET)
② 국소대뇌혈류량(rCBF)
③ 심부 전극(depth electrode)
④ 전자 뇌 지도(electrical brain mapping)

해설

- **비침습적 검사(non-invasive test)**: 인체에 직접적인 영향을 가하지 않고 실시할 수 있는 검사를 의미한다. 예를 들어, 전자 뇌 지도, X선, CT 등이 있다.
  - **전자 뇌 지도(electrical brain mapping)**: 대뇌피질의 각 영역에서 나타나는 신경세포의 전기적 활동을 측정하여 정상적인 리듬주기와 형태를 지니고 있는지 확인하는 데 유용하다.
- **침습적 검사**
  - **양전자방출단층촬영술(PET)**: 양전자 방출 방사성 의약품을 환자에게 투여한 후 양전자방출단층촬영 기기(PET)를 이용하여 영상화하는 방법을 말한다. 해부학적 구조나 인체의 대사를 확인할 수 있다.
  - **국소대뇌혈류량(rCBF)**: 활동적인 뇌 영역은 혈액 공급을 더 많이 필요로 하므로 혈액의 흐름을 측정함으로써 뇌의 활동성을 파악한다. 다양한 정신활동에 관여하는 뇌 부위를 직접 확인할 수 있다는 이점이 있다.
  - **심부 전극(depth electrode)**: 전신마취 하에서 수술을 통해 매우 가늘고 긴 특수 전극을 뇌 심부에 삽입하여 뇌의 전기적 활동을 직접 측정한다.

66 정신상태검사(mental status examination) 면접에서 환자를 통해 평가하는 항목이 아닌 것은?

① 외모와 태도
② 지남력
③ 정서의 유형과 적절성
④ 가족관계

해설

정신상태검사 면접은 환자의 심리적 기능 수준과 정신과적 문제의 유무를 선별하기 위해 수행되는 중요한 임상면접 중 하나이다. 검사 시 내담자의 전반적인 외모, 행동, 태도, 정서, 언어와 사고, 감각과 지각, 지남력, 기억, 주의력 및 집중력, 통찰력과 판단력 등을 평가한다.

67 행동이 보상을 받아 행동의 빈도가 증가하는 원리에 해당되지 않는 것은?

① 칭찬하기
② 금전 제공
③ 관심 철수
④ 토큰경제

해설

정적 강화: 특정 행동을 한 후, 긍정적인 보상을 제공해 바람직한 행동의 빈도를 증가시킨다. 칭찬하기, 금전 제공, 토큰경제는 정적 강화에 해당된다. 대개 관심 철수는 문제행동의 감소 또는 제거를 위한 부적 처벌에 해당된다(예: 아동의 자리이탈 행동에 대해 관심을 보이지 않음).

정답 65. ④ 66. ④ 67. ③

68 인간중심치료에서 자기와 경험 간의 일치를 촉진시키고, 자기실현을 하도록 치료자가 지녀야 할 특성과 가장 거리가 먼 것은?

① 공감적 이해
② 진실성
③ 객관적인 이해
④ 무조건적인 긍적적 존중

해설

인간중심치료의 치료 조건

- **일치성(진실성)**: 치료자가 순간순간 경험하는 자신의 감정이나 태도를 있는 그대로 솔직하게 인정하고 개방하는 것을 말한다.
- **무조건적인 긍정적 존중**: 내담자의 생각, 감정, 행동에 대하여 어떤 판단이나 평가도 내리지 않고 내담자를 있는 그대로 수용하고 존중하는 것을 말한다.
- **공감적 이해**: 치료자가 내담자의 감정에 빠져들지 않으면서 내담자의 감정을 자신의 감정처럼 느끼고 경험하는 주관적 세계를 정확하고 깊이 있게 이해하는 것을 말한다.

69 암, 당뇨 등과 같은 질병을 진단받은 환자들을 위한 효과적인 집단 개입으로 가장 적합한 것은? ▸ 2012

① 정신역동적 집단치료
② 가족치료
③ 인본주의적 집단치료
④ 심리교육적 집단치료

해설

심리교육적 집단치료

동일한 문제를 겪고 있는 환자들에게 유용한 정보 및 집단 지지의 기회를 제공하는 치료방법이다. 동일한 질병(암, 당뇨병, 다중경화, 심장병 등)을 지닌 환자들이 서로 지지를 주고받으며 병을 관리하는 방법을 배운다. 이는 심리적 건강에 도움이 될 뿐만 아니라 관련 주제들에 대한 정보를 나누고 교환하는 과정에서 치료효과가 증진된다.

70 심리평가에 관한 설명과 가장 거리가 먼 것은? ▸ 2014

① 심리평가는 심리학자들이 진단을 내리고, 치료를 계획하고, 행동을 예측하기 위하여 정보를 수집하고 평가하는 과정이다.
② 심리평가의 자료로는 환자에 대한 면접자료, 과거 기록, 행동관찰 사항, 심리검사에 관한 결과들이 포함된다.
③ 제1 · 2차 세계 대전 당시 신병들에 대한 심리평가의 요구는 임상심리학에서 심리평가의 중요성과 심리검사 제작의 필요성을 촉진시켰다.

정답 68. ③ 69. ④ 70. ④

④ 임상 장면에서 심리검사를 실시할 때 자주 사용하는 MMPI, K-WAIS, Rorschach, TAT와 같은 검사들은 반드시 포함되어야 한다.

해설

심리검사를 실시할 때는 표준화된 검사를 사용해야 하며, 신뢰도와 타당도가 충족되는 검사도구인지 검토해야 한다. 심리검사의 목적을 분명히 하고 이에 부합되는 심리검사 도구를 선정하는 것이 중요하기에 특정 검사로 국한되어서는 안 된다.

71 환자가 처방한 대로 약을 잘 복용하고, 의사의 치료적 권고를 준수하게 하기 위한 가장 적절한 방법은?

① 준수하지 않을 때 불이익을 준다.
② 의사가 권위적이고 단호하게 지시한다.
③ 모든 책임을 환자에게 위임한다.
④ 치료자가 약의 효과 등에 대해 친절하고 상세하게 설명한다.

해설

약물교육: 충분한 기간 동안 지속적으로 투약할 수 있도록 투약 용량과 복용방법, 복용 기간 등에 대해 충분히 설명하고 약의 효과성에 대해 안내한다.

72 알코올 중독 환자에게 술을 마시면 구토를 유발하는 약을 투약하여 치료하는 기법은?

▸ 2009

① 행동조성 ② 혐오치료
③ 자기표현훈련 ④ 이완훈련

해설

혐오치료(aversion therapy): 고전적 조건형성을 역으로 이용한 역조건 형성의 원리를 응용한 치료기법으로, 문제행동과 혐오자극을 연합시켜 부적응 행동을 소거시키는 방법을 말한다. 주로 과식, 과음, 흡연 등의 문제를 개선하기 위해 실시된다.

73 임상심리학자가 활동할 수 있는 새로운 영역과 가장 거리가 먼 것은?

① 법정 심리학 ② 소아과 심리학
③ 행동의학 ④ 인지 심리학

정답 71. ④ 72. ② 73. ④

해 설

- 임상심리학자는 병원, 진료소, 학교, 사업체 및 정부 기관과 같은 다양한 공동체 장면에서 특정 질문들과 문제들에 인간 행동의 지식과 이론을 응용하여 자문, 교육, 연구 등을 할 수 있다.
- 임상심리학자의 역할이 필요한 전문 영역으로는 지역사회심리학, 행동의학, 법정 심리학, 소아과 심리학 등이 있다.

74 임상심리학자의 교육수련과 관련된 설명으로 적절하지 않은 것은?

① 1949년 Boulder 회의에서 과학자-전문가 수련모형이 채택되었다.
② 과학자-전문가 모형은 과학적 연구자나 임상적 실무자 중 어느 하나의 역할에 충실할 것을 강조한다.
③ 심리학 박사(Ph.D.)는 과학자-전문가 모형을 따른다.
④ 한국심리학회에서는 자질 있는 임상심리학자를 양성하기 위하여 임상심리전문가 제도를 두고 있다.

해 설

임상심리학자의 교육수련 모델인 과학자-전문가 모형은 과학적 연구나 임상적 실무 모두의 역할에 충실할 것을 강조한다. Boulder 모델이라고 하며, 임상심리학자들을 위한 가장 보편적인 훈련 모델이라고 할 수 있다.

75 심리치료 과정에서 저항이 일어나는 일반적인 이유와 가장 거리가 먼 것은?

▸ 2005, 2010, 2013

① 환자가 변화를 원하더라도 환자의 삶에 중요한 영향을 미치는 타인들이 현 상태를 유지하도록 방해할 수 있기 때문이다.
② 부적응적 행동을 유지함으로써 얻는 이차적 이득을 환자가 포기하기 어렵기 때문이다.
③ 익숙한 행동을 변화시키려는 시도가 환자에게 위협을 주기 때문이다.
④ 치료자가 가진 가치나 태도가 환자에게 위협적이기 때문이다.

해 설

심리치료 과정에서 저항이 일어나는 일반적 이유는 다른 사람들이 내담자의 변화를 바라지 않거나 현재 상태를 유지하도록 방해하는 경우에 저항이 일어나는데, 2차 이득(증상을 통해 얻는 물리적 · 사회적 · 심리적 이익)을 포기하기 어려울 수 있다. 또한 새로운 시도나 방법들이 자유에 대한 위협을 느끼게 하여 변화를 시도하는 데 저항을 일으킬 수 있다.

정답 74. ② 75. ④

76 Pennsylvania 대학교에 첫 심리진료소를 개설하고 임상심리학의 탄생에 크게 기여한 학자는?

▸ 2012, 2015

① William James ② Lightner Witmer
③ Emil Kraepelin ④ Wilhelm Wundt

해설

- 임상심리학은 1896년 Witmer가 Pennsylvania 대학교에 첫 심리진료소를 개설하면서 시작되었다. 학습장애가 있는 어린이를 돕는 데 중점을 두었으며, 1907년 학술지인 『The Psychological Clinic』을 통해 '임상심리학'이라는 용어를 처음으로 소개하였다.
- William James: 의식의 흐름과 기능을 중시하였으며, 인간을 이해하기 위해서는 의식의 전체적 기능을 밝혀야 한다고 주장하였다. 의식작용의 과정과 기능에 초점을 둔 기능주의 심리학에 영향을 미쳤다.
- Emil Kraepelin: 현재의 정신분열증으로 분류되는 행동을 기술하기 위해 조발성 치매라는 용어를 정의하였다.
- Wilhelm Wundt: 1879년 독일의 Leipzig 대학교에 첫 심리학 실험실을 세웠고, 정신의 구조와 구성요소들을 이해하기 위한 과학적 기법을 강조하였다.

77 MMPI-2에서 척도와 그 척도가 측정하는 바가 잘못 짝지어진 것은?

① L: 지나치게 긍정적인 자기보고 ② F: 자신의 문제들을 인정
③ S: 부정적 사고 및 태도 경향성 ④ K: 자기방어적 태도

해설

S척도: 과장된 자기제시 척도로, K척도와 상관이 높으며 방어적 태도를 측정한다. 과장된 자기제시 척도는 비임상 집단을 대상으로 자신에게 도덕적 결점이 없음을 강조하여 드러내고자 하는 방어적 수검태도를 탐지할 목적으로 개발되었다.

78 행동평가에 관한 설명으로 가장 적합한 것은?

① 자연적인 상황에서 실제 발생한 것만을 대상으로 평가한다.
② 행동표본은 내면심리를 반영한 것으로 해석된다.
③ 특정 표적행동의 조작적 정의가 상이할 수 있음을 고려해야 한다.
④ 관찰결과는 요구 특성이나 피험자의 반응성 요인과는 무관하다.

해설

행동평가에서는 관찰할 특정 표적행동의 조작적 정의가 구체적으로 명시되어야 관찰자 간에 서로 다른 조작적

정답 76. ② 77. ③ 78. ③

정의에 의한 평정의 상이함을 통제할 수 있다. 구체적으로 합의된 행동이 지정되지 않는 이상 관찰자는 어떤 것에 집중해야 할지에 대해 다양한 수준에서 초점을 맞출 수 있어 조작적 정의가 상이하게 되면 관찰의 신뢰도에 영향을 줄 수 있다.

79 역할시연과 가장 관련성이 높은 행동관찰 방법은?

① 자기-탐지 ② 통제된 관찰
③ 자연관찰 ④ 비구조화 관찰

해설

통제된 관찰은 인위적인 상황에 처하게 한 후 그 상황에서 목표행동이나 상호작용을 관찰하는 방법을 말한다. 이는 참여 관찰법의 결함을 보완한 것으로, 관찰의 방식이 실험처럼 통제되어 있는 상황에서 행동을 평가한다(예: 역할 시연, 모의 면접).

80 다음 중 유관학습의 가장 적합한 예는? ▸ 2013

① 욕설을 하지 않게 하기 위해 욕을 할 때마다 화장실 청소하기
② 손톱 물어뜯기를 줄이기 위해 손톱에 쓴 약을 바르기
③ 충격적 스트레스 사건이 떠오를 때 '그만!'이라는 구호 외치기
④ 뱀에 대한 공포가 있는 사람에게 뱀을 만지는 사람의 영상 보여 주기

해설

유관학습(contingent learning)은 자극과 반응 또는 행동과 결과 간에 유관성을 학습시키는 것을 말한다. 조작적 조건형성에서 부적응적인 문제행동을 제거하기 위해 행동과 결과를 연결(문제행동 후에는 처벌을 받음)시키는 방법이다.

- 손톱 물어뜯기를 줄이기 위해 손톱에 쓴 약을 바르기(혐오학습)
- 충격적 스트레스 사건이 떠오를 때 '그만!'이라는 구호 외치기(사고중지법)
- 뱀에 대한 공포가 있는 사람에게 뱀을 만지는 사람의 영상 보여 주기[관찰학습(모델링)]

정답 79. ② 80. ①

12 2017년 제1회 기출문제

61 범죄에 대한 지역사회심리학적 접근에서 일차적 예방에 해당하는 것은?

① 가해자의 부모에 대한 교육
② 범죄 피해자에 대한 조기지원 프로그램
③ 범죄 예방을 위한 환경의 변화 노력
④ 비행 청소년의 재비행 방지 프로그램

해 설

지역사회심리학적 접근에서 일차 예방(primary prevention)은 정신장애가 발생하는 것을 예방하기 위한 환경적 변화에 초점을 둔다. 이러한 예비활동이 지역사회의 모든 사람을 대상으로 이루어질 경우에는 전반적 예방(universal prevention)이라고 하고, 취약성을 지닌 일부 집단을 대상으로 할 경우에는 선별적 예방(selective prevention)이라고 한다.

학습 Plus 지역사회심리학

지역사회심리학은 문제의 발생, 완화에서 환경적 힘의 역할을 강조하는 정신건강 접근을 말한다. 이에 개인, 그룹, 단체, 사회적 차원의 행동에 영향을 끼치는 사회적 · 환경적 요소에 초점을 둔다.

① 일차 예방(primary prevention)
- 정신장애가 발생하는 것을 막기 위한 환경적 변화를 의미한다.
- 이러한 예비활동이 지역사회의 모든 사람을 대상으로 이루어질 경우에는 전반적 예방(universal prevention)이라고 하고, 취약성을 지닌 일부 집단을 대상으로 할 경우에는 선별적 예방(selective prevention)이라고 한다.

② 이차 예방(secondary prevention)
- 정신장애가 발생했을 때 그러한 장애를 초기에 발견하여 치료하려는 노력을 말한다.
- 정신장애가 이미 발생했지만 심각한 상태로 진전되기 전에 치료를 함으로써 그 영향을 최소화하려는 노력이다.

③ 삼차 예방(tertiary prevention)
- 정신장애가 이미 상당히 심각한 만성적 상태에 이른 경우에 더 이상의 악화를 막고 합병증을 최소화하기 위한 노력들을 말한다.
- 삼차 예방의 주된 목적은 사회 복귀와 재활이라고 할 수 있다.

정답 61. ③

62 행동평가 요소에 관한 설명으로 옳은 것은? ▶ 2013

① 목적: 병인론적 요인을 확인하기 위해 강조된다.
② 과거력의 역할: 현재 상태가 과거의 산물이라 생각하기 때문에 중시된다.
③ 행동의 역할: 특정한 상황에서 사람의 행동목록의 표본으로 중시된다.
④ 도구의 구성: 상황적 특성보다는 초맥락적 일관성을 강조한다.

해설

행동평가는 특정한 상황에서 나타나는 행동적 경향성 또는 행동과 상황의 상호작용을 알아보기 위한 것이다. 상황에 대한 개인의 행동에 초점을 두고 행동의 역할이 어떤 결과를 주는가를 탐색한다. 행동평가에서는 '행동의 역할'을 특정한 상황에서 유기체가 보이는 행동목록의 표본으로 보고 중시한다.

학습 Plus 행동평가에 대한 행동적 접근 vs 전통적 접근 간의 차이점

I. 가정 1. 성격의 개념 2. 행동의 원인	 성격 구성 개념은 주로 특정한 행동패턴을 요약하기 위해 사용됨. 현재 환경에서 찾아낸 유지 조건	 성격은 지속적인 기저의 상태나 특질의 반영임. 심리내적(개인 내) 요인
II. 함의 1. 행동의 역할 2. 과거력의 역할 3. 행동의 일관성	 특정한 상황에서 사람의 행동목록의 표본으로 중요함. 회고적 기저선을 제공할 때를 제외하고는 상대적으로 덜 중요함. 행동은 상황에 따라 다를 것으로 생각함.	 행동은 기저 원인을 보여 주는 점에서만 중요함. 현재 상태가 과거의 산물이라 생각하기 때문에 중요함. 행동이 시간이나 장소에 관계없이 일관될 것으로 예상함.
III. 자료의 사용	목표행동과 유지조건을 기술하기 위함. 적절한 치료선택을 위함. 치료를 평가하고 수정하기 위함.	성격의 기능과 병인론을 기술하기 위함. 분류나 진단을 위함. 예후를 알고, 예측하기 위함.
IV. 다른 특징 1. 추론의 수준 2. 비교 3. 평가 방법 4. 평가의 시기 5. 평가의 범위	 낮음. 개인 내적이나 개별 사례를 더 강조함. 직접적 방법을 더 강조함(예: 자연환경에서의 행동 관찰). 치료의 전중후로 더 지속적임. 더 많은 변인에 대한 특정한 측정치(예: 다양한 상황에서의 목표행동, 부작용, 맥락, 강점과 결핍에 대한 것들)	 중간에서 높은 정도 개인 간이나 보편적 법칙을 더 강조함. 간접적 방법을 더 강조함(예: 면접과 자기보고). 치료 전/후, 혹은 순전히 진단을 위함. 더 전반적인 측정치(예: 치료나 향상에 대한). 그렇지만 개인에 한함.

정답 62. ③

63 개방형 질문 시행 시 일반적인 지침과 가장 거리가 먼 것은?

① 지적으로 심사숙고하여 반응하기 쉬운 '왜'로 시작하는 질문은 삼간다.
② 연관된 영역을 부연하여 회상할 수 있도록 질문한다.
③ 정확하고 구체적인 사실 여부 확인을 위한 질문을 한다.
④ 너무 많은 질문을 하지 않는다.

해설

개방형 질문은 한정된 답을 요구하지 않고, 응답자가 자신의 견해나 태도를 자유롭게 표현할 수 있도록 질문하는 것을 말한다. 구체적인 사실 여부 확인을 위한 질문은 응답자의 반응을 제한할 수 있기에 폐쇄형 질문의 형태를 지니기 쉽다(응답자가 맞다 혹은 틀리다로 답변할 가능성이 커짐).

〈폐쇄형 질문이 필요한 경우〉
- 상담자가 원하는 특정한 정보나 사실과 관련된 자료를 얻고자 할 때
- 상담자가 내담자의 말을 이해했는지 확인하고 동의를 구할 때
- 위기 상황에 처했을 때

〈참조〉 개방형 질문의 일반적인 지침
- 내담자에게 더 많은 이야기를 할 수 있는 기회를 준다.
- 내담자가 특정한 문제를 부연하여 회상할 수 있도록 한다.
- 내담자가 말하고 있는 것을 상담자가 더 잘 이해할 수 있게 한다.
- 내담자가 자기의 느낌과 생각에 주의를 기울이도록 한다.
- 내담자에게 제한하는 형태의 질문은 삼가야 한다.
- 상담자의 추측이 들어 있는 질문은 삼가야 한다.
- 상담자 자신의 호기심에 따른 질문은 삼가야 한다.
- 내담자를 비난하는 것으로 느끼게 하는 '왜' 질문은 유의해야 한다.
- 상담자가 성급한 마음을 갖고 하는 질문은 삼가야 한다.
- 한 번에 여러 개의 질문은 삼가야 한다.
- 질문에 지나치게 의존해서 상담을 진행하지 않도록 해야 한다.

64 단기 심리치료에서 좋은 결과를 이끌어 내기 위한 요인으로 틀린 것은?

① 치료자의 온정과 공감
② 견고한 치료적 동맹 관계
③ 문제에 대한 회피
④ 내담자의 적절한 긍정적 기대

해설

- 단기 심리치료에서는 시간을 구체적으로 제한함으로써 치료자와 환자가 상호 동맹적 관계 속에서 가능한 성과를 얻을 수 있도록 한다.
- 단기 심리치료에서 치료자는 온정과 공감, 적극적인 태도를 유지하며, 단기간의 치료 목표와 목적을 이루기

정답 63. ③ 64. ③

위해 공동의 노력을 기울이고, 전반적 성격 변화에 중점을 두기보다는 문제에 초점을 맞추는 현실적인 접근을 취한다.

- 성공적인 단기상담을 위해서는 상담자와 내담자 간의 긍정적인 치료관계뿐만 아니라 내담자의 긍정적 기대가 있을 때 제한된 시간 내에 특정한 목표를 달성하는 효과적인 성과를 얻게 된다.

65 미국심리학회(2002)에서 제시하고 있는 윤리강령의 일반원칙에 해당하지 않는 것은?

① 전문능력　　② 성실성
③ 타인의 복지에 대한 관심　　④ 치료자의 자기인식능력

해설

〈심리학자의 일반적 윤리: 제9조 기본적 책무〉

- 심리학자는 인간의 정신 및 신체 건강의 향상을 위해 노력하여야 한다.
- 심리학자는 타인의 복지와 사회의 발전을 위해 노력하여야 한다.
- 심리학자는 학문연구, 교육, 평가 및 치료의 제 분야에서 정확하고, 정직하며, 성실하게 업무를 수행하여야 한다.
- 심리학자는 자신의 업무가 사회와 인류에 영향을 미칠 수 있음을 자각하여 신뢰를 바탕으로 전문가로서의 책임을 다한다.
- 심리학자는 심리학적 연구결과와 서비스가 필요한 모든 사람에게 공정하게 제공될 수 있도록 최선의 노력을 기울여야 한다.
- 심리학자는 인간의 가치와 존엄성을 존중하며, 아울러 사생활을 침해받지 않을 개인의 권리와 자기결정권을 존중한다.
- 심리학자는 자신의 능력과 전문성을 발전시키고 유지하기 위해 지속적인 노력을 기울여야 한다.

66 다음은 행동치료의 어떤 기법에 해당하는가?

> 수영하기를 두려워하는 어린 딸에게 수영을 가르치기 위해 아버지가 직접 수영하는 것을 보여 주었다.

① 역조건화　　② 혐오치료
③ 모델링　　④ 체계적 둔감법

해설

- 모델링은 타인의 행동을 관찰함으로써 불안과 두려움을 극복하고 새로운 행동을 학습하는 것을 말한다(사례: 아버지가 수영하는 모습을 관찰-모델링 효과).
- **역조건화**: 고전적 조건형성과 관련된 기법으로, 기존의 부적응적 행동을 감소시키거나 제거하기 위해 사용한다.

정답 65. ④ 66. ③

PART 04 임상심리학

- **혐오치료**: 선호하는 특정 자극에 혐오자극을 제시하여 문제행동을 감소시키는 조건형성 절차이다.
- **체계적 둔감법**: 특정한 상황이나 상상에 의해 조건형성된 공포 및 불안 반응을 극복하는 데 이용된다.

67 바람직한 행동을 한 아동에게 그 아동이 평소 싫어하던 화장실 청소를 면제해 주었더니 바람직한 행동이 증가했다면 이는 어떤 유형의 조작적 조건형성에 해당하는가?

① 정적 강화
② 부적 강화
③ 정적 처벌
④ 부적 처벌

해 설

부적 강화: 바람직한 행동의 강도와 빈도를 증가시키기 위해 원하지 않는 어떤 특정한 것(주로 혐오하는 상황이나 자극 등)을 제거해 주는 것을 말한다(예: 바람직한 행동을 한 아동에게 화장실 청소를 면제해 줌으로써 기대 행동이 증가됨).

학습 Plus 행동치료의 정적 강화 및 부적 강화

- **정적 강화(positive reinforcement)**: 학습자가 좋아하는 자극을 제공함으로써 기대되는 행동의 발생 빈도수를 증가시키는 것을 말한다. 정적 강화인(positive reinforcer)으로는 칭찬과 같은 사회적 인정, 돈, 음식 등이 포함된다.
- **부적 강화(negative reinforcement)**: 기대되는 행동의 발생 빈도를 증가시키기 위해 학습자가 싫어하는 자극인 부적 강화인(negative reinforcer)을 제거해 주는 것을 말한다(예: 선행을 한 아이에게 아이가 싫어하는 청소를 면제해 줌).
- **정적 처벌(positive punishment)**: 어떤 자극을 제시하여 문제행동을 감소시키는 것을 말한다(예: 주차 위반 시 범칙금을 부과함).
- **부적 처벌(negative punishment)**: 문제행동을 감소시키기 위해 어떤 자극을 제거하는 것을 말한다(예: 게임을 못하게 하기 위해 컴퓨터 사용을 금지함).

68 치료 장면에서의 효과적인 경청과 가장 거리가 먼 것은? ▸ 2010, 2013

① 내담자가 자신의 문제를 심각하게 얘기하지만 치료자가 보기에는 그렇지 않을 때에는 중단시킨다.
② 치료자는 반응을 보이기에 앞서 내담자가 스스로 말할 시간을 충분히 주려고 한다.
③ 치료자는 내담자에게 주의를 많이 기울인다.
④ 내담자가 문제점을 피력할 때 가로막지 않는다.

정답 67. ② 68. ①

해설

〈상담 시 효과적인 경청 방법〉
- 내담자에게 자신에 대해 충분히 말할 시간을 제공한다.
- 내담자가 말하는 내용에 대해 어떠한 제한을 두지 않는다.
- 내담자와 자주 눈을 맞추고 전달하는 내용에 충분한 주의를 기울인다.
- 내담자가 이해할 수 있게 말하고 명료한 언어를 사용한다.
- 내담자의 말에 주의를 기울이고 있음을 언어적, 비언어적으로 표현한다.
- 변화를 위한 질문이나 개방적 질문을 하며, 불필요한 질문을 삼간다.
- 자신의 생각이나 판단을 배제하고 객관적으로 파악하여 정확하게 듣는다.
- 상담자 자신에게서 일어나고 있는 행동과 정서에 대해서도 자각하며 듣는다.

69 Freud의 정신분석적 심리치료에 대한 비판을 토대로 발전한 신정신분석학파의 주요 인물 및 치료 접근법에 해당하지 않는 것은?

① Adler의 개인심리학 ② Sullivan의 대인관계이론
③ Fairbaim의 대상관계이론 ④ Glasser의 통제이론

해설

- Glasser의 통제이론은 현실치료의 개념으로 과거와 미래보다는 현재의 행동을 중요시하고, 무의식 세계보다는 의식 세계와 현실지각을 중시하며, 사고와 행동의 책임이 개인에게 있음을 강조한다.
- 정신분석 이론들은 신 프로이트 학파와 Adler, Jung, 신프로이트 학파 등에 의해 상당히 수정되었다. Adler와 신프로이트 학파는 본능적 힘 대신 문화, 학습, 사회적 관계의 중요성을 강조했다. Sullivan 등은 본능적인 힘 간의 갈등보다는 다른 사람들과 관계 맺는 방식을 더 강조했다. Fairbairn 등은 타인과의 관계 형성에 대한 욕구를 인간 행동에 일차적으로 영향을 미치는 요소로 보았다.

70 임상심리학의 접근법 중 제2차 세계 대전 이전에 대두된 치료 접근법은?

① 합리적 정서행동치료 ② Adler의 개인심리학
③ 교류분석 ④ 게슈탈트 심리치료

해설

- 제2차 세계 대전(1929~1945) 이전에 대두된 치료 접근법은 Adler의 개인심리학이다.
- 개인심리학(1912)은 알프레트 아들러(Alfred Adler)가 제창한 심리치료이다. 개인의 삶에 있어서 열등감과 보상과 사회적 관심에 초점을 두며, 생활양식, 공동체 의식의 이해를 통한 삶의 변화와 용기, 자기결정을 위한 선택을 강조한다.
- 합리적 정서행동치료(1950)는 앨버트 엘리스(Albert Ellis)에 의해 제창된 치료로, 인지적 요인의 중요성을

정답 69. ④ 70. ②

강조한 최초의 치료이론이라고 할 수 있다. 외부 자극에 대한 개인의 반응을 매개하는 신념체계, 즉 해석방식의 중요성을 강조한다.

- 교류분석(1959)은 에릭 번(Eric Berne)에 의해 발전된 성격이론인 동시에 개인의 성장과 변화를 위한 체계적인 심리치료 이론이다. 성격의 인지적 · 합리적 · 행동적 측면을 모두 강조하며, 인간의 존재 가치를 중시하고 삶에 대한 재결정과 재구조화를 위한 자각을 강조한다.
- 게슈탈트 심리치료(1940)는 프리츠 펄스(Fritz Perls)가 개발한 심리치료법이다. 유기체가 환경과의 접촉 속에서 통일된 전체로 기능하는 존재라는 점을 강조하며 지금-여기에서의 경험, 창조적인 삶을 위한 변화, 주관적 경험과 선택의 자유, 자각을 통한 자기접촉을 강조한다.

71 문장완성검사에 관한 설명으로 틀린 것은?

① 수검자의 자기개념, 가족관계 등을 파악할 수 있다.
② 수검자가 검사자극의 내용을 감지할 수 없도록 구성되어 있다.
③ 수검자에 따라 각 문항의 모호함 정도는 달라질 수 있다.
④ 개인과 집단 모두에서 실시될 수 있다.

해 설

문장완성검사는 다수의 미완성 문장을 수검자가 자신의 생각대로 자유롭게 완성하도록 하는 검사로서 제시된 일부 내용을 보고 문장을 완성하기에 검사 자극의 내용을 감지할 수 있고, 수검자의 가족관계영역, 성적영역, 대인관계영역, 자기개념영역 등에 대한 전반적인 측면을 이해하는 데 유용하다.

〈참조〉 문장완성검사의 예
아버지와 나는 ____________________
내 생각에 여자들은 ____________________
내가 없을 때 친구들은 ____________________
언젠가 나는 ____________________

72 Rogers의 인간중심 접근에 대한 설명으로 틀린 것은?

① 자기개념을 확장하도록 돕는 것이 치료의 목표이다.
② 자기-경험의 불일치가 불안의 원인이라고 본다.
③ 부모의 조건적 애정과 가치가 문제의 근원이 될 수 있다.
④ 치료자는 때에 따라 자신의 감정을 숨기거나 왜곡해야 한다.

해 설

인간중심치료에서는 내담자와의 치료관계에서 무조건적인 긍정적 존중, 공감적 이해, 진솔성을 강조한다. 진

정답 71. ② 72. ④

솔성이란 상담자가 내담자와의 상담관계에서 순간순간 경험하는 감정을 있는 그대로 솔직히 인정하고 표현하는 태도로, 상담자가 겉으로 표현하는 것과 내면에서 경험한 것이 일치하는 것을 말한다.

학습 Plus 인간중심치료: 치료의 핵심조건

- **진솔성**: 진솔성은 치료 과정에서 매 순간 경험하는 감정을 있는 그대로 솔직히 인정하고 표현하는 태도로서 치료자가 경험하는 감정을 기꺼이 표현하고 개방하는 것을 말한다.
- **무조건적인 긍정적 존중**: 내담자를 존중하며 있는 그대로 수용하는 것을 말한다. 치료자가 비판단적으로 내담자를 존중할 때, 방어하지 않고 자신의 경험을 자유롭게 탐색할 수 있게 되며 안정감과 자기개념의 변화를 경험하게 된다.
- **공감적 이해**: 치료자가 내담자의 감정에 빠져들지 않으면서 내담자의 감정을 자신의 감정처럼 느끼고 이해하며 이를 내담자에게 전달하는 것을 말한다.

73 임상심리학의 발전에 기여한 인물이나 사건과 그 설명이 바르게 짝지어진 것은?

① Alfred Binet－편차형 아동지능검사를 개발하였다.
② Sigmund Freud－무의식적 갈등과 정서적 영향이 정신질환과 신체적 질병의 원인이 될 수 있다고 가정하였다.
③ Army Alpha－문맹자와 언어장애자를 위한 비언어성 지능검사가 개발되었다.
④ Wilhelm Wundt－Pennsylvania 대학교에 심리진료소를 개설하였다.

해설

- 프로이트(Freud)는 정신장애가 무의식의 갈등에 의해서 유발될 수 있음을 체계적으로 제시하였으며, 무의식적 역동을 의식화하여 심리적 문제의 근원을 이해하는 데 중점을 두었다.
- 비네(Binet)는 연령이 증가할수록 지능의 수준도 발달한다는 정신 연령(Mental Age: MA)의 개념을 도입하였다. 편차지능지수(deviation IQ scores)는 웩슬러(Wechsler)가 고안한 방법으로, 각 연령 집단 내에서의 상대적인 위치를 밝히는 데 유용하다.
- 제1차 세계 대전 중에 신병들을 적절한 부서에 빠르고 효율적으로 배치할 목적으로 집단검사인 Army Alpha(지필식 검사)와 Army Beta(문맹자나 영어를 모르는 외국인을 위한 비언어적 검사)를 개발하였다.
- 빌헬름 분트(Wilhelm Wundt)에 의해 1879년 독일의 Leipzig 대학교에 첫 심리학 실험실이 설립되면서 실험심리학이 시작되었고, 임상심리학의 시작은 1896년에 Pennsylvania 대학교에서 Lightner Witmer에 의해 첫 심리진료소가 개설되면서부터이다.

정답 73. ②

PART 04 임상심리학

74 A유형(Type A) 성격의 행동패턴이 아닌 것은?

① 마감시한이 없을 때에도 최대의 능력을 발휘하여 일한다.
② 자신의 물리적 · 사회적 환경을 장악하려는 통제감이 높다.
③ 지연된 보상이 주어지는 과제에서 향상된 수행을 발휘한다.
④ 좌절하면 공격적이고 적대적이 되며, 피로감과 신체 증상을 덜 보고한다.

해설

A유형 성격은 특징으로는 적개심, 분노, 경쟁심, 성급함으로 요약할 수 있는데, 이들은 참을성이 부족하고, 적대적이고, 경쟁적이며, 매사를 서두르는 것이 특징이다. 도전적이고 직접적이며 성취에 따른 결과가 큰 과제를 선호하는 경향으로 인해 지연된 보상 과제에서는 낮은 수행을 보인다.

75 환자에게 자신의 메시지를 정교화하도록 도울 뿐만 아니라 면접자가 그 메시지를 이해하고 있다는 것을 확실히 하기 위하여 사용되는 의사소통 기법은? ▶ 2006, 2012

① 요약 ② 명료화
③ 직면 ④ 부연 설명

해설

- **명료화**: 내담자의 대화 내용을 분명히 하고 내담자가 표현한 바를 상담자가 정확하게 이해하였는지 상담자가 확실히 하기 위한 의사소통 기법이다. 내담자의 말 속에 포함되어 있는 불분명한 내용이 있는 경우에 상담자가 그 의미를 분명하게 밝히는 데 적용된다.
- **요약**: 상담 회기 내용의 일부 또는 전부에 대해 간결하게 정리하고 통합하는 과정을 의미한다. 매 회기의 상담을 자연스럽게 종결하며, 새로운 해결책을 강구하도록 하는 데 도움이 된다.
- **직면**: 직면은 내담자가 상담 중에 보인 사고, 감정, 행동에서 모순이나 불일치가 관찰될 때 이러한 모순이나 불일치를 지적하는 상담기법이다.
- **부연 설명**: 내담자의 말을 상담자가 이해한 말로 바꾸어 다시 물어보는 것을 말한다. 상담자 자신이 제대로 이해했는지 확인하고 내담자의 생각을 구체화, 명료화하는 데 효과적이다.

76 불안을 유발하는 특정한 대상이나 상황이 불안하지 않은 상황으로 변화하도록 돕는 행동치료법은?

① 역조건형성 ② 혐오치료
③ 토큰경제 ④ 인지치료

정답 74. ③ 75. ② 76. ①

해설

역조건화: 고전적 조건형성의 원리에 기반한 기법으로, 기존의 부적응적 행동을 감소시키거나 제거하기 위해 사용한다. 이완된 상태에서 불안 자극을 상상하게 하여 점진적으로 불안을 완화시킨다. 이완과 불안의 연합학습의 효과로 공포증과 불안이 점차 감소된다.

77 지역사회 심리학에서 지향하는 바가 아닌 것은? ▸ 2006, 2013

① 자원 봉사자 등 비전문 인력의 활용
② 정신장애의 예방
③ 정신장애인의 사회 복귀
④ 정신병원 시설의 확장

해설

지역사회 심리학은 문제의 발생 및 완화에서 환경적 힘의 역할을 강조하는 정신건강 접근법이다. 지역사회 심리학은 문제의 예방에 초점을 두며, 전형적인 입원시설 내의 치료적 개입이 아닌 지역사회의 정신건강 서비스를 통한 다양한 치료적 접근을 통해 정신장애의 예방, 재활, 사회 복귀에 중점을 둔다.

78 Rorschach 검사의 실시에 관한 설명으로 옳은 것은?

① 수검자가 질문을 할 경우 검사자는 지시적으로 반응해야 한다.
② 일반적으로 수검자와 마주 보는 좌석 배치가 표준적인 절차이다.
③ 질문단계에서는 추가적인 반응을 확인하기 위해 주의를 기울여야 한다.
④ 수검자가 카드 I에서 5개를 넘겨 반응을 할 때는 중단시킨다.

해설

- Rorschach 검사 실시단계에서 첫 번째 카드에서 수검자의 반응 수가 5개 이상 나올 때는 거기서 검사를 그치고 다음 카드로 넘어가도록 한다. 단, 반응 수가 매우 적은 경우에는 타당도가 낮아지기에 첫 번째 카드에 한해서 더 많은 반응을 끌어내는 것이 필요하다.
- 수검자가 질문을 할 경우 비지시적으로 짧게 대답한다.
  "다른 사람들은 이것을 무엇으로 보는지" – "사람에 따라서 다릅니다."
  "다른 사람들은 몇 개나 반응하는지" – "대부분 한 개 이상의 대답을 합니다."
  "카드를 돌려봐도 되는지" – "편한대로 하십시오."
- 좌석 배치는 검사자와 수검자가 마주 보는 위치는 피하는 것이 좋으며, 옆으로 나란히 앉거나 90도 방향으로 앉는 것이 좋다.
- 질문단계의 목적은 수검자의 반응을 정확히 기호화, 채점하려는 데 있다. 새로운 반응을 이끌어 내려는 것이

정답 77. ④ 78. ④

아님을 주의해야 한다.

"지금까지 10장의 카드에 대해서 잘 대답해 주셨습니다. 이제 카드를 다시 한 번 보면서 당신이 본 것을 저도 볼 수 있도록 말씀해 주시기 바랍니다. 제가 당신이 말했던 것을 그대로 읽으면 그것을 어디에서 그렇게 보았는지, 어떻게 해서 그렇게 보게 되었는지를 설명해 주십시오."

79 체중 감량을 위해 상담소를 찾은 여대생에게 치료자가 적용할 수 있는 가장 적합한 행동관찰법은?

① 자연관찰 ② 면대면 관찰
③ 자기관찰 ④ 통제된 관찰

해설

- 자기관찰(self-monitoring)은 내담자 스스로 자신의 행동을 관찰하고 작성하도록 함으로써 자신의 바람직하지 못한 행동을 점검하고 수정하는 데 도움이 된다. 자기관찰 일지를 통해 행동에 수반되는 자극조건, 뒤따르는 결과와 함께 특정 행동의 빈도, 강도, 지속 시간에 대한 연속적인 기록을 할 수 있다.
- 자기관찰은 문제행동이 얼마나 자주 나타나는지 파악하는 데 유용하다. 비만, 흡연, 알코올 사용, 섭식 등의 다양한 습관을 평가하고 치료하는 데 효과적이다.

80 다음은 뇌와 관련하여 공통적으로 어떤 질환에 해당하는가?

헌팅턴병 파킨슨병 알츠하이머병

① 종양 ② 뇌혈관 사고
③ 퇴행성 질환 ④ 만성 알코올 남용

해설

헌팅턴병, 파킨슨병, 알츠하이머병은 신경계 퇴행성 질환에 해당된다.

- **파킨슨병**: 움직임을 개시하는 능력의 점진적 손실을 나타내는 질환이다.
- **헌팅턴병**: 근육 간의 조절 능력의 상실 및 인지능력 저하와 정신적인 문제가 동반된다.
- **알츠하이머병**: 치매를 일으키는 퇴행성 뇌질환으로, 서서히 발병하여 기억력을 포함한 인지 기능의 악화가 점진적으로 진행된다.

정답 79. ③ 80. ③

PART

05

심리상담

01 2022년 제3회 기출문제

◇ 임상심리사 2급 필기 제3회 문제는 응시자의 후기와 과년도 빈출문제를 기반으로 기출과 유사한 문제를 복원하여 '기출예상문제'로 제공됩니다(CBT 방식으로 시험이 전환되어 시험문제가 비공개되었음).

◇ 임상심리사 2급 필기시험에서 〈제5과목 심리상담〉은 81~100번까지로 총 20문항이 출제됩니다.

81 상담기법 중 상담 초기단계에서 더 많이 사용하는 것은? ▸ 2020

① 직면 ② 자기 개방
③ 개방형 질문 ④ 심층적 질문

해설

- 개방형 질문은 한정된 답을 요구하지 않고 내담자가 자신의 문제에 대해 깊이 생각하고 드러낼 수 있도록 질문하는 것을 말한다. 상담 초기단계의 개방형 질문은 편안하고 자연스러운 상담관계를 발전해 나가는 데 도움이 되며, 내담자의 다양한 문제를 이해하는 데 유용하다.
- 직면, 상담자의 자기 개방, 심층적 질문은 주로 상담의 중기단계에서 이루어진다.

82 와이너(Weiner)의 비행분류에 관한 설명으로 옳지 않은 것은? ▸ 2013, 2019

① 비행자의 심리적인 특징에 따라 사회적 비행과 심리적 비행을 구분한다.
② 심리적 비행에는 성격적 비행, 신경증적 비행, 정신병적(기질적) 비행이 있다.
③ 신경증적 비행은 행위자가 타인의 주목을 끌 수 있는 방식으로 비행을 저지르는 경우가 많다.
④ 소속된 비행하위집단 내에서 통용되는 삶의 방식들은 자존감과 소속감을 가져다주므로 장기적으로 적응적이라고 할 수 있다.

해설

소속된 비행하위집단 내에서 통용되는 삶의 방식들은 제한적이고 편파적인 경우가 대부분이므로 장기적인 측면에서 적응적 행동양식이라고 볼 수 없다.

정답 81. ③ 82. ④

학습 Plus 비행의 유형 이론(Weiner)

① **사회적 비행**

- 심리적인 문제없이 반사회적 행동 기준을 부과하는 비행하위문화의 구성원으로서 비행을 저지른다. 특히 청소년은 집단문화에 동조하기 위한 수단으로서 비행을 저지르는 경향이 있다.
- 소속된 비행하위집단 내에서 통용되는 삶의 방식들은 제한적이고 편파적인 경우가 대부분이므로 장기적인 측면에서 적응적 행동양식이라고 볼 수 없다.

② **심리적 비행**

- **성격적 비행:** 비행이 반사회적인 성격 구조, 자기통제력의 부재, 타인 무시, 충동성 등에 의한 행위의 문제로 나타난다. 유아기나 아동기에 거절당한 경험 및 아동기의 부적절하거나 일관적이지 못한 훈육으로 인해 타인에 대한 공감능력 및 동일시 능력이 부족하고 자신의 충동을 통제하는 데 곤란을 보인다.
- **신경증적 비행:** 자신의 요구가 거절되었을 때 갑작스럽게 자신의 욕구를 표현하는 행위의 문제로 비행이 나타난다. 이러한 비행에는 심리적 갈등이나 좌절을 유발하는 환경적 스트레스 요인이 존재한다.
- **정신병적/기질적 비행:** 행동을 통제하기 어려운 정신병이나 뇌의 기질적 손상 등에 의해 비행이 나타난다.

83 정신분석적 상담기법 중 상담 진행을 방해하고 현재 상태를 유지하려는 의식적 · 무의식적 생각, 태도, 감정, 행동을 의미하는 것은?

▸ 2016, 2021

① 전이 ② 저항

③ 해석 ④ 훈습

저항(resistance)은 내담자가 자발적으로 치료를 받기 위해 찾아왔음에도 불구하고 다양한 방식으로 원활한 치료과정을 방해하는 행동을 말한다. 이 경우 저항에 대한 분석을 통해서 내담자의 무의식적 의도와 갈등을 살펴볼 수 있으며, 내담자에게 저항의 무의식적 의미를 깨닫게 한다.

학습 Plus 정신분석 치료 절차

- **초기단계**
  상담자는 내담자와 신뢰관계를 형성하고 자유 연상, 꿈 분석을 통해 내담자의 심리적 문제에 대한 윤곽이 드러나면 상호적 치료동맹을 맺는다. 이 과정은 내담자 갈등의 본질에 대한 전반적 이해뿐만 아니라 내담자의 전이 감정을 촉진하는 데 중요하다.
- **전이단계**
  내담자는 유아 및 아동기에 중요한 대상에게 가졌던 감정을 상담자와의 관계에서 반복하며 전이 욕구를 충족하려고 한다. 상담자는 내담자의 전이 욕구에 대해 중립적인 태도로 해석을 수행하고 참여적 관찰자의 역할을 통해 내담자의 욕구를 다룬다.
- **통찰단계**
  상담자는 내담자의 욕구와 갈등 간의 역동적인 평형상태를 이루도록 돕고, 내담자는 자신의 부정적인 감정이 애정과 욕구의 좌절에서 비롯된 것임을 깨닫게 되면서 갈등에 대한 만족스러운 해결을 이끈다.
- **훈습단계**
  상담자는 내담자가 통찰할 것을 실제 생활로 옮기도록 조력한다. 상담을 통해 획득한 통찰을 현실에 적용하려는 노력을 돕고, 훈습에 의해 내담자의 변화된 행동이 안정 수준에 이르게 되면 종결을 준비한다.

정답 83. ②

84 특성-요인 상담에 관한 설명으로 틀린 것은? ▸ 2008, 2011, 2013, 2021

① 상담자 중심의 상담방법이다.
② 사례 연구를 상담의 중요한 자료로 삼는다.
③ 문제의 객관적 이해보다는 내담자에 대한 정서적 이해에 초점을 둔다.
④ 내담자에게 정보를 제공하고 학습기술과 사회적 적응기술을 알려 주는 것을 중요시 한다.

해설

- 특성-요인 상담의 목표는 문제의 객관적인 이해를 통해 합리적인 문제해결능력을 기르고, 현실적인 의사결정을 할 수 있도록 돕는 데 있다.
- 내담자가 자신의 지능, 적성, 흥미, 포부, 학업성취, 환경 등 자신의 개인 특성에 대한 이해를 명확히 하는 가운데 합리적이고 현실적인 진로 결정을 할 수 있다고 본다. 상담자는 내담자에게 특성 요인과 관련된 필요한 정보를 제시해 주고, 객관적 입장에서 자신을 이해하도록 돕는다.

85 다음에서 설명하는 상담 기술은? ▸ 2020

내담자의 감정에 대한 명확한 이해를 포함하여 내담자의 진술을 반복하거나 재표현하기도 한다.

① 재진술 ② 감정 반영 ③ 해석 ④ 통찰

해설

- 감정의 반영
  - 감정의 반영은 내담자의 말이나 비언어적 행동을 통해서 감정을 명확히 파악하여 내담자의 진술을 반복하거나, 상담자가 내담자의 감정을 중심으로 표현하는 것을 말한다.
  - 상담자가 표현한 감정의 반영이 내담자가 느끼는 것과 비교적 가깝다면 상담자로부터 충분히 이해받고 있다고 느끼게 되고 자신의 감정을 보다 분명히 말할 수 있도록 돕는다.
- 재진술
  재진술은 내담자의 이야기를 듣고 상담자가 자기의 표현 양식으로 바꾸어 말해 주는 기법을 말한다. 감정의 반영이 대화 뒤에 숨겨진 내담자의 '느낌'에 강조점을 둔다면, 재진술은 내화의 '내용', 즉 인지적 측면에 강조점을 둔다.
- 해석
  해석은 내담자가 자신의 말이나 상황에 대해 명확하게 의식하지 못하는 것에 대해 그 의미를 설명해 주는 상담기법이다.
- 통찰
  상담과정에서 내담자가 자신의 생각, 감정, 행동의 기저하는 욕구나 동기에 대해 자각하게 되는 과정을 말한다.

정답 84. ③ 85. ②

86 접촉, 지금-여기, 자각과 책임감 등을 중시하는 치료 이론은? ▸ 2016

① 인간중심적 치료 ② 게슈탈트 치료
③ 정신분석 ④ 실존치료

해설

게슈탈트 심리치료에서는 내담자가 자신의 욕구와 감정, 신체 감각 및 환경에 대한 자각을 통해 지금-여기에서의 경험을 증진하도록 돕는다. 또한 내담자가 자신의 행동을 스스로 선택하고 책임질 수 있도록 도와 새로운 변화와 성장을 향해 나아가도록 이끈다. 치료는 증상의 제거보다는 성장과 실존적 삶에 대한 촉진에 있다.

87 Krumboltz가 제시한 상담의 목표에 해당하지 않는 것은? ▸ 2018, 2021

① 내담자가 요구하는 목표이어야 한다.
② 상담자의 도움을 통해 내담자가 달성할 수 있는 목표이어야 한다.
③ 내담자가 상담목표 성취의 정도를 평가할 수 있어야 한다.
④ 모든 내담자에게 동일하게 적용될 수 있는 목표이어야 한다.

해설

심리상담에서는 내담자의 성격 특성과 개인차를 이해하여 내담자에 따라 상이한 상담 원리나 방법을 활용하는 것이 중요하다. 크롬볼츠(Krumboltz)는 상담의 목표는 개인의 요구에 맞게 성취되고 평가되어야 함을 강조하였다.

88 글래서(Glasser)의 현실치료 이론에서 가정하는 기본적인 욕구가 아닌 것은? ▸ 2016, 2021

① 생존의 욕구 ② 권력의 욕구
③ 자존감의 욕구 ④ 재미에 대한 욕구

해설

현실치료에서는 인간은 선천적으로 5가지 기본욕구(생존, 사랑, 권력, 자유, 재미)를 지니고 있다고 보고, 내담자가 기본욕구를 충족시키기 위한 지혜로운 선택방법을 배우도록 돕는 데 초점을 두고 있다. 내담자에게 자신의 욕구와 소망을 명료화하고 이를 충족시킬 수 있는 장 · 단기 목표와 구체적인 계획을 세워서 실천하도록 돕는다.

학습 Plus 인간의 5가지 기본욕구

- **생존(survival)의 욕구**: 의식주를 비롯하여 개인의 생존과 안전을 위한 신체적 욕구를 의미한다.
- **사랑(love)의 욕구**: 다른 사람과 연대감을 느끼며 사랑을 주고받고, 사람들과 접촉하고 상호작용함으로써 소속되고자 하는 욕구를 의미한다.

정답 86. ② 87. ④ 88. ③

- **권력(power)의 욕구**: 성취를 통해 자신에 대한 자신감과 가치감을 느끼며, 자신의 삶을 제어할 수 있다는 생각을 의미한다.
- **자유(freedom)의 욕구**: 자율적인 존재로 자유롭게 선택하고 행동하고자 하는 욕구를 의미한다.
- **재미(fun)의 욕구**: 즐겁고 재미있는 것을 추구하며, 새로운 것을 배우고자 하는 욕구를 의미한다.

89 Ellis의 합리적-정서행동치료(REBT)에서 심리적 장애를 유발시키는 것으로 가정하는 주된 요인은? ▸ 2015

① 비합리적 신념 ② 왜곡된 자기개념
③ 실재하는 선행사건 ④ 아동기의 외상적 경험

해 설

Ellis의 합리적-정서행동치료(Rational-Emotive Behavior Therapy: REBT)에서는 내담자의 문제는 일어난 사건이 아니라 개인이 갖고 있는 '비합리적인 신념'에서 비롯되었다고 본다. 심리적 문제로 인한 내담자의 고통과 부적응을 해결하기 위해 상담을 통해 비합리적 신념을 합리적 신념으로 바꾸도록 돕는다.

90 도박중독의 심리·사회적 특징에 대한 설명으로 옳은 것은? ▸ 2006, 2011, 2018, 2021

① 도박중독자들은 대체로 도박에만 집착할 뿐 다른 개인적인 문제를 가지지 않는다.
② 도박중독자들은 직장에서 도박 자금을 마련하기 위해 남보다 더 열심히 노력한다.
③ 심리적 특징으로 단기적인 만족을 추구하기보다는 장기적인 만족을 추구한다.
④ 도박행동에 문제가 있음을 인정하지 않고 변명하려 든다.

해 설

도박중독은 중독행동에 대한 부인과 합리화가 특징이며, 도박을 숨기기 위한 반복적인 거짓말이 주된 증상으로 나타난다. 평생 유병률은 1~3%로 추정된다.

91 집단상담의 유형이 아닌 것은? ▸ 2015

① 지도집단 ② 치료집단
③ 자조집단 ④ 전문집단

해 설

집단상담의 유형에는 지도집단, 치료집단, 자조집단, 상담집단이 있다.

정답 89. ① 90. ④ 91. ④

학습 Plus 집단상담 유형

- 지도집단
  개인적 요구나 관심사에 대한 적절한 교육적 · 직업적 · 사회적 정보를 제공하려는 목적으로 실시된다. 주로 학교에서 이루어지며, 심리적 장애나 부적응을 치료하는 것보다 문제 예방에 관심을 둔다.
- 치료집단
  전문적인 훈련을 받은 치료자가 집중적인 심리치료를 필요로 하는 사람을 대상으로 실시한다.
- 자조집단
  자조집단(self-help group)은 유사한 문제를 가진 사람들이 자발적으로 함께 모여 자신들의 공통된 문제에 대해 서로 경험을 나누고 도움과 지지를 제공함으로써 문제를 해결해 나간다. 비전문가들이 이끌어 가며, 집단구성원 간의 원조를 목적으로 구성이 된다.
- 상담집단
  지도집단과 달리 주제나 문제보다는 사람에게 초점을 두고, 신뢰롭고 수용적인 분위기 속에서 집단구성원들은 개인의 문제를 다루고 행동 변화를 도모한다. 지도집단에 비해 집단의 크기가 작은 편이며, 덜 구조화되어 있다.

92 진로상담의 일반적인 원리와 가장 거리가 먼 것은? ▸ 2016

① 만성적인 미결정자의 조기 발견에 특히 유념해야 한다.
② 경우에 따라서는 심리상담을 병행하면 더욱 효율적이다.
③ 최종 결정과 선택은 상담자가 분명하게 정해 주어야 한다.
④ 내담자에 대한 기본적인 신뢰와 공감적 이해는 진로상담에서도 중요하다.

해설

진로상담에서는 직업세계에 대한 다양한 정보들을 적절히 활용하여 최선의 선택이 이루어지도록 의사결정 기술의 습득을 돕는다. 따라서 내담자가 최종 결정과 합리적인 의사결정을 하도록 한다.

〈참조〉 진로상담의 목표

- 내담자가 이미 결정한 직업적 선택과 계획을 확고하게 해 준다.
- 내담자 개인의 직업적 목표를 명백히 해 준다.
- 내담자로 하여금 자신의 자아와 직업세계에 대해 구체적으로 이해할 수 있도록 하며, 새로운 사실을 발견하도록 돕는다.
- 내담자에게 직업선택 및 진로의사 결정능력을 기르도록 해 준다.
- 내담자에게 직업선택과 직업생활에서의 능동적인 태도를 함양하도록 해 준다.

정답 92. ③

93 집단상담 과정 중 집단구성원의 저항과 방어를 다루기 위해 지도자가 즉각 개입하고, 문제 해결을 위해 지지와 도전을 제공하는 역할을 수행해야 하는 단계는? ▸ 2017

① 갈등단계 ② 응집성 단계
③ 생산적 단계 ④ 종결단계

집단상담의 과정

- 단계(참여단계/시작단계)
  집단 활동이 시작되는 시기로, 집단구성원들이 조심스럽게 탐색하고 그들의 느낌을 솔직하게 표현하도록 수용적이고 신뢰로운 분위기를 조성해야 한다.
- 2단계(갈등단계)
  집단구성원들이 집단장면 및 집단구성원에 대해 부정적 정서 반응을 나타내는 단계이며, 이는 집단상담의 성격 상 자연스러운 것으로 평가된다. 이 단계에서 집단 지도자는 집단구성원의 저항과 방어를 다루기 위해 즉각적으로 집단에 개입하고, 그것을 해결하기 위한 지지와 도전을 제공해야 한다.
- 3단계(응집성 단계)
  부정적인 감정이 극복되고 협력적인 집단 분위기가 형성되어 점차 응집성을 발달시키는 시기이다.
- 4단계(생산적 단계)
  집단구성원들이 갈등에 직면하였을 때 이를 어떻게 다루는지 학습하여 능동적으로 처리할 수 있게 되며, 행동에 대한 책임을 지고, 집단 문제해결 활동에 참여할 수 있게 되는 시기이다.
- 5단계(종결단계)
  집단구성원들이 집단에서 학습한 것을 실생활에서 활용할 수 있도록 독려하는 단계로, 집단에서 경험한 것의 의미를 명료화하며 미해결된 부분을 협력하여 마무리하고 통합/해석할 수 있도록 돕는다.

PART 05 심리상담

94 중독에 대한 동기강화상담의 기본 기법 4가지(OARS)에 포함되지 않는 것은? ▸ 2019

① 인정 ② 공감
③ 반영 ④ 요약

정답 93. ① 94. ②

해설

동기강화상담의 기본 기법(OARS)

- 개방형 질문하기(Opening question)
  내담자가 '예' 또는 '아니요'로 답변하지 않도록 질문한다. 내담자의 감정과 생각, 변화 동기에 대해 다양한 정보를 얻을 수 있다. 내담자의 답변에 반영적 경청을 해 주는 것이 좋다. 질문을 연속해서 세 번 이상 하지 않는 것이 좋다.
- 인정하기(Affirming)
  이해, 감사, 칭찬, 격려 등의 말을 내담자에게 직접 해 주는 것이다. 내담자의 강점과 노력하는 점에 대해 적절히 인정해 주고 지지표현을 해 준다.
- 반영하기(Reflecting)
  상담자가 내담자의 표현 속에 내재된 내면의 감정을 정확히 파악하여 이를 내담자에게 전달해 주는 것이다. 질문의 형태보다는 내담자가 실제로 말한 핵심 내용을 간단하게 재진술하거나 바꾸어 말함으로써 내용을 반영할 수 있다.
- 요약하기(Summarizing)
  현재 상담에서 다루고 있는 문제를 내담자가 더욱 초점화하고 구체적으로 탐색하며 자신을 더욱 잘 이해할 수 있도록 돕는 방법이다. 변화 대화를 끌어내기 위해 정기적으로 요약해 주는 것이 좋다. 요약의 종류는 세 가지가 있다. 수집요약(언급된 내용을 종합하는 것), 연결요약(다음의 내용으로 자연스럽게 연결되도록 하는 것), 전환요약(내용과 주제를 다른 것으로 바꾸고자 할 때 사용하는 것)이 있다.

95 실존적 심리치료에서 가정하는 인간의 4가지 실존적 조건에 해당하지 않는 것은? ▸ 2020

① 무의미 ② 무한적 존재 ③ 고독과 소외 ④ 자유와 책임

해설

실존치료에서는 인간의 4가지 실존적 조건을 죽음, 자유와 책임, 고독, 무의미로 본다. 인간은 죽음이라는 실존적 현실 앞에서 유한성을 지니며, 이러한 실존적 불안을 자각하고 의미 있는 삶을 선택하도록 돕는다.

〈참조〉 실존치료의 4가지 실존적 조건

- 죽음
  인간은 유한적 존재로서 죽음을 부정적으로 보지 않으며 삶의 의미를 부여하는 기본조건으로 여기고, 죽음을 인식함으로써 오히려 진정한 삶을 살아가도록 전환한다.
- 자유와 책임
  선택의 자유를 통해 자신의 삶을 스스로 결정하고, 삶에 대한 책임을 인식하며, 자신의 의지로 선택한 것에 대해서 책임을 지는 삶을 돕는다.
- 고독
  타자와 분리된 개체로서 근본적인 고독을 인식하고, 실존적인 소외에 직면하며 타인과 관계를 맺도록 돕는다.
- 무의미
  인간의 삶에서 의미란 절대적인 것은 아니며, 삶의 경험에 개방적인 태도를 취하고 의미를 부여하고 발견하며 창조하도록 돕는다.

정답 95. ②

96 다음과 같이 아동의 학습문제를 알아보기 위한 방법은? ▶ 2018

관찰자가 관찰 대상이나 장면을 미리 정해 놓고 그 장면에서 일어나는 아동의 행동과 상황, 말을 모두 일어난 순서대로 기록하는 것이다.

① 표본기록법 ② 일화기록법
③ 사건표집법 ④ 시간표집법

해설

- 표본기록법
  관찰자가 관찰 대상이나 장면을 미리 정해 놓고 관찰 대상의 행동과 상황을 모두 일어난 순서대로 집중적으로 기록하는 방법을 말한다. 많은 정보를 수집할 수 있고, 사건의 전후관계를 알 수 있어서 관찰 대상자의 특성을 이해하거나 지니고 있는 문제를 평가하는 데 도움이 된다.
- 일화기록법
  한 개인의 특정 행동이 있을 때마다 제삼자의 입장에서 이를 상세히 관찰 · 기록하는 방법이다. 특정한 학생의 문제행동을 평가하는 데 도움이 된다.
- 사건표집법
  관찰이 필요한 행동에 대해 명확하게 조작적 정의를 한 후 해당 행동이 나타날 때마다 행동의 순서를 상세하게 기록하는 방법을 말한다.
- 시간표집법
  미리 선정된 행동을 정해진 시간 간격에 맞추어 여러 차례 반복하여 관찰하는 것을 말한다.

97 상담의 일반적인 윤리원칙에 해당하지 않는 것은? ▶ 2015, 2019

① 자율성(autonomy) ② 무해성(nonmaleficence)
③ 선행(beneficence) ④ 상호성(mutuality)

해설

상담의 일반적인 윤리원칙
- 자율성(autonomy): 타인의 권리를 해치지 않는 한 내담자가 자신의 행동을 선택할 권리가 있음을 의미한다.
- 선행(beneficence): 내담자와 타인을 위해 선한 일을 하는 것을 의미한다.
- 무해성(nonmaleficence): 내담자에게 해를 끼치는 행동을 하지 않는 것을 의미한다.
- 공정성(justice, fairness): 모든 내담자는 평등하며, 성별과 인종, 지위에 관계없이 공정하게 대우받아야 한다.
- 충실성(fidelity): 상담자는 내담자에게 믿음과 신뢰를 주며, 상담관계에 충실해야 한다.

정답 96. ① 97. ④

98 정신분석적 접근에서 과거가 현재의 정신적 활동에 지배적이고 영속적인 영향을 미친다는 기본개념은? ▸ 2020

① 결정론(determinism) ② 역동성(dynamics)
③ 지형학적 모델(topography) ④ 발생적 원리(genetic)

해 설

- 발생적 원리(genetic)
  과거는 현재의 정신적 활동에 지배적이고 영속적인 영향을 미치기에 개인의 행동을 이해하기 위해서는 어린 시절의 경험과 기억을 잘 탐색해야 한다고 본다.
- 결정론(determinism)
  인간의 모든 행동은 원인 없이 일어나지 않는다는 가정이다. 아무리 사소하고 어려운 행동이라고 하더라도 우연하게 일어나지는 않으며, 심리적 원인에 의해 결정된다는 것이다.
- 역동성(dynamics)
  무의식에 저장된 심리적 요소들은 일치성이나 상충성에 따라 서로를 촉진하거나 억제하는 역동적인 관계를 지닌다고 본다.
- 지형학적 모델(topography)
  인간의 심리적 경험은 의식적 접근의 가능성을 기준으로 의식 수준, 전의식 수준, 무의식 수준으로 구분된다고 본다.

99 단기상담에 적합한 내담자의 특성으로 옳은 것은? ▸ 2004, 2013, 2019

① 반사회적 성격장애가 있다.
② 구체적이거나 발달과정상의 문제가 있다.
③ 지지적인 대화 상대자가 전혀 없다.
④ 만성적이고 복합적인 문제가 있다.

해 설

단기상담에 적합한 내담자의 특성
- 호소하는 문제가 비교적 구체적이다.
- 주 호소문제가 발달상의 문제와 연관된다.
- 호소문제가 발생하기 이전에는 생활기능이 정상적이었다.
- 내담자를 사회적으로 지지해 주는 사람이 있다.
- 과거이든, 현재이든 상보적 인간관계를 가져본 적이 있다.
- 성격장애를 가지고 있지 않다.

정답 98. ④ 99. ②

100 성피해자에 대한 상담의 초기단계에서 상담자가 유의해야 할 사항으로 옳은 것은?

▸ 2013, 2017

① 피해자가 첫 면접에서 성피해 사실을 부인할 경우 솔직한 개방을 하도록 지속적으로 유도한다.

② 가능하면 초기에 피해자의 가족 상황과 성폭력 피해의 합병증 등에 관한 상세한 정보를 얻는다.

③ 성피해로 인한 내담자의 심리적 외상을 신속하게 탐색하고 치유할 수 있도록 적극적으로 개입한다.

④ 피해 상황에 대한 상세한 정보 수집이 중요하므로 내담자가 불편감을 표현하더라도 상담자가 주도적으로 면접을 진행한다.

해 설

성피해자 심리상담의 초기단계에서 유의해야 할 사항

- 상담자는 피해자인 내담자와 신뢰할 수 있는 치료적 관계 형성에 힘써야 한다.
- 가능하면 초기에 피해자의 가족 상황과 성폭력 피해의 합병증 등에 관한 상세한 정보를 얻는다.
- 상담자는 내담자의 비언어적인 표현에 주의를 기울이며, 이에 대해 적절히 반응해야 한다.
- 상담자는 내담자에게 상담내용의 주도권을 줌으로써 내담자에게 현재 상황에서 표현할 수 있는 것들에 대해 이야기할 수 있도록 배려해야 한다.
- 내담자가 성폭력 피해의 문제가 없다고 부인하는 경우, 상담자는 일단 수용하며 언제든지 상담의 기회가 있음을 알려 주어야 한다.

정답 100. ②

02 2022년 제1회 기출문제

81 벡(A. Beck)이 제시한 인지적 오류와 그 내용이 옳은 것을 모두 고른 것은?

ㄱ. 개인화: 내담자가 두 번째 회기에 오지 않을 경우, 첫 회기에서 내가 뭘 잘못했기 때문이라고 강하게 믿는 것
ㄴ. 임의적 추론: 남자친구가 바쁜 일로 연락을 못하면 나를 멀리하려 한다고 결론 내리고 이별을 준비하는 것
ㄷ. 과잉일반화: 한두 번의 실연당한 경험으로 누구로부터도 항상 실연을 당할 것이라고 생각하는 것

① ㄱ, ㄴ　② ㄱ, ㄷ
③ ㄴ, ㄷ　④ ㄱ, ㄴ, ㄷ

해 설

• 개인화
인과적 연결을 지지하는 증거 없이 어떤 사건을 자기 자신에게 귀인하여 잘못 해석하는 것을 말한다(내담자가 두 번째 회기에 오지 않을 경우, 첫 회기에서 내가 뭘 잘못했기 때문이라고 강하게 믿는 것).

• 임의적 추론
어떤 결론을 지지하는 증거가 없거나 그 증거가 결론에 위배됨에도 불구하고, 명확한 근거나 증거의 뒷받침 없이 주관적으로 추측하여 이를 토대로 결론을 내리는 것을 말한다(남자친구가 바쁜 일로 연락을 못하면 나를 멀리하려 한다고 결론 내리고 이별을 준비하는 것).

• 과잉일반화
한 가지 사건에 기초한 결론을 광범위하게 적용시키는 것을 말한다. 하나 또는 몇 개의 고립된 사건에서 일반적인 규칙을 추출해 내고 이를 다른 사상이나 상황에 부적절하게 적용하는 것을 의미한다(한두 번의 실연당한 경험으로 누구로부터도 항상 실연을 당할 것이라고 생각하는 것).

정답 81. ④

82 청소년 지위 비행에 해당하는 것은?

① 음주　② 금품 갈취　③ 도벽　④ 인터넷 중독

해설

지위 비행이란 청소년의 사회적 지위에 적합하지 않은 행동을 말하며, 대표적으로는 흡연과 음주, 그리고 현재의 생활에서 벗어나고 싶은 강한 충동에 의해 일어나게 되는 가출과 무단결석, 음란물 접촉 등을 들 수 있다. 청소년기의 지위 비행은 이후의 범죄 행위로 나아가는 도입적인 성격을 지니고 있음을 고려할 때 조기 예방과 개입이 필요하다.

83 다음 (　　) 안에 들어갈 내용을 옳게 나열한 것은?

하렌(Harren)은 의사결정과정으로 인식, 계획, 확신, 이행의 네 단계를 제안하고, 이 과정에 영향을 미치는 주요 요인으로 (ㄱ)과 (ㄴ)을(를) 제시하였다.

① ㄱ: 자아개념, ㄴ: 의사결정 유형　② ㄱ: 자아존중감, ㄴ: 정서적 자각
③ ㄱ: 자아효능감, ㄴ: 진로성숙도　④ ㄱ: 정서 조절, ㄴ: 흥미 유형

해설

- 진로의사결정단계(Harren)
  - **인식단계**: 개인이 심리적 불균형을 느끼고 어떤 결정을 해야 할 필요를 인식한다.
  - **계획단계**: 여러 가지 대안을 탐색하고 그것들을 가치의 우선순위와 연관 지으면서 교체하고, 확장하고, 제한하는 과정이다.
  - **확신단계**: 자신의 선택에 대해 깊이 탐색하고 검토하여 선택의 장단점을 명료화한다.
  - **이행단계**: 사회적 인정에 대한 욕구와 자신의 선택 사이에 조화와 균형을 추구하며 자신의 선택에 적응하게 된다.
- 효과적인 의사결정자(Harren)
  - 적절한 자아존중감과 통합된 자아개념을 가진다.
  - 합리적 의사결정 유형을 활용한다.
  - 의사결정에 대해 스스로 책임을 진다.
  - 성숙한 대인관계와 분명한 목적의식을 가진다.
- 진로의사결정 유형(Harren)
  - **합리적 유형**: 정확한 정보를 기반으로 신중하고 논리적으로 의사결정을 수행하며, 결정에 대한 책임을 스스로 진다.
  - **직관적 유형**: 의사결정의 기초로 상상을 사용하고 현재의 감정에 주의를 기울이며 정서적 자각을 사용한다. 선택은 비교적 빨리 내리지만 그 결정의 적절성은 충분히 설명하지 못한다. 단, 결정의 책임에 대해서는 스스로 진다.
  - **의존적 유형**: 의사결정에 대한 책임을 부정하고 외부로 돌린다. 의사결정과정에 타인의 영향을 많이 받고 수동적이고 순종적이며 사회적 인정에 대한 욕구가 높다.

정답 82. ① 83. ①

84 단기상담에 적합한 내담자와 가장 거리가 먼 것은? ▸ 2014

① 위급한 상황에 있는 군인
② 중요 인물과의 상실을 경험한 자
③ 급성적으로 발생한 문제로 고통 받는 내담자
④ 상담에 대한 동기가 낮은 내담자

해 설

단기상담에 적합한 내담자의 특성
- 호소하는 문제가 비교적 구체적이다.
- 상담에 대한 동기가 높은 내담자
- 주 호소문제가 발달상의 문제(예: 이성교제, 임신 및 출산)와 연관된다.
- 호소문제가 발생하기 이전에는 생활기능이 정상적이었다.
- 내담자를 사회적으로 지지해 주는 사람이 있다.
- 과거이든, 현재이든 상보적 인간관계를 가져본 적이 있다.
- 성격장애를 가지고 있지 않다.

85 개인의 일상적 경험 구조, 특히 소속된 분야에서 특별하다고 간주되던 사람들의 일상적 경험 구조를 상세하게 연구하고자 하는 목적에서 생겨난 심리상담의 핵심적인 전제조건에 해당하는 것은? ▸ 2019

① 매순간 새로운 자아가 출현하고 새로운 경험을 할 때마다 우리는 새로운 위치에 있게 된다.
② 어린 시절의 창조적 적응은 습관적으로 알아차림을 방해한다.
③ 내담자로 하여금 문제를 해결하는 것뿐만 아니라 그 문제를 유지시키는 보다 근본적인 기술을 변화시키도록 돕는 것이 중요하다.
④ 개인은 마음, 몸, 영혼으로 이루어진 체계이며, 삶과 마음은 체계적 과정이다.

해 설

- 신경언어프로그래밍(Neuro Linguistic Programing: NLP)은 심리적 회복과 변화, 성공을 이루기 위한 이론 및 기법이다. NLP 변화 이론에서는 세상과 인간을 바라보는 기본 전제조건(presupposition)을 제시하고 있다.
- NLP의 전제조건들은 인간에 대해서 긍정적이고 무한한 성장 가능성이 있으며, 완전한 행복과 건강을 누리면서 최대한 잠재력을 발휘할 수 있는 존재로 그리고 있다. 전제조건에는 마음과 몸은 같은 체계로서 서로 간에 영향을 주며, 삶은 정신 체계 내의 변화로 경험을 달리 만들 수 있다고 본다.

정답 84. ④ 85. ④

86 다음은 어떤 상담에 관한 설명인가?

정상적인 성격 발달이 특정 발달단계의 성공적인 문제해결과 관련 있다고 보는 상담 접근

① 가족체계상담 ② 정신분석상담
③ 해결중심상담 ④ 인간중심상담

해 설

- 정신분석상담
  심리성적 발달과정에서 과도한 만족이나 좌절은 성격 형성에 부정적인 영향을 미쳐서 성인기의 심리적 장애를 유발하는 원인이 될 수 있다.
- 가족체계상담
  가족체계 안에서 분화가 덜 되면 정서적 갈등을 겪으며, 부모와 자녀 간에 정서적으로 유대관계가 형성되기 어렵다. 가족 내 정서적 융합이 가족 내 발생하는 것에 대한 인식과 변화를 위한 접근을 돕는다.
- 해결중심적 가족상담
  해결중심적 가족상담은 문제보다는 예외적인 해결에 중점을 두고, 가족이 적용해 왔거나 적용 가능한 해결책의 부재를 찾아 질문에 응답하는 대화방식을 통해서 문제해결 방안을 협동적으로 마련해 나간다.
- 인간중심상담
  인간은 성장하는 과정에서 자기개념을 형성하게 된다. 특히 주요한 타인들로부터 긍정적인 관심을 받기 위해 가치 조건화된 자기개념이 현실적 경험과 불일치할 때 불안을 경험하게 되고 심리적 문제가 발생한다.

87 심리검사 결과 해석 시 주의할 사항과 가장 거리가 먼 것은? ▸ 2016

① 검사해석의 첫 단계는 검사 매뉴얼을 알고 이해하는 것이다.
② 내담자가 받은 검사의 목적과 제한점 및 장점을 검토해 본다.
③ 결과에 대한 구체적 예언보다는 오히려 가능성의 관점에서 제시되어야 한다.
④ 검사 결과로 나타난 장점이 주로 강조되어야 한다.

해 설

검사 결과 해석 시 특정한 부분만이 강조되어서는 안 되며, 수검자의 검사 의뢰 목적에 맞는 해석 및 검사 결과로 나타난 성격 및 행동 특성들에 대해 통합적인 설명을 제공하여야 한다.

〈참조〉 심리검사의 일반적인 해석 지침
- 의뢰 사유에 대해 명확한 답을 제공한다.
- 수검자 개인에 대한 세부적인 특징을 설명한다.
- 수집된 다양한 자료를 조직화하여 통합적 해석을 마련한다.
- 치료적 개입방법에 대해 제언한다.

정답 86. ② 87. ④

88 주요 상담이론과 대표적 학자들의 연결이 옳지 않은 것은?

① 정신역동이론–Freud, Jung, Kernberg
② 인본(실존)주의이론–Rogers, Frankl, Yalom
③ 행동주의이론–Watson, Skinner, Wolpe
④ 인지치료이론–Ellis, Beck, Perls

해 설

Ellis, Beck은 인지치료이론을 발달시켰으며, Perls는 게슈탈트 상담을 정립하였다. 게슈탈트 상담은 인간의 삶에서 전체성 통합, 균형의 중요성을 강조한다.

89 Satir의 의사소통 모형 중 스트레스를 다룰 때 자신의 스트레스를 무시하고 다른 사람에게 힘을 넘겨주며 모두에게 동의하는 말을 하는 것은? ▸ 2019

① 초이성형 ② 일치형
③ 산만형 ④ 회유형

해 설

Satir의 의사소통 유형

- **회유형**: 자신의 진정한 가치나 감정은 무시하며, 자신의 안정을 유지하기 위하여 타인의 의견에 동의하며 반박을 하거나 거절을 하지 못한다.
- **비난형**: 타인을 비난하고 무시하는 양상을 보이며, 자신을 강하게 보이도록 하기 위하여 타인을 통제하려 한다.
- **혼란형(산만형)**: 자신과 타인, 그리고 처한 상황까지 무시하는 유형으로, 가장 접촉하기 어려운 유형이다. 실제로는 모두가 자신을 거부한다고 생각하고, 고독감과 무가치함에 어려움을 겪는다.
- **계산형(초이성형)**: 자신과 타인을 무시하고 상황만을 중시한다. 원리와 원칙을 강조하는 경향을 보이는데, 이때 비인간적인 객관성과 논리성으로 무장한다.
- **일치형**: 자신이 중심이 되어 타인과 관계를 맺는데, 다른 사람과 접촉이나 연결이 필요할 때는 스스로 선택하며, 의사소통 내용과 감정이 일치함으로써 진솔한 의사소통이 가능하다.

90 성피해자 심리상담 초기단계의 유의사항으로 옳지 않은 것은?

▸ 2003, 2009, 2011, 2013, 2018

① 치료관계 형성에 힘써야 한다.
② 상담자가 상담내용의 주도권을 가져야 한다.
③ 성폭력 피해로 인한 합병증이 있는지 묻는다.
④ 성폭력 피해의 문제가 없다고 부정을 하면 일단 수용해 준다.

정답 88. ④ 89. ④ 90. ②

해설

성피해자 심리상담의 초기단계에서 상담자는 내담자에게 상담내용의 주도권을 줌으로써 내담자에게 현재 상황에서 표현할 수 있는 것들에 대해 자유롭게 이야기하고 표현할 수 있도록 도와야 한다.

〈참조〉 성피해자 심리상담의 초기단계에서 유의해야 할 사항

- 상담자는 피해자인 내담자와 신뢰할 수 있는 치료적 관계 형성에 힘써야 한다.
- 가능하면 초기에 피해자의 가족 상황과 성폭력 피해의 합병증 등에 관한 상세한 정보를 얻는다.
- 상담자는 내담자의 비언어적인 표현에 주의를 기울이며, 이에 대해 적절히 반응한다.
- 상담자는 내담자에게 상담내용의 주도권을 줌으로써 내담자에게 현재 상황에서 표현할 수 있는 것들에 대해 이야기할 수 있도록 배려해야 한다.
- 내담자가 성폭력 피해의 문제가 없다고 부인하는 경우, 상담자는 일단 수용하며 언제든지 상담의 기회가 있음을 알려 주어야 한다.

91 학업상담에 있어 지능에 관한 설명으로 틀린 것은?

① 지능에 대한 학습자의 주관적인 인식은 학습 태도와 관련이 없다.
② 지능지수는 같은 연령대의 학생들 간의 상대적 위치를 의미한다.
③ 지능검사는 스탠퍼드-비네 검사, 웩슬러 검사, 카우프만 검사 등이 있다.
④ 지능점수를 통해 학생의 인지적 강점 및 약점을 파악할 수 있다.

해설

지능에 대한 학습자의 인식은 학습 동기와 태도에 영향을 미친다. 자신의 지능의 다양한 측면에 대한 이해가 필요하며, 강점과 약점을 고르게 파악하여 효과적인 학습 및 학업 상담을 도와야 한다.

92 상담 초기단계에서 사용하기에 가장 적합한 기법은? ▸ 2016

① 경청
② 자기 개방
③ 피드백
④ 감정의 반영

해설

상담 초기단계에서는 상담관계 형성을 위해 관심 기울이기, 적극적 경청 등을 통해 내담자에게 일관된 관심과 공감적인 반응을 유지하는 것이 중요하다.

정답 91. ① 92. ①

93 생애기술상담이론에서 기술언어(skills language)에 해당하는 것은? ▸ 2017

① 내담자가 어떻게 생각하고 느끼는가를 의미하는 것이다.
② 내담자가 어떤 외현적 행동을 하는가를 의미하는 것이다.
③ 내담자 자신의 책임감 있는 삶을 의미하는 것이다.
④ 내담자의 행동을 설명하고 분석하기 위해 사용하는 것을 의미하는 것이다.

해설

생애기술상담이론은 넬슨 존스(Nelson-Jones)에 의해 개발된 접근으로서 삶에서 대면하는 여러 가지 문제를 해결하고자 하는 일반적인 사람들을 돕기 위한 접근법이다. 기술언어란 기술적 용어로 문제를 진단하고 재진술하는 과정을 의미하며, 내담자의 행동을 보다 객관적으로 설명하고 분석하기 위해 사용된다.

94 알코올 중독 가정의 성인 아이(adult child)에 관한 특성이 아닌 것은?

① 처음부터 끝까지 일을 완수하는 데 어려움이 있다.
② 권위 있는 사람에게 친밀감을 느낀다.
③ 지속적으로 타인의 인정과 확인을 받고 싶어 한다.
④ 자신을 평가절하한다.

해설

알코올 중독자 가정의 성인 아이(Adult Children of Alcoholics: ACoA)란 알코올 의존증 가정에서 자라 성인이 된 사람을 말한다. 부모의 알코올 중독으로 인해 다양한 가족 스트레스 상황 속에서 정서적 · 행동적 · 사회적 문제를 나타내고, 성장한 이후에는 독특한 임상적 양상을 보인다.

〈성인 아이(Adult Children of Alcoholics: ACoA)의 주된 특징〉

- 자기 판단에 자신을 가지지 못한다.
- 자기는 타인과 다르다고 확신하기 쉽다.
- 고독감과 자기소외감을 느끼며 감정기복이 심하다.
- 습관적으로 거짓말을 한다.
- 죄책감을 가지기 쉽고 자기응징적이거나 자학적이다.
- 지나치게 자책하면서도 무책임하다.
- 자기 감정의 인식, 표현, 통제가 서툴다.
- 감당하기 어려운 일에 과민 반응한다.
- 타인을 돌보는 것에 열중하며, 필요 이상으로 자기희생적이다.
- 어떤 일에 몰두하기 쉽고, 방향 전환이 어렵다.
- 충동적이고 행동적이다. 이로 인한 갈등이 자주 일어난다.
- 타인에게 의존적이면서도 한편으론 극단적으로 지배적이다.
- 항상 타인의 인정과 칭찬을 필요로 한다.
- 상처받기 쉽고 은둔형 외톨이 경향이 있다.
- 어떤 일을 끝까지 해내기 어렵다.

정답 93. ④ 94. ②

95 병적 도박에 관한 설명으로 틀린 것은?

▸ 2012, 2019

① 대개 돈의 액수가 커질수록 더 흥분감을 느끼며 흥분감을 느끼기 위해 액수를 더 늘린다.
② 도박행동을 그만두거나 줄이려고 시도할 때 안절부절 못하거나 신경이 과민해진다.
③ 병적 도박은 DSM-5에서 반사회성 성격장애로 분류된다.
④ 병적 도박은 전형적으로 남자는 초기 청소년기에, 여자는 인생의 후기에 시작되는 경우가 많다.

해설

DSM-5의 물질-관련 및 중독장애의 분류 중 비물질-관련 장애(Non-Substance-Related Disorders)의 도박장애(Gambling Disorder)에 해당된다.

DSM-5 물질-관련 및 중독장애(Substance-Related and Addictive Disorders)
- 물질-관련 장애(Substance-Related Disorders)
  - 알코올-관련 장애(Alcohol-Related Disorders)
  - 카페인-관련 장애(Caffeine-Related Disorders)
  - 칸나비스(대마)-관련 장애(Cannabis-Related Disorders)
  - 환각제-관련 장애(Hallucinogen-Related Disorders)
  - 흡입제-관련 장애(Inhalant-Related Disorders)
  - 아편류(아편계)-관련 장애(Opioids-Related Disorders)
  - 진정제, 수면제 또는 항불안제-관련 장애(Sedatives-Hypnotic- or Anxiolytics-Related Disorders)
- 비물질-관련 장애(Non-Substance-Related Disorders)
  - 도박장애(Gambling Disorder)

96 집단상담에서 침묵 상황에 대한 효과적 개입으로 틀린 것은?

① 회기 초기에 오랜 침묵을 허용하는 것은 지도력 발휘가 안 된 것이다.
② 생산적으로 여겨지는 침묵 상황에서 말하려는 집단구성원에게 기다리라고 제지할 수 있다.
③ 말하고 싶으나 기회를 잡지 못하는 집단구성원에게 말할 기회를 준다.
④ 대리학습이나 경험이 되므로 침묵하는 집단구성원이 상담 내내 말하지 않더라도 그대로 놔둔다.

해설

침묵(silence)
집단상담과정에서 침묵은 여러 의미를 지닌다. 다만, 상담 내내 긴 시간의 침묵이 일어날 경우에 상담자는 무조건 기다릴 것이 아니라 침묵의 원인이 되는 집단구성원의 감정과 태도를 집단과정 내 역동을 고려하여 효율적으로 다루어야 한다.

정답 95. ③ 96. ④

97 자살로 인해 가까운 사람을 잃은 자살생존자에 관한 설명으로 틀린 것은?

① 분노는 자살생존자가 겪는 흔한 감정 중 하나이다.
② 자살생존자는 스스로를 비난하기 때문에 고통을 받는다.
③ 자살생존자에게 상실에 대한 경험을 이야기하게 하는 것은 과거의 상황을 재경험하게 하므로 피하는 것이 좋다.
④ 자살생존자는 종종 자살에 관한 사회문화적 낙인에 대처하는 데 부담감을 느끼게 된다.

해설

자살생존자의 상실에 대한 경험을 긍정적이고, 비판단적이며, 수용적인 자세로 다루어 주며, 현재의 자원과 효과적인 치료 전략을 통해 정서적 고통에 대한 개입을 한다.

98 인간중심상담이론에 관한 설명으로 틀린 것은?

① 가치의 조건화는 주요 타자로부터 긍정적 존중을 받기 위해 그들이 원하는 가치와 기준을 내면화하는 것이다.
② 자아는 성격의 조화와 통합을 위해 노력하는 원형이다.
③ 현재 경험이 자기개념과 불일치할 때 불안을 경험하게 된다.
④ 실현화 경향성은 자기를 보전, 유지하고, 향상시키고자 하는 선천적 성향이다.

해설

정신분석적 심리치료에서 자아는 성격의 조화와 통합을 위한 원형으로서 기능한다. 의식과 무의식을 포함한 성격 전체의 중심으로서 성격을 구성하고 통합하는 데 중요한 측면을 담당한다.

99 행동주의상담의 한계에 관한 설명으로 틀린 것은? ▸ 2015

① 상담과정에서 감정과 정서의 역할을 강조하지 않는다.
② 내담자의 문제에 대한 통찰이나 심오한 이해가 불가능하다.
③ 고차원적 기능과 창조성, 자율성을 무시한다.
④ 상담자와 내담자의 관계를 중시하여 기술을 지나치게 강조한다.

정답 97. ③ 98. ② 99. ④

해 설

행동주의상담의 한계

- 내담자의 생각, 감정보다는 문제행동과 문제해결을 위한 처치에 중점을 둔다.
- 내담자가 문제에 대한 통찰이나 깊은 이해가 부족하다.
- 부적응 행동의 근본적인 원인이 충분히 고려되지 않는다.
- 상담자와 내담자의 관계보다는 기술을 지나치게 강조한다.
- 고차원적 기능과 창조성 및 자율성이 무시된다.
- 내담자의 자기실현에 제한적이다.

100 키치너(Kitchener)가 제시한 상담의 기본적인 윤리원칙 중 상담자가 내담자와 맺은 약속을 잘 지키며 믿음과 신뢰를 주는 행동을 하는 것은? ▸ 2017

① 자율성(autonomy) ② 무해성(nonmaleficence)
③ 충실성(fidelity) ④ 공정성(justice)

해 설

Kitchener의 상담의 일반적인 윤리원칙

- **자율성**: 타인의 권리를 해치지 않는 한 내담자가 자신의 행동을 선택할 권리가 있다.
- **선행**: 내담자와 타인을 위해 선한 일을 하여야 한다.
- **무해성**: 내담자에게 해를 끼치는 행동을 하지 않아야 한다.
- **공정성**: 모든 내담자는 평등하며, 성별과 인종, 지위에 관계없이 공정하게 대우받아야 한다.
- **충실성**: 상담자는 내담자에게 믿음과 신뢰를 주어야 하며, 상담관계에 충실해야 한다.

정답 100. ③

03 2021년 제3회 기출문제

81 청소년 비행의 원인을 현대 사회의 가치관 혼란 현상으로 설명하는 것은?

① 아노미이론 ② 사회통제이론
③ 하위문화이론 ④ 사고충돌이론

해설

아노미이론에서는 현대 사회의 가치관 혼란 현상이 청소년 비행의 원인이라고 보았다. 사회문화적 기대나 목표를 달성할 수 없게 될 때 아노미 상태에 빠지게 될 수 있음을 강조한다.

82 상담자가 내담자에 대한 치료를 중단 또는 종결할 수 있는 경우에 해당하지 않는 것은?

① 내담자가 제3자의 위협을 받는 등 중대한 사유가 있는 경우
② 내담자가 치료 과정에 불성실하게 임하는 경우
③ 내담자에 대한 계속적인 서비스가 도움이 되지 않을 경우
④ 내담자가 더 이상 심리학적 서비스를 필요로 하지 않는 경우

해설

〈한국심리학회 윤리강령 제62조 치료 종결하기〉

1. 심리학자는 내담자/환자가 더 이상 심리학적 서비스를 필요로 하지 않거나, 계속적인 서비스가 도움이 되지 않거나 오히려 건강을 해칠 경우에는 치료를 중단한다.
2. 심리학자는 내담자/환자 또는 내담자/환자와 관계가 있는 제3자의 위협을 받거나 위험에 처하게 될 경우에는 치료를 종결할 수 있다.

- 내담자가 치료 과정에 불성실하게 임하는 경우 상담자와 내담자 간의 라포(협력적 신뢰관계)를 형성하도록 노력해야 하며, 내담자의 동기나 욕구, 저항과 관련된 요소를 고려해야 한다.

정답 81. ① 82. ②

83 정신분석에서 내담자가 지속적이고 반복적인 학습을 통해 자신이 이해하고 통찰한 바를 충분히 소화하는 과정은? ▸ 2015

① 자기화
② 훈습
③ 완전학습
④ 통찰의 소화

훈습(working through)은 자신의 내면적 문제와 갈등의 원인을 통찰한 후, 실제 생활에서 이를 반복적으로 적용하여 스스로 문제를 해결하는 과정을 말한다.

84 항갈망제에 해당하는 것을 모두 고른 것은?

ㄱ. 노르트립틸린(nortriptyline) ㄴ. 날트렉손(naltrexone) ㄷ. 아캄프로세이트(acamprosate)

① ㄱ
② ㄱ, ㄴ
③ ㄴ, ㄷ
④ ㄱ, ㄴ, ㄷ

해설

- 날트렉손과 아캄프로세이트는 뇌에서 opioid, dopamine, glutamate, gamma-aminobutyric acid(GABA) 등의 신경전달물질에 작용함으로써 술에 대한 갈망감을 억제하는 항갈망제이다.
- 1980년대 후반~1990년대 초반 날트렉손(naltrexone)과 아캄프로세이트(acamprosate)라는 두 항갈망제가 개발되면서 갈망감이라는 개념은 임상적으로 크게 주목을 받기 시작하였다. 특히, 항갈망제의 등장으로 인해 알코올사용장애를 입원이 아닌 외래에서 치료할 수 있는 새로운 의학적 모델이 자리 잡을 수 있게 되었다.
- 노르트립틸린은 삼환계 항우울제이다. 우울증 환자는 대부분 세로토닌, 노르에피네프린, 아세틸콜린과 같은 신경전달물질이 일반인보다 적게 분비된다. 항우울제는 신경말단으로, 신경전달물질이 재흡수되는 것을 막아 우울 증상을 완화한다.

85 Beck의 인지적 왜곡 중 개인화에 대한 예로 적절한 것은?

① "관계가 끝나버린 건 모두 내 잘못이야."
② "이 직업을 구하지 못하면, 다시는 일하지 못할 거야."
③ "나는 정말 멍청해."
④ "너무 불안하니까, 고속도로를 달리는 것은 위험할 거야."

정답 83. ② 84. ③ 85. ①

해설

인지적 왜곡 중 '개인화'는 인과적 연결을 지지하는 증거 없이 어떠한 사건을 자기 자신에게 귀인하여 오해석하는 것을 말한다.

86 Gottfredson의 직업포부 발달이론에서 직업과 관련된 개인발달의 단계에 해당하지 않는 것은?

① 힘과 크기 지향성 ② 성 역할 지향성
③ 개인선호 지향성 ④ 내적 고유한 자아 지향성

해설

Gottfredson은 개인이 성장하면서 이상적 포부와 현실적 포부를 일치시키는 과정을 진로발달로 보았는데, 이 과정에서 개인은 흥미, 능력, 가치관 등 개인의 내적 요인과 함께 사회의 계층구조나 성 역할 고정관념 등 외적 요인을 포괄적으로 고려하여 직업에 대한 접근 가능성을 판단하고 직업포부를 결정한다고 보았다. 직업포부란 개인이 특정 시점에서 가장 좋은 직업적 대안이라고 생각하는 희망직업으로서 청소년기의 직업포부 수준은 미래의 실제 직업성취 수준과 관련된다. 직업포부 발달단계는 4단계로 구분된다.

〈직업포부 발달단계〉

- 힘과 크기 지향성(orientation to size and power, 3~5세)
  힘과 크기에 대한 개념이 일에 대한 영역으로 확장되는 시기로서 어른이 되면 직업을 갖는다는 것을 인식하여 어른들의 역할을 흉내 내며 일을 갖는다는 것에 대한 선망을 갖게 된다.
- 성 역할 지향성(orientation to sex roles, 6~8세)
  자아개념이 성 역할 인식에 따라 발달된다. 자신과 같은 성별에 해당되는 직업에 대한 관심을 기울이며, 성 역할 사회화나 직업적 관념이 형성되는 시기이다.
- 사회적 가치 지향성(orientation to social valuation, 9~13세)
  사회 계층에 대한 인식이 생기면서 사회적 상황 속의 자기개념이 발달된다. 자신이 추구하는 사회적 지위에 맞는 직업에 관심을 갖게 되면서 일의 역할과 수준에 대한 이해가 확장된다.
- 내적 고유한 자아 지향성(orientation to the internal unique self, 14세 이후)
  내적 사고를 통해 자신과 타인을 인식하게 되며, 자신의 흥미, 성격, 가치관을 토대로 직업에 대한 관심과 포부를 발달시킨다.

87 내담자에게 바람직한 목표행동을 설정해 두고, 그 행동에 근접하는 행동을 보일 때 단계적으로 차별 강화를 주어 바람직한 행동에 접근해 가도록 만드는 치료기법은?

① 역할연기 ② 행동조형(조성)
③ 체계적 둔감화 ④ 재구조화

정답 86. ③ 87. ②

해설

조형법(shaping)은 목표행동을 여러 단계로 나누어 단계적으로 차별 강화하여 점진적으로 바람직한 행동에 접근하게 하는 방법이다. 목표행동으로 접근해 가는 과정에서 처음에는 목표행동에 비슷하거나 근접한 행동에 대해 강화하고, 일관성 있게 행동이 유지되면 보다 어려운 다음 단계의 반응에 대해서만 강화한다.

88 임상적인 상황에서 활용되는 최면에 관한 가정과 가장 거리가 먼 것은?

① 최면 상태는 자연스러운 것이나 치료자에 의해 형식을 갖춘 최면유도로만 일어날 수 있다.
② 모든 최면은 자기최면이라 할 수 있다.
③ 각 개인은 치료와 자기실현에 필요한 자원을 담고 있는 무의식을 소유하고 있다.
④ 내담자는 무의식 탐구로 알려진 일련의 과정을 진행시킬 수 있다.

해설

최면은 구조적 형식을 갖춘 방법 외에도 밀턴 에릭슨(Milton Erickson)의 최면법과 같이 자연스러운 상태에서 내담자와의 대화를 통해 최면을 유도하는 방식이 있다.

89 가족치료의 주된 목표와 가장 거리가 먼 것은?

① 가계의 특징을 파악하고 이를 재구조화한다.
② 가족구성원 간의 잘못된 관계를 바로잡는다.
③ 특정 가족구성원의 문제행동을 수정한다.
④ 가족구성원 간의 의사소통 유형을 파악하고 의사소통이 잘되도록 한다.

해설

가족치료는 특정한 가족구성원이 아닌 여러 구성원으로 이루어져 기능하는 가족을 하나의 체계로 보고, 가족체계에 변화를 줌으로써 가족구성원의 증상을 보다 효과적으로 치유하는 데 그 목적이 있다.

정답 88. ① 89. ③

90 다음 사례에서 직면기법에 가장 가까운 반응은 어느 것인가?

> 집단모임에서 여러 명의 집단원들로부터 부정적인 피드백을 받은 한 집단원에게 다른 집단원이 그의 느낌을 묻자 아무렇지도 않다고 하였지만 그의 얼굴 표정이 몹시 굳어 있을 때, 지도자가 이를 직면하고자 한다.

① "○○ 씨, 지금 느낌이 어떤지 좀 더 말씀하시면 어떨까요?"
② "○○ 씨, 방금 아무렇지도 않다고 말씀하셨습니다."
③ "○○ 씨, 이러한 일은 창피함을 느끼게 만드는 것 같습니다."
④ "○○ 씨, 말씀과는 달리 얼굴이 굳어 있고 목소리가 떨리는군요."

직면(Confrontation)
내담자의 말이나 행동이 일치하지 않는 경우 또는 내담자의 말에 모순점이 있는 경우 상담자가 그것을 지적해 주는 것이다. 불일치와 모순은 말과 행동, 감정과 행동, 행동과 행동, 현실과 이상 등에서 다양하게 나타난다.

91 중학교 교사인 상담자가 학생을 상담하는 과정에서 구조화를 하는 방법으로 틀린 것은?

① 상담자와 내담자는 상담관계 이외에 사제관계를 맺고 있으므로 이런 이중적인 관계로 인해 예상되는 문제나 어려움을 사전에 논의한다.
② 상담에 대해 현실적으로 기대할 수 있는 바가 무엇인지, 기대의 실현을 위해 상담자와 내담자가 각각 해야 할 역할이 무엇인지에 대해 설명한다.
③ 정규적인 상담을 할 계획이라면 상담자와 내담자가 만나는 요일이나 시간을 정하고, 한번 만나면 매회 면접 시간의 길이와 전체 상담 과정의 길이나 횟수에 대해서도 알려 준다.
④ 상담내용에 대한 비밀보장의 원칙을 내담자에게 알려 주고, 비밀보장의 한계에 대한 정보는 내담자의 솔직한 자기개방을 저해할 수 있으므로 상담관계의 신뢰성이 충분히 형성된 이후에 알려 주는 것이 좋다.

정답 90. ④ 91. ④

해설

〈상담의 구조화 과정〉

상담의 구조화란 상담 과정 전반에 대한 세부적인 안내 과정을 말한다. 구조화 작업은 상담 첫 회기에 진행하는 것이 일반적이다. 상담의 구조화 과정은 크게 세 가지 영역으로 구분된다.

- **상담 여건의 구조화**: 상담 여건의 구조화는 상담 시간, 상담 횟수, 상담 장소, 상담 시간에 늦거나 약속을 지키지 못할 일이 발생했을 때 연락하는 방법 등에 대한 구조화이다.
- **상담관계의 구조화**: 상담관계의 구조화는 상담 과정이 어떻게 진행되며, 상담자와 내담자가 어떤 역할을 하는가를 알려 주는 구조화이다.
- **비밀보장의 구조화**: 상담자는 내담자에 대한 비밀보장을 유지하고 지켜 주어야 할 의무가 있다. 그러나 비밀보장이 특수한 경우에는 한계가 있음을 알려 줄 필요가 있다.

92 청소년기 자살의 위험인자와 가장 거리가 먼 것은? ▸ 2014

① 공격적이고 약물남용 병력이 있으며 충동성이 높은 행동장애의 경우
② 성적이 급락하고 식습관 및 수면행동의 변화가 심한 경우
③ 습관적으로 부모에 대한 반항이나 저항을 보이는 경우
④ 동료나 가족 등 가까운 이들과 떨어져 지내는 회피행동이 증가한 경우

해설

부모에 대한 이유 없는 반항이나 저항은 청소년기에 나타나는 일반적인 특징으로 볼 수 있다.

학습 Plus 자살 위험성 예측을 위한 고려사항

- 죽고 싶다는 이야기를 자주 한다.
- 자기비하적인 말을 자주 한다.
- 자살 이후 자신의 모습에 대해 관심을 가진다.
- 대인관계를 기피하며 혼자 행동한다.
- 식습관의 변화, 체중 변화 및 수면문제가 나타난다.
- 타인에게 아끼던 물건을 주는 등 정리하는 행동을 한다.
- 자신의 능력에 대한 회의감과 무기력감을 표출한다.
- 자살시도에 사용할 수 있는 물건들을 몰래 보관한다.
- 인터넷 자살 사이트에 관심을 가진다.
- 가족이나 친구, 가까운 사람의 죽음 또는 이별로 인해 상실감을 경험한다.
- 학교에서의 괴롭힘이나 따돌림, 폭력 등을 겪거나 학업 스트레스와 같은 문제가 생긴다.
- 심리장애와 관련하여 치료 및 예후가 낮은 질환을 가지고 있다.

PART 05 심리상담

정답 92. ③

93 다음 알코올 중독 내담자에게 적용할 만한 동기강화상담의 기법과 가장 거리가 먼 것은?

> "제가 술 좀 마신 것 때문에 아내가 저를 이곳에 남겨 두었다는 것을 믿을 수가 없군요. 그녀의 문제가 무엇인지 모르겠어요. 이 방에 불러서 이야기 좀 하고 싶어요. 음주가 문제가 아니라 그녀가 문제인 것이니까요."

① 반영반응(reflection response)
② 주창 대화(advocacy talk)
③ 재구성하기(reframing)
④ 초점 옮기기(shifting focus)

해설

- 동기강화상담(motivational interviewing)이란 내담자의 양가감정을 탐색하고 해결함으로써 그 사람의 내면에 있는 변화 동기를 강화시킬 목적으로 하는 내담자 중심의 상담방법이다.
- 동기강화상담에서는 내담자의 저항을 다루기 위한 전략으로서 반영반응(단순반영, 확대반영, 양면반영), 재구성하기, 초점 옮기기, 방향 틀어 동의하기, 나란히 가기 기법을 제시하고 있다.

학습 Plus 동기강화상담: 저항을 다루는 방법

- 단순반영(simple reflection)
  내담자의 말을 중립적인 형태로 반복한다(예: 음주를 그만둘 계획이 없습니다. → 금주가 효과적일 것이라고 생각하지 않는군요).
- 확대반영(amplified reflection)
  내담자의 말을 더욱 확대하는 방식으로 반응한다(예: 음주문제가 있다고 생각하지 않아요. → 음주로 인한 폐해나 문제가 전혀 없었던 것으로 들립니다).
- 양면반영(double-side reflection)
  내담자의 말을 인정해 주는 동시에 내담자의 말 중에 양가적인 측면에 대해 언급한다(예: 술을 완전히 끊기는 어렵습니다. 주변 친구들은 다 마십니다. → 친구들과 있을 때 술을 끊기가 어렵다고 느끼는군요. 동시에 음주가 미치는 영향을 어느 정도 생각을 하고 계시는군요).
- 재구성하기(reframing)
  내담자의 부정적인 생각을 재조명하여 새로운 의미와 관점에서 보도록 한다(예: 아내는 항상 화를 내며 또 술을 먹었냐고 잔소리를 합니다. → 아내의 말은 걱정 어린 말로 들립니다. 다만 화를 내는 방식의 표현이 당신을 힘들게 하는 것으로 보입니다).
- 초점 옮기기(shifting focus)
  내담자의 초점을 방해 요인으로부터 벗어나도록 전환시킨다(예: 내 친구들은 모두 술을 마십니다. 내가 더 마시는 것은 아닙니다. → 우리는 지금 지속적인 음주가 가족 갈등에 미치는 영향에 대해 살펴보고 있습니다. 이에 대해 조금 더 이야기해 봅시다).
- 방향 틀어 동의하기(agreement with the twist)
  내담자의 말에 동의는 하되 약간의 방향을 틀어 동의하도록 한다(예: 아내의 문제는 늘 화를 내며 잔소리를 한다는 겁니다. → 맞습니다. 아내의 화내는 행동과 음주문제가 가족 안에서 모두 일어나고 있습니다).

정답 93. ②

• 나란히 가기(siding with negative)
변화에 저항하는 내담자의 말을 확대 반영하는 역설적 기법이다(예: 건강이 안 좋아지긴 했지만 아직도 전 제가 알코올 중독자나 치료가 필요한 사람이라고 생각되지 않습니다. → 우리는 오랜 시간 동안 당신의 음주 행동에 대한 걱정에 관해 이야기를 나누어 왔습니다. 그런데 지금은 음주 행동에 대한 변화를 원치 않는 것처럼 보이는데요. 변화에 대한 생각이 있는지 확신이 잘 안 드네요).

94 특성-요인 상담에 관한 설명으로 틀린 것은? ▸ 2008, 2011, 2013

① 상담자 중심의 상담방법이다.
② 사례연구를 상담의 중요한 자료로 삼는다.
③ 문제의 객관적 이해보다는 내담자에 대한 정서적 이해에 초점을 둔다.
④ 내담자에게 정보를 제공하고 학습기술과 사회적 적응기술을 알려 주는 것을 중요시한다.

해설

• 특성-요인 상담의 목표는 문제의 객관적인 이해를 통해 합리적인 문제해결능력을 기르고 현실적인 의사결정을 할 수 있도록 돕는 데 있다.
• 내담자가 자신의 지능, 적성, 흥미, 포부, 학업성취, 환경 등의 자신의 개인 특성에 대한 이해를 명확히 하는 가운데 합리적이고 현실적인 진로 결정을 할 수 있다고 보았다. 상담자는 내담자에게 특성 요인과 관련된 필요한 정보를 제시해 주고, 객관적 입장에서 자신을 이해하도록 돕는다.

95 학습상담 과정에 대한 설명과 가장 거리가 먼 것은? ▸ 2014

① 현실성 있는 상담목표를 설정해서 상담한다.
② 학습문제와 관련된 내담자의 감정을 이해하고 격려한다.
③ 내담자의 장점, 자원 등을 학습상담 과정에 적절히 활용한다.
④ 학습문제와 무관한 개인의 심리적 문제들은 회피하도록 한다.

해설

학습상담 과정에서 학습문제에 영향을 줄 수 있는 심리적 요인에 대한 고려가 필요하다. 학습에 대한 동기와 흥미, 자아개념, 학업 스트레스, 관계 갈등 등에 관한 문제를 함께 고려해야 한다. 학습문제는 다른 여러 요인들에 의해 야기될 수 있기에 다차원적인 검토가 필요하다.

정답 94. ③ 95. ④

96 인간중심상담의 과정을 7단계로 나눌 때, ( )에 들어갈 내용의 순서가 올바른 것은?

- 1단계: 소통의 부재
- 2단계: 도움의 필요성 인식 및 도움 요청
- 3단계: 대상으로서의 경험 표현
- 4단계: (ㄱ)
- 5단계: (ㄴ)
- 6단계: (ㄷ)
- 7단계: 자기실현의 경험

① ㄱ: 지금-여기에서 더 유연한 경험 표현
ㄴ: 감정 수용과 책임 증진
ㄷ: 경험과 인식의 일치

② ㄱ: 감정 수용과 책임 증진
ㄴ: 경험과 인식의 일치
ㄷ: 지금-여기에서 더 유연한 경험 표현

③ ㄱ: 경험과 인식의 일치
ㄴ: 지금-여기에서 더 유연한 경험 표현
ㄷ: 감정 수용과 책임 증진

④ ㄱ: 감정 수용과 책임 증진
ㄴ: 지금-여기에서 더 유연한 경험 표현
ㄷ: 경험과 인식의 일치

해설

- 인간중심상담은 개인의 자발성과 자기성장을 목표로 하며, 기법의 적용보다는 내담자의 살아가는 방식과 태도에 초점을 두고 내담자가 성장하도록 돕는 데 있다.
- 상담의 중기단계에서는 내담자가 자신을 잘 이해하고 수용하면서 더욱 긍정적이고 건설적인 책임 있는 행동을 취할 수 있게 된다. 또한 지금-여기에서의 경험과 인식이 촉진되어 자신과 경험 간의 일치성과 유연성이 증진된다.

학습 Plus 인간중심상담의 진행 과정

- 1단계: 소통의 부재
  내담자는 상담자에 대한 신뢰감이 부족한 상태이기에 의사소통이 피상적인 경향이 있다. 상담자의 내담자에 대한 물음에 소극적으로 대답하거나 자신에 대한 이야기를 자발적으로 하지 않는 모습을 보인다.
- 2단계: 도움의 필요성 인식 및 도움 요청
  내담자는 상담자가 자신을 존중하며 수용하고 있다는 것을 느끼면서 자신의 문제의 갈등을 호소하며 개인적 경험을 드러내기 시작한다.
- 3단계: 대상으로서의 경험 표현
  내담자는 차츰 긴장을 누그러뜨리고 자신이 있는 그대로 수용되고 있다고 느끼게 되면서 자기와 관련된 더 많은 감정들과 사적인 경험들을 표현한다.

정답 96. ①

- 4단계: 지금-여기에서 더 유연한 경험 표현
  자신의 경험에 대해 좀 더 자유롭고 개방적인 태도를 보이며, 이전에는 부인했던 감정들을 자각하면서 지금-여기에서의 감정을 표현하기 시작한다.
- 5단계: 감정 수용과 책임 증진
  자신의 내면적인 감정들을 있는 그대로 느끼고 수용하게 되면서 자신의 경험 안에서 자각된다. 또한 자신이 겪고 있는 문제들에 대하여 자신에게 책임이 있음을 인정한다.
- 6단계: 경험과 인식의 일치
  내담자는 지금-여기에서 느끼는 즉각적인 경험을 인식하고 수용하며 솔직하게 표현하게 된다. 이 과정 동안 주체적인 자기감을 얻게 되면서 자신의 문제에 대한 주체적인 대처와 해결을 위한 노력을 기울이게 된다.
- 7단계: 자기실현의 경험
  내담자는 상담자의 도움 없이도 자신의 문제를 해결할 수 있는 자신감을 갖게 된다. 자신의 내면적 경험 세계를 자유롭게 인식하면서 충분히 기능하는 사람으로서 성장하게 된다.

97 성상담을 할 때 상담자가 가져야 할 시행지침으로 옳은 것은?

① 성과 관련된 개인적 사고는 다루지 않는다.
② 내담자의 죄책감과 수치심은 다루지 않는다.
③ 성폭력은 낯선 사람에 의해서만 발생함을 감안한다.
④ 성폭력은 성적 자기결정권의 침해임을 감안한다.

해설

성과 관련된 죄책감과 수치심, 자존감과 분노 감정을 다루고 부정적인 자기개념을 포함한 개인적 사고에 초점을 둔다. 성폭력의 피해는 특정 대상에게만 발생하는 것이 아님을 상담자는 인식하고 있어야 하며, 성적 자기결정권의 침해임을 감안해야 한다.

98 상담 시 내담자에게 관심을 집중시키는 기술과 가장 거리가 먼 것은?

① 개방적인 몸자세를 취한다.
② 내담자를 향해서 편안한 자세로 앉는다.
③ 내담자를 지나치게 응시하지 않는다.
④ 내담자에게 잘 듣고 있다고 항상 말로 확인해 준다.

해설

상담 과정에서 내담자의 말에 이해나 동의를 하고 있는 짧은 말이나 비언어적 메시지를 통해 주의를 기울이는 것은 상담자와 내담자의 관계 형성 및 상담의 기본 태도로서 중요하다.

정답 97. ④ 98. ④

99 다음은 가족상담 기법 중 무엇에 관한 설명인가? ▸ 2006, 2013

가족들이 어떤 특정한 사건을 언어로 표현하는 대신에 공간적 배열과 신체적 표현으로 묘사하는 기법

① 재구조화
② 순환질문
③ 탈삼각화
④ 가족조각

해 설

• 가족조각(family sculpture)
경험적 가족상담의 기법으로, 가족이 어떻게 기능하며 다른 사람들에게 어떻게 보이는지를 인식하기 위해 사용하는 기법이다. 가족구성원의 의사소통 태도를 고려하여 각 구성원을 가족 전체와의 관계 속에서 공간상에 위치시킨다. 각 가족구성원이 말없이 행위와 감정을 공간적 배열에서 표현하게 한다. 이러한 기법을 통해서 가족의 경계, 상호작용, 과정을 좀 더 분명하게 드러낼 수 있다.

※ 가족조각 기법의 예
상담자: (가족을 향하여) 자, 이제 가족 간의 관계가 어떠한지를 서로 몸으로 보여 주는 조각을 해 봅시다. 가족구성원이 서로 안전하고 편안하다고 느끼는 거리는 어느 정도인지를 몸으로 표현해 보세요.
내담자: (서로가 원하는 공간과 친밀감의 정도를 몸으로 표현한다)

• 재구조화(restructuring)
구조적 가족상담의 기법으로, 개인의 심리적 증상이나 문제는 가족의 구조적 병리에 의해 생겨난 부산물로 보고, 가족 내 하위체계들(부부하위체계, 형제하위체계, 부모하위체계)의 경계선이 명료하고 적절하도록 재구조화한다. 경계선(boundary)이란 가족 내의 구성원 간 또는 개인과 하위체계 간에 접촉과 개입을 허용하는 정도를 말한다.

• 순환질문(circular questioning)
전략적 가족상담의 기법으로, 가족구성원이 당면한 문제에 대한 제한적이고 단편적인 시각에서 벗어나 문제의 순환성을 인식하도록 유도하는 방법이다.

• 탈삼각화(detriangulation)
다세대 가족상담의 기법으로, 가족구성원 중 두 사람이 해결하기 힘든 문제에 봉착했을 때 가족 내의 제3자를 끌어들여 문제를 해결하려는 과정을 삼각화(삼각관계)라고 한다. 상담자는 중립적 입장을 유지하면서 탈삼각화를 위해 노력하고, 가족구성원이 평정을 되찾아 자신들의 문제해결 방법을 찾도록 안내한다.

정답 99. ④

100 심리치료의 발전사에 관한 설명으로 옳지 않은 것은?

① 인지심리학의 발전과 더불어 개발된 치료방법들은 1960~1970년대의 행동치료와 접목되면서 인지행동치료로 발전하였다.

② 로저스(Rogers)는 정신분석치료의 대안으로 인간중심치료를 제시하면서 자신의 치료활동을 카운슬링(counseling)으로 지칭하였다.

③ 윌버(Wilber)는 자아초월 심리학의 이론체계를 발전시켰으며, 그의 이론에 근거한 통합적 심리치료를 제시하였다.

④ 제임스(James)는 펜실베니아 대학교에 최초의 심리클리닉을 설립하여 학습장애와 행동장애 아동을 대상으로 치료활동을 시작하였다.

해설

위트머(Witmer)는 1896년에 펜실베니아 대학교에 최초의 심리클리닉을 설립하여 학습장애와 행동장애 아동을 대상으로 치료활동을 시작했다. 인지적 혹은 심리적 증상들로 인해 교육에서 어려움을 겪는 아동들의 문제를 식별하고 치료하는 작업을 통해 과학적인 평가와 치료에 기반한 전문영역으로서의 임상심리학이 시작되었다.

정답 100. ④

04 2021년 제1회 기출문제

81 다음 사례에서 사용된 행동주의 상담기법은?

> 내담자는 낮은 학업 성적으로 인해 학교 적응에 어려움을 겪고 있다. 상담자는 내담자가 평소 컴퓨터 게임하는 것을 매우 좋아한다는 사실을 알았다. 상담자는 내담자가 하루 계획한 학습량을 달성하는 경우, 컴퓨터 게임을 30분 동안 하도록 개입하였다.

① 자기교수훈련, 정적 강화
② 프리맥의 원리, 정적 강화
③ 체계적 둔감법, 자기교수훈련
④ 자극통제, 부적 강화

해 설

- 프리맥의 원리(Premack's principle)는 높은 빈도로 발생하는 행동과 낮은 빈도로 발생하는 행동 간의 수반성을 만들어서 낮은 빈도로 일어나는 행동을 증진하는 것을 말한다(사례의 경우, 높은 빈도의 행동-게임, 낮은 빈도의 행동-학습).
- 정적 강화(positive reinforcement)는 기대하는 행동의 빈도를 증진하기 위해 정적 강화물을 제공하는 것을 말한다. 단, 강화물의 즉시성이 중요하며 기대행동이 나타날 때에만 제공하도록 한다(사례의 경우, 기대하는 행동-학습, 강화물-게임).

정답 81. ②

82 보딘(Bordin)이 제시한 작업동맹(working alliance)의 3가지 측면이 옳은 것은?

▸ 2011, 2017

① 작업의 동의, 진솔한 관계, 유대관계
② 진솔한 관계, 유대관계, 서로에 대한 호감
③ 유대관계, 작업의 동의, 목표에 대한 동의
④ 서로에 대한 호감, 동맹, 작업의 동의

해 설

보딘(Bordin)은 작업동맹(working alliance)을 강조하며 상담자와 내담자 간의 유대, 작업, 목표라는 세 가지 차원의 동맹적 관계를 제시하였다. 작업동맹에 대한 강조는 슈퍼비전 모델로도 중요하게 고려되어 슈퍼바이저와 수련생 간의 관계에서 적용되고 있다.

- **유대관계**: 상담자와 내담자 간의 정서적 유대감과 신뢰를 의미한다.
- **작업에 대한 동의**: 공동 목표를 달성하기 위해 부여된 과제에 대한 동의를 의미한다.
- **목표에 의한 동의**: 상담을 통해 얻고자 하는 것의 목표에 대한 상호 일치도이다.

83 인간중심상담에 관한 설명으로 옳지 않은 것은?

① 모든 인간에게 실현경향성이 있다고 보는 긍정적 인간관을 지닌다.
② 이상적 자기와 현실적 자기 간의 괴리가 큰 경우 심리적 부적응이 발생한다고 본다.
③ 상담자가 내담자에 대해 무조건적인 긍정적 존중의 태도를 지니는 것을 강조한다.
④ 아동은 부모의 기대와 가치를 내면화하여 현실적인 자기를 형성한다.

해 설

- 인간중심상담에서는 아동이 성장하는 동안 부모로부터 선천적으로 가지고 태어난 고유한 측면을 수용받지 못한 채 부모의 가치 조건에 따라 선택적으로 사랑을 받게 되면 긍정적 자기존중의 발달에 영향을 미친다고 보았다.
- 아동이 부모의 높은 기대와 가치를 내면화하는 동안 앞으로 추구해야 할 이상적 자기에 대한 높은 수준을 지니게 되면서 이를 충족시키기 위해 애쓰게 될 때 자신의 경험을 있는 그대로 받아들이기 어렵게 되며, 가치 조건에 불일치되는 경험에 대한 심리적 부적응을 겪게 된다고 보았다.

84 정신분석적 상담기법 중 상담진행을 방해하고 현재 상태를 유지하려는 의식적 · 무의식적 생각, 태도, 감정, 행동을 의미하는 것은?

▸ 2016

① 전이 ② 저항
③ 해석 ④ 훈습

정답 82. ③ 83. ④ 84. ②

해 설

저항(resistance)은 내담자가 자발적으로 치료를 받기 위해 찾아왔음에도 불구하고 다양한 방식으로 원활한 치료 과정을 방해하는 행동을 말한다. 이 경우 저항에 대한 분석을 통해서 내담자의 무의식적 의도와 갈등을 살펴볼 수 있으며, 내담자에게 저항의 무의식적 의미를 깨닫게 한다.

학습 Plus 정신분석 치료절차

① 초기단계
상담자는 내담자와 신뢰관계를 형성하고 자유 연상, 꿈 분석을 통해 내담자의 심리적 문제에 대한 윤곽이 드러나면 상호적 치료동맹을 맺는다. 이 과정은 내담자 갈등의 본질에 대한 전반적 이해뿐만 아니라 내담자의 전이 감정을 촉진하는 데 중요하다.

② 전이단계
내담자는 유아기 및 아동기에 중요한 대상에게 가졌던 감정을 상담자와의 관계에서 반복하며 전이 욕구를 충족하려 한다. 상담자는 내담자의 전이 욕구에 대해 중립적인 태도로 해석을 수행하고 참여적 관찰자의 역할을 통해 내담자의 욕구를 다룬다.

③ 통찰단계
상담자는 내담자의 욕구와 갈등 간의 역동적인 평형 상태를 이루도록 돕고, 내담자는 자신의 부정적인 감정이 애정과 욕구의 좌절에서 비롯된 것임을 깨닫게 되면서 갈등에 대한 만족스러운 해결을 이끈다.

④ 훈습단계
상담자는 내담자가 통찰한 것을 실제 생활로 옮기도록 조력한다. 상담을 통해 획득한 통찰을 현실에 적용하려는 노력을 돕고, 훈습에 의해 내담자의 변화된 행동이 안정 수준에 이르게 되면 종결을 준비한다.

85 Krumboltz가 제시한 상담의 목표에 해당하지 않는 것은? ▸ 2018

① 내담자가 요구하는 목표이어야 한다.
② 상담자의 도움을 통해 내담자가 달성할 수 있는 목표이어야 한다.
③ 내담자가 상담목표 성취의 정도를 평가할 수 있어야 한다.
④ 모든 내담자에게 동일하게 적용될 수 있는 목표이어야 한다.

해 설

심리상담에서는 내담자의 성격 특성과 개인차를 이해하여 내담자에 따라 상이한 상담 원리나 방법을 활용하는 것이 중요하다. 크롬볼츠(Krumboltz)는 상담의 목표는 개인의 요구에 맞게 성취되고 평가되어야 함을 강조하였다.

정답 85. ④

86 상담 진행 과정에 관한 설명으로 옳지 않은 것은?

① 초기: 비자발적 내담자의 경우 상담목표를 설정하지 않음
② 중기: 내담자가 자신의 문제를 이해하고 반복적인 학습이 일어남
③ 중기: 문제해결 과정에서 저항이 나타날 수 있음
④ 종결기: 상담목표를 기준으로 상담성과를 평가함

해설

상담 초기단계에서 비자발적 내담자의 경우 상담의 동기나 목표가 명확하지 않을 수 있기에 라포 형성 및 목표 설정에 필요한 과정을 충분히 고려하여 내담자의 욕구나 갈등, 주 호소 문제 등에 대한 면밀한 이해가 필요하다.

학습 Plus 상담의 진행 과정

① 초기단계
- 상담자와 내담자 간에 라포를 형성한다.
- 상담자는 내담자의 문제를 파악하고, 문제가 발현하게 된 요인들을 이해해야 한다.
- 상담자는 내담자에게 상담에 대한 정보를 알려 주고, 목표를 설정한다.

② 중기단계
- 상담의 중기단계에서는 목표를 달성하기 위한 구체적인 시도들이 전개된다. 내담자의 문제에 대한 해결이 반복적으로 시도된다는 점에서 '작업단계' '학습단계' '문제해결단계'라고도 불린다.
- 구체적인 문제해결의 방법은 내담자가 가진 심리적인 문제의 성질이나 유형에 따라 크게 달라진다.
- 이 단계에서 내담자에게 저항이 일어난다면, 상담자는 내담자의 저항의 이유를 정확히 파악하고 그에 대한 적절한 대책을 세워야 한다.

③ 종결단계
- 내담자가 상담 종결 후 상담자와의 이별과 분리로 인한 어려움을 잘 극복할 수 있도록 심리적 안정감을 제공하고, 충분한 시간적 여유를 두고 종결에 대해 이야기 나누고 준비하도록 하다.
- 상담을 통해 변화하고 성장한 것은 무엇인지, 해결되지 못한 것은 무엇인지 탐색하고 의논한다.
- 상담자는 내담자가 상담 종결 후에 경험할 수 있는 여러 가지 문제에 대해 대처해 나갈 수 있도록 돕는다.

87 글래서(Glasser)의 현실치료 이론에서 가정하는 기본적인 욕구가 아닌 것은? ▸2016

① 생존의 욕구
② 권력의 욕구
③ 자존감의 욕구
④ 재미에 대한 욕구

해설

현실치료에서는 인간은 선천적으로 5가지 기본욕구(생존, 사랑, 권력, 자유, 재미)를 지니고 있다고 보고, 내담자가 기본욕구를 충족시키기 위한 지혜로운 선택방법을 배우도록 돕는 데 초점을 두고 있다. 내담자에게 자신의 욕구와 소망을 명료화하고 이를 충족시킬 수 있는 장단기 목표와 구체적인 계획을 세워서 실천하도록 돕는다.

정답 86. ① 87. ③

학습 Plus 인간의 5가지 기본욕구

① **생존(survival)의 욕구**: 의식주를 비롯하여 개인의 생존과 안전을 위한 신체적 욕구를 의미한다.
② **사랑(love)의 욕구**: 다른 사람과 연대감을 느끼면서 사랑을 주고받고, 사람들과 접촉하고 상호작용함으로써 소속되고자 하는 욕구를 의미한다.
③ **권력(power)의 욕구**: 성취를 통해 자신에 대한 자신감과 가치감을 느끼며 자신의 삶을 제어할 수 있다는 생각을 의미한다.
④ **자유(freedom)의 욕구**: 자율적인 존재로 자유롭게 선택하고 행동하고자 하는 욕구를 의미한다.
⑤ **재미(fun)의 욕구**: 즐겁고 재미있는 것을 추구하며 새로운 것을 배우고자 하는 욕구를 의미한다.

88 내담자의 현재 상황에서의 욕구와 체험하는 감정의 자각을 중요시하는 상담이론은?

▸ 2014

① 인간중심 상담
② 게슈탈트 상담
③ 교류분석 상담
④ 현실치료 상담

해설

형태주의(Gestalt) 상담에서는 개체가 현재 상황에서 자신의 유기체적 욕구나 감정을 하나의 의미 있는 행동동기로 조직화하여 자각하는 것을 중요시한다. 욕구와 감정의 자각을 위해 치료 과정에서 지금-여기에서 체험되는 욕구와 감정을 알아차리도록 하고 일상의 적용을 돕는다(예: “지금 어떤 기분이 드시죠?” “지금 당신이 원하는 것이 무엇입니까?”).

89 위기 개입 전략으로 옳지 않은 것은?

① 내담자의 즉각적인 욕구에 주목한다.
② 내담자와 진실한 관계를 형성하는 것이 중요하다.
③ 위기 개입 시 현재 상황과 관련된 과거에 초점을 맞춘다.
④ 각각의 내담자와 위기를 독특한 것으로 보고 반응한다.

해설

위기 개입 시 현재 상황과 관련된 문제와 갈등, 욕구에 초점을 둔다. 위기 개입 전략에는 촉발 요인 탐색, 적극적 경청, 대안적 대처기술, 보호요인 찾기, 효과적인 위기 해결 전략 등의 요소들이 포함된다.

정답 88. ② 89. ③

90 도박중독의 심리 · 사회적 특징에 대한 설명으로 옳은 것은? ▸ 2006, 2011, 2018

① 도박중독자들은 대체로 도박에만 집착할 뿐 다른 개인적인 문제를 가지지 않는다.
② 도박중독자들은 직장에서 도박 자금을 마련하기 위해 남보다 더 열심히 노력한다.
③ 심리적 특징으로 단기적인 만족을 추구하기보다는 장기적인 만족을 추구한다.
④ 도박행동에 문제가 있음을 인정하지 않고 변명하려 든다.

해설

도박중독은 중독행동에 대한 부인과 합리화가 특징이며, 도박을 숨기기 위한 반복적인 거짓말이 주된 증상으로 나타난다. 평생 유병률은 1~3%로 추정된다.

91 학업상담의 특징에 관한 설명으로 틀린 것은?

① 비자발적 내담자가 많다.
② 부모의 관여가 적절한 수준과 형태로 이루어지도록 돕는다.
③ 학습의 영역에서 문제가 발생하였으므로 문제의 원인은 인지적인 것이다.
④ 학습 과정에서 겪는 문제를 통합적으로 해결하여 유능한 학습자가 되도록 조력하는 과정이다.

해설

학습문제는 인지적 요인, 심리적 요인, 환경적 요인에 대한 다양한 접근이 필요하다.

〈학습문제와 관련된 요인〉
- **인지적 요인**: 지능, 기초학습능력, 선행 학습, 학습 전략 등
- **심리적 요인**: 학습에 대한 동기와 흥미, 기대, 목표, 자아개념, 자기효능감, 불안 등
- **환경적 요인**: 학습의 물리적 환경(공간, 소음, 조명), 가정 및 학교, 친구, 지역사회 등 학습자를 둘러싼 모든 환경

92 상담자의 윤리에 관한 설명으로 틀린 것은? ▸ 2017

① 비밀보장은 상담진행 과정 중 가장 근복적인 윤리기준이다.
② 내담자의 윤리는 개인상담뿐만 아니라 집단상담이나 가족상담에서도 고려되어야 한다.
③ 상담 여부를 결정하는 것을 내담자이며, 상담자는 내담자에게 정확한 정보를 제공해야 한다.
④ 상담 이론과 기법은 반복적으로 검증된 것이므로 시대 및 사회 여건과 무관하게 적용해야 한다.

정답 **90.** ④ **91.** ③ **92.** ④

해 설

상담 이론과 기법은 시대 및 사회문화 여건을 고려하여 적용되어야 한다. 이에 상담자는 최신의 이론과 기법을 습득하도록 노력하여야 하며, 특정한 제한된 이론과 기법의 적용에 의존하지 않도록 한다.

〈한국상담심리학회 윤리규정 중 '전문적 능력' 지침〉

1. 상담심리사는 자신의 능력의 한계를 인정하고 교육과 수련, 경험 등에 의해 준비된 역량의 범위 안에서 전문적인 서비스와 교육을 제공한다.
2. 상담심리사는 자신이 가진 능력 이상의 것을 주장하거나 암시해서는 안 되며, 타인에 의해 능력이나 자격이 오도되었을 때에는 수정해야 할 의무가 있다.
3. 상담심리사는 문화, 신념, 종교, 인종, 성적 지향, 성별 정체성, 신체적 또는 정신적 특성에 대한 자신의 편견을 자각하고, 이를 극복하기 위해 노력해야 한다. 특히 위와 같은 편견이 상담 과정을 방해할 우려가 있을 경우 자문, 사례지도 및 상담을 요청해야 한다.
4. 상담심리사는 자신의 활동분야에 있어서 최신의 과학적이고 전문적인 정보와 지식을 유지하기 위해 지속적인 교육과 연수의 필요성을 인식하고 참여한다.
5. 상담심리사는 자신의 전문적 능력에 대해 정확히 인식하고 정기적으로 전문인으로서의 능력과 효율성에 대해 자기점검 및 평가를 해야 한다. 상담자로서 직무를 수행하는 데 방해가 되는 개인적 문제나 능력의 한계를 인식하게 될 경우 지도감독이나 전문적 자문을 받을 책무가 있다.

93 성희롱 피해 경험으로 인해 분노, 불안, 수치심을 느끼고 대인관계를 기피하는 내담자에 대한 초기 상담 개입 전략으로 옳지 않은 것은?

① 분노 상황을 탐색하고 호소 문제를 구체화한다.
② 불안 감소를 위해 이완기법을 실시한다.
③ 수치심과 관련된 감정을 반영해 준다.
④ 대인관계 문제해결을 위해 가해자에 대한 공감훈련을 한다.

해 설

성폭력 피해에 대한 재조명을 통해 내담자의 잘못에 의해 발생한 것이 아님을 인식하도록 돕는다. 또한 피해 감정으로 인해 주변의 다른 사람이나 사회적 관계에 어려움이 일어나지 않도록 구체적인 문제해결 전략을 수립하여 일상의 회복과 적응을 돕는다.

94 청소년 비행의 원인을 사회학적 관점에서 설명하는 이론이 아닌 것은?

① 아노미이론
② 사회통제이론
③ 욕구실현이론
④ 하위문화이론

정답 93. ④ 94. ③

해 설

〈청소년 비행의 사회학적 관점〉

- 아노미이론: 현대 사회의 가치관 혼란 현상이 청소년 비행의 원인이라고 보고, 사회문화적 기대나 목표(예: 우리나라 청소년의 경우 좋은 성적, 좋은 학교 입학, 사회적 성공)를 달성할 수 없게 될 때 아노미 상태에 빠지게 된다고 보았다.
- 사회통제이론: 사회 통제력이 약화되어 개인에게 미치지 못하게 될 때, 그 개인이 규범을 쉽게 위반하게 되면서 비행이 발생된다고 보았다.
- 하위문화이론: 하위 계층과 상위 계층이 상이한 문화적 차이를 접하면서 적응상의 문제를 겪게 되는 원인이 비행을 일으킨다고 보았다.
- **차별접촉이론**: 비행 친구끼리 차별적 집단을 형성하게 되는데, 그 집단의 행동을 통한 영향력이 비행의 원인이 된다고 보았다.
- **낙인이론**: 주변이나 타인으로부터 받는 사회적 낙인이 자신에 대한 관점이나 이해에 영향을 주어 비행을 일으킨다고 보았다.

95 교류분석에서 치료의 바람직한 목표인 치유의 4단계에 해당되지 않는 것은? ▸ 2017

① 계약의 설정
② 증상의 경감
③ 전이의 치유
④ 각본의 치유

해 설

교류분석(transactional analysis)은 대인관계에서 나타나는 상호작용을 관찰, 분석함으로써 개인의 행동을 이해하고 예견하는 방법이다. 교류분석의 치유의 4단계는 사회적 통제, 증상의 경감, 전이의 치유, 각본의 치유로 진행된다.

- **사회적 통제(social control) 단계**: 개인은 타인과의 상호작용에 있어 자기 행동의 통제를 발달시킨다.
- **증상의 경감(symptomatic relief) 단계**: 개인이 불안과 같은 자신의 증상이 완화됨을 주관적으로 느끼게 되는 단계이다.
- **전이의 치유(transference cure) 단계**: 내담자는 치료자를 하나의 내사물(introject)로 보유함으로써 건강을 유지할 수 있게 된다. 내담자가 중요한 심리적 내사물을 보유하는 동안 치유 상태가 유지된다고 보았다.
- **각본의 치유(script cure) 단계**: 내담자는 자신의 각본에서 완전히 벗어나 보다 유연하고 자율적인 사람이 된다.

정답 95. ①

96 진로상담에서 진로 미결정 내담자를 위한 개입방법과 비교하여 우유부단한 내담자에 대한 개입방법이 갖는 특징이 아닌 것은? ▸ 2018

① 장기적인 계획 하에 상담해야 한다.

② 대인관계나 가족 문제에 대한 개입이 필요하다.

③ 정보 제공이나 진로선택에 관한 문제를 명료화하는 개입이 효과적이다.

④ 문제의 기저에 있는 역동을 이해하고 감정을 반영하는 것이 효과적이다.

해설

우유부단형 개입방법
- 단기적인 비구조화된 개입보다는 장기적인 구조화된 개입으로 도움을 제공한다.
- 문제의 기저에 있는 심리적인 장애(예: 우울증, 자기개념, 대인관계 및 가족 문제)를 다루기 위한 개입을 통해 기저의 역동을 이해하고 감정을 반영한다.
- 진로 계획을 수립하는 일을 조력한다.
- 정보를 제공해도 도움을 받지 못할 수 있기 때문에 자기에 대한 부정적인 지각을 중심적으로 다룬다.

학습 Plus 진로상담을 위한 개입방법

- 진로 결정자
  - 자신의 진로 결정을 구체적으로 준비할 수 있도록 현장 견학이나 실습의 기회를 가지게 한다.
  - 결정한 목표를 향하여 더 치밀하게 정보를 수집하고 구체적인 실천방안을 모색하게 한다.
  - 진로 결정을 재확인하고 구체적인 직업 탐색을 할 수 있도록 한다.
  - 선택된 진로를 실천하는 과정에서 부딪히는 문제들을 명료화하고 이를 해결하도록 조력한다.
- 진로 미결정자
  - 진로를 결정하지 못하는 것이 정보의 부족 때문인지 심층적인 심리적인 문제 때문인지를 확인한다.
  - 경우에 따라 체계적인 개인상담이 수행되어야 하며, 실제 결정 과정을 도와준다.
  - 자기이해, 즉 흥미와 적성 그리고 다른 필요한 정보를 수집하여 결정의 범위를 점점 좁히고 스스로 진로를 결정할 수 있도록 조력한다.
  - 지나치게 많은 관심 분야를 가지고 있을 때는 의사결정 기술을 익히게 한다.
- 우유부단형
  - 단기적인 비구조화된 개입보다는 장기적인 구조화된 개입으로 도움을 제공한다.
  - 문제의 기저에 있는 심리적인 장애(예: 우울증, 자기개념, 대인관계 및 가족 문제)를 다루기 위한 개입을 통해 기저의 역동을 이해하고 감정을 반영한다.
  - 진로 계획을 체계적으로 수립할 수 있도록 조력한다.
  - 정보를 제공해도 도움을 받지 못할 수 있기에 자기에 대한 부정적인 지각을 중심적으로 다루어 자기확신을 증진한다.

정답 96. ③

97 다음에서 설명하는 용어로 옳은 것은?

> 두 약물의 약리작용 및 작용 부위가 유사하며, 한 가지 약물에 대해 내성이 생긴 경우 다른 약물을 투여해도 동일한 효과를 나타내는 현상

① 강화
② 남용
③ 교차내성
④ 공동의존

해설

- 교차내성(cross tolerance)이란 어떤 약물에 노출되어 내성이 생긴 후에 그 약물과 화학 구조나 약리작용이 비슷한 다른 약물에 대해서도 공통적인 내성을 나타내는 것을 말한다.
- 남용(abuse)이란 주기적이고 계속적인 약물 사용으로 신체적 · 심리적 · 직업적 · 사회적 문제가 있음에도 약물을 중단하지 못하는 것을 말한다.
- 공동의존(codependence)이란 물질 의존자를 역기능적으로 도와줌으로써 오히려 물질 의존을 조장하는 결과를 가져오는 경우를 말한다.
- 강화(reinforcement)란 특정 자극이 제시된 후에 습득된 행동의 빈도가 증가되는 것을 말한다. 물질남용의 경우 쾌감 효과로 인해 심리적 · 신체적 문제가 초래됨에도 행동 통제에 곤란을 보인다.

98 심리학 지식을 상담이나 치료의 목적으로 활용하기 위해 최초의 심리클리닉을 펜실베니아 대학교에 설립한 사람은? ▸ 2003, 2006, 2012, 2013, 2015, 2017, 2018

PART 05 심리상담

① 위트머(Witmer)
② 볼프(Wolpe)
③ 스키너(Skinner)
④ 로저스(Rogers)

해설

라이트너 위트머(Lightner Witmer)는 1896년 펜실베니아 대학교에 첫 심리진료소를 개설하여 임상심리학의 초기 발전에 직접적으로 중요한 공헌을 하였다.

99 Ellis의 ABCDE 모형에 관한 설명으로 옳은 것은? ▸ 2015

① A: 문제장면에 대한 내담자의 신념
② B: 선행사건
③ C: 정서적 · 행동적 결과
④ D: 새로운 감정과 행동

정답 97. ③ 98. ① 99. ③

해 설

Ellis의 합리적 정서적 행동치료의 ABCDE 모형

- A(Activating event, **선행사건**): 일반적으로 어떤 감정의 동요나 행동에 영향을 끼치는 사건들을 의미한다.
- B(Belief system, **신념체계**): 어떤 사건이나 행위 등과 같은 환경적 자극에 대해서 각 개인이 가지게 되는 태도, 또는 그의 신념체계나 사고방식이라고 볼 수 있다.
- C(Consequence, **정서적 · 행동적 결과**): 선행사건을 경험한 뒤 개인의 신념체계를 통해 사건을 해석함으로써 생기는 정서적 · 행동적 결과를 의미한다.
- D(Dispute, **비합리적 신념에 대한 논박**): 자신과 외부 현실에 대한 내담자의 왜곡된 사고와 신념을 논박하는 것을 말한다. 내담자의 신념체계가 합리적인지 검토하고, 비현실적이고 증명할 수 없는 신념에 도전할 수 있도록 돕는다.
- E(Effect, **효과**): 논박이 잘 이루어지면 긍정적인 정서와 적응적인 행동을 보인다.

100 다음 설명에 해당하는 기법은?

- 공통의 관심사를 공유함으로써 집단응집력을 촉진한다.
- 연계성에 주목하여 집단원 간의 상호작용을 촉진한다.
- 집단원의 말과 행동을 다른 집단원의 관심사나 공통점과 관련짓는다.

① 해석하기
② 연결하기
③ 반영하기
④ 명료화하기

해 설

- 연결하기
  - 한 집단원의 말과 행동을 다른 집단원의 관심과 연결하고 관련짓는 방법이다. 집단원이 제기하는 여러 가지 문제나 주제, 정보, 자료를 서로 연관시켜 집단원 간의 상호작용과 집단응집력을 촉진한다.
  - 연결하기를 통해 집단원은 자신의 문제를 다른 각도에서 바라보거나 미처 인식하지 못했던 문제의 진정한 원인이나 해결책을 찾는 데 도움을 얻게 된다.
- 해석하기
  내담자가 새로운 방식으로 자신의 문제를 돌아볼 수 있도록 내담자가 경험한 사건들과 행동, 감정, 생각 등의 의미를 설명해 주는 것이다.
- 반영하기
  상담자가 내담자의 행동 속에 내재된 내면의 감정을 정확하게 파악하여 내담자에게 전달해 주는 것을 말한다.
- 명료화하기
  내담자의 말 속에 포함되어 있는 불분명한 내용에 대해 상담자가 그 의미를 분명하게 밝히는 것을 말한다.

정답 100. ②

05 2020년 제3회 기출문제

81 사회적인 관점에서 청소년 비행의 원인을 설명하기에 적합하지 않은 이론은?

① 아노미이론
② 사회통제이론
③ 하위문화이론
④ 사회배제이론

청소년 비행의 원인을 설명하는 주요이론에는 아노미이론, 사회통제이론, 하위문화이론, 차별접촉이론, 낙인이론, 중화이론이 있다.
사회배제이론은 개인이나 집단이 다른 구성원들이 일반적으로 누릴 수 있는 다양한 권리, 기회, 자원으로부터 배제되어 있는 현상에 관한 이론이다. 아동, 청소년, 노인, 여성, 취약계층 등을 대상으로 한 다양한 고찰이 이루어지고 있다.

학습 Plus 청소년 비행의 원인론

- **아노미이론**: 현대 사회의 가치관 혼란 현상이 청소년 비행의 원인이라고 본다(예: 우리나라 청소년의 경우 좋은 성적, 좋은 학교 입학, 사회적 성공). 문화적 목표를 달성할 수 없게 될 때 아노미 상태에 빠지게 된다.
- **사회통제이론**: 사회 통제력이 약화되어 개인에게 미치지 못하게 될 때, 그 개인은 규범을 위반하게 된다고 본다.
- **하위문화이론**: 하위 계층에서 성장한 아이들은 학교를 다니면서 상위 계층과 상이한 문화적 차이를 접하면서 적응문제에 부딪히게 되어 비행을 일으킨다고 본다.
- **차별접촉이론**: 비행 친구끼리 차별적 집단을 형성하게 되는데, 그 집단의 행동을 통한 영향력이 비행의 원인이 된다고 본다.
- **낙인이론**: 자기 자신을 비행을 저지르는 사람으로 인식하는 데에는 타인으로부터 받는 낙인이 그 영향을 준다고 본다.
- **중화이론**: 비행의 원인이 학습된 변명과 정당화를 통해서 발생한다고 본다. 이 경우 죄의식 없이 비행을 저지르게 된다.

정답 81. ④

82 자살을 하거나 시도하는 학생들에게 공통적으로 나타나는 성격 특성과 가장 거리가 먼 것은? ▸2017

① 부정적인 자아개념 ② 부족한 의사소통 기술
③ 과도한 신중성 ④ 부적절한 대처기술

해 설

자살행동을 보이는 청소년의 경우 주로 감정기복이 심하고 충동적이며 스스로 자신의 감정이나 의사를 적절하게 표현하지 못하고 타인의 눈치를 보는 등으로 인해 부정적인 자기개념, 낮은 자존감, 우울을 특징으로 보인다.

83 테일러(Taylor)가 제시한 학습부진아에 관한 특성으로 옳지 않은 것은? ▸2016

① 학업에 대한 막연한 불안감을 가지고 있다.
② 자기비판적이고 부적절감을 가져 자존감이 낮다.
③ 목표설정이 비현실적이고 계속적인 실패를 보인다.
④ 주의가 산만하고 학업지향적이다.

해 설

- 학습부진(slower learner)은 여러 가지 이유로 실제 학업성취가 내담자가 지닌 능력에 비해 현저히 저하되는 특징을 보인다.
- Taylor는 학습부진아(underachiever)와 학습과진아(overachiever)의 특성을 비교하였는데, 학습부진아의 경우에는 사회지향적이며, 자기비판적이고 부적절감을 지니고, 불안 수준이 높고, 목표에 대해 비현실적이며, 대인관계에서 거절감이나 고립감을 느끼기 쉽고, 무관심하거나 비판적이기 쉽다고 보았다.

〈참조〉 학습과진아의 특성
성취지향적이며, 불안이 낮고 목표를 달성하기 위한 내적 통제력과 긴장감을 가진다. 목표가 현실적이고 성공 가능한 선택을 하고, 자신을 수용하고 낙관적이며 자기신뢰가 있다.

84 상담 및 심리치료의 발달사에 관한 설명으로 옳지 않은 것은? ▸2017

① William Glasser는 1960년대에 현실치료를 제시하였다.
② 가족치료 및 체계치료는 1970년대부터 본격적으로 등장하였다.
③ Rollo May와 Victor Franks의 영향으로 게슈탈트 상담이 발전하였다.
④ Witmer는 임상심리학이라는 용어를 최초로 사용했으며, 치료목적을 위해 심리학의 지식과 방법을 활용하였다.

정답 82. ③ 83. ④ 84. ③

해 설

Rollo May와 Victor Franks 등은 실존주의 철학의 기본가정을 현상학적 방법과 결합시켜 내담자에게 자신의 내면 세계를 있는 그대로 자각하고 이해하도록 하며, 지금-여기의 자기 자신을 신뢰하도록 하는 데 목표를 두는 실존주의 상담을 발전시켰다.

85 상담관계 형성에서 상담자가 갖추어야 할 자세로 적합하지 않은 것은?

① 내담자와 시선 맞추기
② 최소 반응을 적절히 사용하기
③ 내담자의 주호소 문제를 인내를 갖고 지켜보기
④ 내담자의 감정을 반영하기

해 설

상담에서 중요한 것은 상담자가 내담자의 이야기를 듣고 내담자의 가장 절실한 문제(주호소 문제)가 무엇인지를 빨리 파악하며 무엇을 해결하는 것이 더 중요한지를 아는 것이다.

학습 Plus 상담관계 형성을 위한 상담자의 태도

- 경청하기
  - 상담자는 내담자에게 관심을 기울여 경청함으로써 어렵고 혼란스러운 상황에서 빠져나오도록 도와야 한다.
  - 상담자는 최소 반응을 통해 내담자에게 자신의 말을 경청하고 있음에 확신을 줄 수 있으며, 이와 함께 비언어적 행동을 사용할 수 있다. 또한 자연스러운 시선 맞추기는 내담자와의 라포를 형성하는 데 중요하다.
- 상담에 대한 동기 부여하기
  - 비자발적인 내담자의 경우 상담에 대한 동기 부여를 통해 자발적으로 참여하도록 함으로써 상담관계를 형성해 나간다.
  - 자발적으로 자기 문제를 해결하려고 할 때 상담은 가장 효과적이며, 상담자와 내담자 간에는 자연스럽게 내담자가 가진 문제를 해결하기 위한 상담관계가 형성된다.
- 감정 반영하기
  - 내담자의 이야기를 잘 듣고 감정의 반영을 통해 내담자가 내면의 이야기를 더 표현하도록 돕는다.
  - 상담자는 내담자로 하여금 자기 감정을 충분히 경험하도록 함으로써 정화(catharsis), 고통에 대한 이해와 수용, 자신의 감정을 피하지 않고 받아들이게 된다.
- 무조건적인 긍정적 존중하기
  - 상담자가 내담자를 있는 그대로 존중하고 받아 줄 때, 내담자는 자신의 문제를 진솔하게 내놓으면서 문제해결의 실마리를 찾아나가게 된다.
  - 무조건적인 긍정적 존중은 내담자를 판단하지 않고 온전하게 받아들이는 것이며, 내담자가 한 인간으로서 갖는 약점과 긍정적 측면을 있는 그대로 수용하는 것이다.
- 내담자의 문제를 정확하게 이해하기
  - 상담에서 중요한 것은 상담자의 전문성이다. 내담자의 이야기를 듣고 내담자의 가장 절실한 문제가 무엇인지를 빨리 발견하고 무엇을 해결하는 것이 더 중요한지를 알아야 한다.
  - 상담자가 문제의 핵심을 파악하고 접근할 때 내담자는 상담자를 신뢰하고, 적극적으로 상담에 임하게 된다.

정답 85. ③

86 다음에서 설명하는 상담기법은?

> 내담자의 감정에 대한 명확한 이해를 포함하여 내담자의 진술을 반복하거나 재표현하기도 한다.

① 재진술 ② 감정의 반영
③ 해석 ④ 통찰

해설

• 감정의 반영
- 감정의 반영은 내담자의 말이나 비언어적 행동을 통해서 감정을 명확히 파악하여 내담자의 진술을 반복하거나, 상담자가 내담자의 감정을 중심으로 표현하는 것을 말한다.
- 상담자가 표현한 감정의 반영이 내담자가 느끼는 것과 비교적 가깝다면 상담자로부터 충분히 이해받고 있다고 느끼게 되고 자신의 감정을 보다 분명히 말할 수 있도록 돕는다.

• 재진술
재진술은 내담자의 이야기를 듣고 상담자가 자신의 표현 양식으로 바꾸어 말하는 기법을 말한다. 감정의 반영이 대화 뒤에 숨겨진 내담자의 '느낌'에 강조점을 둔다면, 재진술은 내화의 '내용', 즉 인지적 측면에 강조점을 둔다.

• 해석
해석은 내담자가 자신의 말이나 상황에 대해 명확하게 의식하지 못하는 것에 대해 그 의미를 설명해 주는 상담기법이다.

• 통찰
상담 과정에서 내담자가 자신의 생각, 감정, 행동의 기저하는 욕구나 동기에 대해 자각하게 되는 과정을 말한다.

87 상담에서 내담자의 권리에 관한 설명으로 옳지 않은 것은?

① 상담자의 자격과 훈련에 대한 정보를 제공받을 수 있다.
② 내담자가 자신과 타인에게 해를 미칠 경우에도 비밀을 보장받을 수 있다.
③ 상담자를 선택할 수 있는 권리와 상담을 거부할 수 있는 권리에 대한 정보를 제공받을 수 있다.
④ 법적으로 정보공개가 요구되는 경우에는 비밀보장의 한계를 가질 수 있다.

해설

상담 과정은 비밀보장의 원칙에 의해 내담자의 정보와 상담 내용이 노출되어서는 안 된다. 단, 내담자가 자신과 타인에게 해를 미치는 경우에는 비밀보장 예외원칙에 해당되며, 이 경우에는 내담자에게 이를 고지하도록 한다.

정답 86. ② 87. ②

88 아들러(Adler)의 상담이론에서 사용하는 기법이 아닌 것은?

① 격려하기
② 전이의 해석
③ 내담자의 수프에 침 뱉기
④ 마치 ~인 것처럼 행동하기

해 설

- 전이의 해석은 프로이트의 정신분석 치료기법에 해당된다. 상담 과정에서 내담자가 보이는 전이 현상을 면밀히 분석하고 해석하는 전이 분석을 통해 내담자는 자신의 무의식적 갈등과 현재 문제의 의미를 통찰할 수 있게 된다.
- **격려하기(encouragement)**: 격려는 내담자로 하여금 자신이 존중받는 존재라는 인식을 증진하여 자신감과 심리적 강인성을 촉진하는 데 핵심적인 치료요인이다. 격려를 통해 내담자는 용기를 얻게 되며 고난과 역경을 견뎌 낼 능력과 의지를 발달시키는 데 도움이 된다.
- **수프에 침 뱉기(spitting in the client's soup)**: 내담자가 반복적으로 드러내는 자기파괴적인 행동의 동기를 확인하고, 이를 제시해서 부적응적 행동을 유발하는 내면적 동기를 자각하게 함으로써 부적응적인 행동의 반복을 억제하는 방법이다.
- **마치 ~인 것처럼 행동하기(acting as if)**: 내담자가 스스로 할 수 없다고 생각하는 것을 실제로 성취할 수 있는 것처럼 행동해 보도록 권장하는 개입방법이다. 자존감과 자신감을 향상시키고 새로운 변화를 위한 용기를 북돋우며 행동의 목표를 재정립하는 데 도움이 된다.

89 벡(Beck)의 인지치료에서 인지도식에 관한 설명으로 옳지 않은 것은?

① 인지도식이란 나와 세상을 이해하는 틀이다.
② 사람마다 인지도식이 다르기 때문에 같은 사건을 다르게 해석한다.
③ 역기능적 인지도식은 추상적 사고가 가능한 청소년기부터 형성된다.
④ 역기능적 신념이 역기능적 자동적 사고를 유발하여 부적응 행동을 초래한다.

해 설

- 역기능적 인지도식은 어린 시절의 경험에 의해서 형성되며, 성장하여 부정적인 생활 사건에 직면하게 되면 활성화되어 그 사건의 의미를 부정적으로 왜곡함으로써 우울 증상을 유발하게 된다.
- 인지도식은 대부분의 경우에 생의 초기에 구축되기 시작하며, 초기 아동기에 부모를 비롯한 중요한 인물과의 상호작용 경험은 자신과 세상에 대한 핵심신념을 형성하는 데 중추적인 역할을 한다.

정답 88. ② 89. ③

90 정신분석적 접근에서 과거가 현재의 정신적 활동에 지배적이고 영속적인 영향을 미친다는 기본 개념은?

① 결정론(determinism) ② 역동성(dynamic)
③ 지형학적(topography) 모델 ④ 발생적(genetic) 원리

해 설

- **발생적(genetic) 원리**: 과거는 현재의 정신적 활동에 지배적이고 영속적인 영향을 미치기에 개인의 행동을 이해하기 위해서는 어린 시절의 경험과 기억을 잘 탐색해야 한다고 보았다.
- **결정론(determinism)**: 인간의 모든 행동은 원인 없이 일어나지 않는다는 가정이다. 아무리 사소하고 어려운 행동이라고 하더라도 우연하게 일어나지는 않으며 심리적 원인에 의해 결정된다는 것이다.
- **역동성(dynamic)**: 무의식에 저장된 심리적 요소들은 일치성이나 상충성에 따라 서로를 촉진하거나 억제하는 역동적인 관계를 지닌다고 본다.
- **지형학적(topography) 모델**: 인간의 심리적 경험은 의식적 접근의 가능성을 기준으로 의식 수준, 전의식 수준, 무의식 수준으로 구분된다고 본다.

91 스트레스나 스트레스 대처에 관한 설명으로 옳은 것은?

① 스트레스의 원천으로는 좌절, 압력, 갈등, 변화 등이 있다.
② 스트레스에 대한 생리적 반응으로 부교감 신경계가 활성화된다.
③ 스트레스 대처방안에는 문제중심형과 인간중심형 대처방안이 있다.
④ 스트레스에 대한 생리적 반응은 경고-탈진-저항 단계 순으로 진행된다.

해 설

스트레스에 대한 생리적 반응으로 인해 교감 신경계가 활성화되면서 투쟁-도피 반응이 나타난다. 스트레스 대처방안에는 문제중심형과 정서중심형 대처방안이 있으며, 스트레스에 대한 생리적 반응은 경고-저항-탈진 단계 순으로 진행된다.

92 알코올 중독을 치료하기 위해 음주 시 구토를 유발하는 약물을 사용하는 것과 같은 조건형성 기법은? ▸2017

① 소거 ② 홍수법
③ 혐오치료 ④ 충격치료

정답 90. ④ 91. ① 92. ③

해설

혐오치료(aversion therapy)는 역조건형성의 일종으로서 바람직하지 못한 행동에 혐오자극을 제시하여 부적응적인 행동을 제거하는 기법이다. 혐오기법을 계획하고 적용할 때는 신체적, 정서적으로 부정적인 영향을 미치지 않도록 주의해야 하며 내담자의 권리와 선택을 존중해야 한다.

93 집단상담의 발달단계 특징을 순서대로 나열한 것은?

ㄱ. 집단구성원들에게 왜 이 집단에 들어오게 되었는지를 분명히 이해시키고, 서로 친숙해지도록 도와준다.
ㄴ. 상담자와 집단구성원들은 집단 과정에서 배운 것을 미래의 생활에서 어떻게 적용할 것인가를 생각한다.
ㄷ. 집단구성원들이 자기의 문제를 집단에서 논의하여 바람직한 행동 변화를 모색한다.
ㄹ. 집단 과정 동안에 일어나는 저항, 방어 등을 자각하고 정리하도록 도와준다.

① ㄱ → ㄴ → ㄷ → ㄹ
② ㄱ → ㄹ → ㄴ → ㄷ
③ ㄱ → ㄹ → ㄷ → ㄴ
④ ㄷ → ㄴ → ㄱ → ㄹ

해설

집단상담의 발달단계는 참여(초기)단계-갈등단계-응집성단계-생산적단계-종결단계 순으로 발달해 나간다.

- 집단구성원들에게 왜 이 집단에 들어오게 되었는지를 분명히 이해시키고, 서로 친숙해지도록 도와준다(참여단계).
- 집단 과정 동안에 일어나는 저항, 방어 등을 자각하고 정리하도록 도와준다(갈등단계).
- 집단구성원들이 자기의 문제를 집단에서 논의하여 바람직한 행동 변화를 모색한다(응집성단계).
- 상담자와 집단구성원들은 집단 과정에서 배운 것을 미래의 생활에서 어떻게 적용할 것인가를 생각한다(생산적 단계).

학습 Plus 집단상담의 발달단계

① 1단계: 참여단계(초기단계)
- 초기에 집단구성원들은 불안해 하면서 집단의 분위기를 탐색하고, 집단상담자에 대한 의존적 경향을 나타낸다.
- 이 단계에서 집단상담자는 집단구성원이 자유롭게 자신의 생각과 느낌을 솔직하게 표현하도록 돕고, 편안한 분위기 속에서 존중과 수용의 기본적 태도를 학습하도록 도와 집단구성원이 서로에게 신뢰감과 친밀감을 느낄 수 있도록 해야 한다.

② 2단계: 갈등단계
- 집단구성원이 집단과 다른 집단구성원에 대해 부정적인 정서 반응을 나타내는 것이 특징이다. 집단구성원은 집단에 대해 불만을 표현하게 되며, 개인적 욕구불만을 드러내기도 하며 공격적인 태도를 보일 수 있다.
- 이 단계에서 집단상담자는 집단구성원의 저항과 방어를 다루기 위해 즉각 개입하고, 지지적이고 신뢰할 만한 태도를 통해 집단구성원의 방어와 갈등을 다루도록 한다.

정답 93. ③

③ 3단계: 응집성 단계
- 집단구성원 상호 간에 신뢰감이 증진되고 적극적인 관심과 애착을 갖게 되면서 한층 깊은 수준의 자기개방을 하게 된다. 단, 집단구성원은 자기만족과 다른 사람에게 호감을 얻으려는 경향을 갖고 있기에 더 이상 집단이 발달하지 못할 수 있다.
- 이 단계에서 집단상담자는 집단구성원이 가지고 있는 성장하려는 힘을 촉진하고 집단구성원 간에 상호작용을 촉진하도록 한다.

④ 4단계: 생산적 단계
- 집단구성원은 자신에 대한 깊은 통찰을 얻게 되고, 그 결과 행동을 변화시킬 수 있는 준비도 이루어진다. 상호 간의 유대관계가 강해지므로 피드백이나 직면이 잘 이루어지고 교정적 정서 경험을 하게 된다.
- 이 단계에서 집단상담자는 적절한 시기에 집단구성원의 행동의 의미를 해석해 주며, 더 깊은 수준의 자기탐색이 이루어지도록 돕고, 집단 과정 동안에 깨닫거나 알게 된 것을 행동으로 옮기도록 격려하며 새로운 기술을 익히도록 돕는다.

⑤ 5단계: 종결단계
- 집단구성원들에게 집단 과정에서 경험한 것의 의미를 명료화하며, 배우고 익힌 것을 실생활에 어떻게 적용할 것인가에 대해 이야기를 나누며 집단의 전 과정을 마무리한다.
- 이 단계에서 집단상담자는 종결단계에서 오는 이별의 감정을 다루고, 미해결 과제를 정리하며 집단 과정에서 배운 것을 일상생활에서 적용하도록 돕는다.

94 다음에서 설명하는 것은?

> 로저스(Rogers)가 제시한 바람직한 심리상담자의 태도 중 상담자가 내담자의 경험 또는 내담자의 사적인 세계를 민감하게 그리고 정확하게 이해하려는 노력

① 공감적 이해 ② 진실성
③ 긍정적 존중 ④ 예민한 관찰력

해 설

로저스(Rogers)가 제시한 상담자의 기본태도는 진솔성, 무조건적인 긍정적 존중, 공감적 이해이다. '공감적 이해'를 위해 상담자는 먼저 내담자의 경험을 민감하게 느끼고 이해해야 한다.
- **진솔성**: 진솔성은 치료 과정에서 매 순간 경험하는 감정을 있는 그대로 솔직히 인정하고 표현하는 태도로서 치료자가 경험하는 감정을 기꺼이 표현하고 개방하는 것을 말한다.
- **공감적 이해**: 치료자가 내담자의 감정에 빠져들지 않으면서 내담자의 감정을 자신의 감정처럼 느끼고 이해하며 이를 내담자에게 전달하는 것을 말한다.
- **무조건적인 긍정적 존중**: 내담자를 존중하며 있는 그대로 수용하는 것을 말한다. 상담자가 비판단적으로 내담자를 존중할 때, 방어하지 않고 자신의 경험을 자유롭게 탐색할 수 있게 되며 안정감과 자기개념의 변화를 경험하게 된다.

정답 94. ①

95 AA(익명의 알코올 중독자 모임)에서 고수하고 있는 12단계와 12전통에 해당하지 않는 것은?

① 외부의 문제에 대해서는 어떠한 의견도 제시하지 않는다.

② 항상 비직업적이어야 하지만, 서비스 센터에는 전임 직원을 둘 수 있다.

③ 홍보 원칙은 적극적인 선전보다 AA 본래의 매력에 기초를 둠에 따라 대중매체에 개인의 이름이 밝혀져서는 안 된다.

④ 외부의 기부금은 개인의 이익이 아닌 AA 전체의 이익을 위해서만 쓰여야 한다.

해설

AA의 12전통에 의하면, 외부로부터의 기부금을 받지 않으며 전적으로 자립해 나갈 것을 강조한다.

〈참조〉 AA 12전통

- **1전통**: 우리의 공동 복리가 무엇보다 우선되어야 한다. 개인의 회복은 AA의 공동 유대에 달려 있다.
- **2전통**: 우리의 그룹 목적을 위한 궁극적인 권위는 하나이다. 우리의 지도자는 신뢰받는 봉사자일 뿐이지 다스리는 사람들은 아니다.
- **3전통**: 술을 끊겠다는 열망이 AA의 멤버가 되기 위한 유일한 조건이다.
- **4전통**: 각 그룹은 다른 그룹이나 AA 전체에 영향을 끼치는 문제를 제외하고는 반드시 자율적이어야 한다.
- **5전통**: 각 그룹의 유일한 근본 목적은 아직도 고통 받고 있는 알코올 중독자들에게 메시지를 전하는 것이다.
- **6전통**: AA그룹은 관계 기관이나 외부의 기업에 보증을 서거나, 융자를 해 주거나, AA의 이름을 빌려주는 일 등을 일체 하지 말아야 한다.
- **7전통**: 모든 AA 그룹은 외부의 기부금을 사절하며, 전적으로 자립해 나가야 한다.
- **8전통**: AA는 항상 비직업적이어야 한다. 그러나 서비스 센터에는 전임 직원을 둘 수 있다.
- **9전통**: AA는 결코 조직화되어서는 안 된다. 그러나 봉사부나 위원회를 만들 수는 있으며, 그들은 봉사 대상자들에 대한 직접적인 책임을 갖게 된다.
- **10전통**: AA는 외부의 문제에 대해서는 어떠한 의견도 가지지 않는다.
- **11전통**: AA의 홍보 원칙은 적극적인 선전보다 AA 본래의 매력에 기초를 둔다. 따라서 대중매체에서 익명을 지켜야 한다.
- **12전통**: 익명은 우리의 모든 전통의 영적 기본이며, 이는 각 개인보다 항상 AA의 원칙을 앞세워야 한다는 것을 일깨워 주기 위해서이다.

96 도박중독에 관한 설명으로 옳은 것은? ▸ 2006, 2011, 2016, 2018

① 원하는 흥분을 얻기 위해 액수를 낮추면서 도박을 한다.

② 정상적인 사회생활에는 큰 지장이 없다.

③ 도박을 중단하면 금단현상이 나타나며, 심하면 자살을 초래한다.

④ 도시보다 시골지역에 많으며, 평생 유병률은 5% 정도로 보고되고 있다.

정답 95. ④ 96. ③

PART 05 심리상담

해설

- 도박중독은 원하는 흥분을 얻기 위해 액수를 늘리면서 도박하려는 욕구를 특징으로 한다. 정상적인 사회생활을 유지하기가 어렵고, 중요한 대인관계, 직업, 교육이나 진로의 기회를 상실한다.
- 병적 도박자들은 도박을 중단하면 안절부절못하고 우울해지거나 과민하고 집중력이 저하되는 금단 증상을 보이며, 심한 경우에는 자살을 초래한다.
- 시골보다는 도시에 도박중독자가 더 많으며, 평생 유병률은 0.4~1% 정도로 보고되고 있다.

97 상담기법 중 상담 초기 단계에서 더 많이 사용하는 것은?

① 직면
② 자기개방
③ 개방형 질문
④ 심층적 질문

해설

- 개방형 질문은 한정된 답을 요구하지 않고 내담자가 자신의 문제에 대해 깊이 생각하고 드러낼 수 있도록 질문하는 것을 말한다. 상담 초기 단계의 개방형 질문은 편안하고 자연스러운 상담관계를 발전해 나가는 데 도움이 되며 내담자의 다양한 문제를 이해하는 데 유용하다.
- 직면, 상담자의 자기개방, 심층적 질문은 주로 상담의 중기 단계에서 이루어진다.

98 특정한 직업 분야에서 훈련이나 직무를 성공적으로 수행할 가능성을 예측하는 데 가장 적합한 검사는? ▸ 2015

① 직업적성검사
② 직업흥미검사
③ 진로성숙도 검사
④ 직업가치관 검사

해설

- 직업적성검사는 적성에 적합한 직업군을 탐색하고, 직무에 대한 성공가능성을 예측하는 데 유용하다.
- 직업흥미검사는 자신의 흥미를 파악하고, 직업 흥미에 적합한 직업을 탐색하는 데 유용하다.
- 진로성숙도 검사는 진로발달에 필요한 태도, 능력, 행동을 어느 정도 갖추고 있는가에 대한 정보를 제공한다.
- 직업가치관 검사는 직업 관련 욕구와 직업 가치들에 대한 정보를 제공한다.

99 변태성욕장애 중 여성의 속옷 또는 손수건 등을 수집하고, 이를 사용하여 성적 만족을 느끼는 것은?

① 노출장애
② 물품음란장애
③ 관음장애
④ 소아성애장애

정답 97. ③ 98. ① 99. ②

해 설

- 물품음란장애는 무생물인 물건(여성의 속옷, 스타킹, 신발 등)에 대해 성적 흥분을 느끼고 집착하며 성적 공상, 충동 또는 성적 행동을 보인다.
- 노출장애는 성기 노출 행위를 통해 반복적이고 강렬한 성적 흥분을 느끼는 장애이다.
- 관음장애는 다른 사람이 옷을 벗고 있는 모습을 몰래 훔쳐봄으로써 성적 흥분을 느끼는 장애이다.
- 소아성애장애는 사춘기 이전의 아동(13세 이하)을 상대로 한 성적 충동이나 성적 행동을 특징으로 한다.

100 실존적 심리치료에서 가정하는 인간의 4가지 실존적 조건에 해당하지 않는 것은?

① 무의미 ② 무한적 존재

③ 고독 ④ 자유와 책임

해 설

실존치료에서는 인간의 4가지 실존적 조건을 죽음, 자유와 책임, 고독, 무의미로 보았다. 인간은 죽음이라는 실존적 현실 앞에서 유한성을 지니며, 이러한 실존적 불안을 자각하고 의미 있는 삶을 선택하도록 돕는다.

〈참조〉 실존치료의 4가지 실존적 조건

- **죽음**: 인간은 유한적 존재로서 죽음을 부정적으로 보지 않으며 삶의 의미를 부여하는 기본조건으로 여기고, 죽음을 인식함으로써 오히려 진정한 삶을 살아가도록 전환한다.
- **자유와 책임**: 선택의 자유를 통해 자신의 삶을 스스로 결정하고, 삶에 대한 책임을 인식하며, 자신의 의지로 선택한 것에 대해서 책임을 지는 삶을 돕는다.
- **고독**: 타자와 분리된 개체로서 근본적인 고독을 인식하고, 실존적인 소외에 직면하며 타인과 관계를 맺도록 돕는다.
- **무의미**: 인간 삶에서 의미란 절대적인 것은 아니며, 삶의 경험에 개방적인 태도를 취하고 의미를 부여하고 발견하며 창조하도록 돕는다.

정답 100. ②

06 2020년 제1회 기출문제

81 벌을 통한 행동 수정 시 유의해야 할 사항이 아닌 것은? ▸ 2016

① 벌을 받을 행동을 구체적으로 세분화하고 설명한다.

② 벌을 받을 상황을 가능한 한 없애도록 노력한다.

③ 벌은 그 강도를 점차로 높여 가야 한다.

④ 벌을 받을 행동이 일어난 직후에 즉각적으로 벌을 준다.

해 설

벌은 가장 효과가 있을 것으로 예상되는 처벌을 선택하여야 하며, 벌은 그 강도를 높이지 말아야 한다. 벌의 강도는 행동에 상응하는 수준이어야 한다.

〈참조〉 벌을 통한 행동 수정 시 유의사항

- 벌을 받을 행동을 구체적으로 세분화한다.
- 바람직한 행동이 무엇인지를 사전에 말해 준다.
- 바람직한 상반행동을 하도록 그 조건을 극대화한다.
- 가장 효과가 클 것이라고 예상되는 벌을 선택한다.
- 벌의 강도는 행동에 상응하는 수준이어야 한다.
- 벌을 받을 행동이 일어난 직후에 즉각적으로 벌을 주도록 한다.
- 벌은 행동의 연속선상 앞부분에 준다.
- 벌은 정적 강화와 함께 주지 않도록 한다.

82 청소년의 권리 및 책임, 청소년 육성 정책에 관한 기본적인 사항을 규정한 「청소년기본법」의 제정 시기는?

① 1960년대 ② 1970년대 ③ 1980년대 ④ 1990년대

정답 81. ③ 82. ④

해설

「청소년 기본법」은 청소년에 대한 법적 사항을 담고 있는 법률이다. 1991년 12월 31일에 법률 제4477호로 제정되어 개정을 거쳐 현재에 이르렀다. 이 법에서는 법적 청소년을 9세 이상 24세 이하로 명시하고 있으며, 모든 상황에서 청소년의 기본적 인권이 존중되어야 함을 명시하고 있다.

83 약물에 관한 설명으로 옳은 것을 모두 고른 것은?

ㄱ. 약물 오용: 의도적으로 약물을 다른 목적으로 사용하는 것이다.
ㄴ. 약물 의존: 약물이 없이는 지낼 수 없어 계속 약물을 찾는 상태를 말한다.
ㄷ. 약물 남용: 약물을 적절한 용도로 사용하지 못하고 잘못 사용하는 것이다.
ㄹ. 약물 중독: 약물로 인해 신체건강에 여러 부작용을 나타내는 상태를 말한다.

① ㄱ, ㄴ
② ㄴ, ㄹ
③ ㄷ, ㄹ
④ ㄱ, ㄹ

해설

- 약물 의존은 약물이 없이는 지낼 수 없어 계속 약물을 찾는 상태를 말한다. 잦은 약물 사용으로 내성이 생겨 중단이나 감소 시 금단현상이 나타나게 되어 반복적으로 재사용하게 된다.
- 약물 중독은 약물로 인해 신체건강에 여러 부작용을 나타내는 상태를 말한다. 다양한 부적응적 행동이나 신체 생리적 변화가 나타나며 사회적 또는 직업적 기능 손상을 초래한다.
- 약물 오용은 약물을 적절한 용도로 사용하지 못하고 잘못 사용하는 것이며, 약물 남용은 의도적으로 약물을 다른 목적으로 사용하는 것을 말한다.

84 집단상담에서 상대방의 행동이 나에게 어떤 반응을 일으키는가에 대하여 상대방에게 직접 이야기해 주는 개입방법은? ▸ 2013

① 자기투입과 참여
② 새로운 행동의 실험
③ 피드백 주고받기
④ 행동의 모범을 보이기

해설

피드백 주고받기란 타인의 행동에 대한 자신의 반응을 상호 간에 솔직히 이야기해 주는 과정을 말한다. 이를 통해 타인과 자신에 대한 이해의 폭을 넓힐 수 있으며, 집단원의 특정 행동 변화에 도움을 줄 뿐만 아니라 피드백을 주고받는 방법에 대한 모델의 역할이 되기도 한다.

정답 83. ② 84. ③

85 청소년 비행 중 우발적이고 기회적이어서 일단 발생하면 반복되고 습관화되어 다른 비행행동과 복합되어 나타날 수 있는 것은? ▸ 2015

① 약물 사용
② 인터넷 중독
③ 폭력
④ 도벽

해 설

도벽(kleptomania)은 남의 물건을 훔치고 싶은 충동을 참지 못해 반복적으로 문제행동을 하는 경우를 말하며, 절도광이라고도 한다. 도벽은 청소년기부터 시작해서 점차 만성화되는 경향이 있고, 다른 비행행동과 복합되어 나타날 수 있다. 대개 물건을 훔치기 직전에 긴장감이 높아지며, 물건을 훔치고 난 후 기쁨, 만족감, 안도감을 느끼기에 절도행위를 반복하게 된다.

86 진로상담에서 "하고 싶은 일이 너무 많아요"라고 호소하는 내담자에게 가장 먼저 개입해야 하는 방법은?

① 자기이해
② 직업정보 탐색
③ 진학정보 탐색
④ 진로 의사결정

해 설

진로상담에서는 자신에 대한 객관적인 이해를 통한 올바른 진로선택을 할 수 있도록 돕는 데 있다. 사례의 경우, 자기 자신에 관한 정확한 이해 증진이 필요하며, 자기개념의 구체화를 통해 자신의 현실적인 개념을 형성하도록 하고, 자신의 성격, 능력, 적성, 흥미 등을 이해하도록 한다.

학습 Plus 진로상담의 일반적 목표

- **자기 자신에 관한 정확한 이해 증진**: 자기개념의 구체화를 통해 자신의 현실적인 개념을 형성하도록 하며, 자신의 성격, 능력, 적성, 흥미 등을 이해하도록 한다.
- **일(직업)의 세계에 대한 이해 증진**: 현대 사회에서 정치적 · 경제적 · 사회적 측면을 통해 요구되는 다양하고 복잡한 일의 세계를 이해하는 동시에 그 변화의 흐름에 적응하도록 한다.
- **합리적인 의사결정 능력의 증진**: 일(직업)의 세계에 대한 다양한 정보를 적절히 활용하여 최선의 선택이 이루어지도록 의사결정 기술의 습득을 돕는다.
- **정보 탐색 및 활용능력의 함양**: 내담자 스스로 일(직업)의 세계에 대한 정보를 탐색할 수 있는 방법을 알려 주고, 이를 수집, 활용할 수 있는 방법을 체득하도록 돕는다.
- **일과 직업에 대한 올바른 가치관 및 태도 형성**: 직업에 대한 올바른 의식과 건전한 가치관을 습득하도록 하여 바람직한 직업윤리를 형성하도록 한다.

정답 85. ④ 86. ①

87 교류분석상담에서 성격이나 일련의 교류들을 자아상태 모델의 관점에서 분석하는 것은?

▸ 2016

① 구조분석 ② 기능분석
③ 게임분석 ④ 각본분석

해설

- 교류분석상담에서는 인간의 성격이 '어버이 자아' '어른 자아' '어린이 자아'의 세 가지로 구성되어 있다고 본다. 이러한 세 자아는 각각 분리되어 독특한 행동의 원천이 된다.
- 구조분석(structural analysis)이란 개인의 감정, 사고, 행동을 자아상태 모델의 관점에서 이해하는 방법으로, 주로 어버이(P), 어른(A), 어린이(C)의 세 가지 자아상태가 어떻게 구성되어 있는지 분석하는 것을 의미한다. 구조분석은 성격의 불균형을 발견하고 회복하는 데 초점을 둔다.
- 기능분석(functional analysis)이란 개인이 각 자아상태를 어떻게 사용하고 있는가를 알기 위한 방법으로, 아버지 자아는 비판적 어버이 자아, 양육적 어버이 자아로 나누고, 어린이 자아는 자유로운 어린이 자아와 순응하는 어린이 자아로 나누며, 어른 자아는 객관적이고 논리적인 기능을 대표하기에 별도로 분리하지 않는다. 다섯 가지 자아상태의 기능을 효율적으로 활용하는 사람을 기능적이라고 보았다.
- 게임분석(game analysis)이란 표면적으로는 합리적이고 친밀한 대화로서 동기화되고 상보적인 것으로 보이나 그 이면에는 정형화된 함정이나 속임수가 내포되어 있는 역기능적인 의사소통이 발생되고 있는지를 살펴보기 위한 방법이다.
- 각본분석(script analysis)이란 자신의 자아상태에 대해 통찰함으로써 자기각본을 이해하고 거기서 벗어나도록 하는 것을 말한다.

88 미국심리학회(APA)와 미국상담학회(ACA)에서 제시한 전문적인 심리상담자의 기본적인 도덕 원칙에 해당하지 않는 것은?

① 자율성(autonomy) ② 명확성(clarity)
③ 성실성(fidelity) ④ 선행(beneficence)

해설

심리학자의 기본적인 5가지 도덕 원칙

- **자율성(autonomy)**: 타인의 권리를 해치지 않는 한 내담자가 자신의 행동을 선택할 권리가 있음을 의미한다.
- **선행(beneficience)**: 내담자와 타인을 위해 선한 일을 하는 것을 의미한다.
- **무해성(nonmaleficence)**: 내담자에게 해를 끼치는 행동을 하지 않는 것을 의미한다.
- **공정성(justice)**: 모든 내담자는 평등하며, 성별과 인종, 지위에 관계없이 공정하게 대우받아야 한다.
- **성실성(fidelity)**: 상담자는 내담자에게 믿음과 신뢰를 주며 상담관계에 충실해야 한다.

정답 87. ① 88. ②

89 정신분석적 상담에서 내적 위험으로부터 아이를 보호하고 안정시키는 어머니의 역할을 모델로 한 분석기법은? ▸ 2016

① 버텨주기(holding) ② 역전이(cocunter transference)
③ 현실검증(reality testing) ④ 해석(interpretation)

해 설

정신역동이론 중 하나인 대상관계이론에서는 치료 과정에서 상담자의 수용, 공감적 이해, 반영, 견디어 주는 능력이 중요하다고 보며, 이러한 능력을 바탕으로 상담자가 충분히 좋은 어머니의 역할을 하는 것을 통해 치료가 이루어진다고 본다. 버텨주기(holding)란 심리치료 과정에서 마치 엄마가 아이를 안아 주듯이 상담자가 내담자의 고통과 불안을 함께하며 심리적으로 보듬고 안아 주는 환경을 제공하는 것을 말한다.

90 다음 설명에 해당하는 상담기법은?

> 내담자가 반복적으로 드러내는 자기파멸적인 행동의 동기를 확인하고 그것을 제시해서 감춰진 동기를 외면하지 않고 자각하게 함으로써 부적응적인 행동을 멈추도록 한다.

① 즉시성 ② 단추 누르기
③ 수프에 침 뱉기 ④ 악동 피하기

수프에 침 뱉기(spitting in the client's soup)
내담자가 반복적으로 드러내는 자기파괴적인 행동의 동기를 확인하고 이를 제시해서 부적응적 행동을 유발하는 내면적 동기를 자각하게 함으로써 부적응적인 행동의 반복을 억제하는 방법이다.

학습 Plus 아들러의 개인심리학: 심리치료 기법

- 즉시성(immediacy)
  내담자로 하여금 현재 이 순간에 무엇이 일어나고 있는지를 자각하도록 하는 기법이다. 치료자와의 상호작용에서 일어나는 일들이 내담자의 일상생활에서 일어날 수 있음을 인식하도록 한다(예: 치료자가 내담자의 자녀양육 방식과는 다른 방식을 제시할 때, 내담자는 치료자에게 자신을 좋아하지 않는다고 불평할 수 있음. 이 경우 치료자는 내담자로 하여금 다른 사람들이 자신에게 동의하지 않을 때마다 자신을 싫어하는 증거라고 여겨 왔음을 깨닫게 함).
- 단추 누르기(pushing the button)
  내담자에게 스스로 감정을 통제할 수 있음을 인식하도록 하는 기법이다. 내담자로 하여금 유쾌 혹은 불쾌했던 상황을 떠올리도록 하고 이때 동반되는 감정들을 살펴보게 한 후, 어떤 감정을 선택할지는 자신이 결정할 수 있음을 깨닫게 한다.
- 악동 피하기(avoiding the tar baby)
  내담자가 흔히 빠지는 함정과 난처한 상황을 피하도록 돕기 위한 기법이다. 치료자는 내담자의 지속적인 자기파괴적인 행동을 변화시키기 위해서 예측하지 못했던 새로운 방식을 제안하여 문제를 극복하도록 돕는다.

정답 89. ① 90. ③

- 마치 ~인 것처럼 행동하기(acting as if)
  내담자가 스스로 할 수 없다고 생각하는 것을 실제로 성취할 수 있는 것처럼 행동해 보도록 권장하는 개입방법이다. 자존감과 자신감을 향상시키고 새로운 변화를 위한 용기를 북돋우며 행동의 목표를 재정립하는 데 도움이 된다.
- 자신을 포착하기(catching one self)
  내담자가 반복적으로 범하는 부적응적인 행동을 자각하게 함으로써 그러한 행동을 방지하도록 돕는 방법이다. 치료자는 내담자의 문제행동의 예고 표시나 징후를 밝혀서 내담자에게 이러한 징후가 나타나면 습관적 행동을 자제하라는 신호로 생각하고 새로운 적응적 행동을 하도록 격려한다.
- 직면(confrontation)
  내담자로 하여금 자신의 잘못된 목표와 신념을 회피하지 않고 정면으로 자각하도록 돕는 것을 말한다. 직면은 4가지 유형으로 구분된다.
  - 주관적 견해에 대한 직면: 내담자 자신만이 받아들일 수 있는 자기중심적인 부적응적 행동을 만들어 내는 자기 합리화나 사적인 논리에 직면시키는 것
  - 잘못된 신념과 태도에 대한 직면: 내담자의 사회적 적응을 방해하고 자기파괴적인 행동으로 인도하는 잘못된 신념과 태도를 자각시키고 그것의 부적절성을 직면시키는 것
  - 사적 목표에 대한 직면: 내담자가 추구하는 목표가 부적절한 무의식적 동기에 의한 것이거나 자기파괴적인 결과를 초래할 위험이 있을 경우에 이를 직면시키는 것
  - 파괴적인 행동에 대한 직면: 내담자가 치료 과정에서 수동-공격적인 방식으로 문제를 회피하거나 치료자에게 공격적인 행동을 나타낼 경우에 이러한 행동이 자기파괴적인 결과를 초래하게 된다는 점을 직면시키는 것
- 과제 부여(task assignment)
  치료자가 내담자의 동의하에 문제해결을 위한 구체적인 행동 과제를 정하고 내담자로 하여금 그러한 과제를 수행하게 하는 것을 말한다. 구체적인 과제 수행은 문제해결을 돕고, 과제 수행을 계획하고 실행하는 과정을 통해 내담자의 책임감과 과제 수행 역량을 증진시킨다.
- 격려하기(encouragement)
  격려는 내담자로 하여금 자신이 존중받는 존재라는 인식을 증진하여 자신감과 심리적 강인성을 촉진하는 데 핵심적인 치료요인이다. 격려를 통해 내담자는 용기를 얻게 되며 고난과 역경을 견뎌 낼 능력과 의지를 발달시키는 데 도움이 된다.

91 트라우마 체계 치료(TST)의 원리에 대한 설명으로 옳지 않은 것은?

① 무너진 체계를 조정하고 복원하기 ② 현실에 맞추기
③ 최대한의 자원으로 작업하기 ④ 강점으로 시작하기

해설

- 트라우마 체계 치료(Trauma Systems Therapy: TST)는 나이에 상관없이 정서 상태를 조절하는 데 어려움을 겪고 있는 트라우마를 가진 아동을 위해 활용되도록 고안되었다.
- TST는 아동 및 아동의 사회 환경 전반에 대한 개입을 위한 전략을 세우기보다는 주어진 자원과 환경적 여건에 맞추어 문제를 해결해 나가는 접근법을 취한다. 이에 최소한의 자원(즉, 주어진 조건)에서 가장 효과적으로 도움을 줄 수 있는 전략을 구성하는 데 초점을 둔다(치료원리-⑤ '최소한의 자원으로 작업하기'에 해당됨).

정답 91. ③

• 트라우마 체계 치료(TST)는 10가지 치료원리를 따른다.
  ① 무너진 체계를 조정하고 복원하기
  ② 먼저 안전을 확보하기
  ③ 사실에 근거하여 명확하고 초점화된 계획을 만들기
  ④ '준비'되지 않았을 때 '시작'하지 않기
  ⑤ 최소한의 자원으로 작업하기
  ⑥ 책임, 특히 당사자의 책임을 주장하기
  ⑦ 현실에 맞추기
  ⑧ 당신 자신과 팀을 돌보기
  ⑨ 강점으로 시작하기
  ⑩ 더 좋은 체계를 만들어 남겨 두기

학습 Plus 트라우마 체계 치료(TST)의 10가지 치료원리

① 무너진 체계를 조정하고 복원하기
무너진 트라우마 체계를 조정하고 복원하기 위한 명확하고 통합적이며 조절적인 방법을 만들어 낸다.

② 먼저 안전을 확보하기
안전을 확보하기 위한 위험성 요인을 평가하고, 이에 기반한 치료계획을 구성한다. 본 치료를 실시하기 전에 안전성을 확보하는 것이 중요하다.

③ 사실에 근거하여 명확하고 초점화된 계획을 만들기
아동의 정서조절장애 및 사회 환경/돌봄 체계 내의 특정한 임상적 증거를 수집하고 사실에 근거한 구체적인 치료계획을 발전시켜 나간다.

④ '준비'되지 않았을 때 '시작'하지 않기
특정 치료계획에 대해 가족과 동맹을 시작하고, 치료에 실질적으로 방해되는 것을 조정하고, TST 관련 내용이 어떤 결과를 가져올지에 대한 심리교육이 이루어져 있어야 한다.

⑤ 최소한의 자원으로 작업하기
치료를 통해 모든 것을 변화시키려 하기보다는 주어진 자원 내에서 효과적인 계획을 수립하기 위해 노력한다.

⑥ 책임, 특히 당사자의 책임을 주장하기
가족과 책임의 가치에 대해 논의하고 특정한 활동에 대해 의견을 나누고 해당 활동을 수립한다(예: 가정기반 팀이 집으로 들어가도록 허락할 것, 폭력적인 동거인의 행동에 경찰을 부를 것).

⑦ 현실에 맞추기
상담자는 아동과 그의 가족이 그들의 실질적인 현실을 고려하고, 현실에 기반한 결정을 하는 기술을 습득하도록 돕는다. 치료계획은 실질적 현실 안에서 이루어져야 하며 주어진 현실에서 가능한 한 가장 좋은 결정을 내리도록 돕는다.

⑧ 당신 자신과 팀을 돌보기
아동에게 해를 끼치는 것을 반복적으로 지켜봐야 하는 경우에 철회, 극도의 피로, 스트레스를 경험할 수 있으며, 트라우마 경험이 있는 상담자는 더욱 취약할 수 있다. 상담자는 자신을 비롯한 팀의 정서적 소진과 예방을 위해 노력한다.

⑨ 강점으로 시작하기
아동 및 가족에게 내재된 강점을 평가하고 이를 치료계획에 통합하여 강점과 약점을 모두 고려한 치료를 구성할 수 있어야 한다.

⑩ 더 좋은 체계를 만들어 남겨 두기(종료하기)
아동 및 가족이 스스로 과업을 수행할 때 치료를 종결하도록 한다. 치료가 진행될수록 아동 및 가족은 점점 더 그들 스스로 행동할 수 있어야 한다. 이 경우에 치료를 종결하기 위한 준비를 하고 실행한다.

92 성문제 상담에서 상담자가 지켜야 할 일반적 지침으로 옳지 않은 것은? ▸2015

① 상담자는 성에 대한 자신의 태도를 자각하고 있어야 한다.
② 내담자가 성에 대한 올바른 지식을 가지고 있음을 전제로 상담을 시작한다.
③ 상담 중 내담자와 성에 관하여 개방적인 의사소통을 한다.
④ 자신의 한계를 넘어서는 문제는 다른 전문가에게 의뢰한다.

해설

성문제 상담에서 상담자는 내담자가 성에 관해서 거의 모르는 것으로 가정하는 것이 상담에 도움이 된다. 간혹 내담자가 성에 관해 장황하게 설명하고 상식이 풍부해 보이지만, 바람직하고 올바른 지식과 혼동해서는 안 된다.

학습 Plus 성문제 상담의 일반적 지침

(1) 성에 관한 상담자 자신의 인식
- 내담자의 성문제를 다루기 전에 상담자 스스로 성에 대한 인식과 가치관이 확립되어 있어야 한다.
- 학습과 경험을 통해 보편적이며 사회문화적 관습에 적절한 이성관, 성역할에 대한 기대, 성욕 및 성행동에 대한 인식이 있어야 한다.

(2) 상담자의 올바른 성 윤리관과 기본적인 성 지식
- 인간의 성에 관한 올바른 윤리관이 확립되어 있어야 하고, 성에 관한 기본적인 지식을 갖추고 있어야 한다.
- 성에 관한 건전하고 기본적인 지식에는 성기의 해부학적 구조와 생리적 특성, 성기능, 성반응, 성행동, 성관련 장애, 피임법, 임신과 출산과 같은 내용이 포함된다.

(3) 개방적 의사소통
- 내담자가 불안이나 부끄러움, 죄의식을 느끼지 않도록 상담자는 침착하고, 솔직하며, 개방적인 자세로 임해야 한다.
- 성에 관한 용어를 사용함에 있어서 전혀 거리낌이 없어야 하며, 개방적인 의논이 바람직하다는 것을 내담자에게 알려 주어야 한다.

(4) 내담자가 성에 관해 무지하다는 가정
- 상담자는 내담자가 성에 관해서 거의 모르는 것으로 가정하는 것이 상담에 도움이 된다. 간혹 내담자가 성에 관해 장황하게 설명하고 상식이 풍부해 보이지만, 바람직하고 올바른 지식과 혼동해서는 안 된다.
- 내담자가 사용하는 용어의 의미에 대한 토론이나 질문에 서슴지 않고 임해야 한다.

(5) 의사 및 관련 전문가에게 도움을 요청하거나 의뢰
- 성문제 상담 과정에서 자신의 전문가적 한계를 인식하고 그 한계를 넘어서는 상담을 하지 않도록 한다.
- 효과적인 성문제 해결을 위해 다른 전문가에게 의뢰할 수 있는 준비를 갖추고 있어야 한다.

(6) 위장적 · 회피적 태도의 처리
- 성문제에 관해 도움을 요청하는 내담자들이 보이는 위장적 · 회피적인 태도에 대처할 수 있어야 한다.
- 자신의 성문제를 꺼내려 하지 않는 경우, 성에 관한 일반적인 화제를 가지고 이야기를 시작하는 것이 효과적이다.

(7) 상담자의 객관적 역할
- 성에 관한 상담자 자신의 가치관이나 견해를 내담자에게 알리거나 주입하려고 해서는 안 된다.
- 내담자 스스로 결정하고 판단할 수 있도록 도움을 주는 객관적인 역할을 수행하여야 한다.

PART 05 심리상담

정답 92. ②

93 로저스(Rogers)가 제안한 '충분히 기능하는 사람'의 특성과 가장 거리가 먼 것은? ▸2015

① 창조적이다.
② 제약 없이 자유롭다.
③ 자신의 유기체를 신뢰한다.
④ 현재보다는 미래에 투자할 줄 안다.

해설

Rogers의 충분히 기능하는 사람(the fully functioning person)이란 내담자가 자신의 경험을 좀 더 잘 지각하고 인식하여 있는 그대로의 자기 모습을 잘 수용하며, 자기실현 경향성을 충분히 발휘하는 상태를 의미한다.

〈참조〉 '충분히 기능하는 사람'의 특성

- 의미와 목적을 가진 삶
- 자신에 대한 신뢰감과 일치성
- 무조건적인 긍정적 자기 존중과 타인 존중
- 평가의 내적 통제(외부 가치나 타인의 영향을 덜 받음)
- '현재 순간'에 대한 온전한 인식
- 창조적으로 사는 것
- 자유로움 속에서 삶을 생산적으로 이끎
- 자신의 행동과 결과에 대한 책임

94 다음 내용에 해당하는 상담의 기본원리는?

- 상담은 내담자를 중심으로 진행해야 한다.
- 내담자의 자조의 욕구와 권리를 존중해야 한다.
- 상담자는 먼저 자신의 감정이나 태도를 이해할 수 있어야 한다.
- 상담자의 반응은 상담실에서 이루어져야 한다.
- 내담자에 대한 과잉 동일시를 피해야 한다.

① 개별화의 원리
② 비판단적인 태도의 원리
③ 자기결정의 원리
④ 수용의 원리

해설

상담의 기본 원리 중 '수용의 원리'는 내담자의 욕구와 권리를 존중하며 내담자 중심으로 상담이 진행되어야 함을 강조한다.

학습 Plus 상담의 기본 원리

- 개별화의 원리
  내담자의 개성과 개인차를 이해하고, 이를 고려하여 내담자에 따라 상이한 상담 원리나 방법을 활용해야 한다.

정답 93. ④ 94. ④

- 의도적인 감정표현의 원리
  내담자가 가지고 있는 감정, 특히 부정적인 감정을 자유롭게 표현할 수 있도록 상담자는 온화한 분위기를 조성해야 한다.
- 통제된 정서적 관여의 원리
  상담자는 내담자의 정서 변화에 민감하게 반응하는 동시에 중립적이고 객관적인 판단을 위해 감정을 적절히 통제, 조절하며 관여해야 한다.
- 수용의 원리
  상담자는 내담자를 하나의 인격체로 존중하고 내담자의 긍정적인 면과 부정적인 면 모두를 있는 그대로 수용하는 태도를 지녀야 한다.
- 비판단적인 태도의 원리
  상담자는 내담자의 행동과 태도, 가치관 등을 평가할 때 객관적이고 중립적인 자세로 임해야 한다. 내담자의 잘못이나 문제에 대하여 나무라거나 질책하는 것, 책임을 추궁하는 행동은 삼가야 한다.
- 자기결정의 원리
  상담자는 스스로 결정하고 선택하려는 내담자의 자기결정을 존중하며, 이에 따라 문제를 해결할 수 있도록 도와야 한다.
- 비밀보장의 원리
  상담 과정에서 알게 된 내담자의 정보와 상담자와 내담자 간의 대화 내용은 반드시 비밀을 보장해 주어야 한다. 단, 비밀보장의 예외상황인 경우에는 내담자의 동의를 얻어 내담자가 노출되어 피해가 가지 않도록 최소한의 정보들을 신중하게 공개해야 한다.

PART 05 심리상담

95 약물남용 청소년의 진단 및 평가에 있어서 상담자가 유의해야 할 사항으로 옳지 않은 것은?

▸ 2015

① 청소년이 약물을 사용한 경험이 있다는 것만으로 약물남용자로 낙인찍지 않도록 한다.
② 청소년 약물남용과 관련해서 임상적으로 이중진단의 가능성이 높은 심리적 장애는 우울증, 품행장애, 주의력결핍 과잉행동장애, 자살 등이 있다.
③ 청소년 약물남용자들은 약물 사용 동기나 형태, 신체적 결과 등에서 성인과 다른 양상을 보이므로 DSM-V와 같은 성인 위주 진단체계의 적용에 한계가 있다.
④ 가족문제나 학교 부적응 등의 관련 요인들의 영향으로 인한 일차적 약물남용의 문제를 보이는 경우에 상담의 목표도 이에 따라야 한다.

해설

약물남용 청소년의 진단 및 평가 시 주의점은 일차적 약물남용과 이차적 약물남용에 대한 구분이다. 일차적 약물남용이란 가족, 또래, 심리적 문제와 같은 관련 요인들의 영향을 받지 않고 일어나는 경우를 말하며, 이차적 약물남용이란 가족, 학교 부적응, 친구문제 등의 관련 요인들의 영향으로 인해 일어나는 경우를 말한다.

정답 95. ④

96 REBT 상담에 대한 설명으로 옳지 않은 것은?

① 내담자의 비합리적 신념을 발견하고 규명한다.
② 내담자의 무의식을 의식화하고 자아를 강화시킨다.
③ 주요한 상담기술로 인지적 재구성, 스트레스 면역 등이 있다.
④ 합리적 행동 반응을 개발, 촉진하기 위한 행동 연습을 실시한다.

해설

- 정신분석치료의 주요목표는 내담자의 무의식을 의식화하여 자아의 기능을 강화하고, 원초아와 초자아의 요구를 적절하게 해소하면서 현실에 잘 적응하도록 하는 것이다.
- Ellis의 합리적 정서행동치료(Rational Emotive Behavior Therapy: REBT)에 따르면, 내담자의 문제는 일어난 사건이 아니라 개인이 갖고 있는 비합리적인 신념에서 비롯된다고 본다. 이에 내담자는 비합리적 신념을 규명하여 효과적이고 합리적인 인지로 대체하는 방법을 배우고, 행동 연습을 실제 일상에서 적용해 보며 합리적 사고와 행동으로 변화시킨다. 주요 상담기술로 인지적 재구성, 스트레스 면역, 대안적 사고 훈련, 내담자의 언어를 변화시키기 등이 있다.

97 게슈탈트 치료의 접촉경계 장애에 관한 설명으로 옳은 것을 모두 고른 것은?

ㄱ. 내사: 개체가 환경의 요구를 무비판적으로 받아들이는 것
ㄴ. 투사: 자신의 생각이나 욕구, 감정을 타인의 것으로 지각하는 것
ㄷ. 융합: 밀접한 관계에 있는 두 사람이 서로의 독자성을 무시하고 동일한 가치와 태도를 지니는 것처럼 여기는 것
ㄹ. 편향: 다른 사람에게 하고 싶은 행동을 자기 자신에게 하는 것

① ㄱ, ㄴ
② ㄱ, ㄴ, ㄷ
③ ㄴ, ㄷ, ㄹ
④ ㄱ, ㄴ, ㄷ, ㄹ

해설

- 게슈탈트 상담에서의 '접촉'은 전경으로 떠오르는 게슈탈트를 해소하기 위해 환경과 상호작용하는 행위로서 유지체와 환경 간의 창조적 · 적응적 변화의 성장이 일어나기 위한 필수조건이다. 이에 내담자에게 접촉경계 장애가 생기면 게슈탈트 욕구가 미해결 과제로 남아 심리적 장애가 발생한다.
- 게슈탈트 치료의 접촉경계 장애는 내사, 투사, 융합, 반전, 자의식, 편향 등이 있다. '편향'이란 환경과의 접촉이 감당하기 힘들게 느껴질 때 접촉을 피해 버리거나 약화시키는 태도를 취하는 것을 말한다.
- 다른 사람에게 하고 싶은 행동을 자기 자신에게 하는 것을 '반전(retroflection)'이라고 한다.

정답 96. ② 97. ②

학습 Plus 게슈탈트 치료에서의 '접촉경계' 장애

- 내사(introjection)
  - 유기체가 권위자의 행동이나 가치관을 무비판적으로 수용함으로써 내면적인 갈등을 일으키는 현상을 말한다.
  - 치료: 본인이 자기가 되는 데 방해가 되는 요소들을 제거함으로써 내담자로 하여금 다시 진정한 자기 자신이 되도록 조력한다.
- 투사(projection)
  - 직면하기 힘든 내적 욕구나 감정 등을 회피하기 위하여 무의식적이고 반복적으로 자신의 생각이나 욕구, 감정 등을 타인의 것으로 지각하는 현상을 말한다.
  - 치료: 내담자로 하여금 자신의 지각과 반대되는 행동을 해 보도록 함으로써 내면에 잠재되어 있는 감정 및 욕구를 자각할 수 있도록 조력한다.
- 융합(confluence)
  - 밀접한 관계에 있는 두 사람이 서로 간에 차이점이 없다고 느낌으로써 발생하는 접촉경계 혼란을 말한다.
  - 치료: 자신과 타인 간의 경계를 구분하도록 하고, 자기 자신의 욕구를 자각하고 행동에 대한 책임 및 부족한 자신감을 극복하도록 돕는다.
- 반전(retroflection)
  - 다른 사람이나 환경에 대하여 하고 싶은 행동을 자기 자신에게 하는 것 혹은 타인이 자기에게 해 주기를 바라는 행동을 자기 스스로에게 하는 것을 말한다.
  - 치료: 환경 내 억압을 탐색하고 해소되지 않은 욕구에 대한 감정 정화 및 행동 방향을 수정한다.
- 자의식(egotism)
  - 타인으로부터의 존중과 관심 욕구가 높으나 거부당하는 것에 대한 두려움, 긴장, 불안으로, 자신의 행동에 대한 타인의 반응을 지나치게 의식하여 발생한다.
  - 치료: 내담자의 과잉통제를 해소하기 위해 명상, 이완 사용. 내담자의 불안을 수용해 주고 자신의 약점을 받아들이는 수용을 촉진한다.
- 편향(deflection)
  - 여러 가지 부정적인 심리상태를 피하기 위해 작용하는 기제이며 불안의 방어로 사용된다. 환경과의 접촉이 감당하기 힘들게 느껴질 때 접촉을 피해 버리거나 약화시키는 태도를 취하는 것을 말한다.
  - 치료: 내담자의 방어를 지적, 직면하도록 하고, 내담자와의 접촉을 증진한다.

98 가족상담의 기본적인 원리와 가장 거리가 먼 것은? ▸ 2014

① 가족체제의 문제성을 이해하도록 한다.

② 자녀의 행동과 부모관계를 파악한다.

③ 감정노출보다는 생산적 이해에 초점을 둔다.

④ 현재보다 과거 상황에 초점을 둔다.

해설

가족상담은 개인이 속해 있는 가족의 관계 구조와 소통방식을 변화시킴으로써 개인의 심리적 문제를 해결하도록 돕는다. 가족상담에서는 과거보다는 현재 상황과 미래에 초점을 둔다.

정답 98. ④

〈참조〉 가족치료의 기본 원리
- 단기적이다.
- 해결책(또는 위기)에 초점을 맞춘다.
- 행동지향적이다.
- 가족구성원 간의 지금-여기 현재의 상호작용에 초점을 둔다.
- 가족이 어떻게 문제를 만들고 그것에 영향을 미치며 유지시키는지에 초점을 맞춘다.

99 상담 종결에 관한 설명으로 옳지 않은 것은?

① 상담목표가 달성되지 않아도 상담을 종결할 수 있다.
② 상담의 진행결과가 성공적이었거나 실패했을 때 이루어진다.
③ 조기 종결 시 상담자는 조기 종결에 따른 내담자의 감정을 다뤄야 한다.
④ 조기 종결 시 상담자가 내담자에게 조기 종결에 따른 솔직한 감정을 표현하는 것은 도움이 되지 않는다.

해 설

조기 종결 시 상담자는 내담자에게 조기 종결에 따른 자신의 감정에 대한 솔직한 태도로 접근하는 것이 바람직하다. 또한 내담자가 종결에 대한 질문을 한다면 그 이유를 충분히 다루어 주어야 한다.

100 와이너(Weiner)의 비행 분류에 관한 설명으로 옳지 않은 것은? ▸2013

① 비행자의 심리적인 특징에 따라 사회적 비행과 심리적 비행을 구분한다.
② 심리적 비행에는 성격적 비행, 신경증적 비행, 정신병적(기질적) 비행이 있다.
③ 신경증적 비행은 행위자가 타인의 주목을 끌 수 있는 방식으로 비행을 저지르는 경우가 많다.
④ 소속된 비행하위집단 내에서 통용되는 삶의 방식들은 자존감과 소속감을 가져다주므로 장기적으로 적응적이라고 할 수 있다.

해 설

소속된 비행하위집단 내에서 통용되는 삶의 방식들은 제한적이고 편파적인 경우가 대부분이므로 장기적인 측면에서 적응적 행동양식이라고 볼 수 없다.

정답 99. ④ 100. ④

학습 Plus 비행의 유형(Weiner)

- 사회적 비행
  - 심리적인 문제없이 반사회적 행동 기준을 부과하는 비행하위집단의 구성원으로서 비행을 저지른다. 특히 청소년은 집단문화에 동조하기 위한 수단으로서 비행을 저지르는 경향이 있다.
  - 소속된 비행하위집단 내에서 통용되는 삶의 방식들은 제한적이고 편파적인 경우가 대부분이므로 장기적인 측면에서 적응적 행동양식이라고 볼 수 없다.
- 심리적 비행
  ① 성격적 비행: 비행이 반사회적인 성격구조, 자기통제력의 부재, 타인 무시, 충동성 등에 의한 행위의 문제로 나타난다. 유아기나 아동기에 거절당한 경험 및 아동기의 부적절하거나 일관적이지 못한 훈육으로 인해 타인에 대한 공감능력 및 동일시 능력이 부족하고 자신의 충동을 통제하는 데 곤란을 보인다.
  ② 신경증적 비행: 자신의 요구가 거절되었을 때 갑작스럽게 자신의 욕구를 표현하는 행위의 문제로 비행이 나타난다. 이러한 비행에는 심리적 갈등이나 좌절을 유발하는 환경적 스트레스 요인이 존재한다.
  ③ 정신병적/기질적 비행: 행동을 통제하기 어려운 정신병이나 뇌의 기질적 손상 등에 의해 비행이 나타난다.

07 2019년 제3회 기출문제

81 청소년 상담에서 특히 고려해야 할 요인과 가장 거리가 먼 것은? ▸ 2015

① 일반적인 청소년의 발달과정에 대한 규준적 정보
② 한 개인의 발달단계와 과업 수행 정도
③ 내담자 개인의 영역별 발달 수준
④ 내담자의 이전 상담 경력과 관련된 사항

해설

- 청소년 상담은 성장기에 있는 청소년이 사회에 잘 적응하고 자신의 잠재가능성을 최대한으로 실현할 수 있도록 도와주기 위한 전문적인 활동이다.
- 청소년 상담 시 청소년 발달과정에 대한 규준 정보, 개인의 발달단계와 과업 수행 정도, 개인의 영역별 발달 수준을 고려하여야 하며, 청소년들이 경험하고 있는 성적 발달과정에서의 혼란이나 정체감 형성 과정에서의 혼란, 교육관계에서의 기술 부족 등 발달과정에서 겪는 과도기적 문제에 대해서 적절한 정보를 적합한 방식으로 제공해야 한다.

82 AA(Alcoholic Anonymous)에서 이루어지는 활동의 대표적인 특징은?

① 알코올 중독 치료 후에 사교적인 음주를 허용한다.
② 술이나 중독물의 부작용을 생생하게 상상하고 논의한다.
③ 알코올 중독을 병으로 인정하고 단주를 목표로 한다.
④ 술과 함께 심한 부작용을 일으키는 혐오적 약물치료를 한다.

해설

AA(Alcoholic Anonymous)에서는 단주를 목표로, 알코올 중독이라는 공동문제를 해결하고 다른 알코올 중독자의 회복을 돕기 위하여 서로 간의 경험과 희망을 나누며 조력한다.

정답 81. ④ 82. ③

83 사이버상담에 대한 설명으로 틀린 것은? ▸2015

① 사이버상담은 전화 상담처럼 자살을 비롯한 위기 상담이라는 뚜렷한 목적을 갖고 시작되었다.

② 사이버상담자들의 전문성과 윤리성 등을 통제하고 관리하는 체제가 필요하다.

③ 사이버상담의 전문화를 위해 기존의 면대면 상담과는 다른 새로운 상담기법을 개발하고 실험을 통해 효과를 검증할 필요가 있다.

④ 사이버상담은 기존의 면대면 상담과 전화 상담에 참여하지 않았던 새로운 내담자군의 출현을 가져왔다.

해설

- **사이버상담(cyber counseling)**: 가상의 상담실에서 이루어지는 전문 상담 활동으로, 도움을 필요로 하는 내담자의 문제를 해결하고 생각, 감정, 행동상의 성장을 위해 노력하는 상담 과정을 사이버 공간에서 수행하는 것을 말한다.
- **사이버 상담의 특징**: 사이버 상담은 다양한 심리사회적 문제해결을 돕기 위해 마련되었으며, 사이버상담의 가능성으로는 편리성, 경제성, 신속성, 시간과 공간의 제약 극복, 내담자의 주도성 등의 측면을 들 수 있다.

84 학습문제 상담의 시간관리 전략에서 강조하는 것은? ▸2017

① 기억하고자 하는 의도를 갖도록 노력한다.

② 학습의 목표를 중요도와 긴급도에 따라 구체적으로 수립한다.

③ 시험이 끝난 후 오답을 점검한다.

④ 처음부터 장시간 공부하기보다는 조금씩 자주 하면서 체계적으로 학습한다.

해설

학습문제 상담의 경우, 시간관리 전략, 조직화 전략, 주의집중 전략, 기억전략, 시험전략 등을 구성하여 개입을 한다. 이 중 시간관리 전략 방법에서는 학습목표를 구체적으로 세우고, 학습의 중요도와 긴급도를 고려하여 학습의 우선순위를 정한다. 또한 변화하기로 결정한 것은 반드시 실행에 옮겨 실천하도록 한다.

85 상담의 초기단계에서 다루어야 할 내용과 가장 거리가 먼 것은?

① 도움을 청하는 직접적인 이유의 확인

② 과정적 목표의 설정과 달성

③ 상담 진행방식의 합의

④ 촉진적 상담관계의 형성

정답 83. ① 84. ② 85. ②

해 설

과정적 목표의 설정과 달성을 위한 과정은 상담의 '중기단계'에 해당된다.

〈참조〉 상담의 초기단계
- 상담자와 내담자 간에 라포(상담관계)를 형성한다.
- 상담자는 내담자의 도움을 받고자 하는 주된 문제를 파악하고, 문제가 발현하게 된 요인들을 이해해야 한다.
- 상담자는 내담자에게 상담 과정에 대한 정보를 알려 주고, 상담을 구조화한다.

학습 Plus 상담의 초기-중기-종결단계

① 상담의 초기단계
- 상담자와 내담자 간에 라포(상담관계)를 형성한다.
- 상담자는 내담자의 도움을 받고자 하는 주된 문제를 파악하고, 문제가 발현하게 된 요인들을 이해해야 한다.
- 상담자는 내담자에게 상담 과정에 대한 정보를 알려 주고, 상담을 구조화한다.

② 상담의 중기단계
- 상담의 중기단계에서는 과정 목표를 달성하기 위한 구체적인 시도들이 전개된다. 내담자의 문제에 대한 해결이 시도된다는 점에서 '작업단계' 또는 '문제해결단계'라고도 불린다.
- 구체적인 문제해결의 방법은 내담자가 가진 심리적인 문제의 성질이나 유형에 따라 크게 달라진다.
- 상담자는 내담자의 호소문제를 해결하는 데 적합한 상담방법들을 동원해야 한다.
- 이 단계에서 내담자에게 저항이 일어난다면, 상담자는 내담자의 저항의 이유를 정확히 파악하고 그에 대한 적절한 대책을 세워야 한다.

③ 상담의 종결단계
- 성공적인 중기단계를 거쳐 목표를 달성하는 단계이다. 그러나 종결단계가 곧 상담이 끝나는 것을 의미하지는 않는다. 내담자가 기존에 경험했던 어려움을 해결했다고 하더라도, 문제가 재현되거나 새로운 문제에 부딪힐 수 있다.
- 상담자는 내담자가 상담 종결 후에 경험할 수 있는 여러 가지 문제에 대해 대처해 나갈 수 있도록 미리 준비시켜야 한다. 이에 상담자는 문제를 대처할 수 있는 다양하고 구체적인 방법들에 대해 잘 알고 있어야 한다.

86 Rogers의 인간중심상담에 대한 설명으로 틀린 것은? ▸ 2015

① 내담자는 불일치 상태에 있고 상처받기 쉬우며 초조하다.

② 상담자는 내담자와의 관계에서 일치성을 보이며 통합적이다.

③ 상담자는 내담자의 내적 참조 틀을 바탕으로 한 공감적 이해를 경험하고 내담자에게 자신의 경험을 전달하려고 시도한다.

④ 내담자는 의사소통의 과정에서 상담자의 선택적인 긍정적 존중 및 공감적 이해를 지각하고 경험한다.

해 설

- 내담자는 의사소통의 과정에서 상담자의 무조건적인 긍정적 존중 및 공감적 이해를 지각하고 경험한다.
- 인간중심상담의 3요소: 일치성(진솔성), 무조건적인 긍정적 존중, 공감적 이해

정답 86. ④

87 상담자가 내담자를 직면시키기에 바람직한 시기가 아닌 것은?

① 문제가 드러날 때 즉각적으로 내담자의 잘못을 직면시켜서 뉘우치게 한다.
② 내담자와 적당한 신뢰관계가 형성되었을 때 시도한다.
③ 내담자의 말과 행동의 불일치가 보일 때 시도한다.
④ 부정적인 자아상을 가진 내담자가 처음 긍정적인 진술을 할 때 시도한다.

해설

- 직면(confrontation)
  - 내담자의 말이나 행동이 일치하지 않는 경우 또는 내담자의 말에 모순점이 있는 경우에 직면의 기법이 적용된다. 내담자의 강한 감정적 반응을 유발할 수 있으므로 충분한 라포가 형성되고 내담자가 받아들일 준비가 되었을 때 배려와 함께 사용해야 한다.
  - 상담자는 직면의 기본적인 목적과 의미를 명확히 이해한 후 직면을 시작해야 하며, 직면의 사용은 공감과 지지의 분위기에서 이루어져야 한다. 따라서 문제가 드러날 때 즉시 직면을 사용하고, 잘못을 뉘우치게 하는 방법은 직면의 목적에 부합되지 않는다.

88 다음 사례에서 사용된 상담기법은?

> 상담자가 금연을 하고자 하는 철수 씨에게 금연을 시도하기 전 얼마의 기간 동안 흡연량을 대폭 줄여 하루에 특정한 시간에 특정한 장소에서만 흡연하도록 권하였다.

① 조건자극 줄이기(narrowing)
② 행동 감소법(action–reducing)
③ 연결 끊기(link–cutting)
④ 중독 둔감법(de–sensing)

해설

행동치료 중의 자극 조절 기법의 하나인 조건자극 줄이기(narrowing)는 흡연자의 생활 속에 있는 조건자극들의 수를 줄여 나가게 함으로써 금연 성공을 돕는 방법이다.

89 Adler 상담이론의 주요 개념이 아닌 것은? ▸ 2017

① 우월성 추구
② 자기초월
③ 생활양식
④ 사회적 관심

PART 05 심리상담

정답 87. ① 88. ① 89. ②

해 설

Adler 개인심리학

- 성격의 정의
  - 인간의 특성을 갈등의 관계로 보지 않고 자신만의 독특한 생활양식에 의해 삶의 목표를 설정하여 추구하는 존재로 본다.
  - 인간은 목표지향적인 존재이며, 인간의 모든 행동은 목적성을 지니고 있다.
  - 인간 행동의 가장 기본적인 목적은 열등감을 극복하는 것이다. 열등감을 극복하고 완전성을 추구하는 동기는 선천적인 것이다.
- 열등감의 극복과 우월성의 추구(inferiority & superiority)
  - 인간은 누구나 어떤 측면에서 열등감을 느낀다. 이것은 보편적인 경험으로 여긴다.
  - 열등감은 우월성을 이루기 위한 필수요소가 된다. 성장을 위한 노력의 근원을 열등감이라고 보고, 열등감의 긍정적인 측면을 제시하였다.
  - 우월성은 자기완성 또는 자아실현을 의미한다. 인간을 현 단계에서 보다 넓은 다음 단계의 발달로 이끌어 주는 역할을 한다.
- 사회적 관심(social interest)
  - 개인이 얼마나 사회적 관심을 기울이고, 개인의 이익보다는 사회 발전을 위해 다른 사람과 협력하는지를 의미한다. 공동체 의식과 유사하다.
  - 개인은 사회와 동떨어진 존재로 살 수 없으며, 사회 속에서 가치를 실현하려는 욕구를 지닌다.
  - 사회적 관심은 건강한 성격과 심리적 성숙의 주요 지표가 된다.
- 생활양식(life style)
  - 개인이 지니는 독특한 삶의 방식을 의미한다.
  - 자신과 타인, 세상에 대해서 지니는 나름대로의 신념체계이자 일상적인 생활방식이다.

90 상담에서 나타날 수 있는 윤리적 갈등의 해결단계를 바르게 나열한 것은? ▸ 2013, 2016

ㄱ. 관련 윤리 강령, 법, 규정 등을 살펴본다.
ㄴ. 한 사람 이상의 전문가에게 자문을 구한다.
ㄷ. 현 상황에서 문제점이나 딜레마를 확인한다.
ㄹ. 다양한 결정의 결과를 열거해 보고 결정한다.

① ㄱ → ㄷ → ㄴ → ㄹ
② ㄴ → ㄷ → ㄱ → ㄹ
③ ㄷ → ㄱ → ㄴ → ㄹ
④ ㄷ → ㄱ → ㄹ → ㄴ

해 설

윤리적 갈등의 해결단계

- 1단계: 현 상황에서 문제점이나 딜레마를 확인한다.

정답 90. ③

- 2단계: 잠재적인 쟁점 사항들을 확인한다.
- 3단계: 문제의 일반적 지침에 관한 윤리 강령이나 법, 규정 등을 살펴본다.
- 4단계: 문제에 대한 다양한 관점을 얻기 위해 한 곳 이상의 기관에 자문을 구한다.
- 5단계: 가능한 한 다양한 행동적 방안에 대한 영감을 구한다.
- 6단계: 다양한 결정의 결과를 열거하고, 내담자를 위한 각 결정들의 관련성을 반영한다.
- 7단계: 가장 바람직하다고 판단되는 행동 방침을 결정한다.

91 집단상담의 후기 단계에서 주어지는 피드백에 대한 설명으로 틀린 것은?

① 구성원들에게 친밀감, 독립적인 평가를 제공할 수 있다.
② 긍정적인 피드백은 적절한 행동을 강화할 수 있다.
③ 지도자는 효과적인 피드백 모델이 될 수 있다.
④ 교정적인 피드백이 긍정적인 피드백보다 중요하다.

해설

집단상담 종결 단계에서는 상호 건설적인 피드백 중심으로 진행된다. 교정적 과정은 '중기 단계'에 해당된다.

92 성폭력 피해자에 대한 심리치료 과정 중 초기단계에서 상담자가 유의해야 할 사항과 가장 거리가 먼 것은? ▸ 2003, 2009, 2011, 2013

① 치료의 관계 형성을 위해 수치스럽고 창피한 감정이 정상적인 감정임을 공감한다.
② 피해 상황에 대한 진술은 상담자 주도로 이루어져야 한다.
③ 성폭력 피해 사실에 대한 내담자의 부정을 허락한다.
④ 내담자에게 상담자에 대한 감정을 묻고 상담자를 선택할 수 있도록 해 준다.

해설

성폭력 피해자 상담의 단계별 유의사항

- 초기단계
  - 상담자는 내담자에게 상담 내용의 주도권을 줌으로써 내담자에게 현재 상황에서 표현할 수 있는 것들에 대해 이야기할 수 있도록 배려해야 한다.
  - 내담자가 성폭력 피해의 문제가 없다고 부인하는 경우에 상담자는 일단 수용하며, 언제든지 상담의 기회가 있음을 알려 주어야 한다.
- 중기단계
  - 상담자는 내담자가 성폭력 피해 사실을 이야기하는 것에 대한 두려움을 인지하며, 내담자로 하여금 자신의 억압된 감정을 표출하도록 유도한다.
  - 상담자는 내담자의 성폭력 피해 사실에 따른 수치심이나 죄책감이 전적으로 가해자로 인한 것임을 확신시

정답 91. ④ 92. ②

킨다.
- 상담자는 내담자의 잘못된 죄의식을 수정하도록 도우며, 자기존중감을 가질 수 있도록 배려한다.

• **종결단계**
- 내담자가 버림받는 느낌이나 상실감 등을 가지지 않도록 사전에 체계적으로 종결 계획을 세운다.
- 상담자는 상담 시간 및 기간의 간격을 점차적으로 늘려 나간다.
- 상담자는 종결에 따른 아쉬움과 이별의 감정을 다루며, 상담의 종결이 완전한 결별이 아니므로 언제든 다시 상담할 수 있음을 인식시킨다.

학습 Plus 성폭력 피해자를 위한 바람직한 태도

• 상담자는 내담자인 성폭력 피해자의 치유 가능성을 확신하는 것이 좋다.
• 공감적 이해를 통해 피해자의 고통을 함께할 수 있도록 마음의 준비를 갖춘다.
• 피해자의 말을 진지하게 경청하며, 있는 그대로 수용하고 존중해 준다.
• 상담에 앞서 상담자 스스로 자신의 성에 대한 가치관이 왜곡된 것은 아닌지, 성폭력이나 학대받은 경험이 극복되지 않은 상태로 남아 있는지 검토해 본다.
• 피해자로 하여금 자신의 장점과 단점을 파악하도록 돕고, 피해자의 강점을 통해 스스로 치유할 수 있도록 조력한다.
• 피해자가 자신의 느낌과 생각을 보다 건설적으로 조정할 수 있도록 돕고, 긍정적인 관점에서 자신을 발견할 수 있도록 배려한다.
• 문제해결을 위한 다양한 방안을 제시하고 그 결과의 효과 및 위험성에 대해 알리며, 그에 대한 결정은 전적으로 피해자에게 있음을 인식시킨다.
• 피해자를 책망하거나 비난하지 않으며, 형식적인 위로나 지시적인 충고는 삼간다.
• 피해의 원인을 피해자의 부주의나 무저항으로 돌리지 않으며, 모든 피해의 책임이 전적으로 가해자에게 있음을 주지시킨다.
• 가해자의 폭력 유무, 피해자의 외상 유무를 떠나 성폭력 사건을 결코 개인화하거나 과소평가하지 않는다.
• 피해자에게 가해자에 대한 이해와 용서를 구하거나 이를 공공연히 암시하지 않는다.
• 상담자는 피해 이후에 나타날 수 있는 피해자의 심리적 방어기제, 신체적 · 심리적 후유증, 치료의 과정 및 단계 등을 명확히 알고 있어야 한다.
• 피해자의 고통이나 분노에 의한 격정적인 감정은 지극히 당연한 것이므로 이를 억제하지 말고 외부로 표출할 수 있도록 용기를 북돋는다.
• 피해자가 비밀보장을 원할 경우에는 이를 약속하며, 피해자를 돕기 위한 목적이라도 피해자의 동의하에 관련 정보를 다른 전문가나 기관에 알리도록 한다.

93 진로상담의 목표와 가장 거리가 먼 것은? ▸ 2016

① 내담자가 이미 결정한 직업적인 선택과 계획을 확인하도록 돕는다.
② 내담자의 직업적 목표를 명확하게 해 준다.
③ 내담자로 하여금 자아와 직업 세계에 대한 구체적인 이해와 새로운 사실을 발견하도록 한다.
④ 직업 선택과 직업 생활에서 순응적인 태도를 함양하도록 돕는다.

정답 93. ④

해설

진로 및 직업 상담의 일반적 목표

- 내담자가 이미 결정한 직업적인 선택과 계획을 확고하게 해 준다.
- 내담자 개인의 직업적 목표를 명백히 해 준다.
- 내담자로 하여금 자신의 자아와 직업 세계에 대해 구체적으로 이해할 수 있도록 하며, 새로운 사실을 발견하도록 돕는다.
- 내담자에게 직업 선택 및 진로의사 결정능력을 기르도록 해 준다.
- 내담자에게 직업 선택과 직업 생활에서의 능동적인 태도를 함양하도록 해 준다.

94 다음 설명에서 해당하는 Golan의 위기단계는?

> • 위기에 대해서 인지하고 위기와 관련된 감정을 표현한다.
> • 변화를 수용하고 새로운 대처능력을 개발한다.
> • 위기 상황을 성공적으로 극복함으로써 자기효능감이 증진될 수 있다.

① 취약상태
② 촉발요인
③ 실제 위기상태
④ 재통합

해설

Golan의 위기개입모델

위기는 다섯 가지 요소로 구성되어 있는데, 위험 사건(hazardous event), 취약상태(vulnerable state), 촉발요인(precipitating factor), 실제 위기상태(active crisis), 재통합(reintegration)이다.

- **위험 사건**
  위기는 개인, 가족, 집단, 지역사회, 국가에서 언제라도 일어날 수 있다. 위기는 대개 위험 사건에 의해 시작되는데, 위험 사건은 외부적인 스트레스 사건일 수도 있고 혹은 내부적인 압력일 수도 있으며, 하나의 재앙 사건일 수도 있고 혹은 연속적으로 축적된 사건일 수도 있다.
- **취약상태**
  위험 사건으로 항상적 균형을 잃으면 취약상태가 된다. 취약상태에서는 이전의 평형상태를 회복하기 위해 평소 사용하던 문제해결 기제를 시도하며, 이에 성공하지 못하면 위기 상황에 대처하기 위한 새로운 방법을 강구하게 된다.
- **촉발요인**
  촉발 요인이란 긴장과 불안을 최고봉으로 올려놓음으로써 취약상태를 불균형 상태로 만드는 요인이다. 어떤 위기 상황에서는 위험 사건이 압도적이어서 동시에 촉발 요인이 되지만, 어떤 경우에 촉발 요인은 위험 사건과 직접 관련이 없을 수도 있다.

정답 94. ④

• 실제 위기상태

실제 위기상태는 혼돈, 불안, 염려, 절망, 분노와 같은 감정을 동반하는 격심한 정서적 혼란상태를 말한다. 위기에 처한 개인은 심리적 취약성, 방어기제의 위축, 문제해결 및 대처능력의 와해를 경험한다.

• 재통합

재통합단계에서는 위기에 대해서 인지하고, 위기와 관련된 감정을 표현하며, 변화를 수용하고, 새로운 대처능력을 개발한다. 또한 위기 상황을 성공적으로 극복함으로써 자기효능감과 자아존중감이 증진되기도 하고, 새롭게 학습한 적응기제는 앞으로 있을 수 있는 문제에 대처하는 데 적용될 수 있다.

95 다음 중 상담의 바람직한 목표 설정 방향과 가장 거리가 먼 것은?

① 목표는 구체적이어야 한다.
② 목표는 실현가능해야 한다.
③ 목표는 상담자의 의도에 맞추어야 한다.
④ 목표는 내담자가 원하고 바라는 것이어야 한다.

해 설

상담목표 설정의 목적과 필요성에 대해 내담자가 납득할 수 있도록 설명하여야 하며, 내담자가 원하는 것을 근거로 하여 상담목표를 설정한다.

96 게슈탈트 상담에 대한 설명으로 틀린 것은?

① 보조자아(auxiliary ego) 활용은 집단상담에 많이 사용하는 기법으로, 한 구성원의 문제를 집중적으로 다룬다.
② 알아차림(awareness)과 접촉(contact)을 방해하는 한 요인인 융합(confluence)은 자신과 타인의 경계가 불분명한 지점에서 타인의 의견에 동의하는 것이다.
③ Zinker는 알아차림-접촉 주기를 배경, 감각, 알아차림, 에너지/흥분, 행동, 접촉 등 여섯 단계로 설명했다.
④ 알아차림은 개체가 자신의 유기체적 욕구나 감정을 지각한 다음 게슈탈트를 형성하여 명료한 전경으로 떠올리는 것을 말한다.

해 설

• 보조자아(auxiliary eyo)의 활용은 심리극(psychodrama)의 구성요소이다.
• 심리극(Psychodrama)은 Psyche(정신) + Drama(dram: 저항을 극복하는 행동)의 합성어로, 마음의 긴장과 갈등을 상상력이라는 인간의 기본적 특성을 이용해 드라마적인 상황으로 표현한다.

정답 95. ③ 96. ①

- 사이코드라마 내에서는 여러 가지 기법을 사용하여 주인공의 갈등을 명료화하여 자신을 객관적으로 볼 수 있는 기회와 억압되어 왔던 감정을 분출시킬 수 있는 기회를 주며, 그러한 자신의 여러 모습을 내적으로 통합할 수 있도록 도와준다.
- 사이코드라마의 구성요소(심리극)는 주인공(protagonist), 연출자(director), 보조자아(auxiliary ego), 관객(audience), 무대(stage)이다.
- 보조자아(auxiliary ego)를 적절히 활용하면서 주인공 마음 안의 두려움, 갈등, 갈망, 불안 등을 표현할 수 있도록 도와주고, 자신의 내면을 돌아볼 수 있는 기회를 제공한다. 주인공이 극을 풀어 나갈 때 실제 주변 인물이나 상상 속의 인물을 대신 보여 주고 행동을 함께해 줄 사람이 필요한데, 보조자아가 그 역할을 한다.

97 다음에 제시된 집단상담 경험에 해당하는 치료적 요인은?

> 지난 집단상담 과정에서 집단지도자가 나의 반응에 민감성을 보여 주지 않은 것에 대해 불만을 가지고 있었다. 이번 회기에는 지도자에게 나의 마음을 표현함으로써 마음이 편해졌다.

① 자기이해
② 대리학습
③ 정화
④ 대인간 행동학습

정화란 내면에 억압되고 누적되어 있던 감정을 표현함으로써 감정을 해소하는 것을 의미한다. 감정적 표출은 집단 안에서 매우 중요한 역할을 하며, 감정의 표현은 신뢰와 응집력을 촉진시킨다.

98 처벌을 사용할 때 고려해야 할 사항이 아닌 것은? ▸ 2013, 2015

① 강도
② 융통성
③ 일관성
④ 즉시성

해설

처벌의 효과를 높이려면 반응 즉시 적용하는 것이 효과적이며 일관성 있게 적용되어야 한다. 단, 처벌은 일시적인 행동의 억제를 주기에 바람직한 대안적 행동을 제시하는 것이 필요하며, 처벌과 강화의 강도와 규칙을 정하는 데 있어 상호 의논하여 동의를 얻는 것이 중요하다.

정답 97. ③ 98. ②

99 기본적 오류에 대한 옳은 설명을 모두 고른 것은?

▸ 2013

ㄱ. 과잉일반화: “나는 절대로 옳지 않은 것을 할 수 없어.”
ㄴ. 안전에 대한 그릇된 확신: “잘못하면 끝이 날 거야.”
ㄷ. 삶의 요구에 대한 잘못된 지각: “나는 쉴 수가 없어.”
ㄹ. 그릇된 가치: “이용당하기 전에 다른 사람을 이용하라.”

① ㄱ, ㄴ ② ㄴ, ㄷ
③ ㄴ, ㄷ, ㄹ ④ ㄱ, ㄴ, ㄷ, ㄹ

해 설

아들러의 개인심리학-기본적 오류
- 초기 회상에서 파생된 기본적 오류는 개인의 생활양식에 대한 자기패배적 내용으로 구성된다.
- 기본적 오류에는 과잉일반화, 안전에 대한 그릇된 확신, 삶의 요구에 대한 잘못된 지각, 그릇된 가치, 자신의 가치를 최소화하거나 부인하기(“아무도 날 좋아하지 않아.” “난 멍청해.”)가 있다.

100 단기상담에 적합한 내담자의 특성으로 옳은 것은?

▸ 2004, 2013

① 반사회적 성격장애가 있다.
② 구체적이거나 발달과정상의 문제가 있다.
③ 지지적인 대화 상대자가 전혀 없다.
④ 만성적이고 복합적인 문제가 있다.

해 설

단기상담에 적합한 내담자의 특성
- 호소하는 문제가 비교적 구체적이다.
- 주 호소문제가 발달상의 문제와 연관된다.
- 호소문제가 발생하기 이전에는 생활 기능이 정상적이었다.
- 내담자를 사회적으로 지지해 주는 사람이 있다.
- 과거든 현재든 상보적 인간관계를 가져본 적이 있다.
- 성격장애를 가지고 있지 않다.

정답 99. ④ 100. ②

08 2019년 제1회 기출문제

81 진로지도 및 진로상담의 일반적인 목표와 가장 거리가 먼 것은? ▸ 2013

① 내담자 자신에 관한 보다 정확한 이해를 높인다.
② 합리적인 의사결정능력을 높인다.
③ 일과 직업에 대한 올바른 가치관을 형성하는 데 도움을 준다.
④ 이미 선택한 진로에 대해 후회하지 않도록 유도한다.

해 설

〈진로상담의 목표〉

- 자기 자신에 관한 정확한 이해 증진
  자기개념의 구체화를 통해 자신의 현실적인 개념을 형성하도록 하며, 자신의 성격, 능력, 적성, 흥미 등을 이해하도록 한다.
- 일(직업)의 세계에 대한 이해 증진
  현대 사회에서 정치적·경제적·사회적 측면을 통해 요구되는 다양하고 복잡한 일의 세계를 이해하는 동시에 그 변화의 흐름에 적응하도록 한다.
- 합리적인 의사결정 능력의 증진
  일(직업)의 세계에 대한 다양한 정보를 적절히 활용하여 최선의 선택이 이루어지도록 의사결정 기술의 습득을 돕는다.
- 정보 탐색 및 활용 능력의 함양
  내담자 스스로 일(직업)의 세계에 대한 정보를 탐색할 수 있는 방법을 알려 주고, 이를 수집 및 활용할 수 있는 방법을 체득하도록 돕는다.
- 일과 직업에 대한 올바른 가치관 및 태도 형성
  직업에 대한 올바른 의식과 건전한 가치관을 습득하도록 하여 바람직한 직업윤리를 형성하도록 한다.

정답 81. ④

82 사회공포증 치료에서 지금까지 피해 왔던 상황을 더 이상 회피하지 않고 직면하게 하는 행동수정 기법은? ▸ 2011, 2016

① 노출훈련 ② 역할연기
③ 자동적 사고의 인지재구성 훈련 ④ 역기능적 신념에 대한 인지재구성 훈련

해설

노출훈련은 내담자가 두려워하는 자극이나 상황에 반복적으로 노출시켜 직면하게 함으로써 자극과 상황에 대한 불안을 감소시키는 방법이다. 노출법에는 실제상황 노출법, 상상적 노출법, 점진적 노출법, 급진적 노출법이 있다.

83 주요 상담이론과 대표적 학자들이 바르게 짝지어지지 않은 것은?

① 정신역동이론－Freud, Jung, Kemberg
② 인본(실존)주의이론－Rogers, Frankl, Yalom
③ 행동주의 이론－Watson, Skinner, Wolpe
④ 인지치료이론－Ellis, Beck, Peris

해설

Peris는 게슈탈트 상담이론을 개발하였다. 게슈탈트 접근은 내담자의 현실 인식에 초점을 맞춤으로 현상학적이며, '여기－지금'에 기초를 두고 각각의 인간은 자기 자신의 운명에 책임을 져야 한다는 것을 강조한다. 인간을 전체적이고 현재 중심적이며 선택의 자유에 의하여 잠재력을 각성할 수 있는 존재로 본다.

84 성폭력에 관한 설명으로 옳은 것은? ▸ 2010

① 성폭력은 성적 자기결정권의 침해이다.
② 끝까지 저항하면 강간은 불가능하다.
③ 성폭력의 피해자는 여성뿐이다.
④ 강간은 낯선 사람에 의해서만 발생한다.

해설

성폭력은 성적 자기결정권의 침해이다. 성적 자기결정권이란 개인이 사회적 관행이나 타인에 의해 강요받거나 지배받지 않으면서 자신의 의지나 판단에 따라 자율적이고 책임 있게 자신의 성적 행동을 결정하고 선택할 권리를 말한다.

정답 82. ① 83. ④ 84. ①

85 상담의 일반적인 윤리 원칙에 해당하지 않는 것은? ▸ 2015

① 자율성(autonomy) ② 무해성(nonmaleficence)
③ 선행(beneficience) ④ 상호성(mutuality)

해설

〈상담의 일반적인 윤리 원칙〉
- **자율성(autonomy)**: 타인의 권리를 해치지 않는 한 내담자가 자신의 행동을 선택할 권리가 있음을 의미한다.
- **선행(beneficience)**: 내담자와 타인을 위해 선한 일을 하는 것을 의미한다.
- **무해성(nonmaleficence)**: 내담자에게 해를 끼치는 행동을 하지 않는 것을 의미한다.
- **공정성(justice, fairness)**: 모든 내담자는 평등하며, 성별과 인종, 지위에 관계없이 공정하게 대우받아야 한다.
- **성실성(fidelity)**: 상담자는 내담자에게 믿음과 신뢰를 주며 상담관계에 충실해야 한다.

86 문화적으로 다양한 집단이 참여하는 집단상담에서의 기본 전제로 적합하지 않은 것은?

① 상담자보다 내담자에 대해서만 기본가정(문화, 인종, 성별 등)을 고려해야 한다.
② 모든 인간의 만남은 그 자체가 다문화적이다.
③ 사람들의 문화적 배경을 고려해야 한다.
④ 지도자는 다문화적 관점을 갖고 있어야 한다.

해설

상담자와 내담자 모두의 기본가정(문화, 인종, 성별 등)을 고려해야 한다. 상담자들도 문화, 인종, 성별 등에서 다문화적이며 개방된 태도를 갖추고 있어야 한다.

87 Satir의 의사소통 모형에서 스트레스를 다룰 때 자신의 스트레스를 무시하고 다른 사람에게 힘을 넘겨주며 모두에게 동의하는 말을 하는 의사소통 유형은? ▸ 2014

① 초이성형 ② 일치형
③ 산만형 ④ 회유형

해설

Satir의 의사소통 유형
- **회유형** : 자신의 진정한 가치나 감정은 무시하며, 자신의 안정을 유지하기 위하여 타인의 의견에 동의하며 반박을 하거나 거절을 하지 못한다.
- **비난형**: 타인을 비난하고 무시하는 양상을 보이며, 자신을 강하게 보이도록 하기 위하여 타인을 통제하려고 한다.

정답 85. ④ 86. ① 87. ④

- **혼란형(산만형)**: 자신과 타인, 그리고 처한 상황까지 무시하는 유형으로, 가장 접촉하기 어려운 유형이다. 실제로는 모두가 자신을 거부한다고 생각하고 고독감과 무가치함에 어려움을 겪는다.
- **계산형(초이성형)**: 자신과 타인을 무시하고 상황만을 중시한다. 원리와 원칙을 강조하는 경향을 보이는데, 이때 비인간적인 객관성과 논리성으로 무장한다.
- **일치형**: 자신이 중심이 되어 타인과 관계를 맺는데, 다른 사람과 접촉이나 연결이 필요할 때는 스스로 선택하며, 의사소통 내용과 감정이 일치함으로써 진솔한 의사소통이 가능하다.

88 다음 대화에서 상담자의 반응은?

▸ 2015

> 내담자: (흐느끼며) 네, 의지할 사람이 아무도 없어요.
> 상담자: (부드러운 목소리로) 외롭군요.

① 해석
② 재진술
③ 요약
④ 반영

해 설

반영(reflection)은 상담자가 내담자의 행동 속에 내재된 내면의 감정을 정확하게 파악하여 내담자에게 전달해 주는 것을 말한다. 상담자는 반영을 통해 내담자의 태도를 거울에 비추어 주듯이 보여 줌으로써 내담자의 자기이해를 도와줄 뿐 아니라 내담자로 하여금 이해받고 있다는 인식을 전달해 준다.

학습 Plus 주요 상담기법

- 재진술(paraphrasing)
  내담자의 메시지 내용에 초점을 두고 내담자가 말한 바를 바꿔 말하는 것이다. 환언 또는 부연하기라고도 한다. 재진술함으로써 내담자의 입장을 이해하기 위해 노력하고 있다는 모습을 전달하며, 내담자는 자신의 생각을 구체화할 수 있게 된다.
- 명료화(clarification)
  내담자의 말 속에 포함되어 있는 불분명한 내용에 대해 상담자가 그 의미를 분명하게 밝히려는 것을 말한다. 재진술과 달리 상담자의 판단에 의해 내담자의 감정, 생각 속에 내포된 의미를 보다 분명하게 말하는 것이다.
- 요약(summary)
  상담 회기 내용의 일부 또는 전부에 대해 간결하게 정리하고 통합하는 과정을 의미한다. 매 회기의 상담을 자연스럽게 종결하며, 새로운 해결책을 강구하도록 하는 데 도움이 된다.
- 침묵(silence)
  상담 과정 중의 침묵은 여러 가지 의미를 갖게 된다. 대개의 경우 내담자가 자기 자신을 음미해 보거나 머릿속으로 생각을 간추리는 과정에서 침묵이 발생한다. 상담자는 침묵을 섣불리 깨뜨리려고 하지 말고, 인내심을 갖고 기다리는 것이 바람직하다. 만일 상담관계가 잘 이루어지지 않거나 상담자에 대한 저항으로 긴 침묵이 발생하는 경우, 상담자는 무조건 기다릴 것이 아니라 침묵의 원인이 되는 내담자의 감정과 태도를 다루어야 한다.
- 질문(question)
  상담자가 내담자의 문제를 탐색할 때 가장 많이 사용하는 기술이다. 질문의 목적은 내담자가 자기노출을 하도록 격려하기 위해, 내담자의 생각을 구체화하기 위해, 상담자가 내담자의 상황을 더 명확하게 이해하기 위해 등 다양한 이유로 사용이 된다.

정답 88. ④

- 직면(confrontation)
  내담자의 말이나 행동이 일치하지 않는 경우 또는 내담자의 말에 모순점이 있는 경우에 상담자가 그것을 지적해 주는 것이다. 내담자의 강한 감정적 반응을 유발할 수 있으므로 충분한 라포가 형성되고 내담자가 받아들일 준비가 되었을 때 배려와 함께 사용해야 한다.
- 해석(interpretation)
  내담자가 새로운 방식으로 자신의 문제를 돌아볼 수 있도록 내담자가 경험한 사건들과 행동, 감정, 생각 등의 의미를 설명해 주는 것이다. 반드시 가설적 형태로 내담자에게 전달해야 하며, 충분한 라포가 형성되었을 때 신중히 사용해야 한다.

89 병적 도박에 관한 설명으로 틀린 것은? ▸ 2012

① 대개 돈의 액수가 커질수록 더 흥분감을 느끼며, 흥분감을 느끼기 위해 액수를 더 늘린다.
② 도박행동을 그만두거나 줄이려고 시도할 때 안절부절못하거나 신경이 과민해진다.
③ 병적 도박은 DSM-5에서 반사회성 성격장애로 분류된다.
④ 병적 도박은 전형적으로 남자는 초기 청소년기에, 여자는 인생의 후기에 시작되는 경우가 많다.

해 설

- DSM-5의 물질 관련 및 중독장애의 분류 중 비물질 관련 장애(non-substance related disorders)의 도박장애(gambling disorder)에 해당된다.
- DSM-5 물질 관련 및 중독장애(substance related and addictive disorders)
  - 물질 관련 장애(substance related disorders)
    - 알코올 관련 장애(alcohol related disorders)
    - 카페인 관련 장애(caffeine related disorders)
    - 칸나비스(대마) 관련 장애(cannabis related disorders)
    - 환각제 관련 장애(hallucinogen related disorders)
    - 흡입제 관련 장애(inhalants related disorders)
    - 아편류(아편계) 관련 장애(opioid related disorders)
    - 진정제, 수면제 또는 항불안제 관련 장애(sedative-hypnotic or anxiolytic related disorders)
  - 비물질 관련 장애(non substance related disorders)
    - 도박장애(gambling disorder)

정답 89. ③

90 다음에 해당하는 인지적 왜곡은?

> 길을 가다가 어떤 모르는 사람들이 웃고 있다면 자신과 그 사람들은 아무런 관련이 없음에도 불구하고, 그 사람들이 자신을 욕하면서 비웃고 있다고 생각하는 것

① 극대화　　② 예언자의 오류
③ 개인화　　④ 이분법적 사고

해설

- 개인화(personalization): 자신과 무관한 사건을 자신과 관련된 것으로 잘못 해석하는 오류를 말한다.
- **의미확대와 의미축소**(maximization and minimization): 어떤 사건의 의미나 중요성을 실제보다 지나치게 극대화하여 확대하거나 축소하는 오류를 말한다.
- **예언자적 오류**(fortune telling): 충분한 근거 없이 미래에 일어날 일을 단정하고 확신하는 오류이다. 마치 미래의 일을 미리 볼 수 있는 예언자인 것처럼, 앞으로 일어날 결과를 부정적으로 추론하고 이를 굳게 믿는 오류이다.
- **이분법적 사고**(dichotomous thinking): 생활사건의 의미를 이분법적인 범주의 둘 중 하나로 해석하는 오류이다. 흑백논리라고도 한다.

91 청소년 상담 시 대인관계 문제해결을 위한 상담전략에 관한 설명으로 틀린 것은?

① 정서적 개입: 문제의 신체적 요소에 초점을 맞춘 신체 인식활동도 포함한다.
② 인지적 개입: 내담자가 자신이 처한 상황이나 사건, 사람, 감정 등에 대해 지금과 다르게 생각하도록 돕는다.
③ 행동적 개입: 내담자에게 비생산적인 현재의 행동을 통제하게 하거나 제거하게 함으로써 새로운 행동이나 기술을 개발하도록 돕는다.
④ 상호작용적 개입: 습관, 일상생활 방식이나 다른 사람과의 상호작용 패턴을 수정하도록 한다.

해설

청소년 상담 시 대인관계 문제해결을 위한 상담전략 방법은 정서적 · 인지적 · 행동적 · 상호작용적 개입 4가지로 나눌 수 있다.

- **정서적 개입**: 신체 인식활동도 포함한 감정과 정서를 주로 다루는 방법이다.
- **인지적 개입**: 내담자가 가진 사고, 신념, 태도를 다룸으로써 자신이 처함 상황이나 사건, 사람, 감정 등에 대해 지금과 다르게 생각하도록 돕는 방법이다.
- **행동적 개입**: 내담자에게 비생산적인 현재의 행동을 통제하게 하거나 제거하게 함으로써 새로운 행동이나 기술을 개발하도록 도움을 주는 방법이다.
- **상호작용적 개입**: 다른 사람 또는 상황에 대한 관계 패턴 증진에 초점을 두고 이를 효율적으로 다루도록 돕는 방법이다.

정답 90. ③ 91. ④

92 개인의 일상적 경험구조, 특히 소속된 분야에서 특별하다고 간주되는 사람들의 일상적 경험구조를 상세하게 연구하고자 하는 목적에서 생겨난 심리상담의 핵심적인 전제조건에 해당하는 것은?

① 매 순간 새로운 자아가 출현하고 새로운 경험을 할 때마다 우리는 새로운 위치에 있게 된다.
② 어린 시절의 창조적 적응은 습관적으로 알아차림을 방해한다.
③ 내담자로 하여금 문제를 해결하는 것뿐만 아니라 그 문제를 유지시키는 보다 근본적인 기술을 변화시키도록 돕는 것이 중요하다.
④ 개인은 마음, 몸, 영혼으로 이루어진 체계이며, 삶과 마음은 체계적 과정이다.

해설

신경언어프로그램(Neuro Lingustic Programing: NLP)은 심리적인 회복과 변화, 성공을 이루기 위한 이론 및 기법이다. NLP 변화 이론에는 세상과 인간을 바라보는 기본 전제조건(presupposition)을 제시한다.

〈참조〉 NLP의 전제조건

- 지도는 영토가 아니다. 사람들은 실재 그 자체가 아닌, 자신이 갖고 있는 실재에 따라 유리한 방식으로 반응한다.
- 인간의 행동은 목적지향적이다.
- 모든 행동은 긍정적인 의도에서 나온다.
- 무의식은 선의적이다.
- 이해하기를 원한다면 실행하라.
- 선택할 수 있다는 것은 그렇지 못한 것보다 바람직하다.
- 사람들은 그 당시에 할 수 있는 가장 최선의 선택을 한다.
- 실패란 없다. 다만 피드백이 있을 뿐이다. 사람들은 완벽하게 일한다.
- 의사소통에서 전달하고자 하는 의미는 곧 우리가 상대방으로부터 얻은 반응에 의해 결정된다.
- 타인의 세계관을 존중하라.
- 우리에게는 이미 필요한 모든 자원이 있거나 아니면 우리가 새로이 창조할 수 있다. 자원이 없는 사람은 없다. 자원이 없는 상태가 있을 뿐이다.
- 성공적인 성취를 모방함으로써 탁월성을 달성할 수 있다.
- 우리는 감각을 통해 모든 정보를 처리한다.
- 경험은 일정한 구조로 구성된다.
- 정신과 육체는 하나의 체계이며, 삶과 마음은 체계적 과정이다.

93 상담 초기에 상담관계 형성에 필요한 기법과 가장 거리가 먼 것은? ▸ 2014

① 경청하기 ② 상담에 대한 동기부여하기
③ 핵심 문제 해석하기 ④ 무조건적인 긍정적 존중하기

정답 92. ④ 93. ③

해설

- 내담자에게 당면한 핵심 문제를 해석하는 과정은 상담 중기에 해당되는 내용이다.
- 상담 중기단계에서는 목표를 달성하기 위한 구체적인 시도들이 전개된다. 내담자의 핵심 문제들에 대한 해결이 시도된다는 점에서 '작업단계' 또는 '문제해결단계'라고도 불린다.
- 상담자는 내담자의 호소문제를 해결하는 데 적합한 상담방법들을 적용해야 한다.

94 Adler의 개인심리학의 기본 가정에 해당하지 않는 것은?

① 개인은 무의식과 의식, 감정과 사고, 행동이 각각 분리되어 있는 것으로 본다.
② 인간은 미래 목표를 향해 나아가는 창조적인 존재라고 본다.
③ 현실에 대한 주관적 인식을 강조하며 현상학적 접근을 취한다.
④ 인간은 기본적으로 공동체 의식, 즉 사회적 관심을 지닌 존재라고 본다.

해설

Adler의 개인심리학의 기본 가정

- 인간은 목표지향적인 존재이다. 인간은 과거에 의해 끌려가는 존재가 아니라 미래의 목표를 향해 나아가는 창조적인 존재이다.
- 인간 행동의 가장 기본적인 목적은 열등감을 극복하는 것이다.
- 현실에 대한 주관적 인식을 강조하며, 개인을 이해하기 위해서는 그가 지닌 주관적인 인식의 틀과 세상을 지각하는 개별적인 방식을 이해하는 것이 중요하다.
- 인간은 사회적 존재이며, 기본적으로 공동체 의식, 즉 사회적 관심을 지닌 존재라고 본다.
- 인간은 통합적으로 움직이는 존재이며, 신체, 지각, 사고, 감정을 포함하는 성격 전체를 통합적으로 이해하여야 한다.

95 중독에 대한 동기강화상담의 기본 기법 4가지(OARS)에 포함되지 않는 것은?

① 인정　　② 공감
③ 반영　　④ 요약

해설

동기강화상담의 기본 기술(OARS)

- 개방형 질문하기(Opening question)
  내담자가 '예' 또는 '아니오'로 답변하지 않도록 질문한다. 내담자의 감정과 생각, 변화 동기에 대해 다양한 정보를 얻을 수 있다. 내담자의 답변에 반영적 경청을 해 주는 것이 좋다. 질문을 연속해서 세 번 이상 하지 않는 것이 좋다.

정답 94. ① 95. ②

- 인정하기(Affirming)
  이해, 감사, 칭찬, 격려 등의 말을 내담자에게 직접 해 주는 것이다. 내담자의 강점과 노력하는 점에 대해 적절히 인정해 주고 지지표현을 해 준다.
- 반영하기(Reflection)
  상담자가 내담자의 표현 속에 내재된 내면의 감정을 정확히 파악하여 이를 내담자에게 전달해 주는 것이다. 질문의 형태보다 내담자가 실제로 말한 핵심 내용을 간단하게 재진술하거나 바꾸어 말함으로써 내용을 반영할 수 있다.
- 요약하기(Summarizing)
  현재 상담에서 다루고 있는 문제를 내담자가 더욱 초점화하고 구체적으로 탐색하며 자신을 더욱 잘 이해할 수 있도록 돕는 방법이다. 변화 대화를 끌어내기 위해 정기적으로 요약해 주는 것이 좋다. 요약의 종류는 세 가지가 있다. 수집요약(언급된 내용을 종합하는 것), 연결요약(다음의 내용으로 자연스럽게 연결되도록 할 수 있는 것), 전환요약(내용과 주제를 다른 것으로 바꾸고자 할 때 사용하는 것)이 있다.

96 직업발달을 직업 자아정체감을 형성해 나가는 계속적 과정으로 보는 이론은?

① Ginzberg의 발달이론　② Super의 발달이론
③ Tiedeman과 O'Hara의 발달이론　④ Tuckman의 발달이론

해 설

타이드만(Tiedeman)과 오하라(O'Hara)의 발달이론 기본 견해
- 직업발달은 직업 자아정체감을 형성해 나가는 계속적인 과정이다.
- 직업 자아정체감은 의사결정을 되풀이하는 과정에서 발달한다.
- 문제에 대해 스스로 결정해 보는 것이 직업적 자아의 확립에 도움이 된다.

97 면접기법에 대한 설명으로 틀린 것은?

① 구체적인 내용의 해석은 상담관계가 형성되는 중반까지는 보류하는 것이 일반적이다.
② 감정의 명료화에서 내담자가 원래 제시한 것보다 더 많은 의미를 추가하여 반응하는 것은 삼갈 필요가 있다.
③ 내담자의 성격을 파악하지 못했거나 해석의 실증적 근거가 없을 때는 해석을 하지 말아야 한다.
④ 상담자의 반영, 명료화, 직면, 해석은 별개가 아니라 반응 내용의 정도와 깊이에 차이가 있을 뿐이다.

PART 05 심리상담

정답 96. ③ 97. ②

해설

감정의 구체적인 명료화는 현재 느끼는 감정에 대한 깊이 있는 이해를 돕고, 내담자가 분명하게 표현하지 못하는 애매하고 함축적인 의미나 내용을 인식하는 데 도움이 된다.

98 Lazarus의 중다양식상담에 관한 설명으로 틀린 것은?

① 성격의 일곱 가지 양식은 행동, 감정, 감각, 심상, 인지, 대인관계, 생물학적 기능 등이다.
② 사람은 개인이 타인들과의 긍정적이거나 부정적인 상호작용의 결과들을 관찰함으로써 무엇을 할 것인지를 배운다고 본다.
③ 사람들은 고통, 좌절, 스트레스를 비롯하여 감각 자극이나 내적 자극에 대한 반응을 나타내는 식별력이 유사하다.
④ 행동주의 학습이론과 사회학습이론, 인지주의의 영향을 많이 받았으며, 그 외에 다른 치료기법들도 절충적으로 사용한다.

해설

라자루스의 중다양식치료

- 라자루스는 진행 중인 행동(Behavior), 감정적 과정(Affect), 감각(Sensation), 심상(Imagery), 인지(Cognition), 대인관계(Interpersonal) 및 생물학적 기능(Drugs/Diet) 각각을 '양식'이라고 불렀다.
- 중다양식치료에서는 내담자의 문제를 이러한 BASIC ID에 의거해서 평가한다.
- 사람들은 이러한 7가지 양식이 관련되어 있는 정도와 그것들이 서로 관련되어 반응하는 정도에 있어 개인마다 독특한 차이가 난다.
- 실제 상담에서 중다양식치료자는 각 내담자마다 독특한 BASIC ID의 형태를 파악하여 내담자 문제를 평가한다.

99 3단계 상담모델(탐색단계, 통찰단계, 실행단계)에서 탐색단계의 특징에 해당하는 것은?

① 내담자가 그들의 감정을 표현하고 복잡한 문제를 통한 그들의 생각을 표현하는 기회를 제공한다.
② 내담자들이 새로운 밝은 면을 볼 수 있도록 돕는다.
③ 내담자에게 어떤 사건을 만드는 데 원형을 제공하고, 그들이 더 좋은 선택을 할 수 있도록 돕는다.
④ 내담자가 왜 그들이 행동하고, 생각하고, 느끼는가에 관하여 이해할 수 있게 해 준다.

정답 98. ③ 99. ①

해설

3단계 상담모델

- 상담 과정은 내담자 스스로가 자신을 더 깊이 이해하도록 하고 세상 밖으로 끄집어내면서 문제를 극복할 수 있도록 한다. 이것을 이루기 위해 상담자는 협력자와 촉진자 역할을 한다.
- 상담자는 내담자가 삶을 어떻게 살아야만 하는가에 대한 특별한 지식이나 지혜를 가지고 있지 않다. 상담자들은 감정이입과 특별한 상담 기술을 갖고 상담관계를 통해 내담자들의 감정과 가치관을 탐색하고, 자신의 문제를 이해하고 의사결정을 하며, 사고, 정서, 행동 변화에 도움이 되도록 안내하는 것이다.
- 3단계 상담모델은 상담기법을 사용하여 내담자들이 문제를 탐색하고, 문제에 대한 깊은 이해를 도모하고, 삶의 변화를 추구하는 구조적 틀이 된다. 이 모델은 내담자 중심, 정신분석, 인지행동이론에 영향을 받았다.

〈탐색단계〉

① 내담자와의 라포(rapport) 형성 및 치료관계를 발전시킨다.
② 내담자의 사고와 감정을 주의 깊게 탐색하고 경청한다.
③ 복잡한 감정을 인식하고 표현할 뿐만 아니라 상담자의 도움으로 생각과 감정이 자유로워지며 심리적인 분화가 촉진된다.

〈통찰단계〉

① 내담자가 사고, 감정, 행동을 스스로 이해할 수 있도록 한다.
② 상담자들이 관점에 도전하고, 아이디어를 제공하고, 내담자들이 새로운 길로 사물을 바라볼 수 있도록 돕기 위해 그들의 경험을 사용한다.
③ 내담자는 상담자의 피드백을 받으며 더 깊은 수준의 자각과 통찰에 이르며, 새로운 관점으로 세상과 자신을 바라보게 된다.

〈실행단계〉

① 내담자가 의사결정을 할 수 있도록 방향을 안내하고 새로운 것을 시도하여 자신의 삶에 반영하도록 변화시킨다.
② 내담자가 삶 속에서 변화하는 데 필요한 기술을 가르친다.
③ 상담자는 행동 계획의 결과를 평가하고 수정하며, 새로운 시도를 통해 삶을 적극적으로 바꿔 나가도록 한다.

100 청소년을 대상으로 한 자살 위험 평가에 대한 설명으로 틀린 것은?

① 개별적으로 임상 면담을 실시한다.
② 자살 준비에 대한 구체적인 질문은 자살가능성을 높일 수 있으므로 피한다.
③ 자살의도를 유보하고 있는 기간이라면 청소년의 강점과 자원을 탐색한다.
④ 자살에 대해 생각할 수 있으나 행동으로 실천하지 않겠다는 구체적인 약속을 한다.

해설

상담자는 자살 위험 평가 시 모호한 질문을 사용하지 않으며, 구체적인 질문 과정을 통해 그 위험 수준을 명확하게 평가한다.

정답 **100.** ②

09 2018년 제3회 기출문제

81 성폭력 피해자에 대한 심리상담 시 치료관계를 형성하는 기법으로 적합하지 않은 것은?

▸ 2013, 2017

① 치료 과정에 대한 확실한 안내
② 내담자에게 선택권 주기
③ 내담자의 사실 부정을 거부하기
④ 치료자에 대한 개인적인 감정 묻기

해설

내담자가 성폭력 피해의 문제가 없다고 부정하는 경우에 상담자는 일단 수용하며, 내담자로 하여금 자신의 억압된 감정을 점진적으로 표출하도록 유도한다.

82 가족치료 관점에서 내담자의 증상에 관한 설명으로 옳은 것은?

① 가족체계나 관계 및 의사소통 양식을 반영한다.
② 개인의 심리적 갈등에서 유발된다.
③ 증상을 유발하는 분명하고도 단일한 원인이 있다.
④ 개인의 잘못된 신념이나 기술 부족에서 비롯된다.

해설

가족치료(family therapy)는 개인이 속해 있는 가족체계의 구조와 의사소통 방식을 변화시킴으로써 개인의 심리적 문제를 치료한다. 대개의 가족치료는 여러 구성원으로 이루어져 기능하는 가족을 하나의 체계로 보고 치료적 개입을 통해 가족체계의 변화를 돕는다.

정답 81. ③ 82. ①

83 학교에서의 위기상담의 주 목적으로 옳지 않은 것은?

① 위기가 삶의 정상적인 일부라는 것을 깨닫게 하기
② 갑작스런 사건과 현재 상황에 대한 다른 조망을 획득하기
③ 위기와 연관된 감정을 깨닫고 수용하기
④ 자신의 문제해결 기술을 반복하여 연습하기

해설

학교에서의 위기상담은 위기와 관련된 감정을 수용하고, 상황을 객관적으로 인식하며, 문제에 대한 대안을 수립하고, 앞으로의 문제해결에 필요한 효과적인 심리적 · 정서적 기술을 제공하는 것이 목적이다.

84 현실치료의 인간관으로 가장 적합한 것은? ▸ 2014

① 인간의 행동은 유전과 환경의 상호작용에 의해 형성된다.
② 인간의 삶은 목표에 도달하기 위한 개인의 자유로운 능동적 선택의 결과이다.
③ 인간은 자신의 자유로운 선택에 의해 잠재력을 각성할 수 있는 존재이다.
④ 인간은 기본적으로 자유롭고 자신의 목표를 스스로 선택하고자 하는 욕구를 가진 존재이다.

해설

- 현실치료(reality therapy)에서 인간은 기본적으로 자유롭고 자신의 목표를 스스로 선택하고자 하는 욕구를 가진 존재로 본다.
- 치료의 초점은 내담자가 생존, 권력, 사랑, 자유, 재미의 욕구를 충족시키기 위한 선택방법을 돕는 데 있다. 이를 위해 내담자들이 자신의 욕구와 소망을 명료화하고 이를 충족시킬 수 있는 장단기 목표와 구체적인 계획을 세워서 실천하도록 돕는다.

85 집단상담의 후기 과정에서 일어날 수 있는 구성원의 문제에 해당하는 것은?

① 내담자가 말을 너무 많이 해서 집단 과정을 방해한다.
② 내담자가 강도 높은 자기개방으로 인한 불안으로 철회한다.
③ 내담자가 질문과 잡다한 충고 등을 해서 집단 과정을 방해한다.
④ 내담자가 집단을 독점하고 자신만 주목받기를 원한다.

해설

집단상담의 후기 과정에서는 상호작용의 초점이 집단구성원의 개인적인 이야기로 옮겨진다. 집단구성원은 자기개방에 의한 불안감을 경험하면서 적극적인 집단 참여에 대한 저항과 철회를 보일 수 있다.

정답 83. ④ 84. ④ 85. ②

86 다음은 인지상담의 기술 중 무엇에 대한 설명인가?

> 사람들은 종종 친구나 동료들보다 스스로에게 더 인색하게 대한다. 그러므로 같은 상황에서 스스로를 친구에게 하듯이 대하도록 한다.

① 주의 환기하기 ② 이중잣대방법
③ 장점과 단점 ④ 다른 설명 찾기

해설

이중잣대기법은 자기 자신에게 타인을 대하는 것과 똑같은 방식으로 대함으로써 태도의 일관성을 유지하도록 한다(사례: 친구나 동료들에게 인색하지 않게 대하듯이 자신을 향해서도 같은 태도를 취함).

87 다음과 같이 아동의 학습문제를 알아보기 위한 방법은?

> 관찰자가 관찰 대상이나 장면을 미리 정해 놓고 그 장면에서 일어나는 아동의 행동과 상황, 말을 모두 일어난 순서대로 기록하는 것이다.

① 표본기록법 ② 일화기록법
③ 사건표집법 ④ 시간표집법

해설

- **표본기록법**
  관찰자가 관찰 대상이나 장면을 미리 정해 놓고 관찰 대상의 행동과 상황을 모두 일어난 순서대로 집중적으로 기술하는 방법을 말한다. 많은 정보를 수집할 수 있고, 사건의 전후관계를 알 수 있어서 관찰 대상자의 특성을 이해하거나 지니고 있는 문제를 평가하는 데 도움이 된다.
- **일화기록법**
  한 개인의 특정 행동이 있을 때마다 제삼자의 입장에서 이를 상세히 관찰, 기록하는 방법이다. 특정한 학생의 문제행동을 평가하는 데 도움이 된다.
- **사건표집법**
  관찰이 필요한 행동에 대해 명확하게 조작적 정의를 한 후 해당 행동이 나타날 때마다 행동의 순서를 상세하게 기록하는 방법을 말한다.
- **시간표집법**
  미리 선정된 행동을 정해진 시간 간격에 맞추어 여러 차례 반복하여 관찰하는 것을 말한다.

정답 86. ② 87. ①

88 알코올 중독 치료에 관한 설명으로 옳은 것은? ▸ 2012

① 행동치료가 단독으로 시행되는 경우가 생물학적 혹은 인지적 접근법과 결합하여 시행될 때보다 효과적이다.
② 정신역동적 관점에서는 의존 욕구와 관련된 갈등이 알코올 중독을 일으키는 중요한 요인이라고 간주한다.
③ 생리적 금단 증상이 나타나는 경우에 메타돈 유지 프로그램을 적용하는 것이 권장된다.
④ 알코올 중독에 대한 심리치료에서 치료 초기에 무의식적 사고와 감정에 대한 해석을 자주 사용하는 것이 권장된다.

해설

- 정신역동적 관점에서는 성장 과정 중 구강기 욕구가 지나치게 충족되면 의존적인 성격이 되며, 먹거나 마시는 행위에 집착한다고 본다. 알코올 중독의 심리적 요인인 의존적 욕구는 평소 억압되었던 갈등에 대한 수동 의존적인 표출로 본다.
- 행동치료를 단독으로 시행하는 것보다는 생물학적 혹은 인지적 접근법과 병행하는 것이 보다 효과적이다.
- 메타돈 유지 프로그램은 헤로인 의존에 대한 대안적인 치료적 접근법으로 대체 약물인 메타돈을 처방받아 관리한다.
- 알코올 중독에 대한 치료 과정에서 무의식적 사고와 감정에 대한 해석은 치료 중기에 실시된다.

89 진로상담에서 진로 미결정 내담자를 위한 개입방법과 비교하여 우유부단한 내담자에 대한 개입방법이 갖는 특징이 아닌 것은?

① 장기적인 계획 하에 상담해야 한다.
② 대인관계나 가족 문제에 대한 개입이 필요하다.
③ 정보 제공이나 진로 선택에 관한 문제를 명료화하는 개입이 효과적이다.
④ 문제의 기저에 있는 역동을 이해하고 감정을 반영하는 것이 효과적이다.

해설

우유부단형 개입방법

- 단기적인 비구조화된 개입보다는 장기적인 구조화된 개입으로 도움을 제공한다.
- 문제의 기저에 있는 심리적인 장애(예: 우울증이나 낮은 자아개념, 대인관계, 가족문제)를 다루기 위한 심리상담을 한다.
- 진로 계획을 수립하는 일을 조력한다.
- 정보를 제공해도 도움을 받지 못할 수 있기 때문에 자기에 대한 부정적인 지각을 중심적으로 다룬다.

정답 88. ② 89. ③

학습 Plus 진로상담 방법

〈진로 의사결정 수준에 따른 내담자의 분류〉

- **진로 결정자(the decided)**
  - 자신의 선택이 잘된 것이니 명료화하기를 원하는 내담자
  - 자신의 선택을 이행하기 위해 도움이 필요한 내담자
  - 진로 의사가 결정된 것처럼 보이나 실제로는 결정을 하지 못하는 내담자
- **진로 미결정자(the undecided)**
  - 자신의 모습, 직업 혹은 의사결정을 위한 지식이 부족한 내담자
  - 다양한 능력으로 지나치게 많은 기회를 갖게 되어 진로 결정을 하기 어려운 내담자
- **우유부단형(the indecisive)**
  - 일상생활에서 전반적인 지장을 주는 불안을 동반한 내담자
  - 일반적으로 문제해결 과정에서 부적응적인 성격을 지니고 있는 내담자

〈문제해결을 위한 개입〉

- **진로 결정자**
  - 자신의 진로 결정을 구체적으로 준비할 수 있도록 현장 견학이나 실습의 기회를 가지게 한다.
  - 결정한 목표를 향하여 더 치밀하게 정보를 수집하고 구체적인 실천방안을 모색하게 한다.
  - 진로 결정을 재확인하고 구체적인 직업 탐색을 할 수 있도록 한다.
  - 결정된 진로를 실천하는 과정에서 부딪히는 문제들을 해결하도록 조력한다.
- **진로 미결정자**
  - 진로를 결정하지 못하는 것이 정보의 부족인지, 심층적인 심리적인 문제인지를 확인한다.
  - 경우에 따라 체계적인 개인상담이 수행되어야 하며 실제 결정 과정을 도와준다.
  - 자기이해, 즉 흥미와 적성 그리고 다른 필요한 정보를 수집하여 결정의 범위를 점점 좁히고 스스로 진로를 결정할 수 있도록 조력한다.
  - 지나치게 많은 관심 분야를 가지고 있을 때는 의사결정 기술을 익히게 한다.
- **우유부단형**
  - 단기적인 비구조화된 개입보다는 장기적인 구조화된 개입으로 도움을 제공한다.
  - 문제의 기저에 있는 심리적인 장애(예: 우울증이나 낮은 자아개념, 대인관계, 가족문제)를 다루기 위한 심리상담을 한다.
  - 진로 계획을 수립하는 일을 조력한다.
  - 정보를 제공해도 도움을 받지 못할 수 있기 때문에 자기에 대한 부정적인 지각을 중심적으로 다룬다.

90 통합적 상담모형의 기본 개념에 해당하지 않는 것은?

① 내담자와의 동반자 관계를 형성한다.

② 일상의 상황들에서 성공적으로 대처하기 위해서 재사회화 과정을 거친다.

③ 내담자의 인지보다는 행동에 초점을 둔다.

④ 독특한 내담자에게 최상의 상담기법이 무엇인지 찾는다.

해설

통합적 상담모형에서는 인지 · 정서 · 행동적 측면의 전반에 대한 효율적 접근을 시도한다. 개인을 이해하기 위해서는 인지-정서-행동의 모든 측면이 고려되어야 함을 강조한다.

정답 90. ③

91 다음과 같이 시험불안 원인을 설명하는 이론적 접근은?

시험불안이 높은 것은 학습 전략 혹은 시험 전략이 부족하기 때문이다.

① 인지적 간섭 모델 접근
② 행동주의적 접근
③ 욕구이론 접근
④ 인지적 결핍 모델 접근

해설

- 시험불안과 학업성취와의 관계를 설명하고자 할 때, 결핍모형에서는 학습기술 부족, 부적절한 학습 습관을 수행 감소의 원인으로 본다.
- 간섭모형에서는 시험불안 수준에 따른 학업성취의 차이를 과제에 집중하는 주의 또는 인지적 방해의 정도로서 설명한다. 인지적 주의모형이라고도 한다.

92 생애별 발달과업을 제시함으로써 상담자에게 전체적인 상담 프로그램을 평가하는 기준을 제시해 준 것은?

① Erikson의 공헌
② Piaget의 공헌
③ Havighurst의 공헌
④ Gesell 아동발달연구소의 공헌

해설

하비거스트(Havighurst)는 인간 발달과정을 유아기, 아동기, 청소년기, 성인기, 중년기, 노년기로 분류했고, 유아기에서 노년기를 하나의 영속적인 과정이라고 보았다. 생애별 발달과업을 제시함으로써 한 단계에서 발달과업의 성취가 만족스럽지 못하게 되면 다음 단계의 발달에 지장을 초래하게 된다고 보았다.

93 청소년 비행의 원인에 관한 설명으로 옳지 않은 것은?

① 생물학적 접근: 매우 심각한 비행청소년 집단에서 측두엽 간질이 유의미하게 발견되기도 한다.
② 사회학습이론: 청소년의 역할 모형이 바람직하지 못한 반사회적 행동이었을 경우에는 그 행동 패턴이 비행적으로 나타나게 된다.
③ 문화전달이론: 빈민가나 우범지대와 같은 사회해체 지역에서 성장하는 청소년은 각종 비행을 배우고 또 직접 행동으로 실행하기도 한다.
④ 아노미이론: 비행행동도 개인과 사회 간의 상호 행위 과정의 산물로 이해한다.

정답 91. ④ 92. ③ 93. ④

해설

아노미이론에서는 현대 사회의 가치관 혼란 현상이 청소년 비행의 원인이라고 본다(예: 좋은 성적, 좋은 학교 입학, 사회적 성공). 문화적 목표를 달성할 수 없게 될 때 아노미 상태에 빠지게 된다.

94 신체적 장애 발생 시 흔히 나타나는 심리적 적응단계에 대한 설명으로 틀린 것은?

▸ 2009

① 초기에 외상 자체에 대한 부정 여부는 회복 효과와 관련이 없는 것으로 나타난다.
② 장애나 질병의 심각성과 정도를 이해하고 완전히 인정하게 될 때는 우울해진다.
③ 독립적으로 자기간호와 재활의 노력이 가능할 때 나타나는 반작용이 독립에 대한 저항이다.
④ 충격은 외상 시 나타나는 즉각적인 반응이다.

해설

- 신체적 장애가 발생하면 5단계의 적응 과정을 거치게 된다(충격-부정-우울-독립에 대한 저항-적응 단계). 초기에 외상 자체를 부정하는 것은 심리 적응에 도움이 되는 측면이 있는데, 이는 갑작스러운 신체의 변화 및 자기개념의 손상을 수용하기가 어렵기 때문이다.
- 부정단계는 사고 후 회복의 초기 단계에서 나타나는 방어기제임을 고려해야 하며, 우울의 진전을 예방하는 데 도움이 되지만 부정이 적응 및 재활 노력에 영향을 주는지를 고려하여 중재해야 한다.

학습 Plus 신체적 장애에 대한 심리적 적응단계(Krueger, 1981)

① **충격(shock)단계**: 자신의 신체적 손상을 알았을 때 가장 먼저 나타나는 반응으로, 정서적으로 극심한 비탄상태에 처한다.
② **부정(denial)단계**: 충격에서 헤어나면 그 다음에는 자신의 장애를 부정하는 단계가 나타난다. 이러한 부정단계는 회복에 필요한 방어기제로 심리적 적응에 도움이 되지만 환자가 장애를 스스로 통합하고 인식하기 위해서는 부정의 단계가 서서히 약화되어야 한다.
③ **우울반응(depressive reaction)단계**: 환자는 부정의 단계에서 점점 자신의 장애를 인정하는 단계로 접어든다. 우울은 상실을 인정하는 순간에 생겨나기에 만약 환자가 우울을 경험하지 않으면 이는 자신의 신체상을 인정하지 않고 있음을 의미하기에 더욱 조심해서 지켜보아야 한다.
④ **독립에 대한 저항(reaction against independence)단계**: 환자가 자기간호나 재활 노력을 할 수 있게 되어 퇴원을 앞두게 될 무렵, 익숙하고 안락한 병원을 떠나게 되는 것에 대한 저항을 보일 수 있다. 이러한 저항은 치료 진전을 방해하거나 장시간 병원에 머물고자 하는 행동으로 나타나기도 한다.
⑤ **적응(adaption)단계**: 상실에 대해서 여러 단계를 겪고 나면 정상으로 돌아갈 수 없다는 사실을 인정하고 그 한계를 인정하는 바탕 위에서 새로운 목표를 세울 수 있게 된다. 재활 전문가는 환자의 성향에 따라 치료 계획에 참여시키고 재활 노력에 서로 협조하고, 환자의 신체상태와 회복 과정에 대한 구체적인 설명을 통해서 스스로 통제감을 갖도록 해 주어야 한다.

정답 94. ①

95 만성 정신장애 환자를 위한 정신재활치료에서 사례관리의 목적으로 가장 적합한 것은?

▸ 2003, 2006, 2012

① 독립적인 사회 생활을 할 수 있는 다양한 주거공간 확보
② 환자에게 필요한 다양한 서비스의 조정 및 통합
③ 위기상황에서 환자에게 안정화 전략 제공
④ 효율적인 대인관계 증진 지원

해설

정신재활서비스의 사례관리 목적은 보호의 연속성, 서비스 통합성, 서비스 접근성, 사회적 책임, 내담자 역량 강화, 평가를 통한 개입에 있다.

〈참조〉 사례관리의 목적

- **보호의 연속성**: 일정한 장소나 기간 동안 계속 서비스를 제공하는 보호의 연속성을 보장하는 것
- **서비스 통합성**: 많은 기관의 서비스와 기능을 통합한 체계를 확보하는 것
- **서비스 접근성**: 개인이 필요한 서비스에 쉽게 접근할 수 있도록 원조하는 것
- **사회적 책임**: 내담자 욕구에 적합한 효과적인 서비스와 한정된 자원으로 최대의 효과를 거둘 수 있는 효율적인 서비스를 제공하는 것
- **내담자 역량 강화**: 내담자가 사례관리자의 도움 없이도 다양한 자원과 연결을 유지할 수 있도록 하는 것
- **평가**: 사례관리 과정과 성과에 대해 사정(평가)하는 것

PART 05 심리상담

96 다음에 해당하는 방어기제는?

> A 교수는 최근에 이혼을 경험하고, 자신의 학생들에게 불필요하게 어려운 시험을 내고 점수도 다른 때와는 다르게 굉장히 낮게 주었다.

① 퇴행(regression) ② 전치(displacement)
③ 투사(projection) ④ 반동형성(reaction formation)

해설

- **전치(displacement)**: 자신의 감정이나 욕구를 위험한 사람이나 대상에게 표출하지 못하고 보다 안전한 대상에게 돌려 대리적으로 충족하는 것을 말한다.
- **퇴행(regression)**: 이전의 발달단계로 되돌아감으로써 현재의 불안이나 책임감을 회피하는 것이다.
- **투사(projection)**: 용납할 수 없는 자신의 감정이나 욕구를 다른 사람의 것으로 돌리는 것을 뜻한다.
- **반동형성(reaction formation)**: 받아들이기 어려운 심리상태와 반대되는 행동을 함으로써 불안을 회피하는 것이다.

정답 95. ② 96. ②

97 인간중심상담에 대한 설명으로 옳은 것은?

① 상담관계보다는 기법을 중시하는 특성을 가지고 있다.
② 내담자의 무의식적 측면도 충분히 반영하여 상담을 진행한다.
③ 기본원리를 '만일 ~라면 ~이다'라는 형태로 표현할 수 있다.
④ 상담은 내담자가 아닌 상담자가 이끌어 가는 과정이다.

해설

인간중심상담에서는 '만일 ~라면 ~이다(If ~ then ~)'라는 가설을 통해 만일 '치료자'의 태도 속에 진실성, 무조건적인 긍정적 존중, 공감적 이해와 같은 특정한 조건이 존재한다면, 그로 인해 '내담자'는 성장적인 변화가 일어날 수 있다고 본다.

98 노인을 대상으로 한 심리치료에서 고려해야 할 사항으로 적합하지 않은 것은?

① 보다 현실적이고 구체적인 사안에 초점을 맞추는 것이 좋다.
② 심층치료보다는 지지적인 치료가 더 적합하다.
③ 가급적 가족의 참여를 배제하고 개인상담을 활용해야 한다.
④ 치료적 의존성을 주의해야 하며, 자조적이고 자립적인 행동을 격려하고 강화할 필요가 있다.

해설

노인심리치료 시 노인 및 그 가족의 개별적 상황에 따라서 상담서비스를 고려해야 하며, 필요 시 가족의 개입을 통해 미해결된 어려움을 해결하도록 돕는다.

99 청소년 상담자에게 요구되는 윤리적인 내용과 가장 거리가 먼 것은? ▸ 2014

① 비밀보장에 대한 원칙을 내담자에게 알려 준다.
② 청소년 내담자의 법적·제도적 권리에 대해 알려 준다.
③ 청소년 내담자에게 존중의 의미에서 경어를 사용할 수 있다.
④ 비밀보장을 위하여 내담자에 대한 기록물은 상담의 종결과 함께 폐기한다.

해설

상담자는 문서화한 기록과 자료를 저장하고 보존하여야 하며, 직책이나 실무를 그만 두게 될 경우에는 기록과 자료를 양도하여야 한다.

정답 97. ③ 98. ③ 99. ④

100 도박중독의 심리 · 사회적 특징에 대한 설명으로 옳은 것은? ▸ 2006, 2011

① 도박 중독자들은 대체로 도박에만 집착할 뿐 다른 개인적인 문제를 가지지 않는다.
② 도박 중독자들은 직장에서 도박 자금을 마련하기 위해 남보다 더 열심히 노력한다.
③ 심리적 특징으로 단기적인 만족을 추구하기보다는 장기적인 만족을 추구한다.
④ 도박행동에 문제가 있음을 인정하지 않고 변명하려 든다.

해 설

도박중독은 중독행동에 대한 부인과 합리화가 특징이며, 도박을 숨기기 위한 반복적인 거짓말이 주된 증상으로 나타난다. 평생 유병률은 1~3%로 추정된다.

정답 100. ④

10 2018년 제1회 기출문제

81 위기상담 과정에 사용되는 단계를 순서대로 바르게 나열한 것은?

ㄱ. 위기와 개인적 자원의 평가	ㄴ. 가능한 해결책을 모색하기
ㄷ. 개입에 관한 결정	ㄹ. 문제에 대한 분명한 정서적 · 인지적 이해
ㅁ. 개입의 평가에 관한 계획	ㅂ. 개입의 실행에 관한 계획

① ㄱ → ㄴ → ㄹ → ㄷ → ㅁ → ㅂ
② ㄱ → ㄹ → ㄴ → ㄷ → ㅂ → ㅁ
③ ㄱ → ㄴ → ㄹ → ㄷ → ㅂ → ㅁ
④ ㄱ → ㄹ → ㄴ → ㄷ → ㅁ → ㅂ

해설

위기상담 과정의 단계

위기와 개인적 자원의 평가-문제에 대한 분명한 정서적 · 인지적 이해-가능한 해결책을 모색하기-개입에 관한 결정-개입의 실행에 관한 계획-개입의 평가에 관한 계획 순으로 단계별로 진행된다.

〈참조〉 위기상담 과정의 단계

- **1단계**: 위기 사건에 대한 평가와 더불어 개인의 정신건강 상태를 평가한다. 이 단계에서는 생리적 · 심리적 · 사회적 측면에 대한 포괄적이고 철저한 평가가 이루어져야 한다.
- **2단계**: 주요 문제를 확인하는 단계로, 내담자의 주요 문제가 무엇인지, 위기 촉발 요인이 무엇인지를 내담자의 관점에서 확인한다.
- **3단계**: 대안적인 대처방법을 탐색하는 단계로, 내담자가 위기 이전에 가지고 있던 성공적인 대처 기술을 찾아 활용해 볼 수 있도록 살피는 것도 중요하다.
- **4단계**: 구체적인 적용 계획을 수립한다.
- **5단계**: 실질적인 개입방안에 대해 계획을 세운다.
- **6단계**: 적용된 개입방법에 대해 평가한다.

정답 **81.** ②

82 실존주의 상담 접근에서 제시한 인간의 기본조건에 해당하지 않는 것은? ▸ 2012

① 인간은 누구나 자기인식 능력을 가지고 있다.
② 자신의 정체감 확립과 타인과 의미 있는 관계를 수립한다.
③ 인간은 완성을 추구하는 경향이 있다.
④ 죽음이나 비존재에 대해 인식한다.

해 설

실존치료에서는 인간은 삶의 의미와 목적을 추구하는 존재로 본다. 이는 삶의 중요한 원동력이 되며 삶에서 의미감을 느끼지 못하는 경우에 실존적 공허를 경험하게 된다. 의미와 목적은 스스로 창조해야 하며 치료자는 내담자가 의미를 발견할 수 있도록 도와야 한다.

학습 Plus 실존적 심리치료에서의 인간의 기본 조건(5가지)

- 인간은 자기인식 능력을 지닌 존재이다. 자기인식 능력으로 인해서 자기 존재와 자신의 삶에 대해서 성찰하고 선택할 수 있다.
- 인간은 실존적 불안을 지니고 살아가는 존재이다. 실존적 불안은 모든 인간이 필연적으로 경험하는 필수조건(죽음, 고독, 무의미, 자유)이다. 실존적 불안을 인식하고 어떻게 대처하느냐에 따라 개인의 삶이 달라진다.
- 인간은 선택의 자유와 책임을 지닌 존재이다. 인간은 자신의 삶을 주체적으로 이끌어 갈 책임을 받아들여야 할 뿐만 아니라 자신의 선택에 대해서 책임을 져야 한다.
- 개인은 그만의 주관적 세계 속에서 이해되어야 한다. 개인의 세계-내-존재(being-in-world) 양식을 이해하는 것은 자기정체성과 타자와의 관계 양식을 이해하는 데 중요하다.
- 인간은 삶의 의미와 목적을 추구하는 존재이다. 우리의 삶에는 정해진 계획이나 의미가 없기 때문에 개인은 자신의 의미를 스스로 창조해야 한다. 삶의 의미와 목적은 중요한 인생의 원동력이다.

83 다음 중 게슈탈트 심리치료에서 강조하는 것이 아닌 것은? ▸ 2009, 2012

① 지금-여기
② 내담자의 억압된 감정에 대한 해석
③ 미해결 과제 또는 회피
④ 환경과의 접촉

해 설

- 게슈탈트 치료에서는 유기체를 환경과의 접촉 속에서 통일된 전체로 기능하는 존재로 본다. 치료의 핵심은 '지금-여기'에서 경험되는 감각, 감정, 인식, 행동의 알아차림을 증진하는 데 있다.
- 개체가 분명한 게슈탈트를 형성하지 못했거나, 형성했지만 해소를 잘하지 못하는 경우에 게슈탈트는 배경으로 사라지지 못하고 계속해서 전경으로 떠올라 미해결 과제로 남게 되고, 미해결 과제가 많아질수록 유기체적 욕구 해소에 실패하게 되어 심리적 · 신체적 장애를 일으키게 된다.
- 내담자의 억압된 감정에 대한 해석은 정신분석 치료과정에 해당된다.

정답 82. ③ 83. ②

84 합리적-정서적 치료 상담의 ABCDE 과정 중 D가 의미하는 것은? ▸ 2012

① 논박 ② 결과
③ 왜곡된 신념 ④ 효과

해설

ABCDE 모델은 합리적-정서적 치료의 핵심적인 치료 이론으로서 내담자의 감정과 사고, 행동을 이해할 수 있는 유용한 틀을 제공해 준다.

- A: 선행사건(Activating event)
- B: 신념체계(Belief system)
- C: 정서 및 행동적 결과(Consequence)
- D: 자신의 비합리적인 신념을 논박하기(Dispute)
- E: 논박의 인지정서행동적 효과(Effect)

85 알코올 중독자 상담에 관한 설명으로 옳지 않은 것은? ▸ 2003, 2011, 2013

① 가족을 포함하여 타인의 방해를 받지 않기 위하여 비밀리에 상담한다.
② 치료 초기 단계에서 술과 관련된 치료적 계약을 분명히 한다.
③ 문제행동에 대한 행동치료를 병행할 수 있다.
④ 치료 후기에는 재발가능성을 언급한다.

해설

알코올 중독은 개인은 물론 가족 내의 여러 문제(부부갈등, 가정폭력, 경제적 문제 등)와 관련이 있고, 알코올 중독자의 회복과 재발을 위해 가족상담의 개입이 필요하다.

86 Krumboltz가 제시한 상담의 목표에 해당하지 않는 것은?

① 내담자가 요구하는 목표이어야 한다.
② 상담자의 도움을 통해 내담자가 달성할 수 있는 목표이어야 한다.
③ 내담자가 상담목표 성취의 정도를 평가할 수 있어야 한다.
④ 모든 내담자에게 동일하게 적용될 수 있는 목표이어야 한다.

해설

심리상담에서는 내담자의 성격 특성과 개인차를 이해하여 내담자에 따라 상이한 상담 원리나 방법을 활용하는 것이 중요하다. 크럼볼츠(Krumboltz)는 상담의 목표는 개인의 요구에 맞게 성취되고 평가되어야 함을 강조했다.

정답 84. ① 85. ① 86. ④

87 가족진단 시 사용되는 질문지식 사정도구 중 응집력과 적응력의 두 차원을 주로 사용하는 모델은?

① 비버스(beavers)모델 ② 원형(circumplex)모델
③ 맥매스터(mcmaster)모델 ④ 의사소통(communication)모델

해설

• 원형(circumplex)모델
올슨(David H. Olson) 등이 가족행동에 있어 '응집력과 적응력'이 중요하다는 사실을 밝혀내면서 가족사정에 이 두 차원을 사용하여 원형모델을 개발하였다. 이후 가족응집성과 적응성 측정 척도(Family Adaptability and Cohension Evaluation Scales: FACES)를 만들었으며, 이 척도는 '가족이 현재 가족을 어떻게 인식하고 있느냐'라는 현실가족과 '가족이 이렇게 되었으면 좋겠다고 생각하는가'라는 이상적 가족에 대해 각각 대답하도록 되어 있다. 적응력과 응집력은 각각 4개 수준으로 구성되어 있으므로 총 16개의 가족을 구분할 수 있다.

• 비버스(beavers)모델
비버스모델은 가족 기능을 분류하는 14개 항목의 자기보고식의 평가척도로 개발되어 있다. 이 모델에서는 가족구조, 신념, 목표지향적 협상, 자율성, 가족정서 등 5가지 영역의 상호작용에 대해 평가한다.

• 맥매스터(mcmaster)모델
캐나다 맥매스터 대학교(McMaster University)의 엡스타인(Epstein) 등이 체계이론에 입각해서 개발한 가족 기능을 평가하고 진단하는 모델이다. 이 모델에서는 가족 기능을 문제해결, 의사소통, 역할, 정서적 반응성, 정서적 관여, 행동통제의 여섯 가지 측면에서 평가한다.

88 Yalom이 제시한 상호역동적인 치료집단을 위해 적절한 구성원 수는? ▸2013

① 4~5명 ② 7~8명 ③ 10~11명 ④ 12~13명

Yalom은 집단 경험에서 이득을 얻기 위해서는 개개인이 상당히 동기화되어야 한다고 보았으며, 상호역동적인 집단을 위한 집단의 크기는 7~8명이 적절하다고 보았다.

89 가출 충동에 직면하고 있는 청소년을 상담할 때 상담자가 취해야 할 행동으로 옳은 것을 모두 고른 것은?

> ㄱ. 내담자의 가출 충동을 적극적으로 수용한다.
> ㄴ. 가출 동기와 목적 및 가출 가능성을 평가한다.
> ㄷ. 가출 후의 어려움과 관련된 정보를 제공한다.

① ㄱ, ㄴ ② ㄱ, ㄷ ③ ㄴ, ㄷ ④ ㄱ, ㄴ, ㄷ

정답 87. ② 88. ② 89. ④

해설

가출청소년 상담의 접근방법
- 내담자의 가출 충동을 적극적으로 수용한다.
- 가출 동기와 목적, 가출 가능성에 대해 면밀히 평가한다.
- 가출 후의 어려움과 관련된 정보를 제공한다.
- 가출 이유와 현재 당면하고 있는 어려움에 대한 해결방안을 모색한다.
- 가출 후 상담이나 도움을 받을 수 있는 기관에 대한 정보를 안내한다.
- 가족상담을 성급하게 시도할 경우에는 가족관계를 악화시킬 수 있어 주의한다.

90 심리학 지식을 상담이나 치료의 목적으로 활용하려고 심리클리닉을 펜실베이니아 대학교에 처음 설립한 사람은? ▸ 2003, 2005, 2012, 2013, 2015, 2017

① 위트머(Witmer)
② 볼프(Wolpe)
③ 스키너(Skinner)
④ 로저스(Rogers)

해설

위트머(Lightner Witmer)는 1896년에 Pennsylvania 대학교에 첫 심리진료소를 개설하여 임상심리학의 초기 발견에 직접적으로 중요한 공헌을 한 인물로 잘 알려져 있다.

91 아이가 떼를 쓰고 나서 부모에게 혼나면 혼날수록 그 아이는 떼를 점점 더 심하게 썼다. 이때 부모가 혼내는 것이 아이가 떼를 쓰는 데 어떤 역할을 한 것인가?

① 정적 강화
② 부적 강화
③ 정적 처벌
④ 부적 처벌

해설

부모의 혼내는 행동이 아이에게는 주의와 관심을 이끄는 강화인으로 작용하여 점차 문제행동이 증가되었기에 정적 강화에 해당된다. 정적 강화란 어떤 행동을 제시한 후, 특정 행동의 발생 빈도가 증가되는 것을 말한다.

정답 90. ① 91. ①

92 공부를 하지 않는 문제행동을 가진 내담자의 학습 태도를 바꾸기 위해 상담자가 시도하는 접근방법과 가장 거리가 먼 것은?

① 자각
② 대치
③ 모방
④ 변화를 위한 긍정적인 자극

해 설

모방은 관찰자의 행동을 그대로 따라 하는 것을 말한다. 이는 학습 동기 증진 및 학습 태도 개선에 도움이 되지 않는다.

〈성공적인 학습 태도를 향상시키기 위한 접근방법〉

- 자각: 학습자로 하여금 자기패배적인 악순환을 깨닫게 하는 것을 말한다.
- 대치: 과거의 비효과적인 학습전략을 보다 유연한 성공 수준의 새로운 학습전략으로 수정시키는 과정이다.
- 변화를 위한 긍정적인 자극: 학습문제와 관련해 내담자가 지니고 있는 불만과 어려움을 상담자가 수용하고 이해해 줌으로써 변화 동기를 촉진한다.

93 약물중독의 진행 단계로 옳은 것은?

① 실험적 사용단계 → 사회적 사용단계 → 의존단계 → 남용단계
② 실험적 사용단계 → 사회적 사용단계 → 남용단계 → 의존단계
③ 사회적 사용단계 → 실험적 사용단계 → 남용단계 → 의존단계
④ 사회적 사용단계 → 실험적 사용단계 → 의존단계 → 남용단계

해 설

약물중독은 실험적 사용단계-사회적 사용단계-남용단계-의존단계 순으로 진행된다.

〈약물중독의 4단계〉

- **1단계(실험적 사용단계)**: 호기심의 일차적 동기에서 약물을 사용한다. 약물의 심리적 효과에 대해서는 주의를 기울이지 않는 단계이다.
- **2단계(사회적 사용단계)**: 사회적 상황에서 약물을 사용하는 것으로서 약물사용자는 심리적 효과를 경험하지만 약물 사용을 문제라고 인식하는 경우는 드물다.
- **3단계(남용단계)**: 약물에 의해 유발되는 심리적 효과에 익숙해진 상태로, 특별한 목적을 위해 의도적으로 약물을 사용하기 시작한다.
- **4단계(의존단계)**: 약물 사용이 개인의 일상생활 전반에 영향을 미치며, 약물에 대한 의존 증상이 나타나기 시작한다. 약물 사용으로 인한 정신적 · 신체적 변화가 발생하기 시작해 약물을 중단하거나 조절하는 것이 어렵다.

정답 92. ③ 93. ②

94 세 자아 간의 갈등으로 인해 야기되는 불안 중 원초아와 초자아 간의 갈등에서 비롯된 불안은? ▸ 2015

① 현실적 불안 ② 신경증적 불안
③ 도덕적 불안 ④ 무의식적 불안

해설

Freud는 자아와 원초아, 초자아 간의 갈등으로 인해 불안이 야기된다고 보았으며, 불안을 신경증적 불안, 현실적 불안, 도덕적 불안으로 구분하였다.

- **신경증적 불안**: 원초아와 자아 간의 갈등에서 야기된 불안으로, 원초아에 의해 충동적으로 표출된 행동으로 인해 처벌받지 않을까 하는 무의식의 공포와 관련된다.
- **현실적 불안**: 자아가 외부 세계의 현실을 지각하여 느끼는 불안이다. 불안의 정도는 실제 위험에 대한 두려움의 정도와 비례한다.
- **도덕적 불안**: 원초아와 초자아 간의 갈등에 의해 야기되는 불안으로, 자신의 양심과 도덕적 기준에 위배되는 생각이나 행동을 했을 때 수치심, 죄의식 등이 유발되는 것을 의미한다.

95 Holland 이론에서 개인이 자신의 인성 유형과 동일하거나 유사한 환경에서 생활하고 일한다는 개념은? ▸ 2014

① 일관성 ② 정체성
③ 일치성 ④ 계측성

해설

일치성이란 개인의 성격 유형과 환경 유형 간의 일치의 정도를 의미한다. 개인은 자신의 성격 유형과 비슷한 환경 유형에서 일할 때 일치성이 높아지며 최대한 능력을 발휘하게 된다. 환경과 개인의 가장 좋지 않은 일치의 정도는 육각형에서 유형들이 반대 지점에 있을 때 나타난다. 예를 들면, 예술형(A)은 관습적인 환경에서 일하거나 생활할 때 일치성이 낮게 된다.

학습 Plus 홀랜드 이론의 5가지 주요개념

- 일관성
  일관성이란 개인의 성격 유형뿐만 아니라 환경 유형에도 적용되는 것으로, 유형들의 어떤 쌍들은 다른 유형의 쌍들보다 공통점을 많이 가지고 있다는 것을 의미한다. 예를 들면, 현실형(R)과 탐구형(I)은 현실형(R)과 예술형(A)보다 더 많은 공통점을 가지고 있다.
- 차별성
  한 개의 유형에는 흥미가 높게 나타나지만 다른 유형에는 흥미가 별로 나타나지 않는다는 것을 말한다. 여러 유형에 똑같은 흥미를 나타내는 사람은 특징이 없거나 잘 규정되지 않았다고 볼 수 있다. 예를 들면, 사회형(S)에 흥미가 높게 나타나는 사람은 다른 유형에는 흥미가 별로 나타나지 않으며, 그중 현실형(R)의 흥미가 가장 낮게 나타난다.

정답 94. ③ 95. ③

• 정체성
개인적 정체감 또는 환경적 정체감이 명료하거나 안정된 정도를 말한다. 개인적 정체감은 개인의 목표, 흥미, 재능에 대한 분명하고 안정된 청사진을 갖고 있는 정도를 말한다. 환경적 정체감은 환경이나 조직이 장기간에도 안정되고 분명하고도 통합된 목표, 과업, 보상을 가지고 있을 때 나타난다.

• 일치성
일치성이란 개인의 성격 유형과 환경 유형 간의 일치의 정도를 의미한다. 개인은 자신의 성격 유형과 비슷한 환경 유형에서 일할 때 일치성이 높아지며 최대한 능력을 발휘하게 된다. 환경과 개인의 가장 좋지 않은 일치의 정도는 육각형에서 유형들이 반대 지점에 있을 때 나타난다. 예를 들면, 예술형(A)은 관습적인 환경에서 일하거나 생활할 때 일치성이 낮게 된다.

• 계측성
육각형 모델에서 유형들 간의 거리가 멀수록 직업 적응도와 성공도가 낮음을 의미한다. 즉, 두 유형 간의 거리가 가까울수록 이들 간의 유사성이 더 높고, 환경과 개인 내에 있는 일관성의 정도도 증가한다.

96 상담 윤리 중 무해성(nonmaleficence)과 가장 거리가 먼 것은?

① 상담자가 지나친 선도나 지도를 자제하는 것과 관련된다.
② 상담자의 전문 역량, 사전동의, 이중관계, 공개 발표와 관련된다.
③ 상담자가 의도하지 않게 내담자를 괴롭히는 것을 예방하기 위한 것이다.
④ 내담자가 상담자의 요구를 순순히 따르는 경우가 많아서 이로 인한 문제를 예방하기 위한 것이다.

PART 05 심리상담

해설

상담의 일반적인 윤리 원칙으로는 자율성, 선행, 무해성, 공정성, 성실성이 있으며, 이 중 무해성(nonmaleficence)은 내담자에게 해를 끼치는 행동을 하지 말아야 할 것을 강조한다.

〈참조〉 상담의 일반적인 윤리 원칙
- **자율성(autonomy)**: 타인의 권리를 해치지 않는 한 내담자가 자신의 행동을 선택할 권리가 있음을 의미한다.
- **선행(beneficience)**: 내담자와 타인을 위해 선한 일을 하는 것을 의미한다.
- **무해성(nonmaleficence)**: 내담자에게 해를 끼치는 행동을 하지 않는 것을 의미한다.
- **공정성(justice, fairness)**: 모든 내담자는 평등하며, 성별과 인종, 지위에 관계없이 공정하게 대우받아야 한다.
- **성실성(fidelity)**: 상담자는 내담자에게 믿음과 신뢰를 주며 상담관계에 충실해야 한다.

정답 96. ①

97 면접의 초기단계에서 주로 이루어져야 할 사항과 가장 거리가 먼 것은?

① 따뜻하고 온화한 분위기를 형성한다.

② 내담자의 강점과 단점을 상담에 활용한다.

③ 상담에 대한 구체적인 안내를 한다.

④ 낙관적인 태도를 갖는다.

해설

상담 면접의 초기단계에서의 고려사항

- **상담관계 형성**: 상담자는 내담자를 한 인간으로 존중하고 배려하며, 자유로운 자기표현이 가능하도록 따뜻하고 공감적이며, 지지적인 환경을 마련하는 것이 중요하다.
- **내담자에 대한 이해와 평가**: 내담자의 전반적인 문제 상황, 주 호소문제, 문제의 촉발 요인, 행동 관찰, 과거 경험, 가족 및 또래 등의 사회적 관계 등 이해를 도울 수 있는 정보를 탐색한다.
- **상담의 구조화**: 상담을 전체적으로 안내하여 상담에 대한 이해를 돕고 내담자를 안정화한다.
- **목표 설정**: 상담 과정에 적극적으로 참여하는 것을 돕고, 구체적이고 명확한 방향 설정을 계획한다.

98 성폭력 피해자에 대한 심리상담 시 초기단계에서 유의할 사항으로 옳지 않은 것은?

▸ 2003, 2009, 2011, 2013

① 치료관계 형성에 힘써야 한다.

② 상담자가 상담 내용의 주도권을 가져야 한다.

③ 성폭력 피해로 인한 합병증이 있는지 묻는다.

④ 성폭력 피해의 문제가 없다고 부정을 하면 일단 수용해 준다.

해설

성폭력 피해자를 대상으로 한 심리상담의 초기단계에서 상담자는 내담자에게 상담 내용의 주도권을 줌으로써 내담자에게 현재 상황에서 표현할 수 있는 것들에 대해 자유롭게 이야기하고 표현할 수 있도록 도와야 한다.

〈참조〉 성폭력 피해자 심리상담 시 초기단계에서 유의할 사항

- 상담자는 피해자인 내담자와 신뢰할 수 있는 치료관계 형성에 힘써야 한다.
- 가능하면 초기에 피해자의 가족 상황과 성폭력 피해 등에 관한 구체적인 정보를 얻는다.
- 상담자는 내담자의 비언어적인 표현에 주의를 기울이며, 이에 대해 적절히 반응한다.
- 상담자는 내담자에게 상담 내용의 주도권을 줌으로써 내담자에게 현재 상황에서 표현할 수 있는 것들에 대해 이야기할 수 있도록 배려해야 한다.
- 내담자가 성폭력 피해의 문제가 없다고 부인하는 경우에는 이를 수용해 준다.

정답 97. ② 98. ②

99 게슈탈트 상담기법에 해당하지 않는 것은? ▸ 2014

① 신체 자각 ② 환경 자각

③ 행동 자각 ④ 언어 자각

게슈탈트 상담기법에는 욕구와 감정 자각, 신체 자각, 환경 자각, 언어 자각, 과장하기, 반대로 하기, 머물러 있기, 빈의자 기법, 자기 부분과의 대화, 꿈 작업 등이 있다.

100 인간중심 상담기법에서 내담자의 심리적 부적응이 초래되는 원인으로 가정하는 것은? ▸ 2011

① 무의식적 갈등

② 자각의 부재

③ 현실의 왜곡과 부정

④ 자기와 경험 간의 불일치

해설

- 인간중심 상담에서 자기와 경험 간의 불일치는 심리적 부적응을 초래하는 원인이 된다고 본다. 유기체로서 소망하며 경험하는 것들과 자기존중감을 느끼기 위해 추구하는 것들 간에 불일치가 생기면 자기와 경험 간의 불일치가 생겨나게 된다.
- 이때 개인이 자신의 유기체적 경험을 무시하거나 왜곡하여 그러한 경험을 자기 구조로 통합하지 못할 경우에 심리적 부적응이 발생한다고 보았다.

정답 99. ③ 100. ④

11 2017년 제3회 기출문제

81 Bordin이 제시한 작업동맹(working alliance)의 3가지 측면을 바르게 짝지은 것은? ▸ 2011

① 작업의 동의, 진솔한 관계, 든든한 유대관계
② 진솔한 관계, 든든한 유대관계, 서로의 호감
③ 유대, 작업의 동의, 목표에 대한 동의
④ 서로의 호감도, 동맹, 작업에 대한 동의

해 설

Bordin(1979)의 작업동맹은 심리역동적 슈퍼비전 모델의 하나로, 유대, 작업, 목표라는 세 가지 차원의 동맹적 관계를 강조한다.

- **정신적 유대(bond)**: 슈퍼바이저와 수련생 사이의 정서적 유대감과 신뢰를 의미한다.
- **작업에 대한 동의(task agreement)**: 공동 목표를 달성하기 위해 부여된 과제에 대한 동의를 의미한다.
- **목표에 의한 동의(goal agreement)**: 슈퍼비전을 통해 얻고자 하는 것에 대한 목표에 대한 일치도이다.

82 교류분석에서 치료의 바람직한 목표인 치유의 4단계에 해당되지 않는 것은?

① 계약의 설정　　② 증상의 경감
③ 전이의 치유　　④ 각본의 치유

해 설

교류분석(transactional analysis)에서 치유는 사회의 통제, 증상의 경감, 전이의 치유, 각본의 치유로 진행된다.

- **사회의 통제(social control)단계**: 개인은 타인과의 상호작용에 있어 자기 행동의 통제를 발달시킨다.
- **증상의 경감(symptomatic relief)단계**: 개인은 불안 같은 자신의 증상이 완화됨을 주관적으로 느끼게 된다.

정답 81. ③ 82. ①

- **전이의 치유(transference cure)단계**: 내담자는 치료자를 하나의 내사물(introject)로서 보유함으로써 건강을 유지할 수 있게 된다. 내담자가 중요한 심리적 내사물을 보유하는 동안에 치유상태가 유지된다고 본다.
- **각본의 치유(script cure)단계**: 내담자는 자신의 각본에서 완전히 벗어나 보다 유연하고 자율적인 사람이 된다.

83 학교진로상담의 기본원리로 고려해야 할 사항이 아닌 것은?

① 최종 선택은 내담자 스스로 결정하도록 유도한다.
② 만성적인 진로 미결정자를 조기에 발견할 수 있도록 해야 한다.
③ 진로 관련 정보제공을 위해 상담자는 직업세계에 대한 정보 숙지가 필요하다.
④ 학생을 위한 집단학습의 경험을 제공한다.

해설

학생을 위한 집단학습의 경험을 제공하는 것은 진로상담의 기술적 접근에 해당된다(예: 개인상담, 집단상담, 직업 관련 비디오 시청).

〈참조〉 학교진로상담 시 고려사항
- 내담자에 대한 신뢰와 공감적 이해를 기반으로 한다.
- 최종 진로 선택은 내담자 스스로 결정하도록 유도한다.
- 합리적인 진로 의사결정 과정과 기법을 체득하도록 한다.
- 다양한 진로 관련 정보 및 직업 세계에 대한 정보를 제공한다.
- 진학과 직업 선택에 초점을 맞추어 진행한다.
- 만성적인 진로 미결정자를 조기에 발견할 수 있도록 한다.
- 경우에 따라 심리상담을 병행하면 더욱 효과적이다.

84 다음 사례에 가장 적합한 개입방법은?

> 지방 출신의 한 남학생이 동급생들의 요구를 거절하지 못한 것에 불만스러워했다. 첫 면접에서 그러한 실례를 최근의 경험 중에서 다음과 같이 끄집어낼 수 있었다. 첫째는 자기의 비상금 20,000원을 친구가 '우리 사이에 그럴 수 있느냐'는 식으로 조르기 때문에 싫으면서도 몽땅 빌려 준 후 갚아 달라는 말을 못했다. 둘째는 형님이 집 안에서 자기 일이 아닌 데도 '이걸 가져오라' '저걸 치우라'는 식으로 심부름을 시킬 때, 형님이 싫어할까 봐 할 수 없이 순종했다.

① 분노조절훈련
② 체계적 둔감화 훈련
③ 자기주장훈련
④ 역설적 수용 훈련

정답 83. ④ 84. ③

해설

자기주장훈련은 개인이 자신의 권리를 주장하는 방법과 기술을 습득하는 데 초점을 둔 사회기술훈련이다. 대인관계에서 자신과 상대방을 존중하면서 자기표현이나 주장을 할 수 있는 방법을 훈련한다.

85 인지행동적 상담이론의 특징과 가장 거리가 먼 것은?

① 인지적 재구성에 초점을 둔 이론
② 선천적으로 진화적인 성장지향 접근
③ 문제해결 및 대처기술 접근
④ 기술에 대한 훈련을 강조하는 접근

해설

- 인지행동적 상담이론에서는 자동적 사고와 인지 도식의 변화를 위한 인지적 재구성에 초점을 둔다. 다양한 인지적 · 정서적 · 행동적 문제해결 기술과 대처기술을 포함하며, 경험을 왜곡시키는 역기능적 사고를 확인하고 변화시키기 위한 구체적인 훈련과 학습 경험을 강조한다.
- 선천적으로 진화적인 성장지향 접근은 인간중심상담 이론에 해당된다. 모든 인간은 타고나면서부터 자기 증진을 위해 끊임없이 노력하는 성장지향적 성향을 지니고 있다고 본다.

86 사별 경험이 있거나 자살을 시도하려는 아동의 상담에 관한 설명으로 틀린 것은?

① 상담자로서 잠재적 위험요인을 깨닫게 하기 위해 사용하는 가장 좋은 기법은 내담자의 대처방식을 관찰하는 것이다.
② 내담자와 자살금지 계약서를 작성할 때 시간 제한을 명시한 동의보다 시간 제한이 없는 동의를 얻는 것이 효과적이다.
③ 자살예방 프로그램을 실시하기 전에 학부모 및 주위 교사 등에게 예방 전략의 중요성을 알려야 한다.
④ 사별 경험을 한 아동 내담자를 돕기 위해 가장 중요한 일은 그들의 부모에게 아동을 이해하고 도와줄 수 있는 방법을 가르치는 것이다.

해설

청소년의 자살시도와 같은 위험한 행동을 하지 않겠다는 위험한 행동 금지 계약서에는 날짜를 적고, 특정 기간 안에 자해하지 않겠다는 진술을 적도록 한다. 때로는 전화번호나 이메일 주소를 포함한 세세한 정보들을 적게 하기도 한다. 또한 위험한 행동을 했을 때 도움을 받거나 연락할 수 있는 사람들의 명단도 적도록 한다.

정답 85. ② 86. ②

87 장기간 사용 중이던 약물을 얼마 동안 사용하지 않았을 때 심리적으로 초조하고 불안함을 느낄 뿐 아니라 약물에 대한 열망과 메스꺼움 등의 신체적인 불쾌감을 경험하는 것은?

▸ 2010, 2014, 2015

① 내성
② 금단 증상
③ 갈망 증상
④ 중독(intoxication) 증상

해설

잦은 약물 사용으로 인하여 약물에 대한 내성이 생겨 약물의 섭취량이나 빈도가 증가해서 약물을 얼마동안 사용하지 않았을 때 불안, 초조, 메스꺼움, 갈망 등을 보이는 것을 금단 증상이라고 한다.

88 다음은 무엇에 대한 설명인가? ▸ 2003, 2008, 2010

내담자에 의해 표현된 내용을 새로운 용어로 표현하는 것

① 공감
② 경청
③ 반영
④ 수용

해설

- **반영**: 내담자에 의해서 표현된 주요 내용을 새로운 용어로 표현하는 것을 말한다. 내담자가 표현한 내용의 기저에 있는 내면적 감정을 정확히 파악하여 내담자에게 전달하는 기법이다.
- **공감**: 공감은 내담자의 감정과 생각에 대한 상담자의 깊은 이해와 더불어 그 사실을 내담자에게 알려 주는 것까지의 과정을 말한다.
- **경청**: 경청은 내담자의 이야기를 주의 깊게 귀담아듣는 것으로, 말의 내용뿐만 아니라 말하려는 의도, 심정을 주의 깊게 정성 들여 듣는 태도를 말한다.
- **수용**: 내담자에 대한 어떠한 판단을 포함하지 않고 있는 그대로를 존중하며 받아들이고 이해하는 것을 말한다.

89 아동 · 청소년의 폭력비행을 상담할 때 부모를 통해 개입하는 방법으로 가장 적합한 것은?

▸ 2014

① 자녀가 반사회적 행동을 하면 심하게 야단을 치게 한다.
② 친사회적인 행동을 보이면 일관되게 보상을 주도록 한다.
③ 반사회적 행동을 보이면 무조건 무시로 대응한다.
④ 폭력을 휘두를 때마다 자녀를 매로 다스리게 한다.

정답 87. ② 88. ③ 89. ②

해설

아동이 친사회적인 행동을 보일 때 일관되게 긍정적인 보상(정적 강화)을 제공하는 방법은 행동치료의 유관성 원리에 해당된다. 기대하는 바람직한 행동의 빈도를 증진하는 데 효과적이다.

90 Rogers의 인간중심 상담이론의 기본 명제에 관한 설명으로 틀린 것은?

① 모든 개인은 본인이 중심이 되고 끊임없이 변화하는 경험의 세계에 존재한다.
② 유기체는 경험하고 지각하는 대로 장(field)에 반응한다.
③ 행동 이해를 위한 가장 좋은 관점은 개인의 외적 참조준거에서 나온다.
④ 유기체에 의해 선택된 대부분의 행동방식은 자기개념과 일치하는 것이다.

해설

인간중심치료에서는 개인의 주관적인 경험과 인식을 중시하는 현상학적 입장에 근거한다. 개인의 행동을 이해하려면 자기 자신과 자신이 존재하는 세계에 대해 어떤 주관적 인식을 지니고 있는지에 대한 내담자의 내적 참조체계를 이해하는 것이 중요하다고 본다.

91 성폭력 피해자에 대한 상담의 초기단계에서 상담자가 유의해야 할 사항으로 옳은 것은?

▸ 2013

① 피해자가 첫 면접에서 성폭력 피해 사실을 부인할 경우에는 솔직한 개방을 하도록 지속적으로 유도한다.
② 가능하면 초기에 피해자의 가족 상황과 성폭력 피해의 합병증 등에 관한 상세한 정보를 얻는다.
③ 성폭력 피해로 인한 내담자의 심리적 외상을 신속하게 탐색하고 치유할 수 있도록 적극적으로 개입한다.
④ 피해 상황에 대한 상세한 정보 수집이 중요하므로 내담자가 불편감을 표현하더라도 상담자가 주도적으로 면접을 진행한다.

해설

성폭력 피해자를 대상으로 한 심리상담의 초기단계에서 유의해야 할 사항

• 상담자는 피해자인 내담자와 신뢰할 수 있는 치료관계 형성에 힘써야 한다.
• 가능하면 초기에 피해자의 가족 상황과 성폭력 피해의 합병증 등에 관한 상세한 정보를 얻는다.
• 상담자는 내담자의 비언어적인 표현에 주의를 기울이며, 이에 대해 적절히 반응해야 한다.
• 상담자는 내담자에게 상담 내용의 주도권을 줌으로써 내담자에게 현재 상황에서 표현할 수 있는 것들에 대

정답 90. ③ 91. ②

해 이야기할 수 있도록 배려해야 한다.

- 내담자가 성폭력 피해의 문제가 없다고 부인하는 경우, 상담자는 일단 수용하며 언제든지 상담의 기회가 있음을 알려 주어야 한다.

92 현실치료의 근간이 되는 선택이론의 주요원칙으로 옳지 않은 것은?

① 모든 인간의 동기나 행동은 다섯 가지 기본욕구인 생존 및 건강, 사랑과 소속, 자기가치감, 통제, 즐거움과 재미 등을 충족시키기 위해 고안된다.

② 다섯 가지 욕구를 모두 소유하고 있다고 하더라도 우리는 각자가 모두 특별한 방법으로 그 욕구들을 충족시키려고 한다.

③ 사람들이 바람 또는 욕구와 그들의 환경에서 얻고 있는 지각 사이에 차이가 있을 때는 특별한 행동들이 유발된다.

④ 자기 자신을 어떻게 지각하는가 뿐만 아니라 그들이 주변 세계를 어떻게 지각하는지에 대해 그들의 현실 세계와 자신을 보는 관점이 된다.

해 설

- 글래서(Glasser)가 창시한 현실치료에서는 인간이 자신의 욕구를 충족하기 위해 행동하며, 그러한 행동은 인간이 스스로 선택하고 결정한 것이라는 점을 강조한다.
- 현실치료에서는 인간은 5가지 기본욕구(생존, 사랑, 권력, 자유, 재미)를 가지고 태어난다고 보고, 이러한 욕구들이 좌절되거나 충족되지 않을 때 심리적 문제가 초래된다고 보았다.

학습 Plus 현실치료_인간의 기본욕구 5가지

- **생존(survival)**: 의식주를 비롯하여 개인의 생존과 안전을 위한 신체적 욕구이다.
- **사랑(love)**: 다른 사람과 애정을 주고받고 집단에 소속되고자 하는 욕구이다.
- **권력(power)**: 성취를 통해서 자신에 대한 유능감과 가치감을 느끼며, 힘과 권력을 추구하려는 욕구이다.
- **자유(freedom)**: 자율적인 존재로 자유롭게 행동하고자 하는 욕구이다.
- **재미(fun)**: 즐겁고 재미있는 것을 추구하며 새로운 것을 배우려는 욕구이다.

93 Kitchener가 상담의 일반적인 윤리 원칙을 제시한 것으로, 상담자가 내담자와 맺은 약속을 잘 지키며 믿음과 신뢰를 주는 행동을 하는 것은?

① 자율성(autonomy) ② 선행(beneficence)

③ 성실성(fidelity) ④ 공정성(justice, fairness)

정답 92. ① 93. ③

해 설

Kitchener의 상담의 일반적인 윤리 원칙

- **자율성**: 타인의 권리를 해치지 않는 한 내담자가 자신의 행동을 선택할 권리가 있다.
- **선행**: 내담자와 타인을 위해 선한 일을 하여야 한다.
- **무해성**: 내담자에게 해를 끼치는 행동을 하지 않아야 한다.
- **공정성**: 모든 내담자는 평등하며 성별과 인종, 지위에 관계없이 공정하게 대우받아야 한다.
- **성실성**: 상담자는 내담자에게 믿음과 신뢰를 주어야 하며 상담관계에 충실해야 한다.

94 효율적인 독서능력의 신장과 장기기억을 돕는 조직화 전략 SQ3R의 순서를 올바르게 나열한 것은?

① 개관-질문-읽기-암송-복습 ② 질문-개관-읽기-복습-암송
③ 읽기-질문-개관-복습-암송 ④ 질문-개관-읽기-암송-복습

해 설

효율적인 독서법인 SQ3R은 미국의 심리학자 프랜시스 로빈슨이 개발한 독서방법이다. 개관-질문-읽기-암송-복습 순으로 조직화한다.

- **개관(Survey)**: 책을 읽기 전 제목이나 목차를 보고 미리 내용을 추측해 보는 단계
- **질문(Question)**: 글을 읽으며 '누가' '어디서' '언제' '왜'와 같은 질문을 만들어 보는 단계
- **읽기(Read)**: 처음부터 차분하게 책을 읽어 나가면서 내용을 하나씩 확인하는 단계
- **암송(Recite)**: 지금까지 읽은 내용을 외워 자기화하는 단계
- **복습(Review)**: 암기하지 못한 부분을 다시 읽고 암기하는 단계

95 상담 및 심리치료의 발달역사에 관한 설명으로 옳지 않은 것은?

① William Glasser는 1960년대에 현실치료를 제시하였다.
② 가족치료 및 체계치료는 1970년대부터 본격적으로 등장하였다.
③ Rollo May와 Victor Frankl의 영향으로 게슈탈트 상담이 발전하였다.
④ Witmer는 임상심리학이라는 용어를 최초로 사용했으며, 치료목적을 위해 심리학의 지식과 방법을 활용하였다.

해 설

- Rollo May와 Victor Frankl 등은 실존주의 철학의 기본 가정을 현상학적 방법과 결합시킨 실존주의 상담기법을 제시하였다. 실존치료에서는 내담자에게 자신의 내면 세계를 있는 그대로 자각하고 이해하도록 하며, 지금-여기의 자기 자신을 신뢰하도록 하는 데 목표를 둔다.
- 게슈탈트 상담은 Fritz Perls에 의해 발전되었으며, 인간의 삶에서 전체성, 통합, 균형의 중요성을 강조한다.

정답 94. ① 95. ③

96 정신분석 상담에서 말하는 불안의 종류에 해당하는 것은?

① 구체적 불안
② 특성적 불안
③ 도덕적 불안
④ 실존적 불안

해설

정신분석상담의 불안의 세 가지 유형

- **현실적 불안(reality anxiety)**
  자아가 외부 세계의 현실을 지각하여 느끼는 불안이다. 불안의 정도는 실제 위험에 대한 두려움의 정도와 비례한다.
- **신경증적 불안(neurotic anxiety)**
  원초아와 자아 간의 갈등에서 비롯된 불안이다. 막대한 힘을 가진 원초아에 의해 충동적으로 표출된 행동 때문에 혹시 처벌받지 않을까 하는 무의식의 두려움과 관련된다.
- **도덕적 불안(moral anxiety)**
  원초아와 초자아 간의 갈등에 의해 야기되는 불안이다. 자신의 양심과 도덕적 기준에 위배되는 생각이나 행동을 했을 때 수치심, 죄의식 등이 유발된다.

97 상담의 초기단계에서 내담자를 평가할 때 고려해야 할 사항이 아닌 것은? ▸2013

① 지적인 기능과 사회경제적 조건
② 자살에 대한 생각, 의지, 충동성
③ 변화 실행과 관련된 내담자의 전략
④ 자신의 문제에 관한 이해

해설

- 상담의 초기단계에서는 상담관계 형성, 내담자의 이해와 평가, 상담의 구조화, 목표 설정이 필요하다.
- 상담자는 내담자 평가 시 주된 호소문제, 지적 기능, 사회경제적 조건, 사고 및 감정 상태, 병에 대한 인식 등에 대한 전반적인 정보를 수집한다.
- 변화 실행과 관련된 내담자의 전략을 검토하는 것은 상담의 중기단계에서 진행된다.

98 집단상담을 초기단계, 전환단계, 작업단계, 마무리단계로 구분할 때 전환단계의 특징이 아닌 것은?

① 환경이 얼마나 안전한지를 결정하기 위해 상담자나 다른 참가자들을 시험한다.
② 참가자들은 존경, 공감, 수용, 관심, 반응에 대한 기본적인 태도를 배운다.
③ 주변에 남아 있을 것인지 아니면 위험에 뛰어들 것인지에 대해 생각한다.
④ 다른 사람이 들을 수 있도록 자신을 표현하는 방법을 배운다.

정답 96. ③ 97. ③ 98. ②

해설

전환단계의 특징

- 자기자각이 증대됨에 따라 스스로에 대해 어떤 생각을 갖게 될지, 타인들이 자신을 수용할지에 대해 염려하게 된다.
- 집단 환경이 얼마나 안정적인지 판단하기 위해 상담자나 다른 집단구성원들을 판단하려고 한다.
- 집단에 참여하기 위해 위험을 무릅쓸 것인지, 뒤로 물러날 것인지 선택의 기로에서 고심하게 된다.
- 통제와 힘을 얻고자 하는 역동, 다른 집단구성원 및 상담자와의 갈등을 경험하게 된다.
- 집단상담자가 신뢰할 만한 존재인지 탐색하고자 한다.
- 다른 사람의 경청을 이끌어 내기 위해서 어떻게 자신을 표현해야 할지에 대해 배우게 된다.

99 체계적 둔감법(systematic desensitization)의 기초가 되는 학습원리는? ▸ 2005, 2010

① 혐오 조건형성 ② 고전적 조건형성
③ 조작적 조건형성 ④ 고차적 조건형성

해설

울페(Wolpe)에 의해 고안된 체계적 둔감법은 고전적 조건형성의 원리에 기초하며, 내담자에게 이완을 한 상태에서 불안 강도가 낮은 수준에서 이완과 불안을 연합하여 조건형성하고, 점차 높은 자극이나 상황을 상상하도록 하여 점진적으로 가장 높은 수준의 불안을 극복하도록 돕는다.

100 약물중독 개입모델 중 영적인 성장에 초점을 두고 자조집단을 활용하는 형식으로 진행되는 모델은? ▸ 2014

① 12단계모델 ② 동기강화모델
③ 하위문화모델 ④ 공중보건모델

해설

12단계 모델은 알코올 중독자의 자조모임인 AA에서 진행되는 12단계의 규칙과 12단계 전통의 기반이 되는 개입모델을 말한다. 12단계 모델에서는 자조집단을 통한 자립과 영적 성장에 초점을 둔다.

학습 Plus AA 12단계와 12전통 회복 프로그램

〈AA 12단계〉
- **1단계**: 우리는 알코올에 무력했으며, 우리의 삶을 수습할 수 없게 되었다는 것을 시인했다.
- **2단계**: 우리보다 위대하신 '힘'이 우리를 본정신으로 돌아오게 해 주실 수 있다는 것을 믿게 되었다.
- **3단계**: 우리가 이해하게 된 대로 신의 돌보심에 우리의 의지와 생명을 맡기기로 결정했다.
- **4단계**: 철저하고 두려움 없이 우리 자신에 대한 도덕적 검토를 했다.

정답 99. ② 100. ①

- **5단계**: 우리의 잘못에 대한 정확한 본질을 신과 자신에게 그리고 다른 어떤 사람에게 시인했다.
- **6단계**: 신께서 이러한 모든 성격상 결점을 제거해 주시도록 완전히 준비했다.
- **7단계**: 겸손하게 신께서 우리의 단점을 없애 주시기를 간청했다.
- **8단계**: 우리가 해를 끼친 모든 사람의 명단을 만들어서 그들 모두에게 기꺼이 보상할 용의를 갖게 되었다.
- **9단계**: 어느 누구에게도 해가 되지 않는 한, 할 수 있는 데까지 어디서나 그들에게 직접 보상했다.
- **10단계**: 인격적인 검토를 계속하여 잘못이 있을 때마다 즉시 시인했다.
- **11단계**: 기도와 명상을 통해서 우리가 이해하게 된 대로의 신과 의식적인 접촉을 증진하려고 노력했다. 그리고 우리를 위한 그의 뜻만 알도록 해 주시며, 그것을 이행할 수 있는 힘을 주시도록 간청했다.
- **12단계**: 이런 단계들의 결과, 우리는 영적으로 각성되었고, 알코올 중독자들에게 이 메시지를 전하려고 노력했으며, 우리 일상의 모든 면에서도 이러한 원칙을 실천하려고 했다.

〈AA 12전통〉

- **1전통**: 우리의 공동 복리가 무엇보다 우선되어야 한다. 개인의 회복은 AA의 공동 유대에 달려 있다.
- **2전통**: 우리의 그룹 목적을 위한 궁극적인 권위는 하나이다. – 이는 우리 그룹의 양심 안에 당신 자신을 드러내어 주시는 사랑 많으신 신(神)이시다. – 우리의 지도자는 신뢰받는 봉사자일 뿐이지 다스리는 사람들은 아니다.
- **3전통**: 술을 끊겠다는 열망이 AA의 멤버가 되기 위한 유일한 조건이다.
- **4전통**: 각 그룹은 다른 그룹이나 AA 전체에 영향을 끼치는 문제를 제외하고는 반드시 자율적이어야 한다.
- **5전통**: 각 그룹의 유일한 근본 목적은 아직도 고통 받고 있는 알코올 중독자들에게 메시지를 전하는 것이다.
- **6전통**: AA그룹은 관계 기관이나 외부의 기업에 보증을 서거나, 융자를 해 주거나, AA의 이름을 빌려주는 일 등을 일체 하지 말아야 한다. 돈이나 재산, 명성의 문제는 우리를 근본 목적에서 벗어나게 할 우려가 있기 때문이다.
- **7전통**: 모든 AA 그룹은 외부의 기부금을 사절하며, 전적으로 자립해 나가야 한다.
- **8전통**: AA는 항상 비직업적이어야 한다. 그러나 서비스 센터에는 전임 직원을 둘 수 있다.
- **9전통**: AA는 결코 조직화되어서는 안 된다. 그러나 봉사부나 위원회를 만들 수는 있으며, 그들은 봉사 대상자들에 대한 직접적인 책임을 갖게 된다.
- **10전통**: AA는 외부의 문제에 대해서는 어떠한 의견도 가지지 않는다. 그러므로 AA의 이름이 공론에 들먹여져서는 안 된다.
- **11전통**: AA의 홍보 원칙은 적극적인 선전보다 AA 본래의 매력에 기초를 둔다. 따라서 대중매체에서 익명을 지켜야 한다.
- **12전통**: 익명은 우리의 모든 전통의 영적 기본이며, 이는 각 개인보다 항상 AA 원칙을 앞세워야 한다는 것을 일깨워 주기 위해서이다.

12 2017년 제1회 기출문제

81 청소년 비행의 원인을 사회학적 관점에서 설명하는 이론이 아닌 것은?

① 아노미이론

② 사회통제이론

③ 욕구실현이론

④ 하위문화이론

해 설

아노미이론, 사회통제이론, 하위문화이론은 청소년 비행에 대한 원인을 사회학적 관점에서 설명하고 있다. 욕구실현이론은 청소년의 심리사회적 부적응을 개인 내적 욕구 통제의 요인으로 설명한다.

학습 Plus 청소년 비행의 원인론: 비행의 원인에 관한 이론

- **아노미이론**: 현대 사회의 가치관 혼란 현상이 청소년 비행의 원인이라고 본다(예: 우리나라 청소년의 경우 좋은 성적, 좋은 학교 입학, 사회적 성공). 문화적 목표를 달성할 수 없게 될 때 아노미 상태에 빠지게 된다.
- **사회통제이론**: 사회 통제력이 약화되어 개인에게 미치지 못하게 될 때, 그 개인은 규범을 위반하게 된다고 본다.
- **하위문화이론**: 하위 계층에서 성장한 아이들은 학교를 다니면서 상위 계층과 상이한 문화적 차이를 접하면서 적응문제에 부딪히게 되어 비행을 일으킨다고 본다.
- **차별접촉이론**: 비행 친구끼리 차별적 집단을 형성하게 되는데, 그 집단의 행동을 통한 영향력이 비행의 원인이 된다고 본다.
- **낙인이론**: 자기 자신을 비행을 저지르는 사람으로 인식하는 데에는 타인으로부터 받는 낙인이 그 영향을 준다고 본다.
- **중화이론**: 비행의 원인이 학습된 변명과 정당화를 통해서 발생한다고 본다. 이 경우에 죄의식 없이 비행을 저지르게 된다.

정답 **81.** ③

82 상담심리학의 역사에서 상담심리학의 기반 형성에 근원이 된 주요 영향이 아닌 것은?

① 의학적 관점으로부터의 상담과 심리치료의 발달
② Parsons의 업적과 직업운동의 성숙
③ 정신건강에 대한 관심
④ 심리측정적 경향의 발달과 개인차 연구

해설

- 상담심리학의 기반 형성에 영향을 준 사건으로는 1908년 Parsons의 직업지도(vocational guidance)운동에서 상담심리학이란 용어를 사용하면서 발전되었다.
- 또한 정신위생운동 등을 기반으로 한 지역사회에서의 정신건강 예방과 조기 발견, 사회 환경 개선에 초점을 둔 운동이 일어나면서 지역 내 심리상담소 개설이 활발해졌으며, 이는 상담과 심리치료에 대한 발전에 영향을 주었다. 이러한 운동은 의학적 관점과 병행하기는 하나 주로 정신장애의 조기 발견과 예방을 위한 지역사회 환경에 초점을 둔다는 점에서는 의학적 접근과는 차이가 있다.
- 그 외에 다양한 심리검사 도구의 개발은 상담심리학 분야의 심리측정적 연구의 기반이 되었다.

83 전화상담의 특성에 대한 설명으로 틀린 것은?

① 전화상담은 일회성, 신속성, 비대면성의 특성을 지니기 때문에 상담에 대한 구조화를 배제해야 한다.
② 전화상담의 주된 주제에는 객관적 정보, 전문지식, 위로와 정서적 지지 제공, 다른 기관으로의 의뢰 등이 포함된다.
③ 우리나라의 전화상담은 자살을 비롯한 위기 예방을 목적으로 시작되었으나 점차 위기 이외의 일반적 문제나 목적으로 확대되는 추세이다.
④ 전화상담에서는 호소문제를 구체적으로 확인하고 상담목표를 정리하며 문제 상황에 대한 새로운 대처방안 모색과 실행행동의 평가 등이 중요한 과제로 다루어져야 한다.

해설

- 전화상담은 일회성, 신속성, 비대면의 특징이 있으나, 상담에 대한 구조화를 통해 호소문제 확인, 상담목표 설정, 문제에 대한 평가 및 대처방안 등에 대한 절차를 마련하는 점은 일반 상담과 동일하다.
- 전화상담은 대개 면대면 상담의 어려움을 보이는 경우, 신분 노출에 어려움이 있는 경우, 직접 상담의 여건이 안 되는 경우에 유용하다.

정답 82. ① 83. ①

84 학습문제 상담의 시간관리 전략에서 강조하는 것은?

① 기억하고자 하는 의도를 갖도록 노력한다.
② 학습의 목표를 중요도와 긴급도에 따라 구체적으로 수립한다.
③ 시험이 끝난 후 오답을 점검한다.
④ 처음부터 장시간 공부하기보다는 조금씩 자주 하면서 체계적으로 학습한다.

해설

시간관리 전략은 학습의 목표를 구체적으로 세우고, 학습의 중요도와 긴급도를 고려하여 학습의 우선순위를 정해 순차적으로 실행에 옮기는 방법을 말한다.

85 중독의 병인을 설명하는 모델에 대한 설명으로 틀린 것은?

① 도덕모형: 중독을 개인 선택의 결과로 간주한다.
② 학습모형: 혐오감을 주는 금단 증상이 계속적인 약물 사용의 한 원인이고 동기로 간주한다.
③ 정신역동모형: 물질남용은 더욱 근본적인 정신병리의 징후로 간주한다.
④ 고전적 조건형성 모형: 병적 도박 등 행위중독의 주요 기제로 간주한다.

해설

- 고전적 조건형성은 무조건적인 반응을 일으키는 무조건적 자극과 중성자극이 연합된 것으로서 약물중독 등이 해당된다.
- 행위중독은 특정 행동에 대한 보상 경험으로 인해 해당 행동의 빈도가 증가하는 개념으로서 조작적 조건형성에 의해 형성된다.

86 집단상담 과정 중 집단원의 저항과 방어를 다루기 위해 지도자가 즉각 개입하고, 문제해결을 위해 지지와 도전을 제공하는 역할을 수행해야 하는 단계는? ▸2014

① 갈등단계 ② 응집성단계
③ 생산적단계 ④ 종결단계

해설

집단상담의 과정

- 1단계(참여단계/시작단계)
  집단 활동이 시작되는 시기로, 집단구성원들이 조심스럽게 탐색하고 그들의 느낌을 솔직하게 표현하도록 수용적이고 신뢰할 수 있는 분위기를 조성해야 한다.

정답 84. ② 85. ④ 86. ①

• 2단계(갈등단계)
집단구성원들이 집단 장면 및 집단원에 대해 부정적 정서 반응을 나타내는 단계이며, 이는 집단상담의 성격상 자연스러운 것으로 평가된다. 이 단계에서 집단지도자는 집단원의 저항과 방어를 다루기 위해 즉각적으로 집단에 개입하고, 그것을 해결하기 위한 지지와 도전을 제공해야 한다.

• 3단계(응집성단계)
부정적인 감정이 극복되고 협력적인 집단 분위기가 형성되어 점차 응집성을 발달시키게 되는 시기이다.

• 4단계(생산적단계)
집단구성원들이 갈등에 직면하였을 때 이를 어떻게 다루는지 학습하여 능동적으로 처리할 수 있게 되며, 행동에 대한 책임을 지고, 집단 문제 해결 활동에 참여할 수 있게 되는 시기이다.

• 5단계(종결단계)
집단구성원들이 집단에서 학습한 것을 실생활에서 활용할 수 있도록 독려하는 단계로, 집단에서 경험한 것의 의미를 명료화하며 미해결된 부분을 협력하여 마무리하고 통합/해석할 수 있도록 돕는다.

87 상담자의 바람직한 상담기술과 가장 거리가 먼 것은?

① 내담자에 대한 상담자의 정서적인 반응을 반영하는 자기관련 진술을 적절히 시행한다.
② 내담자의 음성언어 및 신체언어에 대해 비판단적이고 진지하게 반응해야 한다.
③ 치료적 직면은 돌봄의 과정 속에서 도전이 아닌 분명하게 하기 위한 목적으로 사용되어야 한다.
④ 상담 초기에는 찬반을 내포하지 않는 최소의 촉진적 반응은 될 수 있는 대로 하지 않는다.

해 설

최소의 촉진적 반응이란 이해나 동의를 나타내는 짧은 말을 의미하며, 내담자가 수용되고 있다는 것을 반영하여 지속적으로 이야기를 하도록 촉진하는 역할을 한다. 상담 초기의 상담관계 형성을 위해 유용하다.

88 심리상담에 관한 설명으로 옳은 것은?

① 내담자의 자각확장이 이루어지도록 조력하는 활동이다.
② 상담자의 가치관을 중심으로 성과가 산출되도록 해야 한다.
③ 조력 과정으로 결과를 강조하는 활동이어야 한다.
④ 상담자의 전문적 훈련이 실제 상담 과정과 무관하여야 한다.

해 설

심리상담은 개인의 심리적 고통이나 해결하고 싶은 문제를 심리학적 전문 지식을 활용하여 해결하고 내담자의 자기확장과 삶의 질을 향상시킬 수 있도록 돕는 전문적인 활동이다.

정답 87. ④ 88. ①

89 다음 사례에서 사용된 현실치료 기법은?

> 지금은 정상적이지만 예전에 얼어붙듯 주먹 쥔 손 모양을 하고 있었던 때가 있었던 젊은 남자를 상담할 때, 치료자는 그의 습관대로 손을 아래에 숨기는 것이 아니라 다른 사람들이 볼 수 있도록 들어보라고 제안하였다. 치료자는 젊은 남자에게 일시적 장애를 극복한 것에 대해 자랑스럽게 느껴보도록 노력하라고 제안했고, 그것을 숨긴다면 아무도 자신이 어려움을 극복했다는 것을 모를 것이라고 이야기해 주었다. 치료자는 물었다. "이 일을 당신이 어려움을 극복할 수 있음을 주위 사람들에게 보여 주기 위한 예로 사용하지 그래요?"

① 직면 ② 재구성하기
③ 역설적 처방 ④ 비유 사용하기

해설

재구성하기는 내담자로 하여금 자신이 자기 행동의 주인임을 확인하고, 자신의 모습을 특별하고 객관적인 각도에서 바라보도록 하며, 관찰한 행동들이 자신에게 어떤 도움이 되는지를 평가하여 원하는 것을 얻기 위한 새로운 계획을 세우도록 돕는 것을 의미한다.

90 자신조차 승인할 수 없는 욕구나 인격 특성을 타인이나 사물로 전환시킴으로써 자신의 바람직하지 않은 욕구를 무의식적으로 감추려는 방어기제는? ▸ 2011, 2014

① 동일시 ② 합리화
③ 투사 ④ 승화

해설

- 투사(projection)
  자신의 것으로 용납하거나 인정할 수 없는 욕구나 충동을 다른 대상에게 전가시켜 다른 사람의 탓으로 돌리는 것이다.
- 동일시(identification)
  다른 사람의 특성을 따라 하거나 그와 동일한 행동으로 해 봄으로써 불안을 해소하는 것이다.
- 합리화(rationalization)
  받아들이기 어려운 자신의 실패나 약점을 그럴듯한 이유로 정당화함으로써 부정적인 감정을 회피하는 것이다.
- 승화(sublimation)
  자신의 욕구나 충동을 사회적으로 용납될 수 있는 건설적인 형태로 표현함으로써 불안을 해소하는 것이다.

정답 89. ② 90. ③

91 행동주의 집단상담의 절차를 바르게 나열한 것은? ▸ 2011

> ㄱ. 문제에 적합한 상담목표를 구체화
> ㄴ. 결과를 객관적으로 평가하고 피드백
> ㄷ. 문제가 되는 행동의 정의 및 평가
> ㄹ. 상담계획을 공식화하고 방법을 적용

① ㄱ → ㄴ → ㄷ → ㄹ ② ㄴ → ㄷ → ㄱ → ㄹ
③ ㄷ → ㄱ → ㄹ → ㄴ ④ ㄹ → ㄱ → ㄷ → ㄴ

해설

행동주의 집단상담의 절차는 문제가 되는 행동의 정의 및 평가–문제에 적합한 상담목표를 구체화–상담계획을 공식화하고 방법을 적용–결과를 객관적으로 평가하고 피드백하는 순으로 진행된다.

〈참조〉 행동주의 상담의 절차

- **내담자의 문제 탐색**: 내담자가 호소하는 문제와 부적응적 행동을 탐색한다.
- **문제행동의 평가와 분석**: 문제행동을 구체화하고 빈도와 지속시간 및 이를 유지하고 강화시키는 환경적 요인들도 함께 분석한다.
- **목표 설정**: 치료목표는 명확하고 구체적이며 측정 가능한 형태로 마련한다.
- **치료계획 수립 및 실행**: 내담자의 문제행동의 특성에 따라 적절한 기법을 모색하고, 내담자와의 협의 하에 치료계획을 실행한다.
- **치료효과의 평가**: 문제행동의 개선 정도를 평가하며, 개선되지 않는 경우에는 치료계획을 점검하고 수정한다.
- **재발 방지 계획 수립**: 치료종결 이후 재발할 수 있는 가능성에 대비해 재발 방지법과 지침을 내담자와 함께 마련한다.

92 특수한 진단을 피하고, 직업적 역할 속에서 자아(self)의 개념을 명백히 하고 실행할 수 있도록 돕는 직업상담의 이론은?

① 특성–요인 직업상담 ② 정신역동적 직업상담
③ 내담자중심 직업상담 ④ 행동주의 직업상담

해설

내담자중심 직업상담에서는 내담자의 자아개념을 직업적 자아개념으로 전환시키고, 내담자의 경험을 풍부히 하도록 돕는 것을 목표로 한다.

〈참조〉 내담자중심 직업상담의 특징

- 내담자의 입장에서 필요하다고 인정될 때에만 상담 과정을 개시한다.
- 내담자에게 영향을 주거나 내담자를 조정하기 위해 시도하지 않는다.

정답 91. ③ 92. ③

- 내담자 스스로 자신에게 필요한 정보를 찾도록 격려한다.
- 내담자가 직업에 대한 생각, 태도, 감정을 자유롭게 표현하도록 돕는다.

93 자살을 하거나 시도하는 학생들에게 공통적으로 나타나는 성격 특성과 가장 거리가 먼 것은?

① 부정적 자아개념 ② 부족한 의사소통 기술
③ 과도한 신중성 ④ 부적절한 대처 기술

해설

자살행동을 보이는 청소년의 경우 주로 감정기복이 심하고 충동적이며 스스로 자신의 감정이나 의사를 적절하게 표현하지 못하고 타인의 눈치를 보는 등으로 인해 부정적인 자기개념, 낮은 자존감, 우울을 특징으로 보인다.

94 성폭력 피해자에 대한 인지적 단기상담을 실시할 때 상담의 효과를 유지시키기 위한 방법으로 적합하지 않은 것은?

① 상담을 통한 체험을 일반화하도록 도와준다.
② 자기와의 대화 내용을 검토하고 잘못된 자기대화를 고치도록 한다.
③ 문제가 재발하지 않는다고 확신을 준다.
④ 사회적인 지지를 해 준다.

해설

심리상담을 종결한 후에도 유사하게 증상이 재발될 수 있음을 안내하고, 이때 활용할 수 있는 대처방안에 대해 논의한다. 이는 상담 후에 나타나는 다양한 스트레스에 대응하는 데 도움이 되며 유지치료로서 증상을 관리하는 데 효과적이다.

95 우울한 사람들이 보이는 체계적인 사고의 오류 중 결론을 지지하는 증거가 없거나 증거가 결론과 배치되는 데에도 불구하고 어떤 결론을 이끌어 내는 과정을 의미하는 인지적 오류는? ▸ 2005, 2011, 2013

① 임의적 추론(arbitrary inference)
② 과일반화(overgeneralization)
③ 개인화(personalization)
④ 선택적 추상화(selective abstraction)

정답 93. ③ 94. ③ 95. ①

해설

- **과일반화**: 한 가지 증거로 타당하지 않은 일반적인 결론을 내리는 것을 말한다.
- **개인화**: 자신과 무관한 사건을 자신과 관련된 것으로 잘못 해석하는 것이다.
- **선택적 추상화**: 전체를 보지 않고 부정적인 하나의 세부 사항에만 지나치게 집중하고 선택적으로 받아들여 결론을 내리는 것이다.

96 상담의 구조화에 관한 설명으로 틀린 것은?

① 상담의 다음 진행 과정에 대한 내담자의 두려움이나 궁금증을 줄일 수 있다.
② 구조화는 상담 초기뿐만 아니라 전체 과정에서 진행될 수 있다.
③ 상담의 효과를 최대한으로 높이기 위해 행해진다.
④ 상담에서 다루려는 내용을 구체적으로 정의하는 작업이다.

해설

- 상담의 구조화는 내담자로 하여금 상담 과정에서 안정감을 느끼고, 궁금증이나 의문을 해소할 수 있도록 도와 상담에 대한 동기를 증진시키고, 상담의 효과를 최대한으로 높이기 위해 시행된다.
- 상담에서 다루고자 하는 내용을 구체적으로 정리하는 작업은 '사례개념화'이다. 내담자의 핵심 문제를 파악하고 이를 해결하기 위한 세부적인 상담목표와 전략을 수립하는 과정을 말한다.

97 Adler의 개인심리학적 상담에 대한 설명으로 틀린 것은?

① Adler는 일반적으로 인간이 열등감을 갖는 것은 필요하고 바람직하기까지 하다고 보았다.
② Freud와 마찬가지로 Adler도 인간의 목표를 중시하면서 주관적 요인을 강조하였다.
③ Adler는 신경증, 정신병, 범죄 등 모든 문제의 원인은 사회적 관심의 부재라고 보았다.
④ Adler는 생활양식을 개인 및 사회의 정신병리를 일으키는 주요 요인으로 보았다.

해설

- 아들러(Adler)의 개인심리학은 열등감을 극복하도록 도우면서 내담자의 목표나 생활양식을 건강한 것으로 변화시킨다. 치료자는 내담자의 사회적 관심을 증가시키고 사회에 기여하는 구성원이 되도록 돕는다.
- 아들러는 무의식의 요인보다는 의식을 중요시하였고, 원초아, 자아, 초자아라는 주관적 요인의 갈등으로 인간을 이해하기보다는 전체적이고 통합적인 존재로서 자유롭고 창의적인 선택을 할 수 있는 사회적 존재로 보았다.

정답 96. ④ 97. ②

98 생애기술 상담이론에서 기술언어(skills language)에 해당하는 것은?

① 내담자가 어떻게 생각하고 느끼는가를 의미하는 것이다.
② 내담자가 어떤 외현적 행동을 하는가를 의미하는 것이다.
③ 내담자 자신의 책임감 있는 삶을 의미하는 것이다.
④ 내담자의 행동을 설명하고 분석하기 위해 사용하는 것을 의미하는 것이다.

해설

생애기술 상담이론은 넬슨 존스(Nelson-Jones)에 의해 개발된 접근으로서 삶에서 대면하는 여러 가지 문제를 해결하고자 하는 일반적인 사람들을 돕기 위한 접근법이다. '기술언어'란 기술적 용어로 문제를 진단하고 재진술하는 과정을 의미하며, 내담자의 행동을 보다 객관적으로 설명하고 분석하기 위해 사용된다.

99 상담자의 윤리에 관한 설명으로 틀린 것은?

① 비밀보장은 상담 진행 과정 중 가장 근본적인 윤리기준이다.
② 내담자의 윤리는 개인상담뿐만 아니라 집단상담이나 가족상담에서도 고려되어야 한다.
③ 상담 여부를 결정하는 것은 내담자이며, 상담자는 내담자에게 정확한 정보를 제공해야 한다.
④ 상담이론과 기법은 반복적으로 검증된 것이므로 시대 및 사회 여건과 무관하게 적용해야 한다.

해설

상담이론과 기법은 시대 및 사회문화 여건에 맞게 효율적으로 적용되어야 하며, 상담자는 새로운 기법과 최신의 기술을 습득하도록 노력하여야 하며, 제한된 이론과 기법의 적용에 의존하지 않아야 한다.

100 청소년 약물남용에 대한 설명으로 틀린 것은?

① 우리나라 청소년의 흡연 비율은 아직 선진국보다 매우 낮은 편이다.
② 음주나 흡연을 하는 부모의 자녀는 음주나 흡연의 가능성이 높은 편이다.
③ 또래 집단이 약물을 사용할 때, 같은 집단의 다른 청소년도 약물을 사용할 가능성이 있다.
④ 흡연의 조기 시작은 본드나 마약 등의 약물남용으로 발전될 가능성이 있다.

정답 98. ④ 99. ④ 100. ①

해 설

우리나라 청소년의 흡연 비율은 선진국에 비해 높은 것으로 나타나고 있으며, 최근에는 여성 흡연자의 증가가 지속되고 있어 청소년 흡연 비율과 유사한 정도를 보이고 있다.

〈참조〉 청소년 약물남용의 원인

- **생물학적 원인**: 가족 및 쌍생아 연구를 통한 유전적 영향
- **심리적 원인**: 수동적 · 억제적인 경우, 약물을 통해서 불안감을 해소하려고 함. 그 외에 공격성 자기조절능력 및 자기효율성 부족
- **사회문화적 요인**: 주변 사람의 유혹 및 미디어 등의 영향
- **인지적 요인**: 약물 사용의 부정적 결과에 대한 인식 부족(긍정적 태도를 지니기도 함)
- **행동적 요인**: 한 가지 약물 외에 다른 약물의 사용 가능성 및 반사회적 행동 요인 증가

PART

06

모의평가

01 모의평가 제1회

[제1과목] 심리학개론

01 다음 중 부적 강화에 관한 설명으로 가장 적합한 것은?

① 반응행동이 다시 일어날 확률을 증가시킨다.
② 고전적 조건형성에서 꼭 필요한 것이다.
③ 처벌의 한 예이다.
④ 지렛대를 누르면 전기충격이 가해진다.

02 심리검사가 측정하고자 하는 내용이나 속성을 실제 얼마나 잘 측정하는지를 나타내는 개념은 무엇인가?

① 표준화 ② 난이도
③ 타당도 ④ 신뢰도

03 살인사건이나 화재 등으로 죽는 사람과 심장마비로 죽는 사람 중 누가 더 많은지를 묻는 질문에서 사람들이 흔히 범하는 확률추론과정의 오류는?

① 가용성 발견법
② 대표성 발견법
③ 확증 편향
④ 연역적 추리

04 다음 중 설단현상(Tip-of-the-tongue Phenomenon)과 가장 관련이 있는 것은?

① 청킹(군집화)
② 인출
③ 약호화(부호화)
④ 유지

05 Kohlberg의 도덕성 발달이론에 관한 설명으로 옳은 것은?

① 자신의 양심을 판단기준으로 삼는 것은 인습적 수준이다.
② 나쁜 일을 해도 신체적 처벌을 받지 않으면 괜찮다고 생각하는 것은 인습적 수준이다.
③ 타인의 인정을 받기 위하여 규칙이나 도덕을 지키는 것은 인습 이후 수준이다.
④ 도덕발달의 세 가지 수준을 누구나 어느 정도는 다 소유하고 있다.

06 여러 상이한 연령에 속하는 사람들로부터 동시에 어떤 특성에 대한 자료를 얻고 그 결과를 연령 간에 비교하여 발달적 변화 과정을 추론하는 연구방법은?

① 종단적 연구방법
② 횡단적 연구방법
③ 교차비교 연구방법
④ 단기종단적 연구방법

07 Freud가 제시한 성격의 구조가 발달하는 순서로 올바른 것은?

① 초자아–원초아–자아
② 자아–원초아–초자아
③ 원초아–자아–초자아
④ 자아–초자아–원초아

08 물속에서 기억한 내용을 물속에서 회상시킨 경우가 물 밖에서 회상시킨 경우에 비해서 회상이 잘되는 현상을 무엇이라고 하는가?

① 인출단서효과
② 맥락효과
③ 기분효과
④ 도식효과

09 심리검사의 타당도를 측정하는 방법 중 검사의 내용이 측정하려는 속성과 일치하는지를 논리적으로 분석, 검토하여 결정하는 것은?

① 예언타당도
② 공존타당도
③ 구성타당도
④ 내용타당도

10 타인에 대한 호감이나 매력의 정도를 결정짓는 요인과 가장 거리가 먼 것은?

① 근접성
② 유사성
③ 신체적 매력
④ 행위자-관찰자 편향

11 고전적 조건형성에서 연합 형성의 강도에 영향을 주는 요인에 관한 설명으로 틀린 것은?

① CS와 UCS의 연합 횟수가 많을수록 연합 강도는 증가한다.
② UCS가 CS보다 0.5초 전에 제시될 때 연합이 가장 강하게 형성된다.
③ CS가 UCS 없이 반복적으로 제시되면 조건 반응의 소거가 일어난다.
④ 잘 확립된 CS는 새로운 중성적 자극을 조건형성시킬 수 있는 힘을 갖는다.

12 장기기억에 관한 설명과 가장 거리가 먼 것은?

① 주로 의미로 부호화되어 사용된다.
② 한 기억요소는 색인 또는 연합이 적을수록 간섭도 적어지므로 쉽게 기억된다.
③ 일반적으로 일화기억보다 의미기억의 정보가 망각이 적게 일어난다.
④ 망각은 유사한 정보 간의 간섭에 기인한 인출 단서의 부족에 의해 생긴다.

13 학습을 외현적 행동의 변화라기보다는 오히려 지식의 습득이라는 측면에서 학습과 수행을 개념적으로 분리시켜 잠재학습(latent learning)을 설명한 학자는?

① Thorndike
② Tolman
③ Köhler
④ Bandura

14 집단에서의 상대적 위치를 알려 주는 데 유용한 점수는?

① 백분율 점수
② 원점수
③ 평균 점수
④ 백분위 점수

15 성격이론가에 관한 설명으로 틀린 것은?

① Allport는 성격은 과거 경험에 의해 학습된 행동 성향으로, 상황이 달라지면 행동 성향도 변화한다고 보았다.

② Cattell은 특질을 표면특질과 근원특질로 구분하고, 자료의 통계분석에 근거하여 16개의 근원특질을 제시하였다.
③ Rogers는 현실에 대한 주관적 해석 및 인간의 자기실현과 성장을 위한 욕구를 강조하였다.
④ Freud는 본능적인 측면을 강조하고 사회환경적 요인을 상대적으로 경시하였다.

16 실험법과 조사법의 가장 근본적인 차이점은?

① 실험실 안에서 연구를 수행하는지의 여부
② 연구자가 변인을 통제하는지의 여부
③ 연구 변인들의 수가 많은지의 여부
④ 연구자나 연구 참가자의 편파가 존재하는지의 여부

17 Kelley의 공변모형에서 사람들이 내부 혹은 외부귀인을 할 때 고려하는 정보가 아닌 것은?

① 일관성(consistency)
② 특이성(distinctiveness)
③ 현저성(salience)
④ 동의성(consensus)

18 행동주의적 성격이론에 관한 설명과 가장 거리가 먼 것은?

① 학습원리를 통해서 성격을 설명하였다.
② 상황적인 변인보다 유전적인 변인을 중시하였다.
③ Skinner는 어떤 상황에서 비롯되는 행동과 그 결과를 강조하였다.
④ 모든 행동을 자극과 반응이라는 기본단위로 설명하였다.

19 성격이론과 대표적인 연구자가 잘못 짝지어진 것은?

① 정신분석이론－프로이트(Freud)
② 행동주의이론－로저스(Rogers)
③ 인본주의이론－매슬로(Maslow)
④ 특질이론－올포트(Allport)

20 인지부조화가 발생하는 조건이 아닌 것은?

① 취소 불가능한 개입
② 자발적 선택
③ 불충분한 유인가
④ 욕구 좌절

[제2과목] 이상심리학

21 반항성 장애의 병인론에 관한 설명으로 틀린 것은?

① 최근 XYY증후군과 행동문제 간의 원인에 대해서 지지 연구가 부족한 편이다.
② 테스토스테론과 같은 호르몬과 관련이 있다는 설명이 있다.
③ 정신분석학적으로는 초자아의 결함으로 이 장애를 설명한다.
④ 정상 아동에 비해서 반항성 장애 아동들은 더 높은 각성 수준을 지니고 있다.

22 다음 중 우울증을 설명한 학자와 그 이론의 내용이 틀린 것은?

① Bowlby－유아기나 아동기의 모자 간의 초기 애착관계에서의 문제로 설명하고자 하였다.
② Beck－우울한 사람들은 자기, 타인 및 세상에 대해서 부정적인 생각을 가지고 있다고 제한했다.
③ Kohut－우울증은 구강기와 항문기의 가학적 성향에서 나온다고 보았다.
④ Freud－상실 후에 생기는 죄책감, 분노 및 무력감 등이 자신에게로 향하게 된 것을 원인으로 보았다.

23 다음 중 조현병의 재발과 관련된 ‘표현된 정서’의 의미로 옳은 것은?

① 지나치게 정서적 지지와 격려를 제공하는 것
② 비판적이고 과도한 간섭을 하는 것
③ 냉정하고, 조용하며, 무관심한 것
④ 관여하지 않으며, 적절한 한계를 정해 주지 못하는 것

24 다음 중 만성적인 알코올 중독자에게서 흔히 발생하는 것으로 비타민 B1(티아민) 결핍과 관련이 깊으며, 지남력장애, 최근 및 과거 기억력의 상실, 작화증 등의 증상을 보이는 장애는?

① 혈관성 치매
② 코르사코프 증후군
③ 진전섬망
④ 다운증후군

25 Jellinek가 제시한 알코올 중독이 되는 4단계에 관한 설명으로 틀린 것은?

① 전 알코올 증상단계(Prealcoholic Phase)에서는 반복적으로 술을 마심으로써 긴장이 해소된다.

② 전조단계(Prodromal Phase)에서는 음주에 대해 죄의식을 갖지만 음주 동안 일어난 일에 대해서는 기억한다.

③ 결정적 단계(Crucial Phase)에서는 음주에 대한 통제력이 상실되어 가족 간의 문제를 일으킨다.

④ 만성단계(Chronic Phase)에서는 알코올에 대해 내성과 금단 반응이 나타난다.

26 다음 중 경계성 성격장애의 임상적 특징이 아닌 것은?

① 반복적인 자살행동과 만성적인 공허감

② 자신의 중요성에 대한 과장된 지각과 특권의식 요구

③ 실제적 또는 가상적 유기를 피하기 위한 필사적인 노력

④ 타인에 대해 극단적인 이상화와 평가절하를 번갈아 하는 불안정하고 강력한 대인관계 방식

27 의존성 성격장애의 진단기준에 해당하지 않는 것은?

① 자신이 사회적으로 무능하고 열등하다고 생각한다.

② 자신의 일을 혼자서 시작하거나 수행하기가 어렵다.

③ 타인의 보살핌과 지지를 얻기 위해 무슨 행동이든 한다.

④ 타인의 충고와 보장이 없이는 일상적인 일도 결정을 내리지 못한다.

28 Abramson 등의 '우울증의 귀인이론(attributional theory of depression)'에 관한 설명으로 틀린 것은?

① 우울증에 취약한 사람은 실패 경험에 대해 내부적 · 안정적 · 전반적 귀인을 하는 경향이 있다.

② 실패 경험에 대한 내부적 귀인은 자존감을 손상시킨다.

③ 실패 경험에 대한 안정적 귀인은 우울의 만성화에 기여한다.

④ 실패 경험에 대한 특수적 귀인은 우울의 일반화를 조장한다.

29 치매의 진단에 필요한 증상과 가장 거리가 먼 것은?

① 기억장해 ② 함구증
③ 실어증 ④ 실행증

30 Clark의 인지이론에 따르면, 공황발작을 초래하는 핵심적 요인은?

① 신체건강에 대한 걱정과 염려 ② 만성 질병에 대한 잘못된 귀인
③ 억압된 분노 표출에 대한 두려움 ④ 신체감각에 대한 파국적 오해석

31 대체로 불안이 높고 자기신뢰가 부족하며 사람과의 관계에서 두려움을 갖는 행동을 특징적으로 나타내는 C군 성격장애에 해당되지 않는 것은?

① 편집성 성격장애 ② 의존성 성격장애
③ 강박성 성격장애 ④ 회피성 성격장애

32 우울증의 원인이 되는 우울유발적 귀인(depressogenic attribution) 현상에 대한 설명으로 옳은 것은?

① 성공 원인을 외부적 · 안정적 · 특수적 요인에 귀인한다.
② 성공 원인을 내부적 · 안정적 · 특수적 요인에 귀인한다.
③ 실패 원인을 외부적 · 안정적 · 특수적 요인에 귀인한다.
④ 실패 원인을 내부적 · 안정적 · 전반적 요인에 귀인한다.

33 DSM-5에서 주요 신경인지장애의 하위유형(Etiological subtype)에 해당하지 않는 것은?

① 알츠하이머병 ② 피크병
③ 루이체병 ④ 파킨슨병

34 정신장애와 관련되어 있는 주요 신경전달물질 중 정서적 각성, 주의집중, 쾌감각, 수의적 운동과 같은 심리적 기능에 영향을 미치며 특히 조현병과 관련된 것으로 알려진 신경전달물질은?

① 도파민 ② 세로토닌
③ 노르에피네프린 ④ 글루타메이트

35 DSM-5의 경계성 성격장애에 대한 설명과 가장 거리가 먼 것은?

① 정서, 대인관계 등이 불안정하고 예측하기가 어렵다.
② 손상받기 쉬운 자기개념을 갖고 있다.
③ 사회적 상황에서 비난당하거나 거부당하는 것에 사로잡혀 있다.
④ 충동성과 자기파괴적인 행동을 보인다.

36 DSM-5의 반응성 애착장애의 병인과 가장 거리가 먼 것은?

① 안락함, 자극, 애정 등 소아의 기본적인 감정적 요구를 지속적으로 방치
② 소아의 기본적인 신체적 욕구를 지속적으로 방치
③ 돌보는 사람이 반복적으로 바뀜으로써 안정된 애착을 저해
④ 유전적 원인으로 발생되며, 주로 지능장애를 유발하는 대표적인 장애

37 DSM-5에서 지속성 우울장애의 증상에 해당하지 않는 것은?

① 1년 이상 지속된 우울 증상
② 집중력의 감소나 결정의 곤란
③ 활력의 저하나 피로감
④ 자존감의 저하

38 심리적 갈등이나 스트레스로 인해 갑작스런 시력 상실이나 마비와 같은 감각이상 또는 운동 증상을 나타내는 질환은?

① 공황장애
② 전환장애
③ 신체증상장애
④ 질병불안장애

39 Beck의 우울이론 중 부정적 요소를 나타내는 3가지 도식에 해당하지 않는 것은?

① 과거에 대한 부정적인 도식
② 자신에 대한 부정적인 도식
③ 미래에 대한 부정적인 도식
④ 주변 환경에 대한 부정적인 도식

40 DSM-5에서 제시된 조증 삽화의 주요 증상이 아닌 것은?

① 주의산만
② 사고의 비약
③ 목표가 불명확한 활동
④ 수면에 대한 욕구 감소

[제3과목] 심리검사

41 신경심리평가 시 고려해야 할 사항과 거리가 먼 것은?

① 손상 후 경과 시간
② 교육 수준
③ 연령
④ 성별

42 Stanford-Binet 지능검사에 관한 설명으로 틀린 것은?

① 정신연령과 실제(생활)연령 간의 비율을 토대로 지능 수준을 계산한다.
② 추후 평균이 100이고 표준편차가 16인 표준점수로 개정하였다.
③ 언어성과 동작성 검사로 구성되어 있다.
④ 초기 검사는 20세 이상에게 적용하기가 어려웠다.

43 신경심리검사의 측정영역을 비교할 때 측정영역이 나머지와 다른 검사는?

① 지남력 검사
② 숫자 외우기 검사(digit span)
③ 보스턴 이름대기 검사(Boston naming test)
④ 요일 순서 거꾸로 말하기

44 다음 중 미네소타 다면적 인성검사(MMPI)의 특수척도 중 자아 강도 척도(Ego Strength Scale)에 관한 설명으로 틀린 것은?

① 정신치료의 성공 여부를 예측하기 위해 고안되었다.
② 개인의 전반적인 기능 수준과 상관이 있다.
③ 효율적인 기능과 스트레스를 견디는 능력을 반영한다.
④ F척도가 높을수록 이 척도의 점수는 높아진다.

45 MMPI 상승척도 쌍에 관한 해석으로 틀린 것은?

① 1-3: 우울감이 동반되는 신체적 증상을 나타낸다.
② 4-6: 만성적인 적대감과 분노감이 있으며, 이로 인해 친밀한 관계를 형성하기가 어렵다.

③ 6-8: 사고장애와 현실판단력 장애 등 정신병적 상태를 나타낸다.
④ 7-0: 불안과 긴장 수준이 높고, 이로 인해 사회적 상황을 회피하는 경향을 나타낼 수 있다.

46 웩슬러 지능검사에서 병전지능 추정을 위해 흔히 사용되는 소검사가 아닌 것은?

① 상식
② 빠진 곳 찾기
③ 어휘
④ 토막짜기

47 다음 중 MMPI에 관한 설명으로 틀린 것은?

① 제1차 세계 대전 중 많은 사람을 선발하는 과정에서 필요성이 대두되어 제작되었다.
② 성격검사의 유형 중 객관식 성격검사에 해당하는 대표적 검사이다.
③ 어느 한 문항이 특정 속성을 측정한다고 생각되면 특정 척도에 포함시키는 논리적 · 이성적 방법에 따라 제작되었다.
④ MMPI 검사의 일차적인 목표는 정신과적 진단분류를 위한 측정이며, 일반적 성격 특성에 관한 유추도 어느 정도 가능하다.

48 MMPI에서는 검사의 신뢰성과 타당성을 높이기 위한 통계적 조작으로 몇몇 척도에 대해 K 원점수 비율을 더해 주는데, 다음 중 K 교정점수를 더해 주는 척도는 무엇인가?

① L척도
② D척도
③ Si척도
④ Pt척도

49 BGT 검사에 대한 설명으로 틀린 것은?

① 두뇌의 기질적인 손상 유무를 밝히기 위한 목적에만 사용이 가능하다.
② 정신지체가 있는 피검자에게 사용할 수 있다.
③ 문화적 요인이나 교육적 배경에 별로 영향을 받지 않는다.
④ 언어표현능력이 없는 피검자에게 유용하다.

50 아동용 심리검사 중 실시 목적이 나머지 셋과 다른 것은?

① 아동용 주제통각검사(CAT)
② 주의력 장애 진단 시스템(ADS)
③ 집-나무-사람 검사(HTP)
④ 동적 가족화(KFD)

51 신경심리평가에서 종합검사(배터리검사)의 장점은?

① 필요한 특정 인지 기능에 대한 집중적 검사가 가능하다.
② 해석 과정에서 고도의 전문성이 요구된다.
③ 평가되는 기능에 관하여 총체적인 자료를 제공해 준다.
④ 최신 신경심리학의 발전과 개념을 반영할 수 있다.

52 MMPI-2에서 T점수의 평균과 표준편차는?

① 평균: 100, 표준편차: 15
② 평균: 50, 표준편차: 15
③ 평균: 100, 표준편차: 10
④ 평균: 50, 표준편차: 10

53 일반 지능의 본질로서 일정한 방향을 설정하고 그것을 유지하는 능력, 목표 달성을 위해 일하는 능력, 행동의 결과를 수정하는 능력 등 3가지 측면을 언급한 학자는?

① Binet
② Terman
③ Wechsler
④ Horn

54 K-WISC-IV의 시행 연령 범위는?

① 3~7세
② 6~16세
③ 5~10세
④ 12~20세

55 아동이 현재 보이고 있는 시각-운동 발달 수준이 아동의 실제 연령에 부합되는 것인지 알고 싶다면 BGT 검사 시 어떤 방법론적 고려를 하는 것이 가장 적합한가?

① Koppitz Developmental Bender Scoring System
② Group Test
③ Tachistoscopic Procedure
④ Raven's Progressive Matrices

56 투사적 성격검사와 비교할 때, 객관적 성격검사의 장점은?

① 객관성의 증대
② 반응의 다양성
③ 방어의 곤란
④ 무의식적 내용의 반응

57 심리평가 면담의 지침으로 옳은 것은?

① 면담 초기에는 정보 획득을 위해 구체적인 사안을 다루는 폐쇄형 질문으로 시작한다.
② 수검자에게 검사에 대한 설명을 하고 평가에 대한 동의를 얻는다.
③ 심리검사를 받는 이유와 증상에 대한 질문은 면담의 뒷부분에 한다.
④ 다른 정보 출처보다는 내담자 본인에게 얻은 정보를 최우선으로 한다.

58 동일한 검사를 동일한 집단에 1주일 또는 1개월의 간격을 두고 다시 실시하여 전후 검사 결과를 상관계수로 계산하는 신뢰도는?

① 동형검사 신뢰도
② 검사-재검사 신뢰도
③ 반분 신뢰도
④ 문항내적 합치도

59 Cattell의 지능이론에 관한 설명으로 틀린 것은?

① Cattell은 지능을 유동적 지능과 결정적 지능으로 구별하였다.
② 유동적 지능은 22세 이후까지도 지속적으로 발달한다.
③ 결정적 지능은 문화적 · 교육적 경험에 따라 영향을 받는다.
④ 유동적 지능은 개인의 독특한 신체 구조와 과정에 기초한 선천적 기능이다.

60 다음 중 뇌손상 환자의 병전지능 수준을 추정하기 위한 자료와 가장 거리가 먼 것은?

① 교육 수준, 연령, 성별과 같은 인구학적 자료
② 웩슬러 지능검사에서 상황적 요인에 의해 잘 변화하지 않는 소검사 점수
③ 이전의 암기력 수준, 혹은 웩슬러 지능검사에서 기억능력을 평가하는 소검사 점수
④ 이전의 직업 기능 수준 및 학업성취도

[제4과목] 임상심리학

61 최초의 심리진료소를 설립함으로써 임상심리학의 초기 발견에 직접적으로 중요한 공헌을 한 인물은?

① Kant
② Witmer
③ Mowrer
④ Miller

62 다음 중 뇌기능의 국재화에 관한 설명으로 틀린 것은?

① 측두엽은 청각, 청각적인 언어의 이해와 관련이 있다.
② 후두엽은 후각과 연관이 있다.
③ 두정엽은 시각적 처리와 체감각 정보에 관련이 있다.
④ 전두엽은 정서적 상태의 생성, 운동 기능에 관련이 있다.

63 다음 중 접수면접에서 반드시 확인되어야 할 사항과 가장 거리가 먼 것은?

① 인적 사항
② 주 호소문제
③ 내원하게 된 직접적 계기
④ 문제의 원인으로 추정되는 어린 시절의 경험

64 행동평가에 관한 설명으로 틀린 것은?

① 목표행동을 정확히 기술한다.
② 행동의 선행조건과 결과를 확인한다.
③ 법칙정립적(nomothetic) 접근에 기초한다.
④ 특정 상황에 대한 개인의 행동에 초점을 맞춘다.

65 암, 당뇨 등을 가진 환자들을 위한 효과적인 집단개입 형태는?

① 인지행동적 집단치료
② 가족치료
③ 인본주의적 집단치료
④ 심리교육적 집단치료

66 지역사회 심리학 활동에 관한 설명으로 틀린 것은?

① 정신건강예방사업을 위해 비전문가들을 훈련시켜 활용할 수 있다.
② 학교 및 직장, 조직체 등을 대상으로 방문사업을 실시하는 것이 권장된다.
③ 1차 및 2차, 3차 예방 수준에서 고위험군 대상의 집중적인 개입을 권장한다.
④ 위기개입의 경우에 준전문가 및 예방적 개입의 활용이 강조된다.

67 임상심리학의 발전에 영향을 준 인물과 사건에 관한 연결이 올바른 것은?

① Kraepelin－정신병리의 유형에 관한 분류
② Terman－TAT와 같은 투사적 심리검사의 개발
③ Levy－제1차 세계 대전 당시에 사용되었던 집단성격검사인 Army 알파 개발
④ Wundt－의식에 관한 연구를 무의식의 영역까지 확대하여 연구함

68 Joseph Wolpe의 상호교호적 억제(reciprocal inhibition)에 관한 설명으로 가장 적합한 것은?

① 불안유발자극과 이완유발자극을 조합하여 조작적 조건형성의 부적 강화를 강화시키는 절차이다.
② 불안과 양립할 수 없는 반응을 유발시킴으로써 자극과 불안 간의 결합을 약화시키는 절차이다.
③ 자극과 반응 간의 상호 처벌적인 방식으로 연합시켜 특정 불안반응이나 회피행동을 탈조건형성시키는 절차이다.
④ 상호억제를 유발하는 경쟁자극으로서 전기충격과 같은 혐오자극을 제시하여 불안행동을 억제시키는 절차이다.

69 정신병리가 의심될 때 주로 사용하는 구조화된 정신의학적 면접법은?

① 정신역동적 면담
② 개인적 청취
③ 가계적 조사
④ 정신상태평가

70 심리사회적 또는 환경적 스트레스와 조합된 생물학적 또는 기타 취약성이 질병을 일으킨다는 것은?

① 상호적 유전-환경 조망
② 병적 소질-스트레스 조망
③ 사회적 조망
④ 생물학적 조망

71 행동평정 척도에 관한 설명으로 옳은 것은?

① 평정하고자 하는 속성을 명확하게 정의해야 한다.
② 후광효과가 작용하기에 어렵다.
③ 내현적이거나 추론된 성격 측면을 평가하는 데 적합하다.
④ 각각의 항목에 대해 극단적인 점수에 평정하는 경향이 있다.

72 접수면접의 목적에 대한 설명으로 가장 적합한 것은?

① 환자의 심리적 기능 수준과 망상, 섬망 또는 치매와 같은 이상 전신 현상의 유무를 선별하기 위해 실시한다.
② 가장 적절한 치료나 중재 계획을 권고하고 환자의 증상이나 관심을 더 잘 이해하기 위해 실시한다.
③ 환자가 중대하고 외상적이거나 생명을 위협하는 위기에 있을 때 그 상황에서 구해 내기 위해서 실시한다.
④ 환자가 보고하는 증상들과 문제들을 진단으로 분류하기 위해서 실시한다.

73 행동관찰 중 통제된 관찰에 포함되지 않는 것은?

① 모의실험 ② 스트레스 면접
③ 역할시연 ④ 자기탐지

74 심리치료에서 일반적으로 강조하는 목표와 가장 거리가 먼 것은?

① 전이감정의 해결 ② 사기저하를 극복하고 희망을 얻기
③ 현실적인 삶을 수용하기 ④ 개인의 잘못된 생각을 자각하기

75 임상심리학의 역사에서 제1차 세계 대전과 제2차 세계 대전 사이에 두드러졌던 일반적 경험이 아닌 것은?

① 치료영역에서의 심리학자의 역할이 증대되었다.
② 심리학자에 의한 평가활동이 지속되고 확장되었다.
③ 행동치료가 임상심리학의 주요 분야로 자리 잡았다.
④ 직업적 정체성을 형성하기 위한 임상심리학자의 투쟁이 활발했다.

76 다음에서 설명하고 있는 치료법은?

적정 체중에 미달되는 데에도 자신이 과체중이고 비만이라고 생각해서 음식을 거부하는 사람에게 극단적인 흑백사고와 파국적 사고 등의 인지왜곡에 대한 접근을 시도하고 문제해결접근, 그리고 체계적 둔감법과 같은 방법을 포함하는 치료방법이다.

① 정신분석 ② 인간중심치료
③ DBT ④ 인지행동치료

77 주로 흡연, 음주문제, 과식 등의 문제를 해결하기 위해 사용되며, 부적응적이고 지나친 탐닉이나 선호를 제거하는 데 사용되는 행동치료방법은?

① 체계적 둔감법
② 혐오치료
③ 토큰경제
④ 조성

78 파킨슨병 및 헌팅턴병과 같은 운동장애의 발병과 관련이 가장 큰 것은?

① 변연계
② 기저핵
③ 시상
④ 시상하부

79 취약성-스트레스 접근에 관한 설명과 가장 거리가 먼 것은?

① 스트레스와 생물학적 취약성이 질병 발생의 필요조건이다.
② 정신장애의 발병에 생물학적 취약성을 우선시하는 접근이다.
③ 정신장애의 발병요인의 상호작용을 주장하는 접근이다.
④ 생물학적 두 부모가 고혈압을 가진 경우에 자녀의 고혈압 발병 가능성이 매우 높게 나타난다.

80 행동평가에서 명세화해야 하는 것으로 가장 거리가 먼 것은?

① 행동결과
② 목표행동
③ 성격특질
④ 선행조건

[제5과목] 심리상담

81 학습상담 과정에 대한 설명과 가장 거리가 먼 것은?

① 현실성 있는 상담목표를 설정해서 상담한다.
② 학습문제와 관련된 내담자의 감정을 이해하고 격려한다.
③ 내담자의 장점, 자원 등을 학습상담 과정에 적절히 활용한다.
④ 학습문제와 무관한 개인의 심리적 문제는 회피한다.

82 스트레스를 다룰 때 자신의 스트레스를 무시하고 다른 사람에게 힘을 넘겨 주며 모두에게 동의하는 말을 하는 의사소통 유형은?

① 초이성형　② 일치형
③ 산만형　④ 회유형

83 단기상담에 적합한 내담자와 가장 거리가 먼 것은?

① 위급한 상황에 있는 군인
② 중요 인물과의 상실을 경험한 자
③ 급성적으로 발생한 문제로 고통받는 내담자
④ 상담에 대한 동기가 낮은 내담자

84 치료자에게 연락도 없이 내담자가 회기 약속을 어겼을 때, 치료자의 대처방법으로 적합한 것을 짝지은 것은?

> 가. 조기 종결의 가능성을 검토해야 한다.
> 나. 내담자와 논의해야 할 문제이다.
> 다. 내담자의 무례한 행동에 책임을 질 것을 촉구한다.
> 라. 이렇게 무책임한 행동이 또 발생하면 치료가 중단된다고 강하게 경고한다.
> 마. 내담자의 부모나 권위자의 역할을 맡아 그 이유를 물은 뒤 타이른다.

① 가, 나　② 나, 다
③ 다, 라　④ 라, 마

85 성폭력 피해자의 상담원리와 가장 거리가 먼 것은?

① 상담자 자신이 가진 성폭력에 대한 편견을 자각하고 올바른 태도로 수정한다.
② 위기 상황에 있는 피해자의 상태를 수용하고 반영해 주며 진지한 관심을 전달한다.
③ 성폭력 피해가 내담자의 책임이 아니며, 가치가 손상된 것이 아님을 확신하도록 한다.
④ 성폭력 피해자의 고통과 공포, 분노감이 가능한 한 재생되지 않도록 유의한다.

86 현재 상황에서의 욕구와 체험하는 감정의 자각을 가장 중요시하는 상담 유형은?

① 인간중심상담
② 형태주의상담
③ 교류분석적상담
④ 현실치료상담

87 집단상담 과정 중 지도자가 집단구성원의 저항과 방어를 다루기 위해 즉각 개입하고, 그것을 해결하기 위해 필요한 지지와 도전을 제공하는 역할을 해야 하는 단계는?

① 갈등단계
② 응집성단계
③ 생산적 단계
④ 종결단계

88 현실치료의 인간관으로 가장 적합한 것은?

① 인간의 행동은 유전과 환경의 상호작용에 의해 형성된다.
② 인간의 삶은 개인의 자유로운 능동적 선택의 결과이다.
③ 인간은 자신의 자유로운 선택에 의해 잠재력을 각성할 수 있는 존재이다.
④ 인간은 기본적으로 자유롭고 자신의 목표를 스스로 선택하고자 하는 욕구를 가진 존재이다.

89 게슈탈트 상담기법에 해당하지 않는 것은?

① 신체자각
② 환경자각
③ 행동자각
④ 언어자각

90 자신조차 승인할 수 없는 욕구나 인격 특성을 타인이나 사물로 전환시킴으로써 자신의 바람직하지 않은 욕구를 무의식적으로 감추려는 방어기제는?

① 동일시
② 합리화
③ 투사
④ 승화

91 정신분석적 상담기법이 아닌 것은?

① 공감적 경청
② 자유연상
③ 꿈의 해석
④ 전이의 해석

92 다음에서 설명하고 있는 치료법은?

- 초기에는 비지시적 상담으로 지칭되었으며, 세분화된 기법을 강조하지 않는 치료법이다.
- 이 방법을 사용하는 치료자는 대개 전통적인 전문가 역할을 취하지 않는데, 그 이유는 내담자 자신이 스스로를 탐색/변화시킬 수 있는 능력이 있다고 여기기 때문이다.

① 대상관계치료
② 정신역동적 치료
③ 내담자 중심 치료
④ 게슈탈트치료

93 Ellis의 합리적-정서행동치료(REBT)에서 심리적 장애를 유발시키는 것으로 가정하는 주된 요인은?

① 비합리적인 신념
② 왜곡된 자기개념
③ 실재하는 선행사건
④ 아동기의 외상적 경험

94 행동주의상담의 행동수정 기법에 해당하는 것은?

① 자유연상
② 자기주장훈련
③ 반영적 경청
④ 해석

95 행동주의 상담의 한계에 관한 설명으로 틀린 것은?

① 상담 과정에서 감정과 정서의 역할을 강조하지 않는다.
② 내담자의 문제에 대한 통찰이나 심오한 이해가 불가능하다.
③ 고차원적 기능과 창조성, 자율성을 무시한다.
④ 상담자와 내담자의 관계를 중시하여 기술을 지나치게 강조한다.

96 집단상담을 준비할 때 상담자가 고려해야 할 사항과 가장 거리가 먼 것은?

① 상담의 목적에 따라 내담자의 성, 연령, 배경 등을 고려해야 한다.
② 집단의 크기는 일반적으로 15~20명 정도가 적합하다.
③ 모임의 빈도는 일주일에 한 번 혹은 두 번 정도 만나는 것이 좋다.
④ 집단상담을 하는 장소는 너무 크지 않고 외부로부터 방해받지 말아야 한다.

97 성 관련 상담에서 상담자의 태도로 가장 적합한 것은?

① 내담자가 성에 대한 기본 지식을 갖고 있다고 전제한다.
② 성문제가 상담자의 영역을 넘어설 때 다른 성문제 전문가에게 의뢰한다.
③ 내담자가 성문제를 왜곡하고 꺼려하는 느낌일 때는 적절히 회피한다.
④ 상담자의 기본적인 성지식은 그다지 중요하지 않다.

98 집단상담의 유형이 아닌 것은?

① 지도집단
② 치료집단
③ 자조집단
④ 전문집단

99 사회공포증 극복을 위한 집단치료 프로그램에서 불안을 유발하기 때문에 지금까지 피해 왔던 상황을 더 이상 회피하지 않고 그 상황에 직면하게 하는 일종의 행동치료기법은?

① 노출훈련
② 역할연기
③ 자동적 사고의 인지재구성 훈련
④ 역기능적 신념에 대한 인지재구성 훈련

100 진로의사결정 모델에 관한 설명으로 옳은 것은?

① 기대모델은 대안들을 하나씩 순차적으로 줄여 가는 진로의사결정 모델이다.
② 배제모델은 진로선택 시 유인가와 기대의 상호작용에 의해 진로를 결정한다.
③ 갈등모델은 의사결정의 스트레스가 의사결정을 촉진한다고 가정한다.
④ 효용모델은 의사결정 과정에서 항상 갈등이 발생한다고 가정한다.

02 모의평가 제2회

[제1과목] 심리학개론

01 다음 중 극단값의 영향을 가장 많이 받는 것은?

① 최빈치 ② 중앙치
③ 백분위 ④ 산술평균

02 Freud는 거세불안을 극복하는 과정에서 어떤 성격의 요소가 형성된다고 보았는가?

① 원초아 ② 자아
③ 초자아 ④ 무의식

03 다음 중 내적타당도를 위협하는 요소와 가장 거리가 먼 것은?

① 제3의 변수 개입 ② 시험효과
③ 측정도구상의 문제 ④ 낮은 통계 검증력

04 부분보고법과 전체보고법을 이용한 Sperling의 기억에 관한 실험은 무엇을 알아보기 위한 것인가?

① 감각기억의 크기 ② 단기기억의 한계
③ 단기기억의 소멸 ④ 장기기억의 생성

05 Rogers의 성격 이론에 관한 설명으로 틀린 것은?

① 경험의 객관적인 측면을 강조한다.
② 무조건적인 긍정적 존중을 강조한다.
③ 자신의 경험을 있는 그대로 받아들일 수 있는 사람이 적응적이다.
④ 사람들은 자기와 경험 사이의 일관성을 유지하려고 한다.

06 Maslow의 5단계 욕구 중 위계의 가장 높은 수준에 해당되는 욕구는?

① 생리적 욕구
② 안전의 욕구
③ 소속 및 애정의 욕구
④ 자기실현의 욕구

07 다음 중 온도나 지능검사의 점수를 측정할 때 사용되는 척도는?

① 명목척도 ② 서열척도
③ 등간척도 ④ 비율척도

08 Erikson의 발달단계에 대한 설명으로 틀린 것은?

① 초기 경험이 성격발달에 중요하다.
② 사회성 발달을 강조한다.
③ 전 생애를 통해 발달한다.
④ 성격은 각 단계에서 경험하는 위기의 극복 양상에 따라 결정된다.

09 강화계획 중 소거에 대한 저항이 가장 큰 것으로 알려진 것은?

① 고정간격계획
② 고정비율계획
③ 변화간격계획
④ 변화비율계획

10 관찰법에 관한 설명으로 틀린 것은?

① 관찰법은 실험법과 같이 독립변인을 인위적으로 조작할 수 없으므로 관찰변인을 체계적으로 측정하지 않는다.
② 관찰법에는 직접 집단에 참여해서 그 집단구성원과 같이 생활하면서 관찰하는 참여관찰도 있다.
③ 관찰법은 임신 중 영양 부족이 IQ에 미치는 영향과 같이 실험 상황을 윤리적으로 통제할 수 없을 때 사용한다.
④ 관찰법에는 관찰자의 편견이나 희망이 반영되어 관찰자(observer) 편향이 일어날 수 있다.

11 다음 중 모집단의 범위와 변산도를 가장 잘 설명하는 통계방법은?

① 평균편차 ② 범위
③ 표준편차 ④ 상관계수

12 혼자 있을 때보다 옆에 누가 있을 때 과제의 수행이 더 우수한 것을 일컫는 현상은?

① 몰개성화 ② 군중행동
③ 사회적 촉진 ④ 동조행동

13 실험법에 관한 설명과 가장 거리가 먼 것은?

① 실험법은 심리학이 과학적인 학문으로 발전하는 데 큰 기여를 했다.
② 실험법에서 다른 조건들을 일정하게 고정시키는 것을 통제라고 한다.
③ 독립변인이 어떻게 결과에 영향을 미치는지를 알아보기 위한 조작을 처치라고 한다.
④ 실험법에서는 가외변인을 통제하기 어렵다는 단점이 있다.

14 Freud의 방어기제 중 성적인 충동이나 공격성을 사회적으로 용인된 바람직한 방향으로 변화시켜 표현하는 기제는?

① 합리화 ② 주지화
③ 승화 ④ 전치

15 유발된 행동과 보상이 우연히 동시에 발생함으로써 학습되는 행동은?

① 일반화 ② 미신행동
③ 조작행동 ④ 변별

16 Adler가 인간의 성격을 설명하면서 강조한 것이 아닌 것은?

① 열등감의 보상 ② 우월성 추구
③ 힘에 대한 의지 ④ 신경증 욕구

17 고전적 조건화 원리를 적용하여 가장 잘 설명할 수 있는 것은?

① 체계적 둔감법 ② 미신적 행동
③ 조형 ④ 토큰경제

18 일반적으로 사용되는 분포의 집중경향치로 옳게 짝지어진 것은?

① 평균값-중앙값 ② 평균값-백분위
③ 백분위-상관계수 ④ 중앙값-상관계수

19 Erikson의 인간 발달 단계에서 노년기에 나타나는 심리사회적 위기는?

① 자아정체감 대 역할 혼란
② 통합성 대 절망감
③ 신뢰감 대 불신감
④ 생산성 대 침체감

20 A씨는 똑똑한 사람은 대개 성격이 차갑다고 생각한다. 이를 설명하는 데 가장 적합한 것은?

① 대인지각의 가산성 효과
② 후광효과
③ 지각 항상성
④ 암묵적 성격이론

[제2과목] 이상심리학

21 여러 가지 운동 틱과 1가지 또는 그 이상의 음성 틱이 1년 이상의 기간 동안 반복적으로 나타나는 장애는?

① 틱장애 ② 뚜렛장애
③ 발달성 운동조절장애 ④ 의사소통장애

22 다음 중 기질성 정신장애에 해당되는 것은?

① 양극성장애 ② 정신분열병
③ 분열성 성격장애 ④ 치매

23 병적 도벽에 관한 설명으로 틀린 것은?

① 개인적으로 쓸모가 없거나 금전적으로 가치가 없는 물건을 훔치려는 충동을 저지하는 데 반복적으로 실패한다.
② 훔치기 전에 고조되는 긴장감을 경험한다.
③ 훔친 후에 기쁨, 충족감, 안도감을 느낀다.
④ 분노나 복수를 하기 위해서 훔친다.

24 다음 중 공황장애를 가진 내담자를 심리치료하는 데 가장 효과적인 방법은?

① 행동조형 ② 자유연상법
③ 점진적 노출법 ④ 혐오조건화

25 다음의 정신분열병 증상들 중 성질이 다른 하나는?

① 정서의 메마름 ② 언어의 빈곤
③ 의기 결여 ④ 환각

26 이상심리학의 역사에 관한 설명으로 틀린 것은?

① Kraepelin은 현대 정신의학의 분류체계에 공헌한 바가 크다.
② 고대 원시사회에서는 정신병을 초자연적 현상으로 이해하였다.
③ Hippocrates는 모든 질병은 그 원인이 마음에 있다고 하였다.
④ 서양 중세에는 과학적 접근 대신 귀신론적 입장이 성행하였다.

27 Beck의 우울이론 중 부정적 요소를 나타내는 3가지 도식에 해당되지 않는 것은?

① 과거에 대한 부정적인 도식
② 자신에 대한 부정적인 도식
③ 미래에 대한 부정적인 도식
④ 주변 환경에 대한 부정적인 도식

28 성장애 및 성정체감장애에 관한 설명으로 틀린 것은?

① 성도착과 관련된 장애는 대부분 남성에게서 나타난다.
② 동성애(homosexuality)를 하위 진단으로 포함한다.
③ 의상도착증(transvestism)은 성적인 자극물로 옷을 사용하는 경우이다.
④ 자신의 해부학적인 성을 변화시키고 싶어 하는 증상은 성정체감장애(gender identity disorder)와 관련된다.

29 불안장애나 우울증과 같이 정서적인 가변성이나 과민성과 관련이 깊은 Eysenck의 성격차원은?

① 외-내향성(E)
② 신경증적 경향성(N)
③ 정신병적 경향성(P)
④ 허위성(L)

30 정신분석학적 관점에서 볼 때 해리성장애 환자들에게서 가장 흔히 나타나는 방어기제는?

① 억압
② 반동형성
③ 전치
④ 주지화

31 성정체감장애에 관한 설명으로 틀린 것은?

① 1차 및 2차 성징을 제거하려는 성전환수술에 집착한다.
② 반대 성을 가진 사람으로 행동하고 인정되기를 바란다.
③ 자신의 생물학적 성에 대해 지속적으로 불쾌감을 느낀다.
④ 반대 성의 옷을 입는 경우가 많아 흔히 복장도착적 물품음란증으로 중복 진단된다.

32 섭식장애에서 부적절한 보상행동에 포함되는 것은?

① 폭식
② 과음
③ 과도한 금식
④ 하제 사용

33 Jellinek는 알코올 의존이 단계적으로 발전하는 장애라고 주장하면서 4단계의 발전 과정을 제시하였다. 다음 중 4단계의 발전 과정을 바르게 나열한 것은?

① 전 알코올 증상단계－전조단계－중독단계－만성단계
② 전조단계－결정적 단계－남용단계－중독단계
③ 전 알코올 증상단계－전조단계－결정적 단계－만성단계
④ 전조단계－유도단계－중독단계－만성단계

34 조현병의 원인에 관한 설명으로 옳은 것은?

① 사회원인 가설－조현병 환자는 발병 후 도시에서 빈민 거주지역으로 이동한다는 이론
② 도파민 가설－조현병의 발병이 도파민이라는 신경전도체의 과다활동에 의해 유발된다는 이론
③ 사회선택이론－조현병이 냉정하고 지배적이며 갈등을 심어 주는 어머니에 의해 유발된다는 이론
④ 스트레스－소인 가설－조현병이 뇌의 특정 영역의 구조적 손상에 의해 유발된다는 이론

35 사람이 스트레스 장면에 처하게 되면 일차적으로 불안해지고, 그 장면을 통제할 수 없게 되면 우울해진다고 할 때 이를 설명하는 모델은?

① 학습된 무기력감모델
② 강화감소모델
③ 인지모델
④ 정신분석모델

36 DSM-5에 따르면, 수정 탈출이 어렵거나 곤란한 장소 또는 공황발작과 같이 갑작스런 곤경에 빠질 경우 도움을 받을 수 없는 장소나 상황에 대한 공포를 나타내는 불안장애는?

① 왜소공포증
② 사회공포증
③ 폐쇄공포증
④ 광장공포증

37 공황장애를 진단하는 데 필요한 증상으로 가장 부적절한 것은?

① 토할 것 같은 느낌
② 감각이상증(마비감이나 찌릿찌릿한 감각)
③ 흉부 통증
④ 메마른 감정표현

38 아동 및 청소년기 장애로서 다른 사람의 기본 권리나 나이에 적합한 사회 규범이나 규율을 위반하는 행동양상이 반복적이고 지속적으로 나타나는 것은?

① 품행장애
② 적대적 반항장애
③ 간헐적 폭발성장애
④ 주의력결핍 과잉행동장애

39 특정 공포증에 대한 설명으로 가장 적합한 것은?

① 공포스러운 사회적 상황이나 활동 상황에 대한 회피, 예기 불안으로 일상생활, 직업 및 사회적 활동에 영향을 받는다.
② 특정 뱀이나 공원, 동물, 주사 등에 공포스러워 한다.
③ 터널이나 다리에 대해 공포반응이 일어나는 경우이다.
④ 생리학적으로 부교감신경계의 활성 등의 생리적 반응에서 기인한다.

40 DSM-5의 이인성/비현실감 장애 진단기준에 해당하지 않는 것은?

① 이인증이나 비현실감을 경험하는 동안에 중요한 자서전적 정보를 기억하지 못한다.
② 이인증이나 비현실감을 경험하는 동안에 현실검증력은 손상되지 않은 채로 양호하게 유지된다.
③ 이러한 증상으로 인해 임상적으로 심각한 고통이나 사회적, 직업적 또는 다른 중요한 기능 영역에서 심한 장해를 초래해야 한다.
④ 이인증이나 비현실감이 어떤 물질이나 신체적 질병에 의한 것이 아니어야 한다.

[제3과목] 심리검사

41 신경심리검사의 목적에 관한 설명으로 틀린 것은?

① 기질적 · 기능적 장애의 감별진단에 유용하다.
② 재활과 치료평가 및 연구에 유용하다.
③ CT나 MRI와 같은 뇌영상기법에서 이상소견이 나타나지 않을 때 유용할 수 있다.
④ 기능적 장애의 원인을 판단하는 데 도움이 된다.

42 다음 중 MMPI의 9번 척도 상승과 관련된 해석으로 가능성이 가장 높은 것은?

① 과잉활동
② 사고의 혼란
③ 정서적 침체
④ 신체 증상

43 Jung의 심리학적 유형에 기초하여 개발된 검사는?

① TAT
② MMPI
③ MBTI
④ BDI

44 MMPI의 실시방법에 관한 설명으로 틀린 것은?

① 검사를 실시하는 방의 분위기는 조용하고 안정되어 있어야 한다.
② 피검자들이 피로해 있지 않고 권태를 느끼지 않는 시간을 택하는 것이 좋다.
③ 피검자의 독해력 여부를 확인하는 일이 중요하다.
④ 피검자가 환자이고, 개인적으로 실시할 경우에는 검사자와 피검자 간에는 친화력이 중요치 않다.

45 다음은 Thurstone이 제안한 지능에 관한 다요인 중 어느 요인을 지칭하는 예인가?

> 4분 이내에 'D'자로 시작하는 말을 가능한 한 많이 적어 보시오.

① 언어의미요인
② 단어유창성요인
③ 시공간 능력요인
④ 기억요인

46 다음의 질문들은 정신상태검사에서 공통적으로 무엇을 확인하기 위한 질문들인가?

> "오늘은 몇 월 며칠이죠?"
> "성함이 어떻게 되세요?"
> "여기가 어디죠?"
> "여기는 뭐하는 곳인가요?"
> "저는 누구예요?"

① 지남력(orientation)
② 주의(attention)
③ 통찰(insight)
④ 신뢰도(reliability)

47 다음 중 나머지 세 사람들과 공통점이 적은 지능이론을 주장한 사람은?

① Gardner
② Guilford
③ Spearman
④ Thurstone

48 지능에 관한 설명과 가장 거리가 먼 것은?

① 부모의 양육태도가 지능에 영향을 미칠 수 있다.
② 일반적 지능에는 유의한 성차가 없다.
③ 지능과 창의성 간의 상관관계는 낮은 편이다.
④ 학업성취도는 언어성 검사보다 비언어성 검사와 상관관계가 더 높은 편이다.

49 검사 해석 시 자주 사용하는 T점수는 Z점수와 밀접한 관련이 있다. T점수가 60이라면 이에 해당하는 Z점수는?

① 0
② 1
③ 2
④ −1

50 다음 중 MMPI 프로파일과 가장 관련이 있는 진단은?

> • L=56, F=78, K=38
> • 1(Hs)=56, 2(D)=58, 3(Hy)=54, 4(Pd)=53, 5(Mf)=54, 6(Pa)=76, 7(Pt)=72, 8(Sc)=73, 9(Ma)=55, 0(Si)=66

① 품행장애
② 우울증
③ 조현병
④ 신체화장애

51 다음 환자는 뇌의 어떤 부위가 손상되었을 가능성이 높은가?

> 30세 남성이 운전 중 중앙선을 침범한 차량과 충돌하여 뇌손상을 입었다. 이후 환자는 매사 의욕이 없고, 할 수 있는 데도 불구하고 어떤 행동을 시작하려고 하지 않으며, 계획을 세우거나 실천하는 것이 거의 안된다고 한다.

① 측두엽　② 후두엽
③ 전두엽　④ 소뇌

52 다음에서 설명하는 지능 개념은?

> • Cattell이 두 가지 차원의 기능으로 구별한 것 중 하나이다.
> • 타고나는 지능으로 생애 초기에 비교적 급속히 발달하고 20대 초반부터 감소한다.
> • Wechsler 지능검사의 동작성 검사가 이 지능과 관련이 있다.

① 결정적 지능　② 다중 지능
③ 유동적 지능　④ 일반 지능

53 문항 난이도에 관한 설명으로 옳은 것은?

① 난이도가 높을수록 좋은 문항이다.
② 값이 높을수록 문항이 어렵다는 것을 의미한다.
③ 한 문항에서 바르게 답한 사례수를 총 사례수의 백분율로 표시한다.
④ 2지 선다형 문제인지, 4지 선다형 문제인지는 난이도에 영향을 주지 않는다.

54 검사자가 지켜야 할 윤리적 의무로 틀린 것은?

① 검사 과정에서 피검자에게 얻은 정보에 대해 비밀을 보장할 의무가 있다.
② 자신이 다루기 곤란한 어려움이 있을 때는 적절한 전문가에게 의뢰하여야 한다.
③ 자신이 받은 학문적인 훈련이나 지도받은 경험의 범위를 벗어난 평가를 해서는 안 된다.
④ 피검자가 자해행위를 할 위험성이 있어도 비밀보장의 의무를 지켜야 하므로 누구에게도 알려서는 안 된다.

55 신경심리검사를 유용하게 사용할 수 있는 환자 집단이 아닌 것은?

① 신경증 환자
② 뇌손상 환자
③ 간질 환자
④ 중추신경계 손상 환자

56 Holland의 육각형 모형에 관한 설명과 가장 거리가 먼 것은?

① 현실형(R)-실행/사물 지향
② 탐구형(I)-사고/아이디어 지향
③ 예술형(A)-이타/사람 지향
④ 진취형(E)-관리/과제 지향

57 BGT(Bender Gestalt Test)에 관한 설명으로 틀린 것은?

① 기질적 장애를 판별하려는 목적에서 만들어졌다.
② 언어적인 방어가 심한 환자에게 유용하다.
③ 완충검사(buffer test)로 사용될 수 없다.
④ 정신지체나 성격적 문제를 진단하는 데 유용하다.

58 집중력과 정신적 추적능력(mental tracking)을 측정하는 데 주로 사용되는 신경심리검사는?

① Bender Gestalt Test
② Rey Complex Figure Test
③ Trail Making Test
④ Wisconsin Card Sorting Test

59 Rorschach 검사의 질문단계에서 검사자의 질문 또는 반응으로 가장 적절하지 않은 것은?

① "어느 쪽이 위인가요?"
② "당신이 어디를 그렇게 보았는지를 잘 모르겠네요."
③ "그냥 그렇게 보인다고 하셨는데 어떤 것을 말씀하시는 것인지 조금 더 구체적으로 설명해 주세요."
④ "모양 외에 그것처럼 보신 이유가 더 있습니까?"

60 심리평가를 위한 면담기법 중 비구조화된 면담방식의 장점으로 옳은 것은?

① 면담자 간의 진단 신뢰도를 높일 수 있다.
② 연구 장면에서 활용하기가 용이하다.
③ 중요한 정보를 깊이 있게 탐색할 수 있다.
④ 점수화하기에 용이하다.

[제4과목] 임상심리학

61 임상심리클리닉에 설치된 일방거울(one-way mirror)을 통해 결혼 생활에 문제가 있는 부부의 대화 및 상호작용을 관찰하여 이들의 의사소통 문제를 평가하였다면 이러한 관찰법은?

① 자연관찰법 ② 유사관찰법
③ 자기관찰법 ④ 참여관찰법

62 정신보건법에서 정한 정신보건 임상심리사의 업무 범위에 포함되지 않는 것은?

① 정신질환자의 사회 복귀 촉진을 위한 생활훈련 및 작업훈련
② 정신질환자에 대한 개인력 조사 및 사회 조사
③ 정신질환자에 대한 심리평가
④ 정신질환자와 그 가족에 대한 교육, 지도 및 상담

63 접수면접에서 초점을 두는 관심사가 아닌 것은?

① 환자의 요구와 임상 장면에 대한 기대
② 임상 장면의 특징에 대한 소개
③ 치료동기의 대안적인 치료방법
④ 환자의 정신병리에 대한 깊은 이해

64 우울 반응을 일으킨 것이 사건 그 자체가 아니라 실패나 거부 혹은 상실에 대한 신념이 핵심요인이었다고 가정할 때, 가장 적절하게 사례공식화의 근간을 제공하는 모델은?

① S-R 모형 ② A-B-C 모형
③ ABCDE 모형 ④ WDEP 모형

65 Boulder 모델에서 제시한 임상심리학자의 주요 역할로 가장 적합한 것은?

① 치료, 평가, 자문 ② 치료, 평가, 연구
③ 치료, 평가, 행정 ④ 평가, 교육, 행정

66 인간중심치료에 대한 설명으로 적합하지 않은 것은?

① 인간중심 접근은 개인의 독립과 통합을 목표로 삼는다.
② 인간중심상담(치료)은 치료 과정과 결과에 대한 연구 관심사를 포괄하면서 개발되었다.
③ 치료자는 주로 내담자의 자기와 세계에 대한 인식에 관심을 가진다.
④ 내담자가 정상인인가, 신경증 환자인가, 정신병 환자인가에 따라 각기 다른 치료원리가 적용된다.

67 다음 중 규준(norm)에 관한 설명으로 가장 적합한 것은?

① 측정한 점수의 일관성 정도를 제공해 준다.
② 검사 실시와 과정이 규정된 절차에서 이탈된 정도를 제공해 준다.
③ 특정 집단의 전형적인 또는 평균적인 수행 지표를 제공해 준다.
④ 연구자가 측정한 의도에 따라 측정이 되었는지의 정도를 제공해 준다.

68 임상면접에서 사용되는 바람직한 의사소통 기술에 해당되는 것은?

① 면접자 자신의 사적인 이야기를 꺼내는 데 주저하지 않는다.
② 침묵이 길어지지 않게 하기 위해 면접자는 즉각 개입할 준비를 한다.
③ 폐쇄형보다는 개방형 질문을 주로 사용한다.
④ 내담자의 감정보다는 얻고자 하는 정보에 주목한다.

69 행동관찰의 잠재적인 문제와 가장 거리가 먼 것은?

① 관찰자의 신뢰도
② 관찰자의 개입 가능성
③ 치료와의 직접적인 연관성
④ 상황적 요소

70 근육의 긴장을 이완시키고, 심장의 박동을 조절하고, 혈압을 통제하는 훈련을 받는 것은?

① 바이오피드백
② 행동적인 대처방식
③ 문제 중심의 대처기술
④ 정서 중심의 대처기술

71 합리적 정서행동치료의 비합리적 신념의 차원 중 인간문제의 근본요인에 해당되는 것은?

① 당위적 사고
② 과장
③ 자기비하
④ 인내심 부족

72 다음과 같은 면접의 유형은?

> 이 면접은 전형적으로 인지, 정서 혹은 행동에 문제가 있는지 여부를 신속히 평가하고, 흔히 비구조적으로 행해졌기 때문에 신뢰도가 다소 낮은 한계점이 있었다. 이 문제를 보완하기 위해 구조적 면접이 고안되었고, 다양한 영역에서 보이는 행동을 포함하기 위해 특별한 질문이 보완되고 있다. 다양한 정신건강 전문가들을 위한 중요한 임상면접 중 하나이다.

① 개인력 면접
② 접수면접
③ 진단적 면접
④ 정신상태검사 면접

73 강제입원, 아동 양육권, 여성에 대한 폭력, 배심원 선정 등의 문제에 특히 관심을 가지는 심리학 영역은?

① 아동임상심리학
② 임상건강심리학
③ 법정심리학
④ 행동의학

74 MMPI-2의 타당도 척도 중 자신의 문제를 드러내려고 하지 않고 긍정적인 모습을 과장되게 강조하는 피검자에게서 상승되는 척도는?

① F(P) scale
② S scale
③ TRIN scale
④ VRIN scale

75 행동치료의 기법 중 고전적 조건형성을 이용한 것은?

① 처벌
② 혐오치료
③ 토큰경제
④ 타임아웃

76 Beck의 인지이론에 따르면, 다양한 인지 오류가 내담자의 문제를 지속시키는 역할을 담당한다고 보고 있다. 이러한 인지 오류에 해당되지 않는 것은?

① 자동적 사고
② 선택적 추상화
③ 임의적 추론
④ 이분법적 사고

77 환자와의 초기 면접에서 면접자가 주로 탐색하는 정보의 내용이 아닌 것은?

① 환자의 증상과 주 호소문제, 도움을 요청하게 된 이유
② 최근 환자의 적응기제를 혼란시킨 스트레스 사건의 유무
③ 면접 과정에서 드러난 고통스런 경험에 대한 이해와 심리적 격려
④ 기질적 장애의 가능성 및 의학적 자문의 필요성에 대한 탐색

78 대뇌피질 각 영역의 기능에 관한 설명으로 옳은 것은?

① 측두엽: 망막에서 들어오는 시각 정보를 받아 분석하며, 이 영역이 손상되면 안구가 정상적인 기능을 하더라도 시력을 상실하게 된다.
② 후두엽: 언어를 인식하는 데 중추적인 역할을 하며, 정서적 경험이나 기억에 중요한 역할을 담당한다.
③ 전두엽: 현재의 상황을 판단하고 상황에 적절하게 행동을 계획하며, 부적절한 행동을 억제하는 등 전반적으로 행동을 관리하는 역할을 한다.
④ 두정엽: 대뇌피질의 다른 영역으로부터 모든 감각과 운동에 관한 정보를 다 받으며 이러한 정보들을 종합한다.

79 건강심리학 분야의 주된 관심 영역과 가장 거리가 먼 것은?

① 흡연
② 우울증
③ 비만
④ 알코올 남용

80 다음 중 심리치료를 통해 가장 양호한 성과를 거둘 것으로 예상되는 환자는?

① 최근의 스트레스와 관련하여 급성적인 증상을 보이는 환자
② 지능이 평균 이하이고, 언어적 능력이 낮은 환자
③ 정신병이 있는 환자
④ 오래 지속된 성격장애 환자

[제5과목] 심리상담

81 다음 중 게슈탈트 심리치료에서 강조하는 것이 아닌 것은?

① 지금-여기
② 내담자의 억압된 감정에 대한 해석
③ 미해결 과제 또는 회피
④ 환경과의 접촉

82 다음 중 가족치료의 이론적 근거에 해당되는 것은?

① 순환의 사고
② 합산의 원리
③ 개인주의
④ 선형의 사고

83 집단상담에서 집단응집력에 관한 설명으로 틀린 것은?

① 응집력이 높은 집단은 자기개방을 많이 한다.
② 응집력은 집단상담의 성공에 매우 중요한 요소가 된다.
③ 응집력이 낮은 집단은 지금-여기에서의 사건이나 일에 초점을 맞춘다.
④ 응집력이 높은 집단은 집단의 규범이나 규칙을 지키지 않는 다른 집단구성원을 제지한다.

84 가족구성원을 상실한 가족에게서 나타나는 비애반응의 단계를 바르게 나열한 것은?

㉠ 신체적 고통단계	㉡ 죄책감단계
㉢ 적의반응단계	㉣ 일상적 행동 곤란 단계
㉤ 죽은 사람과의 기억에 휩싸이는 단계	

① ㉠ → ㉤ → ㉡ → ㉢ → ㉣
② ㉠ → ㉡ → ㉢ → ㉣ → ㉤
③ ㉤ → ㉠ → ㉢ → ㉡ → ㉣
④ ㉤ → ㉡ → ㉠ → ㉢ → ㉣

85 인간중심치료 이론에서 치료자의 태도에 해당하는 것은?

① 저항의 분석
② 체험에의 개방
③ 진솔성
④ 무조건적 반영

86 합리적-정서행동치료의 ABCDE 과정 중 D가 의미하는 것은?

① 논박 ② 결과
③ 신념체계 ④ 효과

87 진로상담의 목표와 가장 거리가 먼 것은?

① 진로상담은 내담자가 이미 결정한 직업적인 선택과 계획을 확인하는 과정이다.
② 진로상담은 개인의 직업적 목표를 명백히 해 주는 과정이다.
③ 진로상담은 내담자로 하여금 자아와 직업세계에 대한 구체적인 이해와 새로운 사실을 발견하도록 해 준다.
④ 진로상담은 직업선택과 직업생활에서 순응적인 태도를 함양하는 과정이다.

88 내담자들이 보이는 행동이나 사고를 체계적으로 측정하는 방법으로, 개인이 자연환경에서 행동을 평가하기 위해 내담자로 하여금 스스로 행동을 관찰하고 주간행동 기록표, 일일활동 일지, 자동적 사고 기록지 등을 작성하도록 하는 방법은?

① 임상적 면담법(clinical interview)
② 자기보고형 검사(self-report test)
③ 자기감찰(self-monitoring)
④ 생리적 측정법(psysiological measurement)

89 유머 사용, 역설적 기법, 직면 등과 같은 상담기법을 주로 사용하는 것은?

① 게슈탈트 상담 ② 현실치료 상담
③ 교류분석 상담 ④ 특성요인 상담

90 가족상담의 기본적인 원리와 가장 거리가 먼 것은?

① 가족체계의 문제성을 이해하도록 한다.
② 자녀 행동과 부모관계를 파악한다.
③ 감정 노출보다는 생산적 이해에 초점을 둔다.
④ 현재보다 과거 상황에 초점을 둔다.

91 정신분석에서 내담자가 지속적이고 반복적인 학습을 통해 자신이 이해하고 통찰한 바를 충분히 실행하는 과정은?

① 자기화 ② 훈습
③ 완전학습 ④ 통찰의 소화

92 상담에 대한 설명으로 가장 적합한 것은?

① 상담은 상담자가 해결방법을 제시하고 내담자가 이에 따르게 하는 것이다.
② 상담은 내담자의 내적 자원이 충분히 활용될 수 있도록 상담자가 안내하는 일이다.
③ 상담은 문제를 분석하여 상담자가 정확한 처방을 내리는 일이다.
④ 상담은 정보의 제공을 주로 하는 조력활동이다.

93 현실치료에서 Glasser가 제시한 8가지 원리에 해당되지 않는 것은?

① 감정보다 행동에 중점을 둔다.
② 현재보다 미래에 초점을 맞춘다.
③ 계획을 세워 계획에 따라 실천하겠다는 다짐을 받는다.
④ 변명은 금물이다.

94 Rogers가 제안한 '충분히 기능하는 사람'의 특성과 가장 거리가 먼 것은?

① 제약 없이 자유롭다. ② 현재보다는 미래지향적이다.
③ 자신의 유기체를 신뢰한다. ④ 창조적이다.

95 사례관리에 대해 가장 적절하게 정의한 것은?

① 여러 가지 상담사례를 연구하고 관리하는 것이다.
② 사례관리자가 모든 사례관리 대상자의 역할을 혼자서 처리하는 것이다.
③ 사례관리는 대상자의 사회생활상에서 여러 가지 욕구를 충족시키기 위해 적절한 사회 자원과 연결시키는 절차의 총체를 말한다.
④ 사고나 재해 등 단기적인 어려움을 갖고 있는 사람들을 위해 사례관리자가 적절한 사회 자원과 연결시키는 절차의 총체를 말한다.

96 타인과의 갈등을 다루는 데 유용한 심리치료 방법의 하나로, 갈등이 되는 측면을 완전히 알고 경험하기 위해서 서로가 양쪽의 갈등을 듣고 갈등의 양쪽 측면을 모두 적극적으로 표현할 수 있는 방법은?

① 직면 ② 두 의자 기법
③ 사이코 드라마 ④ 통찰

97 Meichenbaum의 인지행동수정(CBM)에서 행동변화법의 3단계 변화 과정에 해당하지 않는 것은?

① 자기관찰 ② 자기구조화
③ 새로운 내적 대화의 시작 ④ 새로운 기술의 학습

98 인터넷 중독의 상담전략 중 게임 관련 책자, 쇼핑 책자, 포르노 사진 등 인터넷 사용을 생각하게 되는 단서를 가능한 한 없애는 기법은?

① 자극통제법 ② 정서조절법
③ 공간재활용법 ④ 인지재구조화법

99 인지행동치료의 기본 가정에 속하지 않는 것은?

① 인지매개가설을 전제로 한다.
② 단기간의 상담을 지향한다.
③ 감정과 행동의 이면에 있는 인지를 대상으로만 치료를 시행한다.
④ 내담자의 왜곡되고 경직된 생각을 찾아내어 이를 현실적으로 타당한 생각으로 바꾸어 준다.

100 상담의 일반적인 윤리 원칙에 해당하지 않는 것은?

① 자율성(autonomy) ② 무해성(nonmaleficence)
③ 선행(beneficience) ④ 상호성(mutuality)

03 모의평가 해설

제1회 모의평가

[제1과목-심리학개론]

01 정답 ①

- 부적 강화(negative reinforcement)는 어떤 행동이 나타난 후에 그 행동의 빈도를 증가시키기 위해 어떤 자극을 제거하는 것을 말한다.
- 부적 강화는 조작적 조건형성이며, 해당 행동의 결과를 조작함으로써 행동을 변화시키는 과정을 말한다.
- 처벌은 어떤 행동이 나타난 후에 그 행동의 빈도를 감소시키는 자극을 제시하는 것이다(처벌-행동빈도 감소/강화-행동빈도 증가).
- 지렛대를 누르면 전기충격이 가해지는 실험은 스키너(Skinner)의 상자 실험이다. 이는 목표행동에 점진적으로 가까워지도록 강화하여 바라는 행동을 형성하게 하는 행동조형(shaping) 기법이다.

02 정답 ③

- 신뢰도(reliability): 측정 절차의 안정성 또는 일관성을 말한다(예: 시험불안을 평가하기 위한 한 방법은 검사가 아침에 이뤄졌는지, 오후에 이뤄졌는지 또는 서로 다른 연구 보조자들에 의해 수행되었는지 여부에 관계없이 유사한 점수가 나와야 함).
- 타당도(validity): 어떤 도구가 측정하려고 하였던 구성개념을 측정해야만 한다는 것(예: 시험불안을 측정하는 도구는 우울, 충동성, 낮은 존중감 등과 같은 다른 구성개념을 측정하는 것이 아니라, 시험불안이라는 구성개념을 실제로 측정해야만 함).

03 정답 ①

가용성 발견법(availability heuristic)이란 어떤 문제를 해결하거나 의사결정을 할 때 객관적인 정보에 근거하기보다는 머리에 떠오른 정보, 즉 가용할 수 있는 정보에 근거하는 것을 말한다. 마음속에 떠올리기 쉬운 예들에 기초해서 특정 대상에 대해서 생각하는 간편화 전략으로 정확한 확률이나 객관적 근거에 기반을 두지 않기에 확률추론과정의 오류를 초래할 수 있다.

04 정답 ②

설단현상은 저장했던 어떤 정보를 기억하려는 노력에도 불구하고 생각이 떠오르지 않는 현상을 말한다. 즉, 한 번 저장된 정보를 인출할 수 없게 되는데, 정보 과부하, 불안, 심리적 압박, 기억 억압 등에 의해 나타나며, 그 외에 고차 인지 기능을 담당하는 전두엽 및 실행 기능의 저하와 관련된다.

05 정답 ④

콜버그(Kohlberg)는 도덕적 갈등 상황(Heinz 딜레마)을 제시하고 각 상황에 어떻게 대처하는지, 이러한 대처방안에 기저하고 있는 추론 근거를 검토하여 아동과 성인의 도덕적 추론능력을 연구하였다. 콜버그는 도덕적 추론이 세 단계를 거쳐 발달한다고 보았다.

〈콜버그(Kohlberg)의 도덕적 추론능력의 발달〉

- 전인습적 수준: 판단의 근거가 처벌을 피하거나 보상을 최대화하기 위한 것들인 단계이다.
- 인습적 수준: 관계 유지, 신뢰나 보살핌과 더불어 사회 질서와 법 준수를 중시한다.
- 후인습적 수준: 규범과 법을 모두 인정하면서도 불의나 비인간적 규칙보다 보편적 도덕률이 더 중요하다고 본다.

학습 Plus 하인즈(Heinz) 딜레마에 대한 도덕적 추론

- **전인습적 수준:** "Heinz는 감옥에 갈 수 있으니까 약을 훔치지 말아야 했다."
- **인습적 수준:** "훔치는 것은 옳지 않으므로 Heinz는 약을 훔치지 말아야 했다. 사람들이 항상 도둑질을 한다면 사회는 제대로 기능하지 못한다."
- **후인습적 수준:** "법적으로는 그를지 모르지만 Heinz는 부인의 목숨을 살리기 위해 약을 훔칠 수밖에 없었다. 그러나 동시에 행동의 결과를 감수한 것이므로 감옥을 가야 한다면 이도 감수해야 할 것이다."

06 정답 ②

- 횡단적 연구방법

  연령이 다른 집단을 대상으로 같은 시기에 동시에 조사하여 연령에 따른 행동 특성을 비교 연구하는 방법이다. 서로 다른 연령층에서 나타나는 발달적 변화에 대한 정보를 제공한다.
- 종단적 연구방법

  동일한 집단을 대상으로 하여 시간의 흐름에 따라 계속 추적하면서 반복하여 측정함으로써 시간 경과에 따른 발달과 변화를 연구하는 방법이다.

07 정답 ③

Freud는 성격의 구성요소로 원초아(id), 자아(ego), 초자아(superego)를 제시하였고, '성격'은 '원초아-자아-초자아' 순서로 발달한다고 보았다.

학습 Plus 성격의 삼원구조

- **원초아(id)**: 무의식적 정신 에너지의 저장소이며, 현실에 의해서 구속받지 않고 즉각적 만족을 추구한다(쾌락원리).
- **자아(ego)**: 현실적인 적응을 담당하며, 원초아와 초자아와의 균형을 유지하고 둘 간의 갈등을 중재하는 역할을 한다(현실원리).
- **초자아(super ego)**: 자아로 하여금 현실적인 것뿐만 아니라 이상적인 것도 고려하도록 이끌고 도덕적 규범을 추구한다(도덕원리).

08 정답 ②

- 맥락효과: 학습을 했던 환경과 유사한 환경에 놓였을 때 학습한 내용을 더 잘 회상해 내는 현상을 말한다.
- 인출단서효과: 기억에서 어떤 정보를 인출하는 경우, 입력 시 제공된 단서와 일치하는 경우가 일치하지 않는 경우에 비해서 기억인출이 잘되는 현상을 말한다.
- 기분효과: 현재의 기분과 일치되는 정보의 회상이 보다 잘되는 현상을 말한다.
- 도식효과: 지식들 간의 관계 및 사상 간의 구조화될 틀을 도식이라고 하는데, 자신의 도식에 부합되는 정보의 회상이 보다 잘되는 현상을 말한다.

09 정답 ④

- 내용타당도(content validity): 검사가 측정하고자 하는 속성과 내용을 제대로 측정하였는지를 논리적인 분석 과정을 통해 판단하는 타당도이다.
- 예언타당도(predictive validity): 어떤 검사의 점수가 미래에 나타날 행동이나 특성을 얼마나 잘 예측하고 예언해 주는지를 측정하는 타당도이다.
- 공존타당도(concurrent validity): 기존의 타당한 검사와의 유사성과 관련성을 통해 새로 개발된 검사의 타당도를 검증한다.
- 구성타당도(construct validity): 검사가 측정하고자 하는 이론적 구성개념을 잘 측정하는지를 검증한다.

10 정답 ④

〈매력의 조건〉

- 상황적 요인: 물리적 근접은 매력을 가질 기회를 제공한다. 접촉하는 횟수가 많을수록 호감도가 증가하는 경향을 단순접촉효과(mere exposure effect)라고 한다.
- 유사성: 자신과 같은 태도나 가치관을 가지고 있는 사람에게 더 많은 호감을 느낀다(서로 반대되는 특성의 사람에게 호감을 느끼는 것을 상보성 원리라고 함).

- 신체적 매력: 상대방의 외모와 같이 신체적 매력은 호감에 영향을 준다. 외모가 좋으면 다른 특징도 좋을 것이라고 여기는 것을 후광효과(halo effect)라고 한다.
- 행위자-관찰자 편향: 어떤 사람의 행동에 대해 내부적 요인, 즉 행위자의 기질이나 성격, 동기 등에 귀인하는 반면, 자신의 행위는 외적인 요인에 귀인을 하는 경향성을 말한다(타인의 행동에 대해서는 내부귀인, 자신의 행동에 대해서는 외부귀인).

11 정답 ②

CS가 UCS보다 시간적으로 약 0.5~2초 앞서서 제시될 때 연합이 가장 강하게 형성된다. 이를 '시간의 원리' 또는 '근접의 원리'라고 한다.

12 정답 ②

장기기억에 필요한 기억요소는 색인 또는 연합이 많을수록 쉽게 기억된다. 감각입력이 감각기억에서 단기기억으로, 그 다음 장기기억으로 저장되기 위해서는 부호화(encoding), 공고화(consolidation), 저장(storage), 인출(retrieval)이라는 4단계를 거쳐야 한다.

13 정답 ②

- Tolman은 학습과 수행을 분리시켜 설명하였는데 학습은 강화 없이도 일어날 수 있다고 주장하였고, 보상이나 강화는 학습한 내용을 행동으로 나타낼 것인지의 여부만을 결정한다고 주장하였다. 이러한 형태의 학습을 잠재학습이라고 하였다.
- 학습에 대한 인지적 관점은 학습에 있어서 인지적 요소의 중요성을 강조하며, 학습을 외현적 행동의 변화보다는 지식의 습득이라는 측면으로 보고 있다. 즉, 외현적으로 행동이 나타나지 않더라도 학습이 일어날 수 있다고 보았다.

14 정답 ④

- 백분위 점수: 연구의 대상이 되는 자료를 그 값의 크기순으로 배열하고 전체를 100으로 보았을 때의 서열을 말한다. 전체 집단에서의 개인의 상대적 위치를 알려 준다(예: 100명인 학교에서 백분위가 96%이면 전교 4등, 20%이면 전교 80등을 의미).
- 백분율 점수: 점수를 100점 만점으로 환산한 점수를 말한다.
- 원점수: 문항의 배점을 단순히 합한 점수. 변환되지 않은 원래의 점수를 말한다.
- 평균 점수: 전체 자료의 합을 자료수로 나눈 값을 말한다.

15 정답 ①

〈Allport의 특질이론〉

- 개인의 내적 성향으로서의 특질은 여러 가지 다양한 자극이나 상황에 대해서도 유사한 방식으로 반응하도록 만드는 실체로서 시간이 지나 상황이 달라져도 비교적 변하지 않는다고 정의하였다.
- 성격을 이해하기 위해서는 그 사람이 실제로 보여 주는 규칙적인 성향을 알아야 한다고 보았고, 규칙적인 성향을 특질이라고 하였다.

• 개인만의 독특한 특질을 개인적 성향(personal disposition)이라고 하고, 모든 사람이 가지는 공통된 특질을 공통 특질(common trait)이라고 하였다.

학습 Plus 개인적 성향(personal disposition) 구분

- **기본 특질**: 개인의 모든 사고와 행동을 특징지을 정도로 넓은 범위에 영향을 미치는 특성이다. 명백하지만 모두 갖고 있는 것은 아니며, 극소수의 사람에게만 관찰된다(예: 나라의 독립을 위해 자신을 버렸던 유관순, 잔다르크와 같은 인물이 대표적임).
- **중심 특질**: 기본 특성에 비해 덜 광범위하지만 사고와 행동에 상당한 영향을 미치는 특성이다(예: 성실한, 활발한, 외향적인 등으로 표현되는 특성).
- **이차 특질**: 개인의 사고와 행동의 제한된 부분에만 영향을 미치는 특성이다(예: 여러 사람 앞에서 발표를 하거나 새로운 사람을 처음 만나는 것과 같은 특정 상황에서 나타남).

16 정답 ②

실험법과 조사법의 차이점은 연구자가 변인을 통제한다는 점이다. 실험법은 조건과 상황을 엄격하게 통제한 상태에서 독립변인을 의도적으로 조작하여 이에 따른 종속변인의 변화를 관찰하는 방법이다. 이와 달리 조사법은 설문, 전화, 우편 등을 통해 많은 수의 사람으로부터 미리 한정된 항목의 정보를 얻는 기법이다.

17 정답 ③

Kelley의 공변모형에서는 사람들이 내부 혹은 외부 귀인을 할 때 일관성, 특이성, 동의성의 3가지 정보 수준을 함께 고려한다고 설명했다.

학습 Plus Kelley의 공변모형

- **일관성(consistency)**: 대상 인물이 그런 행동을 하게 만든 자극에 대해 다른 경우(시간 또는 장소)에도 같은 행동을 보였는가를 고려해 판단한다(예: '행위자의 행동이 다른 상황에서도 항상 나타나는가?').
- **특이성(distinctiveness)**: 대상 인물이 그런 행동을 하게 만든 자극 이외의 다른 자극에 대해서도 같은 반응을 보였는가를 고려해 판단한다(예: '행위자의 행동이 특정 대상에게만 나타나는가?').
- **동의성(consensus) 혹은 합치성**: 대상 인물 이외의 다른 사람들도 그와 같은 행동을 보였는가를 고려해 판단한다(예: '다른 사람들도 그 상황에서 그렇게 행동하는가?').

18 정답 ②

행동주의적 성격이론에서는 인간의 모든 행동은 환경과의 상호작용 속에서 학습된 것으로 본다.

학습 Plus 행동주의의 기본 가정

- 개인의 특성은 관찰될 수 있는 구체적인 행동으로 분석되어 이해될 수 있다.
- 인간이 나타내는 대부분의 행동은 후천적으로 학습된 것이다.
- 치료의 주된 목표는 부적응적인 문제행동을 제거하거나 긍정적인 행동을 학습함으로써 적응을 도울 수 있다.
- 치료는 과학적 원리와 방법에 의해서 시행되어야 한다.

19 정답 ②

〈행동주의 이론〉

- 개인의 행동을 결정하는 요인이 내부가 아닌 외부의 환경에 있다고 본다.
- 개인이 외부 자극인 경험을 통해 학습한 방식대로 자극에 반응(행동)하며, 이러한 반응의 차이가 개인의 성격을 결정한다고 본다.
- 관찰 가능한 행동을 통해 성격을 좀 더 객관적이고 과학적으로 살펴보고자 한다.
- 대표적인 연구자는 파블로프(Pavlov), 왓슨(Watson), 밴듀라(Bandura), 스키너(Skinner) 등이다.
- 로저스(Rogers)는 인간중심 상담이론의 대표적인 학자이다.

20 정답 ④

인지부조화는 신념 간에 또는 신념과 실제 간의 불일치나 비일관성이 있을 때 생기는 것으로, 사람들은 인지 간의 불일치를 불편해 하고 이를 제거하려고 한다. 이런 모순을 감소하기 위해 사람들은 태도나 행동을 바꾸려고 시도한다.

〈인지부조화가 발생하는 조건〉

- 취소 불가능한 개입(자신이 취한 행동을 취소할 수 없을 때)
- 자발적 선택(태도와 관련된 행동이 상황적 압력에 의해서가 아닌 스스로가 선택한 행동일 때)
- 불충분한 유인가(자신이 선택한 행동이 바람직하지 못한 결과를 가져올 것을 알고 있거나 예측할 수 있는 데에도 그 행동을 할 경우)가 있다.

[제2과목-임상심리학]

21 정답 ④

DSM-5에서는 '반항성 장애 또는 적대적 반항장애'는 '파괴적 충동조절 및 품행장애(disruptive impulse and conduct disorder)'의 하위유형으로 분류된다.

- 거부적 · 적대적 · 반항적 행동양상이 최소한 6개월 이상 지속되고, 그러한 행동이 사회적 또는 학업에 중대한 지장을 초래하며, 같은 또래에 비해 문제행동이 더 자주 발생하는 장애이다.
- 빠른 경우에는 3세경부터 시작될 수 있으나 전형적으로 8세 이전에 시작되며, 청소년기 이후에 시작되는 경우는 드물다.
- 반항성 장애 아동이 정상 아동에 비해 더 높은 각성 수준을 지닌다는 근거는 마련되어 있지 않다. 다만 자율신경계 불규칙이 나타나 과제 수행 시 속도나 정확성이 비일관적이며 수행 저하가 나타날 수 있다.

학습 Plus 반항성 장애 진단기준

A. 거부적 · 적대적 · 도전적 행동양상이 적어도 6개월 이상 지속되고, 다음 중 적어도 4가지(또는 그 이상)가 존재한다.
(1) 흔히 버럭 화를 낸다.
(2) 흔히 어른과 논쟁한다.

(3) 흔히 적극적으로 어른의 요구나 규칙을 무시하거나 거절한다.
(4) 흔히 고의적으로 타인을 귀찮게 한다.
(5) 흔히 자신의 실수나 잘못된 행동을 남의 탓으로 돌린다.
(6) 흔히 타인에 의해 기분이 상하거나 쉽게 신경질을 낸다.
(7) 흔히 화내고 원망한다.
(8) 흔히 악의에 차 있거나 앙심을 품고 있다.
주의: 나이가 비슷하고 동일한 발달 수준에 있는 다른 사람들에게서 전형적으로 관찰되는 것보다 반항적 행동이 더 빈번하게 발생될 경우에만 진단기준을 고려한다.
B. 행동 장해가 사회적 · 학업적 · 직업적 기능에 임상적으로 심각한 장해를 일으킨다.
C. 이 행동은 정신증적 장애 또는 기분장애의 기간 중에만 나타나지 않는다.
D. 품행장애의 진단기준에 맞지 않아야 하며, 18세 이상이라면 반사회성 인격장애의 진단기준에 맞지 않아야 한다.

22 정답 ③

- Kohut는 사람들은 자기애적 욕구를 가지고 있으며, 이 욕구는 타인을 통해 만족되어야 한다고 보았다. 자기애는 인간 심리의 기본적인 잠재력으로, 성장 발달에 꼭 필요하다고 보았다. 다만, 과대자기의 상태에서는 전능감, 과대감, 과시적 자기애를 보이며, 우울증이나 조증은 자기애성 인격장애를 가진 사람에게서 나타나는 것으로 보았다.
- Abraham은 우울증은 구강기와 항문기의 가학적 성향에서 나오고, 반동형성이 주된 기전이며, 자존심 저하, 무쾌감증, 내향화가 흔히 관련된다고 하였다.

23 정답 ②

조현병의 원인론 중 '표현된 정서(expressed emotion)'가 증상에 기여함을 설명하고 있다. 환자의 가족이 환자에 대하여 지나친 비판, 공격성, 적개심, 과잉보호 등의 감정표현이 높은 경우가 가족의 감정표현이 낮은 경우보다 조현병 환자의 재발률을 유의하게 높인다는 연구에 기반한다.

24 정답 ②

〈코르사코프 증후군(Korsakoff's Syndrome)〉

- 장기간에 걸친 음주에 의해 단기기억의 장애가 오는 것이 특징이다. 이 장애는 지속적인 과음에 의한 비타민 B1(티아민) 결핍 때문으로 본다.
- 주된 증상은 건망증, 지남력장애, 작화증, 말초신경장애 등이다. 그 외에 소뇌 운동 실조증, 근육병변 등의 신경학적 장애를 동반할 수 있다.
- 대량의 티아민(하루 200～300mg)으로 조기에 치료하면 알코올성 건망증을 예방할 수 있다.
  - 혈관성 치매(vascular dementia): 알츠하이머형 치매보다는 드물지만 보다 일찍 발명하고 남자에게서 많다. 흔한 원인은 동맥성 고혈압이다. 특징적으로 기억력, 추상적 사고, 판단력, 충동조절 및 인격의 장애를 일으킨다.
  - 진전섬망(delirium tremens): 수일 이상 장기간의 지속적인 음주 중에 갑자기 중단하거나 또는 감량했을 때 나타나는 증후군이다. 심한 진전(손 떨림) 및 자율신경 기능항진 증상과 함께 섬망(환각과 혼란)이 나타날 수 있다.

– 다운증후군(Down syndrome): 염색체 이상으로 발생하는 질환으로, 정상적으로 2개 존재해야 하는 21번 염색체가 3개 존재해서 나타난다. 특징적인 외모와 정신지체 이외에도 여러 의학적 문제들이 동반된다.

25 정답 ②

- Jellinek은 남성 알코올 중독자 2천 명을 대상으로 조사한 결과 알코올 중독에 이르기까지 다음의 4단계를 거친다는 사실을 발견했다(전 알코올 증상단계–전조단계–결정적 단계–만성단계).
- 전조단계(predromal phase): 술에 대한 매력이 증가하면서 점차로 음주량과 빈도가 증가하는 시기이다. 자주 과음을 하게 되며 종종 음주 동안에 일어났던 사건을 기억하지 못하는 망각현상(black out)이 생겨난다. 술을 마시는 것에 대해 죄의식을 갖으나 자신의 음주에 문제가 있다는 사실은 부정한다.

26 정답 ②

- 자기애성 성격장애(narcissistic personality disorder)의 주요 특징은 과대성, 숭배 요구, 감정이입의 부족이 광범위한 양상으로 있고, 청년기에 시작되며, 여러 상황에서 나타난다는 점이다. 특히 자신의 중요성에 대해 과대한 느낌을 가지며, 일상적으로 자신의 능력을 과대평가하고 성취를 과장하고 허세를 부린다. 또한 과도한 숭배를 요구하는 특권의식을 지니는데, 대우받기를 기대하고 그렇지 않은 경우에는 당황하거나 분노한다.

학습 Plus 경계성 성격장애(Borderline Personality Disorder)의 진단기준

대인관계, 자아상 및 정동의 불안정성과 현저한 충동성의 광범위한 형태로 성인기 초기에 시작되며, 여러 상황에서 나타나고, 다음 중 5가지(또는 그 이상)를 충족한다.

1. 실제 혹은 상상 속에서 버림받지 않기 위해 미친 듯이 노력함
2. 과대이상화와 과소평가가 극단 사이를 반복하는 것을 특징으로 하는 불안정하고 격렬한 대인관계의 양상
3. 정체성 장애: 자기 이미지 또는 자신에 대한 느낌의 현저하고 지속적인 불안정성
4. 자신을 손상할 가능성이 있는 최소한 2가지 이상의 경우에서의 충동성
5. 반복적 자살행동, 제스처, 위협 혹은 자해 행동
6. 현저한 기분의 반응성으로 인한 정동의 불안정
7. 만성적인 공허감
8. 부적절하고 심하게 화를 내거나 화를 조절하지 못함
9. 일시적이고 스트레스와 연관된 피해적 사고 혹은 심한 해리 증상

27 정답 ①

- 회피성 성격장애(avoidant personality disorder)는 다른 사람과의 만남에 대한 불안과 두려움 때문에 사회적 상황을 회피함으로써 적응에 어려움을 겪는 경우를 말한다. 사회적 억제, 부적절감, 부정적 평가에 대한 과민성이 특징이며, 자신을 사회적으로 무능하고 개인적으로 매력이 없으며 열등하다고 생각한다.

학습 Plus 의존성 성격장애(dependant personality disorder)의 진단기준

A. 타인으로부터의 많은 충고와 보장 없이는 일상적인 일도 결정을 내리지 못한다.
B. 자기 인생의 매우 중요한 영역까지도 떠맡길 수 있는 타인을 필요로 한다.
C. 지지와 칭찬을 상실하는 것에 대한 두려움 때문에 타인에게 반대 의견을 말하기가 어렵다.
D. 자신의 일을 혼자 시작하거나 수행하기가 어렵다(판단과 능력에 대한 자신감이 부족하기 때문).
E. 타인의 보살핌과 지지를 얻기 위해 무슨 일이든 다할 수 있다. 심지어 불쾌한 일을 자원해서 하기까지 한다.
F. 혼자 있으면 불안하거나 무기력해지는데, 혼자서 일을 감당할 수 없다는 과장된 두려움을 느끼기 때문이다.
G. 친밀한 관계가 끝났을 때, 필요한 지지와 보호를 얻기 위해 또 다른 사람을 급하게 찾는다.
H. 스스로를 돌봐야 하는 상황에 버려지는 것에 대한 두려움에 비현실적으로 집착한다.

28 정답 ④

- Abramson은 우울증에 취약한 사람들은 실패 경험에 대해서 내부적 · 안정적 · 전반적 귀인을 하는 경향이 있다고 보았다.
- 우울한 사람들은 실패 경험에 대해서 지나치게 내부적 · 안정적 · 전반적 귀인을 하는 반면, 성공 경험에 대해서는 지나치게 외부적 · 불안정적 · 특수적 귀인을 하는 경향이 있다.
- 실패 경험에 대한 내부적 귀인은 자존감을 손상시키며, 안정적 귀인은 우울의 만성화와 관련되고, 전반적 귀인은 우울의 일반화를 결정하는 데 영향을 준다.

29 정답 ②

- 치매(dementia) 진단에 필요한 증상으로는 기억장해, 실어증(사람이나 사물의 이름을 말하는 데 어려움), 실인증(대상을 인식하지 못함), 실행증(운동실행능력의 장애를 보임), 실행기능장애(과제 수행에 필요한 여러 가지 인지 기능의 결함)가 있다.
- DSM-5에서 치매(dementia)는 인지적 손상으로 인해 일상생활을 독립적으로 영위하기 힘든 경우에 진단되는 '신경인지장애(neurocognitive disorder)'의 하위유형으로 분류되며, 그 심각도에 따라 주요 신경인지장애(major neurocognitive disorder) 및 경도 신경인지장애(minor neurocognitive disorder)로 구분된다.
- 신경인지장애는 노년기에 나타나는 대표적인 장애로서 기억력이 현저하게 저하되고, 언어 기능이나 운동 기능이 감퇴되며, 물체를 알아보지 못하고, 일상생활에 필요한 여러 가지 적응능력이 전반적으로 손상된다.

30 정답 ④

- Clark의 인지이론은 공황발작(panic attack)이 불안으로 인해 증폭된 신체감각을 위험한 것으로 잘못 해석하는 파국적 오해석에 의해 유발된다고 본다.
- 파국적 오해석(catastrophic misinterpretation)은 상황에 따른 자연스러운 신체감각에 대해 마치 끔찍한 재앙이 일어난 것처럼 해석하는 인지적 경향성을 말한다(예: 평소보다 심장이 빨리 뛰거나 흉부 통증을 심장마비의 전조로 생각하는 것).

31 정답 ①

편집성 성격장애는 사회적으로 고립되어 있고 기이한 성격 특성을 나타내는 A군 성격장애에 해당된다. 의존성 성격장애, 강박성 성격장애, 회피성 성격장애는 C군 성격장애이다.

- 편집성 성격장애(paranoid personality disorder): 타인에 대한 강한 불신과 의심을 지니고 적대적인 태도를 보여 사회적 부적응을 나타내는 성격장애이다.
- 의존성 성격장애(dependent personality disorder): 스스로 독립적인 생활을 하지 못하고 다른 사람에게 과도하게 의존하거나 보호받으려는 행동을 특징으로 나타내는 장애이다.
- 강박성 성격장애(obsessive-compulsive personality disorder): 지나치게 완벽주의적이고 세부적인 사항에 집착하며 과도한 성취지향성과 인색함을 특징으로 나타내는 성격장애이다.
- 회피성 성격장애(avoidant personality disorder): 다른 사람과의 만남에 대한 불안과 두려움 때문에 사회적 상황을 회피함으로써 적응에 어려움을 나타내는 장애이다.

32 정답 ④

- Abramson은 우울유발적 귀인(depressogenic attribution) 현상을 설명하며, 우울증에 취약한 사람들은 실패 경험에 대해서 내부적 · 안정적 · 전반적 귀인을 하는 경향이 있다고 보았다.
- '내부적 귀인'은 자존감을 손상시키며, '안정적 귀인'은 우울의 만성화와 관련되고, '전반적 귀인'은 우울의 일반화를 결정하는 데 영향을 준다.
  - 내부적: 실패 경험에 대해 자신의 탓으로 돌리는 것을 말한다(예: 능력 부족, 노력 부족, 성격적 결함).
  - 안정적: 실패 경험에 대해 쉽게 변화될 수 없는 지속적 요인의 탓으로 돌린다(예: 성격, 능력).
  - 전반적: 실패 경험을 전반적 요인에 귀인한다(예: 전반적 능력의 부족, 성격 전체의 부족, 수학 과목만 낮은 점수를 받았을 때 "수학을 망쳤으니 난 실패자야.").

33 정답 ②

- DSM-5에서 신경인지장애(neurocognitive disorder)란 뇌의 손상으로 인해 의식, 기억, 언어, 판단 등의 인지적 기능에 심각한 결손이 나타나는 경우를 말한다.
- 신경인지장애의 범주에는 주요 신경인지장애, 경도 신경인지장애, 섬망이 있고, 병인에 따라 각각의 아형(subtype)을 세분화했다. 아형에는 알츠하이머병, 루이체병, 파킨슨병, 헌팅턴병, 혈관성 질환 등이 있다.

34 정답 ①

- 낮은 도파민 수준은 어떤 동작을 시작하거나 자세를 유지하는 데 어려움을 겪는 파킨슨병(parkinson's disease)과 관련되며, 높은 도파민 수준은 조현병과 관련된다.
- 우울증에 걸린 사람들의 경우에 세로토닌의 수준이 정상인보다 낮다.
- 노르에프네프린은 교감신경계의 작용에 관여하며, 각성과 주의에 영향을 준다.
- 글루타메이트는 흥분성 신경전달물질로서 뇌에서 감각인지, 학습, 단기기억과 장기기억을 하는

데 필요한 물질이며, 과활성화되면 해마 위축, 자폐, 간질에 영향을 준다.

35 정답 ③

- 경계성 성격장애(borderline personality disorder)는 강렬한 애정과 분노가 교차하는 불안정한 대인관계를 특징적으로 나타내는 성격장애이다. 대인관계, 자아상 및 정서의 불안정성과 더불어 심한 충동성이 생활 전반에서 나타나야 한다.
- 회피성 성격장애(avoidant personality disorder)는 사회적 상황에서 비난과 거부의 두려움을 보인다. 사회활동의 제한, 부적절한 느낌, 그리고 부정적 평가에 대한 과민성의 광범위한 양상을 보인다.

36 정답 ④

- 반응성 애착장애(reactive attachment disorder)는 양육자와의 애착 외상으로 인해 부모를 비롯한 타인과의 접촉을 두려워하고 회피하며 사회성 발달에 어려움을 겪게 된다.
- 주 양육자와의 관계에서 신뢰를 형성하지 못하거나, 부모의 무관심과 학대, 돌봄의 결핍 등으로 나타나는 애착 관련 문제가 원인이 된다. 주 양육자가 자주 바뀌는 환경이 영향을 준다.

37 정답 ①

지속성 우울장애(persistent depressive disorder)는 우울 증상이 2년 이상 지속적으로 나타나는 경우를 말한다. 식욕부진이나 과식, 불면이나 과다수면, 활력의 저하나 피로감, 자존감의 저하, 집중력의 감소나 결정의 곤란, 절망감 중 2가지 이상의 증상이 나타날 경우에 진단될 수 있다. DSM-5에서 새롭게 제시된 진단명으로서 DSM-IV의 만성 주요우울장애(chronic major depressive disorder)와 기분부전장애(dysthymic disorder)를 합친 것이다.

38 정답 ②

- 전환장애(conversion disorder)는 신경학적 손상을 시사하는 한 가지 이상의 신체적 증상을 나타내는 경우를 말하며, 운동 기능 이상, 감각 기능 이상, 갑작스러운 신체적 경련이나 발작을 특징으로 한다.
- 초기 발병은 일반적으로 후기 아동기나 초기 성인기에 나타나며, 10세 이하의 아동은 국한된 경련 증상이나 걸음걸이 문제를 보이는 경향이 있다. 신체적 질병이 원인이 아닌 심리적 갈등과 욕구가 원인이 되어 시력 상실, 마비, 청력 상실 등의 신체적 증상으로 발현되는 질환이다.

39 정답 ①

Beck은 우울 증상을 경험하는 사람들의 자동적 사고는 크게 3가지 내용으로 구성되어 있는데, 이를 인지삼제(cognitive triad)라고 하였다. 이는 자기, 세상(주변 환경), 미래에 대한 한 개인의 부정적인 생각과 태도를 말하며 우울증의 원인이 된다.

40 정답 ③

조증 삽화(manic episode)의 임상적 특징은 다음과 같다.

- 팽창된 자존심 또는 심하게 과장된 자신감
- 수면에 대한 욕구 감소
- 평소보다 말이 많아지거나 계속 말을 하게 됨
- 사고의 비약 또는 사고가 연달아 일어나는 주관적인 경험
- 주의산만
- 목표지향적 활동이나 흥분된 운동성 활동의 증가
- 고통스러운 결과를 초래할 쾌락적인 활동에 지나치게 몰두함

[제3과목-심리검사]

41 정답 ④

신경심리평가 시에는 현재 기능 수준의 손상 정도, 손상 후 경과 시간, 병전 지적 수준, 교육 수준, 연령, 손잡이, 현재 의학적 병력 등을 고려해 평가한다.

42 정답 ③

- Binet는 동료인 Simon과 함께 1905년에 처음으로 아동의 지능을 측정할 수 있는 Binet-Simon 척도를 제작하였다. 그 후 1916년에 Stanford 대학교의 Terman이 미국 문화권에 맞게 개정하여 표준화한 것이 Stanford-Binet 지능검사이다.
- 'Stanford-Binet 지능검사'는 거의 언어적 검사로 되어 있는 반면, 'Wechsler 지능검사'는 언어성 검사와 동작성 검사로 구성되어 있다.

43 정답 ③

보스턴 이름대기 검사(Boston naming test)는 언어 기능의 손상 정도를 평가하는 검사인 반면, 지남력 검사, 숫자 외우기 검사, 요일 순서 거꾸로 말하기는 주의력을 평가하기 위한 검사이다.

44 정답 ④

MMPI의 F척도는 비전형적인 특성을 반영하는 정신병리를 측정하는 척도인 반면, 자아 강도 척도(ego strength scale)는 신체적 · 생리적 안정성에 대한 대처능력이나 대처의 적절성, 도덕적 태도 및 현실감각을 측정한다. F척도가 높을수록 자아강도 척도의 점수는 낮아진다.

45 정답 ①

- 1-3 상승척도: 자신의 심리적인 고통이나 문제를 인정하지 않고 부인(denial)의 방어기제를 사용함으로써 심리적인 문제가 신체 증상으로 전환되어 나타나게 된다. 신체 증상(피로, 통증, 두통, 흉통, 불면, 마비 등)을 호소하며, 스트레스 상황에서 증상 호소가 증가하고, 스트레스가 사라지면 증상도 감소하거나 사라지는 경향이 있다.

• 우울감이 동반되는 신체적 증상이 나타나는 상승척도는 2-7 타입이다.

46 정답 ②

웩슬러 지능검사(Wechsler intelligence scale)에서 병전지능을 추정하기 위해 사용되는 소검사는 상식, 어휘, 토막짜기이다. 지능 외에 피검자의 인구통계학적인 정보(연령, 학력, 직업)를 활용하여 병전 기능을 추정할 수 있다.

47 정답 ③

MMPI는 논리적 · 이성적 방법에서 탈피하여 경험적 제작방식에 따라 제작되었다. 임상적인 장애를 지난 환자집단과 정상인 집단을 변별해 주는 문항들의 통계적 결과에 따라 검사문항들이 선정되었다.

48 정답 ④

K교정은 K척도의 원점수 비율을 달리해서 1(Hs), 4(Pd), 7(Pt), 8(Sc), 9(Ma)의 척도에 더해 준다.

49 정답 ①

벤더 게슈탈트 검사(Bender Gestalt test)

• 간단한 기하학적 도형이 그려져 있는 9개의 자극 카드들을 피검자에게 한 장씩 차례로 보여 주면서 그것을 종이 위에 따라 그리도록 하고, 여기서 나온 정보들을 통해서 인지, 정서, 성격 같은 피검자의 심리적 특성들에 대해 분석하는 검사이다.
• BGT는 신경심리적인 목적과 투사적인 목적 모두를 위하여 사용되고 있으며, 뇌의 기질적인 손상 유무 이외에도 정신증이나 정신지체, 그 밖에 성격적 특성을 파악하는 데에도 유용하다.

50 정답 ②

주의력 장애 진단 시스템(ADS)은 주의력결핍 과잉행동장애(ADHD)를 살펴보기 위한 주의력 평가검사이다. CAT, HTP, KFD는 수검자의 성격이나 무의식적 욕구, 갈등, 가족관계 등을 파악하기 위한 투사검사에 해당된다.

51 정답 ③

신경심리평가 시 종합검사를 실시할 경우는 평가하고자 하는 기능과 관련한 다차원적이고 총체적인 자료를 얻을 수 있다. 이는 치료목표를 설정하고 프로그램을 적용하는 데 있어서도 유용하다.

52 정답 ④

MMPI-2에서의 T점수는 평균 50, 표준편차 10이다.

53 정답 ①

• 비네(Binet)는 지능검사를 처음으로 제작하였으며, 지능을 '일정한 방향을 설정하고 그것을 유

지하는 경향성, 목표 달성을 위해 일하는 능력, 행동의 결과를 수정하는 능력'으로 정의하였다.

- 터만(Terman)은 지능을 "추상적 사상(사상)을 다루는 능력"이라고 정의하였다.
- 웩슬러(Wechsler)는 지능을 "유목적적으로 행동하고, 합리적으로 사고하며, 환경을 효과적으로 다루는 개인의 종합능력"이라고 정의하였다.
- 혼(Horn)은 유동성 지능과 결정성 지능으로 나뉘어진다고 보았다.

54 정답 ②

아동용 지능검사(K-WISC-IV)의 시행 연령 범위는 만 6세에서 만 16세까지이다. 성인용 지능검사(K-WAIS-IV)의 시행 연령 범위는 만 16세에서 69세까지이다.

55 정답 ①

BGT 검사에서 아동의 현재 시각-운동 발달 수준과 실제 연령 간의 부합 정도를 알아보기 위해서는 코피츠(Koppitz)의 발달적 채점체계를 채택하는 것이 적합하다.

56 정답 ①

반응의 다양성, 방어의 곤란, 무의식적 내용의 반응 등은 투사적 성격검사가 갖는 장점이고, 객관성의 증대는 객관적 성격검사의 장점이다.

학습 Plus 객관적 검사와 투사적 검사의 장점과 단점

- 객관적 검사
  - 장점: 검사 실시와 해석이 간편하고, 검사의 신뢰도 및 타당도가 검증되어 있으며, 검사자 변인이나 검사의 상황 변인에 의한 영향이 적어 객관적인 개인 간 비교가 가능하다.
  - 단점: 긍정적 문항이나 사회적으로 바람직한 문항에 응답하는 경향성이 나타날 수 있으며, 개인의 질적인 독특성에 대한 정보가 간과될 수 있고, 문항 내용의 제한성으로 인해 특정 상황에서의 특성과 상황 간의 상호작용 내용을 밝히기가 어렵다.
- 투사적 검사
  - 장점: 자극의 모호성 때문에 방어하기가 어려우며, 개인의 독특한 무의식적인 심리적 특성의 반영이 가능하고, 개인 특유적인 독특한 반응으로 인해 개인을 잘 이해하는 데 유용하다.
  - 단점: 검사의 신뢰도와 타당도가 객관적으로 검증되기가 어렵고, 여러 상황적인 요인들이 반응에 영향을 줄 수 있다.

57 정답 ②

- 수검자에게 검사에 대한 설명을 하고 평가에 대한 동의를 얻는다.
- 면담 초기에 개방형 질문을 통해 더욱 다양한 정보를 수집할 수 있다.
- 심리검사를 받기 위해 내방한 이유 및 주된 증상에 대한 질문은 면담 초반에 배치되어야 한다.
- 내담자 본인 이외의 다양한 출처를 통해 정보를 수집할 경우에 면담 자료의 객관성을 높일 수 있다.

58 정답 ②

검사-재검사 신뢰도(test-retest reliability)는 동일한 검사를 동일한 피험자 집단에게 일정한 시간 간격을 두고 두 번 실시하여 얻은 두 검사 점수 간의 상관계수를 사용하여 검사도구의 신뢰도를 검증하는 방법이다.

59 정답 ②

커텔(Cattell)은 지능을 유전적이며 선천적으로 주어진 능력이며, 경험이나 교육과는 무관한 개인의 잠재력을 나타내는 유동성 지능과 문화적 경험과 지식 획득을 통해 얻어지는 결정적 지능으로 구분하였다. 결정적 지능의 경우에는 22세 이후까지 지속적으로 발달이 가능하며, 후천적으로 개발 가능한 지능이라고 보았다.

60 정답 ③

뇌손상 환자의 병전지능 추정방법

- 인구통계학적 자료: 연령, 학력(교육 수준), 성별, 직업 등
- 웩슬러 지능검사: 상식, 어휘, 토막짜기 소검사 점수
- 기타: 병전 직업 기능 수준, 학업성취도, 신경학적 손상과 관련된 의학적 상태 등

[제4과목-임상심리학]

61 정답 ②

초기 임상심리학은 1896년 Lightner Witmer가 Pennsylvania 대학교에 첫 심리진료소를 개설하면서 시작되었다.

62 정답 ②

후두엽(occipital lobe)은 시각연합영역과 시각피질이라고 하는 시각중추가 있어 시각정보의 처리를 담당한다. 눈으로 들어온 시각정보가 시각피질에 도착하면 사물의 위치, 모양, 운동 상태를 분석한다.

63 정답 ④

접수면접의 목적은 가장 적절한 치료나 중재 계획을 세우기 위해 환자의 증상이나 문제를 잘 이해하는 데 있다. 접수면접 동안에 내담자의 인적 사항, 주 호소문제, 내원하게 된 직접적 계기 등에 대해 확인하고 치료 절차나 방법 등에 대해 안내한다.

구체적인 어린 시절의 경험 등은 심리치료가 진행되는 과정에서 면밀히 검토한다. 다만, 어린 시절의 경험이 현재의 주된 심리적 문제에 영향을 주었다고 판단될 때 살펴보아야 한다.

64 정답 ③

행동평가는 특정한 상황에서의 행동적 경향성, 즉 행동과 상황의 상호작용을 알아보려고 하는 것

이다. 특정 상황에 대한 개인의 행동에 초점을 맞추기 때문에 개별특유적(idiographic) 접근에 기초한다.

65 정답 ④

심리교육적 집단치료는 유사한 문제를 겪고 있는 환자들에게 유용한 정보 및 집단 지지의 기회를 모두 제공한다. 같은 진단(암, 당뇨병, 다중 경화, 심장병 등)을 공유하고 있는 환자들은 자신들의 병을 관리하는 방법을 배우며 서로 지지를 주고받는다. 심리적 건강에 도움이 될 뿐만 아니라 관련 주제들에 대한 정보를 나누고 교환하는 과정에서 치료적 유용성을 지닌다.

66 정답 ③

- 지역사회심리학은 문제의 발생, 완화에서 환경적 힘의 역할을 강조하는 정신건강 접근을 말한다.
- 1차 및 2차, 3차 예방 수준에서 고위험군 대상의 집중적인 개입을 권장하기보다는 정신장애 발생의 예방적 노력을 위한 전반적인 예비활동에 보다 중점을 둔다. 정신장애 발생 위험을 막기 위해 지역사회의 모든 사람을 대상으로 예방적 활동을 하거나 일부 취약성을 지닌 잠재적 집단을 대상으로 선별적 예방을 실시한다.

67 정답 ①

- 크레펠린(Kraeplin)은 『정신의학개론』을 출간하면서 정신병리 유형에 관한 초기 분류체계를 제시하였다.
- 터만(Terman)은 비네 검사를 개정한 최초의 표준화된 검사인 스텐포드-비네(Stanford-Binet) 검사를 개발하였다.
- 요크스(Yerkes)는 제1차 세계 대전 당시에 군인들의 효율적인 선별과 배치를 위해 Army 알파 검사를 개발하였다.
- 분트(Wundt)는 독일의 Leipzig 대학교에 첫 심리학 실험실을 세웠고, 정신의 구조와 구성요소들을 이해하기 위한 과학적 기법을 강조하였다.
- 프로이트(Freud)는 의식에 관한 연구를 무의식의 영역까지 확대하여 연구하였다.

68 정답 ②

체계적 둔감법(systematic desensitization)은 Wolpe에 의해 개발된 기법으로, 공포증과 같은 불안장애의 치료에 효과적이다. 불안과 양립할 수 없는 이완훈련을 실시한 후(상호교호적 억제), 불안 및 공포의 대상과 상황에 대한 위계목록을 작성한 다음, 낮은 수준에서 높은 수준으로 점진적이고 체계적으로 상상을 유도하고 이완훈련을 반복함으로써 불안과 공포에서 서서히 벗어나도록 한다.

학습 Plus 체계적 둔감법

- 1단계-이완훈련
  - 이완상태에서는 불안이 일어나지 않는다는 원리를 토대로 한다(상호억제원리).

- 상담자는 수회에 걸쳐 내담자가 긴장을 이완할 수 있도록 훈련한다.
- 2단계-불안위계목록 작성
  - 내담자가 가지고 있는 불안(공포)에 대한 정보와 증상, 행동을 파악한다.
  - 불안(공포)을 일으키는 유발 상황에 대한 위계목록을 작성한다.
- 3단계-불안위계목록에 따른 둔감화
  - 이완상태에서 내담자가 불안을 유발하는 상황을 상상하도록 유도한다.
  - 순서는 불안(공포)을 가장 적게 느끼는 상황에서부터 시작하여 높은 수준의 불안으로 옮겨 가는 것이 바람직하다.
  - 불안 상황에서 불안반응을 더 이상 보이지 않을 때까지 반복하여 실시한다.

69 정답 ④

정신상태평가는 다양한 영역에서 보이는 문제를 평가하기 위해 고안된 구조화된 면접법이다.

학습 Plus 정신상태검사 평가영역

- 전반적인 외모, 행동, 태도
  관찰되는 모습과 행동은 내담자의 내면 상태를 짐작할 수 있는 중요한 자료가 된다. 내담자의 성과 나이 등에 적합한 의복 착용, 위생상태, 얼굴표정, 행동지연이나 과잉행동, 신체적 특징, 검사 태도 등에 대한 전반적인 내용이 포함된다.
- 감정과 정서
  감정과 정서의 내용 및 조절상태를 면담 시 직접 관찰을 통해 수집한다. 내담자의 주된 정서, 대화 내용과의 적절성, 감정표현과 감정조절의 안정성 등에 대한 자료가 포함된다.
- 언어와 사고
  말의 높고 낮음, 빠르고 느림, 발음의 명료성, 언어 반응 등 개인이 구사하는 언어행동은 사고 및 연상의 흐름을 반영할 뿐 아니라 일반적인 인지적 효능성, 기분의 양상, 에너지 수준, 증상의 심각도 등과도 관련이 있어 임상적으로 유용한 정보가 된다.
- 감각과 지각
  지각의 혼란 유무, 환각과 착각이 있는지의 여부, 환청, 비현실감, 이인성 등을 평가한다. 이는 내담자가 자신과 세상을 보는 방식의 현실성과 다양성에 대한 정보를 포함한다.
- 지남력
  지남력은 자신이 누구인지, 어디에 있는지, 과거와 현재 사건이 일어난 시간이 언제인지를 명료하게 이해하는지에 대한 정보를 포함한다.
- 기억, 주의력 및 집중력
  정보의 습득, 저장 및 인출 능력, 주의집중력, 주의지속능력, 단기 및 장기 기억 등에 대한 전반적인 평가를 포함한다.
- 통찰력과 판단력
  사회적 상황에 대한 이해 및 판단 능력, 자신의 행동의 의미와 영향력에 대한 이해, 자신의 문제행동에 대한 통찰과 문제해결방식 등에 대한 전반적인 정보를 포함한다.

70 정답 ②

병적 소질-스트레스 조망은 심리사회적 또는 환경적 스트레스와 조합된 생물학적 또는 기타 취약성이 질병 발생의 필요조건을 만든다고 본다. 개인은 어떤 행동과 문제에 대한 생물학적, 유전적, 인지적 또는 다른 경향성을 지니며, 개인의 잠재적 특성, 경향성 및 민감성이 질병에 영향을 준다고 본다.

71 정답 ①

행동평정척도(behavior rating scale)

- 관찰된 행동의 질적인 차이를 평가할 때 연속성이 있는 단계로 수량화된 점수나 가치가 부여된 기록지에 평정하는 것을 말한다.
- 시간과 노력이 많이 들지 않고 많은 발달영역을 평가할 수 있다는 점에서 효율성과 경제성이 높다.
- 평정척도를 반복해서 사용할 경우 시간의 흐름에 따라 생기는 행동의 변화에 대한 정보를 얻을 수 있으므로 평정자에게 유용한 정보를 제공한다.
- 행동평정척도는 관찰결과의 판단을 내리는 과정에서 관찰자마다 기준이 다르기 때문에 개인의 편견이 개입될 여지가 있어 평정하고자 하는 속성을 명확하게 정의한 후, 정확하고 객관적으로 측정될 수 있도록 해야 한다.

72 정답 ②

접수면접의 목적은 가장 적절한 치료나 중재 계획을 세우기 위해 환자의 증상이나 문제를 더 잘 이해하는 데 있다. 접수면접 동안 치료절차, 제공되는 서비스에 대한 환자의 질문에 답하며 일련의 과정들에 대한 정보를 제공한다.

73 정답 ④

- 통제된 관찰(controlled observation)은 인위적인 상황에 처하게 한 후 그 상황에서 관심행동이 나타나도록 하는 것을 말한다. 관찰의 방식이 엄밀히 통제되어 있는 관찰을 말한다. 단, 관찰자 기대효과(observer expectancy effect, 연구자의 결과 기대가 참가자의 반응에 영향을 미치는 것)가 나타날 수 있으며, 소집단 관찰에 용이하다는 제한점을 지닌다.
- 자기탐지(self-monitoring)는 자신의 행동을 객관적인 방법으로 관찰하고 기록하는 것을 말한다. 자기탐지(자기관찰)는 표적행동이나 문제를 강화시키는 요인에 대한 이해를 제공한다.

74 정답 ①

심리치료의 궁극적 목표는 자기이해, 행동 변화 및 생활양식의 변화, 대처 및 적응 향상, 관계 향상을 통하여 삶의 질을 증진시키는 것이다.

〈클레인크(Kleinke)의 6가지 심리치료 목표〉

- 사기저하를 극복하고 희망 얻기
- 정복감과 자기효능감 높이기
- 회피를 극복하기
- 개인의 잘못된 생각을 자각하기
- 현실적인 삶을 수용하기
- 통찰을 획득하기

75 정답 ③

- 행동치료는 내담자의 문제행동의 발생 원인을 파악하기 위해 무의식을 분석하거나 과거를 탐색하기보다는 객관적인 행동 관찰을 통해 문제행동을 지속하게 하는 요인을 파악하고 이를 변화시키는 데 초점을 둔다.
- 행동치료는 프로이트의 정신분석 치료 이후에 출현하게 되었으며, 제1차 세계 대전 이전에 Ivan Pavlov는 고전적 조건형성(Classical conditioning)에 근거한 행동주의 원리를 제시하였다.
  - 1900년 Freud가 『꿈의 해석』 발간
  - 1906년 Pavlov가 고전적 조건형성 발견
  - 1914년~1918년 제1차 세계 대전
  - 1939년~1945년 제2차 세계 대전
  - 1953년 Skinner가 조작적 조건형성의 원리를 발표
  - 1958년 Wolpe가 행동치료기법인 체계적 둔감법을 제안
- 1차 세계 대전~2차 세계 대전 동안 심리학자의 치료 및 평가활동이 증대되었다. 이 시기 동안에 직업적 역할을 형성하기 위한 임상심리학자의 노력이 활발했다.
- 2차 세계 대전 이후, 참전했던 많은 사람에게 정신과적 문제가 발생했고 그 수요가 급증하자 심리학자들의 임상서비스가 급격히 증가되었고, 심리검사, 심리치료, 자문 등의 다양한 역할에서 정신건강 전문가로서 인정받게 되었다.

76 정답 ④

인지행동치료(cognitive-behavior therapy)

- 내담자의 자동적 사고를 구체적으로 인식하고 이를 보다 합리적인 사고로 변화시킨다.
- 내담자가 주로 보이는 인지적 오류들을 확인하고, 가지고 있는 역기능적인 가정이 어떤 것인지 인식할 수 있도록 한다.
- 역기능적 인지 도식의 내용을 현실성, 합리성, 유용성 측면에서 검토한다. 역기능적인 가정을 재구성함으로써 내담자가 가지고 있는 부적응적인 도식을 변화시킨다.
- 치료 과정에서 내담자가 긍정적인 경험을 할 수 있도록 행동적인 과제를 부과하는 방법을 병행한다.

77 정답 ②

- 혐오치료: 선호하는 특정 자극에 혐오적 자극을 제시하여 문제행동을 감소시키는 조건형성 절차이다.
- 체계적 둔감법: 특정한 상황이나 상상에 의해 조건형성된 공포 및 불안 반응을 극복하는 데 이용된다.
- 토큰경제: 바람직한 행동을 구체적으로 정한 다음, 그러한 행동이 나타날 때는 내담자가 원하는 보상과 교환할 수 있는 토큰을 주어 행동을 증가시킨다.
- 조성: 바람직한 행동을 여러 하위단계로 나누어 세분화된 목표행동에 접근할 때마다 적절한 보

상을 주어 점진적으로 특정 행동을 학습시키는 기법이다.

78 정답 ②

- 파킨슨병(Parkinson's disease)과 헌팅턴병(Huntington's disease)은 '기저핵'의 신경 손상으로 인해 나타난다.
- 파킨슨병은 기저핵의 흑질에서 도파민성 세포들의 손실을, 헌팅턴병은 기저핵의 선조체에 있는 뉴런의 손실을 보인다.
- 파킨슨병은 움직임을 개시하는 능력의 점진적인 손실을 보이고, 헌팅턴병은 비자발적인 몸의 움직임을 조절하지 못한다. 두 질병은 모두 운동장애로 분류된다.

79 정답 ②

취약성-스트레스 접근은 정신장애 발병의 원인을 생물학적 취약성과 스트레스 간의 상호작용에 의해 나타난다고 보았다.

80 정답 ③

행동평가는 특정한 상황에서의 행동적 경향성, 즉 행동과 상황의 상호작용을 알아보려는 것이다. 행동평가를 위한 'ABC 단계'는 선행조건(Antecedents), 목표행동(Behavior), 행동결과(Consequences)를 검토함으로써 문제행동을 감소시키는 데 중점을 둔다.

[제5과목-심리상담]

81 정답 ④

학습상담 과정에는 학습문제에 영향을 줄 수 있는 정서적 요인에 대한 고려가 필요하다. 학습에 대한 동기와 흥미, 자아개념, 정서적 갈등과 불안 수준, 부모-자녀 간의 갈등, 또래 갈등 등에 대한 개인의 심리적 문제를 함께 고려해야 한다.

82 정답 ④

Satir의 '역기능적인 의사소통 유형'에는 회유형, 초이성형, 비난형, 산만형이 있고, 기능적인 의사소통 유형은 일치형이다.

- 회유형: 다른 사람은 존중하면서 정작 자신의 진정한 가치나 감정은 무시하며, 자신의 안정을 유지하기 위하여 상대방의 의견에 반박을 하거나 거절을 하지 못한다.
- 비난형: 타인을 비난하고 무시하는 양상을 보이며, 자신을 강하게 보이도록 하기 위하여 타인을 통제하려고 한다.
- 혼란형(산만형): 자신과 타인, 그리고 처한 상황까지 무시하는 유형으로, 가장 접촉하기 어려운 유형이다. 실제로는 모두가 자신을 거부한다고 생각하고 고독감과 무가치함에 어려움을 겪는다.
- 계산형(초이성형): 자신과 타인을 무시하고 상황만을 중시한다. 원리와 원칙을 강조하는 경향을 보이는데, 이때 비인간적인 객관성과 논리성으로 무장한다.

• 일치형: 자신이 중심이 되어 타인과 관계를 맺는데, 다른 사람과 접촉이나 연결이 필요할 때는 스스로 선택하며, 의사소통 내용과 감정이 일치함으로써 진솔한 의사소통이 가능하다.

83 정답 ④

단기상담에 적합한 내담자의 특성

• 호소하는 문제가 비교적 구체적이다.
• 상담에 대한 동기가 높은 내담자
• 주 호소문제가 발달상의 문제(예: 이성교제, 임신 및 출산)와 연관된다.
• 호소문제가 발생하기 이전에는 생활 기능이 정상적이었다.
• 내담자를 사회적으로 지지해 주는 사람이 있다.
• 과거든 현재든 상보적 인간관계를 가져본 적이 있다.
• 성격장애를 가지고 있지 않다.

84 정답 ①

• 상담 첫 회기에 상담자는 충분한 시간을 들여 상담의 구조화를 해야 한다. 이는 상담이 어떤 관계이며, 상담자와 내담자가 취해야 할 역할은 무엇인지, 내담자의 권리는 어떤 것인가를 내담자에게 알려 주는 활동이다.
• 상담자로서의 업무의 한계 등을 밝히는 것이 좋다. 즉, 내담자와의 약속 시간에 상담이 진행되며, 그 약속을 지키지 못하는 경우에는 사전에 연락을 해야 한다는 것을 강조하는 것이 좋다.
• 상담의 구조화 후 상담에서 내담자가 회기 약속을 어겼을 때는 내담자와의 논의를 통해 연락 없이 약속을 지키지 않은 이유를 분석해야 하며, 잦은 약속 취소가 발생할 경우에는 조기 종결의 가능성도 염두에 두어야 한다.

85 정답 ④

성폭력 상담 시 상담자는 내담자가 성폭력 피해 사실을 이야기하는 것에 대한 두려움을 인지하며, 내담자로 하여금 억압된 감정을 외부로 표출할 수 있도록 용기를 북돋는다.

학습 Plus 성폭력 피해자의 상담원리

• 상담자는 내담자인 성폭력 피해자의 치유 가능성을 확신하는 것이 좋다.
• 공감적 이해를 통해 피해자의 고통을 함께할 수 있도록 마음의 준비를 갖춘다.
• 피해자의 말을 진지하게 경청하며, 있는 그대로 수용하고 존중해 준다.
• 상담에 앞서 상담자 자신의 성에 대한 가치관의 편견이나 왜곡이 있는지, 성폭력이나 학대받은 경험이 극복되지 않은 상태로 남아 있는지 검토해 본다.
• 피해자로 하여금 자신의 장점과 단점을 파악하도록 돕고, 피해자의 강점을 통해 스스로 치유할 수 있도록 조력한다.
• 피해자가 자신의 느낌과 생각을 보다 건설적으로 조정할 수 있도록 돕고, 긍정적인 관점에서 자신을 발견할 수 있도록 배려한다.
• 문제해결을 위한 다양한 방안을 제시하고 그 결과의 효과 및 위험성에 대해 알리며, 그에 대한 결정은 전적으로 피해자에게 있음을 인식시킨다.

- 피해자를 책망하거나 비난하지 않으며, 형식적인 위로나 지시적인 충고는 삼간다.
- 상담자는 내담자의 성폭력 피해 사실에 따른 수치심이나 죄책감이 전적으로 가해자로 인한 것임을 확신시킨다.
- 가해자의 폭력 유무, 피해자의 외상 유무를 떠나 성폭력 사건을 결코 개인화하거나 과소평가하지 않는다.
- 피해자에게 가해자에 대한 이해와 용서를 구하거나 이를 공공연히 암시하지 않는다.
- 상담자는 피해 이후에 나타날 수 있는 피해자의 심리적 방어기제, 신체적 · 심리적 후유증, 치료의 과정 및 단계 등을 명확히 알고 있어야 한다.
- 상담자는 내담자가 성폭력 피해 사실을 이야기하는 것에 대한 두려움을 인지하며, 내담자로 하여금 억압된 감정을 외부로 표출할 수 있도록 용기를 북돋는다.
- 피해자가 비밀보장을 원할 경우에는 이를 약속하며, 피해자를 돕기 위한 목적이라도 피해자의 동의하에 관련 정보를 다른 전문가나 기관에 알리도록 한다.

86 정답 ②

형태주의(Gestalt)상담에서는 개체가 현재 상황에서 자신의 유기체적 욕구나 감정을 하나의 의미 있는 행동 동기로 조직화하여 자각하는 것을 중요시한다. 현재를 자각하는 것은 지금-여기의 현실에 무엇이 존재하고 일어나는지를 경험하는 것이다. 유기체가 에너지를 동원하여 실제로 환경과 만나는 행위를 접촉이라고 하며, 접촉은 자각과 함께 서로 보완적으로 작용하여 '게슈탈트 형성-해소'의 순환 과정을 도와 유기체의 성장에 기여한다. 게슈탈트란 개체에 의해 지각된 자신의 행동 동기를 의미한다.

87 정답 ①

갈등단계에서는 집단구성원들이 집단 장면과 다른 집단구성원에 대해 부정적인 정서적 반응을 나타나는 단계로, 집단지도자를 공격하거나 집단구성원 간에 갈등이 발생한다. 집단지도자는 집단구성원의 저항과 방어를 다루기 위해 즉각적으로 집단에 개입하고, 그것을 해결하기 위해 필요한 지지와 도전을 제공해야 한다.

학습 Plus 집단상담 과정

- 1단계: 참여단계(시작단계)
  집단 활동이 첫 발을 내딛는 시기로, 조심스럽게 탐색을 시작하며 집단 구조에 대한 불확실성을 느껴 집단지도자에 대해 의도적인 경향을 띠게 된다. 이 단계에서 집단지도자는 집단성원들로 하여금 그들의 느낌을 솔직하게 표현하도록 돕고, 수용적이고 신뢰할 수 있는 분위기를 조성해야 한다.
- 2단계: 과도기적단계(갈등단계)
  집단구성원들이 집단 장면과 다른 집단구성원에 대해 부정적인 정서적 반응을 나타내는 단계로, 집단지도자를 공격하거나 집단구성원 간에 갈등이 발생한다. 이와 같은 현상은 집단상담의 성격상 자연스러운 것이라고 말할 수 있다. 이 단계에서 집단지도자는 집단구성원의 저항과 방어를 다루기 위해 즉각적으로 집단에 개입하고, 그것을 해결하기 위해 필요한 지지와 도전을 제공해야 한다.
- 3단계: 응집성단계
  부정적인 감정이 극복되고 협력적인 집단 분위기가 형성되어 점차 응집성을 발달시키게 된다. 집단구성원들은 집단에 대해 적극적인 관심과 애착을 갖게 되고, 집단지도자, 집단과 자신을 동일시하게 되어 신뢰도가 증가하고 집단의 사기가 높아진다. 그러나 이 단계에서 발달된 응집성은 자기만족과 다른 사람에게 호감을 사려 하는 경향에서 초래된 것이기 때문에 아직은 생산적이지는 못하다.

- 4단계: 생산적 단계
  이 단계에서 집단구성원들은 갈등에 직면하였을 때 그것을 어떻게 다루는지를 학습하여 능동적으로 처리할 수 있게 되고, 행동에 대한 책임을 질 수 있으며, 집단 문제해결의 활동에 참여할 수 있게 된다. 또한 개인은 집단구성원 간의 상호작용을 통해 자신에 대한 깊은 통찰을 얻게 되고, 그 결과 행동을 변화시킬 수 있는 준비를 하게 된다.
- 5단계: 종결단계
  집단구성원들이 집단에서 학습한 것을 실생활에서 활용할 수 있도록 독려하는 단계로, 집단구성원들에게 집단에서 경험한 것의 의미를 명료화하며 미해결된 부분을 협력하여 마무리하고 통합/해석해야 한다. 이 단계에서 집단 지도자는 서로 건설적인 피드백을 줄 수 있는 기회를 제공하며, 집단이 끝난 후 지속적인 비밀 유지의 중요성을 강조해야 한다.

88 정답 ④

Glasser가 창시한 현실치료(reality therapy)에서는 인간은 자신의 욕구를 충족하기 위해 행동하며, 그러한 행동은 인간이 스스로 선택하고 결정한 것이라는 점을 강조한다. 과거나 미래보다 현재에 초점을 두며, 무의식적 행동보다 행동 선택에 대한 평가를 중시한다.

89 정답 ③

게슈탈트 상담기법에는 욕구와 감정자각, 신체자각, 환경자각, 언어자각, 과장하기, 반대로 하기, 머물러 있기, 빈 의자 기법, 자기 부분과의 대화, 꿈 작업 등이 있다.

학습 Plus 게슈탈트 상담기법

- **신체자각**: 자신의 신체감각에 대해 자각함으로써 자신의 감정이나 욕구 혹은 무의식적 생각을 알아차리게 할 수 있다.
- **환경자각**: 내담자로 하여금 주위 사물과 환경에 대해 자각하도록 함으로써 환경과의 접촉을 증진시킬 수 있다.
- **언어자각**: 내담자가 사용하는 언어에서 행동의 책임소재가 불분명한 경우, 상담자는 내담자로 하여금 자신의 감정과 동기에 대해 책임을 지는 형식의 문장으로 바꾸어 말하도록 시킴으로써 내담자의 책임의식을 높여 줄 수 있다.
- **과장하기**: 행동이나 언어를 과장되게 표현함으로써 내담자가 감정을 자각할 수 있게 도와준다.
- **반대로 하기**: 내담자가 이제까지 회피하고 있는 행동과 감정들, 반대되는 행동들을 해 보게 함으로써 억압하고 통제해 온 자신의 다른 측면을 접촉하고 통합할 수 있게 도와준다.
- **머물러 있기**: 미해결 과제를 회피하지 않고 그 감정을 그대로 받아들이고 동일시함으로써 해소하도록 돕는다.
- **빈 의자 기법**: 가장 많이 사용하는 기법 중 하나로, 현재 치료 장면에 와 있지 않은 사람과 관련된 문제를 다룰 때 쓰는 기법이다. 내담자는 맞은편의 빈 의자에 상대방이 앉아 있다고 상상하고 그와 대화를 나눔으로써 자신의 억압된 부분과의 접촉을 통해 내면 세계를 더욱 깊이 탐색할 수 있다.
- **자기 부분과의 대화**: 내담자의 인격에서 분열된 부분들을 찾아내어 대화를 나누게 함으로써 내면을 통합하도록 돕는다.
- **꿈 작업**: 꿈은 내담자의 소외된 자기 부분들이 투사되어 상징적으로 나타난 것으로 본다. 내담자로 하여금 투사된 것들을 동일시함으로써 이제까지 억압하고 회피해 왔던 자신의 욕구와 충동, 감정들을 다시 접촉하고 통합하도록 해 주는 것이다.

90 정답 ③

투사(projection)는 용납할 수 없는 자신의 감정이나 욕구를 다른 사람의 것으로 돌리는 것을 뜻한다.

학습 Plus 방어기제의 유형

- **억압**(repression): 수용하기 힘든 원초적 욕구나 불쾌한 경험이 의식에 떠오르지 못하도록 무의식 속에 눌러두는 것을 뜻한다.
- **부인**(denial): 자신의 감각이나 사고 또는 감정을 심하게 왜곡하거나 인식하지 못함으로써 고통스러운 현실을 부정하는 것이다.
- **반동형성**(reaction formation): 받아들이기 어려운 심리상태와 반대되는 행동을 함으로써 불안을 회피하는 것이다.
- **투사**(projection): 용납할 수 없는 자신의 감정이나 욕구를 다른 사람의 것으로 돌리는 것을 뜻한다.
- **전치**(displacement): 자신의 감정이나 욕구를 위험한 사람이나 대상에게 표출하지 못하고 보다 안전한 대상에게 돌려 대리적으로 충족하는 것을 말한다.
- **합리화**(rationalization): 빈약한 성과나 실패와 같이 불쾌한 상황을 그럴듯한 이유로 정당화함으로써 불안을 회피하는 것이다.
- **퇴행**(regression): 이전의 발달단계로 되돌아감으로써 현재의 불안이나 책임감을 회피하는 것이다.
- **동일시**(identification): 다른 사람의 특징을 자신의 것으로 여기면서 불안과 같은 부정적인 감정을 감소시키는 것이다.
- **주지화**(intellectualization): 정서적인 주제를 이성적인 주제로 전환하여 추상적으로 다룸으로써 불안을 회피하는 것이다.
- **승화**(sublimation): 성적이거나 공격적인 욕구를 사회적으로 수용될 수 있는 건설적인 행동으로 변환하는 것을 뜻한다.

91 정답 ①

공감적 경청은 '내담자 중심 치료'의 주요 기법이다. 치료자가 갖추어야 할 기본적 태도에는 진솔성, 무조건적인 긍정적 존중, 공감적 이해가 있다.

92 정답 ③

Rogers에 의해 발전된 '내담자 중심 치료'는 인간을 '긍정적인 변화를 위한 내면적 동기와 잠재능력을 지니고 있는 존재'로 보고, 상담자가 내담자를 충분히 수용하고 공감적인 진솔한 분위기를 제공하면 내담자는 스스로 긍정적인 변화를 모색하며 문제를 해결하게 된다고 가정한다.

93 정답 ①

Ellis의 합리적 정서행동치료(Rational Emotive Behavior Therapy: REBT)에서는 내담자의 문제는 일어난 사건이 아니라 개인이 갖고 있는 '비합리적인 신념'에서 비롯된다고 본다. 심리적 문제로 인한 내담자의 고통과 부적응을 해결하기 위해 상담을 통해 비합리적 신념을 합리적 신념으로 바꾸도록 돕는다.

94 정답 ②

자기주장훈련(self-assertive training)은 대인관계 장면에서의 불안과 공포를 해소하기 위한 치료기법으로, 행동시연을 활용하여 가상의 대인관계 상황에서 내담자에게 자신의 욕구와 감정, 생각들을 타인의 권리를 침해하지 않으면서 직접적으로 표현할 수 있도록 유도하는 것이다.

95 정답 ④

행동주의 상담의 제한점

- 내담자의 생각, 감정보다는 문제행동과 문제해결을 위한 처치에 중점을 둔다.
- 내담자가 문제에 대한 통찰이나 깊은 이해가 부족하다.
- 부적응 행동의 근본적인 원인이 충분히 고려되지 않는다.
- 상담자와 내담자의 관계보다는 기술을 지나치게 강조한다.
- 고차원적 기능과 창조성 및 자율성이 무시된다.
- 내담자의 자기실현에 제한적이다.

96 정답 ②

집단상담(group counseling)은 비교적 정상 범위에 속하는 사람들이 집단을 구성하여 상담자와 함께 집단구성원 간의 상호작용을 통해 자기이해와 수용을 경험하고, 개인의 문제를 해결해 나감으로써 보다 성숙한 모습으로 성장하도록 조력하는 것이다. 집단상담 시 집단의 크기는 일반적으로 6~12명 정도가 적당하다.

97 정답 ②

상담자는 성에 관한 상담 과정에서 자신의 한계를 인식하고, 그 한계를 넘는 경우에는 관련 전문가에게 의뢰해야만 한다.

학습 Plus 성문제 상담의 지침

- 성에 관한 상담자 자신의 인식
  내담자의 성문제를 다루기 전에 상담자 스스로 성에 대한 인식과 가치관이 확립되어 있어야 한다.
- 상담자의 올바른 성 윤리관과 기본적인 성 지식
  인간의 성에 관한 올바른 윤리관이 확립되어 있어야 하고, 성에 관한 기본적인 지식을 갖추고 있어야 한다.
- 개방적 의사소통
  성문제는 지극히 사적인 영역으로 도움을 요청하기까지 많은 용기가 필요하다. 내담자가 불안이나 부끄러움, 죄의식을 느끼지 않도록 상담자는 침착하고, 솔직하며, 개방적인 자세로 임해야 한다.
- 내담자가 성에 관해 무지하다는 가정
  상담자는 내담자가 성에 관해서 거의 모르는 것으로 가정하는 것이 상담에 도움이 된다. 간혹 내담자가 성에 관해 장황하게 설명하고 상식이 풍부해 보이지만, 바람직하고 올바른 지식과 혼동해서는 안 된다.
- 관련 전문가에게 도움을 요청하거나 의뢰
  성문제 상담 과정에서 자신의 전문가적 한계를 인식하고 그 한계를 넘어서는 상담을 하지 않도록 한다. 효과적인 성문제 해결을 위해 다른 전문가에게 의뢰할 수 있는 준비를 갖추고 있어야 한다.
- 위장적 · 회피적 태도의 처리
  성문제에 관한 도움을 요청하는 내담자들이 보이는 위장적 · 회피적인 태도에 대처할 수 있어야 한다. 자신의 성문제를 꺼내려 하지 않는 경우, 성에 관한 일반적인 화제를 가지고 이야기를 시작하는 것이 효과적이다.
- 상담자의 객관적 역할
  성에 관한 상담자 자신의 가치관이나 견해를 내담자에게 알리거나 주입하려고 해서는 안 된다. 내담자 스스로 결정하고 판단할 수 있도록 객관적인 역할을 수행하여야 한다.

98 정답 ④

집단상담의 유형에는 지도집단, 치료집단, 자조집단, 상담집단이 있다.

학습 Plus 집단상담의 유형

- **지도집단**: 개인적 요구나 관심사에 대한 적절한 교육적 · 직업적 · 사회적 정보를 제공하려는 목적으로 실시된다. 주로 학교에서 이루어지며, 심리적 장애나 부적응을 치료하는 것보다 문제 예방에 관심을 둔다.
- **치료집단**: 전문적인 훈련을 받은 치료자가 집중적인 심리치료를 필요로 하는 사람을 대상으로 실시한다.
- **자조집단**: 자조집단(self-help group)은 유사한 문제를 가진 사람들이 자발적으로 함께 모여 자신들의 공통된 문제에 대해 서로 경험을 나누고 도움과 지지를 제공함으로써 문제를 해결해 나간다. 비전문가들이 이끌어 가며, 집단구성원들 상호 간의 원조를 목적으로 구성이 된다.
- **상담집단**: 지도집단과는 달리 주제나 문제보다는 사람에게 초점을 두고, 신뢰할 만하고 수용적인 분위기 속에서 집단구성원들은 개인의 문제를 다루고 행동 변화를 도모한다. 지도집단에 비해 집단의 크기가 작은 편이며, 덜 구조화되어 있다.

99 정답 ①

노출훈련은 내담자가 두려워하는 자극이나 상황에 반복적으로 노출시켜 직면하게 함으로써 자극과 상황에 대한 불안을 감소시키는 방법이다.

100 정답 ③

기술적 진로의사결정 모델

- 기대모델: 인간의 행동은 내부에서부터 동기화되며, 유인가와 기대가 진로선택 결정에 어떻게 상호작용하는지 파악하는 것이 중요하다고 본다.
- 갈등모델: 의사결정 시에는 항상 갈등이 나타나며, 갈등 해결을 위해 세밀하게 모든 대안을 고려하다 보면 문제들을 잘 처리하고 최선의 결정에 이를 수 있다고 본다.
- 선택모델: 특정 대안을 선택한다는 것은 어떠한 이상적인 대안을 가지고 있다기보다는 어떤 특성과 우수성에 대한 선호에 의한다고 가정한다.
- 배제모델: 대안의 긍정적 · 부정적 측면을 동시에 모두 고려하여 기대를 충족시키지 않을 것 같은 대안들을 배제하는 것을 말한다.

제2회 모의평가

[제1과목-심리학개론]

01 정답 ④

- 최빈치(mode): 집단에서 가장 빈번히 나타나는 값이다(예: 10, 9, 8, 8, 7, 6, 10, 5, 8 / 최빈치(Mo)=8).
- 중앙치(median): 전체 사례수에서 가운데에 해당하는 값이다(예: 101명의 학생의 시험 점수를 나열할 경우, 51등에 해당하는 학생의 점수).
- 백분위(percentile rank): 분포상의 각 점수에 대한 등위를 말한다(예: 아동의 IQ가 110이고 백분위가 70이라면, 110점 아래에 있는 아동들이 전체 중 70%가 있다는 것을 의미. 즉, 100명의 아동 중 백분위 70의 아동은 앞에서 30등인 셈이다).
- 산술평균(arithmetic mean): 전체를 사례수로 나누는 방법을 사용한다(평균이라고도 함; 예: 학생 A−2점, B−6, C−5, D−9, E−8, F−5, G−7, H−8, I−6, J−4점인 경우, 60/10=6).

전체를 사례수로 나누기에 A집단과 B집단이 동일한 사례수인 경우라도 극단값이 포함되면 평균에서 두 집단은 차이가 난다.

02 정답 ③

- 거세불안(castration anxiety)은 프로이트의 심리성적 발달단계 중 남근기(phallic stage)에 해당되는 발달과정이다. 이 시기에 남아는 어머니의 애정을 독점하고자 하는 과정에서 아버지에 대한 복잡한 갈등을 경험하며, 아버지에 의해 남근이 잘릴지도 모른다는 거세불안을 겪는다.
- 남근기 동안 '초자아'를 통해 자신의 행동을 스스로 통제함으로써 거세불안을 회피할 수 있게 되고, 점차 세대의 구분을 이해하고 사회적 규범 및 아버지에 대한 동일시를 형성하며 건강한 남자의 성역할과 성정체감을 형성하게 된다.

03 정답 ④

- 내적 타당도(internal validity)란 연구의 진행 과정이 얼마나 타당하게 이루어졌느냐 하는 것으로, 이는 곧 매개변수가 제대로 통제되었느냐의 문제이다. 연구결과에서 원인과 결과에 대한 해석이 타당성이 있으면 내적타당도가 있다고 할 수 있다.
- 내적 타당도를 위협하는 요소에는 특정 사건의 영향(제3의 변수 개입), 성숙, 시험효과, 검사도구 문제, 통계적 회귀, 편향된 표본 선정, 연구 대상의 손실, 모방효과를 들 수 있다.

04 정답 ①

- 스펄링(Sperling)은 시각 자극을 이용한 실험연구를 통해 감각저장의 존재를 처음으로 증명하였다.
- 부분보고 조건과 전체보고 조건을 만들어 회상한 글자 수를 비교한 결과, 부분보고 조건의 참가

자 회상률이 더 높게 나타났다. 단, 부분보고 우월효과는 자극이 제시된 후 1/4초 내지 1초 이내에 인출 단서음이 제시될 때만 관찰되었고, 자극을 기억한 후 인출 단서음이 지연되어 제시되면 기억항목 수는 두 조건 간에 차이가 없다는 것을 발견하게 되었다.

- 실험을 통해 아주 짧은 기간(1~2초 정도) 동안 주어진 자극이 지속되는 이러한 과정을 감각등록기(sensory register)라고 하였고, 이는 '감각기억의 크기'를 밝히는 연구가 되었다.

05 정답 ①

- 로저스(Rogers)는 인본주의 이론에서는 인간을 능동적인 성장가능 잠재력을 가지고 있는 주체로 보고, 누구나 자기실현화(self-actualization) 될 수 있다는 가정을 지닌다.
- 자기실현화를 충분히 발휘하기 위해서는 자신의 경험에 대한 개방성, 자기수용과 자기신뢰, 자신의 경험과 기준에 의한 평가와 판단, 자신을 지속적으로 성장시키고자 하는 의지가 필요하다고 본다.
- 내담자의 주관적이고 현상학적인 경험을 강조하며, 치료자를 개인적 성장의 촉진자로 보고 치료기법보다는 내담자와 치료자 간의 관계(무조건적인 긍정적 존중, 진솔성, 공감적 이해)에 의해 치료효과가 결정된다고 본다.
- 인간은 성장하면서 자기개념을 형성하며, 자기개념과 경험 간의 불일치가 생기면 불안을 경험하게 되며, 치료의 목표는 불일치를 제거하여 충분히 기능하는 사람이 되도록 돕는 데 있다.

06 정답 ④

'자기실현의 욕구'로서 위계의 가장 높은 수준, 개인의 잠재력과 능력을 실현하고자 하는 욕구를 말한다.

학습 Plus Maslow의 욕구위계

- **생리적 욕구**: 위계의 가장 하위 수준으로, 생명 유지를 위한 최소한의 필요 욕구
- **안전의 욕구**: 신체의 안전과 동시에 심리적으로 협박당하거나 사회적으로 협박당하는 것을 피하려는 욕구
- **소속 및 애정의 욕구**: 특정한 사람들과 친밀한 관계를 맺고, 집단과 집단의 일원이 되고자 하는 욕구
- **존중의 욕구**: 자신과 자신의 가치를 인정하고 타인에 의해 인정되고 존중받으려는 욕구
- **자기실현의 욕구**: 위계의 가장 높은 수준으로, 개인의 잠재력과 능력을 실현하고자 하는 욕구

※ 낮은 수준의 욕구들이 충족되었을 때만 사람들은 더 높은 수준의 욕구에 집중할 수 있다. 하위의 욕구들은 자기실현의 성취에 초점을 맞추기 전에 충족되어야 한다.

07 정답 ③

등간척도(interval scale): 절대 영점이 아닌 가상적 영점과 가상적 측정단위를 가지고 있으며, 측정단위 간에 간격이 같은 척도이다(예: 온도, 즉 온도계의 0℃는 측정을 위한 가상적 영점).

학습 Plus 척도의 종류

- **명목척도**: 성별, 인종, 종교, 지역, 결혼상태, 직업 유형 등

- **서열척도**: 소득 수준, 경제적 수준, 석차, 각종 평가에 따른 등급 등
- **등간척도**: 온도, 지능지수(IQ), 시험점수, 학점, 각종 지수와 지표 등
- **비율척도**: 키, 몸무게, 수입, 매출액, 출생률, 사망률, 경제성장률 등

08 정답 ①

- Erikson: 성격발달은 전 생애적으로 이루어진다고 보았으며, 각 심리사회적 발달단계의 성숙에 따라 요구되는 과업이 다르게 되고 이를 어떻게 해결하느냐에 따라 개인의 인생이 달라질 수 있다고 보았다.
- Freud: 성격 형성에 있어 초기 경험을 중요시하였으며, 성격 형성 기간을 6세 이전으로 제한하고 아동기의 무의식적 성격 갈등과 경험이 성인이 된 후에도 성격 갈등과 형성에 영향을 준다고 보았다.

09 정답 ④

변화비율계획(변동비율계획): 강화의 평균반응 수는 일정하나, 불규칙한 횟수마다 강화가 주어지는 강화계획이다. 소거를 가장 느리게 할 수 있다.

학습 Plus 강화계획

- **고정간격 강화계획**(fixed interval schedule): 일정한 시간 간격마다 올바른 반응을 하면 강화가 주어진다(예: 월급 또는 정기시험).
- **고정비율 강화계획**(fixed ratio schedule): 정해진 횟수만큼 반응을 해야 강화가 주어진다(예: 도장 10번을 모으면 커피 한 잔을 제공).
- **변동간격 강화계획**(variable interval schedule): 임의로 정한 범위 내에서 불규칙한 시간 간격으로 강화가 주어진다(예: 쪽지시험).
- **변동비율 강화계획**(variable ratio schedule): 평균반응의 수는 일정하나, 두 번 반응한 뒤 보상을 받기도 하고 스무 번 반응해도 보상을 받지 못하기도 한다(예: 도박).

※ 반응률: 변동비율 > 고정비율 > 변동간격 > 고정간격 순으로 나타난다.

10 정답 ①

관찰법은 실험법과 같이 독립변인을 인위적으로 조작할 수 없으므로 관찰변인을 정해 놓고 어떤 현상이나 행동에 대해 체계적 · 객관적인 관찰을 통해 분석한다.

11 정답 ③

- 표준편차(standard deviation): 전체 점수 내에서 각 점수들 간의 상이한 정도를 나타내는 변산도의 측정치이다. 변수값이 평균으로부터 얼마나 떨어져 있는지를 알려 준다. 표준편차가 클수록 평균값에서 이탈한 값이고, 표준편차가 작을수록 평균값에 근접하게 된다.
- 평균편차(average deviation): 각각의 편차점수를 모두 합한 값을 전체 사례수로 나눈 값이다.
- 범위(range): 최댓값과 최솟값의 차이를 말한다(R=최고점수−최하점수+1).

- 상관계수(correlation coefficient): 두 가지 변인들 간의 관련성의 정도와 방향을 평가하는 통계치이며, −1.0에서 +1.0의 범위를 갖는다.

12 정답 ③

- 사회적 촉진(social facilitation): 타인이 존재할 때 과제를 더 잘 수행하는 현상을 말한다(예: 운동선수는 관중이 많을수록 자신의 기량을 잘 발휘한다).
- 몰개성화(deindividuation): 집단 속의 한 개인이 자신에 대한 정체성을 상실하고 집단에 통합되어 있다고 느껴 개인의 행위에 대한 통제력이 약해지고 사회 규범에 대한 관심이 약화된 상태를 의미한다.
- 군중행동(crowd behavior): 무리를 지은 사람들이 보이는 집단적 행동을 의미한다.
- 동조행동(conformity behavior): 자신의 행동이나 생각을 집단의 기준과 일치하도록 바꾸는 것으로, 집단의 의견에 따라가는 경향성을 말한다.

13 정답 ④

실험법에서는 가외변인을 통제한 상태에서 연구자가 원인이 되는 독립변인에 조작을 가해서 변화를 줄 때, 결과가 되는 종속변인에서 어떠한 변화가 나타나는가를 살펴보는 것이다.

14 정답 ③

- 승화(sublimation)는 성적이거나 공격적인 욕구를 사회적으로 수용될 수 있는 건설적인 행동으로 변환하는 것을 말한다(예: 성적인 욕구를 아름다운 그림으로 표현).
- 합리화(rationalization)는 빈약한 성과나 실패와 같이 불쾌한 상황을 그럴듯한 이유로 정당화함으로써 불안을 회피하는 것을 말한다(예: 포도를 따기 위해 노력했지만 결국 실패한 여우가 돌아서면서 "저건 신 포도야"라고 말하며 스스로를 위안하는 〈여우와 신 포도〉의 비유).
- 주지화(intellectualization)는 정서적인 주제를 이성적인 주제로 전환하여 추상적으로 다룸으로써 불안을 회피하는 것을 말한다(예: 여자로부터 거부당한 남자가 여성의 심리와 이성관계에 대해 지적인 분석을 하면서 자신의 고통과 상처를 회피).
- 전치(displacement)는 자신의 감정이나 욕구를 위험한 사람이나 대상에게 표출하지 않고 안전한 대상에게 대리적으로 표출하여 충족하는 것을 말한다(예: 직장 상사에게 야단을 맞은 사람이 부하 직원에게 짜증을 내는 경우).

15 정답 ②

미신행동이란 우연히 특정한 행동의 상태에 있을 때 보상이 주어지자 보상을 기대하며 계속해서 특정 행동을 보이는 것을 말한다. 즉, 유발된 행동과 보상이 우연히 동시에 발행한 경우에 그 행동을 고정적으로 계속하려는 경향성을 말한다.

16 정답 ④

〈Adler의 성격이론〉

- 열등감은 모든 인간에게 있는 보편적인 감정이며, 인간의 자기발전을 위한 정상적 속성이라고 보았다.
- 열등감은 우월성을 이루기 위한 필수요소이며, 성장을 위한 노력의 근원으로 보고 열등감의 긍정적인 측면을 제시하였다.
- 아들러는 초기에 '힘에 대한 의지'를 '우월성 추구'라는 개념을 통해 설명하였다. 모든 사람이 힘에 대한 의지의 방향으로 우월성을 추구한다고 보았으며, 그것은 선천적인 것이라고 생각했다. 우월성 추구는 개인의 사회적 관심의 정도와 관련이 있다(예: 복지에 관심 있는 사람의 우월성 추구의 방향은 돌봄, 연민, 사회적 협동과 같은 측면으로 나타난다).
  - 신경증 욕구는 호나이(Horney)의 신경증적 성격이론에서 강조되었다. 기본적 불안을 방어하는 목적으로 사용되는 자아보호 기제가 지속적인 성격의 일부가 되어 형성되는 방어적 태도를 신경증적 욕구라고 한다.

17 정답 ①

- 체계적 둔감법은 고전적 조건형성의 원리를 이용하여 특정 대상에 대한 불안과 공포를 치료하는 데 사용된다(이완 훈련–낮은 단계부터 높은 단계까지 불안위계 목록 작성–둔감화). 서로 양립할 수 없는 두 자극(불안, 이완)을 연합하여 불안을 체계적으로 감소시킨다. 이를 '상호억제원리'라고 한다.
- 미신적 행동: 어떤 반응에 강화가 우연히 따라오면 자신의 반응이 특정 결과를 초래한 원인이 아님에도 불구하고 마치 그런 것처럼 믿고 그 반응을 계속하는 것을 말한다.
- 조형: 목표행동에 접근할 때마다 적절한 보상을 주어 점진적으로 특정 행동을 학습시키는 기법이다.
- 토큰경제: 바람직한 행동들에 대한 체계적인 목록을 정해 놓은 후, 그러한 행동이 이루어질 때 그에 상응하는 보상(내담자가 선호하는 것으로 교환할 수 있는 가치가 있는 토큰)을 제공하는 기법이다(토큰 강화라고도 한다).

18 정답 ①

집중경향치란 한 집단의 점수 분포를 하나의 값으로 요약, 기술해 주는 대표치로서 평균치(평균값), 중앙치(중앙값), 최빈치로 나타낸다.

- 최빈치: 가장 빈도가 많은 점수를 말한다.
- 평균치: 산술평균을 말하는 것으로, 값들의 합을 총 사례수로 나누어 계산한 점수이다.
- 중앙치: 가장 작은 수치부터 큰 수치까지 차례대로 일렬로 놓았을 때 중앙에 오는 값을 말한다.

19 정답 ②

- Erikson은 인간의 발달이 심리사회적 측면에서 이뤄진다고 보고 8단계의 발달단계를 제시하였

다. 각 단계마다 극복해야 할 심리사회적 위기가 있고, 이를 잘 극복하면 강점, 덕목을 얻게 되지만 그렇지 못할 경우에는 부적응이 초래된다고 보았다.

학습 Plus Erikson의 심리사회적 발달단계

단계	연령	심리적 위기	덕목
1단계	출생~1세	신뢰감 대 불신감	희망
2단계	1~3세	자율성 대 수치감	의지력
3단계	3~6세	주도성 대 죄의식	목적
4단계	6~12세	근면성 대 열등감	능력
5단계	청년기	자아정체감 대 역할 혼란	충성심
6단계	성인기 초기, 장년기	친밀감 대 고립감	사랑
7단계	성인기 중기, 중년기	생산성 대 침체감	배려
8단계	성인기 후기, 노년기	통합성 대 절망감	지혜

※ 심리사회적 발달의 각 단계는 개인에게 성격적 강점을 발달할 기회를 제공한다.
각 단계의 특유한 발달과제를 발달과업이라고 한다.

20 정답 ④

- 암묵적 성격이론: 현저한 특성을 바탕으로 그의 전반적인 성격을 이해하려고 하는 경향을 말한다. 즉, 자신이 알고 있는 정보를 기초로 타인에 대해서 이해, 설명, 예측하고자 한다.
- 가산성 효과: 타인에 대한 인상의 특정 값들이 단순하게 더해져서 그 총합이 타인에 대한 통합된 인상을 형성한다는 것. 즉, 개개 정보의 평가치가 누적되어 통합적인 평가치가 된다는 것을 말한다(누가모델이라고 한다).
- 후광효과: 어떤 사람에 대해 좋은 인상을 형성하고 나면 다른 면에서도 좋은 점을 가지고 있다고 보는 경향을 말한다. 조금 모순된 정보가 있더라도 그것을 무시하거나 중요성을 낮추려는 경향이 있다.
- 지각 항상성: 물체가 관찰자로부터 위치와 거리가 변할 때 망막 상에서의 변화에도 불구하고 물체의 지각을 유지하려는 경향성을 말한다.

[제2과목-이상심리학]

21 정답 ②

뚜렛장애(Tourette's Disorder)

- 다양한 운동 틱, 음성 틱, 외화증(공격적인 내용과 성적 내용의 외설스러운 욕지거리를 내뱉는 것), 반향언어증(다른 사람이 말한 것을 자동적으로 반복하는 것)이 나타나는 증후군이다.
- 다양한 운동 틱과 하나 또는 하나 이상의 음성 틱이 1년 이상 지속되며, 평균 발병 연령은 7세이나 빠르면 2세에도 나타난다.
- 스트레스나 불안은 틱 장애를 악화시키며, 주의력결핍 과잉행동장애(ADHD)나 강박장애가 동

반되는 경우가 많다.

22 정답 ④

기질성 정신장애는 뇌조직의 일시적 또는 영구적 손상이나 기능장애에 기인하는 정신장애를 말한다. 치매, 섬망, 기억장애 및 기타 인지장애 등이 해당된다.

23 정답 ④

병적 도벽(kleptomania)은 개인적으로 필요치도 않고 금전적인 가치 때문도 아닌 물건들을 훔치고 싶은 충동을 반복적으로 억제하지 못하는 경우이다. 훔친 물건이 목적이 아니고 훔치는 행동이 목적이다.

학습 Plus 병적 도벽(kleptomania) 진단기준(DSM-5)

A. 개인적인 용도로 쓸모가 없거나 금전적으로 가치가 없는 물건을 훔치려는 충동을 저지하는 데 반복적으로 실패한다.
B. 훔치기 직전에 고조되는 긴장감이 나타난다.
C. 훔쳤을 때의 기쁨, 만족감 또는 안도감이 있다.
D. 훔치는 행위를 분노나 복수를 표현하거나 망상이나 환각에 대한 반응으로 하는 것이 아니다.
E. 훔치는 행위가 품행장애, 조증 삽화 또는 반사회성 성격장애로 더 잘 설명되지 않는다.

24 정답 ③

공황장애(panic disorder)

- 갑자기 엄습하는 강렬한 불안, 즉 공황발작을 반복적으로 경험하는 장애이다. 공황발작(panic attack)은 예상하지 못한 상황에서 갑작스럽게 밀려드는 극심한 공포, 곧 죽지 않을까 하는 강렬한 불안이다.
- 점진적 노출법(gradual exposure)은 낮은 불안을 유발하는 자극부터 서서히 강도를 높여 가는 방법이다. 두려워하는 자극이나 상황에 점차 직면하게 함으로써 자극 상황에 대한 불안을 감소시킨다. 이는 불안에 대한 둔감화 현상을 유발한다.

25 정답 ④

- 조현병(schizophrenia)의 '양성 증상'으로는 망상, 환각, 와해된 언어(예: 빈번한 탈선, 지리멸렬), 극도로 와해된 또는 긴장성 행동 등이 있다. 다양한 인지적 · 행동적 · 정서적 기능부전을 포함하며, 10대 후반에서 30대 중반 사이에 출현한다.
- 음성 증상으로는 정서적 둔마(flat affect, 정서의 메마름)와 무의욕증(avolition, 의기 결여)이다. 그 외에 언어의 빈곤(무언어증, alogia), 무쾌락증(anhedonia), 비사회성(asociability) 등이 있다.

학습 Plus 조현병의 양성 증상과 음성 증상

- 양성 증상(positive symptom)
  - 정상인들에게는 나타나지 않지만 조현병 환자에게는 나타나는 증상
  - 망상, 환각, 와해된 언어나 행동(극도로 와해된 또는 긴장성 행동)
- 음성 증상(negative symptom)
  - 정상인들이 나타내는 적응적 기능이 결여된 상태
  - 정서적 둔마(flat affect): 외부 자극에 대한 정서적 반응성이 둔화된 상태이다.
  - 무의욕증(avolition): 마치 아무런 욕망이 없는 듯 어떠한 목표지향적 행동도 하지 않고 사회적 활동에도 무관심한 상태이다.
  - 무언어증(alogia): 말이 없어지거나 짧고 간단하며 공허한 말만을 하는 등 언어 반응이 빈곤해지는 상태이다.
  - 무쾌락증(anhedonia): 긍정적인 자극으로부터 쾌락을 경험하는 능력이 감소된 상태이다.
  - 비사회성(asociability): 다른 사람과의 사회적 상호작용에 대한 관심이 없는 상태이다.

26 정답 ③

히포크라테스(Hippocrates)는 정신장애를 세 가지 유형, 즉 조증, 우울증 및 광증으로 분류하고 그 원인은 신체적 요인의 불균형에 있다고 보았다. 우리 몸은 네 가지 체액, 즉 점액, 혈액, 황담즙, 흑담즙으로 구성되어 있으며 이러한 체액들의 균형이 깨지면 정신장애가 나타난다고 보았다.

27 정답 ①

벡(Beck)은 우울한 사람들은 자기, 주변 환경, 미래에 대해서 부정적인 사고와 심상을 지니고 있다고 보았으며, 우울한 사람들이 지니고 있는 부정적인 3가지 도식을 인지삼제(cognitive triad)라고 하였다.

학습 Plus Beck의 인지삼제(cognitive triad)

- **자기**: 자기에 대해 결점이 많고 부족하며, 무가치하고 사랑받지 못할 존재로 생각한다.
- **주변 환경**: 세상과 타인이 자신에게 적대적이고 무관심하다고 생각한다.
- **미래**: 자신의 미래에 대해서 비관적이고 희망이 없다고 생각한다.

28 정답 ②

동성애(homosexuality)는 같은 성의 사람과의 관계에서 모든 성적 만족을 얻는 것이다. 동성애에서는 자신의 해부학적 성에 불만이 없고 성전환증의 증상들도 없다. 1980년대에 정신장애 진단 및 분류체계(DSM)에서 이를 삭제하였다. 이는 이를 병적이라고 보기보다는 성적 지향의 문제 내지는 하나의 다른 형태의 생활양식으로 보았기 때문이다.

29 정답 ②

Eysenck는 성격을 하나의 위계로 보고 일련의 특질을 확인하기 위해 요인분석을 사용한 결과, 특질과 관련되는 행동을 설명할 수 있는 성격의 생물학적 이론을 구성하였다. '성격'을 외-내향성,

신경증적 경향성, 정신병적 경향성인 3가지 차원으로 구분하였고, 성격을 평가하기 위해 아이젱크 성격질문지(eysenck personality questionnaire)를 사용하였다.

- 신경증적 경향성(N): 정서적 불안정성과 예민성, 근심과 걱정의 경향성과 관련된다.
- 외-내향성(E): 뇌의 피질 각성 수준과 관련된다.
- 정신병적 경향성(P): 공격성, 충동성, 반사회성과 관련된다.

30 정답 ①

해리성장애(dissociative disorder) 환자들은 억압과 부인의 방어기제를 통해 불안과 공포를 유발하는 충격적이고 고통스러운 경험을 무의식으로 억압하거나 부정함으로써 의식화되지 않으려고 한다.

31 정답 ④

성정체감장애(gender identity disorder)는 자신의 생물학적 · 해부학적 성과 성역할에 대한 지속적이고 심각한 불편감을 호소하며, 반대의 성이 되기를 희망한다. 복장도착증은 성도착증(paraphilias)의 하위유형으로, 성정체감장애의 경과 중에 나타날 경우에 중복 진단하지 않는다.

32 정답 ④

- 섭식장애는 개인의 건강과 심리사회적 기능을 현저하게 방해하는 부적응적인 섭식행동과 섭식 관련 행동을 포함한다.
- DSM-5에서는 급식 및 섭식장애의 하위유형으로 신경성 식욕부진증, 신경성 폭식증, 이식증, 되새김장애, 회피적/제한적 음식섭취장애, 폭식장애를 제시하고 있다.
- 부적절한 보상행동이란 폭식의 효과를 보상하거나 제거하려고 노력하는 행위를 의미한다. 보상행동으로는 구토를 스스로 유도하거나 하제 사용, 이뇨제, 관장약, 기타 약물의 남용, 금식이나 과도한 운동이 있다.

33 정답 ③

알코올 중독의 4단계'(Jellinek)'는 전 알코올 증상단계-전조단계-결정적 단계-만성단계이다.

학습 Plus 알코올 중독의 4단계(Jellinek)

- 1단계: 전 알코올 증상단계
  사교적 목적으로 음주를 즐기기 시작하는 단계이다. 음주를 하는 대부분의 사람이 경험하는 초기단계로, 음주를 통해 긴장이 해소되고 대인관계가 원활해지는 등의 긍정적인 효과를 경험한다.
- 2단계: 전조단계
  술에 대한 긍정적인 이점과 매력이 상승하여 음주량과 음주하는 횟수가 증가하는 단계이다. 마시더라도 과음을 하며, 음주 동안에 발생했던 일들에 대해 종종 망각을 하게 된다.
- 3단계: 결정적 단계
  술에 대한 자기조절력을 서서히 상실하게 되는 단계이다. 빈번히 술을 마심으로써 직장 및 가정 생활, 대인관계에 있어 여러 가지 부적응적인 문제들을 초래한다.

- 4단계: 만성단계
술에 대한 자기통제력을 완전히 상실하게 되며, 내성과 금단 증상을 경험하는 단계이다. 술을 계속해서 마심으로써 여러 신체 질환을 앓고, 만성적 알코올 중독은 생활 전반에 있어 매우 심각한 문제에 놓이게 된다.

34 정답 ②

- 도파민 가설: 정신분열증은 뇌의 도파민 수용기가 증가되어 있거나 도파민의 분비가 과다하여 나타난다고 본다.
- 사회원인 가설: 낮은 사회계층에 속하는 사람은 타인으로부터의 부당한 대우, 낮은 교육 수준, 낮은 취업 기회 및 취업 조건 등으로 많은 스트레스와 좌절 경험을 겪게 된 결과 정신분열증으로 발전할 수 있다고 본다.
- 사회선택이론: 하류계층에 정신분열증 환자가 많이 발견되는 현상은 정신분열증 환자들이 부적응적인 증상으로 인하여 사회의 하류계층으로 옮겨가게 되어 나타난 현상으로 본다.
- 스트레스-소인 가설: 여러 유전적 · 생물학적 · 심리적 취약성을 가진 사람이 환경적 스트레스를 겪게 되면 정신분열증이 발병된다는 가설이다.

35 정답 ①

- 우울장애를 설명하는 주요한 이론 중의 하나가 '학습된 무기력감모델(learned helplessness model)'이다. Seligman(1975)에 의해 처음 제기되었다. 개를 대상으로 조건형성 실험을 하는 과정에서 우연히 발견된 사실로부터 발전되었다.
- '학습된 무기력'은 환경을 통제할 수 없다는 경험을 반복적으로 하게 되면 통제가 가능한 조건이 주어져도 상황을 통제하려는 시도를 하지 않는 무기력을 학습하게 되며, 이러한 점들은 우울증으로 발전하게 된다.

학습 Plus Seligman의 '학습된 무기력' 실험

셀리그먼(Martin Seligman)과 동료 연구자들이 동물을 대상으로 회피 학습을 통하여 공포의 조건형성을 연구하던 중 발견한 현상이다.

- 제1집단의 개에게는 코로 조작기를 누르면 전기충격을 스스로 멈출 수 있는 환경을 제공함.
- 제2집단의 개에게는 코로 조작기를 눌러도 전기충격을 피할 수 없고, 몸을 묶어 두어 어떠한 대처도 불가능한 환경을 제공함(통제 불가능한 집단).
- 제3집단의 개들은 같은 상자 안에 두고 전기충격을 주지 않음.
  - 24시간 뒤 가운데 담을 두고 담을 넘으면 전기충격을 피할 수 있는 상자에 세 집단을 옮겨 두어 전기충격을 주었다.
  - 세 집단 모두 동일한 환경에서 가운데 벽을 넘으면 전기충격을 피할 수 있는 상황이었고, 제1집단과 3집단은 모두 중앙의 벽을 넘어 전기충격을 피했지만, 제2집단만은 구석에 앉아 전기충격을 그대로 받아들이고 있었다.
  - 제2집단은 자신이 어떤 일을 해도 그 상황을 극복할 수 없을 것이라는 무기력이 학습된 것이다. 셀리그먼은 이를 보고 '학습된 무기력'이라고 명명했다

36 정답 ④

광장공포증(agoraphobia)은 공황과 유사한 증상이나 무기력하고 당혹스러운 증상이 나타날 경우에 이를 회피하기 어렵거나 도움을 받을 수 없다는 생각이 공포와 불안을 야기한다.

37 정답 ④

- 공황장애(panic disorder)는 '공황발작(panic attack)'을 반복적으로 경험하는 장애를 말한다. 공황발작은 예상하지 못한 상황에서 갑작스럽게 밀려드는 극심한 공포, 곧 죽지 않을까 하는 강렬한 불안이다. 공황발작은 극심한 공포와 고통이 갑작스럽게 발생하여 수분 이내에 최고조에 이르러야 하며, 여러 신체 증상(발한, 흉통, 감각이상, 호흡 곤란 등)이 나타난다.
- '메마른 감정표현'은 조현병을 진단하는 데 필요한 증상이다.

38 정답 ①

품행장애(conduct disorder)는 폭력, 방화, 도둑질, 거짓말, 가출 등과 같이 난폭하거나 무책임한 행동을 통해 타인을 고통스럽게 하는 행위를 반복적으로 나타내는 경우를 말한다. 품행장애로 진단되기 위해서는 다른 사람의 기본적 권리를 해치거나 나이에 적합한 사회 규범을 위반하는 행동 양상이 지속적으로 반복되어야 한다.

39 정답 ②

특정 공포증(Specific phobia)은 특정한 대상이나 상황에 대한 비합리적인 두려움과 회피행동을 지속적으로 나타내는 경우이다. 불안이나 공포에 대한 반응은 교감신경계의 활성과 관련이 있다.

40 정답 ①

- 이인성/비현실감 장애(depersonalization/derealization disorder)는 평소와 달리 자신과 주변 환경에 대해서 매우 낯설거나 이상한 느낌을 받게 되는 이인증이나 비현실감을 지속적으로 경험한다. 증상을 경험하는 동안에 현실검증력(reality-testing)은 비교적 유지되며, 흔한 증상이므로 심리적 고통이나 기능의 장해를 초래할 정도로 증상이 심각해야 진단될 수 있다.
- 중요한 자서전적 정보를 기억하지 못하는 장애는 해리성 기억상실증(dissociative amnesia)이다. 외상 또는 스트레스와 관련된 기억을 상실하는 경우가 많다.

[제3과목-심리검사]

41 정답 ④

- 신경심리검사의 목적은 뇌손상이나 뇌기능 장애의 진단, 환자 관리 및 치료계획 수립, 재활 및 치료 평가, 연구 등에 있다. 뇌손상이나 뇌기능 저하와 같은 기질적 장애의 평가에 적합하나, 우울이나 불안과 같은 기능적 장애의 원인을 판단하는 데 적합하지는 않다.
- 신경심리평가는 기질적 장애와 기능적 장애의 감별진단에는 유용하나, 기능적 장애의 원인을 판단하기 위해서는 관련 우울척도, 불안척도 및 심리측정적 검사가 필요하다.

42 정답 ①

MMPI의 9번 척도(경조증, hypomania): 심리적 및 정신적 에너지 수준을 나타내며, 사고나 행동에 대한 효율적인 통제의 지표로 사용된다. 이 척도의 상승은 과잉활동, 정서적 흥분 및 사고의 비약, 충동성, 불안정성과 관련된다.

43 정답 ③

Myers-Briggs Type Indicator: MBTI

- 융(Jung)의 이론을 기초로 하여 마이어(Myers)와 브릭스(Briggs)가 만든 자기보고형 검사로, 일상생활에서 유용하게 활용하기 위해 이 검사를 연구 개발하였다.
- MBTI는 Jung의 심리학적 유형론에 기초하며, 외향형과 내향형, 감각형과 직관형, 사고형과 감정형, 판단형과 인식형의 네 가지의 분리된 선호 경향의 조합을 통해 총 16개의 성격유형으로 구분된다.

44 정답 ④

피검자가 환자이고, 개인적으로 실시할 경우에는 검사자와 피검자 간의 친화력이 중요하므로 긍정적인 치료관계(rapport)가 형성되도록 노력해야 한다.

45 정답 ②

- 단어유창성요인에 해당된다. 이는 상황에서 제시되는 특정 문자에 따라 해당 단어를 빠르고 풍부하게 산출해 내는 능력이다. 특정 범주의 군집화능력과 인지적 전환(유연성)을 포함한다.
- 서스톤(Thurstone)은 지능의 다요인설(1941)을 통해 지능은 기본적인 정신능력으로 언어의미(V요인), 단어유창성(W요인), 수리능력(N요인), 기억(M요인), 시공간 능력(S요인), 지각속도(P요인) 및 논리적 능력(R요인)으로 구성되어 있다고 제시하였다.

학습 Plus 서스톤(Thurstone)이 제안한 지능의 다요인(7가지)

- **언어의미요인**: 언어의 개념화, 언어를 통한 추리 및 활용에 대한 능력이다.
- **수리요인**: 수를 다루며 계산하는 능력이다.
- **기억요인**: 지각 및 개념적 정보들을 기억하고 재생할 수 있는 능력이다.
- **시공간 능력요인**: 공간에서 물체를 시각화할 수 있는 능력이다.
- **지각속도요인**: 어떤 대상이나 현상을 빠르고 정확하게 지각하고 파악하는 능력이다.
- **논리력 능력요인**: 주어진 정보들을 바탕으로 생산적이며 목표지향적으로 사고하고 활용할 수 있는 능력이다.
- **단어유창성요인**: 상황에서 제시되는 특정 문자에 따라 해당 단어를 빠르고 풍부하게 산출해 내는 능력이다. 특정 범주의 군집화 능력과 인지적 전환(유연성)을 포함한다.

46 정답 ①

- 정신상태검사는 전반적인 외모, 행동 및 태도, 감정과 정서, 언어와 사고, 감각과 지각, 지남력, 기억, 주의력 및 집중력, 통찰력과 판단력을 평가한다.

- 지남력(orientation): 자신이 처한 상황을 올바르게 인식하는 능력을 의미한다. 시간(time) · 장소(place) · 사람(person) 지남력을 질문함으로써 피검자의 의식과 사고가 정상적으로 기능하는지를 평가할 수 있다.

47 정답 ③

- Spearman은 지능의 2요인설(일반요인, 특수요인)을 제안하며, 지능은 일반요인(general factor, 개인이 공통적으로 가지고 있는 능력)과 특수요인(specific factor, 음악적 재능이나 기계적 능력과 같은 어떤 특정한 분야에 대한 능력)으로 구성되어 있다고 주장하였다.
- 지능을 구분되는 단일한 요소들로 분류한 전통적인 지능이론에 반대하여 지능의 다양한 요인을 제시한 이론들은 Gardner의 다중지능이론, Guilford의 복합요인설, Thurstone의 다요인설이 있다. 지능은 다요인을 지니고 있으며, 복합적인 특징을 지니고 있음을 강조하고 있다.

48 정답 ④

언어성 검사는 언어와 문자를 사용하여 구성된 검사로, 언어적 관련 기능에 대해 평가할 수 있다. 비언어성 검사는 그림이나 도형을 이용하여 구성된 검사로, 언어나 문자에 익숙하지 않은 학령 전 아동이나 외국인, 언어장애가 있는 경우에 적합한 검사이다. 학업성취도는 비언어성 검사보다 언어성 검사와 상관관계가 더 높은 편이다.

49 정답 ②

- T점수(T−score)는 평균이 50이고 표준편차가 10인 분포를 갖는다(10+50).
- Z점수(Z−score)는 표준편차 단위에서 어떤 한 점수가 평균으로부터 얼마나 떨어져 있는가를 말하는 지수이다(Z=측정 값−평균/표준편차).
- T점수가 60일 때, 해당되는 Z점수는 60(측정값)−50(평균)/10(표준편차)=1이다.

50 정답 ③

- 높은 F척도

  개인이 가지고 있는 문제영역이 많고 문제의 정도가 심각함을 의미한다. 대부분의 사람이 보이는 반응과는 다른 양상의 반응성을 보일 수 있고, 사고, 성격 및 행동 양식에서 정신병리적인 양상이 두드러질 수 있다. F척도가 상승하면 임상척도들이 높아지는데, 대개 척도 6과 척도 8이 상승한다.
- 낮은 K척도

  K척도가 낮으면 임상 프로파일은 흔히 높아지게 된다. 특히 정신병적 척도인 척도 6, 척도 7, 척도 8이 상승한다. 정신병리가 의심될 수 있고 제한된 성격 특성 및 대처기술능력이 저하되어 있을 수 있다.
- 6-7 척도 / 6-8 척도 상승

  가장 두드러진 특징은 편집증적 경향과 사고장애이다. 사고 내용들이 기태적이며 주의집중의 곤란 및 지속적 주의력의 곤란을 호소하며 기억력의 둔화와 판단력의 장애를 보인다. 친밀한 대인관계를 회피하고 의심이 많고 적대적일 수 있으며, 사회적으로 부적절한 정서반응을 특징으로 한다. 조현병, 편집형 성격장애, 분열성 성격장애의 진단을 받는다.

51 정답 ③

전두엽은 실행 기능과 관련이 있는 뇌 영역으로 알려져 있다. 실행 기능이란 자신의 행동을 효과적으로 조절하고 지시하는 능력으로, 추론능력, 계획을 세우고 계획에 따라 순서대로 일을 처리하는 능력, 융통성, 판단력 및 통찰력, 상황에 맞게 적절한 사회적 행동을 하는 능력 등이 포함된다.

52 정답 ③

커텔(Cattell)의 경우, 지능을 유동적 지능과 결정적 지능의 2차원으로 구별하였다. 유동적 지능(fluid intelligence)은 유전적이며 선천적으로 주어진 능력(속도, 기계적 암기, 지각능력, 일반적 추론능력 등)이며, 결정적 지능(crystallized intelligence)은 환경이나 경험, 문화적 영향에 의해 발달되는 지능(언어이해능력, 문제해결능력, 논리적 추리력, 상식 등)이다. 현재의 웩슬러 지능검사도 이러한 지능의 특징을 반영하여 측정되고 있다.

53 정답 ③

- 문항이 쉽고 어려운 정도를 난이도라고 하는데, 대개 문항 난이도가 50%일 때 변별력이 높아지며, 난이도가 적절히 배합되어 있을 때 타당도와 신뢰도가 높은 검사가 될 수 있다.
- 문항 난이도 지수는 3수준(25% 미만은 어려운 문항/25～75% 미만은 보통 문항/75% 이상은 쉬운 문항) 또는 5수준(20% 미만은 매우 어려운 문항/20～40% 미만은 어려운 문항/40～60% 미만은 보통 문항/60～80% 미만은 쉬운 문항/80% 이상은 매우 쉬운 문항)으로 구별될 수 있다. 이에 퍼센트 수치가 높게 나올수록 문항의 난이도가 낮은 것이며, 퍼센트 수치가 낮을수록 '문항 난이도가 높다'라고 한다.
- 2지 선다형보다 4지 선다형일 때 난이도가 높아지는 경향이 있다.

54 정답 ④

검사자는 피검자의 사생활과 비밀을 유지해야 할 의무가 있지만, 내담자의 생명과 관련된 위험이 있는 경우에는 비밀유지 원칙의 예외 사항이 된다.

55 정답 ①

신경심리검사는 선천적 또는 후천적인 뇌손상과 뇌기능 장애를 감별하는 검사로, 뇌손상 환자뿐 아니라 간질 환자, 중추신경계 환자, 노인의 인지 기능 평가, 정신지체, 학습장애 등에 대한 연구에도 사용된다. 신경증의 경우는 심리적 요인에 의해 나타나는 신체 증상들을 특징으로 하기에 성격 특성이나 심리적 요인들에 대한 평가가 필요하다.

56 정답 ③

Holland는 직업적 포부, 직업 흥미, 성격 등을 통합하여 진로이론과 검사를 개발하였다. 각 영역들을 RIASEC로 구분하고, 현실형(Realistic), 탐구형(Investigative), 예술형(Artistic), 사회형(Social), 진취형(Enterprising), 관습형(Conventional)의 분류에 따라 인성 유형과 어울리는 직업 환경을 설명하였다.

- 현실형(R)–실행/사물 지향
- 탐구형(I)–사고/아이디어 지향
- 예술형(A)–창조/예술 지향
- 사회형(S)–이타/사람 지향
- 진취형(E)–관리/과제 지향
- 관습형(C)–성실/자료 지향

57 정답 ③

BGT 검사는 언어적 표현능력에 문제가 있거나, 문맹이거나, 정신지체 및 뇌손상이 있는 환자의 경우에도 사용이 가능하며, 검사에 대한 긴장 완화와 라포 형성에 도움이 되기에 완충검사로서 사용될 수 있다.

58 정답 ③

선로 잇기 검사(Trail Making Test: TMT)는 집중력, 정신적 추적능력을 평가한다. A형과 B형으로 되어 있다. A형은 검사지에 무작위로 배치되어 있는 숫자들을 1–2–3–4와 같이 차례대로 연결하는 것이고, B형은 숫자와 문자를 번갈아 가며 차례대로 연결하는 것으로(1–가–2–나–3–다), 검사를 마치는 데 걸린 반응 시간과 오류 수가 측정된다.

59 정답 ①

Rorschach 검사에서는 수검자의 자유로운 반응을 제한하는 구체적인 유도를 해서는 안 된다.

〈부적절한 질문과 예〉

- 직접적인 질문–"그 사람이 뭔가를 하고 있나요?"
- 유도적인 질문–"어느 쪽이 위인가요?"
- 암시적인 질문–"혹시 색깔 때문에 그런 건가요?"

60 정답 ③

〈면담기법의 종류〉

- 구조화된 면담(structured interview)은 면접을 위한 질문, 내용, 순서 등이 사전에 구체화하여 계획한 대로 진행하는 방식을 말한다. 진단의 신뢰도를 높이고 특정한 증상의 유무를 기록함에 있어 정확도를 높인다. 진단, 연구, 점수체계의 정확성을 지닌다.
- 반구조화된 면담(semi-structured interview)은 일정 사항은 정해진 지침에 의하나, 준비된 범위 안에서 자유롭게 질문을 하는 방식을 말한다.

• 비구조화된 면담(unstructured interview)은 정해진 양식이나 순서 없이 자유롭게 진행하는 면접방식을 말한다. 중요한 정보를 깊이 있게 탐색할 수 있는 장점이 있다.

[제4과목-임상심리학]

61 정답 ②

유사관찰법: 평가자가 목표 행동이나 상호작용을 관찰할 가능성이 높도록 환경이 설계되는 특징이 있다(예: 부부의 상호작용 패턴을 관찰하기 위해 설계된 방에서 관계의 문제를 논의하도록 요청함).

62 정답 ②

정신보건 임상심리사의 업무로는 심리평가 및 심리상담, 심리재활, 자문, 행동 및 지도, 연구 등이 있다.

63 정답 ④

- 접수면접: 접수면접의 목적은 가장 적절한 치료나 중재 계획을 세우기 위해 환자의 증상이나 문제를 더 잘 이해하는 데 있다. 초기 면접 동안에 치료절차, 제공되는 서비스에 대한 환자의 요구와 기대에 대한 질문에 답하며, 일련의 치료과정에 대한 정보를 제공한다.
- 진단면접: 진단면접의 목적은 환자의 정신병리에 대한 명확한 이해를 얻는 것이다. 정신과적 문제를 파악하기 위해 정신장애 진단 및 통계 편람(DSM-5) 등을 사용하며, 면접의 목표는 환자가 특정 장애의 진단준거에 부합되는지의 여부를 밝히는 데 있다.

64 정답 ③

Ellis의 합리적 정서행동치료(Rational Emotive Behavior Therapy)의 ABCDE 모형에 따르면, 내담자의 문제는 일어난 사건이 아니라 개인이 갖고 있는 비합리적인 신념에서 비롯된다고 본다.

학습 Plus ABCDE 모델

- A(**선행사건, Activating event**): 내담자에게 부정적 감정을 유발한 선행사건을 포착하여 구체적으로 확인하는 과정이다.
- B(**신념체계, Belief system**): 선행사건에 대한 내담자의 신념을 탐색하여 찾아내는 것이다. 내담자의 비합리적 신념을 변화하려고 노력하기 전에 치료자는 그러한 신념을 명확히 확인 및 평가하는 것이 중요하다.
- C(**정서 및 행동적 결과, Consequence**): 비합리적 신념의 결과로 나타난 부정적 감정과 행동을 뜻한다. 치료 과정은 내담자가 호소하는 부정적 감정에서 출발하여 그러한 감정을 선행한 사건을 확인하고, 그 사건과 부정적 감정을 중간에서 매개한 신념을 찾아내는 순서로 진행되는 것이 일반적이다.
- D(**자신의 비합리적인 신념을 논박하기, Disputing**): 논박을 통해서 내담자가 지니고 있는 신념의 합리성을 평가하고 비합리적 신념을 합리적으로 변화시키는 것이다. 논박은 어떤 신념의 타당성을 다양한 관점에서 평가하는 대화 과정을 의미한다.
- E(**논박의 인지정서행동적 효과, Effect**): 논박을 통해 내담자가 비합리적 신념을 포기하고 보다 합리적 신념을 발견하도록 돕는다. 이러한 과정을 통해 치료자는 내담자가 자신의 삶을 적응적인 것으로 변화시킬 수 있는 새로운 신념체계, 효과적 철학을 형성하도록 돕는다.

65 정답 ②

Boulder 모델에서는 치료, 평가, 연구를 임상심리학자의 주요 역할로 규정하고 있다. 1949년 Colorado의 Boulder에서 열린 미국심리학회에서 임상심리학자 훈련모델을 제시하며, 학문적 연구와 진단 및 치료의 역할을 강조하였다. 즉, 연구, 평가 및 심리치료에서 역량을 갖추어야 함을 제시하고 있다.

66 정답 ④

- 인간중심치료에서는 인간은 긍정적인 변화를 위한 내면적 동기와 잠재력을 가진 존재이므로 치료자가 내담자를 무조건적으로 존중하고 공감하며 이해하면 내담자 스스로가 변화를 모색하고 문제를 해결한다고 본다.
- 치료의 목표는 개인의 자발성과 자기성장을 목표로 하며, 기법의 적용보다는 내담자의 살아가는 방식과 태도에 초점을 두고 내담자가 성장하도록 돕는 데 있다.

67 정답 ③

규준(norm): 한 검사 점수는 어떤 집단의 검사결과와 비교할 때 의미를 갖게 되는데, 이때 비교하는 집단의 검사결과를 규준이라고 한다. 한 개인의 점수는 어떤 규준에 비교하느냐에 따라 그 의미가 달라진다. 특정 집단의 전형적인 또는 평균적인 수행 지표를 제공해 준다.

68 정답 ③

개방형 질문은 선택지나 항목들을 미리 준비하거나 답변을 일정한 방향으로 제한하지 않고 응답자가 자신의 견해나 태도를 자유롭게 표현할 수 있도록 구성된 질문을 의미한다. 깊이 있고 다양한 정보를 얻을 수 있다는 장점이 있어서 임상면접 시 권장된다.

69 정답 ③

행동관찰은 시간과 비용의 문제, 관찰자의 신뢰도와 타당도 문제, 자기평정인 경우에는 행동기록의 객관성 문제, 관찰자 개입에 의한 기대효과, 상황적 요인으로 인한 관찰의 객관성 유지 곤란 등의 문제가 나타날 수 있다.

70 정답 ①

바이오피드백(biofeedback)

- 바이오피드백은 생물학적 반응들을 전자도구로 측정하는 것을 말한다.
- 우리 몸 내부에서 일어나는 생리 현상들을 컴퓨터를 통해 시각적으로나 청각적으로 알 수 있게 해 주고, 스스로 훈련을 통해 생리현상들을 조절할 수 있게 도와주는 치료방법이다. 근육 이완, 심장박동 조절, 혈압 통제, 심인성 질환, 두통, 불면증 치료에 사용된다.

71 정답 ①

합리적 정서행동치료는 문제를 가진 대부분의 사람은 당위적 사고(should thought)에 해당되는 비합리적인 신념을 가지고 있으며, 치료에서는 비합리적인 신념체계를 검토하고 평가하는 과정을 통해 보다 효율적인 사고를 선택할 수 있도록 돕는다.

72 정답 ④

- 정신상태검사 면접은 환자의 심리적 기능 수준과 정신과적 문제의 유무를 선별하기 위해 수행되는 중요한 임상면접 중 하나이다.
- 정신상태검사(mental status examination)를 통해 더 깊은 평가와 중재를 위한 방향을 모색한다. 외모, 몸가짐, 말하는 특징, 기분, 사고 과정, 통찰, 판단력, 주의집중, 기억 및 지남력을 평가한다. 이는 환자가 겪고 있는 가능한 인지, 정서, 행동상의 정신과적 문제에 대한 예비 정보를 제공한다.

73 정답 ③

법정심리학자들은 법률적인 쟁점에 대해 심리학적인 자문, 평가 및 법정 증언 등을 한다.

- 법과 관련된 모든 행동이 연구 대상으로, 법정에서 법적 당사자(판사, 검사, 변호인, 증인, 피고인, 피해자 등)의 행동과 상호작용, 배심재판(국민 참여 재판), 수형이나 보호관찰 등 형 집행 과정, 그리고 범죄 예측에 대한 활동 등이 포함된다.

74 정답 ②

과장된 자기제시 척도(S: Superlative self-presentation)

- 자신을 매우 정직하고, 책임감 있고, 심리적인 문제가 없으며, 도덕적 결함이 없고, 다른 사람들과 잘 어울리는 사람인 것으로 드러내려는 경향을 탐지한다.
- 임상 장면에서 T점수가 70 이상일 때, 비임상 장면에서 T점수가 75점 이상이면 피검자가 매우 방어적인 태도로 검사에 임했을 가능성이 있기에 무효 가능성이 높아진다.

75 정답 ②

혐오치료는 고전적 조건형성의 원리를 이용한 역조건 형성의 일종으로, 부적절한 반응을 유발하는 조건자극을 혐오적 반응을 일으키는 무조건 자극과 짝지어 부적절한 반응을 감소시키는 치료법이다.

76 정답 ①

자동적 사고란 어떤 사건을 접했을 때 순간적으로 드는 생각 혹은 내면에 깊게 자리 잡고 있다가 짧은 순간에 수면으로 떠오른 신념을 의미하며, 외부 자극에 대한 정보처리의 결과로 생성된 인지적 산물로 간주한다.

77 정답 ③

- 초기 면접 시에는 환자의 현재 상태 및 증상, 요구를 파악하고 면접자가 속한 기관에서 제공 가능한 서비스에 대해 설명하고, 환자와 기관이 어떻게 협동해야 할 것인가를 설명하는 것이 요구된

다. 내담자의 문제를 이해하고 치료계획을 수립하는 동시에 내담자와 치료적 관계를 형성하는 시기이다.

- 초기 면접에서는 내담자가 호소하는 심리적 문제나 증상에 대한 탐색, 치료에 대한 내담자의 기대 탐색, 긍정적인 치료적 관계의 형성, 치료에 대한 구조화가 진행된다.

78 정답 ③

- 전두엽(frontal lobe)은 기억력, 사고력 등의 고등행동을 관장하며, 다른 연합영역으로부터 들어오는 정보를 조정하고 행동을 조절한다. 또한 추리, 계획, 운동, 감정, 문제해결에 관여한다.
- 두정엽(parietal lobe)은 피부에 전달되는 갖가지의 감각을 받아들이고 무게나 동작을 감지하는 역할을 수행한다.
- 측두엽(temporal lobe)은 청각을 처리하는 역할을 하며, 언어를 듣고 이해한다.
- 후두엽(occipital lobe)은 뇌의 뒤쪽에 위치해 있으며, 시각 정보를 분석하고 통합하는 역할을 수행한다.

79 정답 ②

- 건강심리학(health psychology)은 건강의 유지 및 증진, 질병의 예방과 치료를 목적으로 심리학적인 지식을 응용하는 학문이다. 신체 질환, 스트레스, 비만, 흡연, 알코올 사용, 만성질환 등 다양한 건강 관련 주제를 다루고 있다.
- 우울증은 임상 및 상담심리학 분야의 주된 관심 영역에 해당된다.

80 정답 ①

심리치료의 예후는 만성적인 증상을 보이는 경우, 지능이 낮고 언어능력이 저하되어 있는 경우, 정신병이 있는 경우, 성격장애가 있는 경우에 예후가 낮은 편이다. 급성의 증상을 보이는 경우에는 비교적 회복 속도가 빠르고, 최근에 발생한 생활사적 스트레스와 관련된 경우에는 예후가 양호한 편이다.

[제5과목-심리상담]

81 정답 ②

- 게슈탈트 심리치료(Gestalt psychotherapy)는 프리츠 펄스(Fritz Perls)가 창안한 심리치료 기법이다. 게슈탈트 치료에서는 인간 유기체를 환경과의 접촉 속에서 통일된 전체로 기능하는 존재라고 본다.
- 게슈탈트 치료의 핵심은 '지금-여기'에서 경험되는 감각, 감정, 인식, 행동의 알아차림을 고양하는 것이다.
- 개체가 분명한 게슈탈트를 형성하지 못했거나, 형성했지만 해소를 잘하지 못하는 경우에 게슈탈트는 배경으로 사라지지 못하고 계속해서 전경으로 떠오르려고 하며 중간층에 남게 된다(예: 아침에 부모님과의 언쟁을 해결하지 못한 학생은 이것이 미해결 과제로 남아 학교에서도 공부에

집중하기가 어렵다).

- 미해결 과제가 많아질수록 개체는 자신의 유기체적 욕구를 효과적으로 해소하는 데 실패하게 되고 심리적 · 신체적 장애를 일으킨다.
- 미해결 과제는 항상 전경으로 떠오르려고 하기 때문에 개체는 이를 회피하지 않고 '지금-여기'를 알아차리는 것이 중요하다. 게슈탈트 심리치료는 미해결 과제를 완결짓는 일을 매우 중요한 목표로 본다.

82 정답 ①

가족치료의 이론적 근거

- 순환의 사고
  가족구성원 한 사람의 행동은 다른 사람들에게 영향을 미치고, 이러한 행동들은 순환성의 원리에 의해 또다시 자신에게로 돌아오게 된다. 이는 구성원과의 관계의 흐름 또는 맥락을 만들어 주는 근거로서의 역할을 한다.
- 관계와 체제의 생각
  가족구성원의 상호작용 방식은 일정한 체제를 만들어 내며, 가족구성원은 자체적으로 전체 구성원의 행동을 통제하고 관계하는 방식을 조절하는 형태와 구조를 갖게 된다.
- 비합산의 원칙
  가족 전체를 이해한다고 해서 가족구성원 개개인을 이해하는 것은 아니고, 그 가족구성원 개개인을 이해한다고 해서 그 가족 전체를 이해한다는 것이 아니기에 가족을 이해할 때는 가족 전체와 개개인을 같이 하나로 보면서도 각자 따로 이해하도록 노력해야 한다.
- 가족심리와 관계심리
  가족심리는 가족 간에 발생되는 심리 현상을 말하는 개념인데 반해, 관계심리는 가족을 넘어서 여러 다른 타인과의 관계들도 같이 고려해야 함을 강조한다.

83 정답 ③

집단응집력

- 집단 내에서 자신이 인정받고, 수용된다는 소속감은 그 자체로서 집단구성원의 긍정적인 변화에 영향을 미친다.
- 집단 응집력이 '높은 집단'은 지금-여기에서의 사건이나 일에 초점을 맞춘다.
- 집단 응집력이 높으면 부정적인 감정이 극복되고 협력적이고 개방적인 집단 분위기가 형성되며, 집단에 대한 관심과 애정, 자신과 집단에 대한 동일시가 일어나 집단 신뢰도가 증가된다. 따라서 집단 응집력은 집단상담의 성공에 매우 중요한 요소가 된다.

84 정답 ①

비애반응의 단계는 신체적 고통단계 → 죽은 사람과의 기억에 휩싸이는 단계 → 죄책감단계 → 적의반응단계 → 일상적 행동 곤란 단계 순으로 진행된다.

학습 Plus 보울비(Bowlby)의 애도반응의 4단계

보울비(Bowlby)는 사랑하는 사람의 죽음(상실)에 대한 정상적인 애도반응을 4단계로 구성하였다.

- **무감각(numbness)의 단계**: 이 단계에서 사별자는 멍하고 어리둥절해 있으며, 메스꺼움이나 가슴이나 목의 긴장과 조임 같은 신체적 반응을 수반하기도 한다. 이러한 증상이 며칠간 계속된다. 그러나 예기치 못한 갑작스런 죽음인 경우에는 몇 주간 계속되기도 한다.
- **그리움(yearning)의 단계**: 사별자는 죽은 사람을 되찾으려는 마음으로 고인과 친분이 있거나 사랑했던 사람을 찾아 헤맨다. 때로는 좌절감, 분노, 죄의식을 느끼며, 격렬한 슬픔을 경험하거나 통제할 수 없을 만큼 흐느껴 울기도 하고 식욕부진과 불면증이 나타나기도 한다.
- **혼란과 절망(disorganization and despair)의 단계**: 사별자는 사랑하는 사람의 죽음을 현실로 받아들이는 것이 힘들고 자주 무력감, 절망감, 우울감 등을 느낀다. 이와 같은 혼란과 절망의 단계를 지나면 점차 극단적인 피로를 경험하게 된다.
- **재조정의 단계(reorganization)**: 혼란과 절망의 단계를 지나 점차 집이나 직장에서 정상적인 일상생활을 회복할 수 있게 되는 단계이다. 우울증이 사라지고 규칙적인 수면 습관을 회복하여 에너지가 증진된다. 사랑하던 사람에 대한 생각은 슬픔을 낳기도 하지만 이런 감정들에 계속 눌려 있지는 않는다.

85 정답 ③

인간중심치료 이론에서 치료자의 태도

내담자가 상담자로부터 진솔하고, 공감적이고, 무조건적인 긍정적 존중을 받는다면 내담자는 변화될 수 있으며, 부적응 상태를 극복하고 자신의 잠재력을 발견하고 자기실현할 수 있게 된다고 본다.

- 일치성/진솔성(congruence): 상담관계에서 상담자가 순간순간 경험하는 자신의 감정이나 태도를 있는 그대로 솔직하게 인정하고 개방하는 것을 의미한다. 솔직성, 개방성, 진실성이라고도 한다.
- 무조건적인 긍정적 존중(unconditional positive regard): 가치의 조건화를 버리고 조건 없이 내담자를 수용하고 존중하는 것을 의미한다.
- 공감적 이해(empathic understanding): 상담자가 마치 내담자가 된 것처럼 그의 심정을 느껴보고, 내담자가 경험하는 주관적 세계를 정확하고 깊이 있게 이해하는 것을 의미한다.

86 정답 ①

ABCDE 이론은 합리적 정서행동치료의 핵심개념이며, 내담자의 감정과 사고, 행동을 이해할 수 있는 유용한 틀을 제공해 준다. ABCDE 모델은 비합리적인 신념을 합리적인 신념으로 수정하는 상담과정을 설명해 준다.

- A: 선행사건(Activating event)
- B: 신념체계(Belief system)
- C: 정서 및 행동적 결과(Consequence)
- D: 자신의 비합리적인 신념을 논박하기(Disputing)
- E: 논박의 인지정서행동적 효과(Effect)

87 정답 ④

진로 및 직업상담의 일반적 목표

- 내담자가 이미 결정한 직업적인 선택과 계획을 확고하게 해 준다.
- 내담자 개인의 직업적 목표를 명백히 해 준다.
- 내담자로 하여금 자신의 자아와 직업세계에 대해 구체적으로 이해할 수 있도록 하며, 새로운 사실을 발견하도록 돕는다.
- 내담자에게 직업선택 및 진로의사 결정능력을 기르도록 해 준다.
- 내담자에게 직업선택과 직업생활에서의 능동적인 태도를 함양하도록 해 준다.

88 정답 ③

자기감찰(self-monitoring)은 내담자 스스로 자신의 행동을 관찰하고 작성하도록 함으로써 자신의 바람직하지 못한 행동을 모니터링하는 것이다(예: 체중 조절을 위하여 식이요법을 시행하는 사람이 매일 식사의 시간, 종류, 양과 운동량을 구체적으로 기록하는 것).

89 정답 ②

글래서(Glasser)가 개발한 현실치료는 내담자가 사랑과 인격에 근거하여 성공적인 자아정체감을 발전시키는 데 도움을 주는 치료법이다. 인간의 모든 행동(혹은 생각, 감정)은 자신이 스스로 선택한 결과이기 때문에 내담자가 건전한 가치관에 따라 스스로 문제를 해결하도록 하는 기법이다. 주요 상담기법으로는 유머 사용, 역설적 기법, 직면, 역할 연기 등이 있다.

90 정답 ④

가족상담은 개인이 속해 있는 가족의 관계 구조와 소통방식을 변화시킴으로써 개인의 심리적 문제를 해결하도록 돕는다. 가족상담에서는 과거보다는 현재 상황과 미래에 초점을 맞춘다.

91 정답 ②

훈습(working through)은 자신의 내면적 문제와 갈등의 원인을 통찰한 후, 실제 생활에서 이를 반복적으로 적용하여 스스로 문제를 해결하는 과정을 말한다.

92 정답 ②

상담은 내담자와 상담자 간에 수용적이고 구조화된 관계를 형성한 후, 내담자가 자기 자신과 환경에 대해 의미 있는 이해를 증진하도록 함으로써 내담자 스스로가 효율적으로 의사결정을 하고, 내적 자원을 개발하여 여러 심리적인 특성을 긍정적인 방향으로 변화시키도록 돕는 과정이다.

93 정답 ②

현실치료의 8가지 기본 원리

① 상담자와 내담자가 긍정적인 상담관계(라포)를 형성해야 한다.

② 내담자의 감정보다는 현재 행동에 중점을 둔다.
③ 현재에 초점을 맞춘다.
④ 행동 및 활동 계획을 세운다.
⑤ 계획한 활동을 실천하겠다는 다짐을 받도록 한다.
⑥ 내담자 스스로 판단하고 평가하도록 한다.
⑦ 내담자의 변명을 받아들이지 않는다.
⑧ 처벌을 사용하지 않는다. 처벌은 상담관계를 악화시키고 내담자의 자존감에 부정적인 영향을 끼치기 때문이다.

94 정답 ②

Rogers의 충분히 기능하는 사람(the fully functioning person)이란 내담자가 자신의 경험을 좀 더 잘 지각하고 인식하여 있는 그대로의 자기 모습을 잘 수용하며, 자기실현 경향성을 충분히 발휘하는 상태를 의미한다. 현재 진행되는 자신의 자아를 완전히 자각하는 사람으로, 최적의 심리적 적응과 심리적 성숙, 완전한 일치, 경험에 완전히 개방되어 있는 상태이다.

95 정답 ③

사례관리는 환자에게 그들이 원하는 서비스를 통합적으로 제공받을 수 있도록 지속적으로 관리해 주는 과정을 말한다. 특히 대상자의 여러 가지 욕구를 충족시키기 위해 적절한 사회 자원과의 연결을 체계화하는 데 초점을 둔다.

96 정답 ②

두 의자 기법은 타인과의 갈등을 다루는 데 유용한 심리치료 방법의 하나로, 안전한 치료 장면 내에서 서로가 관련된 문제를 적극적으로 표현하며 내면 세계를 더욱 깊이 탐색할 수 있도록 해 준다.

97 정답 ②

Meichenbaum의 인지행동수정(CBM)에서 행동변화법의 3단계 과정은 자기관찰, 새로운 내적 대화의 시작, 새로운 기술의 학습으로 구성되어 있다.

학습 Plus Meichenbaum의 인지행동수정의 3단계

- 1단계-자기관찰
  내담자가 자신의 행동을 관찰하는 방법을 학습한다.
- 2단계-새로운 내적 대화의 시작
  자신의 부적응적 행동을 알아차리는 것을 배우고, 자신의 내적 대화를 변화시킨다. 내담자들의 내적 대화는 부정적 자기진술과 상상으로 이루어져 있다.
- 3단계-새로운 기술의 학습
  효과적인 대처기술을 내담자가 학습하고, 스트레스 상황을 효과적으로 다루기 위하여 인지적 경향성을 수정하는 방법을 훈련한다. 동시에 새로운 내적 대화를 시도하며 그 결과를 관찰하고 평가한다.

98 정답 ①

자극통제법은 행동수정의 한 가지 기법으로, 단서들에 의해 조성된 행동을 그 단서들을 통제함으로써 조절하는 일을 일컫는다. 혹은 행동치료에서 특정 반응이 좀 더 많이 일어나거나 좀 더 적게 일어나도록 환경을 바꾸거나 재배열하는 것을 의미한다.

99 정답 ③

인지행동치료는 내담자가 어떻게 세상을 주관적으로 인식하고 있는지를 파악하여 이러한 인지의 내용이 내담자의 정서와 행동에 어떤 영향을 미치는지를 밝힘으로써 부적응적인 인지를 변화시키도록 돕는다.

100 정답 ④

상담의 일반적인 윤리 원칙은 자율성, 선행, 무해성, 공정성, 성실성이다.

상담의 일반적인 윤리 원칙

- 자율성(autonomy): 타인의 권리를 해치지 않는 한 내담자가 자신의 행동을 선택할 권리가 있음을 의미한다.
- 선행(beneficience): 내담자와 타인을 위해 선한 일을 하는 것을 의미한다.
- 무해성(nonmaleficence): 내담자에게 해를 끼치는 행동을 하지 않는 것을 의미한다.
- 공정성(justice, fairness): 모든 내담자는 평등하며, 성별과 인종, 지위에 관계없이 공정하게 대우받아야 한다.
- 성실성(fidelity): 상담자는 내담자에게 믿음과 신뢰를 주며 상담관계에 충실해야 한다.

참고문헌

권석만(2013). 현대이상심리학. 서울: 학지사.
권석만(2012). 현대심리치료와 상담이론. 서울: 학지사.
권준수 외(2015). 정신질환의 진단 및 통계 편람. 서울: 학지사.
김도연 외(2020). 사례를 통한 로르샤흐 해석. 서울: 학지사.
김영혜 외(2014). 상담 및 심리치료의 이론. 서울: 시그마프레스.
김재환 외(2014). 임상심리검사의 이해. 서울: 학지사.
노성덕 외(2014). 상담심리학. 서울: 학지사.
마음사랑연구소(2015). MMPI 2 해석 상담, 어떻게 할 것인가. 긍정심리학적 접근. 서울: 마음사랑.
박상규(2006). 정신재활의 이론과 실제. 서울: 학지사.
박영숙 외(2019). 현대 심리평가의 이해와 활용. 서울: 학지사.
손정락(2006). 긴장 이완과 스트레스 감소 워크북. 서울: 하나의학사.
손정락(2012). 현대임상심리학. 서울: 시그마프레스.
신민섭 외(2019). 최신 임상심리학. 서울: 사회평론아카데미.
신성만 외(2014). 정신재활. 서울: 학지사.
신성만 외(2016). 동기강화상담. 서울: 시그마프레스.
오상우 외(2018). PAI 평가의 핵심. 서울: 학지사.
유성진 외(2020). MMPI-2 해설서. 서울: 학지사.
유영권 외(2019). 상담 수퍼비전의 이론과 실제. 서울: 학지사.
이우경(2019). DSM-5에 의한 최신 이상심리학. 서울: 학지사.
이우경, 이원혜(2012). 심리평가의 최신 흐름. 서울: 학지사.
이훈진 외(2007). MMPI-2 성격 및 정신병리 평가. 서울: 시그마프레스.
임선아 외(2018). 행동수정. 서울: 학지사.
정문자 외(2019). 아동상담의 이해. 서울: 학지사.
조수철, 신민섭(2006). 소아정신병리의 진단과 평가. 서울: 학지사.
천성문 외(2015). 상담심리학의 이론과 실제. 서울: 학지사.
천성문 외(2019). 집단상담 이론과 실제. 서울: 학지사.
천성문 외(2020). 상담입문자를 위한 상담기법 연습. 서울: 학지사.
최기홍, 권정혜(2010). 중증 정신질환의 치료와 재활. 서울: 학지사.

편저자 소개

김 도 연(Kim Doyeon)

전북대학교 임상심리학 석사
전북대학교 임상심리학 박사
전 사단법인 한국청소년자살예방협회 회장
한양대학교 이노베이션대학교 겸임교수
경희대학교 후마니타스칼리지 겸임교수
가톨릭대학교 성모병원 Clinical Psychologist & Supervisor
현 마인드플니스 심리상담연구소 대표
한국데이트폭력연구소 소장
경희사이버대학교 상담심리학과 겸임교수
한국보건산업진흥원 R&D 평가위원
서울지방경찰청 범죄피해평가 감수위원

쉽게 풀어 쓴

임상심리사: 2급 필기 기출문제집(2023 최신판)

2023년 2월 10일 1판 1쇄 인쇄
2023년 2월 15일 1판 1쇄 발행

엮은이 • 김도연
펴낸이 • 김진환
펴낸곳 • (주) 학지사
04031 서울특별시 마포구 양화로 15길 20 마인드월드빌딩
대표전화 • 02)330-5114 팩스 • 02)324-2345
등록번호 • 제313-2006-000265호

홈페이지 • http://www.hakjisa.co.kr
페이스북 • https://www.facebook.com/hakjisabook

ISBN 978-89-997-2840-2 93180

정가 33,000원